D1703682

V&R

Analysen und Dokumente

Band 32

Wissenschaftliche Reihe der Bundesbeauftragten für die
Unterlagen des Staatssicherheitsdienstes der ehemaligen
Deutschen Demokratischen Republik (BStU)

Vandenhoeck & Ruprecht

Kommunismus in der Krise

Die Entstalinisierung 1956 und die Folgen

Im Auftrag des
Instituts für Zeitgeschichte und
der Bundesbeauftragten für die Unterlagen des
Staatssicherheitsdienstes der ehemaligen DDR

herausgegeben von Roger Engelmann,
Thomas Großbölting und Hermann Wentker

Vandenhoeck & Ruprecht

Bibliografische Information der Deutschen Nationalbibliothek

Die Deutsche Nationalbibliothek verzeichnet diese Publikation in der
Deutschen Nationalbibliografie; detaillierte bibliografische Daten sind
im Internet über http://dnb.d-nb.de abrufbar.

ISBN 978-3-525-35052-2

Umschlagabbildung:
Kopf der am 23. Oktober 1956 in Budapest gestürzten Stalinstatue
© Historisches Archiv der Staatssicherheitsdienste Ungarns,
Bild-Nr. ÁBTL 4.1. A-1265

Inhalt

Einleitung

Bereits Alexis de Tocqueville hat in seiner Untersuchung »Der Alte Staat und die Revolution« festgestellt: »Die Regierung, die durch eine Revolution vernichtet wird, ist fast stets besser als die unmittelbar vorausgegangene, und die Erfahrung lehrt, dass der gefährlichste Augenblick für eine schlechte Regierung der ist, wo sie sich zu reformieren beginnt.«[1] Ein ähnliches Phänomen war nach dem Tode Stalins 1953 im sowjetischen Imperium erkennbar. Da dessen Nachfolger sich veranlasst sahen, unter der Chiffre eines »Neuen Kurses« von dessen Herrschaftspraktiken abzurücken, und im Zuge einer Reform des sowjetischen Imperiums dieses Vorgehen auch den Satellitenstaaten verordneten, entstand der Eindruck, dass die sozialistischen Diktatoren von Moskau bis Ostberlin bereit seien, zumindest auf Teile ihres umfassenden Machtanspruchs zu verzichten – die Situation für die Machthaber in den Ostblockstaaten begann in der Tat gefährlich zu werden. Zwischen 1953 und 1956 kam es folglich – weniger in der Sowjetunion selbst als im sowjetischen Vorfeld – zu vermehrter Kritik, Unruhen, Aufständen und in Ungarn sogar zu einer regelrechten Revolution.

Eine entscheidende Etappe in diesem Prozess markiert der 25. Februar 1956, als Chruščev auf dem XX. Parteitag der KPdSU seine berühmte Geheimrede über den »Personenkult« und die Verbrechen Stalins hielt. War die faktische Abkehr von den schlimmsten Auswüchsen der Stalin'schen Politik bisher eher als eine pragmatische (und teilweise widersprüchliche) Kurskorrektur erschienen, so erhielt sie durch die explizite Kritik am einstigen Idol der kommunistischen Weltbewegung nunmehr einen grundsätzlicheren Charakter. Der Reformprozess, für den sich der Begriff »Entstalinisierung« eingebürgert hat, beschleunigte sich und dabei wuchs der Bewegungsspielraum für die Gesellschaft. In einigen Satellitenstaaten, insbesondere in Ungarn und Polen, entwickelte sich daraus eine krisenhafte Dynamik, die den Fortbestand der kommunistischen Herrschaft gefährdete. Aus der von oben initiierten und gelenkten Entstalinisierung wurde eine schwer beherrschbare Entstalinisierungskrise. Der Prozess musste im Interesse der Machtsicherung gestoppt werden und erlebte erst Anfang der Sechzigerjahre eine Neuauflage, die spätestens mit der Niederschlagung des Prager Frühlings ebenfalls wieder beendet war.

Das Thema Entstalinisierungskrise bietet ein weites Feld für komparative und beziehungsgeschichtliche Betrachtungen und wirft nicht zuletzt grundlegende Fragen zum Wesen kommunistischer Herrschaft auf. Was unterscheidet den Stalinismus vom Kommunismus nach Stalin? Wo sind Elemente der Kontinuität,

---

1   Tocqueville, Alexis de: Der Alte Staat und die Revolution. München 1978, S. 176.

wo solche des Wandels? Wo befinden sich die systemimmanenten Grenzen der Entstalinisierung? Unterliegen die ausgelösten krisenhaften Entwicklungen bestimmten Zwangsläufigkeiten? Worin bestanden Gemeinsamkeiten, worin die Unterschiede der Entwicklung in den einzelnen Ostblockstaaten? Ist die Entstalinisierung als ein spezifischer Modernisierungsprozess zu begreifen oder belegen ihre Grenzen gerade die Unfähigkeit des Kommunismus, sich zu modernisieren?

Die Entstalinisierung und die damit verbundenen krisenhaften Erscheinungen sind nach dem epochalen Umbruch von 1989 bereits in einer Reihe von wichtigen Publikationen thematisiert worden.[2] Im vorliegenden Band geht es deshalb um eine aktuelle Bestandsaufnahme und den Versuch einer vertieften Erörterung transnationaler Aspekte. Neben Beiträgen zu nationalen und internationalen politischen Entwicklungen schenkt die Publikation den Veränderungen im Bereich der Repressions- und Überwachungsstrukturen besondere Aufmerksamkeit. Hier stellt sich die Frage, ob der Verzicht auf offen terroristische Methoden der Herrschaftsausübung nicht zwangsläufig eine Tendenz zu einer noch intensiveren und umfassenderen Überwachung der Gesellschaft implizierte. Ausführlich zur Sprache kommt auch die Entstalinisierungskrise als intellektuelle Krise des Kommunismus und als Krise der kommunistischen Intelligenz, deren Emanzipationsversuche mit dem Machtanspruch der Apparate kollidierten.

Die Beiträge von Bernd Bonwetsch, Jan Foitzik, Mark Kramer, László Varga, Jiří Pernes und Hermann Wentker beleuchten die Entwicklungen in den unterschiedlichen Staaten und bieten damit die Grundlage für eine vergleichende Betrachtung.

Mit seiner Geheimrede auf dem XX. Parteitag ging es Chruščev, wie Bonwetsch hervorhebt, nicht primär darum, die Entstalinisierung weiter voranzutreiben, sondern um die »politische ›Entzauberung‹ Stalins«. Indem Stalin und Berija die Schuld für alle Verbrechen der Vergangenheit aufgebürdet wurde, verschonte Chruščev die Partei und ihre anderen Führungskräfte – insbesondere sich selbst. An dem letztlich auch von Stalin verfolgten Ziel, in der Sowjetunion eine sozialistische Gesellschaft aufzubauen, hielt er jedoch fest; auch seine Methoden unterschieden sich dabei, worauf Jan Foitzik verweist, nicht

---

2 Die Entwicklung des Forschungstandes spiegelt sich u. a. in den thematisch einschlägigen Sammelbänden der letzten 15 Jahre: Lemberg, Hans (Hg.): Zwischen »Tauwetter« und neuem Frost. Ostmitteleuropa 1956–1970. Marburg/Lahn 1993; Kircheisen, Inge: Tauwetter ohne Frühling. Das Jahr 1956 im Spiegel blockinterner Wandlungen und internationaler Krisen. Berlin 1995; Hahn, Hans Henning; Olschowsky, Heinrich (Hg.): Das Jahr 1956 in Ostmitteleuropa. Berlin 1996; Heinemann, Winfried; Wiggershaus, Norbert (Hg.): Das internationale Krisenjahr 1956. Polen, Ungarn, Suez. München 1999; Timmermann, Heiner; Kiss, László (Hg.): Ungarn 1956: Reaktionen in Ost und West. Berlin 2000; Hegedűs, András B.; Wilke, Manfred: Satelliten nach Stalins Tod. Der »Neue Kurs« – 17. Juni 1953 in der DDR – Ungarische Revolution 1956. Berlin 2000; Foitzik, Jan (Hg.): Entstalinisierungskrise in Ostmitteleuropa 1953–1956. Paderborn 2001; Bispinck, Henrik; Danyel, Jürgen; Hertle, Hans-Hermann; Wentker, Hermann (Hg.): Aufstände im Ostblock. Zur Krisengeschichte des realen Sozialismus. Berlin 2004.

wesentlich von denen seines Vorgängers. So stand etwa im Zentrum der seit
1956 für den ganzen Ostblock verordneten Fünfjahrespläne wieder die Entwicklung der Schwer- und Rüstungsindustrie.

Die innersowjetischen Entwicklungen nach Stalins Tod hatten zum Teil geplante Auswirkungen, zum Teil unbeabsichtigte Nebeneffekte im sowjetischen
Imperium. 1953 diktierte Moskau zwar den Führungen in Ostberlin, Prag und
Budapest den »Neuen Kurs«: Auch die Satelliten hatten der Sowjetunion bei der
Eindämmung der Willkürherrschaft Folge zu leisten. Gleichzeitig wurde »die
relative Selbstständigkeit der Volksdemokratien nicht nur geduldet, sondern in
gewisser Weise sogar von Moskau gefördert« (Bonwetsch). Dies verdeutlicht
nicht zuletzt die Bemerkung Berijas gegenüber der ungarischen Parteispitze im
Juni 1953: »Bis jetzt bestanden unsere Beziehungen aus feierlichen Treffen und
gegenseitigem Beifall. In Zukunft werden wir ein neues Verhältnis herstellen:
ein ernsthafteres und verantwortlicheres Verhältnis.«[3] Die auch nach dem Sturz
Berijas nicht geklärte Führungsfrage in Moskau trug indes dazu bei, dass der
»Neue Kurs« in den einzelnen Ländern unterschiedlich und darüber hinaus in
widersprüchlicher Weise umgesetzt wurde, was nicht zuletzt auch an dem sich
erweiternden blockpolitischen Spielraum lag.

In der DDR war der »Neue Kurs« bereits wenige Tage nach seiner Verkündung beschädigt, als der Juni-Aufstand ausbrach und von sowjetischen Truppen niedergeschlagen wurde. Schon im Spätherbst 1953 befand sich der SED-
Staat wieder in einer politischen Frostperiode. In Polen setzte die Entwicklung
langsamer ein, war dafür aber nachhaltiger und führte 1956, als ein neuer
gleichgerichteter Impuls aus Moskau kam, sehr schnell zu einer Situation, in
der die Systemgrenzen einer Belastungsprobe ausgesetzt waren. In Ungarn war
der Verlauf noch einmal anders. Im Jahr 1953 kam es auf sowjetischen Druck
hin – ähnlich wie in der DDR – zu einer scharfen politischen Wende. Zwar
konnte sich der Stalinist Mátyás Rákosi als Parteisekretär halten, doch wurde
der »Neue Kurs« von Imre Nagy fast zwei Jahre lang konsequent verfolgt, bis
der Parteichef im Frühjahr 1955 – wiederum mit Unterstützung Moskaus –
die Macht wieder vollständig an sich riss und eine Restauration einleitete.
Doch in der Phase der politischen Lockerung hatte die Gesellschaft ihre Angst-
starre überwunden; die reaktionäre Wende erzeugte Frustration und Widerspruch bis weit in die Mitgliedschaft der Partei hinein. Als ein gutes Jahr später
die Machtkonstellation sich wieder umkehrte, wurde eine gesellschaftliche Dynamik freigesetzt, die bald nicht mehr beherrschbar war.[4]

---

3   Zit. nach: Kramer, Mark: The Early Post-Stalin-Succession Struggle and Upheavals in East-
Central Europe. Internal-External Linkages in Soviet Policy Making, Part 1. In: Journal of Cold War
Studies 1(1999)1, S. 40. (Übersetzung aus dem Englischen von H. Wentker).
4   Vgl. Hegedűs, András B.; Wilke, Manfred: Der gescheiterte Gesellschaftsvertrag zwischen Partei
und Volk im sowjetischen Imperium. In: Dies. (Hg.): Satelliten nach Stalins Tod (siehe Anm. 2),
S. 290–305, hier 298–300.

Nicht intendierte Nebenwirkungen hatte demnach vor allem der XX. KPdSU-
Parteitag mit der Geheimrede Chruščevs. Die »Enthüllungen« der Verbrechen
Stalins waren an sich nicht überraschend. Entscheidend war vielmehr, wie Jan
Foitzik treffend hervorhebt, dass diese als Eingeständnis einer Herrschaftskrise
verstanden werden konnten: Dieser Umstand »entzog den unter Stalin errich-
teten osteuropäischen Diktaturen die ohnehin zweifelhafte Legitimität« und
stiftete allenthalben Verwirrung. Der Posener Aufstand und die Revolution in
Ungarn zeigten, dass den Führungen in Warschau, Budapest und Moskau die
Kontrolle über die angestoßenen Entwicklungen zu entgleiten drohte.

Ein Vergleich der Vorgänge in der DDR, der ČSR, Polen und Ungarn zeigt
vor allem die Unterschiede und Ungleichzeitigkeiten der »Entstalinisierung«
und ihrer krisenhaften Begleiterscheinungen. Die ersten Aufstände gegen die
Diktaturen in der Tschechoslowakei – zu nennen ist hier vor allem der Aufruhr in Pilsen – und in der DDR ereigneten sich bereits 1953, also gleich zu
Beginn des Prozesses. In beiden Fällen waren letztlich systembedingte Wirt-
schafts-, Finanz- und Ernährungskrisen die Ursachen; die Vorgeschichte und
der Anlass für die Aufstände unterschieden sich jedoch deutlich. Während in
der DDR bis Mitte 1953 keine größeren Protestaktionen registriert werden
konnten, war die Situation in der ČSR, wie Jiří Pernes verdeutlicht, seit Beginn der 1950er Jahre weitaus unruhiger. Hier waren von Arbeitern getragene
Konflikte mit dem Regime weitverbreitet; zum Teil kam es zu Massenstreiks
und zu bewaffnetem Widerstand gegen die KSČ-Herrschaft. Auslöser der
Unruhen in Pilsen Anfang Juni 1953 war eine Währungsreform, bei der der
Staat sich auf Kosten der Sparer bereicherte. In der DDR hingegen wandten
sich die Arbeiter gegen eine Normerhöhung, an der trotz Verkündung des
»Neuen Kurses«, der unter anderem die Rücknahme zahlreicher stalinistischer
Maßnahmen und Repressalien gegenüber dem Mittelstand vorsah, ausdrücklich festgehalten wurde. Die Tatsache, dass es in der ČSR und in der DDR
bereits 1953 zu Unruhen gekommen war, trug indes wesentlich dazu bei, dass
es dort 1956 im Vergleich zu Polen und Ungarn weitgehend ruhig blieb.
Sowohl in der Tschechoslowakei als auch im ostdeutschen Staat hatten sich
die Regime durch eine unterschiedliche Mischung von sozialpolitischen Wohltaten und Repression stabilisiert. Während 1956 der Kommunismus in Teilen
der Bevölkerung der ČSR darüber hinaus auf eine gewisse, in der politischen
Tradition des Landes gründende Akzeptanz traf, waren es in der DDR vor
allem das Trauma des gescheiterten Volksaufstands von 1953 und die fehlende
Verbindung zwischen Intellektuellen und breiter Bevölkerung, die Entwicklungen wie in Polen und Ungarn verhinderten. Hinzu kam die noch durchläs-
sige innerdeutsche Grenze, die auch dazu beitrug, dass Unzufriedene aus der
DDR in die Bundesrepublik abwandern konnten.

In Ungarn und Polen, wo es 1953 aufgrund eines unterschiedlichen Umgangs
mit dem »Neuen Kurs« zu keinen größeren Ausbrüchen gekommen war, konnten

sich, wie Varga und Kramer darlegen, aufgrund der in Moskau noch nicht endgültig geklärten Machtverhältnisse die Stalinisten Rákosi und Bierut halten. Während ersterer 1955 seine Position jedoch sogar wieder ausbauen konnte, geriet die des letzteren ins Wanken. Nachdem der Erste Sekretär der PVAP infolge des XX. Parteitags Selbstmord begangen hatte, war, wie Kramer schildert, Chruščev maßgeblich an der Installierung von dessen Nachfolger Edward Ochab beteiligt. Anders verhielt sich die sowjetische Führung gegenüber Ungarn. Bis Juli 1956 stützte Moskau Rákosi noch; als jedoch deutlich wurde, dass dieser nicht für Ordnung sorgen konnte, wurde er nach sowjetischer Intervention von Ernő Gerő abgelöst. In beiden Staaten lehnte die Gesellschaft in ihrer großen Mehrheit das kommunistische Regime ab, das dort vor 1953 extrem repressiv gewesen war. Die durch den XX. Parteitag ausgelösten Diskussionen bildeten hier den Katalysator für Massenproteste, wie sie sich etwa im Posener Aufstand entluden.

In Polen stand den Darlegungen von Kramer zufolge das sowjetisch-polnische Verhältnis im Mittelpunkt. Anders als bisher angenommen, intervenierte die sowjetische Führung unter Chruščev 1956 nicht, um die Wahl Gomułkas, sondern um die Absetzung der pro-sowjetischen Gruppierung im Politbüro der PVAP zu verhindern. In Gomułka sah Chruščev zunächst vielmehr denjenigen, der die sowjetischen Forderungen erfüllen und gleichzeitig die gesellschaftliche Ordnung wiederherstellen konnte. Gomułka wiederum stand zwar fest zur polnisch-sowjetischen Allianz unter sowjetischer Führung, war aber, so Kramer, »determined to have Poland regain basic elements of its sovereignty«. Erst als im Oktober deutlich wurde, dass Gomułka darauf bestand, die pro-sowjetischen Mitglieder aus der polnischen Führung zu verdrängen, sah sich Chruščev zum Eingreifen genötigt, und es kam zu der bekannten Konfrontation zwischen diesem und Gomułka kurz vor dessen Wahl zum Ersten Sekretär. Chruščev, der offensichtlich bestrebt war, eine militärische Konfrontation mit Polen – die wohl auch bürgerkriegsähnlichen Charakter getragen hätte – zu vermeiden, widersetzte sich letzlich nicht der Wahl Gomułkas und der Absetzung der pro-sowjetischen Politbüromitglieder. Ein Modus Vivendi mit Polen, das auch unter Gomułka nicht den Warschauer Pakt verlassen wollte, wurde gefunden, wenngleich die sowjetisch-polnischen Beziehungen zunächst weiter gespannt blieben.

Während es im Falle Polens zu einer zeitweiligen Konfrontation mit der Führungsspitze gekommen, ein gewaltsamer polnisch-sowjetischer Zusammenstoß aber vermieden worden war, verhielt es sich in Ungarn genau umgekehrt. Nach dem Sturz des Stalinisten Rákosi wurde der kaum reformwilligere Ernő Gerő Parteichef, dem entschiedenen Reformer Nagy wurde die Rückkehr an die Macht jedoch zunächst verwehrt. Angesichts von Massenprotesten in Budapest rief die Parteiführung unter Gerő die sowjetischen Truppen am 23. Oktober 1956 zu Hilfe. Darauf folgten die gewaltsamen Auseinandersetzungen zwischen den sowjetischen Truppen und den ungarischen Aufständischen: Der Ausbruch der Revolution hing folglich auch damit zusammen, dass sich in der ungarischen Führung – anders als in Polen – die konservativen Kräfte zu lange halten konnten und Nagys Ernennung zum Ministerpräsidenten am 24. Oktober die Lage nicht mehr beruhigte. Die Ziele der ungarischen Revolutionäre waren Varga zufolge widersprüchlich: Einerseits forderten sie zwar einen Parlamentarismus mit mehreren Parteien, andererseits verlangten sie mehrheitlich »einen ›demokratischen Sozialismus‹ in Form einer direkten Demokratie«. Aufgrund der nur zwölftägigen Dauer der Erhebung konnte der Widerspruch freilich nicht geklärt werden.

Anders als in Polen oder Ungarn scheute der Kreml davor zurück, in dem durch die permanente Herausforderung seitens der Bundesrepublik bedrohten »Frontstaat« DDR die Führung auszuwechseln. Dies konnte, wie Hermann Wentker ausführt, Ulbricht für sich nutzen, indem er im Juli 1956 den polnischen und den ungarischen Weg für die DDR strikt zurückwies. Stärker als durch die Entstalinisierung in Moskau fühlte sich die SED-Spitze unter Ulbricht dann durch die polnischen Entwicklungen und die ungarische Revolution bedroht: Denn der revolutionäre Funken hätte auch auf die DDR überspringen und den ostdeutschen Staat nicht nur destabilisieren, sondern sogar zerstören können. Daraus erklärt sich die rigorose Reaktion der ostdeutschen Führung, die die DDR noch konsequenter als bisher nach außen abzuschotten und die Bevölkerung mit einer Mischung aus Abschreckung und sozialpolitischen Wohltaten ruhigzustellen trachtete.

Was die Auswirkungen der Entstalinisierungskrise von 1956 betrifft, kommt Jan Foitzik zu dem Schluss, dass »die systemischen Grundlagen des Ostblocks [...] nach 1956 unangetastet blieben«: Das galt insbesondere für die Abhängigkeit der Peripherie vom Zentrum des sowjetischen Imperiums. Des Weiteren blieben die stalinistischen Deutungsmuster – etwa der polnischen und ungarischen Entwicklungen von 1956 als Folgen ausländischer Interventionen – erhalten. Von den während der Entstalinisierungskampagne diskutierten Zugeständnissen an die Bevölkerung blieben kaum mehr als eine kosmetische politische Korrektur und neue sozialökonomische Pazifizierungsstrategien. Letzteres wird von Varga für die Zeit des sogenannten »Kádárismus« in Ungarn teilweise bestätigt. Im Gegensatz zu den Auffassungen von dessen Befürwortern stellte dieser keineswegs »die friedliche Verwirklichung der Ideale der Revolution« von 1956 dar. Es habe sich vielmehr »um eine Art selektiver Enttotalisierung des Regimes im Kontext einer entpolitisierten Gesellschaft« gehandelt. Das Regime unter Kádár akzeptierte lediglich die Ansprüche des Individuums auf einen Mindestlebensstandard und billigte diesem das Recht auf eine unpolitische Privatsphäre zu. All dies trug zu einem »passiven Konsens zwischen Regime und Bevölkerung bei, wie er in anderen real existierenden Ländern des Sozialismus fast oder vollständig unbekannt war«.

Im Hinblick auf die kurzfristigen Folgen der Niederschlagung des ungarischen Aufstands für die Beziehungen der Ostblockstaaten untereinander konstatiert Wentker eine Verbesserung des ostdeutsch-ungarischen und des ostdeutsch-tschechoslowakischen Verhältnisses: Die DDR und die ČSR rückten nun enger zusammen, um eine Bastion sowohl gegenüber dem Westen als auch gegenüber Polen zu bilden. Denn die Beziehungen zwischen der DDR und Polen blieben auch nach 1956 gespannt, da aus ostdeutscher Sicht unklar war, wie sich die Verhältnisse unter Gomułka weiter entwickeln würden. Entscheidend wurde eine Verbesserung des sowjetisch-ostdeutschen Verhältnisses infolge des sowjetischen Abrückens vom Entstalinisierungskurs nach der Intervention in Ungarn: Unter diesen Bedingungen kam der DDR als stabilem Faktor im sowjetischen Vorfeld wieder erhöhte Bedeutung zu, wenngleich gewisse Irritationen in den beiderseitigen Beziehungen blieben. Auf lange Sicht, so Jan Foitzik, kam es infolge der Entstalinisierungskampagne zu einer »nationale[n] Diversifizierung der Herrschaftssysteme« im Ostblock. Da die kommunistischen Parteien nun gezwungen waren, nach neuen Legitimationsstrategien zu suchen, stützten sie sich vermehrt auf den Nationalismus. Da dies aber der DDR verwehrt war, versuchte sie, sich auch weiterhin als »sozialistischer Musterknabe« im Ostblock zu profilieren, um von der Sowjetunion die nötige Unterstützung zu erhalten.

Wie der Beitrag von Bernd Bonwetsch zeigt, betrafen die sowjetischen Kursänderungen vor und nach der Entstalinisierungskrise von 1956 jedoch nicht nur die Verhältnisse innerhalb des Ostblocks, sondern auch die sowjetisch-jugoslawischen und die sowjetisch-chinesischen Beziehungen. Während die Wiederannäherung Chruščevs an Jugoslawien vor 1955 als Unterstützung der Entstalinisierung im Innern gewertet wurde, galt die Zugehörigkeit Jugoslawiens zum sozialistischen Lager nach 1956 nicht mehr als Gewinn, sondern als Belastung. Wichtiger waren indes die Wandlungen des sowjetisch-chinesischen Verhältnisses: Während sich zwischen den Jahren 1953 und 1956 das beiderseitige Verhältnis nach Irritationen gegen Ende der Ära Stalin wieder entspannte, wuchs das Misstrauen Pekings gegenüber Moskau nach dem XX. Parteitag erneut. Dabei waren es weniger ideologische Differenzen als die Tatsache, dass man angesichts eigener geopolitischer Ambitionen nicht das Konzept der »friedlichen Koexistenz« teilte. Auch die Rücknahme der Entstalinisierung im Innern konnte das Verhältnis zu China dauerhaft nicht verbessern. Ab 1956, insbesondere aber ab 1961, wurde unübersehbar, dass China nicht länger die Rolle eines sowjetischen Juniorpartners spielen wollte.

Darüber hinaus muss »1956«, wie die Beiträge von Winfried Heinemann, Bernd Stöver, Hanns Jürgen Küsters und Thomas Großbölting verdeutlichen, nicht nur in den Kontext der sowjetischen Außenpolitik gegenüber dem Ostblock und den anderen sozialistischen Staaten, sondern auch in den der Ost-West-Beziehungen eingeordnet werden. Sowohl bei der NATO als auch beim

Warschauer Pakt bestand 1955, so Heinemann, angesichts nachlassender weltpolitischer Spannungen und des Anwachsens der Blockfreienbewegung die Gefahr einer Lockerung oder sogar eines Zerfalls des jeweiligen Bündnisses. Diese Gefahr wurde durch die Doppelkrise des Jahres 1956 in Ungarn und im Nahen Osten beseitigt. Nach der Niederschlagung des ungarischen Aufstands war zunächst einmal das östliche Bündnis wieder gefestigt. Das Scheitern der britischen und französischen Intervention in Ägypten im Zuge der Suez-Krise führte nicht nur dazu, dass nun die USA auch im östlichen Mittelmeer an die Stelle Großbritanniens als Vormacht traten, sondern stabilisierte darüber hinaus die amerikanische Führungsposition in der NATO. Dies hing nicht zuletzt damit zusammen, dass die Sowjetunion dort weiterhin als eine expansive Macht wahrgenommen wurde, der man vor allem unterstellte, die westlichen Volkswirtschaften destabilisieren zu wollen. Insgesamt bewirkten also die Ereignisse des Jahres 1956 nicht, wie in West und Ost befürchtet, eine Aufweichung, sondern eine Verfestigung der Strukturen des Kalten Krieges.

Dieses Ergebnis war von den aufständischen Ungarn wie von großen Teilen der US-Administration nicht gewollt. Letztere hofften, wie Bernd Stöver erläutert, endlich auf einen Erfolg im Rahmen der seit 1947 verfolgten »Liberation Policy« gegenüber dem Ostblock. Unter den dabei eingesetzten Radiostationen spielte seit 1950 Radio Free Europe (RFE) eine zentrale Rolle. Parallel zu entsprechenden Radiosendungen wurden Millionen von Flugblättern über Osteuropa abgeworfen. Auf diese Weise wurde etwa auch der Text der »Geheimrede« Chruščevs in Ungarn verbreitet. Zwar war in den RFE-Sendungen nicht direkt von militärischer Hilfe die Rede. Sowohl einige missverständliche Formulierungen als auch sehr viel eindeutigere Hilfszusagen des Radiosenders einer radikalen russischen Emigrantenorganisation nährten jedoch, wie Umfragen unter Ungarnflüchtlingen Ende 1956 belegen, die Hoffnungen zahlreicher Ungarn, der Westen werde ihnen in ihrem Kampf gegen die sowjetische Armee militärisch zur Seite stehen. Doch da auf diese Weise binnen kurzem aus dem kalten ein heißer Krieg geworden wäre, erfüllten sich diese Hoffnungen nicht. Es war daher nicht zufällig, dass nach dem gescheiterten Aufstand in Ungarn von einer offensiv betriebenen Befreiungspolitik in dem atomar hochgerüsteten Europa Abschied genommen wurde.

Sehr skeptisch beurteilte Bundeskanzler Konrad Adenauer die Geheimrede Chruščevs auf dem XX. Parteitag: Weder am Charakter der sowjetischen Diktatur noch an den außenpolitischen Zielen Moskaus werde sich dadurch etwas ändern. Adenauer hegte deshalb, so Hanns Jürgen Küsters, auch keine Hoffnungen, dass Chruščev nun Modifikationen an der 1955 verkündeten deutschlandpolitischen Linie, die auf eine Anerkennung der Teilung hinauslief, vornehmen werde. Die Reduzierung westlicher Truppen im Bereich Europa-Mitte, die Großbritannien und Frankreich 1956 anscheinend planten und über die der amerikanische Admiral Arthur Radford Überlegungen anstellte, beunruhigte

Adenauer zutiefst. Als in der Nahostkrise deutlich wurde, dass die USA nicht gewillt waren, Eskapaden Großbritanniens und Frankreichs zu dulden, und die gewaltsame Lösung der Ungarnkrise durch die sowjetische Invasion zeigte, dass die Supermächte sich anscheinend einig waren, wenn es galt, die Kontrolle über die eigenen Verbündeten zu wahren, zog Adenauer daraus die Konsequenz, nun vor allem den Zusammenhalt der Westeuropäer zu stärken: Auf dem Höhepunkt der Krise im November 1956 reiste er demonstrativ nach Paris und ermöglichte gleichzeitig durch eine Reihe von Kompromissen, dass die Verhandlungen über eine Europäische Wirtschaftsgemeinschaft erfolgreich abgeschlossen werden konnten. Gleichwohl wollte Adenauer bilateral weiter mit der Sowjetunion im Gespräch bleiben, um eventuelle Chancen im Hinblick auf eine Regelung der deutschen Frage auszukundschaften. Auf die Dauer, so offensichtlich seine Schlussfolgerung aus der Entstalinisierungskrise, werde auch die Sowjetunion ihr Imperium nicht mit Waffengewalt erhalten können.

Dass »1956« nicht nur in seinen Auswirkungen auf die internationale Politik und Diplomatie, sondern auch im Hinblick auf ein nicht unwichtiges Segment der westeuropäischen Gesellschaften untersuchenswert ist, verdeutlichen die Ausführungen von Thomas Großbölting zu den kommunistischen Bewegungen in Westeuropa, insbesondere in Frankreich und Italien. Denn hier waren, im Unterschied zu den anderen westeuropäischen Staaten, die kommunistischen Parteien in die nationalen Gesellschaften integriert. 1956 erwies sich für deren weitere Entwicklung als ein Schlüsseljahr: Bis zu diesem Zeitpunkt stellte für sie die Sowjetunion die entscheidende Projektionsfläche für ihre Utopien dar, nach der Niederschlagung des Ungarn-Aufstands erschien dies nicht mehr möglich. Zudem stellte sich nach der »Geheimrede« Chruščevs auch für den PCI und den PCF die Frage der Entstalinisierung. Zwar leugneten sowohl Palmiro Togliatti als auch Maurice Thorez, von den Verbrechen Stalins gewusst zu haben, und beteuerten, dass sie selbst frei von Schuld seien. Den Verlust zahlreicher Parteimitglieder konnte dies freilich nicht verhindern. Während die Führung der französischen Kommunistischen Partei sich jedoch den neuen Tönen aus Moskau verweigerte, ging die italienische Parteiführung über Chruščev hinaus und lockerte das Band zur KPdSU. Auf die Dauer erwies sich das als die erfolgreichere Strategie: Denn während der PCF sich nie wieder von den Rückschlägen des Jahres 1956 erholen konnte, vermochte der PCI die Krise zu bewältigen und stand Ende der 1960er Jahre stärker da denn je.

Ein weiterer wesentlicher Aspekt des Entstalinisierungsgeschehens bildete die Entwicklung der Repression in den Staaten des Ostblocks. Wenn man die Entstalinisierung unter diesem Aspekt betrachtet, ist die Phase unmittelbar nach Stalins Tod von besonderem Interesse. Die ersten Initiativen, die man in den Entstalinisierungskontext einordnen kann, fallen in diese Zeit und gehen – wie Bonwetsch und Hilger deutlich machen – ausgerechnet auf Stalins lang-

jährigen NKVD-Chef Lavrentij Berija zurück, der den Sicherheitsapparat nach
dem Tode des Diktators wieder unter seiner Führung vereinte und zu einer
der bestimmenden Figuren in der KPdSU-Führung wurde. Es waren von
Berija veranlasste Maßnahmen, die zu durchaus einschneidenden Korrekturen
des stalinistischen Gewalt- und Willkürsystems führten – so etwa die große
Amnestie vom 27. März 1953, das Folterverbot oder die Einschränkung der
Kompetenzen der »Sonderberatung« des NKVD, der »konterrevolutionäre«
Verbrechen außergerichtlich zum Teil äußerst hart abgeurteilt hatte.

Auch im Hinblick auf die Politik des »Neuen Kurses«, mit dem den Satellitenstaaten, allen voran die DDR und Ungarn, im Frühsommer 1953 eine
weichere politische Linie verordnet wurde, wirkte Berija als die treibende
Kraft. Diese politischen Signale der Hegemonialmacht stoppten im kommunistischen Herrschaftsbereich die schlimmsten repressiven Auswüchse und
leiteten erste Ansätze zur Bereinigung von grobem justiziellem Unrecht ein.

Der Juni-Aufstand in der DDR, dessen Ausbruch zweifellos durch die Verkündung des »Neuen Kurses« wenige Tage zuvor begünstigt worden war, bildete einen der Faktoren, die zu einem zwischenzeitlichen Rückschlag im Entstalinisierungsprozess führten. Er zeigte erstmals die immanente Krisenanfälligkeit
des Entstalinisierungskurses. Berijas Ausschaltung im Juli 1953 hatte gewiss
vorwiegend machtpolitische Gründe, steht aber nicht nur zeitlich in diesem
Kontext. Sie kann durchaus auch als die Reaktion einer vorübergehenden »konservativen« Kräftekonstellation im KPdSU-Präsidium gedeutet werden, der die
politischen Experimente des Innenministers zu weit gegangen waren. Jedenfalls
war nach seinem Sturz eine gewisse Stagnation im Entstalinisierungsprozess
erkennbar, völlig zum Stillstand kam er aber nicht, wie wichtige Maßnahmen,
zum Beispiel die Abschaffung der außergerichtlichen Sonderkonferenzen (OSO)
im September 1953 oder die Weiterführung der Rehabilitierungen, zeigten.

Die Anstöße des Frühjahrs 1953 wirkten gleichsam subkutan weiter, zumal
die Entstalinisierung nicht zuletzt auch das Interesse der kommunistischen
Funktionäre an einem Minimum an Rationalität und Rechtssicherheit reflek-
tierte, deren völlige Abwesenheit in der Stalinzeit auch für sie selbst eine permanente Bedrohung gewesen war.[5] Schon im Januar 1954 lag Malenkov und
Chruščev ein streng geheimer Untersuchungsbericht des sowjetischen Innenministeriums zu den politischen Repressionen der Jahre 1921 bis 1953 vor, der die
quantitativen Dimensionen des Geschehens schon ziemlich ungeschminkt
offenlegte. Im Prinzip waren diese Erkenntnisse sogar umfassender als die

---

5   Vgl. Werth, Nikolas: Ein Staat gegen das Volk. Gewalt, Unterdrückung und Terror in der
Sowjetunion. In: Courtois, Stephane u. a. (Hg.): Das Schwarzbuch des Kommunismus. München,
Zürich 1998, S. 276 f.

Chruščevs »Geheimrede« zugrunde liegenden Daten der Pospelov-Kommission von Anfang 1956, die sich lediglich auf die Jahre 1935 bis 1940 erstreckten.[6]

Als Chruščev in seiner »Geheimrede« auf dem XX. Parteitag die Verbrechen Stalins erstmals ausdrücklich als solche benannte, ergaben sich daraus Fragen nach den Ursachen und den Konsequenzen, die mit dem Deutungsrahmen, den der Begriff des »Personenkultes« bereitstellte, nur unzureichend beantwortet werden konnten. Doch trotz der Halbheiten der Chruščev'schen Vergangenheitsbewältigung und dem systematischen (und erfolgreichen) Bemühen der sowjetischen Führung, die eigene Verantwortung für die Regimeverbrechen aus der Diskussion herauszuhalten, musste die Rede in einem Teil der Satellitenstaaten weitreichende Entwicklungen auslösen. »Personenkult« und stalinistische Regimeverbrechen hatte es schließlich auch in den »Volksdemokratien« gegeben.

Die gegebene Situation stärkte diejenigen Akteure im System, die mit der brutalen und irrationalen Herrschaftsausübung der Stalinzeit – schon immer oder erst neuerdings – Probleme hatten. In den Apparaten kam es zu einem Tauziehen zwischen diesen Reformwilligen und denjenigen, die möglichst wenig Zugeständnisse machen wollten, aber in der gegebenen Situation häufig in der Defensive waren. Nachdem Kritik an der Herrschaftspraxis der Vergangenheit gleichsam von höchster Stelle legitimiert war, konnten auch Kommunisten sie nunmehr äußern, ohne als »Parteifeinde« zu gelten. Es zeigte sich ein neues Phänomen: Teile der parteinahen Intelligenz wurden zu Wortführern des politischen Wandels; die Unruhe erfasste auch Gliederungen der kommunistischen Parteien, die so ihre Funktion als repressiver Ordnungsfaktor teilweise einbüßten.

Als Hauptträger der Repression bekamen insbesondere die Staatssicherheitsorgane Legitimationsprobleme infolge der Entstalinisierung. In Polen, wo die Repressionen vor allem in der unmittelbaren Nachkriegszeit besonders hart gewesen waren, geriet die Geheimpolizei schon mit dem »Neuen Kurs« unter Druck, obwohl die Machtstellung des Parteichefs Bierut zunächst weitgehend unangefochten blieb. Wie Łukasz Kamiński darlegt, kam es schon im Laufe des Jahres 1954 zu Maßnahmen gegen besonders belastete Abteilungen und Kader sowie zu einem einschneidenden allgemeinen Personalabbau. Dies ging einher mit einer weitreichenden Demoralisierung der Mitarbeiter der Staatssicherheit. Diese befanden sich schon vor dem XX. Parteitag deutlich in der Defensive. Die Geheimpolizei verlor ihren Schreckensnimbus und war immer weniger in der Lage, Spitzel zu werben und die Bevölkerung in Schach zu halten. Während des »polnischen Oktobers« 1956 war sie praktisch gelähmt; sie begleitete die Ereignisse nur noch als Zuschauer.

In Ungarn setzte die Bereinigung von justiziellem Unrecht auch lange vor 1956 ein. Schon Anfang 1954 kam es hier zu den ersten Rehabilitierungen und

---

6   Werth, Nicolas: Histoire d'un »pré-rapport secret«. Audaces et silences de la Commission Pospelov, janvier–février 1956. In: Communisme (2001)67–68, S. 9–38, insbes. 10 u. 16.

zu einer Untersuchung des Rajk-Prozesses. Bei den rehabilitierten Kommunisten sprach man intern schon damals ausdrücklich von »Unschuldigen«,[7] ein Sprachgebrauch, zu dem man sich in der DDR selbst später nicht durchringen konnte.

Im Vergleich zu Polen und Ungarn, auf längere Sicht auch zur Tschechoslowakei, im Grunde sogar zur Sowjetunion, waren die Auswirkungen der Entstalinisierung in der DDR gering. Wie Roger Engelmann in seinem Beitrag betont, stemmte sich Ulbricht gegen den Veränderungsdruck und bekämpfte vehement die vom Entstalinisierungsprozess induzierten »Aufweichungstendenzen«. Im Unterschied zu den anderen kommunistischen Führern hatte er im Juni 1953 schon einmal eine Art Entstalinisierungskrise erlebt. Dem Aufstand war damals ein abrupter politischer Kurswechsel vorausgegangen, der mit einer öffentlichen Selbstkritik der SED-Führung eingeleitet worden war. Ulbricht zog daraus 1956 die Lehre, diesmal jegliche »Fehlerdiskussion« zu unterbinden. In der DDR wurden noch nicht einmal die haarsträubendsten Verstöße gegen die »Gesetzlichkeit« apparatsintern aufgearbeitet. Noch im März 1956 konnte der zweite Mann in der Staatssicherheit, Erich Mielke, der für die strafrechtliche Untersuchungstätigkeit verantwortlich war, im Leitungsgremium des MfS unwidersprochen behaupten, dass die Beweislage bei den Verhaftungen und Verfahren des Noël-Field-Komplexes in der DDR fundiert gewesen sei.[8] Zwar kam es 1956 auch in der DDR zur Entlassung von über 20 000 Häftlingen, aber selbstkritische Auseinandersetzungen mit der Verfolgungspraxis der Vergangenheit unterblieben weitgehend, personelle Konsequenzen vollständig. In dieser Hinsicht ist die DDR geradezu als Sonderfall anzusehen.

Die Schutzbehauptung Ulbrichts, man habe »solche Prozesse« wie in den Bruderstaaten nicht geführt, enthält zwar insofern einen Kern Wahrheit, als in der DDR ein großer stalinistischer Schauprozess zwar geplant, aber nicht durchgeführt worden ist. Gleichwohl war es auch hier zu entsprechenden Verhaftungen und Verurteilungen gekommen. Symptomatisch für den auch nach Ostblockmaßstäben zynischen Umgang der SED-Führung mit den stalinistischen Hypotheken ist der Fall des ehemaligen Politbüromitglieds Paul Merker: Der als »deutscher Rudolf Slánský« auserkorene und seit Dezember 1952 in Stasi-Untersuchungshaft einsitzende Merker wurde noch im März 1955 auf Anordnung der Sicherheitskommission des SED-Politbüros zu acht Jahren Zuchthaus verurteilt – mehr als ein Jahr, nachdem in Ungarn die Rehabilitierungen bereits angelaufen waren. Als er dann im Frühjahr 1956 als einer der ganz wenigen in den Genuss einer regelrechten gerichtlichen Rehabilitierung

---

7   Rainer, János M.: Ungarn 1953–1956: Die Krise und die Versuche ihrer Bewältigung. In: Wilke; Hegedűs (Hg.): Satelliten nach Stalins Tod (Anm. 2), S. 169.

8   Vgl. Engelmann, Roger: Staatssicherheitsjustiz im Aufbau. In: Ders.; Vollnhals, Clemens (Hg.): Justiz im Dienste der Parteiherrschaft. Rechtspraxis und Staatssicherheit in der DDR. Berlin 1999, S. 133–164, hier 152 f.

kam (die meisten anderen wurden lediglich begnadigt oder vorzeitig entlassen), wurde dies von der zuvor mit der Überprüfung des Falls beauftragten ZK-Kommission nicht mit offensichtlicher Unschuld, sondern mit »ungenügend bewiesen[en]« Vorwürfen begründet.[9] Eine solche Sprachregelung bzw. die Bereinigung des Problems durch Begnadigungen und Strafaussetzungen hatte den Vorteil, dass eine Auseinandersetzung mit dem schuldhaften Handeln von amtierenden Spitzenfunktionären in Partei und Staatssicherheit umgangen werden konnte. Nach den in Polen und Ungarn, ja selbst nach den in der Tschechoslowakei angelegten Maßstäben hätte zumindest die finstere Rolle, die Erich Mielke in diesen Zusammenhängen gespielt hatte, zur Sprache kommen müssen. Stattdessen fungierte ausgerechnet Mielke als Scharnier zwischen der ZK-Kommission, die die Entlassungsfälle zu überprüfen hatte, und dem MfS-Apparat, der über die entsprechenden Unterlagen und Informationen verfügte. Damit war er faktisch Herr über die Untersuchungen.[10] Dass sich in der DDR die deutschen Verantwortlichen für Verfolgungen und Rechtsverletzungen so vollständig aus der Affäre ziehen konnten, wurde wohl auch durch die Tatsache begünstigt, dass hier bis 1953 die sowjetischen Organe und Militärtribunale die Hauptträger der harten Repression gewesen waren.[11]

Auch in der Tschechoslowakei tat sich die KP zunächst schwer mit der Aufarbeitung der stalinistischen Regimeverbrechen. Zu regelrechten Rehabilitierungen kam es hier erst in der zweiten Tauwetterphase Anfang der sechziger Jahre. Die Untersuchungen wurden allerdings 1968 im Zuge des Prager Frühlings nochmals und diesmal besonders gründlich aufgenommen. Aber auch schon 1956 fand hier eine von der Öffentlichkeit abgeschirmte Auseinandersetzung mit den Rechtsverletzungen der Stalinzeit statt, die weiter ging als in der DDR. Immerhin wurden der Verteidigungsminister Alexej Čepička und der Staatssicherheitschef Karol Bacílek entlassen; der Untersuchungsführer im Slánský-Ermittlungsverfahren war schon im Frühsommer 1955 inhaftiert worden.[12]

Doch überall, selbst in der DDR, wo das MfS relativ unangefochten blieb, geriet die Geheimpolizei vorübergehend psychologisch in die Defensive. In Kreisen der Parteiintelligenz war sie geradezu verhasst; die Zukunftsentwürfe der »Revisionisten« in der DDR sahen zumeist ihre Abschaffung vor. Und wie Engelmann ausführt, beschäftigte selbst den Staatssicherheitschef Ernst Wollweber in dieser

---

9   Zur Entlassung werden vorgeschlagen … Wirken und Arbeitsergebnisse der Kommission des Zentralkomitees zur Überprüfung von Angelegenheiten von Parteimitgliedern 1956. Dokumente. Mit einem Vorwort von Josef Gabert. Berlin 1991, S. 39 f.

10   Vgl. ebenda, passim. Außerdem Schirdewan, Karl: Aufstand gegen Ulbricht. Im Kampf um politische Kurskorrektur, gegen stalinistische, dogmatische Politik. Berlin 1994, S. 86 f.

11   Quantitative Verhältnisse der Verfolgungsmaßnahmen deutscher und sowjetischer Instanzen bei Gieseke, Jens: German Democratic Republic. In: Persak, Krzysztof; Kamiński, Łukasz (Ed.): A Handbook of the Communist Security Apparatus in East Central Europe. Warsaw 2005, S. 163–219, hier 203–210.

12   Vgl. Blaive, Muriel: Une déstalinisation manquée. Tchécoslovaquie 1956. Bruxelles 2005, S. 60–64.

Phase die Beweisführung, dass »die Tragödie« der sozialistischen Länder mit ihrer Staatssicherheit »keine Gesetzmäßigkeit« sei. Er veranlasste eine Verkleinerung des geheimpolizeilichen Apparats in Anlehnung an das sowjetische und polnische Vorbild, geriet aber später bezeichnenderweise unter anderem wegen dieser Entscheidung politisch unter Druck.

Im Hinblick auf die Justiz waren die Wirkungen der Entstalinisierung ambivalent. Auf der einen Seite stellten die weitreichenden Justizkorrekturen das Handeln von Staatsanwaltschaften und Gerichten nachträglich infrage. Die Exponenten der stalinistischen Justizwillkür waren hochgradig delegitimiert. In der DDR etwa gehörten Justizministerin Hilde Benjamin und Generalstaatsanwalt Ernst Melsheimer zu denjenigen Spitzenfunktionären, denen auch in parteinahen Kreisen mit die negativste Stimmung entgegenschlug. Auf der anderen Seite verbesserte die Entstalinisierung die Position der Justiz gegenüber dem geheimpolizeilichen Machtanspruch. Selbst Ulbricht ermahnte im Frühjahr 1956 das MfS, Druck auf die Justiz in Zukunft zu unterlassen; das gestärkte Selbstbewusstsein der Justizkader gegenüber der Staatssicherheit war in der Tauwetterphase unübersehbar.

Tobias Wunschik kann für den Bereich des DDR-Strafvollzugs zeigen, dass das Tauwetter auch hier zu Verrechtlichungstendenzen und zu einer entsprechenden Aktivierung der Aufsichtsinstanzen führte. Die internen Kontrollorgane der Verwaltung Strafvollzug und die mit der externen Aufsicht über die Haftanstalten betraute Staatsanwaltschaft lieferten sich mitunter einen Wettstreit bei der Beseitigung von Missständen. Durchaus bemerkenswerte Konzessionen wie die Besuchsmöglichkeit für westliche Delegationen in einigen Haftanstalten scheinen in erster Linie außen- und deutschlandpolitische Gründe gehabt zu haben. Ähnliches gilt für die vorrangige und nahezu vollständige Entlassung aller Häftlinge, die als Sozialdemokraten eingestuft wurden; dies sollte einer »Verständigung« mit der SPD dienen.[13]

Die Revolution in Ungarn und ihre Niederschlagung in den ersten Novembertagen 1956 leitete dann das vorläufige Ende des Enstalinisierungsprozesses ein und stärkte auf Jahre die »konservativen« Kräfte. Ulbricht, der sich in der SED-Führung und gegenüber den »Bruderparteien« als der lauteste Warner vor den Gefahren einer politisch-ideologischen »Aufweichung« hervorgetan hatte, wurde durch diese Ereignisse in seiner Haltung eindrucksvoll bestätigt und politisch enorm gestärkt. Sein sicherheitspolitisches Konzept einer konsequenten Bekämpfung der »ideologischen Zersetzung«, auch mit geheimpolizeilichen und strafjustiziellen Mitteln, konnte jetzt ohne Hindernisse in der DDR implementiert werden. Hiermit fungierte die SED im Ostblock nicht nur als Vorreiter einer simplen Restauration, sondern passte das repressive Instrumentarium an die im »Tauwetter« deutlich gewordenen neuartigen Gefährdungslagen an. Wie

---

13 Vgl. Zur Entlassung werden vorgeschlagen (Anm. 9), passim.

sich später zeigte, machte die DDR damit Schule: Das hier entwickelte Konstrukt von der gegnerischen »politisch-ideologischen Diversion« wurde spätestens in der Phase der Entspannungspolitik für alle Geheimpolizeien im kommunistischen Herrschaftsbereich wahrnehmungs- und handlungsleitend.

Aufschlussreich ist in diesem Zusammenhang das verstärkte Bemühen der DDR-Staatssicherheit, ungarische Exilgruppen in Westdeutschland zu überwachen, die als Drahtzieher der »konterrevolutionären« Aktivitäten angesehen wurden. Die Ausführungen von Herbstritt deuten darauf hin, dass das MfS hier dem ungarischen »Bruderorgan« unter die Arme griff, wahrscheinlich sogar auf die Sprünge half. Die Intervention Mielkes im März 1957 gegen eine deutschsprachige Broschüre der Kádár-Regierung zu den ungarischen Herbstereignissen zeigt, dass man bei der DDR-Staatssicherheit auch die neue ungarische Führung politisch-ideologisch noch nicht für einwandfrei hielt. Die deutschen »Tschekisten« profilierten sich hier als sicherheitspolitische Musterknaben; später sollte ihnen das zur Gewohnheit werden, wie sich insbesondere nach dem »Prager Frühling« 1968/69 und in den Achtzigerjahren im Zusammenhang mit den polnischen Entwicklungen zeigte.[14]

Dass in der DDR die Auswirkungen des XX. Parteitages insgesamt gering waren, gilt nur eingeschränkt für die Intellektuellen. Die »Geheimrede« Chruščevs weckte in diesen Kreisen immerhin Hoffnungen auf größere geistige und politische Spielräume: Als aus der KPdSU selbst die Fehler des Systems angeprangert wurden, schien das Deutungsmonopol der Politbürokratien gekippt. »Den Gläubigen unter den Kommunisten« verhieß die damit vermeintlich eröffnete Diskussion um Anspruch und Realität des Sozialismus den »Gewinn einer reinen und unbefleckten Lehre« (Guntolf Herzberg).

Die kritischen Parteiintellektuellen hatten jedoch nur vorübergehend Oberwasser. In einer Glosse im *Sonntag*, der Wochenzeitschrift des Kulturbundes der DDR, karikierte ein ungenannter Autor unter dem Titel »Aktuelles Einmaleins« die Ereignisse nach dem XX. Parteitag der KPdSU: In der Schule von Schilda sei aufgrund einer Weisung der obersten Instanz den Schülern jahrelang falsches Multiplizieren beigebracht worden: 2 mal 2 = 9. Nun aber sei diese Gewissheit als falsch erkannt worden. Was tun, so fragte sich die Lehrerschaft?

Vor allem müsse man, so ergab die Beratung, einen Autoritätsverlust des erprobten und unentbehrlichen Rechenlehrers vermeiden, der jahrelang den Fehler weisungsgemäß unterrichtet hatte. Auch sollte dem Fassungsvermögen der Schüler nicht allzu viel auf einmal zugemutet werden. Deshalb habe das Kollegium dem Mathematiklehrer geraten, die Schüler nicht auf einen Schlag

---

14 Tantzscher, Monika: Staatssicherheit mit »menschlichem Antlitz«. Die Folgen des Prager Frühlings für den tschechoslowakischen Staatssicherheitdienst und seine Wechselbeziehungen zum MfS. In: DA 31(1998)4, S. 533–546; Dies.: »Die Feinde des Sozialismus haben alle auf einem Sofa Platz«. Die geheimdienstlichen Beziehungen der DDR zur Volksrepublik Polen. In: DA 34(2001)2, S. 218–234.

mit der ganzen Wahrheit zu konfrontieren, sondern nach und nach damit herauszurücken. Der Auftrag für den Rechenlehrer lautete daher, zunächst einmal richtigzustellen, dass 2 mal 2 nicht wie bisher 9, sondern 8 sei. Da aber ungezogene Schüler die Toilettenwände mit der Aufschrift »2 mal 2 = 4« vollgekritzelt hatten, ging der Plan nicht auf.

Vermutlich in Anlehnung an George Orwell, der den Großen Bruder in seinem Roman »1984« die Rechnung »2 mal 2 = 5« aufmachen und durchsetzen ließ, hatten polnische Schriftsteller diese Anekdote erdacht. Ihre Satire auf das Verhalten der Parteiapparatschiks in der Entstalinisierungsphase schien Wolfgang Harich so gut, dass er diese in der Ausgabe des *Sonntags* vom 28. Oktober 1956 publizierte. Während Walter Ulbricht sich empört darüber gezeigt haben soll, dass ihm die Rolle dieses »Rechenlehrers« zugesprochen wurde, signalisierten andere DDR-Intellektuelle Zustimmung und Beifall.[15]

Die Beiträge von Matthias Braun, Guntolf Herzberg, Ehrhart Neubert und Bernd Florath diskutieren die Entwicklungen der Entstalinisierungsphase in den intellektuellen Milieus, nicht ohne dabei zu unterschiedlichen Deutungen zu kommen. Mit dem Kreis derjenigen, die die Diskussion um die Enthüllungen Chruščevs über die Verbrechen Stalins aufnahmen, setzte laut Neubert ein Paradigmenwechsel von Opposition und Widerstand ein. Anstelle des Fundamentalwiderstandes, der bis Mitte der fünfziger Jahre widersetzliches Handeln prägte, dominierte nun eine systemimmanente Opposition. Während der traditionelle Widerstand, der von grundsätzlichen Gegnern des Kommunismus, zum Teil von Westberlin aus, getragen wurde, offen gegen die Gesetze und Regeln der Diktatur verstieß, bewegte sich die legalistisch operierende Opposition im System und versuchte, einen reformierten, humanisierten und demokratisierten Sozialismus zu errichten. Für den traditionellen Typus steht, so illustriert Neubert, die antikommunistische »Kampfgruppe gegen Unmenschlichkeit«. Für die systemimmanente Opposition war Wolfgang Harich und dessen »Plattform für einen besonderen Weg zum Sozialismus« ein Prototyp, der beispielsweise im Erfurter Propst Heino Falcke, aber auch in den Oppositionsgruppen der 1980er Jahre Nachahmer fand. »Diese Opposition arbeitete auf eine Demokratisierung des politischen Systems, die Entwicklung einer freien Öffentlichkeit und die Erweiterung des Handlungsspielraums des Individuums hin, ohne den Sozialismus prinzipiell infrage zu stellen«, so Neubert.

Opposition, Dissidenz oder Widerstand – was betrieben Harich und andere kommunistische Abweichler? Für Neubert rechtfertigt schon der (im Detail und an demokratietheoretischen Konzepten gemessen keinesfalls gelungene) Versuch, Sozialismus und Demokratie zu verbinden, dazu, von einem »oppositionellen Konzept« zu sprechen. Guntolf Herzberg stellt in seinem Essay diese

---

15 Vgl. zu den Reaktionen und näheren Umständen Prokop, Siegfried: 1956 – DDR am Scheideweg. Opposition und neue Konzepte der Intelligenz. Berlin 2006, S. 148 f.

Ansicht infrage und verweigert sich explizit der zeitgenössisch wie in der Forschung gängigen Rede vom »Aufstand der Intellektuellen«.[16] Nicht Dissidenz
oder Opposition, sondern die »Nachbesserung des Sozialismus« hatten sich
Harich und andere Intellektuelle auf die Fahnen geschrieben. Das bedeute, so
übersetzt Herzberg in den Erfahrungshorizont der Alltagspraxis, »nicht Umtausch oder Geld zurück, sondern dieselbe Ware funktionsfähig machen«.
Daher fehle der innere Bruch mit der Ideologie, um – so Herzberg – das Verhalten auch als Opposition qualifizieren zu können. Die Nachbesserer bewegten sich – da folgt Herzberg der Analyse Neuberts – im Rahmen des SED-
Systems. Harichs Reformprogramm hätte in weiten Teilen auch von Kurt
Hager unterschrieben werden können. Darüber hinausgehende Forderungen,
wie die von der SED zu betreibende Auflösung der NVA und des MfS oder
die Zulassung der Zeugen Jehovas wertet Herzberg nicht etwa als »Systembruch«, sondern lediglich als illusionäre Forderungen. Diese Deutung und
Einordnung kontrastiert mit der Bewertung Harichs, wie sie Engelmann in
seinem Beitrag vornimmt. Auch er konstatiert, dass Harich eine »zunächst
lediglich begrenzte Demokratisierung und Liberalisierung vorsah«, in der die
SED ihre »führende Rolle« nicht aufgeben sollte. Doch, da der von Harich
anvisierte Wiedervereinigungsprozess letztendlich in vollständig demokratische
Formen münden sollte, lag es – so Engelmann – nahe, dass die SED-Politbü-
rokratie seine Zielvorstellungen als radikalen Systembruch, als »Programm der
Konterrevolution« bewertete. Schließlich geschah dies alles vor dem Hintergrund der ungarischen Herbstereignisse, die von den DDR-Machthabern
(nicht völlig zu Unrecht) als eine Folge der »revisionistischen Aufweichung«
interpretiert wurden.

Warum sich die DDR-Intellektuellen auf diese Weise vor allem am Status
quo orientierten, erklärt Herzberg mit drei Hinweisen: Verbal waren sie in der
»verzerrten Kommunikation« des DDR-Politsprechs gefangen: Wer »sozialistische Demokratie« forderte, konnte ohne Weiteres mit dem »demokratischen
Zentralismus« abgespeist werden. Der Verweis auf die (gemeinsame) »Sache«
wie auch die Grundüberzeugung, dass jede Kritik am Sozialismus zunächst
dem kapitalistischen Gegner nütze, taten ihr Übriges. Diese verbalen Grenzen
und mentalen Bindungen hat das Gros der ostdeutschen Intellektuellen nie
überwunden, strebte dieses aber laut Herzberg auch nicht an: Viele der Kulturschaffenden sahen in der DDR den »antifaschistisch-demokratischen« Staat,
den die Propaganda beschwor und auf den man sich zumindest durch Maßnahmen wie die Entnazifizierung, die Bodenreform und Ähnliches zubewegte.
Zudem hatten sich viele Künstler und Wissenschaftler vorteilhaft eingerichtet.
Das politbürokratische System bot insbesondere den »Schriftstellern, die nicht

---

16 Vgl. Kersten, Heinz: Aufstand der Intellektuellen. Wandlungen in der kommunistischen
Welt. Stuttgart 1957.

schreiben, Malern, die nicht malen und Komponisten, die nicht komponieren konnten« eine Vielzahl von Betätigungs- und Erwerbsmöglichkeiten im Kulturapparat, mit denen sie sich nicht an Maßstäben ihrer Profession, sondern an den Vorgaben der Partei messen (lassen) konnten. Herzbergs Urteil: »Die Intelligenz der DDR hat es 1956 nicht geschafft, durch öffentlich akzeptierte Alternativen das politisch, wissenschaftlich und moralisch diskreditierte Modell des Stalinismus zu überwinden, weil die wenigen Alternativen zu starke Rücksicht auf den Status quo nahmen.« Es ist allerdings zu fragen, ob diese »Rücksicht« nicht auch schlicht dem fehlenden politischen Spielraum geschuldet war. Es war ja gerade das Problem der DDR, dass politische Alternativvorstellungen – im Unterschied zu Polen und Ungarn – nicht öffentlich gemacht, sondern nur in winzigen Gruppen diskutiert werden konnten. Und selbst das war der SED-Führung schon zu »öffentlich«, was dazu führte, dass etliche abweichlerische Diskutanten später wegen »planmäßiger Untergrabung der verfassungsmäßigen Staats- und Gesellschaftsordnung« (§ 13 StEG) kriminalisiert wurden.

Einen besonderen Fall beleuchtet Bernd Florath mit der Person Robert Havemanns, dessen Ablösungsprozess von der Partei 1956 seinen (zögerlichen) Anfang nahm. Der in den 1960er und 1970er Jahren mit Abstand bekannteste DDR-Dissident galt im Jahr des XX. Parteitags und des Ungarnaufstandes prominenten Zeitgenossen wie Viktor Klemperer als »150-%iger«. Nicht nur als Volkskammerabgeordneter, sondern darüber hinaus in zahllosen Gremien und Organisationen eingebunden, hatte er sich öffentlich wie konspirativ im Sinne des Staates und als »engagierter Protagonist des SED-Regimes in der DDR« eingesetzt: als Wissenschaftsorganisator, als Propagandist und als inoffizieller Mitarbeiter der Staatssicherheit.[17] Dennoch war sein Wirken in diesem Jahr aus Sicht des Regimes auch ein Unruhefaktor: Persönlich, so Florath, sei Havemann lange vorher über die Verbrechen Stalins informiert gewesen, die Ereignisse des XX. Parteitags hätten ihm aber das Ausmaß des eigenen Verdrängens bewusst gemacht. »Meinungsstreit fördert die Wissenschaft« – mit dieser These provozierte er seine parteikonformen Wissenschaftlerkollegen und erreichte zugleich eine partielle, auf einem Missverständnis beruhende Zustimmung Ulbrichts. Wie stark er sich dabei in den Koordinaten des Systems bewegte beziehungsweise Angriffe regelgerecht abzublocken wusste, zeigte sich in der berühmt gewordenen Diskussion seiner Thesen am 14. Dezember 1956: Von seinen Gegnern als Tribunal gedacht, kehrte Havemann die Rollen in dieser Veranstaltung um und stellte diejenigen an den Pranger, die seine Thesen öffentlich ausbreiteten und kritisierten, obwohl die SED dieses als parteischädigend bezeichnet hatte. 1956 war Havemann, so Florath,

---

17 Vgl. Polzin, Arno: Der Wandel Robert Havemanns vom Inoffiziellen Mitarbeiter zum Dissidenten im Spiegel der MfS-Akten. Berlin 2005.

trotz dieser Unbotmäßigkeiten noch unangreifbar. Sein wissenschaftliches und persönliches Renommee wie auch seine internationalen Kontakte zu Kollegen seines Faches schützten den Naturwissenschaftler vor stärkeren Repressionen. Ab 1964 änderte sich dieses grundlegend.

Während es in Ungarn zu Wechselwirkungen zwischen intellektueller Kritik und der Aufstandsbewegung kam, blieb die DDR-Intelligenz weitgehend in ihren Elfenbeintürmen gefangen. Diese Situation spiegelt sich in ihren Institutionen. Speziell die Deutsche Akademie der Künste (DAdK) glich in dieser Situation, so zitiert Matthias Braun den Intendanten und Schauspieler Wolfgang Langhoff, einem »Altherrenverein«. Kein einziges Mitglied der DAdK wurde beim »Schlag gegen die revisionistische Intelligenz«, den SED und MfS führten, belangt. Nur vereinzelte Mitglieder erkundigten sich im Plenum der Akademie 1957 nach dem Schicksal Georg Lukács'. Im Gegensatz dazu entwickelten sich die Wochenzeitung *Sonntag*, Teile des Aufbau-Verlags um Wolfgang Harich, Walter Janka und Gustav Just wie auch verschiedene Diskussionszirkel zu recht »lebendigen Orten politischer und philosophischer Diskussionen« wie auch zu einem Forum der Information über die Vorgänge in Polen und Ungarn. Die Partei wies die Redakteure des Blattes scharf zurecht. Das MfS reagierte, indem es mit Klaus Gysi einen »Geheimen Informator« installierte, der nicht nur zum Leiter des Verlags ernannt wurde, sondern fortan regelmäßig über die Aktivitäten der Redaktion berichtete. Auch mit den Konversationszirkeln um Gerhard Zwerenz und Erich Loest entwickelten sich keine festen oppositionellen Strukturen, sondern lediglich lose Diskussionszusammenhänge, was die Protagonisten allerdings nicht vor fatalen Folgen bewahrte: Loest wurde zu siebeneinhalb Jahren Zuchthaus verurteilt und Zwerenz entging seiner Festnahme lediglich, indem er in den Westen floh.

Die Doppelstrategie von SED und MfS – Verketzerung und Kriminalisierung der »Abweichler« sowie verstärkte Kontrolle – war aus Sicht des Regimes erfolgreich, konnten die wenigen Unruheherde doch bald wieder stillgestellt werden. Die Rede vom »Petöfi-Klub«, mit dem seit 1956 zahlreiche dieser Disziplinierungsmaßnahmen begründet wurden, war eine Projektion ungarischer Verhältnisse auf die DDR, die in der Realität keine wirkliche Entsprechung hatte. Blickt man auf die innere Entwicklung der Felder intellektueller Betätigung, dann zeigt sich der Schaden, der mittel- und langfristig entstand: Kunst, Kultur und Wissenschaft wurden von ihren internationalen Diskurszusammenhängen zunehmend abgeschnitten.

Im Unterschied zu Polen und Ungarn aber, wo die Stalin-Kritik breitere Gesellschaftsschichten erfasste, blieb die Kritik in der DDR vielfach auf intellektuelle Kreise beschränkt. Zwar kam es in manchem Betrieb wie auch an einigen Universitätsfakultäten zu Protesten. Aber zu »hoch riskanten Widerstandshandlungen« mobilisierten die polnischen und ungarischen Vorbilder in der DDR nicht, so berichtet Ehrhart Neubert. Gleiches gilt, wie Peter Heumos in seinem

Beitrag zum Streikverhalten zeigt, für die Tschechoslowakei, wo die von Partei-
seite hofierte Arbeiterklasse diese Ereignisse nicht oder kaum explizit aufgriff.

Insbesondere im Vergleich der unterschiedlichen nationalen Kommunis-
men werfen die Beispiele DDR und Tschechoslowakei eine Reihe von Fragen
auf, die auch an die Situation in anderen Ostblockstaaten zu stellen wäre:
Warum es »ausgerechnet in Ungarn zu einem Aufstand gegen das stalinistische
Regime [kam], der sich – anders als drei Jahre zuvor jener in Berlin – sofort zu
einer Revolution und zu einem Freiheitskampf entwickelte«, ist mit Verweis
auf die besondere Dynamik der Ereignisse wie auch auf die Entwicklungen
und Belastungen der Vorjahre verschiedentlich erklärt worden.[18] Zu Recht
aber hat Géza Alföldy diese Überlegungen umgekehrt und danach gefragt,
warum »die Lage damals in den anderen Ostblockstaaten, von der Revolte in
Poznań im Juni und der friedlich verlaufenden partiellen Reform des Regimes
in Polen im Herbst 1956 abgesehen, ruhig bzw. unverändert blieb«.[19]

Peter Heumos, Dierk Hoffmann und Christian Sachse weiten mit ihren
Beiträgen den Blick, stellen die Ereignisse von 1956 in einen weiteren Kontext
und fragen danach, in welchem Ausmaß und auf welche Weise es gelang, in
staatssozialistischen Systemen Gesellschafts- und Verteilungskonflikte politisch
einzuhegen oder zu kanalisieren.

Inwieweit die Sozialpolitik dazu beitrug, Herrschaft zu stabilisieren, untersucht Dierk Hoffmann am Beispiel von Polen, der Tschechoslowakei, der
DDR und der UdSSR. Galt die Sozialpolitik zunächst als absterbender Ast
und allenfalls als »Lazarettstation des Kapitalismus«, wurde dieser Politikbereich seit Anfang der fünfziger Jahre aufgewertet, bis er dann an der Wende
von den 1960er zu den 1970er Jahren zu einer »Superpolitik« avancierte.
Hoffmann geht diesen Trends nach und zeigt deren Wechselwirkungen mit
der politischen Entwicklung: Die einseitige Orientierung an der Schwerindustrie und die damit verbundene überproportionale Förderung der arbeitenden
zu Lasten der nicht tätigen Bevölkerung hatte soziale Konfliktlagen geschürt
und zu den Unruhen zwischen 1953 und 1956 beigetragen. Somit »beschleunigte die Entstalinierungskrise einen innenpolitischen Reformprozess«, der
schon vorher wegen der sozialen Folgelasten des Zweiten Weltkriegs und des
wachsenden Anteils von Rentnern in der Bevölkerung unumgänglich geworden war. Einen sowjetischen »Masterplan«, der die Entwicklung in den sozialistischen Bruderländern festgeschrieben hätte, gab es nicht. Am Beispiel der
DDR kann Hoffmann nachweisen, dass dort vielmehr die Konkurrenzsituati-
on zur Bundesrepublik die konkrete Ausgestaltung prägte.

---

18 Alföldy, Géza: Ungarn 1956. Heidelberg 1998, S. 16; zusammenfassend Ahn, Thomas von;
Fischer, Holger: Die Ungarische Revolution 1956. Erfurt 2006.
19 Alföldy: Ungarn (Anm. 18), S. 16.

Peter Heumos untersucht mit einem ähnlichen Grundinteresse das Verhalten von tschechischen und ostdeutschen Arbeitern in industriellen Konflikten bis 1968. Die Zahlen allein ergeben kein treffendes Bild: Während mit 218 von 401 bis 1968 registrierten Arbeitskonflikten der Höhepunkt der Streikbereitschaft in der Tschechoslowakei vor 1954 lag, zählte die DDR-Führung noch Ende der fünfziger Jahre rund 100 Streiks pro Jahr. Diese höhere Zahl registrierter Streiks aber lasse keinesfalls auf eine stärkere Stellung der Arbeiterschaft schließen, so Heumos, im Gegenteil: Bis ins Jahr 1953 zeigte die Arbeiterschaft in den DDR-Betrieben noch deutliche Anklänge an die Arbeiterbewegungstradition der 1920er Jahre. Nach dem 17. Juni 1953 aber begann die Staatsmacht, die Regeln für das Konfliktverhalten im Betrieb festzulegen. Im Geflecht der betrieblichen Macht- und Sozialbeziehungen gab es zwar zahlreiche Konflikte, die »auf der Ebene kurzfristiger Interaktionen absorbiert werden konnten«. Letztlich aber war die Arbeiterschaft doch erfolgreich eingehegt worden.

In der ČSR zeigt sich eine nahezu gegenteilige Entwicklung: Die Konfliktbereitschaft nährte sich bis 1953 vor allem aus dem Machtstreit zwischen der jeweiligen Betriebsparteiorganisation und dem Betriebsrat. Den meist mühsam erworbenen Einfluss der Zellen der kommunistischen Partei »durchlöcherten« die Betriebsräte zunehmend. Schon vor 1953 war es den Betriebsräten gelungen, ein Netz zu knüpfen, »das sich der Destruktion durch zentralistische Politik entzog, in Konfliktfällen Verhaltenssicherheit vermittelte und relativen Schutz gegen Terror bot«. Als nach der Niederschlagung einer Streikwelle um den 1. Juni 1953 die Kommunistische Partei der Tschechoslowakei das Problem der Arbeitsbummelei per Regierungsanordnung angehen wollte, erreichte die Gewerkschaft deren Zurücknahme. Damit zog sich die KP nicht nur von diesem Problem zurück, sondern überließ der Gewerkschaft auch weitgehend die Regulierung von Streiks. Selbst die »letzten Spuren der sicherheitsdienstlichen ›Regulierung‹ von Arbeitskämpfen« verloren sich spätestens 1958. Die Betriebsdirektoren und ihre Hierarchie spielten keine wichtige Rolle, da sich fachlich die Unterschiede zwischen leitendem und ausführendem Personal weiter auflösten, indem die Betriebsräte ihre Kompetenz bei der Materialbeschaffung wie auch bei der Organisation von Arbeitsabläufen immer stärker einbrachten. Als dann 1959 die Betriebsräte mit den Betriebsausschüssen der Revolutionären Gewerkschaftsbewegung verschmolzen wurden, waren die Gewerkschaftsausschüsse schon längst im Schlepptau der Betriebsräte und führten bruchlos deren Politik fort.

Auf die in der DDR praktizierte Wehrerziehung konzentriert sich der Beitrag von Christian Sachse. Die Einführung des allgemeinen Wehrunterrichts 1978 war Höhepunkt und Schlussstein einer Entwicklung, die bereits in den 1950er Jahren einsetzte. Selbst zu diesem Zeitpunkt aber, so urteilt Sachse, war der Nutzen der wehrerzieherischen Programme für den Kriegsfall allenfalls begrenzt. Die Wirkung dieser Disziplinierungs- und Sozialisationsmaßnahmen zielte vor allem nach innen: Neben Sekundärtugenden wie Disziplin, Fleiß und Pünktlichkeit sollten vor allem Eigenschaften wie Unterordnungsfähigkeit, Kollektivgeist und Aufopferungsbereitschaft zur Einordnung in die sozialistische Gesellschaft führen. Die organisatorischen Grundlagen dafür wurden zwischen 1952 und 1961 gelegt. Die Gesellschaft für Sport und Technik (GST), der Arbeitsdienst »Dienst für Deutschland«, das Deutsche Rote Kreuz und seit 1954 die Kampfgruppen der Arbeiterklasse waren Institutionen, die für den Willen eines »totalen Zugriffs auf die gesamte Gesellschaft« standen. Es blieb allerdings beim Vorsatz, scheiterte die Realisierung doch an »mangelnden Ressourcen, fehlender Organisationsfähigkeit und geringer Akzeptanz«. Erst mit dem 11. Plenum der SED 1965 wurden nach einer kurzen Liberalisierungsphase die Bemühungen wieder verstärkt. Ein 1968 beschlossenes »Gesamtgesellschaftliches System der Sozialistischen Wehrerziehung« etablierte einen Stufenplan, in welches bis Ende der 1970er Jahre 90 Prozent der Jugendlichen eingebunden wurden. Den gewünschten Effekt hatten diese Maßnahmen allerdings nicht, im Gegenteil: Schon DDR-eigene Untersuchungen aus den 1980er Jahren deckten auf, dass die Teilnahme an der paramilitärischen Ausbildung mehr Frust als Motivation produzierte. Langfristige und womöglich übergenerationell Auswirkungen auf das Sozialverhalten sind nicht erforscht.

Die Entstalinisierungsdiskussion und insbesondere der XX. Parteitag der KPdSU eröffneten für kurze Zeit eine Chance dazu, die Praxis der Wehrerziehung kritisch zu diskutieren. Insbesondere die vom V. Pädagogischen Kongress dekretierte »Hass-Erziehung« oder auch die als »HJ-Ausbildung« charakterisierte Praxis der GST wurden in der DDR offen angegriffen, ohne aber dass dieses Konsequenzen zeitigte.

Eine Quintessenz der hier vorgelegten Betrachtungen zum Prozess der Entstalinisierung und seinen krisenhaften Begleiterscheinungen zu formulieren, ist schwierig. Zu komplex ist das Bild, das sich aus den verschiedenen Einzelaspekten der Thematik ergibt. Der Entstalinisierungsprozess enthält markante Elemente sowohl der Kontinuität als auch des Wandels. Insbesondere vor dem Hintergrund der sowjetischen Geschichte markiert er eine deutliche Zäsur: Die Abkehr der sowjetischen Führung von der Stalin'schen Politik des systematischen Massenterrors war keine kosmetische Angelegenheit. Sie bedeutete die Beendigung des permanenten Ausnahmezustandes, der von der uferlosen Willkür und Brutalität der stalinistischen Herrschaftspraxis erzeugt worden war. Gleichzeitig waren die Kontinuitäten bei Herrschaftspersonal, Herrschaftsstrukturen und Ideologie erheblich und die von der Entstalinisierung ausgelösten Veränderungsprozesse stießen bald an systemimmanente Grenzen. Es musste zwangsläufig zu krisenhaften Entwicklungen kommen, denn es lag in der Natur der Sache, dass die Gesellschaften bald mehr Bewegungsspielraum beanspruchten, als die kommunistischen Machthaber gewähren wollten oder konnten. Chruščevs

Abrechnung mit Stalin bedeutete zudem die Beschädigung eines zentralen Herrschaftsmythos und führte so zu einer folgenreichen Erschütterung kommunistischer Glaubensgewissheit. Die Entstalinisierungskrise bekam »plötzlich den Vorgeschmack des Untergangs« (Furet).[20] Die ungarischen Ereignisse des Herbstes 1956 verdeutlichten die politischen Risiken in ihrer letzten Konsequenz. Die sowjetische Politik musste das Steuer herumreißen, und im gesamten kommunistischen Machtbereich reduzierten sich die politischen Spielräume wieder. Der Kommunismus war an die Grenzen seiner Reformfähigkeit gestoßen. Das gleiche Spiel wiederholte sich – leicht variiert – in der zweiten Enstalinisierungsphase der sechziger Jahre. Als die sowjetische Politik Ende der achtziger Jahre ein drittes Mal – und diesmal konsequenter – den Reformweg beschritt, bedeutete dies das Ende des kommunistischen Systems.

* * *

Die hier veröffentlichten Beiträge gehen auf eine gemeinsame wissenschaftliche Konferenz des Instituts für Zeitgeschichte München-Berlin und der Abteilung Bildung und Forschung der Bundesbeauftragten für die Stasi-Unterlagen zum Thema »Zwischen Tauwetter und neuem Frost – Entstalinisierungskrise 1956 und die Folgen« zurück, die vom 26. bis 28. Oktober 2006 in Berlin stattfand. Die Beiträge wurden für die Drucklegung zumeist intensiv überarbeit und teilweise erheblich erweitert, wofür den Autoren herzlich gedankt sei.

Für das Gelingen der Konferenz ist an erster Stelle der Vertretung des Freistaats Thüringen beim Bund zu danken, die die Veranstaltung in ihren Räumen beherbergte und sich – wie gewohnt – als vorzüglicher Gastgeber erwies. Ein herzlicher Dank geht auch an die Moderatoren der einzelnen Sektionen, die mit ihrer kompetenten und umsichtigen Diskussionsleitung einen maßgeblichen Beitrag für die Tagung geleistet haben. Namentlich seien hier Prof. Dr. Horst Möller und PD Dr. Michael Schwartz genannt, die in diesem Band nicht mit eigenen Textbeiträgen vertreten sind. Zu danken ist auch den Mitarbeiterinnen des Instituts für Zeitgeschichte und der BStU, Frau Georgi, Frau Tschacher, Frau Gorsler und Frau Hein, die für einen reibungslosen organisatorischen Ablauf sorgten. Für die kompetente und zuverlässige Betreuung des Buchmanuskripts sei Christian Härtel, Christiane Neumicke und Thomas Heyden gedankt. Ein besonderer Dank geht an die Praktikantin Anna Scharnetzky, die sich bei Redaktion und Korrektur der englischen Beiträge verdient gemacht hat.

Roger Engelmann, Thomas Großbölting, Hermann Wentker

---

20   Furet, François: Das Ende der Illusion. Der Kommunismus im 20. Jahrhundert. 2. Aufl., München 1999, S. 597.

Satelliten in der Krise

Jan Foitzik

Entstalinisierungskrise in Ostmitteleuropa

Verlauf, Ursachen und Folgen[1]

Vorbemerkung

Als politisches Schlagwort tauchte der Ausdruck »Entstalinisierung« 1956 in Budapest auf Transparenten der Opposition auf. Im kommunistischen Osteuropa blieb er – wie der Terminus »Stalinismus« – bis 1989/90 offiziell verboten. Auch als Schablonen des informellen politischen Diskurses wurden dort beide Ausdrücke nur in reformkommunistischen Kreisen der 1950er und 1960er Jahre benutzt, nicht mehr in der dissidenten Regimeopposition.[2] Eine Ausnahme stellt Jugoslawien dar, wo Stalin- und »Stalinismus«-Kritik ab 1948 zum Grundpfeiler der Systemlegitimation gehörte.

Zu analytischen Kategorien wurden beide Schlagworte im Westen »verwissenschaftlicht«. Weitgehend verloren ging dabei der begriffsbildende Zusammenhang mit den Auseinandersetzungen in der sowjetischen Staatspartei zwischen Stalin und Trotzki, dessen Deutung der Politik Stalins als »Deformation des Leninismus« die Wahrnehmung des Kommunismus nachhaltig prägte. In der postkommunistischen osteuropäischen Geschichtsschreibung setzten sich die Termini »Stalinismus« und »Entstalinisierung« nach 1989/90 zwar durch, allerdings werden sie national sehr unterschiedlich ausgelegt und bereiten wegen ihrer semantischen Toleranz und analytischen Explorationsschwäche großes Unbehagen.[3]

---

1   Es war nicht einfach, das Material zu bändigen. Um gleichermaßen den Leser wie den Autor zu schonen, werden nicht alle Detailaussagen belegt. Sofern sie nicht in den Spezialreferaten genannt werden, können die entsprechenden Belege mithilfe der angegebenen Literatur erschlossen werden.

2   Darüber informiert auch Urban, R. G. (Hg.): Stalinism. Is Impact on Russia and the World. London 1982.

3   Stellvertretend für viele argumentiert Axjutin, dass Stalin und Chruščev nicht scharf voneinander trennbar seien, weil eine Reform des Systems auch für Stalin durchaus vorstellbar war und bei jeder Kräfteentwicklung stattgefunden hätte. Im Zentrum stehen deshalb die persönlichen Ambitionen der Reformer. Vgl. Axjutin, Juri: Chruschtschowskaja »ottepel‹ i osbschestwennyje nastrojenija w SSSR w 1953–1964gg. [Das Chruščev'sche »Tauwetter« und gesellschaftliche Stimmungen in der UdSSR in den Jahren 1953–64]. Moskwa 2004, S. 479. Schlaglichter auf die terminologische Diskussion werfen u. a. Bonwetsch, Bernd: Der Stalinismus in der Sowjetunion der dreißiger Jahre. Zur Deformation der Gesellschaft. In: Jahrbuch für Historische Kommunismusforschung 1993, S. 11–36; Hildermeier, Manfred: Interpretationen des Stalinismus. In: Historische Zeitschrift, Bd. 264 (1997), S. 655–674; Plaggenborg, Stefan (Hg.): Stalinismus. Neue Forschungen und Konzepte. Berlin 1998;

Die Gründe liegen teilweise in der »doppelten« semantischen Begriffsgeschichte verborgen. Als »Stalinismus« wurde in Osteuropa – in der Hauptsache bis 1956 – nur außerhalb des russischen Sprachraums im positiven Sinne die »Lehre Stalins« bezeichnet. In der Sowjetunion war der Ausdruck »Stalinismus« hingegen tabuisiert, weil er infolge der permanenten propagandistischen Kampagnen gegen den »Trotzkismus« bereits semiotisch negativ besetzt worden war.[4] Ausschlaggebend für die heutige Zurückhaltung sind jedoch wissenschaftliche Gründe, denn mehrheitlich wird der Kommunismus in Osteuropa als eine »historische Einheit« wahrgenommen,[5] in dem die individuelle Handschrift seiner einzelnen historischen Abschnitts-Führer zwar erkennbar, aber nicht systematisch erklärbar ist. Das erkenntnisleitende Interesse der unmittelbar Betroffenen speist sich auch nicht aus typologischen Merkmalen eines zum abstrakten Modell geschliffenen politischen Herrschaftssystems und dessen zahlreichen Facetten, wie in der westlichen Perspektive.[6] Vielmehr bestimmen die Binnensicht konkrete Probleme der rechtlichen und politischen Herrschaftslegitimation sowie die gesellschaftlichen und kulturellen Auswirkungen der kommunistischen Diktatur auf die staatliche, nationale und kulturelle Identität. »Stalinismus« wird dort zudem stärker auch in seiner internationalen institutionellen Dimension als »Revolution von außen«, als »fremde Geschichte« thematisiert. Bereits diese nationale Problematik weist auf die Vielgestaltigkeit und Ungleichzeitigkeit der historischen Entwicklungsprozesse wie der Diskurse darüber hin.

Meistens wird die abstrakte terminologische Aporie in der osteuropäischen Historiographie aber umgangen: »Entstalinisierung« wird in der Regel mit einer »kosmetischen Korrektur des Stalinismus« umschrieben, der »Post-Stalinismus« und »Neo-Stalinismus« in der westlichen Diktion als »liberaler Kommunismus«, »aufgeklärter Stalinismus« oder gar als »Stalinismus mit menschlichem Antlitz«. Denn verändert habe sich »nicht die Natur des Regimes, sondern nur die

---

Rupnik, Jacques: Der Totalitarismus aus der Sicht des Ostens. In: Jesse, Eckhard (Hg.): Totalitarismus im 20. Jahrhundert. Eine Bilanz der internationalen Forschung. Bonn 1996, S. 389–415; Vykoukal, Jiří; Litera, Bohuslav; Tejchman, Miroslav: Východ. Vznik, vývoj a rozpad Sovětského bloku 1944–1989 [Der Osten. Entstehung, Entwicklung und Zusammenbruch des Sowjetblocks 1944–1989]. Praha 2000, S. 11 f.

4   In den Jahren 1956–1958 betrachtete Chruščev die in Westeuropa und Jugoslawien gängigen Ausdrücke »Stalinist« und »Antistalinist« nicht als Widersprüche und bezeichnete sich selbst als »Stalinisten«. Vgl. dazu die Memoiren des damaligen jugoslawischen Botschafters in Moskau Mićunović, Veljko: Moscow Diary. London 1980, hier insbes. S. 26, 168, 187, 196, u. 431.

5   Dies nicht zuletzt auch aus rechtlichen Gründen. Vgl. Foitzik, Jan: Zwischen »deutschem« und »sowjetischem« Totalitarismus 1944–49. Zehn Jahre postkommunistischer »Vergangenheitsbewältigung« und Geschichtsaufarbeitung in Mitteleuropa. In: Jahrbuch für Historische Kommunismusforschung 1999, S. 329–339, hier 330–331. Dort weitere Literaturangaben.

6   Hildermeier, Manfred: Interpretationen des Stalinismus. In: Historische Zeitschrift, Bd. 264 (1997), S. 655–674, stellt fünf methodische Varianten des Stalinismus vor. Dabei übersah er das in Osteuropa besonders wirkungsmächtige Konzept der »Revolution von außen«.

Spielregeln zwischen Herrschaft und Gesellschaft«.[7] Nur ausnahmsweise werden die Ausdrücke »Stalinismus« und »Entstalinisierung« von modernen russischen Historikern benutzt.[8] Dies wohl auch deshalb, weil in Umfragen 47 Prozent der russischen Bevölkerung Stalin eine »positive Rolle in der Geschichte Russlands« bescheinigen[9] und 35 Prozent weiterhin das »Sowjetsystem« für das für Russland am besten geeignete politische System halten.[10] Aktuell sind die damit aufgeworfenen Fragen nach der gesellschaftlichen und kulturellen Dimension von »Stalinismus« und »Entstalinisierung« aber auch deshalb, weil die juristischen Folgen des »Stalinismus« noch nicht bewältigt worden sind: In Russland besitzen beispielsweise einige Kategorien der in den 1930er Jahren gesprochenen Strafurteile weiterhin Rechtskraft.[11]

Der wissenschaftlich verfestigte westliche Topos »Entstalinisierung« ist ein teleologischer, kein genetischer. Er missachtet aber nicht nur die Ereignisgeschichte und fixiert sich einseitig auf die (oft nur konstruierte) Wirkungsgeschichte, sondern setzt sich dabei methodisch über die Besonderheiten des singulären politischen Kommunikationsraumes hinweg, indem er objektive Kausalitätsketten sogar dort konstruiert, wo nachweislich keine bestanden. So wird beispielsweise ignoriert, dass die »Geheimrede« in Osteuropa in der Hauptsache nur aus illegalen westlichen Quellen oder vom ebenfalls strafbaren Hörensagen her bekannt war.[12] Offiziell erschien der Text der »Geheimrede« erst 1988 in Polen, 1989 in der Sowjetunion,[13] 1990 in der DDR und in der ČSSR.[14] In Prag gab es noch Probleme mit der Zensur, obwohl der tschechische Wortlaut bereits 1989 in Moskau veröffentlicht worden war.[15] Authentische

---

7   So stellvertretend für viele Koslow, Wladimir A.; Mironienko, Sergei W. (Hg.): Kramola. Inakomyslije w SSSR pri Chruschtschewe i Breschnewe 1953–1982gg. [Aufruhr. Andersdenkende in der UdSSR unter Chruščev und Breschnew in den Jahren 1953–1982]. Moskwa 2005, S. 29.

8   So beispielsweise durch Pichoja, R. G.: Sowetski Sojus: Istorija wlasti 1945–1991 [Die Sowjetunion: Herrschaftsgeschichte 1945–1991]. Moskwa 1998, oder Jakowlew, A. N.: Sumerki [Dämmerung]. Moskwa 2005.

9   FAZ v. 15.3.2005.

10   Nur 16 % präferieren die Demokratie nach westlichem Vorbild. Die Angaben basieren auf einer 2007 veröffentlichten Umfrage des unabhängigen russischen Levada Center im Auftrag des EU-Russia Centers unter 1 600 Befragten.

11   Das gilt etwa für Urteile in »Landesverratsfällen«, wobei die rechtliche Rehabilitierung solcher Personen, die nur im Rahmen der »Sippenhaftung« verurteilt worden sind, von der Rehabilitierung des »Hauptbeschuldigten« abhängt.

12   Über Strafurteile wegen Beschaffens und Lesens »der gefälschten Rede Chruščevs auf dem XX. Parteitag« in der DDR berichtet Kowalczuk, Ilko-Sascha: Geist im Dienste der Macht. Hochschulpolitik in der SBZ/DDR 1945 bis 1961. Berlin 2003, S. 459.

13   In: Iswestija ZK KPSS 3/1989, S. 128–170.

14   Chruščov, Nikita S.: O kultu osobnosti a jeho důsledcích [Über den Personenkult und seine Folgen]. Příloha Týdeníku aktualit. Praha 1990, č. 7.

15   Chruščov, Nikita S.: O kultu osobnosti a jeho důsledcích [Über den Personenkult und seine Folgen]. Nakladatelství Tiskové agentury Novosti. Moskwa 1989.

zeitgenössische Fassungen der »Geheimrede« sind außerhalb Moskaus bisher in keinem einzigen osteuropäischen Archiv aufgefunden worden.

Nicht nur die Semantik, auch der zeitliche Rahmen von »Stalinismus« und »Entstalinisierung« ist unbestimmt und dehnbar. Für einzelne Autoren beginnt der sowjetische »Stalinismus« im Jahr 1921 mit der Einführung des Einpartei-Systems und dem innerparteilichen Oppositionsverbot (X. Parteitag), 1924 mit dem Tod Lenins, 1928/29 mit dem Beginn des ersten sowjetischen Fünfjahrplans bzw. der offiziellen Feier des 50. Geburtstages Stalins, 1930 (XVI. Parteitag) oder erst 1934 (XVII. Parteitag, der »Parteitag der Sieger«). »Entstalinisierung« wiederum beginnt für einige mit dem Tod Stalins im März 1953, sie beschränkt sich auf die punktuelle geschichtspolitische Entsorgung singulärer personengebundener Ereignisse auf dem XX. Parteitag der KPdSU,[16] einige Autoren beschränken sie auf die Jahre 1956 bis 1958[17] oder lassen sie mit der Absetzung Chruščevs 1964 enden, um in die Phase des Brežnev'schen »Neostalinismus« überzugehen. »Entstalinisierung« kann sich aber auch auf den Zeitabschnitt »vom Tod des Tyrannen, unterdrückt durch das Oktober-Plenum (1964) des ZK der KPdSU [d. i. Ablösung Chruščevs durch Brežnev], bis zur Intervention in der ČSSR 1968« erstrecken.[18] Unter Brežnev habe dann die »Systemkrise« begonnen, an deren Ende »die sowjetische Bürokratie sogar die UdSSR auflöste«.[19] »Entstalinisierung« kann sich aber auch bis zum Zusammenbruch des Kommunismus 1989 bis 1991 hinziehen bzw. darüber hinaus.[20]

Auf exkulpatorische und kompensatorische Elemente im kontrovers geführten Vergangenheitsdiskurs wiesen polnische Historiker hin.[21] Die Behandlung des Jahres 1956 als eine Zäsur in der Geschichte des Kommunismus ist auch eine Folge der systemisch bedingten moralischen Desorientierung, ein Element des »kulturellen« oder »gesellschaftlichen Stalinismus«. Stellvertretend

---

16   In systematischer Absicht könnte dazu auch die jugoslawische Entwicklung gezählt werden, wo eine »Entstalinisierung« kurzfristig 1948 geleistet wurde.

17   So beispielsweise Rupnik: Der Totalitarismus (Anm. 3), hier S. 391. Aufschlussreich sind vielfach auch die für diesen Zeitraum benutzen Metaphern: »Zwischen Tauwetter und Nachtfrost« (Werkentin 1995, für die Jahre 1955–1957), »Tauwetter und Frost 1956–63« (Roger Engelmann 1999, S. 152), »Tauwetter und Überschwemmung« (Paczkowski 1995).

18   Tschuprinin, Sergej. In: Otepel 1953–62. Stranizi ruskoi, sowetskoi literatury [Tauwetter 1953–62. Seiten der russischen, sowjetischen Literatur]. 3 Bde., Moskwa 1989–1990, hier Bd. 1, S. 10.

19   Im Original: »Die DDR-Bürokratie löst sogar die DDR auf«. Peter Hacks 1986.

20   Zu den »nationalen Amplituden« der »Entstalinisierung« in einzelnen ostmitteleuropäischen Ländern vgl. Vykoukal: Východ (Anm. 3), S. 297 f. In der Tschechoslowakei habe beispielsweise die »Entstalinisierung« bis 1968 gedauert. Das ›fatale Dilemma‹ der »Entstalinisierung« machte das Bestreben aus, »das stalinsche Modell zu überwinden, weil es die Weiterentwicklung blockierte, und die Furcht, dieses System aufzugeben, weil es das Risiko einer Wiederbelebung der Vergangenheit in sich barg«. Ebenda, S. 296.

21   Dazu Spiewak, Pawel (Hg.): Anti-Totalitarismus. Eine polnische Debatte. Frankfurt/M. 2003, insbes. S. 31–32, u. 375–466.

für viele lehnt der polnische Historiker Jerzy Holzer die Bezeichnung »Stalinismus« ab, weil es sich lediglich um eine politische Kampfparole der regierenden Kommunisten gehandelt habe, die das von ihnen geschaffene System nicht als »authentischen Kommunismus«, als »Kommunismus als solchen«, sondern als fehlerhafte Entartung erkannten in dem Moment, als die Repressionen vor ihnen nicht haltmachten.[22] Den komplementären Terminus »Entstalinisierung«, in russischer Diktion: Chruščev'sche »Reformation« als »administrative Mobilisierung«, »Modernisierung« oder »Liberalisierung« »von oben«, lässt man in der russischen Historiographie nur zur Beschreibung einer Etappe der Regression des »Stalinismus« gelten, spricht dem Phänomen also eine typologische Eigenständigkeit ab. Zur Begründung wird darauf hingewiesen, dass die Degradation des Stalin'schen Systems in den 1950er und 1960er Jahren mit der grundsätzlichen Umkehrbarkeit der Chruščev'schen Reform unter Brežnev zu verbinden sei.[23] Hermann Weber überbrückt die terminologische Aporie und unterscheidet zwischen »Stalinismus im engeren oder speziellen Sinne – dies war Willkürherrschaft und brutaler Terror« – und »Stalinismus in seiner weiteren oder allgemeineren Einschätzung als gesellschaftspolitisches System«, der bis zum Ende des SED-Staates 1989 existierte.[24]

I. Zum Verlauf der »Entstalinisierungskampagne«

Chruščevs Referat *»Über den Personenkult und seine Folgen«* hörten nur die sowjetischen Delegierten des XX. Parteitags der KPdSU, denn ausländische Parteitagsgäste blieben von der Sondersitzung am 25. Februar 1956 ausgeschlossen. Die Führer der französischen und italienischen sowie die Ersten Sekretäre der osteuropäischen kommunistischen Parteien informierte Chruščev auf einer Beratung am 27. Februar »über den Inhalt des Referats« mit der Auflage, ihn als parteiinterne Angelegenheit zu behandeln.[25]
    Zu diesem Zeitpunkt waren aber schon viele Mitglieder der ausländischen Delegationen aus Moskau abgereist. Von der polnischen und der tschechoslowakischen Delegation wurden nur die Parteichefs Bolesław Bierut und

---

22   Holzer, Jerzy: Solidarność 1980–1981. Geneza i historia [Solidarnosc 1980–1981. Entstehung und Geschichte]. Warszawa 1990. Auch in den »neuen« Programmen der postkommunistischen »kommunistischen« Parteien wird das System bis zum Zusammenbruch 1989/91 als »stalinistisch« apostrophiert.
23   Vgl. dazu Affanasjew, Juri N. (Hg.): Sowjetskaja istoriografija [Die sowjetische Historiographie]. Moskwa 1996.
24   Weber, Hermann: Aufbau und Fall einer Diktatur. Köln 1991, S. 64 ff.
25   Axjutin, Juri. In: Nikita Sergejewitsch Chruschtschow. Skizzen zur Biographie. Berlin 1990, S. 45.

Antonín Novotný[26] unterrichtet, einigen noch in Moskau weilenden SED-Parteitagsgästen habe in der Nacht nach Abschluss des Parteitags ein Abgesandter des sowjetischen Parteiapparats das »Geheimreferat« mündlich ins Deutsche übertragen, wobei Karl Schirdewan ausführliche Notizen anfertigte.[27] Der Erste Sekretär der PVAP, Bolesław Bierut, starb am 12. März 1956 in Moskau.

In Ostmitteleuropa basierte die erste Runde der parteiinternen Entstalinisierungskampagne nach dem XX. Parteitag vielfach auf Referaten von Funktionären, denen die »Geheimrede« nicht bekannt war und die deren Existenz sogar im guten Glauben bestritten. Die slowakische Geheimpolizei meldete aber schon am 3. März nach oben, dass sich der »reaktionäre Teil der Bevölkerung« über die Stalin-Kritik freue.[28]

Am 5. März 1956 verfügte ein Beschluss des Präsidiums des ZK der KPdSU, sowjetische Kommunisten, Komsomol-Mitglieder und parteilose Arbeiter mit dem Inhalt des »geheimen Berichtes« bekanntzumachen. Chruščevs Rede sei angeblich in der UdSSR auf allen Partei- und Komsomol-Versammlungen verlesen worden.[29] In seinen Memoiren schrieb Chruščev, dass man auch »zu den brüderlichen Kommunistischen Parteien« Abschriften seines Geheimreferats durchgereicht habe,[30] das nebenbei erst am 5. März 1956 die definitive Redaktionsfassung erhielt[31] und dessen Weitergabe an »ausländische kommunistische Parteien« das Präsidium des ZK der KPdSU erst am 28. März 1956 beschloss.[32] Möglicherweise sanktionierte dieser Beschluss die Verteilung nur nachträglich, denn für Tito übergab Chruščev ein Exemplar dem jugoslawischen Botschafter, der schon am 9. März 1956 in die Heimat zurückgekehrt war.[33] In Ost-Berlin lag der Bericht auch schon »am 21. März abends übersetzt vor«.[34] Das für Bierut bestimmte Exemplar fiel nach dessen

---

26   Kaplan, Karel: Československo v letech 1953–1966 [Die Tschechoslowakei in den Jahren 1953–1966]. Praha 1992, S. 38, sowie Interview mit Jakub Berman. In: Toranska, Teresa: Die da oben. Köln 1987, S. 365 f.

27   Schirdewan, Karl: Aufstand gegen Ulbricht. Berlin 1994, S. 77. Auf der 26. Tagung des ZK der SED am 22.3.1956 erklärte Ulbricht, dass er am Vortag den Text Schirdewan übergeben habe. Vgl. Kowalczuk, Ilko-Sascha: Zwischen Hoffnungen und Krisen: Das Jahr 1956 und seine Rückwirkungen auf die DDR. In: Jahrbuch für Historische Kommunismusforschung 2006, S. 15–33, hier S. 24.

28   So eine Meldung aus Preßburg/Bratislava v. 3.3.1946, vgl. Barnovský, Michal: Prvá vlna destalinizácie a Slovensko [Die erste Welle der Entstalinisierung und die Slowakei]. Brno 2002, S. 60.

29   Axjutin. In: Chruschtschow (Anm. 25), S. 45, sowie: Die Geheimrede Chruschtschows. Über den Personenkult und seine Folgen. Berlin 1990, S. 114 f.

30   Chruschtschow erinnert sich. Die authentischen Memoiren. Hg. v. Talbott, Strobe. Reinbek bei Hamburg 1992, S. 329.

31   Pichoja: Sowetski Sojus (Anm. 8), S. 146.

32   Ebenda, S. 147.

33   Pelikán, Jan: Jugoslávie a východní blok 1953–1958 [Jugoslawien und der Ostblock]. Praha 2001, S. 285.

34   Klein, Thomas; Otto, Wilfriede; Grieder, Peter: Visionen. Repression und Opposition in der SED (1949–1989). Teil I, Frankfurt/O. 1996, S. 245.

Tod in Moskau angeblich »einigen polnischen Genossen in die Hände, die der
Sowjetunion feindselig gegenüberstanden. Sie benutzten meine Rede für ihre
eigenen Zwecke und stellten Kopien davon her. [...] So kam es, dass das
Dokument veröffentlicht wurde, aber wir bestätigten es nicht.«[35]

Tatsächlich beschloss das Sekretariat des ZK der PVAP am 21. März 1956,
einen Tag nach Gesprächen mit Chruščev über die Nachfolge Bieruts, 3 000
Exemplare des Textes der »Geheimrede« parteiintern zu verteilen.[36] In Belgrad
war bereits am 20. März in der *Borba*, dem Zentralorgan des »Sozialistischen
Bundes des arbeitenden Volkes Jugoslawiens«,[37] ein längerer Auszug aus der
»Geheimrede« erschienen.[38] Darin standen die Verbrechen Stalins gegen
Kommunisten im Zentrum. Am 6. Juni 1956 erschien der Wortlaut der »Geheimrede« in der *New York Times*. Umgehend beschuldigte der sowjetische
Parteichef den amerikanischen Geheimdienst öffentlichkeitswirksam als Fäl-
scher dieser »groben politischen Provokation«. Erst in seinen 1970 in den USA
veröffentlichten Memoiren bekannte sich Chruščev zu seiner »Geheimrede«.[39]

Obwohl 1956 in Prag die polnische Fassung der »Geheimrede« bekannt
gewesen sein soll und der in Jugoslawien erschienene Auszug ebenfalls nicht
schwer zu beschaffen gewesen sein wird, wurde der Text des geheimen Referats
in Osteuropa hauptsächlich durch westliche Radiosender verbreitet. Erste
Berichte über die geschlossene Sitzung des XX. Parteitags erschienen in der
Westpresse Mitte März 1956.[40] Chruščevs selektive Indiskretionen und gezielte
Desinformation im Kalkül seiner persönlichen Herrschaftsambitionen in

---

35 Chruschtschow erinnert sich (Anm. 30), S. 329.

36 Insgesamt 72 Seiten, mit dem Impressum: »herausgegeben vom ZK der PVAP im März
1956«. Dem Präsidium der Demokratischen Partei stellte der Parteichef Ochab fünf Exemplare der
Chruščev-Rede zur Verfügung. So: Interview mit Leon Chajn vom November/Dezember 1980. In:
Nachlass Leon Chajn. In: Archiwum Akt Nowych Warszawa [Archiv für neue Akten] (künftig: AAN),
9021. – Eine leicht abweichende Lesart bei Kupiecki, Robert: Od VIII Plenum do VIII Plenum 1953–
1956. Odchodzenie od kultu Stalina w Polsce [Vom VIII. Plenum zum VIII. Plenum 1953–1956.
Die Überwindung des Stalinkults in Polen]. In: Kwartalnik historyczny 2/1992, S. 88, wonach statt
der genehmigten 3 000 (zur Kontrolle der Verteilung) numerierten Exemplare von der ZK-Druckerei
gleich 15 000 – »parallel numerierte« – Exemplare hergestellt und teilweise über den »schwarzen
Markt« in Umlauf gebracht wurden. Die numerierten Exemplare mussten als Verschlusssache an das
ZK zurückgegeben werden, laut Parteichef Ochab fehlten am Schluss drei Exemplare.

37 Die in Belgrad erscheinende Tageszeitung *Borba* [Der Kampf] war bis 1954 das Zentralorgan
der Kommunistischen Partei Jugoslawiens und danach des »Sozialistischen Bundes des arbeitenden
Volkes Jugoslawiens«, der jugoslawischen »Volksfront«-Organisation. Dieser Umstand garantierte
einen gewissen Spielraum gegenüber der »Parteizensur«.

38 Dvadeseti kongres KPSS o Staljinu, njegovoj orijentaciji i njegovim metodama. Razobli-
čavanje Staljinizma – oslobadjanje od teškog nasledja [Der XX. Parteitag der KPdSU über Stalin, seine
Orientierung und seine Methoden. Entlarvung des Stalinismus – Befreiung von schwerer Erblast]. In:
Borba Beograd v. 20.3.1956, S. 1 u. 3.

39 Chruschtschow erinnert sich (Anm. 30), S. 329.

40 Telegramm Walter Ulbrichts an das Präsidium des ZK der KPdSU – N. S. Chruščev
v. 19.3.1956. In: Gabert, Josef; Prieß, Lutz (Hg.): SED und Stalinismus. Dokumente aus dem Jahre
1956. Berlin 1990, S. 91.

Moskau und in Osteuropa hatten unmittelbaren Einfluss auf den Verlauf der Diskussionen, galten sie doch nach dem öffentlichen Fälschungsvorwurf an die Adresse der USA ganz offensichtlich als schwerwiegende Straftaten gegen die »sozialistische Gesellschaftsordnung«. Archivquellen belegen schließlich, dass viele fürchteten, dass die gelenkten innerparteilichen Diskussionen im gewohnten Rahmen von »Kritik und Selbstkritik« lediglich zur »Entlarvung von Parteifeinden« beitragen sollten. Dies sollte die spätere Entwicklung in der ČSR und der DDR auch bestätigen. Und die Legendenbildung treibt noch heute frische Blüten.[41]

Die erste Runde der innerparteilichen Diskussion über den XX. Parteitag und den »Personenkult«[42] verließ in Polen Mitte März die kontrollierten Foren der Parteigremien, weil das fraktionierte Politbüro sich nach dem Tod Bieruts nicht auf einen Nachfolger einigen konnte und deshalb in der Parteiöffentlichkeit Unterstützung mobilisiert werden musste. Bald reaktivierte die »Entstalinisierungskampagne« antirussische und antisemitische Reflexe außerhalb der kommunistischen »Volksparteien«. Doch nicht nur die polnische Diskussion drohte sich zu verselbstständigen. Auch Walter Ulbricht musste am 17. März spontan auf Meldungen über Chruščevs »Geheimrede« in Westberliner Zeitungen reagieren, als in einer Berliner SED-Versammlung Stichworte wie »Verletzungen der Gesetze, besonders in den Jahren 1936 bis 1938 und nach dem Kriege«, Führerkult, persönliche Willkür, Stalins Selbstüberhöhung, Jugoslawien-Frage, Außenpolitik fielen.[43] Umgehend protestierte die KPTsch-Führung gegen Ulbrichts Alleingang in Moskau, doch selbst Ulbricht betrachtete seine defensiven Einlassungen als Einmischung in die inneren Angelegenheiten der KPdSU und bat am 19. März 1956 Chruščev telegraphisch um Verständnis dafür, dass er habe handeln müssen und drängte auf einen Leitartikel der *Prawda* als Richtlinie für die Diskussion.[44] Den bestellten Artikel brachte die Moskauer *Prawda* am 28. März 1956. Er enthielt die erste öffentliche »amtliche« Kritik an Stalin und leitete die zweite Runde der innerparteilichen Mobilisierungskampagne ein.

---

41 In der Dokumentationsreportage »Abrechnung mit Stalin. Der XX. Parteitag und seine Folgen«, Film von Daniel & Jürgen Ast, rbb/arte 2005, Erstaustrahlung am 1.3.2006 auf »arte«, wurde bspw. der angebliche polnische Übermittler des Textes der »Geheimrede« an die CIA interviewt, der dafür 1 Million US-Dollar bekommen haben will. Chruščev schrieb in seinen Erinnerungen von nur 300 Dollar, die ein US-Amerikaner aus dem Warschauer »schwarzen Markt« für eine Kopie gezahlt hätte. Es ist letztlich unerheblich, ob die CIA, der Mossad oder der BND den Text »beschafft« hatten, solange nichts zur Textfassung mitgeteilt wird.

42 Unter der Floskel »Personenkult« wurde vieles zusammengefasst. Gemeint war etwa abstrakt »Dogmatismus« oder auch konkrete Formen des Amtsmissbrauchs.

43 Antworten auf Fragen auf der Berliner Bezirksdelegiertenkonferenz der SED. Aus der Diskussionsrede Walter Ulbrichts am 17.3.1956. In: SED und Stalinismus 1990, S. 116–130, hier 121.

44 Ebenda, S. 91.

Ende März 1956 musste der informierte tschechoslowakische Parteichef Novotný persönlich dem höchsten Parteigremium einen Bericht über die »Geheimrede« vortragen. Er informierte zwar recht ausführlich über Stalins Verbrechen gegen seine eigenen Parteigenossen in den 1930er Jahren, versuchte aber den peripheren »Personenkult« zu relativieren, indem er *pro domo* die »Kollektivhaftung« bemühte. Zugleich verletzte er aber die erst später definierte Grenze des Parteidiskurses, als er feststellte, dass es nötig sei, »diese Erscheinungen als ein aus der Sowjetunion herübergekommenes System zu begreifen und auszurotten«.[45]

Nach der von der Parteiführung vorgeschriebenen Diskussionsordnung waren die Bezirks- und Kreisleitungen mit dem schriftlichen Referat des Parteichefs vertraut zu machen, die Grundorganisationen der Partei waren aber nur mündlich von einem Vertreter der Kreisleitung zu informieren. Die innerparteiliche Kampagne war zum 18. bis 20. April zu beenden, zwischen dem 15. und 20. April waren Teile des Referats – ohne die Passagen über die Verbrechen Stalins – in der Parteipresse zu veröffentlichen.[46] Als sich aber die parteiinterne Diskussion auf aktuelle politische und soziale Probleme im eigenen Land zu konzentrieren begann, forderte die KPTsch-Führung Mitte April einen Schlussstrich unter der in Form von »Kritik und Selbstkritik« betriebenen »Kritik des Personenkults«.[47] Denn bereits am 16. April hatte die kommunistische Gruppe im Schriftstellerverband einen Sonderparteitag gefordert und stieß damit in der Partei auf ein großes Echo. Auf öffentlichen Demonstrationen riefen ab Ende April auch Studenten Parolen wie »Schluss mit dem Kopieren der UdSSR«, »gegen die führende Rolle der KPTsch«, »Revision der politischen Strafprozesse«, »objektive Information« usw.[48] Einen Höhepunkt erreichten die unkontrollierten Diskussionen in der ČSR auf dem Schriftstellerkongress vom 22. bis 29. April. Im Juni erlahmten die spontanen Studentendemonstrationen. Die öffentliche Atmosphäre war brisant. Stalin persönlich hatte nämlich 1946 das Schlagwort vom »besonderen tschechoslowakischen Weg zum Sozialismus ohne Diktatur des Proletariats« insgeheim initiiert, und die KPTsch hatte – im Unterschied zu anderen Parteien – diese Parole verbal nicht korrigieren müssen. Nach mehrjährigem Schweigen wurde sie jetzt von vielen erinnert. Auf der anderen Seite lag der blutrünstige Schauprozess

---

45   Antonín Novotný auf der ZK-Tagung der KPTsch v. 29./30.3.1956. In: Státní ústřední archiv (künftig: SUA) [Zentrales Staatsarchiv]. Praha 01, 45, 49.

46   Barnovský: Prvá vlna (Anm. 28), S. 61. – Damit kann es als widerlegt angesehen werden, dass die Chruščev-Rede ins Tschechische übersetzt und als »streng geheime« Broschüre in allen Grundorganisationen vorgelesen werden sollte. Vgl. Pelikán, Jiří: Das Echo des XX. Parteitages der KPdSU in der Tschechoslowakei. In: Crusius, Reinhard; Wilke, Manfred (Hg.): Der XX. Parteitag der KPdSU und seine Folgen. Frankfurt/M. 1977, S. 165–176, hier 170.

47   Antonín Novotný auf der ZK-Tagung der KPTsch v. 19./20.4.1956. In: SUA 01, 46, 50.

48   Barnovský: Prvá vlna (Anm. 28), S. 85.

gegen das »Verbrecherzentrum« um den früheren Generalsekretär der Partei Rudolf Slánský erst wenige Jahre zurück, die Bilder der Gehenkten waren noch präsent. Die »Illusion des Wandels« wich allmählich dem »Wandel der Illusion«, wie ein tschechischer Historiker die Stimmung festhielt.[49]

Der Diskussionsverlauf in der KPTsch glich aufs Haar der Entwicklung in der SED. Auf der 3. Parteikonferenz in der letzten Märzwoche begnügte sich Ulbricht mit allgemeinen Hinweisen auf Personenkult und innerparteiliche Demokratie, beklagte »Erscheinungen des Spießertums bei einigen Partei- und Staatsfunktionären«, die »in einer Anzahl von Fällen zu statutenwidrigen Parteistrafen geführt« hätten. Eine Kommission zur Überprüfung sei ernannt worden, »weil es viele Fälle davon gibt«.[50] Im veröffentlichten Protokoll der Parteikonferenz wurde der »Geheimbericht« Chruščevs von Karl Schirdewan nur am Rande gestreift.[51] In einer geheimen Sitzung der 3. Parteikonferenz sei der Text der »Geheimrede« verlesen worden[52] – die Tatsache ist unstrittig, unbekannt geblieben ist nur die Textvorlage – und die Delegierten wurden Ende März nachträglich legitimiert, »aufgrund ihrer aufgeschriebenen Stichworte [...] gewisse Informationen zu geben«.[53] »Den formulierten Bericht geben wir [aber] nur den Bezirksaktivs und nirgends anderswo!«, bestimmte Ulbricht resolut.[54] Die Parteimitglieder »werden [wir] nicht über die Fragen der geschlossenen Sitzung des XX. Parteitags informieren, wie wir überhaupt über diese Frage keine breite Information durchführen wollen. Es liegt gar kein Grund dazu bei uns vor.«[55] Denn, so Ulbricht weiter: »Wir haben Glück gehabt, dass wir damals schon [d. i. nach 1945] den demokratischen Weg gegangen sind. Uns kann man nicht nachsagen, wir müssten unsere Programmbeschlüsse korrigieren.«[56] In Prag hat man den selben Inhalt nur in anderen Worthülsen vorgetragen, denn auch hier interessierten nicht Stalins persönliche oder historische Verfehlungen in der UdSSR, sondern die kommunistischen Herrschaftsmethoden im eigenen Land, die untrennbar mit Stalins Namen verbunden waren. Im Beschluss der SED-Parteikonferenz hieß es abschließend, dass Personenkult in der SED zwar vorhanden gewesen sei, doch

49 Dieses Bild wird von Petr Mareš als Kapitelüberschrift für die Jahre 1953–68 benutzt in: Bělina, Pavel u. a.: Dějiny zemí Koruny české [Geschichte der böhmischen Krone]. Bd. 2, Praha 1992, S. 274.

50 Walter Ulbricht: Der zweite Fünfjahrplan und der Aufbau des Sozialismus in der DDR. In: 3. Parteikonferenz der SED vom 24.–30.3.1956. Berlin (Ost) 1956, S. 181 ff. Vgl. hierzu die Dokumentation: Zur Entlassung werden vorgeschlagen ... Wirken und Arbeitsergebnisse der Kommission des Zentralkomitees zur Überprüfung von Angelegenheiten von Parteimitgliedern. Dokumente. Mit einem Vorwort von Josef Gabert. Berlin 1991.

51 Karl Schirdewan. In: 3. Parteikonferenz der SED 1956 (Anm. 50), S. 98.

52 Walter Ulbricht. In: 27. Tagung des ZK der SED v. 30.3.1956. In: Gansel, Carsten (Hg.): Der gespaltene Dichter Johannes R. Becher. Berlin 1991, S. 139–151, hier 145.

53 Ebenda.

54 Ebenda.

55 Ebenda, S. 146.

56 Ebenda, S. 150.

das ZK der SED »hat aufgrund eigener Erfahrungen bereits im Jahre 1953 mit Maßnahmen gegen den Personenkult begonnen«.[57]

Am 2. Mai beschloss das Politbüro des ZK der KPTsch, die Diskussion über den XX. Parteitag für beendet zu erklären und legte am 14. Mai 1956 ergänzend fest, in den von Arbeitern am heftigsten kritisierten Bereichen des öffentlichen Lebens Korrekturen vorzunehmen, gleichzeitig aber gegen die in den Diskussionen aufgetretenen und damit »entlarvten Kritiker« mittels »kaderpolitischer Maßnahmen« vorzugehen.[58] Ähnliche Schlussfolgerungen zog am 9. Mai 1956 das SED-Politbüro, das »falsche Auffassungen und falsche Perspektiven« an »Universitäten, Hochschulen und Kulturinstitutionen« ausmachte und angemessene »organisatorische Maßnahmen« anordnete.[59] Nach der Kritik Togliattis am XX. Parteitag und ihrer Zurückweisung durch das ZK der KPdSU am 30. Juni 1956 wandte sich das Politbüro der SED am 8. Juli 1956 dezidiert gegen die Behauptung des KPI-Chefs, beim Stalinismus handle es sich um einen Systemdefekt des Sozialismus sowjetischen Typs.[60]

Bemerkenswert war diese politische Ruhigstellung an der Westgrenze des »Ostblocks« schon insofern, als in der Sowjetunion mit dem (veröffentlichten) Beschluss des ZK der KPdSU vom 30. Juni 1956 die parteiinterne Diskussion der »Geheimrede« erneut angefacht und dort erst mit dem (unveröffentlichten) Brief des ZK vom 16. Juli 1956 endgültig gestoppt wurde.[61]

In der Tschechoslowakei war der Diskussionsstopp Anfang Mai nachweislich von Moskau wegen der Entwicklung in Polen veranlasst worden.[62] Hier und in Ungarn entglitt die »Entstalinisierungskampagne« nämlich bereits weitgehend der Parteikontrolle.

Auf der Grundlage der allgemeinen wirtschaftlichen Misere und vor dem Hintergrund innerparteilicher Führungskonflikte wurde die »öffentliche Meinung«

57   Zur Diskussion über den XX. Parteitag der KPdSU und die 3. Parteikonferenz der SED. Stellungnahme des Politbüros des ZK der SED. Berlin (Ost) 1956, S. 41.

58   Kaplan: Československo (Anm. 26), S. 50. Zum Vorbildcharakter des Beschlusses des ZK der KPdSU vom 3.4.1956 vgl. Foitzik, Jan: Die Geheimrede Chruščevs in SED, PVAP und KPTsch. In: Kircheisen, Inge (Hg.): Tauwetter ohne Frühling. Das Jahr 1956 im Spiegel blockinterner Wandlungen und internationaler Krisen. Berlin 1995, S. 60–83, hier S. 78.

59   Protokoll Nr. 22/56 der Sitzung des Politbüros des Zentralkomitees [der SED] am 9.5.1956; SAPMO-BA, DY J IV 2, 2/476, Bl. 2, sowie das Rundschreiben Ulbrichts an die 1. Sekretäre der Bezirksleitungen und an die 1. Sekretäre der Kreisleitungen der SED, in denen sich Hochschulen befinden; ebenda, Bl. 5 f.

60   Bei seinem Versuch, als Vermittler zwischen Moskau und Belgrad aufzutreten, übernahm der italienische Parteichef Palmiro Togliatti einige Elemente aus Titos Kritik am XX. Parteitag. Die Hauptursache der Fehlentwicklung bestand für Tito in der Deformation des Sowjetsystems und Stalins Personenkult war lediglich ihre Folge, nicht wie bei Chruščev die Ursache. – Togliatti verhandelte im Mai 1956 mit Tito und veröffentlichte seine Thesen in der Mai bis Juni-Nummer der Zeitschrift *Nuovi argumenti*.

61   Sesina, Marija R.: Schokowaja terapija: Ot 1953-go k 1956 godu [Die Schocktherapie von 1953–1956]. In: Otetschestwennaja istorija 2(1995), S. 121–135, hier 130.

62   Vgl. dazu Kaplan: Československo (Anm. 26).

außerhalb der kommunistischen Parteien mobilisiert, was den Druck auf die innerparteiliche Diskussion erhöhte. Die »Geheimrede« spielte dabei nur die Rolle eines Katalysators. In Posen eskalierte die Unzufriedenheit mit der wirtschaftlichen Dauermisere am 28. Juni 1956 in einer öffentlichen Massendemonstration. Die zur Niederwerfung eingesetzte Armee provozierte mehrtägige Unruhen, die vielen Menschen das Leben kostete. Auch in Ungarn fachte die »Geheimrede« nur alte Auseinandersetzungen in der Parteiführung neu an, die nach einigem Hin und Her in den letzten zwei Jahren erst im Dezember 1955 mit sowjetischer Unterstützung zugunsten der »stalinistischen« Rákosi-Führung entschieden worden waren. Der Funke schließlich, der in Budapest die Explosion auslösen sollte, wurde ebenfalls in Moskau geschlagen: Das Staatsbegräbnis für den wegen »Titoismus« 1949 hinge-richteten früheren kommunistischen Innenminister László Rajk am 6. Oktober 1956 hatte der jugoslawische Staats- und Parteichef Tito von Chruščev ultimativ als Vorbedingung für eine Normalisierung der sowjetisch-jugoslawischen Beziehungen gefordert.[63] Das Staatsbegräbnis wurde in Budapest zum Anlass für eine politische Massendemonstration mit einigen Hunderttausend Teilnehmern. Durch bewaffnetes Eingreifen löste die Geheimpolizei einen Volksaufstand aus, der in Ungarn in wenigen Tagen das kommunistische Regime hinwegfegte.

In der DDR und in der ČSR war die ökonomische und soziale Lage bereits nach den Massenunruhen von 1953 stabilisiert worden. Auch politisch existierte in der SED und in der KPTsch keine personelle Alternative zur amtierenden Führung. Dennoch gefährdeten auch hier die parteiamtlichen Diskussionen die Grundlagen der Parteidiktatur. Auf große Resonanz stieß in der tschechoslowakischen kommu-nistischen Partei die Forderung der Schriftsteller nach Einberufung eines Sonder-parteitages. Autonomie und Neuregelung ihres Verhältnisses zur kommunistischen Partei forderten in der ČSR im Frühjahr 1956 auch die nichtkommunistischen Blockparteien und die Gewerkschaften. Die Forderung der tschechoslowakischen Schriftsteller, in der Diskussion über die Vergangenheit die »Befreiungsmission« der Schriftsteller der Passivität der Parteiführung entgegenzustellen,[64] entsprach weit-gehend dem Selbstverständnis parteinaher DDR-Intellektueller. Sie seien weniger durch den XX. Parteitag als durch die dramatischen Ereignisse in Polen und Ungarn wachgerüttelt worden, bekannte im Rückblick Walter Janka.[65] Also durch die von der »Entstalinisierung« in Polen und in Ungarn ausgehende Gefährdung der Existenz der DDR. Diese Gefahr veranlasste ab Juni 1956 auch Ulbricht zu einigen Interventionen in Moskau.

---

63 Titos sehr konkrete Vorbedingungen für den »Ausgleich mit Moskau« konzentrierten sich auf die gerichtliche und politische Rehabilitierung der wegen »Titoismus« verurteilten prominenten Repres-sionsopfer in Ungarn, Bulgarien, Rumänien und Albanien, ohne die ČSR, Polen und die DDR zu berüh-ren. Ihr hervorragender Einfluss auf den Detailverlauf der Kampagne kann hier nicht thematisiert werden.

64 Kaplan: Československo (Anm. 26), S. 48.

65 Janka, Walter: Spuren eines Lebens. Berlin 1991, S. 254 ff.

Nach der zweiten militärischen Intervention der sowjetischen Truppen in Budapest entschied das SED-Politbüro im November 1956, von den Universitäten »alle sichtbar gewordenen provokatorischen Kräfte [...] zu entfernen« und die »Organisatoren der Unruhen« zu bestrafen. Noch im gleichen Monat wurde Wolfgang Harich festgenommen und innerhalb eines Jahres viele Mitglieder der intellektuellen Disputierzirkel an den Universitäten.[66] Die SED-Führung machte sich damit die Erfahrungen zu eigen, die am 24. Oktober 1956 in Moskau auf einer Krisensitzung des Präsidiums des ZK der KPdSU den anwesenden Vertretern der tschechoslowakischen, ostdeutschen, bulgarischen und chinesischen Partei von Chruščev mitgeteilt wurden: Intellektuelle und Literaten seien die eigentlichen Brandstifter des ungarischen Aufstandes gewesen.[67] Im Dezember 1956 rief Moskau alle Kommunisten auf, die Parteilinie vor Beschädigung durch Intellektuelle und Künstler besonders zu schützen.[68] In der KPTsch fiel der Beschluss über die »Überprüfung der klassenmäßigen und politischen Zuverlässigkeit leitender Kader« erst am 10. Dezember 1957. In deren Ergebnis verloren 1958 in der Slowakei im »Kulturbereich« 28 und in anderen Bereichen 21 Prozent des Leitungspersonals ihren Arbeitsplatz.[69]

II. Zu den Ursachen

Der XX. Parteitag dokumentiert Chruščevs Machtergreifung, analysierte nüchtern François Furet.[70] Nach der Hinrichtung Berijas, der Entlassung Malenkovs und der Demütigung Molotovs durch den Ausgleich mit Tito ließ er 1955 seine Rivalen weit hinter sich. Es war ein Gebot politischer Vernunft, das Denkmal seines Vorgängers zu stürzen, dessen Schatten viel zu lang war, um darunter die eigene führende Rolle voll zur Wirkung zu bringen. Um den Parteiapparat auf seine Seite zu bekommen, gewährte ihm der Erste Sekretär

---

66 Detailliert thematisieren die Entwicklung in der DDR: Mitter, Armin; Wolle, Stefan: Untergang auf Raten. Unbekannte Kapitel der DDR-Geschichte. München 1993, S. 260 ff.; Neubert, Ehrhart: Geschichte der Opposition in der DDR 1949–1989. Berlin 1997, S. 103 ff.; Wolle, Stefan: Die DDR zwischen Tauwetter und Kaltem Krieg. In: Foitzik, Jan (Hg.): Entstalinisierungskrise in Ostmitteleuropa 1953–1956. Vom 17.6. bis zum ungarischen Volksaufstand. Politische, militärische, soziale und nationale Dimensionen. Paderborn 2001, S. 293–330; Hoffmann, Dierk: Die DDR unter Ulbricht. Zürich 2003, S. 64 ff.

67 Kramer, Mark: Hungary and Poland, 1956. In: Cold War International History Project 5(1995), S. 50–56, hier 55.

68 Sesina: Schokowaja terapija (Anm. 61), S. 132.

69 Barnovský: Prvá vlna (Anm. 28), S. 118.

70 Furet, François: Das Ende der Illusion. Der Kommunismus im 20. Jahrhundert. München 1999, S. 559.

der KPdSU strafrechtliche Immunität und damit lebenslange Machtprivilegien, im Rahmen einer Dezentralisierung wurden sogar dessen Vollmachten erweitert. Dies sollte innerhalb des Apparates auch einen Ausgleich zwischen den Tätern und ihren nach und nach amnestierten Opfern herbeiführen, wie ihn die Karrieren Kádárs, Gomułkas oder Husáks bestätigten. In den Diadochenkämpfen zwischen der Staatssicherheit und der Partei sollte schon die Hinrichtung Berijas 1953 und die Bildung des KGB als ein »parteinahes Komitee« 1954 beruhigen: Der KGB vernichtete alle »Kompromate« über leitende Mitglieder des Partei- und Staatsapparats.[71] Deutliche Gesten machte Moskau auch an die Adresse seiner osteuropäischen Vasallen: 1954 wurde beispielsweise demonstrativ der sowjetische Botschafter aus Warschau wegen Einmischung in innere Angelegenheiten des Gastlandes abberufen. Die Korrektur oder »Entstalinisierung« der Nationalitätenpolitik des sowjetischen Imperiums durch den Beschluss des ZK der KPdSU vom 12. Juni 1953 ging zwar noch auf eine Initiative Berijas zurück,[72] doch vermutlich überblickten damals nicht einmal die Akteure selbst das komplizierte Intrigenspiel um die Macht im Kreml.

1955 schien das von Stalin geschaffene System der wirtschaftlichen, politischen und kulturellen Abhängigkeit von Moskau im Ergebnis der vorangegangenen Politik des »Neuen Kurses« konsolidiert und im »Geist von Genf« international gut platziert. Mit dem Warschauer Pakt war das frühere »Friedenslager« als »sozialistisches Weltsystem«, auch eine neue Sprachregelung des XX. Parteitages (wie »sozialistische Länder« oder »Systemcharakter«), sogar auf »völkerrechtlicher Grundlage« zementiert worden. Bilateral war zuvor nicht nur das sowjetisch-jugoslawische Problem bereinigt, sondern auch das Verhältnis zur DDR vertraglich geregelt worden. Im Sommer 1956 liefen auch bereits Verhandlungen zwischen Warschau und Moskau über dringliche und strittige wirtschaftliche Fragen, deren Ergebnisse später in der nationalhistorischen Projektion als Erfolge Gomułkas gefeiert werden sollten. Mit der geheimen Moskauer Beratung der osteuropäischen Partei- und Regierungschefs über langfristige ökonomische und militärische Zusammenarbeit vom 6. bis 11. Januar 1956[73]

---

71   Nur sorgfaltshalber sei darauf hingewiesen, dass bereits in der Anordnung des ZK der KPdSU »Über die Lage im Ministerium für Staatssicherheit« vom 4.12.1952 die »systematische und ständige Kontrolle der Organe des Ministeriums für Staatssicherheit durch die Partei« vorgesehen war, weil sich das gesamte Konstrukt der »Entstalinisierung« durchaus auch auf ein Plagiat von Ideen und Papieren aus Stalins Nachlass reduzieren ließe.

72   Die Reforminitiativen Berijas sind von der russischen Geschichtsschreibung inzwischen gut dokumentiert. Allerdings würde es den Rahmen sprengen, hier darauf einzugehen.

73   Auf dieser Beratung nahmen neben den Führern der »regierenden« Parteien Albaniens, Bulgariens, der ČSR, der DDR, Polens, Rumäniens, der UdSSR und Ungarns sowie Vertretern der chinesischen KP auch die Regierungschefs, die Leiter der Obersten Planungsbehörden und die Verteidigungsminister teil. Protokolle in: Rossijski gossudarstwenny archiw noweischei istorii (d. i. Russisches Staatsarchiv für neuere Geschichte, Moskau, abgekürzt: RGANI) 10, 1, 5, Bl. 1–23.

hielt der »integrale Konsultativismus« Einzug in die neue staatspolitische Kunst des Kremls. Die außenpolitische Doktrin von der »friedlichen Koexistenz« und vom »friedlichen Wettkampf der Systeme« korrigierte offiziell Stalins Thesen von 1952: Der Kapitalismus war jetzt nicht mehr notwendigerweise militärisch zu vernichten, sondern durch seine eigenen inneren gesellschaftlichen und politischen Kräfte.[74] Sehr deutlich fielen also nicht nur die politischen Signale an die jugoslawischen Kommunisten aus, sondern auch jene, die sich an die westeuropäische Sozialdemokratie richteten.

In der späteren Diskussion ging auch völlig unter, dass Chruščev auf dem XX. Parteitag Stalin nur moralisch für tot erklärt hatte:[75] Stalins *Masterplan* und das von ihm zuletzt 1946 wiederholte Versprechen, in der UdSSR die sozialistische Gesellschaft aufzubauen, ließ Chruščev nämlich feierlich zum politischen Programm des XX. Parteitags erheben. Auf dem XXII. Parteitag 1961 konkretisierte er sein Ziel und versprach den Aufbau des Kommunismus bis 1980. So viel Verehrung für die politische Generallinie Stalins brachten nicht einmal Chruščevs Nachfolger zustande: Bei den Plänen handelte es sich nur um Abschriften des Ende der 1940er Jahre vom Pragmatiker Stalin archivierten Parteiprogramms.

Zwar waren infolge der Massenunruhen des Jahres 1953 und der nationalen Stabilisierungs-Politiken des »Neuen Kurses« in Osteuropa einige Fünfjahrespläne zusammengebrochen, doch der Neuanfang war längst beschlossene Sache: Die ab 1956 synchron laufenden, weil »an den sowjetischen Plan angehängten« nationalen Fünfjahrespläne waren nunmehr zum ersten Mal blockweit aufeinander abgestimmt, und in ihrem Zentrum stand wieder die Entwicklung der Schwer- und Rüstungsindustrie. Die auf diesem Gebiet bereits erzielten Resultate stellten sogar die Leistungen Stalins in den Schatten: 1955 lagen die sowjetischen Rüstungsausgaben 10 Prozent über dem Vorjahresstand.[76] Dass einige nationale Wirtschaftspläne noch 1956 abermals zusammenbrechen sollten, später auch der sowjetische, und damit fürs erste auch die angestrebte ökonomische Block-Integration, war weder Chruščevs Schuld noch sein Verdienst. Die ideologische und politische Abhängigkeit der Peripherie vom Zentrum ging aber 1956 so weit, dass Chruščev die osteuropäischen Führer im Rahmen seines inszenierten »Entstalinisierungsrituals« sogar

---

74   Nur vorsorglich wird hier hinzugefügt, dass dieses »neue Denken« sich bereits in Stalins Aussagen aus dem Jahr 1952 belegen lässt.

75   Dies betont auch sehr Schestakow, W. A.: Sozialno-ekonomitscheskaja politika sowetskowo gossudarstwa w 50-e-seredine 60-ch godow [Die Sozial- und Wirtschaftspolitik des Sowjetstaates ab Mitte der 1950er bis Mitte der 1960er Jahre]. Moskwa 2006, der zu dem Gesamtergebnis kommt, dass alle Reformansätze Chruščevs über Anfänge nicht hinausgekommen waren.

76   1955 auf 19,9 (1954 17,8) % des Staatshaushalts. Bystrowa, N. Je.: SSSR i formirowanijie wojenno-blokowowo protiwosostajanija w Ewrope (1945–1955gg.) [Die UdSSR und die Herausbildung der Konkurrenz der militärischen Blöcke in Europa (1945–1955)]. Moskwa 2005, S. 491.

zwingen konnte, Sünden zu bekennen, die sie nicht begangen haben und objektiv auch nicht haben begehen können. Sie taten es nur widerwillig unter dem Druck der »Öffentlichkeit«.

Die Offenbarung, dass Stalin ein Verbrecher war, überraschte in Osteuropa niemand: weder im Volk, für das blutige Schauprozesse veranstaltet worden waren, noch in den Führungscliquen der nationalen Parteien, die oft genug Stalins terroristische Methoden als das Rezept seines und des eigenen politischen Erfolgs gefeiert hatten. Neu war aber, dass die schon seit Stalins Tod in den personellen Rochaden im Kreml öffentlich sichtbare Herrschaftskrise auf dem XX. Parteitag eingestanden wurde oder aber als ein solches Eingeständnis verstanden werden konnte, und dieser Umstand entzog den unter Stalin errichteten osteuropäischen Diktaturen die ohnehin zweifelhafte politische Legitimität. Verwirrung stifteten vielfach auch die politischen Losungen des XX. Parteitages. Die verkündete Devise »Rückkehr zu Lenin« beispielsweise konnte in Ostmitteleuropa auch im historischen Sinne als »Rückkehr zur vorstalinistischen, also nichtkommunistischen Gesellschaftsordnung« gedeutet werden.[77]

Die Reaktionen in den durch politischen Terror traumatisierten und atomisierten Gesellschaften bewegten sich zwischen Verzweiflung und Apathie. Der ungeheure ökonomische Druck, der auf der Bevölkerung lastete, lässt sich mit der Feststellung illustrieren, dass zu Beginn der 1950er Jahre in Osteuropa der Lebensstandard dramatisch unter das Vorkriegsniveau gesunken war. In der UdSSR erreichte er in den Städten erst 1954 den Stand von 1913 bzw. 1928,[78] aber noch sehr lange nicht auf dem Land. In der Tschechoslowakei seien 1953/54 die Reallöhne gegenüber 1938 um 40 Prozent gesunken, der Lebensstandard sei niedriger gewesen als im »Protektorat«.[79] Die hohe Frauenbeschäftigungsquote – Ende 1955 waren in der ČSR 42 Prozent aller Beschäftigten Frauen – war nicht das Resultat beschleunigter Emanzipation, sondern die Folge blanker Existenznot. In Polen geht man davon aus, dass das Realeinkommen 1953/54 auf der Höhe von 1949 stagnierte oder gar sank,[80] das hieß konkret: unter das Vorkriegsniveau. In der DDR sank der Lebensstandard

---

77   Dazu Vykoukal: Východ (Anm. 3), S. 296.

78   Gorinow, M. M. u. a.: Istorija Rossii s drewnejschich wremen do konza XX weka [Geschichte Russlands von der ältesten Zeit bis zum Ende des 20. Jahrhunderts]. Moskau 2004, S. 511.

79   Pismo korrespondenta gazety »Prawda« w Tschechoslowakii W. A. Tarassowa glawnomu redaktoru gasety D. T. Schepilowu o poloschenii w strane 28.8.1953 [Schreiben des Korrespondenten der Zeitung »Prawda« in der Tschechoslowakei W. A. Tarassow an den Chefredakteur D. T. Schepilow]. In: Wolokotina T. W. u. a. (Hg.): Sowetski faktor w wostotschnoi Ewrope 1944–1953, t. 2 1949–1953. Dokumenty [Der sowjetische Faktor in Osteuropa 1944–1953, Band 2: 1949–1953. Dokumente]. Moskwa 2002, S. 808–812, hier 808.

80   Kucharski, M.: Obieg pieniężny. In: Finanse Polski Ludowej [Der Geldumlauf. In: Die Finanzen Volkspolens]. Warszawa 1975, behauptet, dass der Reallohn im Zeitraum des Sechsjahrplanes um ca. 4 % sank. A. Jeżierski und B. Petz. In: Historia gospodarcza Polski Ludowej 1944–1985 [Wirtschaftsgeschichte Volkspolens 1944–1985]. Warszawa 1988, nehmen an, dass der Reallohn während des Sechsjahrplanes stagnierte und ab 1954 zu steigen begann.

1952/53 unter den Stand des Jahres 1947,[81] des größten Hungerjahres der Nachkriegszeit. Die soziale Unzufriedenheit entlud sich in zahlreichen Streiks. Nach unvollständigen Angaben wurden zwischen 1948 und 1956 in der Tschechoslowakei 247 Streiks registriert,[82] in Polen von 1949 bis 1955 mindestens 432.[83] Der ab 1953 verfolgte »Neue Kurs« führte zu einer Entspannung der wirtschaftlichen und sozialen Misere in der ČSR und in der DDR, griff aber nicht in Polen und in Ungarn. Zwischen 1949 und 1954 verdreifachte sich in Ungarn der Brotpreis, Schweinefleisch war doppelt und Butter dreimal so teuer als zuvor.[84] Im Verbrauch der Grundnahrungsmittel näherte sich die DDR 1956 zwar dem Vorkriegsstand,[85] doch der westdeutsche Pro-Kopf-Verbrauch war schon 1952 doppelt so hoch[86] und damit wieder ein Politikum, weil öffentlich sichtbar.

Unterschiedlich wirkte sich auch die Traumatisierung durch politische Repression aus. Da die zu den einzelnen Ländern vorhandenen Zahlen nicht ohne Weiteres kompatibel sind, müssen hier einige Schlaglichter reichen. In der ČSR fielen von 1948 bis 1954 circa 100 000 politische Strafurteile, weitere 80 000 Menschen wurden in außergerichtlichen Verfahren zur Zwangsarbeit in Arbeitslagern »verurteilt«, außerdem standen mehr als 100 000 Menschen als sogenannte »ehemalige Leute und feindliche Personen« unter Dauerbeobachtung der Staatssicherheit.[87] Auf den ersten Blick waren also etwa 3 Prozent

81 Hübner, Peter: Konsens, Konflikt und Kompromiss. Soziale Arbeiterinteressen und Sozialpolitik in der SBZ/DDR 1945–1970. Berlin 1995, S. 151. – Nach offiziellen Berechnungen erreichte der Reallohnindex in der DDR 1953 das Niveau von 1936. Vgl. SSSR Glawnoje uprawlenije po delam ekomomitscheskich swjazei sa stranami narodnoi demokrazii/Sprawka k waprossam ekonomitscheskowo sotrudnitschestwa (Materialy k Sowestschaniju 6 janwarja 1956) [UdSSR Hauptverwaltung für Wirtschaftsbeziehungen mit den volksdemokratischen Ländern/Bericht über ökonomische Zusammenarbeit (Material zur Beratung am 6.1.1956). In: RGANI 10, 1, 10, Bl. 1–40, hier 12 Rs.

82 Kaplan, Karel; Paleček, Pavel: Komunistický režim a politické procesy v Československu. o. O. 2001, S. 163.

83 Studia i materiały z dziejów opozycji i oporu społecznego. Pod redakcją Lukasza Kaminskiego, tom IV [Studien und Materialien zum Wirken der Opposition und des gesellschaftlichen Widerstandes. Redigiert von Łukasz Kamiński, Bd. IV]. Wroclaw 2000, S. 77.

84 Taubinger, Laszlo M. v.: Die Industrialisierung Ungarns. In: Ost-Probleme 18(1955), S. 716. Die amtliche ungarische Statistik von 1957 weist zwar etwas geringere, gleichwohl ebenfalls dramatische Preissteigerungsraten für Lebensmittel aus.

85 Foitzik, Jan: Berichte des Hohen Kommissars der UdSSR in Deutschland aus den Jahren 1953/1954. Machtstrukturen und Entscheidungsmechanismen im SED-Staat und die Frage der Verantwortung. In: Materialien der Enquete-Kommission »Aufarbeitung von Geschichte und Folgen der SED-Diktatur in Deutschland«. Bd II. 2, Baden-Baden 1995, S. 1356. Ausführlicher dazu Ciesla, Burghard: Zwischen den Krisen. Sozialer Wandel, ökonomische Rahmenbedingungen und Lebenslage in der DDR 1953 bis 1956. In: Foitzik: Entstalinisierungskrise 2001 (Anm. 66), S. 271–291.

86 Foitzik: Berichte 1995 (Anm. 85), S. 1356.

87 Auf der Grundlage von Daten über durchgeführte Rehabilitierungsverfahren nennt Vykoupil, Libor: Slovník českých dějin [Wörterbuch der tschechischen Geschichte]. Brno 2000, S. 464, mindestens 420 000 Opfer politischer Repression in der Tschechoslowakei, die von gerichtlichen und außergerichtlichen Verfahren betroffen waren. Darin sind vermutlich die Zahlen über Opfer nicht ent-

der Bevölkerung unmittelbar von politischer Repression betroffen. Zählt man zu den Betroffenen jedoch »die üblichen Verdächtigen«, wie etwa die 1,6 Millionen im Kollektivierungsprozess befindlichen Bauern und die 400 000 bereits Enteigneten sowie die früheren Bauern in der Arbeiterschaft mit,[88] so kommt man auch ohne die aus der KPTsch nach 1948 ausgeschlossenen und ausgetretenen etwa anderthalb Millionen und ohne Kirchgänger auf Werte, die sich von den ungarischen nicht sehr unterscheiden. In Ungarn seien nach damaligen amtlichen Angaben zwischen 1951 und 1953 ungefähr 10 bis 15 Prozent der Bevölkerung unmittelbar vom Staatsterror betroffen gewesen,[89] mit Familienangehörigen also etwa die Hälfte aller Einwohner. Polen übertraf wohl alles, denn hier hatte die Staatssicherheit 1953 gleich 5,2 Millionen »feindliche Elemente« in ihren Karteien registriert, ein Drittel aller Erwachsenen. Was den auf der Bevölkerung lastenden permanenten Repressionsdruck angeht, so fällt schon auf den ersten Blick auf, dass der exzessiv ausgebaute polnische Staatssicherheitsapparat 1953 über 45 000 »Hauptamtliche« und 90 000 nebenberufliche Spitzel verfügte.[90] Mit einem Mitarbeiter pro 200 statische Einwohner übertraf er also sogar die damals von sowjetischen Fachexperten des »Stalinismus« intern empfohlene Norm. In der ČSSR und der DDR wurde diese »ideale operative Kontrolldichte« erst zu Beginn der 1960er Jahre erreicht.[91]

Generell bleibt zu beachten, dass sich die Metastasen des »sowjetischen Modells« in den nationalen Herrschaftssystemen nicht zeitgleich und nicht gleichmäßig ausbreiteten, historisch-traditionelle, aber auch interne politische Immunsysteme hemmten ihr Wachstum. Die asynchron verflochtene »Parallelgeschichte« der »Stalinisierung« der osteuropäischen Peripherie hatte oft sogar zur Folge, dass sie zeitgleich mit »Entstalinisierung« stattfand. In der polnischen Armee beispielsweise wurden 1954 antisemitische Säuberungen

---

halten, die vorher verstorben sind oder keine Rehabilitierung beantragt haben. Die Zahl der »Ehemaligen« sank von 210 000 zu Beginn der 1950er auf etwa 100 000 zu Beginn der 1960er Jahre. Vgl. dazu: Kaplan; Paleček: Komunistický režim (Anm. 82), sowie: Koudelka, František: Státní bezpečnost 1954–1968 (Základní údaje) [Staatssicherheit 1954–1969 (Grunddaten)]. Praha 1993, S. 126.

88 Kaplan, Karel: Sociální souvislosti krizí komunistického režimu 1953–1957 a 1968–1975 [Soziale Zusammenhänge der Krisen des kommunistischen Regimes 1953–1957 und 1968–1975]. Sešity Ústavu pro soudobé dějiny AV ČR, 9/1993, S. 9.

89 Gerichtsverfahren wurden gegen 650 000 Personen durchgeführt und 387 000 verurteilt. Die Polizei verhängte außerdem 850 000 Strafen, davon 19 000 Gefängnisstrafen. Vgl. Varga, György T.: Zur Vorgeschichte der ungarischen Revolution von 1956. In: Foitzik: Entstalinisierungskrise (Anm. 66), S. 55–77, hier 59.

90 Paczkowski, Andrzej: Der Sicherheitsapparat in den Jahren des »Tauwetters«: Der Fall Polen. In: Foitzik: Entstalinisierungskrise (Anm. 66), S. 165–188. Die dort genannten Zahlen zum Personalbestand des zivilen und des militärischen Geheimdienstes werden hier nur zur Illustration genannt.

91 In der ČSR lag die Zahl der geheimen Mitarbeiter in den Jahren 1958–1961 höher als im Jahr 1955 (38 000). Koudelka: Státní bezpečnost 1993 (Anm. 87), S. 189.

fortgesetzt,[92] obwohl in der UdSSR ihre Grundlagen bereits öffentlich für »fingierte Anschuldigungen« und »Verstöße gegen die sozialistische Gesetzlichkeit« erklärt worden waren, und gleichzeitig wurden auf dieser »neuen« politischen Grundlage wiederum Opfer der vorangegangen »Säuberungen« rehabilitiert.[93] Auch in der Tschechoslowakei wurden zeitgleich politische Strafprozesse inszeniert und Amnestien mit ersten Rehabilitierungen durchgeführt. Doch nicht nur solche Unförmigkeit, sondern vor allem die allgemeine gesellschaftliche Anomie hemmten die politische Mobilität und gesellschaftliche Organisationsfähigkeit. Die nationalen Gesellschaften waren durch Krieg und die politischen Experimente danach in der Regel gleich mehrfach horizontal wie vertikal durcheinandergewirbelt worden.[94]

III. Folgen

In Ostmitteleuropa fiel die »Entstalinisierungskampagne« auf andere politische und gesellschaftliche Voraussetzungen als in der UdSSR: Hier bestand kein enormer sozialpolitischer Handlungsdruck wie in der Sowjetunion, wo viele Millionen ehemaliger Kriegsgefangener, »Kulaken« und anderer »Parteifeinde« als rechtlose Arbeitssklaven in Lagern oder »in der Verschickung« vegetierten, zum Teil mit bereits abgelaufenen Straffristen. Auch für Chruščevs symbolische »Rehabilitierung« altbolschewistischer Kader fehlte in den »jungen Massenparteien« die historische und politische Grundlage, denn in Osteuropa waren Parteikommunisten vor politischer Repression vergleichsweise sicher.[95] Nicht nur der

92   Vgl. dazu Albert, Andzej [d. i. Wojciech Roszkowski]: Najnowsza historia Polski 1918–1980 [Die neueste Geschichte Polens 1918–1980]. London 1989, S. 689 f.

93   Der Ausdruck »Rehabilitierung« kann sich auf die bloße »Entlassung aus dem Gefängnis gegen Schweigeverpflichtung« im Rahmen eines parteiinternen »Gnadenaktes« oder auf die Aufhebung des Urteils beziehen, sie kann auch die Wiederherstellung der »Rechte als Parteimitglied« oder die Wiederherstellung der zivilbürgerlichen Rechte meinen. Mit anderen Worten blieb sie im dichten bürokratischen System bis zur Wiederherstellung rechtsstaatlicher Grundsätze für alle Beteiligten ein ärgerliches Dauerthema.

94   Hierzu Foitzik, Jan: Ostmitteleuropa zwischen 1953 und 1956. Sozialer Hintergrund und politischer Kontext der Entstalinisierungskrise. In: Foitzik: Entstalinisierungskrise (Anm. 66), S. 21–54.

95   In der ČSR, in der eine mitgliederstarke kommunistischen Partei wirkte und wo außerhalb der UdSSR wahrscheinlich die meisten Kommunisten in die Verfolgungsmaschinerie geraten waren, waren sie als Opfer politischer Strafprozesse mit einem Anteil von 2,8 % an den Verurteilten und mit 5 % an der Zahl der »amtlich Hingerichteten« unterrepräsentiert. Für die UdSSR liegen keine genauen Zahlen vor. In den Jahren 1937/1938 sollen 8 bis 9 % der Verhafteten Parteimitglieder gewesen sein. Korreliert man die »alten Zahlen« über die 1934–1939 verhafteten Parteikommunisten mit den amtlichen Zahlen des KGB über die Gesamtzahl der 1930–1953 »Repressierten«, so käme man auf einen Anteil von mehr als 5 %, was ebenfalls auf eine überproportionale Betroffenheit der Parteimitglieder hinweisen könnte. Die KGB-Zahlen erfassen allerdings nur die »Lagerdurchgänge« und lassen

ökonomisch-soziale, politische und kulturelle Resonanzboden und die nationalen Traditionen waren in Ostmitteleuropa inhomogen, große Unterschiede zwischen den einzelnen Ländern bestanden auch im Hinblick auf die Verletzung der »nationalen Souveränität« und »nationalen Identität«[96] und ihrer Symbole. Eindeutig waren die politischen Resultate nur in einem Punkt: Die als innerparteiliche Mobilisierung begonnene »Entstalinisierungskampagne« erfasste die gesamte Gesellschaft und offenbarte die Schwäche der ostmitteleuropäischen kommunistischen Parteien, die weder in der Bevölkerung noch in den eigenen Funktionseliten über einen belastbaren Rückhalt verfügten und deren Diktaturen der innere Zusammenbruch drohte, wenn es nicht gelang, spontane demokratische Prozesse unter Kontrolle zu bringen wie Gomułka in Polen. Die politische und ökonomische Verzahnung zwischen den Ländern des neuen »sozialistischen Weltsystems« barg zudem besondere Gefahren in sich: Die Volksdemokratien waren auf den gegenseitigen Warenaustausch angewiesen und ihre ökonomische Abhängigkeit voneinander potenzierte die politische Ansteckungsgefahr. Im November 1956 griff Moskau in Ungarn schließlich auch deshalb massiv ein, weil »sonst die Sache in der ČSR auseinanderfällt«.[97]

Die systemischen Grundlagen des Ostblocks blieben nach 1956 unangetastet: Die politische, militärische, wirtschaftliche und ideologische Abhängigkeit der Peripherie vom Zentrum bekam zwar bald neue Risse, doch im Grundsatz blieb sie bis 1989 bestehen. Stabil und in ihren Grundfunktionen identisch blieben auch die Institutionen des Systems. In der UdSSR blieb die Stalin'sche Verfassung von 1936 bis 1977 in Kraft, ihre noch von Stalin handschriftlich redigierte polnische Kopie von 1952 bis 1989. Das Machtmonopol der kommunistischen Partei wurde erst 1960 in der ČSR und 1968 in der DDR in die Landesverfassung hineingeschrieben. Ungarn modernisierte in diesem Stil die Verfassung von 1949 erst 1972. Im neuen politischen Konstrukt eines in den jeweiligen Landesfarben lavierten »Stalinismus« wurden nur einige nachrangige Funktionen nachjustiert. Eine Konstante bildete nur die chronische Integrationskrise des Ordnungssystems, die 1980 in Polen offene Verlaufsform annahm.

---

die Differenz zwischen den »Lagerzugängen« und »Lagerabgängen«, also die in der Haft Verstorbenen, außer Acht. Daher erscheint eine statistische Signifikanz der kommunistischen Opfer zweifelhaft.

96   »Niepodległość« (d. i. Souveränität) und »tożsamość« (d. i. Identität) lauten die zentralen Topoi der polnischen Geschichtsschreibung. Besonders manifest etwa war die Abhängigkeit der polnischen Armee, in der wie allgemein bekannt 1945–1956 alle Kommandostellen mehrere Hundert sowjetische Offiziere bekleideten, mit einem sowjetischen Marschall als polnischem Verteidigungsminister an der Spitze. Zwar wurden auch in den Armeen anderer Länder Ostmitteleuropas zuletzt sowjetische Divisionskommandeure eingesetzt, doch wurde damit viel später als in Polen begonnen, sodass die Ergebnisse hier nicht gleich massiv und offenkundig waren.

97   Protokoll Nr. 50 der Sitzung vom 1.11.1956. In: Fursenko, A. A. (Hg.): Presidium ZK KPSS 1954–1964. Tom 1. Tschernowyje protokolnyje sapissy zassedanij. Stenogrammy [Präsidium des ZK der KPdSU 1954–1964. Urschriften der Protokollniederschriften der Sitzungen. Stenogramme]. Moskwa 2003, S. 195.

Mitte 1957 verharrte Ostmitteleuropa wieder in politischer Lethargie. In Moskau ging die »Entstalinisierung« noch weiter und unter dem Vorwurf des »Personenkults« gelang es dem Parteipräsidium sogar, im Juni 1957 Chruščev von der Position des Ersten Sekretärs abzusetzen. Diesen parteistatutenwidrigen Eingriff[98] korrigierte der KGB und verschaffte so Chruščev die Gelegenheit, seine politischen Konkurrenten aus der Parteiführung zu drängen. Zuletzt auch seinen Kampfgefährten Marschall Žukov, der die politischen Schachzüge des Parteichefs nach 1953 militärisch abgesichert hatte. Mit der Übernahme des Amtes des Vorsitzenden des Ministerrates 1958 machte Chruščev auch die Haupterrungenschaft seiner »Entstalinisierung« zunichte, die Trennung zwischen Staats- und Parteiamt. Ulbricht ließ seine Kritiker im Januar 1958 aus dem ZK ausschließen. Antonín Novotný war der Zufall gnädig: Im November 1957 erbte er auch die Staatsführung. János Kádár war im November 1956 in Moskau gleichzeitig als ungarischer Parteichef und Ministerpräsident inthronisiert worden. Auch Gomułka gehörte als Parteichef ab 1957 dem polnischen Staatsrat an. An »Entstalinisierung« war er nicht interessiert. Noch 1989 zogen polnische Vertreter des »Staates und der Partei« die Solidarność-Opposition über den Runden Tisch, als die Ermordung der polnischen Offiziere in Katyń durch die sowjetische Staatssicherheit im Jahr 1940 mit fadenscheinigen Begründungen zu einem innenpolitischen Tabu erklärt wurde.[99]

Worin bestanden die Ergebnisse der »Entstalinisierung«? Einige Autoren meinen, in der Erkenntnis, dass Stalin wegen seiner intellektuellen Leistungen kein »Klassiker« mehr war, sondern ein Despot mit schlechten persönlichen Charaktereigenschaften und ein Massenmörder; außerdem in der Revision der Konzeption des »Volksfeindes« und des »sich im Sozialismus gesetzmäßig verschärfenden Klassenkampfes«.[100] Legt man darüber aber die Schablone der parteiamtlichen Hauptthesen des »Geheimreferats«, die am 30. Juni 1956 das ZK der KPdSU beschlossen und am 2. Juli 1956 die *Prawda* veröffentlicht hatte, dann bleiben nur Stalins Persönlichkeitsdefekte übrig, denn die beiden anderen – angeblich objektiven – Ursachen des »Personenkults« lagen danach weiterhin in der »Umzingelung der Sowjetunion durch die kapitalistische Welt« und im »Klassenkampf« begründet. Die stalinistischen Reflexe wurden also auf dem XX. Parteitag nicht abgelegt. Die Entwicklung in Polen und in Ungarn interpretierte Moskau schon im Sommer 1956 – recht ungenau – als Folge ausländischer Intervention, als Folge der ideologischen Diversion der bürgerlichen Ideologie, präzisierte Ulbricht am 24. Oktober 1956 im Kreml.

---

98   Laut Parteistatut wurde der Erste Sekretär vom ZK und nicht vom Präsidium des ZK gewählt.

99   Vgl. dazu Garlicki, Andrzej: Karuzela. Rzecz o Okrągłym Stole [Das Karussell. Die Sache mit dem Runden Tisch]. Warszawa 2004.

100   Vgl. dazu Britovšek, Marjan: Stalinův termidor. Praha 1991, S. 332 f. Im slowenischen Original erschien diese »große Darstellung« 1984 in Ljubljana [Laibach] und informiert erschöpfend über die jugoslawische Auseinandersetzung mit dem Gegenstand.

Damit waren schon Mitte 1956 zentrale Aussagen des XX. Parteitages wieder korrigiert worden.

Andere Autoren konzentrieren ihre Aufmerksamkeit darauf, dass die Staatssicherheit ihre Vorrangstellung verloren habe,[101] doch diese taktische Masche hatte schon Stalin gleich mehrmals gestrickt und fallen lassen, oder dass die Massenrepression und die prohibitiv-prophylaktische politische Verfolgung ein Ende gefunden hätten, damit sei in der Bevölkerung die allgemeine Furcht gewichen. Die in den einzelnen Ländern vorgestellten Bilder weisen jedoch große Unterschiede auf und das Gesamtbild bleibt zwiespältig: Wer vor 1956 nur im Gefängnis oder im Lager gelandet ist, musste auf seine Freilassung noch bis zu zehn Jahre warten und auf die »völlige« rechtliche Rehabilitierung in der Regel bis zum Zusammenbruch des Kommunismus. In Kraft blieben und weiterhin angewandt wurden nämlich die regulären »politischen Straftatbestände«, die unter Stalin in den Strafgesetzbüchern festgeschrieben worden waren. Kassiert wurden nur einige wenige grob willkürliche Sonderstrafvorschriften, die etwa Arbeitsbummelei oder Mundraub als »Sabotageakte« unter drakonische Strafen stellten,[102] bald verschwand – sofern institutionalisiert – auch die Praxis der »außergerichtlichen« Bestrafung für politisches oder soziales »Fehlverhalten« durch bloße Verwaltungsakte. Die Furcht war geblieben, und sie war in Ostmitteleuropa zunächst gewachsen, nachdem die in »Budapest 1956« nach sowjetischem Muster gegen Massenunruhen eingesetzte militärische »Brachialgewalt« zum ersten Mal mithilfe moderner Massenmedien im großen Stil als Mittel der Einschüchterung visualisiert worden war. Oder aber wich die unbestimmte Furcht vor politischer Verfolgung der Existenzangst: Das System schreckte nämlich auch vor Massenrepressionen nicht zurück. Schätzungsweise 750 000 und mit Familienangehörigen etwa zwei Millionen

---

101 Diese Sichtweise wird vor allem im Zusammenhang mit dem »Berija-Komplex« diskutiert.

102 Systematische Untersuchungen über die Funktion des »Terrors«, der nach 1956 nicht mehr als »totalitär«, sondern als »selektiv« apostrophiert wird, fehlen. Dies gilt auch für den Zusammenhang zwischen den gewandelten Verfolgungsmethoden und der gesellschaftlichen Entdifferenzierung bzw. ihrer ideologischen Wahrnehmung. In einem Gutachten des KGB über Massenruhen in den Jahren 1957–1982 heißt es, dass unter Chruščev regelmäßig erst unter Brežnev nur selektiv Waffengewalt eingesetzt wurde. Ab 1966 griff man in der UdSSR auch wieder zur prophylaktischen Bekämpfung von Massenunruhen durch Zwangsumsiedlung potenzieller Protestgruppen, die meisten Gruppenkonflikte hatten jedoch ethnischen Hintergrund. Die »Modernisierung« ist auch daran erkennbar, dass zur prophylaktischen Bekämpfung doppelt so viele KGB-Spitzel eingesetzt wurden, als von ihnen verdächtige Personen gemeldet wurden. Vgl. Koslow, W. A.: Massowye besporjadki pri Chruschtschewe i Breschnewe (1953 – natschalo 1989-chgg.) [Massenunruhen unter Chruschtschow und Brežnev (1953–Anfang 1989)]. Nowosibirsk 1999. Auch Werkentin, Falco: Politische Strafjustiz in der Ära Ulbricht. Berlin 1995, S. 377, macht darauf aufmerksam, dass »solche ereignisabhängigen Justiz-Korrekturen wie 1956 nicht als Hinweise für strukturelle Änderungen fehlinterpretiert werden« dürfen. Vgl. dazu auch Engelmann, Roger; Vollnhals, Clemens (Hg.): Justiz im Dienste der Parteiherrschaft. Rechtspraxis und Staatssicherheit in der DDR. Berlin 1999.

Menschen waren nach 1970 in der ČSSR von »Parteisäuberungen« betroffen,[103] das heißt im günstigsten Fall vom Verlust des Arbeitsplatzes.

Dass außer der Furcht auch die Glaubensgewissheit als wesentliches Funktionselement des stalinistischen Systems geschwächt worden sei, wie Furet meint, ist soziologisch schwer fassbar. Denn schon vor dem XX. Parteitag befanden sich zu Beginn der 1950er Jahren beispielsweise in der Tschechoslowakei genauso viel frühere »gesäuberte« und »ausgetretene« Parteimitglieder außerhalb der kommunistischen Partei wie in ihr. Zudem wirken die in den »Erinnerungen« überlieferten pauschalen Hinweise auf Selbstmorde von Parteimitgliedern wegen der Demaskierung ihres Idols Stalin auf dem XX. Parteitag, die dafür als Belege dienen, rituell und wie voneinander abgeschrieben (urkundlich belegt sind dagegen Selbstmorde aus Verzweiflung über den Machtmissbrauch von Parteifunktionären, die von Opfern des »Personenkults« auch während der »Entstalinisierungskampagne« verübt wurden). Gravierend war dennoch, dass nach Chruščevs Enthüllungen selbst führende Parteifunktionäre nicht nur sich selbst fragten, ob denn die Kritik an Stalin überhaupt wahr sei[104] oder ob man sich nun – wie aus der Bevölkerung berichtet wurde – nur auf Informationen westlicher Rundfunksender verlassen dürfe.[105]

Von den während der Kampagne diskutierten Zugeständnissen an die Bevölkerung blieben nur kosmetische politische Korrekturen und neue sozialökonomische Pazifizierungsstrategien übrig. Sie tangierten weder das außenpolitisch-militärische Ordnungsgefüge des Ostblocks noch das Herrschaftsmonopol und die undemokratischen Verfahrensweisen der kommunistischen Partei, und so versandete die gesamte »Entstalinisierungskampagne« 1957 in elastischeren, gleichwohl traditionellen diktatorischen Arbeitsformen. Von Dauer und irreversibel blieb aber die durch die Moskauer Kampagne angestoßene nationale Diversifizierung der Herrschafts- und Gesellschaftssysteme: Die kommunistischen Parteien waren gezwungen worden, die politische Duldungsstarre der Gesellschaft neu auszutarieren, dabei stützten sie sich auf den Nationalismus als Ersatzlegitimation. Und diese schloss sogar eine Distanzierung von der Führungsmacht UdSSR ein.

In Ungarn wurde das kommunistische Regime mithilfe eines brutalen Terrors reinstalliert. In Polen musste aber auf die Kollektivierung der Landwirtschaft verzichtet werden. Dieser Verzicht folgte der jugoslawischen Praxis von 1951. Politisch war zunächst auch die Zulassung des privaten Handels und Gewerbes in Polen ungefährlich, wie der Vergleich mit der DDR zeigt, oder die Legalisierung der spontan entstandenen Arbeiterräte, wenn man in die ČSR blickt. Aber mit dem polnischen Verzicht auf die Zwangskollektivierung

---

103 Vykoukal: Východ (Anm. 3), S. 576.
104 Barnovský: Prvá vlna (Anm. 28), S. 63.
105 Ebenda.

der Landwirtschaft war das neue »sozialistische System« aus dem ideologischen Gleichschritt geraten, denn die hinter der Fassade der »Entstalinisierungskampagne« verborgene neue »politische Generallinie«, die gemeinsame Vollendung des »Aufbaus des Sozialismus«, wie ihn die ostdeutsche und die tschechoslowakische Parteikonferenz 1956 beschlossen, fiel fürs erste aus der Gleisspur.

In Polen erzielte man in kleineren Schritten eine Liberalisierung an den Universitäten, Freiräume erhielt auch die katholische Kirche, wenn man der Binnenperspektive Glauben schenken will.[106] Aber Autonomie wurde weder der polnischen Kirche noch den Intellektuellen gewährt, wie es bald in der »neuen« nationalpolitischen Projektion hieß. Im Gegenteil wurde auch in Polen der Konformitätsdruck 1958 wieder erheblich verschärft.[107] Aber er führte nicht mehr dauerhaft zum Erfolg, denn die Kirche und andere gesellschaftliche Gruppen ließen sich nicht mehr alle Freiräume nehmen, nahmen einfach Autonomie in Anspruch und verteidigten sie nachhaltig gegen politische Einschüchterungsversuche.

Dauerhaft beschädigt blieb das Verhältnis zur Sowjetunion: In Rumänien wurde 1956 die Abschaffung des obligatorischen Russischunterrichts an den Schulen gefordert und den aufrührerischen Studenten auch versprochen (1963 durchgeführt). In der ČSR – damals das einzige ostmitteleuropäische Land, das kein traditionell belastetes Verhältnis zur Sowjetunion hatte – wurde stillschweigend den laut gewordenen Forderungen entsprochen, die Sowjetunion nicht mehr als Vorbild zu propagieren,[108] denn wie der spätere Nobelpreisträger Jaroslav Seifert auf dem Schriftstellerkongress 1956 begründete: »Im Osten können wir nichts lernen.«[109] Symptomatisch für die »neue, modernisierte« Form der »selbstzensierten« und »selbstbeschränkten« Kommunikation ist bereits die Tatsache, dass dieser Satz im tschechischen Protokoll fehlt und nur im sowjetischen Bericht überliefert blieb. Wirkungsmächtig wurden selbst Details wie etwa die Unschuldsvermutung im Strafgesetzbuch der ČSR von 1956 schon deshalb, weil sie Distanz zur Führungsmacht signalisierten, die diese Norm erst 1958 bzw. 1961 und auch nur für einige Jahre in das Strafgesetzbuch eingefügt hatte. Selbst scheinbar hilflose und eskapistische Gesten der Souveränität transportierten wichtige Signale und legale Kondensationspunkte innergesellschaftlicher Kommunikation im Prozess der Abgrenzung von einer anderen Völkern aufgezwungenen »fremden Geschichte«, wie der Dissident Václav Havel später

---

106 Zur Information über die Lage in Polen v. 2.7.1957. In: SAPMO-BA, DY 30 IV 2, 20, 157.

107 Zur 1958 abgeschlossenen »umfangsreichsten« Säuberung in der Geschichte der PVAP, bei der 16 % der Mitglieder ausgeschlossen wurden, sowie zu Restriktionen in der polnischen Kulturpolitik nach 1958 vgl. Paczkowski, Andrzej: Pół wieku dziejów Polski 1939–1989 [Ein halbes Jahrhundert der Geschichte Polens]. Warszawa 1995, S. 317 u. 327 ff.

108 Barnovský: Prvá vlna (Anm. 28), S. 136.

109 Stykalin, A. S.: Sowetskaja kultura w wosprijatii zentralno-ewropejskoi intelligenzii (wtoraja polowina 1940-ch godow) [Die sowjetische Kultur in der Wahrnehmung der mitteleuropäischen Intellektuellen in der zweiten Hälfte der 1940er Jahre]. In: Slawjanowedenie 3(2002), S. 13–22, hier 22.

den realen Sozialismus nannte. Mittel- und langfristig wirksam wurden die autonomen kulturellen Impulse, denn der nationalkulturelle Konsens und Zusammenhalt mussten immer wieder neu hergestellt werden.

Der strukturelle »Stalinismus« als das »Primat der Ideologie als institutionalisierter Lüge«, wie Jacques Rupnik formulierte,[110] als »kognitives Privileg«[111] der kommunistischen Partei, als kognitiver Mechanismus, in dem unter dem Begriff der Dienstbarkeit der Unterschied zwischen Wahrheit und Lüge verloren geht, der Mensch seine Subjektivität verliert, wie ihn Aleksander Wat, Leszek Kołakowski oder Václav Havel[112] thematisierten, wurde nach 1956 nicht abgebaut, sondern technisch perfektioniert. So gingen nach Budapest 1956 in Osteuropa Herrschaft und Gesellschaft einen neuen Gesellschaftsvertrag ein, indem sie sich mit einer Doppel-Lüge arrangierten: Die kommunistischen Parteien taten so, als würden sie führen, das Volk heuchelte Loyalität und Gehorsam vor. Die Künste und die Literatur erlebten ihre Hochzeit, weil Wahrheit zwar nachgefragt wurde, aber nur in allegorischer Form angeboten werden durfte. In ihrer nationalen Isolation glaubten Polen und Ungarn, in der »lustigsten Baracke im Lager« zu leben, auch in Russland werden die Anfangsjahre der Brežnev-Herrschaft als ein »goldenes Zeitalter« erinnert. Die ungarische Selbstmordrate stand aber nach dem nationalen Trauma von 1956 für drei Jahrzehnte an der Spitze der Weltstatistik,[113] in der Sowjetunion verdoppelte sich in den 1970er Jahren der Alkoholkonsum[114] und die DDR sollte zuletzt mit der Zahl der geheimen Zuträger ihrer Staatssicherheit sogar die UdSSR absolut überholen.[115] Das waren nur einige der gesellschaftlichen Auswirkungen der Entwertung des Individuums und der autonomen sozialen

110 Rupnik: Der Totalitarismus (Anm. 3), S. 398.

111 Kołakowski. In: Urban (Hg.): Stalinism (Anm. 2), S. 250.

112 Hierzu beispielsweise Rupnik: Der Totalitarismus (Anm. 3), sowie die Texte der Genannten. In: Spiewak, Pawel (Hg.): Anti-Totalitarismus. Eine polnische Debatte. Frankfurt/M. 2003, sowie Havel, Václav: Versuch, in der Wahrheit zu leben. Von der Macht der Ohnmächtigen. Reinbek bei Hamburg 1980.

113 Die absoluten Zahlen stiegen von 2 312 im Jahr 1958 kontinuierlich auf 3 200 im Jahr 1968 an und erreichten Mitte der 1980 Jahre den Höhepunkt (1985: 4 911, 1988: 4 377). Im Jahr 1989 (3 132) begannen sie zu sinken (1992: 2 936). Vgl. Magyar statisztikai évkönyv [Jahrbuch der Statistik Ungarns]. Pro 1 000 Todesfälle lag die ungarische Selbstmordrate 1950 bei 19,4, 1960 bei 25,5, 1970 bei 29,8, 1980 bei 33,0, 1990 bei 28,4 und 1994 bei 24,7. Ab 1960 führte Ungarn die Weltstatistik an, wobei die statistische Selbstmordrate anderthalbmal höher war als beim Zweitplatzierten. Vgl. Valuch, Tibor: Magyarország társadalomtörténete a XX. század második felében [Die Sozialgeschichte Ungarns in der zweiten Hälfte des 20. Jahrhunderts]. Budapest 2001, S. 361. Seit Beginn der 1990er Jahre sank die Selbstmordrate in Ungarn um fast ein Drittel und nimmt gegenwärtig die siebte Stelle in der Weltstatistik ein. Vgl. hierzu auch Duval, Alexandre: Der Selbstmord in Europa. In: http://arte.tv/ (20.6.2007). Für die Übermittlung der statistischen Daten danke ich Dr. András Mihályhegyi, Budapest, und Bernd-Rainer Barth, Berlin.

114 Koslow; Mironienko: Kramola (Anm. 7), S. 57.

115 In der UdSSR lag deren Zahl Ende der 1960er Jahre angeblich bei 166 000. Auf einen Quellenbeleg wird verzichtet, weil solche Zahlen und ihre Grundlagen nicht überprüft werden können.

Beziehungen. Die politischen und ökonomischen Folgen der enormen geistigen und intellektuellen Kosten waren schon in den 1960er Jahren evident: Die Sowjetunion und der Ostblock verloren den Anschluss an die allgemeine technologische Entwicklung.

Als Symbol der »Entstalinisierungskrise« erlangte »Budapest 1956« zentrale Bedeutung: Den Kommunisten war klar geworden, dass genuine demokratische Prozesse ihre Diktatur gefährden. Die Widerstandsphantasien der heterogenen Opposition paralysierte die Furcht vor den hohen humanitären Kosten und nach Prag 1968 auch vor dem hohen politischen Preis für eine organisierte Oppositionsbewegung, die sich gegen eine Übermacht richtete. Die neue Strategie hieß: Systemzersetzung durch Selbstemanzipation der Gesellschaft auf dem Weg über autonome Formen kultureller und zivilgesellschaftlicher Selbstorganisation. Definitiv hatte sich die Opposition 1956 von Hoffnungen auf eine wirksame Hilfe des Westens verabschiedet, auf die bis dahin alle politischen Oppositionshaltungen gebaut hatten.

IV. Schluss

Akzeptiert man die vorgezeichneten Bahnen des sakralen Geschichtsdiskurses, so dauerte die parteiamtliche »Entstalinisierung« 1956 in der DDR und in der ČSR höchstens drei Monate, in Polen und in Ungarn beschleunigte sie den offenen Ausbruch der latenten gesellschaftlichen und politischen Krise. Was die Folgen der »Entstalinisierungskampagne« angeht, so war essentiell, dass die während dieser »Mobilisierungskampagne« offenkundig gewordene Spaltung und Entfremdung zwischen dem Parteienstaat und der Gesellschaft dauerhaft[116] und letztlich unaufhebbar blieb.

Die parteipolitische Kampagne der »Entstalinisierung« war aber nicht Ursache, sondern nur Katalysator der Entwicklung. Im profanen Sinne wurde in der »Entstalinisierungskrise« eine Stabilisierung der durch Krieg und die politischen Experimente der Nachkriegszeit beschädigten und durch den unmittelbaren Griff der Parteipolitik gefesselten nationalen Gesellschaften nachgeholt.

---

116 Für die russische/sowjetische Gesellschaft betont diesen Aspekt vor allem Axjutin: Chruschtschowskaja »ottepel« (Anm. 3).

Mark Kramer

Soviet-Polish Relations and the Crises of 1956

Brinkmanship and Intra-Bloc Politics

The year 1956 was a momentous one for the Soviet bloc. In February 1956
the First Secretary of the Communist Party of the Soviet Union (CPSU),
Nikita Khrushchev, delivered a »secret speech« at the 20th Soviet Party Congress in which he denounced many of the excesses and crimes of his predecessor, Josif Stalin. The repercussions of Khrushchev's speech quickly spread far
beyond the Soviet Union. Ferment and instability emerged in most of the East
European states, especially Poland and Hungary. By the fall of 1956 the Soviet
Union was confronted by serious political crises in both countries. Although
the Soviet-Polish crisis was resolved peacefully, Soviet troops intervened in
Hungary to dislodge the revolutionary government of Imre Nagy and to crush
all popular resistance.

Recently declassified Soviet and East European documents about these two
crises have shed important light on one of the most decisive periods in Soviet-
East European relations. Numerous items from the Polish, Czech, Russian,
and Hungarian archives were published along with commentaries in the
Spring 1995 issue of the *Cold War International History Project Bulletin*.[1]
Other crucial documents from the Russian and Hungarian archives, and an
analysis of Soviet decision-making in 1956, were published in the Winter
1996–97 issue of the *Bulletin*.[2] Since then, other important documents about
the Soviet-Polish crisis have become available. This article draws on recently
declassified materials and recent memoirs from Poland, Russia, Ukraine, the
Baltic States, Hungary, and the Czech Republic to provide a reassessment of
the Soviet-Polish standoff in October 1956.

---

1   Kramer, Mark: »Hungary and Poland, 1956: Khrushchev's CPSU CC Presidium Meeting on
East European Crises, 24 October 1956,« *Cold War International History Project Bulletin*, Issue No. 5
(Spring 1995), pp. 1, 50–57; Gluchowski, Leszek: »Poland, 1956: Khrushchev, Gomułka, and the
›Polish October,‹« ibid., pp. 1, 38–49; and Rainer, János M.: »The Yeltsin Dossier: Soviet Documents
on Hungary, 1956,« ibid., pp. 22–34.
2   Kramer, Mark: »New Evidence on Soviet Decision-Making and the 1956 Polish and Hungarian Crises,« *Cold War International History Project Bulletin*, Issue No. 8–9 (Winter 1996–1997),
pp. 358–385 and »The ›Malin Notes‹ on the Crises in Hungary and Poland, 1956,« translated and
annotated by Mark Kramer, ibid., 385–410. See also Kramer, Mark: »The Soviet Union and the 1956
Crises in Hungary and Poland: Reassessments and New Findings,« *Journal of Contemporary History*,
Vol. 33, No. 2 (April 1998), pp. 163–215.

The analysis here diverges from previous assessments of the October 1956 Soviet-Polish crisis in several important respects:

First, nearly all previous accounts of the October 1956 crisis have referred only briefly to the Poznań rebellion of June 1956. Evidence from the former East-bloc archives makes clear that the Poznań crisis had a profound impact on subsequent developments in Poland and on Soviet-Polish relations. A full analysis of the October crisis must take due account of the origins, nature, and repercussions of the Poznań uprising, which was the single deadliest event in Poland's post-1945 history.

Second, up to now, most scholars in Poland, Russia, and the West have assumed that when Soviet leaders traveled urgently to Warsaw at the height of the crisis on 19 October 1956, they were seeking to prevent Władysław Gomułka from being elected First Secretary of the Polish United Workers' Party (PZPR).[3] The latest archival evidence indicates that this interpretation is incorrect. The dominant issue for Soviet leaders when they suddenly flew to Poland uninvited in October 1956 was the impending removal of the staunchly pro-Soviet faction of the PZPR Politburo, especially the projected ouster of Marshal Konstantin Rokossowski, as discussed below. Until the last minute, Khrushchev and his colleagues hoped that they could persuade Gomułka to cancel the proposed changes and put an end to the »anti-Soviet outbursts« in Poland. Far from seeking to take a stand *against* Gomułka, the members of the Soviet delegation actually viewed him (at least initially) as the only Polish official who could both fulfill their demands and restore political stability in Poland. To this end, they were determined to get rid of the existing Polish leader, Edward Ochab, who they believed had turned against the Soviet Union. Not until they arrived in Warsaw did they realize that they had been mistaken about Gomułka and that he would *not* prevent the removal of key personnel. This development raised the specter of Soviet military intervention in Poland.

Third, the latest evidence reveals that the threat of a Soviet-Polish military clash-whether by accident or by design-was considerably greater than previously thought. Ultimately, Gomułka's ability to reassure Moscow about his loyalty to Communism and Poland's commitment to the Soviet bloc was vital in achieving a peaceful way out of the crisis. The presence of Gomułka, whom Soviet leaders trusted far more than they did his predecessor, Ochab, the growing recognition in Moscow of the dangers of large-scale military intervention in Poland, and the outbreak of revolutionary upheavals in Hungary on

---

3   See, for example, Machcewicz, Paweł: *Władysław Gomułka* (Warsaw: Wydawnictwa Szkolne i Pedagogiczne, 1995), pp. 39–41; Gluchowski, »Poland 1956,« pp. 1, 38–49; and Orekhov, Aleksandr: »Sobytiya 1956 goda w Pol'she i krizis pol'sko-sovetskikh otnoshenii,« in *Sovetskaya vneshnyaya politika v gody »Kholodnoi voiny« (1945–1985): Novoe prochtenie* (Moscow: Mezhdunarodnye otnosheniya, 1995), pp. 88–92.

23 October, which diverted Khrushchev's attention and gave the Soviet Union an extra incentive to defuse the standoff with Poland, all helped to ensure a peaceful outcome to the Soviet-Polish crisis. If Gomułka had not been able to provide his assurances so convincingly to Khrushchev, and if the Hungarian revolution had not posed such a crucial distraction, the odds are high that a Soviet-Polish military confrontation would have ensued, with grave consequences for both sides as well as for East-West relations. As it was, the prospect of military hostilities loomed perilously close just after the Soviet delegation's visit to Poland.

Fourth, newly released archival evidence puts to rest certain myths that have arisen about the role of China in the Soviet-Polish crisis. Contrary to the fanciful accounts provided after the fact by Chinese leaders, the latest evidence makes clear that China in fact played no role in Soviet decision-making. The notion that Chinese officials exercised a »veto« over a possible Soviet decision to use military force against Poland always seemed implausible on its face, but some Western, Chinese, and Polish scholars have taken the Chinese claims seriously.[4] In light of the new evidence, these claims can no longer be given any credence. It is now clear that Chinese leaders knew almost nothing about Soviet intentions in Poland and could not possibly have had any input into Soviet policymaking. Decisions about the use of force against Poland were made solely in Moscow, not in Beijing.

This article is divided into ten sections. The first section traces the evolution of Soviet-Polish relations from the mid-1940s to the mid-1950s, a period that formed the backdrop for the October crisis. The second section describes the impact of de-Stalinization in Poland in 1956, and the third section examines the origins and outbreak of the Poznań uprising in late June 1956, an event that highlighted the potential dangers of liberalization within the Communist world. The fourth, fifth, and sixth sections discuss the repercussions from the Poznań rebellion in Poland itself, in the Soviet Union, and elsewhere in the Soviet bloc. The seventh section recounts the growing tensions in Soviet-Polish relations in the late summer and early fall of 1956, and the eighth section limns the return of Gomułka to the highest levels of the PZPR in October 1956. The ninth section focuses on the Soviet-Polish standoff from 18 to 28 October 1956, especially the period of greatest tension from the 18th to the 22nd. The tenth section briefly explores the aftermath of the Soviet-Polish confrontation and the impact of the crisis – both short-term and longer-term – in the Soviet Union, Poland, and other Communist countries. This final section also considers why

---

4   See, for example, the otherwise insightful article by Persak, Krzysztof: »The Polish-Soviet Confrontation in 1956 and the Attempted Soviet Military Intervention in Poland,« *Europe-Asia Studies*, Vol. 58, No. 8 (December 2006), pp. 1285–1310.

the Soviet-Polish showdown was resolved peacefully, in contrast to the violent resolution of the coterminous Hungarian crisis.

I. Genesis of the Polish Crisis

Tensions had been mounting in Poland and in Soviet-Polish relations since long before 1956. The 1939 Nazi-Soviet Pact, which resulted in the partition of Poland, had caused many Poles to view Moscow with deep hostility.[5] Those sentiments were reinforced by the harsh Soviet occupation of eastern Poland from September 1939 to June 1941, which was marked by mass deportations and widespread looting, raping, and massacres. The Soviet Union's failure to aid the Polish resistance during the Warsaw uprising of 1944 (despite the Red Army's presence nearby), and Stalin's annexation of the Polish provinces east of the Curzon line in 1945, stirred further deep resentment.[6] All of these events were bound to have a lasting impact on Soviet-Polish relations in the postwar era.

Additional tensions were created by Stalin's harsh treatment of Poland after 1945. Despite Poland's status as a victim of German (and Soviet) aggression in World War II, Stalin viewed the country as little more than an occupied power. Although the coalition government in Warsaw from 1945 to 1947 included a few non-Communists, the groundwork for a full-fledged Communist regime was already being laid. The Soviet Union's Northern Group of Forces maintained a conspicuous presence on Polish territory. A large contingent of Soviet »advisers« were assigned to the Polish army, forming an independent chain of command that reported directly to the Soviet High Command.[7] Although many Poles initially viewed the deployment of Soviet troops as a necessary hedge against revived German militarism (particularly because

---

5   Sword, Keith, ed.: The Soviet Takeover of the Polish Eastern Provinces, 1939–41 (New York: St. Martin's Press, 1991); and Gross, Jan T.: Revolution from Abroad: The Soviet Conquest of Poland's Western Ukraine and Western Belorussia (Princeton, NJ: Princeton University Press, 1988).

6   For disparate views of Soviet policy during the Warsaw uprising, see Ciechanowski, Jan, ed.: Na tropach tragedii – Powstanie Warszawskie 1944: Wybor dokumentow wraz z komentarzem (Warsaw: BGW, 1992); Rosloniec, Włodzimierz: Lato 1944 (Krakow: Znak, 1989); Sawicki, Tadeusz: Front wschodni a powstanie Warszawskie (Warsaw: PWN, 1989); »Varshavskoe vosstanie 1944g.: Dokumenty iz rassekrechennykh arkhivov,« Novaya i noveishaya istoriya (Moscow), No. 3 (May–June 1993), pp. 85–106; and »Kto kogo predal – Varshavskoe vosstanie 1944 goda: Svidetel'stvuyut ochevidtsy,« Voenno-istoricheskii zhurnal (Moscow), Nos. 3 and 4 (March 1993 and April 1993), pp. 16–24 and 13–21, respectively. For a recent overview in English, see Davies, Norman: Rising '44: The Battle for Warsaw (New York: Viking, 2004).

7   Noskova, A. F.: »Moskovskie sovetniki v stranakh Vostochnoi Evropy (1945–1953gg.),« Voprosy Istorii (Moscow), No. 1 (January 1998), pp. 104–105, 109–110.

Poland's borders had been extended westward to compensate for the territory on Poland's eastern rim that had been annexed by the Soviet Union), frictions between Poland and the USSR soon emerged. By early 1947 Soviet leaders were receiving numerous reports about widespread political disaffection in Poland and about the »anger and resentment felt by many Poles« because their country was paying such an »onerous price« for »Polish-Soviet friendship« and for Moscow's »support of Poland's western borders.«[8]

Bilateral economic relations, especially Poland's obligatory coal deliveries to the USSR at very low prices, were a particular irritant. Complaints were rife in Poland about the »treaty links with the Soviet Union that had forced Poland to reject highly profitable arrangements« and »far more advantageous economic opportunities« in Western Europe.[9] Suspicions also cropped up in Poland about Moscow's policy on religion. In early 1947, Soviet officials based in Poland warned their superiors in Moscow that »the Polish Catholic Church has been noticeably stepping up its activity and is seeking to include itself in the political life of the country as a central factor acting in overt or covert fashion against the [socialist] camp.«[10] When the Polish authorities heeded Moscow's advice to exert greater pressure on the church, the clampdown sparked bitter public resentment and antagonism.

To ensure the removal of »pernicious elements« and »class enemies« in Poland, the Soviet Union gradually tightened its hold, a process that went hand in hand with the consolidation of Communist rule. The number of Soviet »advisers« in the Polish state security organs was significantly increased.[11] (Soviet internal security advisers had first been sent to Poland in March 1945 to work in both the central apparatus and the provinces, but the total number of advisers grew to roughly 60 by the early 1950s.) These Soviet advisers enjoyed almost complete freedom of action in Poland. They took part in meetings of the PZPR Politburo's Commission on Security Affairs and issued orders to Polish officials. They also closely supervised and coordinated the activities of Poland's security and intelligence organs, and maintained constant access to all information collected by Polish agents.

---

8 »O nekotorykh nastroeniyakh v Pol'she po voprosu pol'sko-sovetskikh ekonomicheskikh otnoshenii,« Memorandum from Lieutenant-General A. Okorokov, head of Political Directorate of the Northern Group of Forces, to M. A. Suslov, 19 March 1947 (Top Secret), in Rossiiskii Gosudarstvennyi Arkhiv Sotsial'no-Politicheskoi Istorii (RGASPI), Fond (F.), Opis' (Op.) 128, Delo (D.) 284, Listy (Ll.) 27–28, with cover note to M. A. Suslov.

9 Ibid., L. 28.

10 »O religioznykh torzhestvakh v g. Gnezno 27.IV-4.V.47g.,« report from Lieutenant-Colonel Lesnevskii of the 7th Department of the Main Political Directorate of the Northern Group of Forces, to S. Baranov, 2 July 1947 (Secret), in RGASPI, F. 17, Op. 128, D. 284, Ll. 177–180.

11 Paczkowski, Andrzej: »Aparat bezpieczenstwa,« in *Instytucje Panstwa Totalitarnego Polska, 1944–1956* (Warsaw: Instytut Studiow Politycznych, 1994), pp. 62–64. See also Noskova: »Moskovskie sovetniki v stranakh Vostochnoi Evropy« (remark 7), pp. 105–107.

A similar arrangement was established for the Polish armed forces. Senior positions in the Polish National Defense Ministry were assigned to officers who had lived for many years or even decades in the Soviet Union and had fought in the Red Army during World War II.[12] The extent of Soviet domination over the Polish military establishment was vividly symbolized in November 1949 when Marshal Rokossowski, a renowned Soviet officer who had been serving as commander of Soviet troops in Poland since 1945, was installed as Polish national defense minister and commander-in-chief of the Polish army. (Rokossowski was of Polish birth and could speak Polish, but had long been a Soviet citizen and had lived most of his life in the Soviet Union. He relinquished his post as commander of Soviet forces in Poland when he took control of the Polish army, but he remained a Soviet citizen even after he was granted Polish citizenship.) Six months later, Rokossowski also became a full member of the PZPR Politburo and later took on the additional post of deputy prime minister. Other high-ranking Soviet officers were brought in as deputy national defense ministers, chief of the Polish General Staff, and commanders of all the service branches and military districts. By 1953, Soviet military personnel (numbering more than 700) accounted for nearly 75 percent of the senior officer corps in Poland and an even higher percentage of general officers.[13] Many of the Soviet officers could speak no Polish when they first came to Poland and never became Polish citizens.[14]

In other ways, too, Soviet officials directly intervened in Poland's internal politics. By early 1948 the Polish Communist leader, Władysław Gomułka, was increasingly at odds with many of his colleagues, including a number who were of Jewish origin. Gomułka tried to exploit anti-Semitic sentiment against his rivals by claiming that too many Jews (rather than »real Poles«) held senior posts in the Communist party, but this campaign proved unsuccessful, and the conflict within the party merely intensified. Gomułka's efforts to manipulate hostility toward Jews were in line with Stalin's own growing emphasis in the USSR on anti-Semitic policies (reflected initially in his »anti-cosmopolitan« campaign and in the violent persecution of the Jewish Anti-Fascist Committee), but Gomułka's failure to resolve the growing dispute within the Polish

---

12 For a detailed analysis of this phenomenon, as well as many declassified documents, see Nalepa, Edward Jan: *Oficerowie Radziecy w Wojsku Polskim w latach 1943–1968: Studium historyczno-wojskowe* (Warsaw: Wojskowy Instytut Historyczny, 1992).

13 Ibid., pp. 41–42.

14 A few of the officers, however, did eventually become Polish citizens, and a small number stayed in Poland after their retirement. The same was true of 188 ordinary Soviet servicemen who had earlier chosen to reside permanently in Poland rather than return to the Soviet Union. See »Spisok sovetskikh voennosluzhashchikh prokhodyashchikh sluzhbu v Voiske Pol'skom i vozbudivshikh khodotaistva vykhode iz grazhdanstva SSSR: Prilozhenie k P. 7, Pr. PB No. 79,« in RGASPI, F. 17, Op. 3, D. 1086, Ll. 103–139.

party antagonized Soviet leaders, who began preparing for Gomułka's ouster.[15] In private contacts with senior Polish officials, the Soviet authorities emphasized that Gomułka's »anti-Marxist statements« and »errors« could no longer be tolerated.[16] The Polish leader's domestic standing was further weakened in mid-1948 when the Soviet-Yugoslav rift emerged and when one of his chief allies in Moscow, Andrei Zhdanov, suddenly became ill and died. At a Central Committee plenum in August and September 1948 (which forcibly merged the Polish Socialist Party with the Polish Workers' Party to form the PZPR), Gomułka came under harsh criticism and was removed from his post as General Secretary. The following year, he was expelled from the Communist party altogether. His successor, Bolesław Bierut, was an unadorned Stalinist whose loyalty to Moscow was never in doubt.

From that point on, the newly constituted PZPR took on a Stalinist cast. In December 1948 Gomułka made a final attempt to salvage his position by appealing directly to Stalin both in person and, five days later, in a letter; but his overtures were rebuffed.[17] A purge of pro-Gomułka elements in the PZPR then proceeded apace. In October 1949 the Soviet ambassador in Poland, Vladimir Lebedev, reported to Stalin that Bierut and other senior Polish officials had been holding lengthy meetings to organize a show trial of Gomułka, akin to the trials of László Rajk and seven other officials that had just been staged in Hungary.[18] (Rajk and two of the others were swiftly executed.) It turned out that no trial of Gomułka was ever held, but Soviet state security advisers provided guidance for the trials of some lesser Polish officials.[19] Although the consolidation of Stalinist rule in Poland was not as rampantly violent as in some other East-Central European countries (particularly Romania, Bulgaria, and Hungary), the entrenchment of Stalinism exacted a heavy toll. The detention of Gomułka on 31 July

---

15   On Stalin's increasing exploitation of political anti-Semitism in his final years, see Azadovskii, Konstantin; Egorov, Boris: »From Anti-Westernism to Anti-Semitism,« *Journal of Cold War Studies*, Vol. 4, No. 1 (Winter 2002), pp. 66–80; Kostyrchenko, Gennadii: *V plenu krasnogo faraona: Politicheskie presledovaniya evreev v SSSR v poslednee stalinskoe desyatiletie – Dokumental'noe issledovanie* (Moscow: Mezhdunarodnye otnosheniya, 1994); Kostyrchenko, G. V.: *Tainaya politika Stalina: Vlast' i antisemitizm* (Moscow: Mezhdunarodnye otnosheniya, 2001); and the declassified documents in Kostyrchenko, G. V., ed.: *Gosudarstvennyi antisemitizm v SSSR ot nachala do kul'minatsii, 1938–1953* (Moscow: Materik, 2006).

16   »Sekretaryu TsK VKP(b) tovarishchu Suslovu M. A.: Ob antimarksistskikh ideologicheskikh ustanovkakh rukovodstva PPR,« Report from L. Baranov, N. Pukhlov, and V. Ovcharov to M. Suslov, 11 April 1948 (Top Secret), in RGASPI, F. 575, Op. 1, D. 62, Ll. 1–18.

17   »Ostatni spór Gomułki ze Stalinem,« *Dziś: Przegląd społeczny* (Warsaw), No. 6 (1993), pp. 32–35. Gomułka's letter to Stalin, introduced here by Andrzej Werblan, repeats many of the anti-Semitic comments that Gomułka had voiced at party meetings earlier in the year.

18   »Shifrtelegramma,« from V. Lebedev, 19 October 1949 (Strictly Secret/Special Dossier), in Arkhiv Prezidenta Rossiiskoi Federatsii (APRF), F. 45, Op. 1, D. 360, Ll. 40–43.

19   See Noskova: »Moskovskie sovetniki v stranakh Vostochnoi Evropy« (remark 7), p. 109.

1951 and his subsequent interrogation and confinement under house arrest were telling indications of Bierut's preeminence in Poland so long as Stalin was alive.

Following Stalin's death in March 1953, however, Bierut's role in Poland came under serious challenge. During the first few months of the post-Stalin period, conditions in Poland changed relatively little; but the Soviet Union's promotion of far-reaching liberalization elsewhere in East-Central Europe (especially East Germany and Hungary) suggested that similar changes might soon lie in store for Poland.[20] The prospect of truly radical changes in Poland diminished precipitously after the arrest and public condemnation of Lavrentii Beria in Moscow in June and July 1953, but this did not prevent political machinations within the PZPR from accelerating. Under pressure from Khrushchev and some of the other Soviet leaders who had been instrumental in getting rid of Beria, Bierut was forced to remove three powerful members of the PZPR Secretariat who were of Jewish origin: Jakub Berman, Hilary Minc and Roman Zambrowski.[21] Subsequently, a good deal of blame for »mistaken« policies in Poland was laid on these officials, especially Berman. Bierut announced a few modest economic reforms (in keeping with the spirit of the Soviet Union's »New Course«) in late 1953 and early 1954, but he declined to follow up with any meaningful political changes.

The situation for Bierut became all the more complicated after the defection to the West of a senior official in the Polish security forces, Lieutenant-Colonel Józef Światło, in December 1953. Światło had been deputy head of the notorious Tenth Department of the Ministry of Public Security, a post that gave him full access to extremely sensitive information about the security apparatus in Poland and the high-level organs of the PZPR. His defection was a grave embarrassment for Bierut. To make matters worse, Światło compiled detailed revelations about Bierut's regime, which were broadcasted to Poland over Radio Free Europe.[22] These disclosures stirred a debate within the upper echelons of the PZPR about the party's complexion and Poland's role within the Eastern bloc. As Bierut's hold continued to weaken, he had to acquiesce in

---

20   On the changes in the Soviet Union and their implications for Soviet policy vis-à-vis East-Central Europe, see Kramer, Mark: »The Early Post-Stalin Succession Struggle and Upheavals in East-Central Europe: Internal-External Linkages in Soviet Policy-Making, Part 1,« *Journal of Cold War Studies,* Vol. 1, No. 1 (Winter 1999), pp. 3–55, Part 2, No. 2. (Spring 1999), pp. 3–39; Part 3, No. 3 (Fall 1999), pp. 3–67.

21   See Khrushchev's account of this episode in Khrushchev, N. S.: *Vospominaniya – Vremya, lyudi, vlast',* 4 vols. (Moskovskie novosti, 1999), Vol. 2, pp. 18–21. All citations here are from Vol. 2 (especially the section »O Pol'she«), which covers Eastern Europe, China, and North Korea. I have checked the published version of these sections against the tape recordings of Khrushchev at Columbia University and have found no meaningful discrepancies. I have also checked it against the typescript given to me by Khrushchev's son, Sergei.

22   Światło, Józef: *Za kulisami bezpieki i partii* (Warsaw: Bis, 1990), first published in New York by Radio Free Europe in 1955.

the release of Gomułka from house arrest in mid-December 1954. Although Bierut continued to oppose any suggestion that Gomułka be readmitted into the party, the reemergence of the former Polish leader after three years of imprisonment caused many in Poland to expect that Gomułka would soon be brought back into the PZPR.

Bierut's position was further undercut in May-June 1955 when the Soviet Union normalized its relations with Yugoslavia, completing a process that had begun shortly after Stalin's death. In late May, Khrushchev traveled to Belgrade and held an extended series of meetings with the Yugoslav leader, Josip Broz Tito. At the end, on 2 June, the two leaders signed a communiqué pledging respect for their »differences in internal complexion, social systems, and forms of socialist development.«[23] Bierut had long been identified with the vehemently anti-Tito forces in Moscow, notably Stalin himself and his long-time foreign minister, Vyacheslav Molotov. The Soviet rapprochement with Yugoslavia, which came despite Molotov's vehement objections, necessarily affected East European leaders who had used the original split with Belgrade as a pretext to move against their own domestic rivals (as Bierut had done in the late 1940s and early 1950s with Gomułka and others).[24] The Soviet ambassador in Poland, Panteleimon Ponomarenko, reported to Khrushchev in June 1955 that Bierut »doubts it is advisable to deal with leaders who have been accused of revisionism and fascism.«[25] According to Ponomarenko, Bierut was »worried that the rehabilitation of Tito will soon lead to the rehabilitation of others, including Gomułka.« As a safeguard, the Polish leader ordered the publication of a series of articles in the Polish press condemning Gomułka's »anti-Marxist« and »anti-Leninist« views. In addition he requested that Ponomarenko urge Soviet leaders to be »especially cautious about theoretical questions« in all their dealings with Yugoslavia.[26]

---

23 »Deklaratsiya Pravitel'stv Soyuza Sovetskikh Sotsialisticheskikh Respublik i Federativnoi Narodnoi Respubliki Yugoslavii,« *Pravda* (Moscow), 3 June 1955, pp. 1–2.

24 The rapprochement with Yugoslavia is covered at great length in the declassified transcripts of the July 1955 plenum of the CPSU Central Committee; see »Plenum TsK KPSS – XIX Sozyv, 4–12 iyulya 1955g.,« July 1955 (Strictly Secret), in Rossiiskii Gosudarstvennyi Arkhiv Noveishei Istorii (RGANI), F. 2, Op. 1, Dd. 139–180, esp. 172–178. Of particular interest is »Doklad Pervogo sekretarya TsK KPSS Khrushcheva N. S. ›Ob itogakh sovetsko-yugoslavskikh peregovorov‹,« in »Plenum TsK KPSS – XIX Sozyv: Stenogramma desyatogo zasedaniya 9 iyulya 1955g. (utrennego),« ibid., D. 172, Ll. 1–138. See also the numerous important documents pertaining to Soviet-Yugoslav relations prepared in 1955 by the Soviet Foreign Ministry in RGANI, F. 5, Op. 30, D. 121.

25 »Prezidium TsK KPSS tovarishchu Khrushchevu N. S.,« Cable No. 322 (Top Secret) from P. Ponomarenko to N. S. Khrushchev, 18 June 1955, in RGANI, F. 5, Op. 30, D. 121, Ll. 84–88.

26 Ibid., L. 87.

II. The Impact of De-Stalinization

The final blow to Bierut came in late February 1956 when Khrushchev delivered a »secret speech« at a closed session of the 20th Soviet Party Congress. In that speech, which lasted several hours, Khrushchev condemned many of Stalin's actions and abuses.[27] This forceful denunciation of Stalinist repressions, selective though it was, could not help but indict all the East European leaders who had been appointed under Stalin's auspices and who had faithfully adhered to Stalinist principles in their own countries. Chief among these was Bierut, who had led the Polish delegation to Moscow for the 20th Party Congress and was given the full text of the secret speech.[28] Bierut's colleagues later recalled that he was »stunned« and »utterly devastated« when he read Khrushchev's remarks.[29]

On 28 February 1956, a few days after the Soviet Party Congress ended, four high-ranking Polish officials who had accompanied Bierut to Moscow – Jerzy Morawski, Jakub Berman, Józef Cyrankiewicz, and Aleksander Zawadzki –

---

27   The text of Khrushchev's speech, »O kul'te lichnosti i ego posledstviyakh,« was kept officially secret in the Soviet Union, but summaries of it were promptly published in the West (as early as 14 March 1956), and the full text was published in the West in both English and Russian in early June 1956. In 1989 the speech was published for the first time in the Soviet Union, appearing in the March issue of the CPSU's in-house journal, *Izvestiya TsK KPSS*. In the mid-1990s the full transcript of the 20th Soviet Party Congress and much of the supporting documentation, including drafts of the secret speech, became available at the archive in Moscow then known as the Center for Storage of Contemporary Documentation (now called the Russian State Archive for Recent History). In 2003 the handwritten notes from CPSU Presidium meetings that dealt with the preparations for and aftermath of the secret speech were made available at that same archive. Memoirs by key figures that were published posthumously in the 1990s – including those by Khrushchev (a corrected and expanded version of his original memoir), Anastas Mikoyan, Dmitrii Shepilov, and Lazar Kaganovich – include important recollections of the secret speech. Many illuminating secondary accounts of the secret speech and the 20th CPSU Congress have appeared in recent years, including Aksyutin, Yu V.: *Khrushchevskaya ›ottepel‹ i obshchestvennye nastroeniya v SSSR v 1953–1964gg.* (Moscow: ROSSPEN, 2004), pp. 210–256; Aksyutin, Yu V.; Pyzhikov, A. V: »O podgotovke zakrytogo doklada N. S. Khrushcheva XX s"ezdu KPSS v svete novykh dokumentov,« *Novaya i noveishaya istoriya* (Moscow), No. 2 (March–April 2002), pp. 107–117; Taubman, William: *Khrushchev: The Man and His Era* (New York: W. W. Norton, 2003), pp. 270–287; Naumov, V. P.: »K istorii sekretnogo doklada N. S. Khrushcheva na XX s"ezde KPSS,« *Novaya i noveishaya istoriya* (Moscow), No. 4 (July–August 1996), pp. 147–168; Naumov, Vladimir: »Utverdit' dokladchikom tovarishcha,« *Moskovskie novosti* (Moscow), No. 5 (4–11 February 1996), p. 34; Nikolai Barsukov, »XX s"ezd v retrospektive Khrushcheva,« *Otechestvennaya istoriya* (Moscow), No. 4 (1996), pp.; Bogomolov, Aleksei: »K 40-letiyu XX s"ezda: Taina zakrytogo doklada,« *Sovershenno sekretno* (Moscow), No. 1 (1996), pp. 3–4; and Barsukov, N. A., ed.: *XX s"ezd: Materialy konferentsii k 40-letiyu XX s"ezda KPSS* (Moscow: Aprel'-85, 1996). See also »O kul'te lichnosti i ego posledstviyakh,« *Istochnik* (Moscow), No. 6 (2000), pp. 83–108.

28   Bierut's copy, numbered 218017 and marked »Top Secret,« is in Archiwum Akt Nowych (AAN), Centralne Archiwum Komitetu Centralnego (Arch. KC) PZPR, Sygnatura (Sygn.) VI, Paczka (Pa.) 115, Tom (T.) 38. According to the cover, the document was not to be distributed and was to be returned within three months.

29   Comments by Jakub Berman and Edward Ochab, transcribed in Toranska, Teresa, ed.: *Oni* (London: Aneks, 1985), pp. 62, 357, respectively.

provided a detailed account to the PZPR Politburo of Khrushchev's secret speech. After receiving this information, the Politburo decided to convene a meeting of central party activists in Warsaw on 3–4 March to tell them about the speech.[30] When the session opened on 3 March, Morawski spoke at length about Khrushchev's condemnation of Stalin, and then he and his Politburo colleagues were forced to reply to heated questions from the floor and to defend the regime's policies as best they could.[31] This initial meeting was followed three days later by a larger gathering in Warsaw of PZPR activists, who voiced harsh criticism of Bierut's reign and the continued presence of Stalinists on the PZPR Politburo. The full text of Khrushchev's secret speech had not yet been formally circulated within the PZPR (distribution of it was not authorized until two weeks later), but so much of it had been disclosed by this point that it sparked a torrent of anti-Bierut comments. Bierut himself had fallen gravely ill during the Soviet Party Congress and had stayed in Moscow afterward to try to recover. He kept in close touch by phone with officials in Warsaw and thus knew that his authority in Poland was rapidly dissipating, but he was incapable of responding from afar. On 12 March he suddenly died, apparently of heart failure and pneumonia, which may have been worsened by the acute emotional stress he was under.[32] His unexpected death, after nearly eight years of iron-fisted rule, gave a powerful fillip to de-Stalinization in Poland.

30   »Protokół Nr. 80 posiedzenia Biura Politycznego w dniu 28 lutego 1956 r.,« 28 February 1956 (Top Secret), in AAN, Arch. KC PZPR, Sygn. V/42, Kartka (K.) 32.

31   »Narada aktywu w dniach 3–4.III.56 r.,« 3–4 March 1956 (Top Secret), in AAN, Arch. KC PZPR, Sygn. 237/V-233. See also the Politburo's references to the meeting, a few days after it was held, in »Protokół Nr. 81 posiedzenia Biura Politycznego w dniu 6 marca 1956 r.,« 6 March 1956 (Top Secret), in AAN, Arch. KC PZPR, Sygn. V/42, Kk. 33–34.

32   The circumstances of Bierut's death were murky, and speculation arose that he might have committed suicide or been poisoned by the Soviet secret police. Many Poles were convinced of the latter scenario, but the possibility of suicide, which some officials in Moscow took seriously, seemed somewhat more plausible. One Soviet party official, Mikhail Roslyakov, later claimed that a commission headed by Dmitrii Shepilov, a senior CPSU official who became Soviet foreign minister in June 1956, was set up in March 1956 to »investigate the reasons for Bierut's suicide.« See Roslyakov, Mikhail: *Ubiistvo Kirova: Politicheskie i ugolovnye prestupleniya v 1930-kh godakh* (Leningrad: Lenizdat, 1991), p. 44. (Roslyakov, a long-time colleague of Sergei Kirov, was imprisoned after Kirov's assassination in December 1934 but was rehabilitated after the 20th Congress and appointed to a commission investigating Kirov's murder.) Similarly, Anastas Mikoyan, a senior member of the CPSU Presidium, later argued that the onset of de-Stalinization »was such an unexpected development for Bierut and came as such a shock that it clearly played a major role in his demise.« See »O poezdke v Varshavu v oktyabre 1956 goda: Diktovka t. Mikoyana A. I. 28.V.56g.,« Aide-mémoire by Mikoyan, A. I.: No. 233-op (Secret/Special Dossier), 28 May 1960, in Arkhiv Prezidenta Rossiiskoi Federatsii (APRF), Papka (Pap.) 30, L. 1. Records from meetings of the CPSU Politburo and PZPR Politburo in March 1956 indicate that Bierut fell seriously ill after the 20th Party Congress (though whether there was a direct connection is unclear), but they do not mention suicide or the formation of a committee under Shepilov. See, for example, »Protokol No. 3: Zasedanie Prezidiuma TsK KPSS 8 marta 1956g.,« 8 March 1956 (Top Secret), in RGANI, F. 3, Op. 12, D. 1004, Ll. 6–8; »Protokol No. 4: Zasedanie Prezidiuma TsK KPSS 13 marta 1956g.,« in RGANI, F. 3, Op. 12, D. 1004, Ll. 9–9ob; and »Pro-

Until Bierut's death was officially announced on 13 March, the large majority of Poles had been unaware that he was ill or even that he was still in Moscow. The abrupt announcement that he had died in the Soviet capital therefore caused a huge stir in Polish society. Within a day or two, the internal security forces in almost every region of Poland reported finding large quantities of »anti-Communist and anti-Soviet« leaflets that castigated Bierut (often in extremely insulting terms), expressed delight that he was dead, and disparaged the Polish regime as a »Russian-dominated government.«[33] Graffiti of a similar nature appeared on the walls of buildings in Warsaw, particularly at Warsaw University, and in many other Polish cities. Rumors quickly spread that Bierut had been »fatally poisoned by Soviet secret police agents at the behest of the CPSU leadership.«[34] Some local officials in Poland openly claimed that »comrade Bierut was murdered on orders from the CPSU after the 20th Congress when it became inconvenient to have him around any longer.«[35] There was no concrete evidence to support these rumors, but the fact that many Poles were willing, on the one hand, to condemn Bierut and, on the other, to accept the allegations that he was murdered by the Soviet Union is indicative of the dramatic change in the country's political climate.

Bierut's sudden death not only spawned a wave of rumors and speculation in Poland but also boosted public expectations that his successor would have to carry out meaningful reforms. The choice of a successor was resolved at an emergency plenum of the PZPR Central Committee on 20 March, eight days after Bierut's death. Declassified documents reveal that Khrushchev played a decisive role in the plenum, something that was never disclosed in public (and indeed not acknowledged by Khrushchev in his memoirs). The Soviet leader had attended Bierut's funeral on 16 March and then stayed in Warsaw to ensure that an appropriate successor was named. In preliminary meetings with Polish leaders and at the PZPR plenum on 20 March, Khrushchev arranged an

---

tokół Nr. 82 posiedzenia Biura Politycznego w dniu 12 i 13 marca 1956 r.,« 13 March 1956 (Top Secret), in AAN, Arch. KC PZPR, Sygn. V/42, K. 35.

33   »O nastroeniyakh v Pol'she v svyazi so smert'yu tov. Bieruta,« Memorandum No. 120 (Top Secret), 21 April 1956, from the Soviet ambassador in Poland, P. Ponomarenko, to the CPSU Presidium, in RGANI, F. 5, Op. 30, D. 169, Ll. 32–33. Identical reports can be found in several documents sent to the PZPR Politburo in the latter half of March 1956, in AAN, Arch. KC PZPR, Sygn. 237/VII-255, Kk. 29–50.

34   »Notatka informacyjna o nastrojach wśród robotników po śmierci tov. Bieruta,« Memorandum No. 4860 (Top Secret), 28 March 1956, from the PZPR Organizational Department to the PZPR Politburo, in AAN, Arch. KC PZPR, Sygn. 237/VII-255, Kk. 28–33. For a thorough and astute discussion of the sorts of rumors that gained wide currency in Poland, see Machcewicz, Paweł: Polski rok 1956 (Warsaw: Oficyna Wydawnicza »Mówią wieki,« 1993), pp. 42–51.

35   Cited in »Sprawozdanie Komitetu Wojewódzkiego PZPR w Szczecinie,« Memorandum No. 67–1674 (Top Secret), 25 March 1956, in AAN, Arch. KC PZPR, Sygn. 237/VII-255, K. 30. According to one version of this rumor, Khrushchev ordered Bierut's murder after the Polish leader »refused to sign a decree establishing Poland as the 17th [sic] republic of the USSR«!

orderly transition to Edward Ochab, a »real Polish« (i.e. not Jewish) official whose wartime training in Moscow and many years of work in high party organs had earned strong Soviet support.[36] Ambassador Ponomarenko, who had accompanied Khrushchev on a train ride from the Soviet-Polish border to Bierut's funeral, had assured the Soviet leader that Ochab would be the best person to succeed Bierut, at least from Moscow's perspective. Ordinarily, one of the other candidates – Aleksander Zawadzki, Zenon Nowak, or Jakub Berman – might have been preferable, but all of them faced significant opposition in the faction-ridden PZPR. Ochab was the only one who was acceptable to all sides. When the PZPR Central Committee convened for its plenum on 20 March, the official presiding over the deliberations, Aleksander Zawadzki, nominated Ochab to take over as PZPR First Secretary. This proposal was adopted unanimously without any debate.[37]

On other matters, though, the PZPR plenum was much less harmonious, and Khrushchev felt compelled to intervene to prevent the return of Roman Zambrowski to the PZPR Secretariat, a step that neither Khrushchev nor Ochab was willing to tolerate. (Zambrowski did, however, remain on the PZPR Politburo.) Although Khrushchev told the assembled Polish officials that he would »not interfere at all in [the PZPR's] cadre selection policies,« he emphasized that he »would like to convey [his] views and concerns to the Central Committee, having already shared them with the members of the PZPR Politburo.«[38] He made clear that Zambrowski should not be restored to the PZPR Secretariat.

Despite Khrushchev's efforts to keep events in Poland under control, stability in the country was rapidly being undermined by the de-Stalinization process that he himself had launched. A limited thaw had taken hold of much of East-Central Europe in the wake of Khrushchev's secret speech, but in Poland the relaxation of control went a good deal further than in other countries. Ochab proved to be far more liberal and reformist than expected, and he sought to curb political repression and to reduce the PZPR's heavy-handed control of the press. In mid-April 1956 the Polish government announced a broad amnesty of 35 000 prisoners, including all 9 000 political prisoners. Gomułka and many other officials who had been persecuted under Bierut were rehabilitated, and some of those who had been complicit in the abuses were removed or even

---

36 »O poezdke v Varshavu v oktyabre 1956 goda« (cited in footnote 31 supra), L. 1. Mikoyan expressed the prevailing view in Moscow when he noted that »Ochab was a long-time member of the [PZPR] and a good comrade. [...] There was no better candidate at that time« to succeed Bierut.

37 »Stenogram VI Plenum KC PZPR z 20.III.1956 roku,« Plenum Transcript (Top Secret), 20 March 1956, in AAN, Arch. KC PZPR, Sygn. 1190.

38 Ibid., L. 31, 33. The full text of Khrushchev's speech is available in »Przemówienie tow. Chruszczowa na VI Plenum K.C.,« 20 March 1956 (Top Secret), in AAN, Arch. KC PZPR, Sygn. 2631 (Materialy do stosunków partyjnych polsko-radzieckich z lat 1956–1958), Ll. 14–87.

arrested. The Polish authorities also renounced accusations lodged by Bierut against his enemies, including charges brought against nine military officers for supposedly having »plotted to use the army« against the PZPR.

Equally important, Ochab facilitated the dissemination of Khrushchev's secret speech within Poland – cautiously at first and then ever more widely. He approved the suggestion by Stefan Staszewski, the reform-minded first secretary of the PZPR's Warsaw committee, that party leaders should permit and indeed encourage rank-and-file members to study the secret speech. On 21 March, the day after Ochab formally took office, the PZPR Secretariat (which he chaired) endorsed his proposal to distribute both the Russian text of the secret speech and a Polish translation.[39] Initially, the PZPR gave out only a small number of copies of the two documents to the heads of regional and local party organizations around the country, who were instructed to read the translated text aloud at select gatherings of party members and to keep track of the questions asked by those in attendance. The lively discussions that ensued in Poland over the next several days generated such widespread interest and speculation that on 27 March, at Ochab's behest, the PZPR Secretariat authorized a prodigious increase in the distribution of the speech, ordering all regional and local party organizations in Poland to conduct »public meetings in both urban and rural areas« to »ensure that the participants are fully apprised of [Khrushchev's] report on ›the cult of personality and its consequences‹.«[40]

The decision to make Khrushchev's speech much more widely available was driven in part by circumstances beyond the PZPR's control. Starting in mid-March, Poles were able to listen to a detailed summary of the speech on the Polish service of Voice of America (VOA) and on other Western short-wave radio stations.[41] These »forbidden« broadcasts proved exceedingly popular. By

39   »Protokół Nr. 96 posiedzenia Sekretariatu KC w dniu 21 marca 1956 r.,« 21 March 1956 (Top Secret), in AAN, Arch. KC PZPR, Sygn. V/29, K. 50.

40   See the letter sent by the PZPR Secretariat to all regional and local party secretaries on 27 March 1956, in AAN, Arch. KC PZPR, Sygn. 237/V-186, K. 73. For the authorization of the letter, see »Protokół Nr. 97 posiedzenia Sekretariatu KC w dniu 27 marca 1956 r.,« 27 March 1956 (Top Secret), in AAN, Arch. KC PZPR, Sygn. V/29, K. 54.

41   VOA and Radio Free Europe (RFE) broadcasts about the secret speech began in mid-March 1956, a day or so after *The New York Times* and other major Western newspapers published their first stories describing and summarizing Khrushchev's remarks. The full text of the speech was not yet available in the West (U.S. intelligence officials did not obtain a copy until April, and it was not made more widely available until the beginning of June), but enough was known about it by mid-March to permit detailed broadcasts on VOA, RFE, and other Western radio stations summarizing the contents. See Schmidt, Dana Adams: »›Voice‹ Spreading the Stalin Story: Radio Carries the Criticisms of Ex-Ruler Said to Have Been Made by Khrushchev,« *The New York Times*, 19 March 1956, p. 3, which indicates that by 16 or 17 March VOA had begun broadcasting »Khrushchev's criticism of Stalin at a closed session of the recent party congress.« Similarly, documents in the Radio Free Europe/Radio Liberty (RFE/RL) archives indicate that by 17 March the RFE Polish Service began broadcasting the full text of the Reuters and *New York Times* dispatches into Poland. See Memorandum (Confidential) from Joseph L. Ranft, chief of the RFE Broadcast Review Staff, to W. J. Convery Egan, director of

mid- to late March, local and regional party officials in Poland were expressing grave concern about the »vast number of workers [who] are tuning in to bourgeois radio stations in order to hear the repeated broadcasts of N. S. Khrushchev's [secret speech], as well as the malevolent commentaries.«[42] The first secretary of the PZPR committee in Szczecin, Józef Kisielewski, reported in late March that »workers in Szczecin on many occasions over the past 3–4 weeks have been gathering en masse to listen to [coverage of Khrushchev's speech] on bourgeois radio stations, and afterwards they have continued talking about the speech in an unsavory and blatantly hostile manner, with distinctly anti-Soviet overtones.«[43] The head of the PZPR department responsible for the mass media, Tadeusz Goliński, acknowledged that »people everywhere in Poland are listening to Voice of America. Jamming it is pointless because Poles always find some way to tune in.«[44]

Goliński, Kisielewski, and other senior officials argued that the only way to offset the VOA and Radio Free Europe (RFE) broadcasts was by expanding, rather than curbing, the PZPR's own dissemination of the speech:

»If we do not convey this information to the people ourselves, the enemy will gladly do it for us. […] People throughout the country, even those who are not enemies [of the PZPR], will end up listening to Voice of America if we fail to tell them the truth or if we delay in telling it.«[45]

Citing the experience in Szczecin, Kisielewski emphasized that »unless we increase the distribution of N. S. Khrushchev's report, we will never be able to dissuade workers from listening to it on bourgeois radio stations.« He warned that a failure to act on this matter »as soon as possible« would exacerbate the »virulently anti-Soviet« and »anti-socialist« sentiments that had been proliferating »at an alarming rate« in Szczecin and other Polish cities over the previous few months.[46]

The pleas from Kisielewski, Goliński, and other high-ranking party officials spurred the PZPR Secretariat to adopt its resolution on 27 March increasing the distribution of Khrushchev's speech – a step that Polish leaders hoped

RFE, 13 April 1956, and attached supplements, in RFE/RL Collection, Hoover Institution Archives, Stanford University.

42   »Zapis' besedy s pervym sekretarem Shchetsinskogo gorodskogo komiteta PORP Yuzefem Kiselevskim,« Memorandum No. 16 (Top Secret), 24 March 1956, from F. E. Sharykin, Soviet vice-consul in Szczecin, to Soviet Foreign Minister V. M. Molotov, in RGANI, F. 5, Op. 28, D. 396, L. 141.

43   Ibid., L. 141.

44   »Zapis' besedy s zaveduyushchimi otdelom pechati, radio i izdatel'stv TsK PORP t. Golinskim Tadeushem,« Memorandum No. 95 (Top Secret), 4 April 1956, from N. V. Maslennikov, counselor at the Soviet embassy in Poland, to Soviet Deputy Foreign Minister V. Semyonov, in RGANI, F. 5, Op. 28, D. 396, Ll. 108.

45   Ibid., L. 108.

46   »Zapis' besedy s pervym sekretarem Shchetsinskogo gorodskogo komiteta PORP Yuzefem Kiselevskim,« L. 141.

would undercut (or at least mitigate) the influence and popularity of VOA. Some 3 000 additional copies of the secret speech were officially printed in Warsaw, and another 15 000 to 20 000 »unofficial« copies were produced at Staszewski's initiative.[47] Many of the unofficial copies (and even some of the official copies) were distributed outside the PZPR as well as to party members, resulting in a vast increase in the circulation of the speech.[48] By early April, copies were even reportedly on sale at Warsaw's Różycki market, where they were quickly bought up.[49] As the number of PZPR members and ordinary Poles who learned about the speech grew in late March and early April, political ferment in Poland steadily increased, causing some Polish officials to worry that the situation might soon spin out of control. Although the PZPR Secretariat tried in mid-April to curtail official dissemination of the speech, this effort was much too limited and belated to stem the surge of political unrest.[50] Even in the unlikely event that distribution of the speech through official channels could have been halted immediately, such a step would have been purely cosmetic unless the authorities had also been able to locate the many thousands of illicit copies and to block the VOA and RFE broadcasts – a daunting task, to say the least.

One of the unforeseen – and, from the regime's perspective, highly undesirable – consequences of the de-Stalinization campaign in Poland was the rapid growth of popular hostility towards the Soviet Union. Public discontent with the state of Soviet-Polish relations had been harshly suppressed during the Stalin

47   See the interview with Stefan Staszewski, the head of the Warsaw PZPR committee in 1956, in Torańska, *Oni*, p. 137. Staszewski regarded the speech as »an important document that everyone should read,« and he therefore authorized the much-expanded print run of the document. In his interview with Torańska, he indicates that more than 12 000 unofficial copies were printed. The figure of 15 000 to 20 000 comes from an interview in Warsaw in June 1993 by the author with Artur Starewicz, who in 1956 was a high-ranking PZPR official responsible for, among other things, the party's depiction of Stalin. The precise figure is not known because the printers, with Staszewski's implicit blessing, ran off many additional copies of their own.

48   See, for example, the first-hand account by Henryk Korotyński, the editor of the newspaper *Życie Warszawy*, in his memoir, *Trzy czwarte prawdy: Wspomnienia* (Warsaw: Państwowy Instytut Wydawniczy, 1987), p. 184.

49   See the recollections of Yu. V. Bernov, the Soviet deputy chief of mission in Warsaw in 1956 who became acting ambassador late in the year, *Zapiski diplomata* (Moscow: Izdatel'stvo Parus, 1995), pp. 40–41. Bernov laments that »in Poland this document fell into the hands of anti-Soviet elements, and copies were made of it, and soon it was available for purchase in the Warsaw market.« He claims that the going price was 500 złotys. A lower price – of 100 złotys – is reported by Jan Nowak (Zdzisław Jezoriański), a long-time senior official in the Polish division of Radio Free Europe, in his memoirs, *Wojna v eterze: Wspomnienia*, 2 vols. (London: Odnowa, 1985–1988), Vol. 1, p. 227. See also Khrushchev's comments about the matter in his memoirs, *Vospominaniya*, Vol. 2, p. 143. Khrushchev claims that »divisions within the Polish leadership after Bierut's death meant that copies of the speech became available to the public. I was even told that in Poland you could purchase copies [of the speech] in the central market.«

50   »Protokół Nr. 100 posiedzenia Sekretariatu KC w dniu 10 kwietnia 1956 r.,« 10 April 1956 (Top Secret), in AAN, Arch. KC PZPR, Sygn. V/29, K. 61.

era, but after Stalin's death the discontent had been coming steadily to the surface. Many Poles resented the conspicuous role that Soviet Ambassador Ponomarenko continued to play in Poland's internal affairs, a role far exceeding the influence that a diplomatic envoy normally would enjoy in a foreign country. The subordination of Poland's military and security forces to Soviet control also remained a source of great controversy. Although many lower-ranking Soviet officers in the Polish army had been gradually brought back to the Soviet Union after 1953, most of the highest-ranking Soviet military commanders and »advisers« who had been assigned to Poland in the late 1940s and early 1950s remained in place. Rokossowski continued to serve as Poland's national defense minister and commander-in-chief (and on the PZPR Politburo), and Soviet officers also were retained as deputy national defense ministers and chief of the Polish General Staff.[51] Similarly, advisers from the Soviet State Security Committee (KGB) remained in their supervisory posts in the Polish Internal Affairs Ministry, fueling the widespread public perception that little had changed in Soviet-Polish relations in the three years since Stalin's death.

The de-Stalinization campaign strongly reinforced this perception. Kisielewski and other Polish officials had hoped that by augmenting the distribution of Khrushchev's speech, the PZPR could curb the spread of anti-Soviet sentiments. But as it turned out, the impact was just the opposite. When party and state organizations in Poland held meetings in March and early April to discuss Khrushchev's speech, many of the participants spoke scathingly about Soviet-Polish relations, a topic that had previously been taboo. Criticism of Soviet ties with Poland initially took the form of denunciations of Stalin and his harsh repression of Polish military and political elites, but the discontent quickly evolved into what PZPR regional leaders described as »visceral anti-Soviet statements and attacks.«

The growing signs of antipathy toward the USSR caused trepidation among Soviet officials, who feared that »hostile elements« in Poland were gaining »dangerous influence« over public opinion. The Soviet consul-general in Kraków warned Molotov that »under the guise of condemning the cult of personality, these hostile individuals [in Poland] are trying to cast doubt on the entire policy of the Communist Party of the Soviet Union.«[52] Soviet intelligence officials expressed even graver concerns about the public mood in Poland. As the risk of reprisals steadily diminished, Poles were increasingly willing to vent their anger at the »Soviet military occupation of Poland« and to demand the »withdrawal of all Soviet troops.« Even within the PZPR, many

---

51   Nalepa, Oficerowie Radziecy w Wojsku Polskim w latach 1943–1968, pp. 40–53.
52   »Informatsiya ob otklikakh i nastroeniyakh naseleniya Krakovskogo voevodstva posle XX s"ezda KPSS,« Memorandum No. 23 (Top Sccret), 12 April 1956, from Yu. Bernov, Soviet consul-general in Krakow, to Soviet Foreign Minister V. M. Molotov, in RGANI, F. 5, Op. 28, D. 396, Ll. 156–161.

activists who had once seemed fully loyal to the Soviet regime were now inclined to dismiss Khrushchev's speech as a »cheap political stunt« and to casti-
gate the »leaders of the CPSU [for] trying to deny any responsibility for crimes
they helped Stalin to commit. They are blaming everything on him now that
he is conveniently dead.«[53]

Public animosity toward the Soviet Union became even more conspicuous
during the next phase of Poland's de-Stalinization, encompassing almost every
segment of Polish society. Regional party leaders in the spring and early summer of 1956 reported that an »enormous number« of workers, students, and
intellectuals were »expressing contempt for the USSR« and were claiming that
»the ten years in which Poland has been a ›protectorate‹ of the Soviet Union
have been a completely wasted period for the country.«[54] Soviet officials based
in Poland sent gloomy memoranda to Moscow about the »onslaught of fulmi-
nations against the USSR, the cascade of anti-Soviet statements and jokes, and
the aspersions cast on the Soviet Union's policies.« These »dismaying phenomena,« they argued, »would not have become so widespread if regional PZPR
organizations and local party committees had taken a firmer and more coher-
ent stand against the hostile elements' activities.«[55]

The process of de-Stalinization in Poland was reinforced by the easing of
restrictions on the Polish press, which in the spring of 1956 featured sharp
criticism not only of the country's Stalinist system but also of the existing
polity and of Polish-Soviet relations. The leeway for debate and free discussion
in Poland increased so rapidly in the spring of 1956 that the PZPR Secretariat
complained, at a meeting on 10 April, that the main party daily, *Trybuna
Ludu*, was no longer functioning as »an organ of the party leadership« and was
publishing articles that were »fundamentally at odds with the party's own
position.« The Secretariat criticized *Trybuna Ludu* for »no longer even
attempting to wage an offensive on behalf of the central party organs« against
»nefarious elements that should be rebuffed.«[56] The Secretariat ordered the
PZPR Propaganda Department to reassert strict control over the press, but the
department's efforts were largely unsuccessful. Lively political debates in
Poland continued almost unchecked and, if anything, grew even bolder,
especially regarding Soviet-Polish relations and Poland's role in the Soviet
bloc. To be sure, the Polish authorities did take some modest steps in late
April and early May to try to limit the amount of criticism in the press,

---

53   Cited in ibid., L. 159.
54   Ibid.
55   Ibid., L. 160.
56   »Protokół Nr. 100 posiedzenia Sekretariatu KC w dniu 10 kwietnia 1956 r.,« 10 April 1956
(Top Secret), in AAN, Arch. KC PZPR, Paczka (Pa.) 15, Tom (T.) 58, Dokument (Dok.) 17, Karta
(K.) 8. See also »Biuletyn Informacyjny Biura Sekretariatu KC PZPR,« No. 26, 15 April 1956 (Top
Secret), p. 2, in AAN, Arch. KC PZPR, Syg. 1687/V.

notably by confiscating copies of the May issue of *Nowa Kultura*, which featured what they regarded as a »blatantly anti-socialist« article.[57] But these measures proved to be aberrations and were of little if any efficacy. (For example, the order to confiscate the May issue of *Nowa Kultura* did not prevent a considerable number of copies from reaching subscribers and libraries.) Some Polish officials called for much harsher penalties to deter overt acts of defiance, but Ochab was unwilling to brook a severe clampdown.[58] As a result, the Polish press continued to feature articles attacking Bierut's legacy in Poland and demanding a faster pace of reform – articles that in turn continued to provoke scathing criticism from hardliners in the PZPR.

The lively and unorthodox commentaries by Polish journalists sparked consternation not only in Warsaw but also in Moscow, where the leaders of the CPSU received frequent cables from Soviet diplomats and intelligence sources in Poland discussing the »pernicious role of the Polish press« in »spreading anti-Soviet sentiments,« in »abusing freedom of discussion to promote views antithetical to Marxism-Leninism,« and in »grossly distorting the nature of the CPSU's struggle against the cult of personality.«[59] During a meeting with the ambassadors from Poland and Yugoslavia on 3 May, Khrushchev voiced bitter complaints about the »unsavory situation with the Polish press,« knowing that his views would be promptly conveyed to the highest authorities in Warsaw. According to the Yugoslav ambassador's account of the meeting, Khrushchev claimed that »some of the leaders [in Poland] are now turning their backs on the Soviet Union and are looking to the West in the hope of splitting Poland off from the ›fraternal community‹.«[60] Khrushchev urged the PZPR to take strong measures against the »anti-Soviet« forces: »We are going to fight against [the anti-Soviet elements],« Khrushchev shouted, pounding his fist on the table. Pointing his finger at the Polish ambassador, [Wacław] Lewikowski, Khrushchev emphasized:

»You have your sovereignty, but what you are doing today in Poland is against your sovereignty and against socialism. We deeply regret the death of Bierut, who was a

57 »Tovarishchu Shepilovu D. T.,« Memorandum No. 137 (Top Secret), 28 April 1956, from P. Ponomarenko, the Soviet ambassador to Poland, to Foreign Minister Dmitrii Shepilov, in RGANI, F. 5, Op. 30, D. 169, L. 38.

58 See the comments of Stefan Staszewski in Toranska, *Oni*, pp. 184–185.

59 See, for example, »I. O. Zav. IV Evropeiskim Otdelom MID SSSR,« Cable No. 485 (Top Secret) from P. Turpit'ko, counselor at the Soviet embassy in Poland, 21 March 1956, in Arkhiv Vneshnei Politiki Rossiiskoi Federatsii (AVPRF), F. Referentura po Pol'she, Op. 38, Portfel' (Por.) 20, Papka (Pap.) 127, D. 178, Ll. 12–24; and »Informatsiya ob otklikakh i nastroeniyakh naseleniya Krakovskogo voevodstva,« Ll. 160–161.

60 Mićunović, Veljko: *Moskovske Godine 1956–1958*, rev. ed. (Zagreb: Liber, 1984), p. 62.

Communist-internationalist, whereas Ochab has now given free rein to the anti-socialist elements in Poland. They need a good rap across the knuckles.«[61]

As time passed and the Polish authorities failed to crack down, Khrushchev and his colleagues feared that »the [Polish] press organs have irrevocably eluded [the PZPR's] control« and »have fallen under the pernicious influence of our enemies who are acting at the behest of the most reactionary forces.«[62]

Despite the growing misgivings in both Warsaw and Moscow, the pace of de-Stalinization in Poland did not slacken. Khrushchev's secret speech had set in motion a process of sweeping change in Poland that was not easily halted in the absence of a severe internal crisis that would clearly demonstrate the hazards of political liberalization and the potential for violent anti-Soviet unrest. Hardline PZPR officials, who initially had kept a low profile after the 20th Soviet Party Congress, had hoped that they could eventually curtail the growth of social ferment and reimpose tight political controls, but their ability to act was increasingly limited by the emergence of factional splits at all levels of the party. The lack of consensus within the PZPR was a formidable barrier to any attempts to crack down. A senior Polish official, who was uncomfortable with some of the reforms that had been adopted, summed up the situation well at the time:

In our country, unlike in the other countries of people's democracy, a prolonged process has been under way of so-called »grand discussion.« This process has had no regulations and no fixed guidelines, and it has been replete with unvarnished and at times mean-spirited criticism. The »discussion« has been free-ranging, and no one has sought to control it. People say whatever they want whenever they like. The PZPR Central Committee has been staying on the sidelines. One can only marvel at how far things have gone.[63]

Politically, Poland remained far ahead of all the other East European countries in moving away from Stalinism.

Economically, however, the situation in Poland was much less auspicious. The Polish economy had improved relatively little in the first few years after Stalin's death. Although the leeway for economic reform expanded a great deal once Bierut was no longer around, Ochab and his colleagues remained hesitant

---

61   Ibid.

62   See, for example, »Obzor gazety ›Tribuna Lyudu,‹« Report No. 269 (Secret), 11 May 1956 with cover note No. 151 dated 14 May 1956 from P. Ponomarenko, the Soviet ambassador in Poland, to M. A. Suslov of the CPSU Presidium and Secretariat, in RGANI, F. 5, Op. 28, D. 396, Ll. 162–193; »I. O. Zav. IV Evropeiskim Otdelom MID SSSR,« Ll. 12–24; and Khrushchev's angry comments about the situation in Poland in May 1956, as recorded in Mićunović: Moskovske Godine (remark 60), pp. 62, 94.

63   »Zapis' besedy s Zav. Otdelom propagandy i agitatsii TsK PORP t. Verblenom i zam. zav. otdelom propagandy i agitatsii TsK PORP t. Maikhzakom,« Memorandum No. 198 (Top Secret), 24 July 1956, from N. V. Maslennikov, first secretary of the Soviet embassy in Poland, to Soviet Foreign Minister Dmitrii Shepilov, in RGANI, F. 5, Op. 28, D. 397, L. 297.

about adopting far-reaching economic measures that could have alleviated the severe privations resulting from Poland's crash industrialization program and its forced campaign of agricultural collectivization. The continued economic hardships in the country, combined with the broad relaxation of political controls, produced an incendiary mix. In the spring of 1956, Polish workers in a number of cities undertook a series of brief but costly strikes.[64] Blue-collar employees at large industrial plants accounted for the bulk of the labor protests, but other economic groups, including taxi drivers and teachers, also engaged in conspicuous work stoppages. In Kraków, for example, all the municipal taxi drivers went on strike and nearly brought the city to a halt for two days in early April until the local government agreed to rescind an increased tax on earnings.[65] The Polish authorities tried to contain these incidents without the use of violent repression, but their attempts to defuse labor grievances peacefully were of no avail in late June when a full-scale workers' rebellion erupted in Poznań, a large industrial city 270 kilometers west of Warsaw.

III. The Poznań Uprising

The Poznań uprising fit the classic pattern described by Alexis de Tocqueville and by more recent theorists of revolution such as Crane Brinton.[66] Tocqueville's study of the origins of the French revolution led him to conclude that popular upheavals are apt to occur not when political conditions »are going from bad to worse,« but when they are improving.[67] In Poland in 1956, as in France in the late eighteenth century, a highly repressive regime suddenly began trying to encourage political liberalization and to relax its grip. These efforts in Poland, as in France earlier, fueled a perception within society that the regime was no longer invulnerable and that protests might succeed. As Tocqueville wrote: »A grievance is patiently endured so long as it seems permanent, but it comes to appear intolerable once the thought of removing it arises.«[68] Under

---

64   Machcewicz: Polski rok 1956 (remark 34), pp. 52–76; Osękowski, Czesław: »Społeczno-polityczne tło poznańskiego Czerwca 1956,« in Jankowiak, Stanisław; Rogulska, Agnieszka, eds.: *Poznański Czerwiec 1956* (Warsaw: Instytut Pamięci Narodowej, 2002), pp. 11–20; and Rykowski, Zbysław; Władyka, Wiesław: *Polska próba – Październik '56* (Warsaw: Wydawnictwo Literackie, 1989), pp. 22–47.

65   »Informatsiya ob otklikakh i nastroeniyakh naseleniya Krakovskogo voevodstva,« L. 160.

66   The Tocquevillian conception is by no means universally applicable. For another view of the dynamics of popular rebellion, see Goldstone, Jack A.: *Revolution and Rebellion in the Early Modern World* (Berkeley: University of California Press, 1991).

67   Tocqueville, Alexis de: *L'Ancien Régime et la Révolution* (Paris: Michel Lévy Frères, 1860), p. 283.

68   Ibid., p. 284. Essentially, what is involved here is an expansion in the structure of political opportunities, as discussed in the literature on collective protests and social movements. See, for

Bierut, Polish workers perceived no hope of remedying the extreme hardships they faced, but when political repression suddenly diminished in the spring of 1956 under Ochab, they felt that the time to act had come.

The fact that Poznań was the city in which mounting labor unrest gave rise to a full-scale rebellion is not surprising.[69] Prior to World War II, Poznań had been known for its well-organized and productive working class. But under the centralized and highly inefficient planning system set up by the Communist regime, economic conditions in Poznań had deteriorated relative to most other parts of the country, and collectivization of agriculture in the Poznań region had proceeded far more rapidly, causing vast upheaval and localized shortages of food.[70]

example, McAdam, Doug; Tarrow, Sidney; Tilly, Charles: *Dynamics of Contention* (New York: Cambridge University Press, 2001).

69 Illuminating accounts of the Poznań crisis began appearing in Poland in the early 1980s. Many other materials have been published since 1989, including compendia of declassified documents and valuable analyses drawing on archival sources and first-hand testimony. A 138-page bibliography compiled by Albrecht-Szymanowska, Wiesława and edited by Trojanowiczowa, Zofia: *Bibliografia Poznańskiego Czerwca 1956* (Poznań: Wydawnictwo WiS, 1996), lists 1,387 items published from 1956 to 1995, with annotations of varying length. The bibliography is organized chronologically and thematically, with an index of the names of individuals. Since 1995, some other extremely important studies have appeared that have been of great use for my own account of the Poznań rebellion. See, in particular Jankowiak; Rogulska: eds. (remark 64), Poznański Czerwiec *1956*; Makowski, Edmund, *Poznański Czerwiec 1956: Pierwszy bunt społeczeństwa w PRL* (Poznań: Wydawnictwo Poznańskie, 2001); and Makowski, Edmund; Jankowiak, Stanisław, eds.: *Przełomowy rok 1956: Poznański Czerwiec – Polski Paździiernik – Budapest* (Poznań: Wydawnictwo Poznańskie, 1999), esp. pp. 79–143. Among the many other books that have been particularly helpful to me in reconstructing events are Jankowiak, Stanisław; Makowski, Edmund: *Poznański Czerwiec 1956 w dokumentach* (Poznań: Instytut Pamięci Narodowej w Poznaniu, 1995), which contains the texts of many crucial party, government, and state security documents; Jankowiak, Stanisław: *Wielkopolska w okresie stalinizmu 1948–1956* (Poznań: Wydawnictwo Poznańskie, 1995), pp. 197–228; Machcewicz: Polski rok 1956 (remark 34), pp. 89–111; Bombicki, Maciej Roman: *Poznań '56* (Poznań: Ławica, 1992); Ptasiński, Jan, *Wydarzenia poznańskie czerwiec 1956* (Poznań: Krajowa Agencja Wydawnicza, 1986); Maciejewski, Jarosław; Trojanowiczowa, Zofia, eds.: *Poznański czerwiec 1956*, rev. and exp. ed. (Poznań: Wydawnictwo Poznańskie, 1990); Czubiński, Antoni: *Czerwiec 1956 w Poznaniu* (Poznań: Krajowa Agencja Wydawnicza, 1986); and Czubiński, Antoni: *Poznań Czerwiec 1956–1981* (Poznań: Krajowa Agencja Wydawnicza, 1981). For a fascinating collection of more than 200 photographs of the uprising gathered from state archives and personal holdings, see Jankowiak, Stanisław; Machcewicz, Pawel; Rogulska, Agnieszka: *Zranione miasto: Poznań w czerwcu 1956 roku* (Warsaw: Instytut Pamięci Narodowej, 2003). For an interesting compendium of brief recollections of the crisis (mostly by those whose relatives were killed) and photographs of many who died, see Potograbski, Marian Jan, ed.: *Powstanie Poznańskie 1956 roku: Wspomienia rodzin o zabitych niektóre relacje manifestacji, walki i obrony* (Poznań: Bonami, 1997).

70 Maciejewski, Jarosław: »Po dwudziestu pięciu latach,« in Maciejewski; Trojanowiczowa eds.: Poznański czerwiec 1956 (remark 69), pp. 34–35; Kaliński, Janusz: *Polityka gospodarcza Polski w latach 1948–1956* (Warsaw: Książka i Wiedza, 1987), pp. 139–146; and Jankowiak: Wielkopolska w okresie stalinizmu (remark 69), pp. 68–120. See also the comments about this matter by the first secretary of the PZPR's regional committee in Poznań, Stasiak, Leon, in »Zapis' besedy s pervym sekretarem Poznan'skogo voevodskogo komiteta PORP tov. Leonom Stasyak,« Memorandum No. 112 (Top Secret), 3 February 1955, from I. A. Mel'nik, counselor at the Soviet embassy in Poland, to V. Zorin of the Soviet Foreign Ministry, in RGANI, F. 5, Op. 28, D. 294, Ll. 36–40.

Moreover, the population of the city had more than tripled in the first decade after World War II (from 120 000 to 380 000), putting a sharp squeeze on municipal finances and on the limited supply of housing and public facilities.[71]

These socioeconomic hardships were compounded by long-standing political grievances, which began to surface openly in Poznań after the 20th Soviet Party Congress, often with explosive results. In mid-March 1956, a few days after Bierut's death, graffiti denouncing him and his »Russian overlords« appeared on the walls of buildings and houses in Poznań, and a passenger train at a local railway factory was firebombed by protesters who wrote on one of the train cars that the attack was »in honor of Bierut« (*Bierutowi na chwałę*).[72] In late May the first secretary of the PZPR's regional committee in Poznań, Leon Stasiak, informed Soviet officials that a large number of »workers [in the city] have been swayed by bourgeois radio stations and the bourgeois press [and] are openly seizing on anti-Soviet propaganda to obstruct Polish-Soviet friendship.«[73] He warned that many residents of Poznań were »speaking out against the CPSU and the PZPR and against the Soviet and Polish governments,« using arguments that Polish leaders were unable to counter:

These hostile elements say that workers' living standards in Poland are low because the USSR takes all the sugar, meat, wool, coal, ships, and trains out of Poland, leaving nothing behind. Other hostile elements claim that it is inappropriate to pursue friendship with the USSR because it was precisely there [in the Soviet Union] that the best representatives of the Polish working class unjustly met their deaths at the behest of Stalin and Beria.[74]

Stasiak emphasized that blue-collar workers were not the only social group responsible for the »surge of anti-Soviet propaganda in the Poznań region after the 20th CPSU Congress.« High school and university students, who constituted a significant percentage of the local population, were also »succumbing to hostile sentiments,« particularly against the USSR. Stasiak warned Soviet diplomats that »during meetings, students openly proclaim that living conditions in the country began to decline from the moment that Poland became a ›colony‹ of the Soviet Union.«[75] The growth of student unrest at a time of burgeoning discontent among workers proved highly destabilizing.

---

71   Machcewicz: Polski rok 1956 (remark 34), pp. 77–78.

72   »Informacja KW PZPR o sytuacji w województwie wielkopolskim,« Memorandum No. 25 (Top Secret) to the PZPR Organizational Department, 25 March 1956, in AAN, Arch. KC PZPR, Sygn. 237/VII-2755, K. 50. See also »O nastroeniyakh v Pol'she v svyazi so smert'yu tov. Beruta,« Ll. 32–34.

73   »Zapis' besedy s pervym sekretarem Poznan'skogo voevodskogo Komiteta tov. Stasyakom Leonom,« Memorandum No. 30 (Top Secret) from F. E. Sharykin, the deputy Soviet consul in Szczecin, to Soviet Deputy Foreign Minister Vladimir Semyonov, 31 May 1956, with cover note dated 13 June 1956 from Semyonov to the CPSU Presidium, in RGANI, F. 5, Op. 28, D. 396, Ll. 265–268.

74   Ibid., Ll. 266–267.

75   Ibid., L. 267.

The immediate cause of the June 1956 uprising was the Polish government's refusal to consider demands put forth by workers in Poznań for higher pay, improved working conditions, and less stringent production norms. On 28 June, more than 2 000 blue-collar workers in the W-3 locomotive production division of the city's largest manufacturing plant, the J. Stalin Metal Industry Combine (*Zakłady Przemysłu Metalowego im. J. Stalina w Poznaniu*, or ZISPO), went on strike at the start of the 6:00 a.m. shift. Workers from other divisions of ZISPO promptly laid down their tools and joined the strikers, bringing the total number to nearly 12 000. The W-3 workers timed the protest to coincide with the Poznań International Trade Fair, an annual event that brought foreign business executives and journalists to the city. The strikers wanted as many outside witnesses as possible, hoping that this would draw greater attention to their protests and deter the local authorities from using violence to quell the unrest.[76] Employees of other industrial enterprises in Poznań quickly heard about the work stoppage, and thousands of them joined the ZISPO workers in a protest march along the city's main streets.[77] The march attracted tens of thousands of other residents of Poznań, including many children and young adults. More than 125 000 people (roughly one-third of the city's total population) were present by the time the march culminated in a mass rally on Red Army Street and in Stalin Square, where the main buildings of the local government (the national council) and the regional PZPR committee were located.

The ZISPO workers initially had focused on economic demands, and the protest rally started out as an almost festive and exuberant occasion. Demonstrators held up neatly printed posters and banners (some of which had obviously been prepared in advance) demanding »bread« (*Żądamy chleba*) and a »reduction of prices – we want to live« (*Żądamy obniżki cen – Chcemy żyć*). The teeming crowds sang the Polish national anthem and other patriotic songs as well as religious hymns. Very quickly, however, the tone of the rally became overtly political and nationalistic, and the earlier festiveness gave way to pent-up anger and frustration. Many of the protesters began calling for »freedom,« an »end to official privileges,« and the »immediate release of Cardinal [Stefan] Wyszyński,« the primate of Poland who had been arrested and forced into internal exile. Young people in the crowd held up hastily improvised posters proclaiming »we want real freedom.« Emboldened by the growing political

---

76   The significance of the timing was not lost on Polish leaders. Shortly after the uprising began, Prime Minister Józef Cyrankiewicz accused »imperialist centers« of having sought to »stir up riots during the [Poznań] international trade fair« in the expectation that this would be »the time when [world] attention is focused on Poznań, the city of trade fairs.« See »Przemówienie premiera J. Cyrankiewicza do ludności Poznania,« *Trybuna Ludu* (Warsaw), 30 June 1956, p. 1.

77   For the precise route of the protest march, see the map in Makowski: Poznański Czerwiec 1956 (remark 69), p. 59.

nature of the rally, crowds of demonstrators voiced demands for »an end to the Communist dictatorship in Poland,« »free elections under United Nations auspices for a new government,« and the »removal of all Soviet occupation forces from Polish territory.«[78]

The rally suddenly turned violent when rumors circulated that a delegation of ZISPO workers, who had gone to Warsaw earlier in the week to try to hold negotiations with the central authorities, had been arrested. These rumors were untrue, but participants in the Poznań rally did not find this out until later. Amid cries of »Down with the Bolsheviks!« and »Russians, Go Home,« a large crowd of demonstrators burst into the regional PZPR headquarters and municipal government buildings, where they smashed busts and official portraits of Soviet and Polish leaders, tore down Communist placards, burned Soviet flags, and shredded party documents and propaganda items. Another group of protesters occupied the main judicial building and destroyed all the court records inside. Other demonstrators stormed the main city jail. After forcing their way in, they freed more than 250 prisoners, disarmed the police, and seized firearms and caches of ammunition. Young workers roamed the streets, overturned municipal government cars, and attacked police precinct stations.

These events transpired without loss of life, but the uprising took a more ominous turn when a group of roughly 200 demonstrators shouting »Down with the secret police!« tried to storm the regional headquarters of the Security Bureau (*Urząd bezpieczeństwa*, or UB), the agency that had ruthlessly carried out Bierut's instructions in the late 1940s and early 1950s to wipe out all opponents of the regime. High-ranking UB officials in Warsaw were apprised almost immediately of the attempted break-in, and they ordered the security guards at the Poznań building to use deadly force if necessary to prevent demonstrators from entering.[79] Gunfire on both sides ensued, causing significant numbers of casualties. The violence sparked an angry reaction among the protesters, many of whom sought to carry out reprisals against the security forces. Several suspected UB informers were severely beaten, and at least one was lynched. Amid the growing chaos and violence, local government and party organizations ceased to function, and many PZPR members and government employees fled the scene or joined the uprising, if only out of a sense of self-preservation.

When news spread that one of the people killed by the UB was a 13-year-old boy, the rioting escalated. Protesters demolished the official radio station (which had long been responsible for jamming foreign short-wave broadcasts)

78   This account has been pieced together from declassified documents, first-hand accounts, and analyses adduced in note 67 *supra*.

79   Makowski: Poznański Czerwiec 1956 (remark 69), pp. 108–117. See also Olszewski, Wiesław: »Gmach Wojewódzkiego Urzędu Bezpieczeństwa Publicznego jako centralny punkt wydarzeń poznańskich,« in Makowski, Edmund, ed.: Wydarzenia czerwcowe w Poznaniu 1956 (Poznań: Wydawnictwo Nauk. Uniwersytetu im. Adama Mickiewicza, 1981), pp. 149–154, esp. 151–152.

and commandeered streetcars, buses, and construction vehicles to use them as barricades for pitched battles against the UB and police. Some police officers in the vicinity abandoned their posts and joined the rioters, and many others refused to fire on the crowds, allowing them to seize additional buildings and vehicles. The rebellion grew so intense that the local authorities lost all semblance of control and sent desperate pleas to Warsaw for help.[80]

Up to this point, Polish military forces based in Poznań had refrained from taking any action, and an initial group of soldiers from the local Tank and Mechanized Infantry Officers' School, who arrived on the scene at 11:00 a.m. with tanks and armored personnel carriers to protect official buildings, had been under strict orders not to open fire. But by the early afternoon, as the crisis spun out of control, the mood in Warsaw changed drastically. Ochab had been closely monitoring the situation in Poznań from the time the protest march began.[81] The same was true of Marshal Rokossowski from his post at the Polish National Defense Ministry. Both Ochab and Rokossowski had been in touch with senior officials in Poznań since the early morning.[82] Ochab later recalled that he received an urgent phone call from Rokossowski shortly before 10:00 a.m., when party and government buildings in Poznań were first coming under attack. The two men then met in Ochab's office to decide how to respond. During their conversations, Rokossowski assured Ochab that Polish military units in the Poznań region »could take care of everything« if they were »given a free hand.«[83]

Ochab immediately followed up by convening an emergency session of the PZPR Politburo, where he and Rokossowski expressed alarm about the Poznań uprising and warned that all-out force would be needed to suppress the uprising and restore public order. At Ochab's suggestion, the Politburo decided to send a delegation to Poznań headed by Prime Minister Józef Cyrankiewicz.[84] The ostensible purpose of the delegation's visit was to pursue negotiations (one of the protesters' initial demands was to be allowed to meet with the prime minister to seek redress of their grievances), but the real intention was to implement a crackdown.[85] As soon as the delegation arrived in

---

80   See the well-documented account in Nalepa, Edward Jan: Pacyfikacja zbuntowanego miasta: Wojsko Polskie w Czerwca 1956 r. w Poznaniu w świetle dokumentów wojskowych (Warsaw: Wy-dawnictwo Bellona, 1992), pp. 22–34.

81   See, for example, the interview with Ochab in Torańska: Oni, p. 94, which is amply confirmed by documentary evidence.

82   On this point, see the illuminating interview with Leon Stasiak, the first secretary of the PZPR regional committee in Poznań during the crisis, in »Co mogło odwrócić bieg wydarzeń?« Polityka (Warsaw), No. 24 (13 June 1981), pp. 14–15.

83   Interview with Ochab in Torańska: Oni, p. 95.

84   »Protokół Nr. 99 posiedzenia Biura Politycznego KC PZPR w dniu 28 czerwca 1956 r.,« 28 June 1956 (Top Secret), in AAN, Arch. KC PZPR, Sygn. V/42, K. 101.

85   Makowski: Poznański Czerwiec 1956 (remark 69), pp. 93–94.

Poznań in the early afternoon, Cyrankiewicz transferred full command authority to General Stanisław Popławski, a Soviet officer who had accompanied the delegation from Warsaw. Popławski had long been serving under Rokossowski as a Polish deputy defense minister, and he was specially designated by Rokossowski to oversee military units and security forces in crushing the rebellion.

By mid-afternoon, Popławski had ordered the Silesian Army, local units of the Internal Security Corps (KBW), and other soldiers from the two main military academies in Poznań (the Tank and Mechanized Infantry Officers' School and the Rear Services Academy) to launch a full-scale crackdown. These troops, along with detachments of the UB and Citizens' Police (*Milicja obywatelska*, or MO), moved into the central squares and surrounding streets to regain control of the city, having been authorized to shoot any demonstrators who tried to resist.[86] The operation initially made little headway, but Popławski's units were reinforced on the evening of the 28th by extra KBW soldiers and by a large number of additional military personnel from the Polish Army's Second Armored Corps. All told, roughly 10 300 army troops and several thousand members of the KBW and security forces were involved in quelling the revolt. They were equipped with some 359 main battle tanks, 31 heavy artillery systems, 6 air-defense artillery platforms, 30 armored combat vehicles, 800 military trucks, a vast array of firearms, and more than 180 000 rounds of ammunition.[87]

Despite the immense firepower deployed by Popławski's forces, the uprising was not easily subdued. Although the rebels were hopelessly outgunned – they were armed mostly with rocks and homemade incendiary devices and a modest quantity of pistols and rifles – they put up fierce resistance on both the 28th and the 29th. Their spirits were buoyed by rumors that »similar events are happening in Warsaw and other [Polish] cities,« where »workers have risen up and forced the authorities to capitulate.«[88] These rumors turned out to be erroneous: Although sympathy strikes and street demonstrations supporting the Poznań workers did occur on 29 and 30 June in numerous Polish cities

---

86   See the analysis and valuable collection of declassified documents in Nalepa: Pacyfikacja zbuntowanego miasta (remark 80). See also the superb first-hand account by the KBW commander, General Włodzimierz Muś, in »Z tamtej strony barakady,« *Polityka* (Warsaw), No. 25 (26 June 1982), p. 13.

87   Karwat, Janusz: »Wojsko Polskie w wydarzeniach Poznańskiego Czercwa: Fakty i mity,« in Makowski; Jankowiak eds.: Przełomowy rok 1956 (remark 69), pp. 96–97. For slightly different figures, see »Sprawozdanie z udziału wojsk Śląskiego Okręgu podczas likwidacji prowokacji w Poznaniu w dniach 28–30.6.1956 r.,« report by General Wsiewołod Strażewski, commander of the Silesian Military District, in Archiwum Śląskiego Okręgu Wojskowego, 01/71/3, reproduced in *Wojskowy Przegląd Historyczny* (Warsaw), No. 3–4 (August–December 1991), pp. 256–274, esp. 271.

88   Cited in »Zapis' besedy s zamestitelem ministra goskhozov, kandidatov i chleny TsK PORP Tkachevym Stanislavom,« Memorandum No. 222 (Top Secret), 5 August 1956, from V. A. Karpov, counselor at the Soviet embassy in Poland, to Nikolai Patolichev, in RGANI, F. 5, Op. 28, D. 396, L. 308. On these rumors and their effects on the rebellion, see also Machcewicz: Polski rok 1956 (remark 34), pp. 99–111.

(particularly in the Wielkopolska region around Poznań), widespread violent unrest did not break out elsewhere, in part because the Polish authorities used combat tanks and infantry units to »extinguish smoldering provocations« in cities like Swarzędz, the site of a large demonstration.[89] A senior Polish official in the region told Soviet diplomats that »hostile elements« were deliberately purveying »false information« to fuel the rebellion and widen it beyond Poznań, but it seems more likely that a majority of the rumors originated with foreign and Polish journalists in the city who had been receiving wire reports indicating that the rebellion was spreading throughout the country. Whatever the precise source of the rumors, they clearly emboldened many of those who resisted, leading them to believe that »the liberation of the Polish people has begun.«[90] Not until the morning of 30 June was the revolt in Poznań finally over (aside from a few sporadic clashes later that day).

The two days of fighting left at least 73 people dead and more than 700 seriously wounded and caused tens of millions of złotys' worth of damage to buildings, transportation systems, and other state property.[91] At least thirty of the army's tanks, ten of its armored personnel carriers, and dozens of its military trucks and support vehicles were destroyed or rendered unusable – an indication of how intense the fighting was. Among the dead were two women, a 12-year-old boy, a 13-year-old boy (who, as noted above, was killed during the initial assault on the regional UB headquarters), five 15-year-old boys, and four 16-year-olds. The wounded included children as young as nine and ten. In addition, the police and security forces arrested more than 800 people (mostly workers) for allegedly having instigated the protests or for »having actively conspired to overthrow the people's state.«[92] Many were subjected to show trials and torture and given harsh prison sentences.

It was reported at the time – and has now been confirmed with newly available evidence – that a few Polish military officers initially were reluctant to order their troops to open fire and that some Polish soldiers, upon receiving

---

89   Zwiernik, Przemysław: »Strajki i protesty w Poznaniu i Wielkopolsce w świetle akt KW PZPR w Poznaniu (29 czerwcza – 18 lipca 1956 roku),« in Jankowiak; Rogulska (remark 69), eds.: Poznański Czerwiec 1956 (remark 64), pp. 31–39.

90   Cited in »Zapis' besedy s zamestitelem ministra goskhozov, kandidatov i chleny TsK PORP Tkachevym Stanislavom,« L. 308.

91   Some estimates of the death toll range as high as 120. The most reliable and detailed discussion of the varying estimates is in Makowski: Poznański Czerwiec 1956 (remark 69), pp. 165–171. Estimates of the number wounded and of the extent of material damage also vary considerably. See ibid., pp. 171–174.

92   Sandorski, Jan: »Procesy poznańskie z 1956 roku: Wątpliwości, polemiki, klimaty,« in Maciejewski; Trojanowiczowa eds.: Poznański Czerwiec 1956 (remark 69), pp. 165–221; Makowski: Poznański Czerwiec 1956 (remark 69), pp. 220–299; and Jankowiak: Wielkopolska w okresie stalinizmu (remark 69), pp. 220–223. For a list of 575 workers who were arrested and reproductions of their police photographs, see Jankowiak; Machcewicz; Rogulska: Zranione miasto (remark 69), pp. 171–209.

the orders, were averse to shooting at »fellow Poles.«[93] But these misgivings were the exception rather than the norm. Moreover, even if such sentiments had been more widespread, they would have had little impact. For one thing, Rokossowski and other high-ranking Soviet officers (and their Polish allies) dominated the Polish military command structure and could thereby have overcome any hesitancy on the part of lower-ranking Polish officers and soldiers. Moreover, despite the unreliability of the regular police (some of whom switched sides and joined the protesters), the Polish state security forces were more than willing to carry out the orders.

Throughout the operation, Popławski kept in close touch with Rokossowski and with the commander of the USSR's Northern Group of Forces, Army-General Kuz'ma Galitskii, as a hedge against unexpected developments that might necessitate more extreme measures.[94] General Jerzy Bardziłowski, a Soviet officer who was serving as chief of the Polish General Staff, also played a key role in coordinating the operation. He, along with Rokossowski and General Galitskii, maintained direct contact with the Soviet Defense Ministry in Moscow. If the Polish army and security forces had failed to subdue the riots, or if the violence had spread to other Polish cities and had posed a threat to Soviet military bases in Poland, Soviet troops themselves could have intervened against the protesters, as in East Germany in June 1953. Such a step would have marked a major escalation of the crisis, but in the end it did not prove to be necessary. The only task that Soviet military units in Poland had to perform during the crackdown was to patrol the border with East Germany, preventing armed demonstrators from trying to flee westward. Because Polish leaders were confident that their own troops could regain control of the situation and could keep the rebellion from spreading, they did not explicitly broach the option of relying on the Soviet Army.[95]

IV. Repercussions in Poland

The Poznań revolt had an enormous impact in Poland that endured long after the violence was over. Initially, Polish leaders blamed the crisis on shadowy external forces. In public pronouncements on 28 and 29 June, they insisted that »the street riots in Poznań were orchestrated by enemy agents« working for Western intelligence services.[96] On the evening of 29 June, Prime Minister

---

93 See Nalepa: Pacyfikacja zbuntowanego miasta (remark 80), pp. 72–74, 111–120.
94 Ibid., pp. 27–54.
95 Łoś, Roman: *Polska-ZSRR 1956* (Łódź: Uniwersytet, 1999), pp. 31–32.
96 »Komunikat o wypadkach w Poznaniu« and »Prowokacja,« both in *Trybuna Ludu* (Warsaw), 29 June 1956, p. 1; »Tragiczne żniwo prowokacji w Poznaniu« and »Przebieg wypadków w Poznaniu,«

Cyrankiewicz, who had hurriedly led a high-level delegation to Poznań shortly after the uprising began, delivered a radio address in which he vowed that »anyone who dares to raise his hand against the people will have it amputated immediately.« He blamed the »shocking events« in Poznań on »fascist provocateurs and imperialist agents [who] are intent on subverting socialism and the people's government in Poland.«[97] This line was repeated by General Popławski in a secret briefing for the PZPR Politburo on 30 June, a few hours after the street battles ended. Popławski claimed that »the events in Poznań were the organized work of the enemy« and »were led by an underground network [that] used weapons of German manufacture.«[98] These sorts of themes were amplified by the state-controlled press and in official radio broadcasts during and immediately after the rebellion.

Despite this initial posturing, most Polish leaders quickly sensed that the roots of the crisis were far more complex and intractable. Even Cyrankiewicz, in his speech on 29 June, spoke at length about the »legitimate discontent at a number of industrial enterprises caused by economic difficulties and an array of often nettlesome grievances that have gone unredressed.« He acknowledged that the government had »committed mistakes and applied the existing laws incorrectly.« These same points were given prominent emphasis in editorials in *Trybuna Ludu* and other leading Polish newspapers after the violence had subsided. When Popławski offered his harsh assessment at the PZPR Politburo meeting on 30 June, the assembled leaders were unwilling to accept it at face value. Rather than endorse the general's report, the Politburo decided to form a high-level commission that would »examine the causes of the incident and prepare an analysis of the situation in Poznań.«[99]

On 3 July, a few days after the commission began its work, Ochab and the other members of the PZPR Politburo endorsed a »preliminary assessment of the events in Poznań« that made no mention of external forces and instead highlighted internal factors, including »discontent among segments of the working class that has been aggravated by misguided economic policies, by bureaucratic indifference to the problems and grievances of ordinary workers, and by the arbitrary and inexcusable actions of numerous heads of government agencies and ministerial departments.« In addition, the PZPR Politburo acknowledged that party leaders at all levels had routinely tolerated »systematic distortions and mistakes in ideological and political work [and in] the propaganda work of

---

Trybuna Ludu (Warsaw), 30 June 1956, pp. 1 and 3, respectively; and »Prowokacja w Poznaniu wywołała głęboki ból i oburzenie całego społeczeństwa polskiego,« *Głos pracy* (Warsaw), 1 July 1956, p. 1.

97   »Przemówienie premiera J. Cyrankiewicza do ludności Poznania,« *Trybuna Ludu* (Warsaw), 30 June 1956, p. 1.

98   »Protokół Nr. 101 posiedzenia Biura Politycznego w dniu 30 czerwca 1956 r.,« Notes from PZPR Politburo Meeting (Top Secret), 30 June 1956, in AAN, Arch. KC PZPR, Sygn. V/42, K. 103.

99   Ibid., Kk. 103–104.

many newspapers and cultural journals,« as well as »the bureaucratization of many of the party's organs.«[100]

Although Polish leaders also argued that the rapid pace of de-Stalinization – reflected in »excessive« freedom of the press (»abuse by newspapers of the right to criticize, especially after the 20th [Soviet Party] Congress«) and »a lack of vigilance on the part of the security apparatus« – had helped to precipitate the Poznań crisis, this factor too was internal rather than external.[101] The high-level commission set up by the PZPR Politburo on 30 June visited Poznań in early July and then issued a report that attributed the revolt to »daunting internal problems« rather than external forces.[102] On the whole, deliberations within the PZPR Politburo and Secretariat revealed a surprisingly clear understanding of the social pressures that had given rise to a violent rebellion. Largely for this reason, Ochab and other leaders increasingly felt that the army's response in Poznań had been too brutal. Ochab later expressed dismay that Rokossowski and Popławski »ultimately did a poor job of handling the situation. […] [They] brought in too many troops, far too many troops, rather than acting calmly and efficiently […] and limiting the amount of force to the bare minimum.«[103]

Even though Ochab at the time did not publicly condemn the severity of the crackdown, he sharply stepped up his criticism of those who »claim to find subversion and imperialist agents behind every alien and hostile sentiment« in Poland.[104] He stressed that internal problems, not external forces, had spawned the widespread discontent in Poznań. At a plenum of the PZPR Central Committee a few weeks after the uprising, Ochab declared that those who »obsessively focus on the ›machinations of provocateurs and agents of imperialism‹ […] have been led astray by Stalin's misguided view that class warfare intensifies as socialism develops.« Ochab said it would be a »profound mistake« to portray the rebellion in such »one-sided and simplistic« terms:

»We cannot explain these tragic events in this way. We must focus instead on the social roots of the incident, as manifested in the grave problems that have arisen in relations between the party and segments of the working class. […] An analysis of the events in Poznań leaves no doubt that primary responsibility lies with the bureaucracy and the insensitivity of central and local authorities.«[105]

---

100 »Protokol Nr. 102 posiedzenia Biura Politycznego w dniu 3 lipca 1956 r.,« Notes from PZPR Politburo Meeting (Top Secret), 3 July 1956, in AAN, Arch. KC PZPR, Sygn. V/42, Kk. 105–107.
101 Ibid.
102 Rykowski, Zbysław; Władyka, Wiesław: »Poznań 56: Raport Gierka,« *Polityka* (Warsaw), No. 2 (9 January 1988), p. 14.
103 Interview with Ochab in Torańska, *Oni*, p. 95.
104 »Stenogram obrad VII Plenum KC PZPR w dniach 18–20, 23–26 lipca 1956 roku,« Plenum Transcript (Top Secret), July 1956, in AAN, Arch. KC PZPR, Sygn. 237/II-14, -15, -16, Kk. 32–33.
105 Ibid., K. 33.

Ochab averred that the violent turmoil had stemmed from the »deterioration of living conditions« in the Poznań region and »the decline in the wages of ZISPO employees,« whose »disaffection and anger were well-founded« and whose »grievances were repeatedly ignored.«[106] His comments reinforced an editorial that appeared a day earlier in *Głos Pracy*, the main newspaper of the official Polish trade unions.[107] The editorial castigated the trade unions for having »utterly failed to defend the interests of workers against the bureaucracy« and for having »completely lost the confidence of the working class.« The editorial noted that workers in Poznań »viewed the trade unions with contempt« and believed that the »only way to rectify the situation was by taking matters into their own hands.«[108]

Polish leaders' awareness of the »inexcusable mistakes« that helped provoke the Poznań crisis caused them to worry that unless workers' grievances were quickly redressed, another crisis might erupt that would again require the use of large-scale repression. Top-secret reports and memoranda compiled for the PZPR Politburo in the summer of 1956 by the Polish security forces and the central party apparatus revealed that popular sentiment toward the regime had become much more negative as a result of the crackdown.[109] Students and intellectuals began advocating fundamental changes in Poland's political and economic system. The wave of discontent in Poland that preceded the Poznań uprising took on a more rebellious and overtly political cast. In a conversation with Soviet officials on 11 July, the head of the PZPR Propaganda and Agitation Department, Andrzej Werblan, argued that mass labor unrest might flare up again:

>»Meetings held at state enterprises all over Poland to discuss the Poznań events indicate that although workers condemn the events there for having turned violent, they believe that the Poznań workers were justified in putting forth the demands they did. We face the real threat that strikes and unrest will break out again, and we should not try to pretend otherwise.«[110]

Werblan was especially concerned about the potential for violent turmoil in Łódź and Białystok, which had experienced prolonged labor protests in 1947 and 1951. »Last month,« he argued, »it was the workers in Poznań who rose up, but their living conditions are actually better than those facing workers in Łódź and Białystok.«[111] The risk of new upheavals was also stressed by UB officials, who

---

106 Ibid., K. 34.

107 »Bez chwiejności bez wahań!« *Głos Pracy* (Warsaw), 19 July 1956, p. 3. This editorial was highlighted in large type at the top of the newspaper's front page.

108 Ibid.

109 A valuable analysis, drawing extensively on these declassified materials, is in Machcewicz: Polski rok 1956 (remark 34), pp. 84–92. See also Makowski: Poznański Czerwiec 1956 (remark 69), pp. 195–207.

110 »Zapis' besedy s Zav. Otdelom propagandy i agitatsii TsK PORP t. Verblenom,« L. 298.

111 Ibid.

warned that the political situation in Poland remained »highly volatile« and that a »repetition of the Poznań events« was a distinct possibility in »any number of cities around the country.«[112]

The potential for renewed unrest was magnified by public resentment of heavy-handed Soviet policies. Reports from the UB and from senior party officials indicated that anti-Soviet sentiments, which had proven so explosive before and during the Poznań uprising, were stronger than ever. Although the Poznań revolt was quelled without direct Soviet military intervention, the prominent role of Soviet generals in commanding the operation had underscored the extent of Soviet control over the Polish armed forces. Rumors circulated in Poland that »Soviet troops wearing Polish uniforms took part in the suppression of the Poznań rebellion« and that »disguised Soviet soldiers were the first to open fire« on demonstrators at the UB building and elsewhere.[113] Other rumors spread that Soviet troops and Polish security forces had »killed more than 1 000 people during the crackdown in Poznań.« The Polish government tried to dispel these allegations, but with little success. Suspicions of the USSR also continued to surface in the Polish press, much to Moscow's irritation.[114]

The Polish authorities initially downplayed the extent of public antipathy toward the USSR, but in private conversations with Soviet officials in mid-August 1956 they finally acknowledged that »powerful currents of anti-Soviet hostility« were gaining strength in Poland, not diminishing. One high-ranking PZPR official told Soviet diplomats that »never in People's Poland have I heard as many sarcastic anti-Soviet remarks and jokes as I am hearing now.«[115] Another senior Polish official warned his contacts at the Soviet embassy that »the Poznań events have done great political damage not only to Poland and the USSR but to the whole socialist camp by impeding the establishment of contacts between the [East European Communist] parties« and the CPSU.[116] Local party organizations in Poland claimed that workers at many factories believed the best way to »display solidarity with the provocateurs in Poznań« was by promoting »anti-Soviet slogans and expressions of anti-Soviet sentiments.«[117] The surge of animosity

---

112 See Zwiernik, »Strajki i protesty w Poznaniu i Wielkopolsce,« pp. 31–39.

113 These rumors are recorded in »Zapis' besedy s zamestitelem predsedatelya Prezidiuma Glavnogo komiteta Ob«edinennoi krest'yanskoi partii Aleksandrom Yushkevichem,« Cable No. 225 (Top Secret), from V. A. Karpov, counselor at the Soviet embassy, to Soviet Deputy Foreign Minister Nikolai Patolichev, 15 August 1956, in RGANI, F. 5, Op. 28, D. 397, Ll. 312–318.

114 This point is discussed further below.

115 »Zapis' besedy s zamestitelem Zaveduyushchego Inostrannym otdelom TsK PORP tov. Stshalkovskim 20 avgusta 1956 goda,« Cable No. 253 (Top Secret) from P. Turpit'ko, counselor at the Soviet embassy, to Soviet Deputy Foreign Minister Nikolai Patolichev, 21 August 1956, in RGANI, F. 5, Op. 28, D. 397, Ll. 304–307. See many other cables describing similar sentiments in AVPRF, F. 0122, Op. 40, Pap. 336, D. 10.

116 »Zapis' besedy s zamestitelem predsedatelya Prezidiuma Glavnogo komiteta Ob"edinennoi krest'yanskoi partii,« L. 315.

117 Ibid., Ll. 314, 315.

toward the USSR in the wake of the Poznań uprising was one of the major factors that precipitated a Soviet-Polish confrontation in October.

The adverse impact of the rebellion on Soviet-Polish relations was reinforced by the impetus that Poznań gave to high-level political maneuvering
within the PZPR. Even though the mistakes that preceded (and helped to
spark) the Poznań crisis were attributable to Bierut rather than Ochab, blame
for the incident was bound to fall on the leader who happened to be in office
at the time. Revelations of the continued hardships and shortcomings in Polish society lent greater urgency to discussions that had begun informally in the
spring of 1956 about the possibility of replacing Ochab as party leader. Earlier,
Cyrankiewicz had been viewed as one of the potential successors, but his
standing was tarnished by his conspicuous role in the Poznań crackdown (and
he ended up giving his endorsement to Gomułka). Increasingly, many senior
PZPR officials favored the readmission of Gomułka into the party and were
even willing to consider bringing him back as PZPR First Secretary. Ochab
tried to shore up his own position and to defuse the social tensions that had
given rise to the Poznań rebellion, but his leeway for maneuver was con-
strained by resistance from PZPR hardliners, by the growing splits within the
Polish party, and by pressure from Moscow. In the meantime, public unrest
and enmity toward the Soviet Union continued to mount. These conflicting
pressures and trends left little room for compromise and helped to fuel a wider
social crisis in Poland in the late summer and early fall of 1956 – a crisis that
not only led to Gomułka's reinstatement but also helped to provoke a dangerous political and military standoff with the Soviet Union.

V. Repercussions in the Soviet Union

Soviet leaders' reactions to the Poznań crisis were deeply colored by their
anxiety about protests and unrest that had been occurring in the Soviet Union
itself after Stalin's death. Declassified archival materials reveal that »unsavory«
ferment among Soviet students had emerged as early as the spring and summer
of 1954, when protests were held at Moscow State University (MGU) and
other higher educational facilities to demand greater leeway for political discussion and dissent.[118] In late 1955 a group of students at MGU began publishing *The Literary Bulletin*, a newspaper that featured wide-ranging discus-

---

118 »Informatsiya: TsK KPSS,« Memorandum No. 53-s (Top Secret), 23 September 1954, to the
CPSU Presidium from A. Lutchenko, deputy sector head in the CPSU CC Department for Science
and Culture, and »TsK KPSS,« 11 October 1954 (Top Secret, from A. Rumyantsev, head of the
CPSU CC Department, to the CPSU Secretariat, in RGANI, F. 4, Op. 9, D. 1097, Ll. 187–190 and
191–195, respectively.

sions of controversial political issues as well as literary matters.[119] University administrators tried to suppress the newspaper, but the students managed to circumvent their efforts.

Social unrest in the USSR increased markedly in 1956 with the official inception of de-Stalinization, which spawned numerous instances of public disorder and demonstrations. Mass disturbances erupted in Tbilisi and other Georgian cities in early March 1956 after local party meetings were held to inform party members about Khrushchev's secret speech. The meetings came to an abrupt halt when students, workers, and intellectuals joined together to protest against the criticism of »our great leader Stalin.«[120] Similar unrest engulfed Georgia's Abkhazian province, a region that, despite its name, was populated mainly by ethnic Georgians. From 5 to 9 March, the whole province was taken over by »counterrevolutionary and chauvinistic forces.«[121] A Communist official in Sukhumi (the Abkhazian capital), Rizabek Gulia, sent an urgent cable to Khrushchev describing the violence and calling on the Soviet leader to take »severe measures against nationalist and chauvinistic elements« in Georgia:

»Work was disrupted all over [Sukhumi], especially on 9 March when the whole municipal transportation system was brought to a halt and all access to the center of the city was cut off. [...] The huge crowds attacked Communist Party officials, dragging them out of their cars, and the crowds then moved against the police, beating them and smashing their cars. [...] No measures at all were taken to prevent these events. On the contrary, all evidence suggests that some leaders of party and Komsomol organizations actively participated in and organized the demonstrations. [...] All of this took place before the eyes of the residents of Sukhumi and under the nose of the Abkhazian oblast party committee and the Sukhumi municipal party committee, and also under the nose of the Committee on State Security, which, far from taking any countermeasures, gave free rein to the chaos.«[122]

The upheavals in Tbilisi, Abkhazia, and other regions marked the first time that »anti-Soviet activities« had occurred in Georgia since Communist rule was firmly established. Gulia warned that if Moscow failed to act immediately, »there inevitably will be a repetition of these incidents, with the possibility of

119 »TsK KPSS,« Memorandum No. St-1271 (Top Secret), 28 November 1956, from A. Lutchenko, supervisor of the CPSU CC Department for Science, Educational Institutes, and Schools, to the CPSU Secretariat in RGANI, F. 4, Op. 16, D. 1098, Ll. 44–47.

120 For a detailed, top-secret account of the disorders, see »Zakrytoe pis'mo,« Memorandum (Top Secret), from S. Statnikov, Tbilisi correspondent for Trud, to the CPSU Central Committee, 12 March 1956, in RGANI, F. 5, Op. 30, D. 140, Ll. 53–67.

121 »Pervomu sekretaryu TsK KPSS, tovarishchu Nikite Sergeevichu Khrushchevu: Dokladnaya zapiska o sobytiyakh v gorode Sukhumi i drugikh raionakh Abkhazskoi ASSR s 5 po 9-oe marta 1956 goda,« Memorandum (Top Secret) from Rizabek Gulia to N. S. Khrushchev, 23 March 1956, in RGANI, F. 5, Op. 30, D. 138, L. 82.

122 Ibid., Ll. 81–87.

even worse consequences in the future.«[123] Soviet leaders responded by impos-
ing martial law.[124]

Other serious internal challenges had arisen elsewhere in the USSR after the
20th Soviet Party Congress, as students, intellectuals, and blue-collar workers
took advantage of the opportunity to voice long-suppressed grievances. Criticism of previously taboo subjects – Stalin, the repressions of the 1930s–1950s,
the »cult of personality,« and others – opened the way for broader complaints
about the Soviet regime itself. From the CPSU Presidium's perspective, the
speed with which the ferment spread was at least as disconcerting as the specific nature of the protests. Khrushchev and his colleagues feared that the
unrest was being stirred up mainly by »malevolent external forces in collusion
with internal reactionaries and anti-socialist elements who are seeking to re-
verse the gains of socialism.«[125]

The outbreak of the Poznań rebellion seemingly corroborated the growing
apprehension in Moscow that de-Stalinization was being exploited by »Western
imperialist forces« to provoke instability not only in the USSR but in the whole
of the Communist bloc. Soviet leaders were taken aback by the intensity of the
uprising, which they followed closely via on-site reports from Soviet military
commanders, intelligence officials, and diplomats based in Poland as well as
from emergency communications with the Polish authorities.[126] Khrushchev and
other leaders in Moscow were particularly alarmed by the pronounced anti-
Soviet overtones of the rebellion. They worried that violent protests in Poland
would flare up again and spread to other Polish cities unless the PZPR arrested
the »ringleaders« and reimposed strict ideological controls. They also worried
that the »stormy events in Poznań« would filter across Poland's borders and
spark turmoil in neighboring East European countries, perhaps culminating in a
general revolt against the USSR. One of Khrushchev's closest allies on the
CPSU Presidium, Anastas Mikoyan, warned in mid-July 1956 that the Poznań
crisis gave cause for »alarm about the fate« of the entire Communist bloc. »After
the lessons of Poznań,« he argued, »we must ensure that nothing similar hap-

---

123 Ibid., L. 84.

124 »Prikaz No. 14 Nachal'nika Tbilisskogo garnizona,« Directive (Top Secret) from Major-
General Gladkov, commander of the Tbilisi garrison, 9 March 1956, in RGANI, F. 5, Op. 30,
D. 140, L. 68.

125 »Protokol No. 17: Zasedanie 23 maya 1956g.,« Notes from CPSU Presidium Meeting (Top
Secret), 23 May 1956, in RGANI, F. 3, Op. 12, D. 1004, Ll. 46–47.

126 On the information flowing into Moscow, see Ochab's comments in Torańska, *Oni*, p. 92.
He notes that Soviet officials in Moscow knew »precisely what was going on in Poznań. They com-
municated by ciphered telegrams and were better informed than our own security services were.«
Many of the reports and cables sent to Moscow are now stored in RGANI, and many others are in the
Russian Foreign Ministry archive and in the Russian Presidential Archive. Although a substantial
portion of the documents have not yet been declassified, the available items show that Soviet leaders
followed the situation closely from the start.

pens« elsewhere in the bloc.[127] In particular, Khrushchev and Mikoyan feared that »violent outbursts« in the »fraternal« countries might inspire workers, students, and intellectuals in the Soviet Union to pursue a similar course.

The CPSU Presidium acted almost immediately to try to regain control of the de-Stalinization campaign both at home and in Eastern Europe. On 30 June, with the crisis in Poznań still smoldering, the CPSU Presidium issued a decree that attenuated the permissible bounds of public expression and established severe penalties for transgressions.[128] The promulgation of this decree did not mean that Khrushchev and his colleagues wanted a complete end to de-Stalinization, but it did signal their desire to slow the process a great deal. They were particularly worried that Western countries (and especially Western radio stations like VOA and RFE/RL) had been able to seize on the initial flurry of anti-Stalin criticism to incite protests and violent turmoil in the Soviet bloc.

Unlike Ochab and other Polish officials who concluded that the Poznań uprising had resulted from workers' genuine grievances, Soviet leaders believed that the crisis was wholly attributable to the connivance of external forces. When the members of the CPSU Presidium gathered on 29 June, their »fundamental assessment« was that »the events in Poznań« were a »malicious provocation by imperialist agents« – a phrase they used as a headline in *Pravda* on 30 June for a brief official report on the Poznań crisis.[129] In public as well, Khrushchev and other Soviet officials in late June and early July depicted the rebellion as nothing more than a »pernicious conspiracy devised by special agents of the imperialist camp.«[130] The prevailing mood in Moscow during the crisis was cogently summarized by the Yugoslav ambassador to the Soviet Union, Veljko Mićunović, in a diary notation on 30 June:

»The events in Poland have come as a great shock to the Russians. They see in this the beginning of a counterrevolution which, as they say here, has been organized by the West, led by the USA, in order to break up the [socialist] camp and forcibly separate Poland and the other socialist states from the USSR. We have not been able to find anybody among the Russians who interprets the bloodshed in Poznań as anything other than an ›imperialist

---

127 »TsK KPSS,« Cable No. 31r (Strictly Secret – Urgent), Osobaya papka, 18 July 1956, from A. Mikoyan to the CPSU Presidium, in Arkhiv Prezidenta Rossiiskoi Federatsii (APRF), F. 3, Op. 64, D. 483, L. 231.

128 »O kul'te lichnosti i preodolenii ego posledstvii,« in *KPSS v rezolyutsiyakh i resheniyakh s"ezdov, konferentsii i plenumov TsK*, 8th ed. (Moscow: Politizdat, 1978), Vol. 7, p. 212.

129 »Protokol No. 26: Zasedanie Prezidiuma TsK KPSS, 29 iyunya 1956g.,« Notes from CPSU Presidium Meeting (Top Secret), 29 June 1956, in RGANI, F. 3, Op. 12, D. 1004, Ll. 61–63. The article, which was a Polish press agency report forwarded to Moscow by the TASS correspondent in Warsaw, appeared as »Vrazhdebnaya provokatsiya imperialisticheskoi agentury v Poznani,« *Pravda* (Moscow), 30 June 1956, p. 1.

130 »K sobytiyam v Poznani,« *Novoe vremya* (Moscow), No. 29 (12 July 1956), pp. 3–6.

plot«. [...] The bloodshed in Poznań has convinced the Russians of the need for the strictest control over the process of de-Stalinization and for a more measured pace of it.«[131]

Even when Mićunović tried to persuade Khrushchev that the Poznań uprising »might have its specific causes« and that it was best to wait until Polish officials had »ascertained precisely why the workers in Poznań rebelled,« Khrushchev insisted that no investigation was necessary. »There is no doubt,« he argued, »that the USA, at the instigation of [Secretary of State John Foster] Dulles, was behind the whole thing and went a lot further this time than any of us could have imagined, causing great loss of life.«[132]

Khrushchev's inclination to blame the violence in Poznań on »foreign intelligence services« was hardly surprising. The information he received about Poznań on 28-30 June came mainly from Rokossowski, Popławski, and Ponomarenko, all of whom had ample motivation to claim that the violence was »organized and carried out« by »agents of an enemy underground« sponsored by the United States and West Germany.[133] Khrushchev and the other members of the CPSU Presidium had long been worried about Poland's vulnerability to »imperialist subversion,« and they saw no reason to doubt these alarmist reports. Moreover, even if the reports had been less shrill, Soviet leaders' reactions might well have been the same. Throughout the Cold War, they tended to view internal crises in Eastern Europe as having been fomented (or at least abetted) by tenebrous foreign elements.

Nevertheless, even though it comes as no surprise that Khrushchev and his colleagues initially regarded the Poznań rebellion as a Western-instigated conspiracy, their insistence on holding fast to that appraisal over the next several weeks and months is less easily explicable. In contrast to Polish leaders, who quickly disavowed their preliminary depictions of the revolt as an externally inspired plot, officials in Moscow remained as emphatic as ever that the whole crisis had been orchestrated by »hostile and reactionary forces« from abroad. At a meeting of the CPSU Presidium on 9 July, Khrushchev claimed that the Poznań uprising was the direct result of the »subversive activities of the imperialists« and was aimed at »sowing disunity« within the Soviet bloc and »destroying [the socialist countries] one by one.«[134] A few days later, in a conversation with Mićunović, Khrushchev warned that Poznań was just the start of a U.S.-led offensive: »If the West dared to provoke an uprising in Poland this time, tomorrow they will try it somewhere else; they believe that the time has come to alter

131 Mićunović: Moskovske Godine (remark 60), p. 94.
132 Ibid., pp. 106–107.
133 See, for example, the summary of Popławski's presentation in »Protokół Nr. 101 posiedzenia Biura Politycznego w dniu 30 czerwcza 1956 r.,« Notes from PZPR Politburo Meeting (Top Secret), 30 June 1956, in AAN, Arch. KC PZPR, Sygn. V/42, Kk. 103–104.
134 »Protokol No. 28: Zasedanie Prezidiuma TsK KPSS, 9 i 12 iyulya 1956g.,« Notes from CPSU Presidium Meeting (Top Secret), 12 July 1956, in RGANI, F. 3, Op. 12, D. 1005, Ll. 2–2ob.

the results of the Second World War.«[135] These assertions echoed the official commentaries published in the Soviet press during and right after the rebellion.[136] Over the next few months, Khrushchev continued to allude to »outside interference« and »imperialist agents« whenever he discussed the Poznań crisis either privately or publicly. His stance on this matter may have been partly disingenuous, but it also apparently stemmed from his genuine belief that external forces – particularly the United States – were seeking to foment violent upheavals in the Soviet bloc.

The divergence between Soviet and Polish leaders' assessments of the Poznań uprising was strikingly evident at a plenum of the PZPR Central Committee in July 1956. Soviet Prime Minister Nikolai Bulganin and Soviet Defense Minister Marshal Georgii Zhukov traveled to Warsaw to take part in the plenum, which dealt at length with the Poznań crisis. Ochab later recalled the conflict that arose with the visiting Soviet officials before the plenary sessions even began:

»Just before the July plenum, we [the Polish authorities] had an acrimonious discussion with our Soviet comrades, who insisted to us that the deadly clashes in Poznań were provoked by the imperialists. I told them that there was no proof of this and that I could not suggest otherwise at the Central Committee plenum.«[137]

When Ochab addressed the plenum, he made no attempt to gloss over this disagreement or to give any credence to the conspiracy theories favored by Soviet leaders. On the contrary, he went out of his way to criticize Moscow's »one-sided and simplistic« contention that the violence in Poznań had been caused solely by »imperialist agents.« Ochab cited a litany of internal causes of the rebellion and declared that he would oppose »any attempt to use [the Poznań crisis] as justification for rolling back the process of democratization in Poland.«[138] He said he would move swiftly ahead with economic and political reforms that would boost living standards and alleviate workers' »well-founded anger.«

By contrast, when Bulganin spoke, he pinned the blame for the Poznań uprising squarely on »international reactionaries, who are unable to eradicate socialism directly and are therefore seeking to detach the socialist countries one by one.«[139]

---

135 Mićunović: Moskovske godine (remark 60), p. 107.

136 See, for example, »Pol'skii narod kleimit organizatorov provokatsii,« *Pravda* (Moscow), 1 July 1956, p. 6; and »K sobytiyam v Poznani,« *Novoe vremya* (Moscow), No. 29 (12 July 1956), pp. 3–6.

137 Interview with Ochab in Torańska, *Oni*, p. 96.

138 »O sytuacji politycznej i gospodarczej oraz o węzłowych zadaniach partii: Referat I sekretarza KC PZPR tow. Edwarda Ochaba,« in »Stenogram obrad VII Plenum KC PZPR w dniach 18–20, 23–26 lipca 1956 roku,« Kk. 21, 24. An abridged version of the speech was published in *Trybuna Ludu* (Warsaw), 20 July 1956, pp. 3–5.

139 »Przemówienie N. A. Bulganina: Na Uroczystej Akademii w Warszawie,« *Trybuna Ludu* (Warsaw), 22 July 1956, pp. 3–4. See also Marshal Zhukov's speech at a meeting with Marshal Rokossowski at the Polish National Defense Ministry on 27 July, »Nasza przyjaźń okrzepła we wspól-

In a precursor of what became known as the Brezhnev Doctrine (the rationale offered by the Soviet Union for its invasion of Czechoslovakia in August 1968), Bulganin proclaimed »the absolute duty of Communists around the world to combat imperialist agents who are striving to restore capitalism« in Poland:

»Every country is entitled to follow its own path to socialism, but we can never permit this to be exploited by those who are seeking to destroy the solidarity of the peace camp under the pretext of respecting particular national features or extending democracy. [...] The Polish people can rest assured that the Soviet Union will remain their true and reliable friend. As long as this friendship endures, any attempt to destroy socialism [in Poland] is doomed to failure.«[140]

Bulganin vowed that the Soviet Union would »smash the imperialist agents and anti-socialist reactionaries who were allowed to operate in Poznań,« and he demanded that the Polish authorities put an end to the »anti-Soviet hysteria« in the Polish press, which he said was being promoted by »opportunists and subversive elements who are surfacing from their lairs and joining with foreign enemies to exploit the situation« and »plant evil seeds,« as in Poznań. The USSR, he declared, would »fight mercilessly against« these »hostile forces« and »prevent any recurrence of the events in Poznań.«[141]

Bulganin's condemnation of the Polish press was by no means unusual. This issue had been a sore point for Moscow throughout the spring and early summer of 1956. When Bulganin and Zhukov arrived in Warsaw for the July plenum, they were »armed with a briefcase full of Polish press clippings,« as a high-ranking PZPR official later recalled.[142] Soviet leaders had hoped that, in the wake of the Poznań crisis, the Polish authorities would reimpose strict censorship of the press and restore the »true role« of newspapers in »propagating Marxism-Leninism and mobilizing the masses around it.« But, as Bulganin's comments indicated, Moscow's hopes had gone largely unfulfilled. Although the PZPR department overseeing the press did encourage newspapers to withhold stories about Poznań (at least for the time being), the net results of this policy were dubious at best. Andrzej Werblan, the head of the PZPR propaganda and agitation department, conceded as much when he met with Soviet officials in Warsaw on 11 July:

»In the most recent issue of *Nowa Kultura*, all the articles about Poznań (five in total) were withdrawn, but journalists are continuing to publish the same sorts of articles in other newspapers. [...] Distinct sentiments and unsavory views [about the Poznań crisis] have

---

nych zaciętych bitwach z faszymem: Wizyta radzieckiej delegacji rządowej w Ministerstwie Obrony Narodowej – przemówenie Marszałka Żukova,« *Trybuna Ludu* (Warsaw), 28 July 1956, p. 1.

140 »Przemówienie N. A. Bulganina,« p. 4.

141 Ibid.

142 Interview with Jerzy Morawski, PZPR Secretary overseeing the press and propaganda, in Barbara Łopieńska and Ewa Szymańska, *Stare numery* (London: Aneks, 1986), p. 64.

even filtered into *Trybuna Ludu*. And it is worth emphasizing that the main problem is not that publications like *Po Prostu*, *Nowa Kultura*, etc. are creating a stir, but that other newspapers, including *Trybuna Ludu*, are staying silent and are not rebutting all these attacks.«[143]

Ochab acknowledged at the July plenum that »anti-party attacks and bourgeois sensationalism« had appeared in the Polish press and may have contributed to the tensions in Poznań, but he displayed no inclination to revive the stifling controls and rigid censorship that had been enforced during the Bierut era.[144]

After the plenum was over and Bulganin and Zhukov had departed, Ochab did express concern to Jerzy Morawski, the PZPR Secretary in charge of propaganda, that the Soviet Union would react harshly »if we don't straighten out the press.«[145] Ochab even wondered whether »we [in Poland] might all soon be coughing up blood.«[146] In the end, however, he made almost no effort to crack down. Ochab later recalled that he and Morawski tried to »explain to newspaper editors that they should be discreet and that impetuous articles would merely antagonize our [Soviet] friends and give them further ›proof‹ that a counterrevolution is under way in Poland.«[147] But when the editors failed to heed this advice, Ochab declined to remove them or to take other disciplinary action even though he was aware that the Soviet embassy was sending gloomy reports to Moscow featuring »choice excerpts from the Polish press.«[148] The Soviet ambassador, Ponomarenko, apparently »was trying to redeem himself« after having failed to predict the Poznań crisis, and he therefore directed the embassy staff to »go carefully through the Polish newspapers and pick out the most outlandish quotes.«[149]

The embassy's reports about the Polish press sparked further unease in Moscow about the prospect of a »new Poznań.« The head of the CPSU Department for Ties with Foreign Communist Parties, Boris Ponomarev, drew extensively on the embassy's cables when he sent a memorandum to the CPSU Presidium in late August 1956, shortly before Ochab was scheduled to visit Moscow for consultations.[150] Ponomarev claimed that »the Polish press is continuing its barrage of hostile, anti-Soviet attacks that in most instances go unrebutted.« Among the articles he mentioned was one that described Poland as a Soviet »satellite« and another that characterized Soviet-Polish relations as

---

143 »Zapis' besedy s Zav. Otdelom propagandy i agitatsii TsK PORP t. Verblenom,« L. 298.

144 »Stenogram obrad VII Plenum KC PZPR w dniach 18–20, 23–26 lipca 1956 roku,« Kk. 32–33.

145 Interview with Morawski in Łopieńska and Szymańska, *Stare numery*, p. 66.

146 Ibid.

147 Interview with Ochab in Torańska, *Oni*, p.

148 Ibid.

149 Ibid.

150 »Informatsionnaya zapiska: O nekotorykh voprosakh vnutripoliticheskogo polozheniya v Pol'skoi Narodnoi Respublike posle VII plenuma TsK PORP,« Memorandum No. 25-S-1864 (Top Secret), 30 August 1956, with cover note from B. Ponomarev to the CPSU Presidium, in RGANI, F. 5, Op. 28, D. 398, Ll. 162–171.

»a nauseating ritual of boot-licking, cheerleading, and feel-good gestures – the sort of forced admiration that humiliates all concerned.«[151] Ponomarev claimed that the »Poznań events« had increased the opportunity for »vulgar and cynical elements« to »fan anti-Soviet sentiments,« and he warned that »the discussion under way in Poland about the ›democratization‹ of the country's political and economic life is not being controlled sufficiently by the PZPR leadership and could therefore have disastrous consequences,« as in Poznań. He concluded that unless the Soviet Union exerted greater pressure on the PZPR Central Committee to clamp down, the »extremely negative phenomena that occurred in Poland in the first half of 1956« – phenomena that culminated in the Poznań uprising – »will continue unabated« and »give ever greater leeway to the most implacable elements.«[152]

In subsequent months, Soviet leaders continued to insist that foreign-backed »provocateurs« had »coerced [the ZISPO employees] into going on strike,« but this version gained little currency in Poland itself. Ochab and other Polish officials held to their view that the unrest in Poznań was a mostly spontaneous protest by blue-collar workers against the »callous,« »petty,« and »high-handed« policies of the central and local authorities.[153] The conflict between the Soviet and Polish conceptions of the Poznań uprising was never reconciled, but leaders in both countries agreed on one key point – namely, that the June 1956 crisis highlighted the potential for violent instability to erupt if workers became increasingly disaffected. Even the most avid Soviet proponents of conspiracy theories feared that Poland would remain susceptible to violent turmoil unless the Polish government drastically improved workers' living standards and »reasserted the leading role of the PZPR.«[154]

VI. Repercussions in Other East European Countries and China

Elsewhere in the Soviet bloc, the Poznań crisis generated great anxiety in official circles – a pattern that was to recur during future bouts of mass unrest in Poland. Most of the East European leaders were holdovers from the Stalin era, and they feared that the violence in Poland would spill over into their own countries and precipitate a popular backlash against them. This threat seemed to loom especially large in Hungary and Czechoslovakia, the latter of which

---

151 Ibid., L. 167.
152 Ibid., Ll. 169–171.
153 »Stenogram obrad VII Plenum KC PZPR w dniach 18–20, 23–26 lipca 1956 roku,« Kk. 24, 27, 113, 149.
154 »Informatsionnaya zapiska: O nekotorykh voprosakh vnutripoliticheskogo polozheniya,« Ll. 170–171.

shared a long border with Poland. In Hungary, political ferment had been growing rapidly in the wake of the 20th Soviet Party Congress, especially among writers, students, and intellectuals.[155] By mid–1956, as the »winds of change« in Hungary gained further strength from the Poznań crisis, blue-collar workers and farm laborers were also increasingly willing to defy the Communist regime. This widening of unrest was signaled on 12 July when thousands of workers at the enormous Mátyás Rákosi Steel Factory in the Csepel Island district of Budapest took part in an unprecedented rally denouncing the »incomprehensible reductions in [their] pay« and demanding that all »wages be set through a regular system.«[156]

In Czechoslovakia, a wave of student protests had begun in January 1956, when thousands of university students in Prague and Bratislava spoke openly against the Czechoslovak regime's decision to require all male students to undergo a year of military service after completing their education. In a show of defiance that would have been inconceivable during the Stalinist years, student leaders in Bratislava organized a street demonstration demanding that the military service requirement be annulled.[157] The unrest in Czechoslovakia intensified after the 20th CPSU Congress, when news of Khrushchev's secret speech quickly circulated among the public, thanks in part to broadcasts by VOA and RFE.[158] Although the Czechoslovak authorities tried to prevent ordinary citizens from learning the details of Khrushchev's speech, their efforts were only partly successful. In April 1956, when the Czechoslovak Writers' Union held its 2nd Congress, a number of reform-minded writers led by Jaroslav Seifert and František Hrubín used the gathering as a public forum to condemn the »grave injustices« of the Communist era and call for sweeping political changes. The government forcefully rebuffed these proposals and reprimanded the writers who had spoken out, but the proceedings were published verbatim in the weekly journal of the Writers' Union, *Literární noviny*,

    155 Varga, László: »Die Ereignisse in Ungarn, 1956,« in Schmidl, Erwin A., ed.: *Die Ungarnkrise 1956 und Österreich* (Vienna: Böhlau, 2003), pp. 53–72. See also Varga's article in this volume.

    156 »Gyülés Budapesten,« *Szabad nép* (Budapest), 14 July 1956, p. 2.

    157 »Informační bulletin ÚV KSČ,« Informational Report No. 7/56 (Top Secret), 14 February 1956, in Národní Archiv České Republiky (NAČR), Archiv Ústředního výboru Komunistické strany Československa (Arch. ÚV KSČ), F. 02/2, Svazek (Sv.) 21, Archivní jednotka (A.j.) 33, L. 14. See also Jan Pešek, »Obyvateľstvo Slovenska v době tzv. maďarských udalostí na jeseň 1956,« in *Sborník Vojenské akademie v Brně*, Vol. C (Brno: Vojenská akadémia, 1994), pp. 409–415.

    158 Pernes, Jiří: »Československý rok 1956: K dějinám destalinizace v Československu,« *Soudobé dějiny* (Prague), Vol. 7, No. 4 (2000), pp. 594–618; and Muriel Blaive, *Promarněná příležitost: Československo a rok 1956* (Prague: Prostor, 2001), pp. 69–83. Even before VOA and RFE began their broadcasts about the secret speech, Czechoslovak leaders were beefing up their efforts to jam the radios. See »Zpráva o obraně proti činnosti nepřátelských vysílacích stanich,« Memorandum No. 12/56 (Top Secret) from Czechoslovak Interior Minister Rudolf Barák to the KSČ Politbüro, 2 March 1956, in NAČR, Arch. ÚV KSČ, F. 02/2, Sv. 90, A.j. 108, Ll. 1–6. See also Pernes's article in this volume.

and attracted wide public attention.[159] The growing political restiveness in Czechoslovakia reached a peak during the Majáles student festivities on 20 May, when official celebrations turned into spirited demonstrations ridiculing the authorities.[160] Although this challenge to the regime was relatively limited, it threatened to escalate and stirred high-level fears in the KSČ, prompting a swift crackdown.

In both Hungary and Czechoslovakia, official reactions to the Poznań crisis verged on panic. The First Secretary of the Hungarian Workers' Party (MDP), Mátyás Rákosi, was particularly unnerved by the Poznań rebellion because it began only a day after a highly publicized meeting had taken place in Budapest of the Petőfi Circle, a group of reformist intellectuals who were increasingly defiant toward Rákosi and the MDP. An overflow crowd of more than 6 000 people attended the group's discussions, which featured pungent criticism of Rákosi's policies, condemnations of the Hungarian leader for his role in the Stalinist repressions of the late 1940s and early 1950s, and renewed calls for »full freedom of the press.«[161] The audience enthusiastically supported the denunciations of Rákosi and the calls for sweeping political change. The proceedings of the Petőfi Circle meeting received extensive coverage in the Hungarian press at the very moment that violence was erupting in Poland. Even if the Poznań uprising had not occurred at that time, Rákosi undoubtedly would have launched a vigorous offensive against the Petőfi Circle; but his dismay at the scale of the bloodshed in Poland lent even greater stridency to his attack. When he convened an emergency session of the MDP Central Leadership (the party's Central Committee) on 30 June to discuss what to do about the Petőfi Circle and the Hungarian press, the deliberations were overshadowed by the Poznań rebellion. Rákosi repeatedly cited the »anti-socialist outrages in Poznań« when justifying his proposals to ban the Petőfi Circle and to reassert stringent control of the press. »The Poznań provocation,« he argued, »has fueled enemy activities in all of the people's democracies, including our own,« and »is clearly intended to alienate the party from the masses of the working class.«[162] He claimed that »these sudden

159 Reprinted in Přibáň, Michal, ed.: Z dějin českého myšlení o literatuře: Antologie k dějinám české literatury, 1945–1990, 4 vols. (Prague: Ústav pro českou literaturu, 2002), Vol. 2, esp. pp. 430–443. The regime's hostility toward and alarm at the proceedings are well conveyed in »Zpráva a závěry z II. Sjezdu čs. spisovatelů,« Memorandum No. 81-st (Top Secret) from KSČ Ideology Secretary Jiří Hendrych to the KSČ Politburo, 18 May 1956, in NAČR, Arch. ÚV KSČ, F. 02/2, Sv. 103, A.j. 119, Ll. 1–17.

160 Pernes: »Československý rok 1956« (remark 158), pp. 604–609. See also Blaive: Promarněná příležitost (remark 158), pp. 93–97.

161 See the comprehensive set of documents on this meeting in Hegedűs, András B.; Rainer, János M., eds.: A Petőfi Kör vitái hiteles jegyzőkönyvek alapján, 4 vols. (Budapest: Kelenföld–ELTE, 1989–1991). See also Ólmosi, Zoltán: »A Petőfi-kör sajtóvitája és a hatalom: 1956 nyara,« Múltunk Politikatörténeti folyóirat (Budapest), No. 1 (1990), pp. 33–61.

162 »Az MDP Központi Vezetősége 1956. június 30-i ülésének jegyzőkönyve,« Meeting Transcript (Top Secret), 30 June 1956, in Magyar Országos Levéltár (MOL), MDP-MSZMP-iratok, M-KS 276, F. 52, Csoport (Cs.) 34, őrzési egység (ő.e.), oldal (ol.) 12.

and unexpected events« – the Poznań revolt and the Petőfi Circle meeting – were »two sides of the same coin« and that leading members of the Petőfi Circle had essentially been »making ideological preparations« for their own violent uprising in Hungary.[163]

Rákosi's hardline colleagues at the MDP Central Leadership plenum echoed his views about the Poznań crisis and its implications for Hungary and the rest of the Soviet bloc. The minister of domestic trade, János Tausz, claimed that »after reading this morning's newspapers about the events in Poznań,« he could now see that »we have been too lenient over the past few months toward right-wing elements who purport to engage in open and honest criticism. [...] In light of the recent events in Czechoslovakia and Poland, we must take decisive action [against the rightists] to ensure that workers accurately understand the party's line.«[164] Prime Minister András Hegedűs concurred, adding that »the events in Poland have grave implications for the whole international workers' movement. Can we imagine how serious it would be if events like those in Poland were to occur in the Soviet Union or in the other people's democracies? It would do irreparable damage to human progress and to the cause of socialism.«[165] The Central Leadership unanimously endorsed Rákosi's proposal to express its »resolute condemnation« of the Petőfi Circle for conspiring with a »malignant anti-party movement« to »spread anti-party views, mislead public opinion, particularly younger people, and recruit followers among wavering elements« of the working class. »The Poznań provocation,« the Central Leadership declared, »is a warning to every Hungarian worker and every honest patriot that they must staunchly oppose attempts at troublemaking and [...] must unite under the leadership of the [Communist] party and on the side of the government.«[166]

The outbreak of unrest among Hungarian steel workers on 12 July seemed to bear out Rákosi's warnings about the prospect of a »Hungarian Poznań.« But the turmoil also proved to be his undoing. By emphasizing the dangers of the Poznań crisis, he had hoped to ensure that Soviet leaders would support his continued tenure as MDP First Secretary. Rákosi was well aware that Khrushchev, Mikoyan, and other senior officials in Moscow were »alarmed about the fate of Hungary« (as well as Poland) in the wake of the Poznań uprising. Indeed, Mikoyan had echoed Rákosi's own sentiments in mid-July when he sent an urgent memorandum from Budapest to the CPSU Presidium characterizing the »discussions of the Petőfi Circle [on 27 June] as an ideological Poznań, without the gunshots.« In that same memorandum, Mikoyan

---

163 Ibid.
164 Ibid., ol. 15.
165 Ibid., ol. 27.
166 »A Magyar Dolgozók Pártja Központi Vezetőségének határozata,« *Szabad nép* (Budapest), 1 July 1956, p. 1.

emphasized that »after the lessons of Poznań, we [in Moscow] would not want something similar to happen in Hungary.«[167] Nonetheless, this did not mean that Mikoyan or other Soviet leaders viewed Rákosi as a guarantor of stability in Hungary. On the contrary, they concluded that as long as Rákosi remained in power, a »Hungarian version of Poznań« would be a distinct possibility. That is why on 12 July, the day the steel workers in Budapest went on strike, the CPSU Presidium authorized Mikoyan to travel to Hungary on the 13th so that he could bluntly inform Rákosi that it was time for him to step down. Rákosi had no choice but to comply with this unwelcome »advice,« and he formally resigned five days later.[168]

Ernő Gerő, a senior MDP official who had long been allied with Rákosi and held similar views, was designated by Mikoyan to become the new First Secretary of the MDP. Gerő's appointment was promptly endorsed by the MDP Central Leadership on 18 July. Upon taking office, Gerő assured the MDP Central Leadership (and officials in Moscow) that there would be »no second Poznań« in Hungary. Echoing Soviet views, he stressed the role of sinister external forces that were »trying to disrupt the unity of the socialist camp« both in Poznań and elsewhere:

»American imperialism and other imperialist circles are seeking to exploit the current situation – a situation in which the elimination of Stalin's cult of personality and the development of socialist proletarian democracy have enabled elements that flourished under the old, anti-popular regimes to begin surfacing again in the people's democracies. The imperialists are attempting to mobilize these elements on behalf of their own reactionary interests by exploiting the opportunities afforded by democracy. The imperialists are doing everything in their power to stir up trouble in the people's democracies by relying on these internal reactionary elements, and they are also doing everything possible to undermine relations between the USSR and the people's democracies and to debilitate the socialist camp.«[169]

Gerő warned his colleagues that »the imperialist enemy is still openly seeking to foment ›Hungarian Poznańs‹.« He said »we were lucky that no Poznańs occurred in Hungary« under Rákosi, and he emphasized that »it would be a grave mistake now to overlook the lessons of the Poznań provocation,« particularly with regard to the Petőfi Circle and other »insidious elements« in Hungary who were allegedly hoping to »incite the sort of bloodshed we just witnessed in Poznań.« Gerő claimed that although the Petőfi Circle started out as a »worthwhile« entity that »included many honest people,« it had been commandeered by »hostile forces« intent on »creating an alternative center of political power that could dislodge the

---

167 »TsK KPSS« (cited in note 125 *supra*), L. 31.

168 »Zapis' besedy A. I. Mikoyana s Matashem Rakoshi, Andrashem Hegedushem, Erne Gere i Beloi Vegom, 13 iyulya 1956g.,« Cable No. 5418 (Top Secret), compiled by Yu. V. Andropov, the Soviet ambassador in Hungary, 17 July 1956, in APRF, F. 3, Op. 64, Ll. 186–1990.

169 »Pártegységgel a szocialista demokráciáért: A Politikai Bizottság beszámolója a Központi Vezetőségnek,« *Szabad nép* (Budapest), 19 July 1956, pp. 2–3.

country's only legitimate political authority, the MDP Central Leadership.« It was »not by accident,« Gerő argued, that »the imperialists have been proudly describing the Petőfi Circle discussions [of 27 June] as a ›miniature Poznań‹.«[170]

Official reactions in Czechoslovakia to the Poznań uprising were similar. On 30 June, amid the turmoil in Poland, the Politburo of the Czechoslovak Communist Party (KSČ) ordered all major Czechoslovak newspapers to publish a lead article the next day calling for an »increase in revolutionary vigilance« and an »intensified struggle against enemies of the people's democratic order, spies, and saboteurs« – the same purported elements of society who had been targeted by the country's State Security (StB) apparatus during the Stalinist repressions.[171] The article affirmed that »enemies are operating inside the country« and that »one of the recent signs of their activity was the uproar during the ›Majáles‹ student celebrations,« which »hostile agents wanted to exploit to turn the students against the party and the government.« The editorial warned that the violence in Poznań was a further manifestation of this »slanderous campaign by internal and foreign reactionaries who are spreading nonsensical and inflammatory fabrications to sow confusion among the people [...] and undermine the successes we have achieved in the building of socialism.«[172] KSČ officials repeated these same basic points in all of their public commentaries about the Poznań crisis.

Yet even as Czechoslovak leaders sought to discredit and condemn the Poznań rebellion, they knew they faced a difficult task. Reports from the StB and from regional and local party organizations revealed a »major surge of activity by various hostile elements in Czechoslovakia in the aftermath of the Poznań events.«[173] Especially worrisome for the KSČ was a StB memorandum in early July indicating that a »significant percentage« of blue-collar workers in the Czech lands »wholeheartedly welcome the provocations carried out by imperialist agents in Poznań.«[174] This finding was corroborated by local party officials, who informed the KSČ Presidium that »unsavory sentiments have emerged« in almost every region of the country. In a typical case, the local party organization in Liberec reported that workers at the city's largest manufacturing plant, the Czechoslovak State Aircraft Factory, regarded the Poznań uprising as a »display of the true opinion of ordinary people, who otherwise are unable to express their views openly.« Workers at the factory were con-

170 Ibid., p. 2.

171 »Dokument velikého významu,« *Rudé právo* (Prague), 1 July 1956, p. 1.

172 Ibid.

173 »Informační bulletin ÚV KSČ,« No. 23/56 (Top Secret), 3 July 1956, in NAČR, Arch. ÚV KSČ, F. 02/2, Sv. 116, A.j. 401, L. 3.

174 »Informační zpráva,« Memorandum No. 3b/9 (Top Secret) to the KSČ Politburo, 4 July 1956, in NAČR, Arch. ÚV KSČ, F. 02/2, Sv. 115, A.j. 134, Ll. 1–2. A handwritten note on the front reads »Členům P[olitického] B[yra] ÚV KSČ.«

vinced that »if something similar were to happen in Czechoslovakia, a large proportion of our people would join in. We must ensure that the events in Poland will be replicated here.«[175]

Czechoslovak leaders were further unnerved when they learned that »the disturbances in Poznań have had wide-ranging repercussions among ethnic Poles who live in the Ostrava region« of Czechoslovakia, an area in northern Moravia along the border with Poland. In early July the StB claimed to have found »leaflets that have been circulated among the ethnic Polish community by the ›Center for Internal Resistance‹,« which »is seeking to provoke a more effective uprising [than in Poznań] and to carry it out in a number of different cities so that it will have a greater chance of success.« These leaflets reportedly »called on ethnic Poles to form national groups and ›wait for a signal to rise up‹« against the Czechoslovak regime.[176] Subsequently, the StB informed the KSČ Presidium that »on 4 July more than 700 packages with printed leaflets were seized from mail boxes in Prague« just in time to prevent them from being shipped to »malevolent, anti-socialist agents« in Ostrava.[177]

Elsewhere in the Czech lands, party officials alleged that »reactionary elements,« especially »among the railway workers,« were »seeking to emulate the events in Poznań by inciting workers at various enterprises to stage protests demanding higher wages.«[178] The government's anxiety about this matter was particularly acute because a long-planned increase in work norms had taken effect in Czechoslovakia on 30 June, at the very time of the Poznań uprising. The increase immediately spurred 120 workers at a factory in Středokluky on the outskirts of Prague to go on strike and demand that the measure be rescinded. Workers at other factories in the region staged slowdowns, and the employees of one of the enterprises sent a ten-man delegation to the Ministry of Heavy Machine-Building in Prague to push for the revocation of the higher norms.[179] In Plzeň, party officials learned that workers at transport factories were »discussing whether it is ›a good time to show our leaders‹ the same thing« that the Poznań workers did.[180] The supervisors of these factories hurriedly granted pay increases to forestall a threatened strike. In Brno, the StB

---

175 Cited in »Otkliki v Chekhoslovakii na sobytiya v Poznani (informatsiya),« Cable No. 473 (Top Secret) from Yu. Meshkov, attaché at the Soviet embassy in Prague, to the Soviet Foreign Ministry and the CPSU Department for Ties with Foreign Communist Parties, 11 July 1956, in RGANI, F. 5, Op. 28, D. 400, Ll. 260–263.

176 »Informační zpráva: Výskyt letáků a propagandační materiál antikomunistickych sil,« Memorandum (Top Secret) to Interior Ministry headquarters, 7 July 1956, in Archiv Ministerstva Vnitra (AMV), F. H14, A.j. 16-4-5, L. 2.

177 Ibid.

178 Cited in »Otkliki v Chekhoslovakii na sobytiya v Poznani,« L. 261.

179 Pernes: »Československý rok 1956 (remark 158),« p. 614.

180 Cited in »Otkliki v Chekhoslovakii na sobytiya v Poznani,« L. 262.

reported that workers were so unhappy that »everyone is expecting something similar to what happened in Poznań.«[181]

As reports about labor discontent continued to stream in, Czechoslovak leaders feared that the growing unrest, if left unchecked, might provoke »our own version of Poznań.« They ordered lower-level officials to »refrain temporarily from setting higher work norms at enterprises where insufficient political preparations have been made.«[182] They also ordered substantial reductions in prices for basic consumer goods in the most volatile parts of the country and approved pay increases for workers at key plants in Plzeň, Prague, and other cities.[183] At the KSČ's behest, the parliament adopted new legislation to guarantee social benefits and higher living standards. At the same time, the KSČ Politburo ordered the StB to bolster the »vigilance and combat readiness« of its forces, enabling them to quash any attempts by »bourgeois agents to create a parallel with the Poznań events.«[184] In addition, Czechoslovak leaders launched a new press campaign denouncing the »malicious provocations in Poznań« and demanding that »all the ringleaders there be held fully accountable.«[185]

The reverberations from the Poznań uprising were felt not only in East-Central Europe and the Soviet Union, but also in China. A delegation of senior Chinese officials happened to be in Poznań in late June 1956 to take part in the city's international trade fair and to sign a 41-million ruble trade deal with the Polish government. The Chinese delegation witnessed the revolt first-hand and sent vivid reports to Beijing describing the scale and intensity of the violence. The dispatches and subsequent briefings came as a jolt to the Chinese Communist authorities and sparked a »heated discussion among broad segments of Chinese society about the reasons« for the rebellion.[186] The Soviet ambassador in Beijing, Pavel Yudin, reported that, in the wake of the Poznań crisis, Chinese »blue-collar workers, office employees, and intellectuals« were »much more inclined to voice strong feelings of dissatisfaction with the slow growth of income and living standards, the scarcity of goods on sale in the stores, and the persistent shortages of housing.«[187] Chinese leaders later acknowledged that dozens of strikes and protests occurred in China in the summer and fall of 1956. Tens of thousands of factory and farm workers, including some who explicitly

181 »Situační zpráva,« No. Tr-134 (Top Secret, 10 July 1956, in AMV, F. 2357, A.j. 13884.

182 »Usnesení Nr. 47 schůze Politického byro ÚV KSČ ze dne 3 července 1956 r.,« KSČ Politburo Directive (Top Secret), 3 July 1956, in NAČR, Arch. ÚV KSČ, F. 02/2, Sv. 109, A.j. 125.

183 Ibid.

184 Cited in »Otkliki v Chekhoslovakii na sobytiya v Poznani,« L. 262.

185 See, for example, »Poučení z poznaňských událostí,« *Rudé právo* (Prague), 7 July 1956, p. 4.

186 »Otchet posol'stva SSSR v Kitaiskoi Narodnoi Respublike za 1956 god,« Report No. 146 (Top Secret), 22 April 1957, from Soviet Ambassador P. F. Yudin to the Soviet Foreign Ministry, in RGANI, F. 5, Op. 28, D. 409, L. 153.

187 Ibid.

invoked the Poznań uprising, took part in these disturbances.[188] The Chinese government forcibly quelled many of the incidents.

The protests by Chinese workers and intellectuals in 1956 were less dramatic than the bloodshed in Poznań, but the bold displays of public defiance were a remarkable development in China's rigidly controlled political system. Spontaneous political discussions and labor unrest had been essentially non-existent in China since the Communist takeover in 1949. Yet, suddenly, as a result of the Poznań rebellion, Chinese workers, students, and intellectuals were willing to express »the most diverse and often muddled views« about the »severe problems« within their own society. When the Chinese Communist leader, Mao Zedong, addressed a conference of senior party officials in January 1957, he emphasized the »insidious effect« of the Poznań uprising on the sociopolitical situation in China:

»Both inside and outside the [Chinese] Communist Party, certain people heaped praise on the Polish events. Every time they opened their mouths they spoke enthusiastically about Poznań [...] In the process they exposed their true colors for everyone to see. These ants emerged from their holes, and the turtles and other scum of the earth came out of their hiding places [and] were lured into the open.«[189]

The spillover from the Poznań revolt into China, as well as into East-Central Europe and the Soviet Union, underscored the distinctive political role of the Polish labor movement. In June 1956 the actions of Polish workers threatened to destabilize not only the Polish regime itself but the entire Soviet bloc.

VII. The Inception of the Soviet-Polish »October Crisis«

Having been chastened by the severity of the Poznań crisis, Soviet leaders were hoping that Ochab – or, better yet, a successor – would restore tight political controls in Poland and put an end to the free-ranging discussions in the Polish press. When Bulganin and Zhukov led a Soviet delegation to Poland on 21 July, their ostensible aim was to commemorate the twelfth anniversary of the liberation of Poland from Nazi occupation.[190] In reality, the main purpose of their visit was to confer with Ochab and assess how the political situation in Poland

---

188 Yibo, Bo: *Ruogan zhongda juece yu zhijian di huigu*, 2 vols. (Beijing: Renmin Chubanshe, 1997), Vol. 1, p. 595.

189 »Talk at a Conference of Secretaries of Provincial, Local, and Autonomous Region Party Committees,« 18 January 1957, in *Selected Works of Mao Tse-tung* (Oxford: Pergamon Press, 1977), Vol. V, Part 1 (»The Period of the Socialist Revolution and Socialist Construction«), pp. 354–355.

190 »Pribytie v Varshavu Sovetskoi pravitel'stvennoi delegatsii,« *Krasnaya zvezda* (Moscow), 22 July 1956, p. 3.

might develop after the 7th Plenum of the PZPR Central Committee, which had begun on 18 July, a few days before the Soviet officials arrived.[191]

By all accounts, Bulganin and Zhukov came well-prepared for their eight-day visit, and they were aided by periodic briefings from Ponomarenko and Rokossowski. In public statements and private conversations with Polish leaders, the two Soviet officials repeatedly warned of the dangers of »pernicious forces« in the media and the PZPR who would collude in »imperialist subversion« and foment a »new Poznań.«[192] In a keynote speech at a celebratory gathering after the delegation's arrival, Bulganin urged the Polish authorities to clamp down on the media:

»It would be a mistake to refrain from mentioning that the struggle against the cult of personality not only has revived hostile and opportunistic elements, but has exposed the unstable and wavering people in our own ranks. Having been led astray by enemy propaganda, these people sometimes engage in incorrect interpretations of specific circumstances connected with the cult of personality. These interpretations have been reflected on the pages of certain press organs of the socialist countries, including those of Poland. […] Some of the leaders of these press organs have succumbed to hostile influence and have forgotten that the party press above all must be a true and consistent champion of the ideas of Marxism-Leninism and a militant propagandist in the struggle for the cause of socialist development. […] The most important task for [the PZPR] is to wage a principled and resolute struggle to uphold the purity of Marxist-Leninist teachings and to overcome opportunistic vacillations. […] The recent events in Poznań, which were provoked by enemy agents, provide new confirmation that international reaction has not forsaken its malevolent plans to restore capitalism in the socialist countries. We must never forget this for a single instant. In these circumstances, a failure to take action would be unforgivable.«[193]

Both Bulganin and Zhukov voiced similar exhortations throughout their trip.[194] In addition, they reminded the Poles that »the only guarantee of [Poland's] western frontiers and Silesia [against German revanchism] will be the continued friendship of the peoples of our socialist camp and the continued friendship of the Polish and Soviet peoples.«[195] Bulganin and Zhukov spoke at length with Ochab, but they also sought to determine whether a successor would be more deferential to Soviet wishes.

---

191 For the declassified proceedings of the lengthy plenum, see »Stenogram obrad VII Plenum KC PZPR w dniach 18–20, 23–26 lipca 1956 roku« (cited in footnote 103 supra).

192 See, for example, »Prebyvanie v Pol'she Sovetskoi pravitel'stvennoi delegatsii,« *Krasnaya zvezda* (Moscow), 25 July 1956, p. 2; and »Rech' tovarishcha N. A. Bulganina,« *Krasnaya zvezda* (Moscow), 29 July 1956, p. 2.

193 »Rech' tovarishcha N. A. Bulganina,« *Krasnaya zvezda* (Moscow), 22 July 1956, p. 4.

194 See the daily updates under the rubric »Prebyvanie Sovetskoi pravitel'stvennoi delegatsii v Pol'she« as well as speeches by Bulganin and Zhukov in *Krasnaya zvezda* (Moscow) between 22 and 29 July 1956. Similar coverage was provided in the main PZPR newspaper, *Trybuna Ludu*.

195 »Prebyvanie v Pol'she pravitel'stvennoi delegatsii Sovetskogo Soyuza,« *Krasnaya zvezda* (Moscow), 26 July 1956, p. 1.

In Poland, however, the situation evolved differently from what Soviet leaders would have preferred. Both before and especially after the Poznań crisis, Gomułka's status had become a growing point of contention within the PZPR. The 7th Plenum of the PZPR Central Committee featured strong expressions of support for Gomułka and calls for his readmission into the party.[196] After prolonged negotiations with Ochab and other senior PZPR officials, Gomułka regained his party membership on 4 August. By that point, the two main opposing factions in the PZPR – the so-called Natolinites (consisting of staunchly pro-Soviet and neo-Stalinist officials) and the Pulawy faction (who sought greater Polish sovereignty and were generally much more reform-minded) – had come to agree that Gomułka was the only person capable of meeting the public's demands and maintaining political stability in Poland. Gomułka's role as a victim of the Stalinist purges and his willingness to accommodate the diverse strands within the party made him an especially appealing candidate.[197]

The surge of support for Gomułka was also due to his willingness to keep his options open. During his eight years out of power, he had moved gradually toward a more flexible version of »national Communism« and had taken up the mantle of de-Stalinization. To win the backing of reformers aligned with Zambrowski, Gomułka temporarily put aside his earlier goal of reducing the number of Jews in senior party positions.[198] Instead, he shifted his focus to Soviet-Polish relations, having surmised that he could benefit by pressing for an end to the most blatant mechanisms of Soviet control. Although Gomułka was firmly committed to a strong Soviet-Polish alliance and the maintenance of a Soviet-led bloc, he was determined to have Poland regain basic elements of its sovereignty.

In Moscow, however, this important shift in Gomułka's position went largely unnoticed or was at least insufficiently appreciated. From July on, Khrushchev and other Soviet leaders began working behind the scenes to enlist Gomułka to their side, offering him political support in his bid to succeed Ochab as party leader. Gomułka discreetly resisted these overtures and declined to have any direct contact with Soviet officials or with Rokossowski, lest he be accused of secretly conspiring with Moscow.[199] Evidently, though, the members of the CPSU Presidium did not grasp the nuances of Gomułka's views until a tense standoff with Poland was already under way in October.

---

196 »Stenogram obrad VII Plenum KC PZPR w dniach 18–20, 23–26 lipca 1956 roku.«

197 See two first-hand accounts: Zambrowski, Roman: »Dziennik,« 25 February 1971, in *Krytyka* (Warsaw), No. 6 (Summer 1980), esp. pp. 60–64; and Namiotkiewicz, Walery, ed.: *Dzialalnosc Wladyslawa Gomulki: Fakty, wspomnienia, opinie* (Warsaw: Ksiazka i Wiedza, 1985), esp. pp. 530–549.

198 Interview with Ochab in Toranska, ed., *Oni*, p. 73.

199 Interview with Morawski in Lopienska and Szymanska, *Stare numery*, pp. 62–64, 66.

Only then did Khrushchev realize that Gomułka would not seek or need Moscow's backing in the leadership contest.

The confusion about Gomułka's position resulted not only from wishful thinking but also from the erroneous information supplied by Ponomarenko, whose animus toward Ochab led him to misjudge other Polish leaders, especially Gomułka. Ponomarenko kept assuring the CPSU Presidium that »Gomułka is more favorably disposed toward the Soviet Union than Ochab and Cyrankiewicz are.«[200] In the summer and early fall of 1956, Ponomarenko informed Soviet leaders that Ochab was »keeping [the USSR] at a distance« and »deliberately obfuscating everything that is going on in Poland.« By mid-October, when the Soviet-Polish crisis was coming to a head (as discussed below), the Soviet ambassador claimed that Ochab was »hoping to turn [Polish] policy against the Soviet Union so that he can remove the current leadership.«[201] Even if Ponomarenko's dire assessment of Ochab's intentions had been accurate – which it was not – he was fundamentally wrong in suggesting that Gomułka would be far more willing than Ochab to do the Soviet Union's bidding.

The impression conveyed by Ponomarenko about Ochab was reinforced by cables and memoranda from Rokossowski and other Polish and Soviet officials, who cast an ominous light on the growing »challenge to Soviet-Polish friendship.«[202] Based on this information and direct contacts with the PZPR Natolinite faction, Khrushchev and his colleagues increasingly feared that Ochab would pursue an independent course à la Yugoslavia in 1948. Because Soviet officials had been accustomed to determining who held all the leading posts in Eastern Europe, they thought that by supporting Gomułka as a replacement for Ochab, they could regain far-reaching control over Polish policy. They failed to realize that Gomułka was no more willing than Ochab to comply with their wishes.

The sense of foreboding in Moscow was further magnified by events that ended up strengthening Gomułka's position. In early to mid-August, just after Gomułka was readmitted into the PZPR, he began meeting with senior Polish military and internal affairs ministry officials to discuss what might be done about the Soviet military officers and KGB advisers stationed in Poland. These discussions reflected his newfound determination to reassert Poland's sovereignty vis-à-vis the USSR. At around the same time, Gomułka met with, and won the support of, Zambrowski and other leading reformers, who welcomed Gomułka's new commitment to reduce Soviet influence in Poland. (Zambrowski had long viewed Rokossowski as one of the main props of the hard-

---

200 »O poezdke v Varshavu v oktyabre 1956 goda« (cited in footnote 31 supra), L. 1.
201 Ibid.
202 See, for example, many of the documents in RGANI, F. 5, Op. 28, Dd. 396, 397.

line, anti-Semitic forces in the PZPR.) The backing from Zambrowski's faction ultimately proved decisive in Gomułka's reascendance.

As information about these developments flowed into Moscow, Soviet leaders became more concerned than ever about the situation in Poland. Their apprehension seemed to gain credence when, at Ochab's behest, the ruling organs of the PZPR approved a number of decisions that seemed to portend far-reaching changes in Soviet-Polish relations. In early September, the PZPR Politburo decided – over Rokossowski's strong objections – to request that »the institution of Soviet advisers in [the Polish security organs] be disbanded.«[203] During a brief stop in Moscow on 11 September 1956 en route to Beijing, Ochab met with Mikoyan and stressed the importance of removing the Soviet advisers as soon as possible. Although Mikoyan responded that »the view of the Polish comrades on this matter is in accord with the principled line of the Communist Party of the Soviet Union,« he refrained from making any overt commitment to fulfill the Polish Politburo's request.[204]

Following the meeting with Mikoyan, Ochab continued on to China, where he headed a Polish delegation attending the 8th Congress of the Chinese Communist Party on 15–19 September. In addition to this ceremonial task, Ochab wanted to inform Chinese leaders about impending changes in the PZPR.[205] By this point it was clear that Gomułka would be elected PZPR First Secretary at the 8th Plenum of the PZPR Central Committee, scheduled to open on 17 October. Ochab no longer was trying to resist or defer that outcome. Instead, he wanted to reassure the Chinese authorities that Poland's commitment to socialism and to the Warsaw Pact would be just as firm under Gomułka as it had been under Ochab himself. Poland, he added, would never waver in its alliance with the Soviet Union. Although Ochab did not directly ask Mao Zedong to relay this message to Moscow, the Polish leader clearly was hoping that Mao would do so. By using the Chinese as an intermediary, Ochab was able to circumvent the constraints posed by Rokossowski in Poland.

203 »Postanovlenie Prezidiuma TsK KPSS ot 22 oktyabrya 1956g.: K punktu 90 Protokola No. 47,« Presidium Resolution No. 47/90 (Top Secret), 22 October 1956, in RGANI, F. 3, Op. 14, D. 67, Ll. 34, 129.

204 Ibid., L. 129.

205 The most detailed first-hand accounts of these meetings come in an interview with Ochab in Toranska, *Oni*, pp. 77–82, and in a book by a former official at the Polish embassy in China, Rodzinski, Witold: *The People's Republic of China: A Concise Political History* (New York: The Free Press, 1988), pp. 48–52.

VIII. The Reascendance of Gomułka

During the first half of October 1956, the PZPR Politburo met on numerous occasions to prepare for the 8th Plenum of the PZPR Central Committee, which was widely expected to culminate in Gomułka's reinstatement to the post of First Secretary.[206] At meetings on the 1st, 2nd, 8th, and 10th of October, Ochab and his colleagues spent much of their time discussing Gomułka's imminent return. They agreed that Gomułka was the only one who could overcome the »lack of unity in the Politburo« and »the leadership's lack of authority« in the country. They also endorsed Gomułka's proposals to seek to rectify the »inequitable relationship between the Polish People's Republic and the USSR« and to halt »the Soviet ambassador's interference in the internal affairs of our country.«[207]

At the next meeting of the PZPR Politburo, on 12 October, Gomułka was invited to take part. This was the first time he had attended a Politburo meeting in eight years. During his main speech he emphasized the »abnormal relationship« between Poland and the Soviet Union, which, he claimed, was the chief reason that »anti-Soviet sentiments« were so strong in Poland.[208] Gomułka spoke bitterly about the »unfair treatment« that Poland had suffered after World War II, when it had been forced to »pay reparations on behalf of the Germans.« He insisted that he himself »would never have accepted the sort of agreement« that Polish leaders signed under Soviet pressure at the end of the war, adding that »Comrade Rokossowski knows all about this.« Rokossowski responded that »no one except you wants to rehash the matter,« but his retort merely emboldened Gomułka. The Polish leader warned the Politburo that »a dangerous situation« was emerging in Polish society because the PZPR »rules the nation without having earned its trust. This sort of regime can be maintained only through the force of bayonets.« He pledged his own determination to prevent a »great calamity.«[209] His remarks were endorsed – at least implicitly – by Ochab and most other members of the PZPR Politburo, who

---

206 For an excellent survey of this period, see Gluchowski, Leszek: »Poland, 1956: Khrushchev, Gomułka, and the ›Polish October‹,« *Cold War International History Project Bulletin*, Issue No. 5 (Spring 1995), pp. 1, 38–49.

207 »Protokol Nr. 124 z posiedzenia Biura Politycznego z dnia 8 i 10 X 1956 r.,« Notes from PZPR Politburo Meeting (Top Secret), 8 and 10 October 1956, in AAN, Arch. KC PZPR, Pa. 15, Tom 58, Ll. 172–174.

208 »Protokol Nr. 125 z posiedzenia Biura Politycznego z dnia 12 X 1956 r.,« Notes from PZPR Politburo Meeting (Top Secret), 12 October 1956, in AAN, Arch. KC PZPR, Pa. 12, Tom 58, Ll. 187–188. This protocol should be supplemented with the full text of Gomułka's speech, »Wystapienie W. Gomulki na posiedzeniu Biura Politycznego w dniu 12 pazdziernika 1956 r.,« in Jakub Andrzejewski (pseud.), ed., *Gomułka i inni: Dokumenty z archiwum KC 1948–1982* (London: Aneks, 1987), pp. 89–96.

209 Ibid., pp. 91, 93–94.

promised that at the 8th Plenum they would recommend the appointment of Gomułka and several of his close associates to membership on the Politburo.

Three days later, on 15 October, the PZPR Politburo convened again. The assembled officials agreed that they would need to meet at least one additional time before the 8th Plenum to vote on recommendations for a new Politburo and Secretariat. To ensure that enough time was available, they decided to postpone the plenum until 19 October rather than the 17th. They also agreed that they would recommend the appointment of three long-time allies of Gomułka – Zenon Kliszko, Ignacy Loza-Sowinski, and Marian Spychalski – to the Politburo along with Gomułka himself.[210] The hardline pro-Soviet faction of the Politburo, consisting of Rokossowski, Władysław Dworakowski, Witold Jozwiak, Franciszek Mazur and Zenon Nowak, objected to these decisions. They realized that they themselves were going to be excluded from the highest party organs once Gomułka and his allies were brought in. Rokossowski alleged that the Politburo was »betraying its responsibilities,« but the majority of Politburo members declined to reconsider any of the decisions.[211]

At the climactic meeting of the PZPR Politburo on 17 October, a special commission was set up to draft recommendations for the 8th Plenum. The commission members included Ochab, Gomułka, Cyrankiewicz, and Zawadzki, all of whom were determined to remove the hardline pro-Soviet officials from the party leadership. The commission met separately during a break in the proceedings, and then presented its findings. As agreed at the previous Politburo meeting, the commission proposed the formation of a nine-member Politburo and a five-member Secretariat. Not a single member of the hardline pro-Soviet faction was included on the new bodies.[212] Rokossowski and his allies strongly opposed the recommendations, but they were unable to change the outcome. Nor were they able to prevent the inclusion of Jerzy Albrecht and Władysław Matwin on the new Secretariat or the return of Zambrowski to the Secretariat. Matwin, Albrecht, and Zambrowski all had long been viewed with deep suspicion in Moscow.

---

210 »Protokol Nr. 126 z posiedzenia Biura Politycznego z dnia 15 X 1956 r.,« Notes from PZPR Politburo Meeting (Top Secret), 15 October 1956, in AAN, Arch. KC PZPR, Pa. 12, Te. 46a, Ll. 37–56.
   211 Ibid., Ll. 54–56.
   212 »Protokol Nr. 126 z posiedzenia Biura Politycznego z dnia 17 X 1956 r.,« Notes from PZPR Politburo Meeting (Top Secret), 17 October 1956, in AAN, Arch. KC PZPR, Pa. 12, Te. 46a, Ll. 57–65.

IX. The Soviet-Polish Standoff

Soviet leaders were alarmed when Ponomarenko and Rokossowski informed them on 17 October that all the hardline pro-Soviet members of the Polish leadership were about to be removed. They had hoped that with Gomułka on the verge of reclaiming his position as PZPR First Secretary, most of the personnel changes (especially the proposed removal of Rokossowski) would be cancelled. Ponomarenko's cables in the summer and fall had given Soviet leaders ample reason to expect that the situation would improve under Gomułka, and their hopes may have been further buoyed by Ochab's statements in Beijing the previous month (though it is unclear whether these were conveyed to Khrushchev). Having gotten their hopes up, Khrushchev and his colleagues now suddenly began to worry that Ochab would still be able to bring an end to the Soviet Union's heavy-handed control of Polish affairs. Khrushchev was especially fearful that Ochab not only intended to exclude the hardline pro-Soviet faction from the PZPR Politburo and Secretariat, but was also preparing to remove Rokossowski and other Soviet military commanders from the Polish army.

In retrospect, it seems clear that Soviet fears were exaggerated. Although it is true that Gomułka wanted Rokossowski and other Soviet military officers to be withdrawn from Poland, there is no evidence that he or other Polish leaders were thereby trying to break away from the Soviet bloc. As Ochab had emphasized to the Chinese the previous month, Gomułka had no desire to end Poland's close alliance with the Soviet Union. Nevertheless, the reality in this case mattered less than the perception. Khrushchev and his colleagues were convinced that Gomułka's triumphant reemergence and Rokossowski's ouster would »raise fundamental doubts about [Poland's] foreign and internal policies« and would endanger the »whole camp of socialism, particularly the Soviet Union.«[213]

To counter this threat, Soviet leaders resorted to military and political pressure. On 18 October the CPSU Presidium voted to send a high-level delegation to Poland, consisting of Khrushchev, Mikoyan, Molotov, and Lazar Kaganovich. The delegation's task was to overcome the »serious situation in the leadership of the PZPR.« The Presidium informed the other »fraternal« parties of this decision and expressed »deep anxiety« about the situation in Poland.[214] On the evening of the 18th, Ponomarenko contacted Ochab to let him know that a high-level Soviet delegation would be arriving in Warsaw the following morning to discuss »anti-Soviet phenomena and trends« in Poland. After receiving this news, Ochab convened an emergency session of the PZPR Politburo and asked

---

213 »Postanovlenie Prezidiuma TsK KPSS ot 18 oktyabrya 1956g.,« Presidium Directive No. 47/59 (Strictly Secret), 18 October 1956, in RGANI, F. 3, Op. 14, D. 68, Ll. 25, 104.

214 Ibid., L. 104.

Ponomarenko to attend.[215] All the Politburo members except Rokossowski argued that the Soviet delegation should wait until 20 or 21 October to come to Warsaw, rather than the 19th. They urged Ponomarenko to send a cable back to Moscow with appropriate recommendations. In response, Ponomarenko and Rokossowski both averred that the decision to send a delegation would not be changed, and that Khrushchev and his colleagues would arrive within hours, just before the PZPR Central Committee was due to convene.

In the early morning hours of 19 October, as Khrushchev was preparing to fly off from Moscow, he and Zhukov ordered Soviet army units in northern and western Poland to advance slowly toward Warsaw.[216] Soon thereafter, at around 7:00 a.m., the delegation of top Soviet officials, accompanied by the commander-in-chief of the Warsaw Pact, Marshal Ivan Konev, and eleven other high-ranking Soviet military officers, landed at the Warsaw airport. When the Soviet officials disembarked from the plane, the first thing they did was to greet Rokossowski and his military aides. Khrushchev then turned to the Polish authorities and exclaimed »The treacherous actions of Comrade Ochab are now clear, and we won't let it pass!«[217] That comment set the tone of the whole visit. In a hastily arranged meeting at the airport with Gomułka and other Polish leaders, the Soviet delegates heatedly complained about the imminent personnel changes in the PZPR. The nature of the meeting was summed up by Gomułka later that day in a report to the PZPR Politburo: »I have never had talks like this with [Soviet] party comrades. It was simply staggering. How could they have resorted to such a [harsh] tone, with such coarse language, and turn on people who had dealt with them in good faith?«[218]

After these initial recriminations, Gomułka and Ochab convinced Khrushchev that they should reconvene at the Polish leadership's headquarters in Belvedere Palace. At Belvedere, however, the Polish officials fared no better. Khrushchev and his colleagues kept up their criticisms, accusing the Poles of having »spat in our faces« by trying to postpone the Soviet delegation's arrival. The Soviet officials were especially forceful in condemning the decision to exclude Rokossowski, Nowak, Mazur, and Jozwiak from the new PZPR Politburo and Secretariat. When Gomułka sought to rebut the allegations, Khrushchev cut him

215 »Protokół Nr. 128 z posiedzenia Biura Politycznego z dnia 18.X.1956 r.,« Notes from PZPR Politburo Meeting (Top Secret), 18 October 1956, in AAN, Arch. KC PZPR, Pa. 15, Tom 58, L. 192.

216 On military aspects of the Soviet-Polish crisis, see »Wojskowe aspekty pazdziernika 1956 r.,« Polska Zbrojna (Warsaw), 18–20 October 1991, p. 3; Jerzy Poksiński, »Wojsko Polskie w 1956 r. – problemy polityczne (1) i (2),« Wojsko i Wychowanie (Warsaw), Nos. 1–2 (1992), pp. 40–78; and Robert Los, »Pażdziernik 1956 roku w perspektywie stosunków polsko-radzieckich,« Ph.D. Diss., University of Łódź, 1993.

217 This account is from Gomułka's report on the meeting in »Protokół Nr. 129 z posiedzenia Biura Politycznego z dnia 19, 20 i 21.X.1956 r.,« Notes from PZPR Politburo Meeting (Top Secret), 19–21 October 1956, in AAN, Arch. KC PZPR, Pa. 12, Te. 46a, Ll. 66–68.

218 Ibid., L. 66.

off and warned that »we are ready for direct intervention.«[219] Gomułka responded that »it is impossible to have a sensible discussion when confronted by a revolver [...] and the threat of physical force.« He also strongly denied that he had any intention of »disrupting [Poland's] alliance with the Soviet Union.« By the time the meeting ended just before 9:00 a.m., Khrushchev had agreed that the 8th Plenum of the PZPR Central Committee could begin as scheduled, and that Gomułka and his allies could be granted membership on the Central Committee. But the Soviet leader insisted that no further actions be taken, especially on personnel matters, until further Soviet-Polish talks were held that day.

To compel Gomułka and his colleagues to back down, Soviet leaders applied both military and political pressure. On 19 October, as the 8th Plenum of the PZPR Central Committee was about to convene to elect Gomułka as party leader and remove Rokossowski from the PZPR Politburo, Khrushchev ordered Soviet army units in northern and western Poland to advance slowly toward Warsaw. Shortly thereafter, a delegation of top Soviet officials, including Khrushchev, Vyacheslav Molotov, Nikolai Bulganin, Lazar Kaganovich, and Anastas Mikoyan, accompanied by the commander-in-chief of the Warsaw Pact, Marshal Ivan Konev, and 11 other high-ranking Soviet military officers, paid a surprise visit to Warsaw. In a hastily arranged meeting with Gomułka and other Polish leaders, the CPSU delegates expressed anxiety about upcoming personnel changes in the PZPR and urged the Poles to strengthen their political, economic, and military ties with the Soviet Union.[220] Gomułka, for his part, sought clarification of the status of Soviet troops in Poland and demanded that the Soviet Union pledge not to interfere in Poland's internal affairs. Although he reaffirmed his intention of staying in the Warsaw Pact, he emphasized that Poland »will not permit its independence to be taken away.«[221] Gomułka also renewed his call for the withdrawal of all or most of the Soviet Union's 50 »advisers« in Poland, and again insisted that Rokossowski and other top Soviet officers be removed from the Polish army. The Soviet delegation responded by accusing the Poles of seeking to get rid of »old, trustworthy revolutionaries who are loyal to the cause of socialism« and of »turning toward the West against the Soviet Union.«[222]

During these tense exchanges, Gomułka was suddenly informed by one of his aides that Soviet tank and infantry units were advancing toward Warsaw.

219 Ibid., L. 67.

220 »Zapis' besedy N. S. Khrushcheva v Varshave,« No. 233 (Special Dossier - Strictly Secret), notes by A. Mikoyan, 19–20 October 1956, in Arkhiv Prezidenta Rossiiskoi Federatsii (APRF), F. 3, Op. 65, D. 2, Ll. 1–14. Further details about this meeting are contained in »Zprava o jednani na UV KSSS 24. rijna 1956,« Ll. 1–4.

221 »Zapis' besedy N. S. Khrushcheva v Varshave,« Ll. 1–14.

222 »Zprava o jednani na UV KSSS 24. rijna 1956,« Ll. 1–4; and »Zapis' besedy N. S. Khrushcheva v Varshave,« L. 4.

This large-scale mobilization of Soviet troops, though intended as a form of coercive diplomacy rather than to provoke an immediate confrontation, gave the crisis a new edge. Rokossowski and dozens of other Soviet commanders (and their Polish allies) who were still entrenched in the Polish officer corps were able to keep the Polish army from preparing to defend Gomułka against incoming Soviet forces.[223] Rokossowski's influence, however, did not extend to many of the Polish troops from the Internal Security Corps (KBW) and other combat personnel under the aegis of the Polish Internal Affairs Ministry (MSW), who were fully willing to fight on behalf of the new Polish regime. These units took up strategic positions all around Warsaw and called in reinforcements as Soviet columns were reported to be moving in.[224] In this game of political-military brinkmanship, a clash seemed to be looming between the KBW troops and Soviet forces, and an even more explosive situation emerged *within* the Polish military establishment, pitting KBW units against troops from the National Defense Ministry under Rokossowski's command. Thus, for a brief while, Poland appeared to be on the verge of civil war as well as a conflict with the Soviet Union.

The latent danger of a clash between Soviet forces and the KBW – a danger that loomed large even though neither side wanted a direct confrontation – spurred Khrushchev and Gomułka to make a renewed effort to find a peaceful solution. After being informed about the troop movements, the Polish leader requested that the Soviet units be pulled back; and Khrushchev, after some hesitation, complied with the request, ordering Konev to halt all troop movements.[225] Although Khrushchev assured Gomułka that the deployments had simply been in preparation for upcoming military exercises, the intended message was plain enough, especially in light of other recent developments. The existence of Soviet »plans to protect the most important state facilities« in Poland, including military garrisons and lines of communication, had been deliberately leaked to Polish officials earlier in the day; and Soviet naval vessels had begun holding conspicuous maneuvers in waters near Gdansk, keeping the

---

223 At the time, there were still 79 Soviet officers, including 28 generals, serving in the Polish army. See Nalepa, *Oficerowie Radziecky w Wojsku Polskim w latach 1943–1968*, p. 43.

224 This account is based on documents recently declassified at the Internal Military Service Archive (Archiwum Wojskowej Sluzby Wewnetrznej, or AWSW) and the Central Military Archive (Centralne Archiwum Wojskowe, or CAW) in Warsaw, which were provided to the author by Leszek Gluchowski. See, in particular, the two reports compiled by Major Witold Osinski, deputy chief of the 2nd Section of the KBW's Military Counterintelligence Directorate, in AWSW, sygn. 2859/20/K and CAW, sygn. 1812/92/8. See also the invaluable first-hand account by Włodzimierz Mus, the KBW commander at the time, »Spor generalow o Pazdziernik 1956: Czy grozila interwencja zbrojna?« *Polityka* (Warsaw), No. 42 (20 October 1990), p. 14.

225 »Zapis' besedy N. S. Khrushcheva v Varshave,« L. 4.

Polish Navy at bay.[226] Despite these various forms of pressure, the Polish authorities stood their ground, and the meeting ended without any firm agreement. The official communique merely indicated that talks had taken place
and that Polish leaders would be visiting Moscow sometime »in the near future.«[227] In most respects, then, the negotiations proved less than satisfactory
from the Soviet standpoint.

Shortly after the Soviet delegates returned to Moscow on 20 October, they
briefed the other members of the CPSU Presidium on the results of the trip.[228]
By this point they knew that the PZPR Central Committee had reconvened
early on the 20th and had elected Gomułka first secretary and dropped Rokossowski and several neo-Stalinist officials from the PZPR Politburo. Khrushchev made no attempt to conceal his disappointment, arguing that »there's
only one way out – by putting an end to what is in Poland.« He indicated that
the situation would get much worse if Rokossowski were not permitted to stay
as Poland's defense minister. Khrushchev lay a good deal of the blame for the
crisis on the Soviet ambassador in Poland, Panteleimon Ponomarenko, who,
according to Khrushchev, had been »grossly mistaken in his assessment of
[Edward] Ochab and Gomułka.« (Khrushchev declined to mention that he
himself – and the rest of the Soviet leadership – had »grossly« misjudged the
situation in Poland over the previous few months.[229])

The Presidium adopted Khrushchev's suggestion that a meeting be held
soon in Moscow with leading representatives from Czechoslovakia, Hungary,
Romania, East Germany, and Bulgaria. Khrushchev also proposed that they
consider sending a few senior officials to China »for informational purposes.«
In the meantime, the Presidium resolved to »think carefully« about additional
measures, including new military exercises and the formation of a »provisional
revolutionary committee« that would displace Gomułka. In addition, Khrushchev authorized a new campaign in the press, building on an editorial in the
20 October issue of *Pravda*, which accused the Polish media of waging a
»filthy anti-Soviet campaign« and of trying to »undermine socialism in Poland.«[230] These charges, and subsequent accusations, prompted vigorous rebut-
tals from Polish commentators.

---

226 Comments by Stefan Staszewski, former PZPR CC Secretary, in Toranska, Teresa, ed.: *Oni*
(London: Aneks, 1985), p. 148.

227 »Komunikat o naradach Biura Politycznego KC PZPR i delegacji KC KPZR w Warszawie,«
Trybuna Ludu (Warsaw), 20 October 1956, p. 1.

228 »Rabochaya zapis' zasedaniya Prezidiuma TsK KPSS, 20 oktyabrya 1956g.,« 20 October
1956 (Top Secret), in RGANI, F. 3, Op. 12, D. 1005, Ll. 49–50.

229 This was evident, for example, when Ochab stopped in Moscow in September 1956 on his way
back from Beijing. See »Priem Posla Pol'skoi Narodnoi Respubliki v SSSR tov. V. Levikovskogo, 10
sentyabrya 1956g.,« 11 September 1956 (Secret), memorandum from N. Patolichev, Soviet deputy
foreign minister, in AVPRF, F. Referentura po Pol'she, Op. 38, Por. 9, Pap., 126, D. 031, L. 1.

230 »Antisovetskaya kampaniya v pol'skoi presse,« *Pravda* (Moscow), 20 October 1956, p. 1.

Strains between Poland and the Soviet Union remained high over the next few days as tens of thousands of Poles took part in pro-Gomułka rallies in Gdansk, Szczecin, and other cities on 22 October. Even larger demonstrations, each involving up to 100 000 people, were organized the following day in Poznań, Lublin, Lodz, Bydgoszcz, Kielce, and elsewhere. In the meantime, joint meetings of workers and students were being held all around Poland, culminating in a vast rally in Warsaw on 24 October attended by some 500 000 people. Although these events were intended mainly as a display of unified national support for the new Polish leadership in the face of external pressure, some of the speakers, particularly at a rally in Wrocław on the 23rd, expressed open hostility toward the Soviet Union.

As tensions mounted on 20 and 21 October, Soviet leaders reexamined a variety of economic sanctions and military options, but again they found that none of these options seemed the least bit attractive. At a meeting on the 21st, the CPSU Presidium unanimously decided to »refrain from military intervention« and to »display patience« for the time being.[231] The rationale for this decision remained just as compelling in subsequent days, as Khrushchev emphasized to his colleagues and to other East European leaders during an expanded Presidium meeting on the evening of 24 October: »Finding a reason for an armed conflict [with Poland] now would be very easy, but finding a way to put an end to such a conflict later on would be very hard.«[232] The standoff on 19 October had demonstrated to the Soviet leadership that most of the Polish troops who were not under Rokossowski's command, especially in the KBW, were ready to put up stiff resistance against outside intervention. Khrushchev and his colleagues also seem to have feared that Polish leaders would begin distributing firearms to »workers' militia« units who could help defend the capital.[233] (Gomułka later claimed that arms were in fact disseminated, but the evidence generally does not bear out these assertions. The important thing, however, is that Soviet officials *assumed* that Gomułka would proceed with this step.)

Khrushchev's reluctance to pursue a military solution under such unfavorable circumstances induced him to seek a *modus vivendi* with Gomułka whereby Poland would have greater leeway to follow its own »road to socialism.« Gomułka reciprocated by again assuring Khrushchev that Poland would remain a loyal ally and member of the Warsaw Pact. The Polish leader demonstrated the credibility of his promises by ordering Polish officers to cease considering the prospect of a complete withdrawal of the Soviet Northern Group of Forces from Poland.[234] (On 21 October, as the crisis with Moscow began to

---

231 »Rabochaya zapis' zasedaniya Prezidiuma TsK KPSS, 21 oktyabrya 1956g.,« 21 October 1956 (Top Secret), in RGANI, F. 3, Op. 12, D. 1006, L. 2.

232 »Zprava o jednani na UV KSSS 24. rijna 1956,« L. 8.

233 Kuron, Jacek: *Wiara i wina: Do i od komunizmu* (Warsaw: BGW, 1990), p. 119.

234 Mus: »Czy grozila interwencja zbrojna?« (remark 224), p. 14.

abate, a number of Polish commanders, led by General Wacław Komar of the Internal Army and General Włodzimierz Mus of the KBW, had thought it was the right moment to press for a total Soviet withdrawal, and they started drafting plans to that effect. Gomułka put an immediate end to their activities.) Gomułka also adopted a far more conciliatory line in public, as reflected in his keynote speech at the rally in Warsaw on 24 October.[235] The Polish leader not only called for stronger political and military ties with the Soviet Union and condemned those who were trying to steer Poland away from the Warsaw Pact, but also urged his fellow Poles to return to their daily work and to refrain from holding any additional rallies or demonstrations.

Over the next few days, Soviet leaders became annoyed when Gomułka insisted that Rokossowski be removed from the national defense ministry (as well as from the PZPR Politburo), a demand that perplexed even Chinese officials, who overall were staunchly supportive of Gomułka.[236] Had the crisis in Hungary not intervened on 23 October, Soviet leaders might well have been inclined to take a firmer stand against Rokossowski's dismissal from the ministry. But by the time Gomułka began pressing this demand on 26 October, the deteriorating situation in Hungary gave Khrushchev a strong incentive to prevent renewed difficulties with Poland. Having been reassured that Gomułka would keep Poland in the Warsaw Pact and retain Soviet troops on Polish soil, Khrushchev reluctantly acquiesced in Rokossowski's ouster. In mid-November, Rokossowski was recalled to Moscow, where he was appointed a deputy defense minister.

Early in the crisis, some members of the Soviet Presidium, especially Vyacheslav Molotov and Kliment Voroshilov, had strongly opposed the leeway granted to the Poles, but by the time the Presidium met on 21 October, all members agreed that it was best to »refrain from military intervention« and to »display patience,« at least for a while.[237] Nor were any major signs of dissent evident at the Presidium meeting on 23 October.[238] Participants in the meeting emphasized the »fundamental difference« between the situation in Poland and the emerging crisis in Hungary. Gomułka's speech on 24 October and his follow-up discussions with Khrushchev further convinced the Soviet

---

235 »Przemowienie towarzysza Wladyslawa Gomulki,« *Trybuna Ludu* (Warsaw), 25 October 1956, p. 1, which appeared under the banner headline »Ponad 300 tysiecy warszawiakow na spotkaniu z nowym kierownictwem partii.«

236 »Rabochaya zapis' zasedaniya Prezidiuma TsK KPSS, 26 oktyabrya 1956g.,« Notes from CPSU Presidium Meeting (Top Secret), 26 October 1956, in RGANI, F. 3, Op. 12, D. 1005, L. 53.

237 »Rabochaya zapis' zasedaniya Prezidiuma TsK KPSS, 21 oktyabrya 1956g.,« L. 2.

238 »Rabochaya zapis' zasedaniya Prezidiuma TsK KPSS, 23 oktyabrya 1956g.,« Notes from CPSU Presidium Meeting (Top Secret), 23 October 1956, in RGANI, F. 3, Op. 12, D. 1006, Ll. 4–4ob.

leader that Poland would remain a loyal member of the »socialist common-
wealth« and Warsaw Pact.[239]

X. Soviet Polish Relations after the Polish October

Although the eruption of violence in Budapest and the intervention of Soviet
troops in Hungary contributed to an easing of the Soviet-Polish standoff, this
did not mean that all tensions with Poland were instantly dissipated. On the
contrary, the situation remained highly volatile. In addition to continued bick-
ering over the most sensitive issue – Rokossowski's status – Khrushchev was still
deeply concerned about the »unacceptable« views espoused by certain PZPR
officials, including some who allegedly wanted to assert territorial claims against
the USSR.[240] Soviet leaders also were disturbed by reports that an influential
PZPR Secretary, Władysław Matwin, had given a speech in Poznań on 10 November in which he condemned recent »abnormalities in Polish-Soviet relations« that had »raised doubts about the sovereignty of our country.«[241] Further
problems arose in late November and December, when high-ranking CPSU
officials reported to the CPSU Presidium that »discussions in the Polish press«
were causing »nihilistic« and »unsavory« views among Soviet youth, and that
Polish students in Moscow were »behaving shamefully and disloyally toward
[the Soviet Union]« by »spreading pernicious information« about recent events
in Hungary and Poland.[242] Nevertheless, these frictions did not detract from the
basic assurances that Gomułka had provided to Khrushchev. By late October
and early November 1956 the two sides had reached a broad accommodation
that was able to withstand occasional disruptions.

Gomułka's determination to preserve a Communist system in Poland and
to remain within the Warsaw Pact had a strong bearing on Soviet policy during the Hungarian revolution. The outcome of the Polish crisis demonstrated
that some Soviet flexibility would continue and that a return to full-fledged

---

239 Compare Khrushchev's account in his memoirs (*Rakety, lyudi, vlast*) with Molotov's less favor-
able reminiscences in Chuev, Feliks, ed.: *Sto sorok besed s Molotovym* (Moscow: Terra, 1991), p. 113.

240 Khrushchev's comments, as recorded in Mićunović: Moskovske Godine (remark 60), p. 139.

241 »Telefonogramma po VCh,« Encrypted Cable (Top Secret), 15 November 1956, from
I. Maslennikov of the Soviet embassy in Warsaw, in AVPRF, F. Referentura po Pol'she, Op. 38,
Por. 20, Pap. 127, D. 178, Ll. 32–33.

242 »TsK KPSS,« Memorandum No. ST-1272 (Top Secret), 18 December 1956, to the CPSU
Secretariat from D. Polikarpov, head of the CPSU CC Culture Department, and A. Sazonov, sector
head in the CPSU CC Culture Department, and »Tsentral'nyi Komitet Kommunisticheskoi Partii
Sovetskogo Soyuza: Tov. Suslovu Informatsiya,« Memorandum No. 1255 (Top Secret), 15 December
1956, to the CPSU Presidium from I. Marchenko, first secretary of the Moscow city party committee,
in RGANI, F. 4, Op. 16, D. 1098, Ll. 50–52 and 53–55, respectively.

Stalinism was not in the offing, but it also set a precedent of what would be tolerated. Had Gomułka not been willing to keep Poland firmly within the Soviet bloc, a military confrontation might well have ensued. The contrast with Hungary was telling. Early on, Soviet leaders may have hoped that they could rely on Imre Nagy to do in Hungary what Gomułka had done in Poland, but the Soviet Presidium soon concluded that there was »no comparison with Poland« and that »Nagy is in fact turning against us.«[243]

The standoff with Poland in October 1956 had induced Khrushchev to reach a *modus vivendi* with the Polish leader, Władysław Gomułka, which provided for Poland's continued status as a loyal member of the Soviet political and military bloc. This arrangement was briefly strained in late October and early November 1956 when Gomułka insisted on the withdrawal of Marshal Konstantin Rokossowski, the Soviet officer who had been serving as Polish defense minister for the previous seven years; but Khrushchev eventually acceded to Gomułka's demand. Despite this breakthrough, the plenum materials confirm that Soviet-Polish relations were still marred by occasional frictions. Suslov's report at the December 1957 plenum indicated that the Polish representatives at the world conference of Communist parties in Moscow had been at odds with the Soviet Union on a number of key issues:

»During the preparation of the documents – the Declaration and the Peace Manifesto – the Polish comrades tried to introduce their own slant by ensuring there was no reference to the leading role of the Soviet Union and by avoiding harsh attacks against imperialism, especially against American imperialism. They steadfastly objected to the passage in the Declaration that said American imperialism has become the center of international reaction. The Polish comrades argued that the peculiar circumstances they face in Poland do not yet enable them to embrace the formula ›under the leadership of the Soviet Union‹. They claimed that the Declaration is supposedly too bellicose a document and that it could damage relations with the imperialists.«[244]

Suslov also complained that the Polish delegation's draft of the so-called Peace Manifesto, the document that was due to be approved by the 64 Communist parties attending the second phase of the conference (on 16-19 November), was »seriously deficient« because »it made no mention of where the threat of war originated.« He emphasized that the »document prepared by the Polish comrades had to be drastically revised« because »the representatives of the other fraternal parties [including the CPSU] did not support the Polish comrades on even a single point that they raised.«

243 Quotations are from »Rabochaya zapis' zasedaniya Prezidiuma TsK KPSS, 23 oktyabrya 1956g.,« L. 4; and »Rabochaya zapis' zasedaniya Prezidiuma TsK KPSS, 28 oktyabrya 1956g.,« Notes from CPSU Presidium Meeting (Top Secret), 28 October 1956, in RGANI, F. 3, Op. 12, D. 1005, L. 58.

244 »Plenum TsK KPSS – XX Sozyv: Stenogramma tret'ego i chetvertogo zasedanii plenuma TsK KPSS 16–17 dekabrya 1957g.,« Plenum Transcript (Top Secret), 16–17 December 1956, in F. 2, Op. 1, D. 282, Ll. 173–174.

Suslov did not directly impugn the motives of the Polish authorities, but he maintained that »these allusions to some sort of special circumstances in their country don't seem particularly convincing.« Khrushchev, for his part, implied that the main reason Polish officials did not want to antagonize the United States is that they were uncertain whether U.S. banks would »still give credits« to Poland if relations deteriorated.[245] Despite these skeptical comments, both Suslov and Khrushchev acknowledged that »the important thing is that the Polish comrades in the end signed the Declaration, which undoubtedly will have an enormous impact in Poland.«

In subsequent years, especially after the emergence of the Sino-Soviet split in the 1960s, Gomułka came more closely into line with the Soviet point of view. Even so, the plenum materials indicate that Khrushchev remained concerned that the defiance Gomułka displayed in 1956 and the unorthodox positions he adopted in 1957 might someday resurface.

---

245 Ibid., L. 174.

László Varga

Der Fall Ungarn

Revolution, Intervention, Kádárismus

I. Schranken der parlamentarischen Demokratie 1945 bis 1947

Aus ungarischer Sicht war das Abkommen von Jalta ein Mythos. Die Provisorische Nationalversammlung, die schon anderthalb Monate vor der Befreiung der Hauptstadt – am 21. Dezember 1944 – zusammengerufen wurde, war im traditionellen Sinn weder legitim noch revolutionär. Sie hatte lediglich die Aufgabe, durch die Ernennung einer provisorischen Regierung den Waffenstillstand mit der Sowjetunion und den Übergang zur Demokratie zu sichern.

Die ersten freien Wahlen wurden ziemlich schnell, schon im November 1945, abgehalten. Ihre Besonderheit lag vor allem darin, dass im Grunde nur antifaschistische Parteien teilnehmen durften, also jene Parteien, die bei den letzten Wahlen vor dem Krieg – im Mai 1939 – nicht einmal 10 Prozent der Stimmen erhalten hatten. Die vor und während des Krieges verbotene Kommunistische Partei kam ohne besondere Manipulationen auf 17 Prozent. Damit war ihr Stimmenanteil genauso hoch wie der der Sozialdemokraten, die sechs Jahre zuvor nicht einmal 2 Prozent erhalten hatten. Absoluter Wahlsieger wurde mit 57 Prozent die Kleinlandwirte-Partei, die 1939 nicht ganz 5 Prozent erreicht hatte. Ansonsten bekamen nur zwei weitere kleinere Parteien überhaupt die Möglichkeit, zu den Wahlen Kandidaten aufzustellen. Von den Wahlen ausgeschlossen blieben nicht allein die faschistischen und pro-faschistischen Parteien von 1939, sondern selbst die damalige Regierungspartei, die im betreffenden Jahr zwei Drittel der Stimmen bekommen hatte. Dadurch wurde die politische Elite der Vorkriegszeit ausgeschaltet und ihre Basis hinter die Partei der Kleinlandwirte gepresst. Diese wurde trotz ihres absoluten Wahlsieges von der sowjetischen Besatzungsmacht gezwungen, eine Große Koalition einzugehen, von der allein eine kleine bürgerlich-demokratische Partei fernblieb, die 1,7 Prozent der Stimmen erhalten hatte. Es handelte sich infolgedessen um eine parlamentarische Demokratie ohne parlamentarische Opposition.

Trotz des im Februar 1947 mit den Alliierten abgeschlossenen Friedensvertrages blieben die sowjetischen Besatzungsstreitkräfte im Land, nun aber außerhalb jeglicher Kontrolle der Westalliierten. Bei den im Sommer desselben Jahres abgehaltenen Wahlen wurde die Zahl der Wahlberechtigten enorm eingeschränkt. Zwar erhielt die KP – trotz groben Wahlschwindels – nur 22 Prozent der abgegebenen Stimmen, wurde aber gleichwohl nach der Zerschlagung der politischen Interessenvertretung der Kleinlandwirte zur stärksten Partei. Obwohl sich aus deren Trümmern eine echte Opposition herausbildete, die über ein Drittel der Stimmen verfügte, war das zugleich das Ende dieser provisorischen und sehr begrenzten Demokratie in Ungarn. Die Oppositionsparteien wurden unter verschiedenen Vorwänden aus dem Parlament ausgeschlossen. Die KP übernahm mit ihren 22 Prozent die absolute Macht.[1]

II. Die totale kommunistische Diktatur

In diesem Prozess spielten die von der KP beherrschten »Staatsverteidigungsorgane«, also der ungarische Staatssicherheitsdienst, von Beginn an eine besondere Rolle. Seine ursprüngliche Aufgabe, die Verfolgung von Kriegsverbrechern, fasste er von Anfang an sehr flexibel auf. Nach der Verkündung der Republik im Februar 1946 (bis dahin war Ungarn nominell noch immer ein Königreich) dehnte sie ihre Tätigkeit auf alle Gegner der Republik, das heißt der Kommunisten, aus. In den Jahren zwischen 1946 und 1948 richtete sich ihre Repression vor allem gegen die größte Regierungspartei, später gegen deren Nachfolgeparteien und die Kirchen. Der Generalsekretär der Kleinlandwirte, der als Abgeordneter Immunität genoss, wurde kurz und bündig in die Sowjetunion verschleppt. Weitere führende Politiker der Partei, darunter der Parlamentspräsident und der amtierende Ministerpräsident, wurden ins Exil gezwungen. Im Dezember 1948 wurde Kardinal Mindszenty verhaftet. Ähnlich erging es führenden Pastoren der protestantischen Kirchen und wenig später der jüdischen Kultusgemeinde.[2]

Historikern wird oft vorgeworfen, aus dem Strom der Ereignisse einseitig die gegen Kommunisten lancierten Schauprozesse hervorzuheben. Sicherlich bedürfen ebendiese von Moskau inspirierten und zum Teil inszenierten Prozesse einer besonderen Erklärung, aber parallel dazu dehnte sich die politische Repression auf die ganze Bevölkerung aus. Die Zahl der mit unterschiedlichen Methoden Verfolgten wird auf ungefähr eine Million geschätzt. Die Staatssicherheit erfasste in der ersten Hälfte der 1950er Jahre 1,4 Millionen ungarische Staatsbürger, das heißt jeden siebten Einwohner des Landes. Zwischen 1950 und Anfang 1953 wurden 4 Prozent der Bevölkerung von Gerichten verurteilt. Die kommunistische Planwirtschaft mit ihren von Anfang an verfehlten

---

1   Über die Wahlen und Zusammensetzung des Parlaments nach 1945 siehe Hubai, László; Tombor, László (Hg.): A magyar parlament 1944–1949. Budapest 1991.
2   Varga, László: »Forradalmi törvényesség« – jogszolgáltatás 1945 után Magyarországon. In: Beszélő November 1999, S. 57–73.

schwerindustriellen Prioritäten führte schon 1952 zu einer – selbst von Experten des Regimes diagnostizierten – schwierigen Wirtschaftskrise.

Eine Wende erfolgte nach Stalins Tod im März 1953. Im Juni wurde eine ungarische Partei- und Regierungsdelegation nach Moskau eingeladen, das heißt dorthin beordert, um ihr den sogenannten »Neuen Kurs« aufzuzwingen. Als Ministerpräsidenten hatte man den früheren Kritiker Imre Nagy ausersehen. Tatsächlich sollte dieser nahezu der einzige Politiker im ganzen Ostblock bleiben, der den »Neuen Kurs« zu verwirklichen suchte. Indes erkannte sein Gegenspieler, der Parteiführer Mátyás Rákosi, sehr bald, wie viele Verbündete er nach wie vor in Moskau hatte und wie viel Spielraum ihm die internen Kämpfe der dortigen Machtcliquen für eigene Gegenschläge ließen. Im Frühjahr 1955 kam es zum von Moskau inszenierten Sturz von Nagy. Allerdings wurde man die vom »Neuen Kurs« hervorgerufenen Geister nicht so leicht los.[3]

International war dies die Tau-und-Frost-Periode im Kalten Krieg. Kurz nach dem Sturz von Nagy in Ungarn wurde der Staatsvertrag mit Österreich abgeschlossen, in dessen Folge ein neutraler Staat an den Grenzen Ungarns entstand. Zum Teil als Reaktion darauf erfolgte die Gründung des Warschauer Paktes, der den Vorwand für die weitere Stationierung sowjetischer Streitkräfte im Lande lieferte. Noch im selben Monat (Mai 1955) kam es zu Chruščevs Gang nach Canossa, besuchte er Tito in Belgrad. Ohne an den Schranken des Regimes zu rütteln, hatte Imre Nagy als ungarischer Ministerpräsident Maßnahmen eingeleitet, die auch ohne ihn weiterwirkten. Als er die Zwangskollektivierung der Landwirtschaft für beendet erklärte und den Bauern den Austritt aus den LPG ermöglichte, löste dies ein Volksfest in ganz Ungarn aus. Laut Parteimeldungen kam es vor, dass ein ganzes Dorf sich vor Freude betrank, einschließlich des Parteisekretärs. Insgesamt traten 37 Prozent der Mitglieder aus den LPG aus. Nagy schaffte die Internierung ab, die ziemlich breite Schichten der Bevölkerung betroffen hatte. Die von ihm veranlasste Amnestie bezog sich auf fast 750 000 Personen. Er begann darüber hinaus mit der Rehabilitierung verurteilter Kommunisten. So kam im Juli 1954 János Kádár aus dem Gefängnis. An einen, der mit ihm zusammen verurteilt worden war, schrieb ein kommunistischer Dichter: »Ich bin schuldig, denn ich glaubte an Deine Schuld.«[4] Die Rehabilitierung führte in breiten Schichten, vor allem aber unter den Parteimitgliedern, die den falschen Beschuldigungen Glauben geschenkt hatten, zu einer tiefen moralischen Krise. Indes bildete sich erst nach dem Sturz von Nagy innerhalb der Partei eine Opposition heraus, von der sich mehrere, die ihr angehörten, einem Parteiverfahren stellen mussten. Nach dem XX. Parteitag der KPdSU sollten auch sie rehabilitiert werden.

---

3   Siehe dazu Rainer, János M.: Nagy Imre 1953–1958. Politikai életrajz II. Budapest 1999.
4   Bejámin, László: Így vagyunk. In: Béke és Szabadság. Juli 1956.

Anfang Sommer 1956 wurde den sowjetischen Führern klar, dass sich in einigen Volksdemokratien – vor allem in Polen, kaum weniger in Ungarn, aber zum Teil auch in der Tschechoslowakei – eine Konfliktsituation entwickelte, in der nicht unbedingt der klassische imperialistische Feind die Hauptrolle spielte, sondern die Spaltung innerhalb der Partei. Ende Juni kam es zur Gewaltanwendung in Posen. Wie Chruščev persönlich dem jugoslawischen Botschafter erläuterte, war Ungarn im Falle eines Falles eine pure militärische Angelegenheit.[5] Gegenüber seinem jugoslawischen Partner Tito beharrte er auf der Machtstellung des weit und breit verhassten Parteiführers Rákosi. Dieser sollte mit harter Hand durchgreifen und für Ordnung sorgen. Dazu aber war die Position des ungarischen Diktators schon zu sehr geschwächt. Weniger die harte Hand (parallel zu den Geschehnissen in Posen wurde die Tätigkeit des Petőfi-Kreises verboten) als vielmehr die Sommerferien führten dazu, dass die politischen Kontroversen vorübergehend nachließen. Noch Mitte Juli sah das Präsidium der KPdSU weiterhin in Rákosi den geeigneten Garanten für die sowjetischen Positionen in Ungarn. Um seine Stellung zu stärken, schickte es den in Belgrad weilenden Anastas Mikojan nach Budapest, aber gleichwohl endete dessen Besuch mit der Ablösung von Rákosi. Nach brüderlichen Konsultationen wählte Mikojan Ernő Gerő als Nachfolger aus, einen von Rákosis Mitläufern der harten Linie, der in Ungarn von vornherein kaum eine ähnliche Rolle wie Edward Ochab in Polen hätte spielen können.[6] Immerhin führte dieser Wechsel an der Parteispitze zur Verunsicherung der Nomenklatura.

III. Die Revolution

Zu Beginn des Herbstsemesters übernahmen die Studenten die Initiative. Zunächst formulierten sie ihre Ansprüche für die Hochschulausbildung, die sie allmählich mit demokratischen, dann mit nationalen Unabhängigkeitsforderungen ergänzten. Seine endgültige Form erhielt ihr programmatischer Forderungskatalog in der Nacht zum 23. Oktober auf der Großversammlung der Studenten der Budapester Technischen Universität. Noch am Abend verlangten sie die Verlesung ihrer 14 Punkte im Rundfunk – ohne Ergebnis.[7] Am nächsten Tag stellte sich heraus, dass zwei ihrer Forderungen vom Regime nicht einmal als Diskussionsgrundlage geduldet wurden: zum einen die nach freien Wahlen, das heißt einem Mehrparteiensystem, und zum anderen die

---

5   Mićunović, Veljko: Tito követe voltam. Moszkva 1956–1958. Budapest 1990.
6   Siehe dazu die Meldungen Mikojans aus Budapest Szereda, Vjacseszlav; Sztilakin, Aleksandr (Hg.): Hiányzó lapok 1956 történetéből. Dokumentumok a volt SZKP KB Levéltárából. Budapest 1993.
7   Siehe über den Verlauf der Revolution Varga, László: Die Ereignisse in Ungarn. In: Schmidl, Erwin A. (Hg.): Die Ungarnkrise 1956 und Österreich. Wien u. a. 2003, S. 53–71.

nach dem Abzug der sowjetischen Truppen aus Ungarn. In der Nacht sorgten die Studenten dafür, dass breite Teile der Hauptstadtbewohner ihren 14-Punkte-Katalog unzensiert kennenlernen konnten. Für den kommenden Nachmittag kündigten die Studenten der Technischen Universität eine Solidaritätskundgebung mit Polen an. Dem Aufruf schlossen sich die Studenten der anderen Universitäten und Hochschulen (auch die der Hochschule für Politoffiziere) an. Am Vormittag desselben Tages kehrte die Partei- und Regierungsdelegation nach der Versöhnung mit Tito aus Jugoslawien zurück. Da sich Gerő und der zweite Mann der Partei, János Kádár, in den Wochen zuvor fast ausschließlich im Ausland aufgehalten hatten, wurden sie erst jetzt – noch dazu ziemlich ungenau – mit dem Ernst der Lage konfrontiert.

Die Kundgebung der Studenten wurde zunächst vom Innenminister verboten, dann aber in letzter Minute, als sie schon loszogen, vom Politbüro doch noch genehmigt. Viele Zuschauer schlossen sich den Studenten an, darunter massenhaft Arbeiter, die nach der Vormittagsschicht aus den Industrievierteln gerade die Innenstadt erreicht hatten. Ungeplant zog die Menge nach der Demonstration vor das Parlamentsgebäude. Sie wollte Imre Nagy hören, der zu diesem Zeitpunkt noch immer keinen offiziellen Posten bekleidete. Spontan bildeten sich neue Sammelpunkte heraus: so beim Stalin-Denkmal, beim Rundfunkgebäude oder vor der Redaktion der Parteizeitung. Gegen 9 Uhr abends erschien Imre Nagy im Parlamentsgebäude und hielt vom Balkon aus eine kurze, nichtssagende Ansprache. Kurz vorher war das Monsterdenkmal des sowjetischen Diktators von der Menge zu Boden gerissen worden und fast zur gleicher Zeit fielen – aus einem Missverständnis heraus – die ersten Schüsse beim Rundfunkgebäude. Noch vor Mitternacht verwandelte sich die ursprünglich friedliche Demonstration in einen bewaffneten Volksaufstand.

Schon am Abend desselben Tages bat Gerő die sowjetische Armee um Hilfe, die seit dem Sommer auf einen ähnlichen Fall vorbereitet war. Allerdings schwebte ihr dabei ein Drehbuch vor Augen, wie sie es drei Jahre zuvor in Berlin abgespult hatte und von dem sie glaubte, dass es auch in Budapest ausreichen würde. Auf einen bewaffneten Widerstand war sie nicht vorbereitet. Die ersten aufständischen Gruppen bildeten sich dabei an jenen Knotenpunkten, wo die sowjetischen Panzer sich der Innenstadt näherten.[8] Ebenfalls am Abend des 23. Oktober gelangte die Menge vor dem Parlament zu dem Entschluss, zwei Tage später eine neue Demonstration durchzuführen, um ihre Forderungen zu bekräftigen. Obwohl die Kämpfe am 25. Oktober ein wenig nachließen, versammelten sich von neuem etwa 10 bis 20 000 unbewaffnete Demonstranten auf dem Parlamentsplatz. Sie wollten den am 24. Oktober wieder zum Ministerpräsidenten ernannten Nagy sprechen, der aber in der etwa 100 bis 200 Meter entfernten Parteizentrale mit den Vertretern des Präsidiums der

8   Siehe dazu Varga, László: Az elhagyott tömeg 1950–1956. Budapest 1993, S. 85–98.

KPdSU verhandelte. Anastas Mikojan und Michail Suslov setzten den ersten Sekretär, Ernő Gerő, ab und ernannten János Kádár zu seinem Nachfolger. Die parallel dazu vor dem Parlament ablaufende Demonstration endete mit einem Blutbad, wobei die Zahl der Opfer bis heute umstritten ist. Sie könnte etwa bei 200 Personen gelegen haben. Dies gab den Ereignissen eine neue Wende. In den nächsten Tagen kam es auch in anderen Städten zu ähnlichen Vorkommnissen mit ähnlich vielen Opfern, was zu noch härterem Widerstand führte, nun im ganzen Lande.[9]

Erst am 28. Oktober wurden die bekanntesten »Stalinisten« aus der politischen Führung entfernt. Imre Nagy gab seine grundlegend neue Beurteilung der Ereignisse bekannt. Statt von einer Konterrevolution sprach er nun von einer »demokratischen Bewegung unseres Volkes«, versprach den Abzug der sowjetischen Truppen und verkündete einen Waffenstillstand ohne Vorbedingungen. Die Kämpfe hörten zwar nicht ganz auf, ließen aber enorm nach.

Seit dem 24. Oktober wurden in den Betrieben zunächst spontan, aber dann auch von der Partei und den kommunistischen Gewerkschaften inspiriert, Arbeiterräte gegründet. Tatsächlich spielten die alten Funktionäre darin eine immer geringere Rolle. Irrsinnigerweise war die Nomenklatura noch immer der Meinung, sie müsse die Arbeiterklasse gegen die Konterrevolution bewaffnen, bevor sie schmerzlich feststellen musste, dass die den Arbeitern übergebenen Waffen sich gegen sie selbst richteten. Neben den Stadtbezirken der Hauptstadt bildeten sich auch in den Dörfern und Städten des Landes verschiedene revolutionäre Räte, die sich, ähnlich wie die Arbeiterräte, als Organe einer echten Volksmacht verstanden.

Nach der Einmischung der sowjetischen Truppen erweiterte sich der Kampf für Demokratie zu einem nationalen Freiheitskampf. Ende Oktober formierten sich – unter anderem – die früheren politischen Parteien neu. Die Entwicklung lief allmählich auf eine Koalitionsregierung hinaus, wie sie' 1945 bestanden hatte. Das war einer der wichtigsten Forderungen der Revolution und markierte zugleich den Beginn neuer Konflikte. Akteure und Organe der Revolution traten von Anfang an für einen Parlamentarismus mit mehreren Parteien ein, versuchten aber daneben, die »Einheit der Nation« zu verkörpern. Dabei wiesen sie sowohl eine Restauration des »Kapitalismus« (die historische Erfahrung war ein autoritäres Regime vor dem Kriege), als auch des »Stalinismus« zurück. Sie verlangten einen »demokratischen Sozialismus« in Form einer direkten Demokratie, wurden aber sehr schnell mit der Tatsache konfrontiert, dass der klassische Parlamentarismus solchen Ansprüchen entgegensteht. Zwar wurde diese Konfliktsituation, jedenfalls zum Teil, von den Teilnehmern der Revolution wahrgenommen, aber die zwölf Tage reichten zur öffentlichen Klärung der

---

9   Ders.: Az elhagyott tömeg (Anm. 8), S. 99–126.

Kontroverse bei weitem nicht aus. So kann man zwar von einem Sieg der Revolution sprechen, aber ihr »Charakter« blieb undefiniert.[10]

Indes war die drängendste Grundfrage weiterhin die Reaktion der Sowjetunion. Zwar hatte sie mit einem Abzug ihrer Truppen aus der Hauptstadt begonnen, aber diese nahmen rund um Budapest neue Stellungen ein. Unter dem Vorwand, den Abzug zu sichern, überschritten gleichzeitig neue Einheiten die ungarische Grenze und besetzten strategische Punkte – unter anderem die Flugplätze. Der 30. Oktober brachte mit dem Angriff auf das Gebäude der Budapester Parteileitung eine neuerliche Wende. Die Erbitterung der Angreifer beruhte zum Teil wiederum auf einem »Missverständnis«, das in diesem Fall zu einer brutalen Lynchjustiz der Aufständischen an vermeintlichen oder wirklichen Stasi-Leuten führte. Wenig später sollten diese Geschehnisse dem Kádár-Regime als Legitimationsgrund dienen. Nicht ganz unbegründet insofern, als in dem gewalttätigen Vorfall der radikale, manchmal brutale Antikommunismus der Revolution zum Vorschein kam.[11] Am 1. November verließ János Kádár (wahrscheinlich nicht ganz freiwillig, aber auch nicht gegen seinen Willen) Budapest und landete am nächsten Tag in Moskau. Er erklärte sich schließlich bereit, eine »revolutionäre Gegenregierung« zu bilden, die die antistalinistischen Errungenschaften der Revolution bewahren, aber der Konterrevolution ein Ende setzen, das heißt für Ordnung sorgen sollte.[12]

IV. Intervention und Restauration

Nach der zweiten sowjetischen Intervention vom 4. November galt Kádár für die politisch engagierte Öffentlichkeit in Ungarn als Verräter der Revolution, Imre Nagy, sein Gegenspieler, als ihr Held; wobei sie dem Anschein nach bis zum 1. November Kampfgefährten gewesen waren. Nach seiner Machtübernahme sah sich Kádár der Tatsache gegenüber, dass die Arbeiterräte, die Vertreter jener Klasse also, zu der er sich selbst zählte, ihn verraten hatten, indem sie sich hinter Nagy stellten. Diese elementare persönliche Enttäuschung führte schließlich zur Hinrichtung von Imre Nagy und »Komplizen«. Ja, sie motivierte einen fast wahnsinnigen Rachefeldzug nach dem Prinzip Auge um Auge, Zahn um Zahn: danach sollten genauso viele »Konterrevolutionäre« hingerichtet

---

10 Ders.: Meine Erlebnisse mit den »weißen Flecken« von ’56. In: Europäische Rundschau 34(2006)3, S. 69–78.

11 Siehe dazu Gati, Charles: Vesztett illúziók. Moszkva, Washington, Budapest és az 1956-os forradalom. Budapest 2006.

12 Varga, László: Hruscsov és Kádár titkos tárgyalásai. 1956. november 3. In: Magyar Hírlap 22. Oktober 1992. Szereda, Vjacseszlav; Rainer, János M.: Döntés a Kremlben. Budapest 1996, S. 92.

werden, wie die Revolution an kommunistischen Opfern gefordert hatte.[13] Eine seltsame Art der Planwirtschaft.

Dabei galt Kádár selbst als Mittäter und Opfer des Stalinismus zugleich. Als Innenminister war er für die Verfolgung der »Feinde des Sozialismus« verantwortlich, so 1949 für den Rajk-Prozess, bevor er dann selbst verhaftet und verurteilt wurde.[14] Nach seiner Machtübernahme zog er daraus die Lehre, die eigenen Genossen, die »echten Kommunisten«, die Partei schützen zu müssen. Imre Nagy und seine Genossen betrachtete er als wirkliche »Verräter« und ließ sie liquidieren. Psychologisch gesehen war er überhaupt nicht Richard III., sondern viel eher Macbeth, den seine Blutschuld bis zum Tode belastete. 1956 wurde er von den Satellitenregimen Moskaus in Ost-Berlin und Prag beschuldigt, ebenso ein Verräter an der Sache des Kommunismus zu sein wie Imre Nagy. (Polens Gomułka war in dieser Hinsicht eine rühmliche Ausnahme.)

So sah sich Kádár genötigt, den Gegenbeweis zu liefern: nicht allein durch die Hinrichtung von Imre Nagy und mehreren hundert »Konterrevolutionären«, sondern durch eine Restauration des früheren stalinistischen Regimes. Bis 1958 stellte er die ehemalige »Ordnung« wieder her. So galt Ungarn nun wieder als Vorkämpfer der Zwangskollektivierung der Landwirtschaft, und in der Industriepolitik kehrte das Land zum stalinistischen Modell zurück, allerdings mit der Modifikation, dass die Rolle der »klassischen« Schwerindustrie immer mehr von der chemischen Industrie übernommen wurde. Mit anderen Worten, Kádár bewies, dass er im Lager kein »Außenseiter« war.

Die Vergeltung für die Revolution erreichte mit den letzten drei Hinrichtungen 1961 ihren Schlusspunkt. Im betreffenden Prozess wurde als Hauptangeklagter der Anführer einer bewaffneten Gruppe zum Tode verurteilt, der im ersten Durchgang noch mit lebenslänglich davongekommen war.[15] Nebenbei ein Jude, dessen Familienangehörige dem Holocaust zum Opfer gefallen waren. Im selben Jahr lancierte die Staatssicherheit noch einen schweren Angriff gegen die katholische Kirche, der mehr als hundert Verhaftungen einschloss. Das war indes die letzte harte Attacke dieser Art in der Geschichte des real existierenden Sozialismus in Ungarn. Es war also nicht etwa eine liberale Kirchenpolitik, die in den Jahrzehnten danach zu einer international fast unbekannten Kooperation zwischen Kirchen und sozialistischem Staat führte, sondern die nachhaltige Erinnerung an die bedrohliche Ausgangssituation. Jede potenzielle Opposition war sich seither über zwei Dinge vollkommen im Klaren: dass die kommunistische Diktatur auch über andere Mittel als die der Kooperation verfügte und dass das Regime eine Realität war und blieb.

---

13 Lendvai, Paul: Der Ungarn-Aufstand 1956. Die Revolution und ihre Folgen. München 2006; Szakolczai, Attila: Az 1956-os forradalom és szabadságharc. Budapest 2001, S. 94.

14 Varga, László: Kádár János bírái előtt. Egyszer fent, egyszer lent 1949–1956. Budapest 2001.

15 Szakolczai: Az 1956-os forradalom (Anm. 13), S. 94; Eörsi, László: Köztársaság tér 1956. Budapest 2006, S. 131 f.

Kurz vor dem XXII. Parteitag der KPdSU, im Oktober 1961, wurde noch ein ganz anderes Urteil gefällt. Es richtete sich mit altbekannten Methoden gegen neuartige Angeklagte. Diese wurden einer stalinistischen Verschwörung in einem Verfahren beschuldigt, das in vielerlei Hinsicht an die früheren Schauprozesse erinnerte.[16] Kurz nach dem Parteitag wurde eine Parteikommission ernannt, um »die Zahl der Opfer des Personenkults« zu ermitteln. Zwei Jahre später begann die Amnestie der meisten Personen, die als »Konterrevolutionäre« noch im Gefängnis saßen.

V. »Kádárismus«

Der Begriff des Kádárismus ist theoretisch ungeklärt. Womöglich treffen für dieses Phänomen der ungarischen Zeitgeschichte solche populären Begriffe wie »Gulaschkommunismus« oder – wie es im Land selbst hieß – die »fröhlichste Baracke im Lager« eher zu. Die Wende von der härtesten zur liberalsten Diktatur in der sozialistischen Brudergemeinschaft hatte innen- und außenpolitische Gründe. Der XXII. Parteitag der KPdSU proklamierte erneut eine Entstalinisierung, was Kádárs Position innerhalb und außerhalb Ungarns stärkte. Gleichzeitig neigten die USA unter bestimmten Vorbedingungen dazu (u. a. die erwähnte Amnestie für die Verurteilten), die »Ungarnfrage« von der Tagesordnung der UNO abzusetzen.

Am 3. November 1956 äußerte Nikita Chruščev gegenüber János Kádár in Moskau, dass der sowjetischen Führung im Juli ein Fehler unterlaufen sei, als sie Gerő und nicht ihn zum Nachfolger Rákosis ernannt hätte.[17] Davon war Kádár vermutlich selbst von Anfang an überzeugt, und so versuchte er – nach der Niederschlagung der Revolution und der anschließenden Repression – die anfängliche beschränkte antistalinistische Wende von 1956 allmählich zu realisieren. Seine persönlichen Erfahrungen waren dafür ein wichtiges Motiv, hinderten ihn aber nicht daran, weiterhin ein (Moskau-)treuer Kommunist zu bleiben.

In seiner Blütezeit wurde der Kádárismus von seinen Befürwortern oft als die friedliche Verwirklichung der Ideale der Revolution bezeichnet. Das trifft in keiner Weise zu. Kádár und sein Regime haben keine einzige der 14 Forderungen der Revolution verwirklicht. Es ging überhaupt nicht um die demokratischen und nationalen Zielsetzungen der Revolution, um freie Wahlen und den Abzug der sowjetischen Truppen, sondern um eine sichtbare Abgrenzung vom Stalinismus. Statt der großen ging es um die kleinen Freiheiten. Es handelte sich

---

16   Rainer, János M.: Ki van ellenünk? Kis magyar katonai puccskísérlet, 1961. In: Körösi, Zsuzsanna; Standeisky, Éva; Rainer, János M.: Évkönyv 2000. Budapest 2000, S. 40–57.
17   Varga: Kádár János (Anm. 14), S. 144.

um eine Art selektiver Enttotalisierung des Regimes im Kontext einer entpolitisierten Gesellschaft. Das Motto lautete nicht »leben und leben lassen«, sondern »ich lasse dich leben, wenn du so lebst, wie ich es dir gestatte«.

In diesem Rahmen bot der Kádárismus vieles an, was Bürgern der Bruderländer versagt blieb. Er akzeptierte bestimmte Ansprüche des Individuums auf einen Mindestlebensstandard, gewährte allmählich eine gewisse Reisefreiheit, ließ in engen Grenzen privates Unternehmertum zu und das Wichtigste: Er billigte das Recht auf eine *unpolitische* Privatsphäre. In begrenzten Rahmen sorgte er auch für »Sicherheit«, eine Art von sozialer Stabilität. All dies hatte rein gar nichts mit den Zielsetzungen der Revolution zu tun, schuf aber gleichwohl einen passiven Konsens zwischen Regime und Bevölkerung, wie er in anderen real existierenden Ländern des Sozialismus fast oder vollständig unbekannt war. In diesem Sinne war der Kádárismus nach 1962/63 eine beschränkte, ja sich selbst beschränkende totale Diktatur, die auf der historischen Erfahrung mit der zuvor unbegrenzten totalen Diktatur beruhte.

Trotz der für ihn eindeutig negativen Veränderungen in der Sowjetunion, erst die Absetzung von Chruščev und dann die von Kosygin, konnte Kádár als Lohn für seine unantastbare Treue und die relative Stabilität im eigenen Lande eine sehr begrenzte Unabhängigkeit bewahren. Dabei ging die Teilnahme an der Intervention gegen die Tschechoslowakei im August 1968 sowohl auf diese Treue als auch auf die Überzeugung zurück, die Genossen in dem benachbarten Bruderland wären zu weit gegangen; besser gesagt, sie hätten – ähnlich wie 1956 Imre Nagy in Ungarn – die Initiative verloren. Indes hatte die Interventionsbeteiligung ihren spezifischen Preis. Nachdem die Prager Wirtschaftsreformen von Moskau unzweideutig als Revisionismus abgestempelt worden waren, mussten die sehr ähnlichen ungarischen Wirtschaftsreformen auf sowjetischen Druck hin weitgehend zurückgenommen werden, ohne allerdings ganz aufgegeben zu werden. Sicher, ein wichtiger Unterschied zu anderen sozialistischen Ländern war diese »pragmatische Politik« Kádárs, die innerhalb des Systems alternative, konservative und reformorientierte Reaktionen hervorrief. Keine davon repräsentierte aber das Erbe der Revolution.[18]

---

18 Lendvai: Der Ungarn-Aufstand (Anm. 13).

Jiří Pernes

Die ČSR

Von der verschleppten Reform zum beschleunigten Wandel

Ein bedeutender Repräsentant tschechoslowakischer demokratischer Exilanten, Pavel Tigrid, veröffentlichte 1958 in der Zeitschrift *Svědectví*, die er in Paris herausgab, eine Studie unter dem Titel »Marx na Hradčanech«.[1] Mit Bitterkeit konstatierte er darin, dass das Jahr 1956 eine große Enttäuschung für ihn darstellte: Während in Ungarn die antikommunistische Volksrevolution ausbrach und in Polen die Schüsse auf streikende Arbeiter in einen Versuch mündete, das kommunistische Regime grundlegend zu reformieren, herrschte zur selben Zeit in der Tschechoslowakei Ruhe; die Leute interessierten sich mehr für das Ergebnis des Eishockeyspiels Spartak Královo Pole gegen Slovan Bratislava, als für den tapferen Kampf der ungarischen Patrioten gegen die sowjetischen Aggressoren. Tigrid bemühte sich in seiner Arbeit, eine Antwort auf die Frage zu finden, warum es so war, warum scherzhaft gefragt werden konnte, welcher Unterschied denn zwischen den Polen, Ungarn und Tschechen bestehe. Die gegenüber den Tschechen wenig schmeichelhafte Antwort lautete nämlich: »Die Polen benehmen sich wie die Ungarn, die Ungarn benehmen sich wie die Polen, und die Tschechen benehmen sich wie Schweine.« Für Tigrid und nach ihm auch für andere Politiker, Publizisten und Politologen war es umso seltsamer, dass sich die tschechoslowakische Gesellschaft zu dieser Zeit – nach ihrer Meinung –, ähnlich wie die polnische, ungarische oder ostdeutsche, in einer tiefen ökonomischen und politischen Krise befunden habe.

Die These, dass sich das kommunistische Regime in der Tschechoslowakei 1956 in einer tiefen Krise befunden habe, wurde auch von tschechoslowakischen Historikern übernommen, die nach der politischen Wende Anfang der 1990er Jahre begannen, sich mit der Geschichte des Regiments der Kommunistischen Partei der Tschechoslowakei (KPTsch) zu befassen. Insbesondere Karel Kaplan publizierte zahlreiche Aufsätze, in denen er nachwies, dass die Krise des kommunistischen Regimes in der Tschechoslowakei von 1953 bis 1957 gedauert habe, dann aber überwunden worden sei, um in einer neuen und etwas veränderten Form nach zehn Jahren wieder zum Ausbruch zu kommen, das

---

1 Tigrid, Pavel: Marx na Hradčanech. Pokus o pohled na československou otázku deset let po únoru [Marx in Hradschin. Versuch einer Interpretation der tschechoslowakischen Frage zehn Jahre nach dem Februar]. In: Svědectví 3(1958–59), S. 311–368.

heißt Ende der 1960er Jahre, als sie in der sowjetischen Okkupation der Tschechoslowakei und dem Antritt des sogenannten Normalisierungsregimes ihren
Höhepunkt fand.[2]

Mittlerweile gelangte vor allem die jüngere Generation tschechischer und
slowakischer Historiker jedoch zu Ergebnissen, die diese These teilweise korrigieren: Zdeněk Jirásek kam zu der Ansicht, dass bereits 1951 die tschechoslowakische »Wirtschaft viele Züge einer Kriegswirtschaft annahm«,[3] und
gemeinsam mit Dušan Janák stellt er in ihrer Studie über die Wirtschaftsentwicklung im Kohlerevier von Ostrava und Karviná fest, dass sich hier »bereits
im Frühling 1951 eine tiefe und schleppende Wirtschaftskrise zuspitzte, die
sich schrittweise in die ganze Tschechoslowakei verbreitete«.[4] Jirásek zufolge
sei diese Entwicklung 1953 in eine spezifische Wirtschaftskrise gemündet, die
durch »einen ständigen Mangel an Arbeitskräften, einen stark geschlossenen
und deformierten Wirtschaftszyklus, eine ›Produktion für Produktion‹ und
eine allseitige und fast allgemeine Mangelhaftigkeit des Wirtschaftsmilieus in
nahezu allen Bereichen«[5] gekennzeichnet gewesen sei. Der tiefe Verfall der
tschechoslowakischen Wirtschaft, der in eine Wirtschaftskrise mit allen daraus
resultierenden Folgen mündete, wurde von der überstürzten Konzentration
auf die Rüstungsproduktion stark beeinflusst, auf die der Kreml zu dieser Zeit
drängte. Die Tschechoslowakei sollte zu einer Waffenwerkstatt des Sowjetblocks werden, obwohl diese Aufgabe sie stark überforderte.

Wirtschaftsprobleme, die sich Anfang der 1950er Jahre auf dem Gebiet der
Tschechoslowakei zuspitzten, wurden mit einer Versorgungkrise nicht nur bei
Konsumwaren, sondern auch bei Grundnahrungsmitteln begleitet. Hand in
Hand damit ging das soziale Versagen des kommunistischen Regimes und
seine Entfremdung gegenüber breiten Arbeiterschichten und – infolge der ge-
waltsamen Kollektivierung – und auch gegenüber den Bauern. In volkseigenen
Betrieben wurden Arbeiterrechte frappant verletzt, soziale Errungenschaften

2   Kaplan, Karel: Československo v letech 1948–1953, 2. část. Zakladatelské období komunistického
režimu [Die Tschechoslowakei 1948–1953, Teil 2. Die Gründerzeit des kommunistischen Regimes]. Praha
1992; vgl. Ders.: Sociální souvislosti krizí komunistického režimu 1953–1957 a 1968–1975 [Soziale Zusammenhänge der Krisen des kommunistischen Regimes 1953–1957 und 1968–1975]. Praha 1993;
Ders.: Československá krize 1953–1957 [Die tschechoslowakische Krise 1953–1957]. In: Listy
20(1990)5, S. 27–43 etc.

3   Jirásek, Zdeněk: Hospodářský vývoj průmyslových oblastí Čech v letech 1949–1953 [Die
Wirtschaftsentwicklung in Industriegebieten Böhmens in den Jahren 1949–1953]. In: Slezský sborník
88(1990)2, S. 115.

4   Janák, Dušan; Jirásek, Zdeněk: Sovětští poradci a ekonomický vývoj v ostravsko-karvinském
revíru [Sowjetische Berater und die Wirtschaftsentwicklung im Kohlenrevier von Ostrava und Karvi-
ná]. Opava 1996, S. 23.

5   Jirásek, Zdeněk: Problémy ekonomického vývoje Československa a jeho institucionálního
zabezpečení v letech 1948–1967 [Probleme der Wirtschaftsentwicklung der Tschechoslowakei und
ihrer institutionellen Sicherung in den Jahren 1948–1967]. In: Česko-slovenská historická ročenka
1998. Brno 1998, S. 145.

wurden abgebaut. Der Mangel an Arbeitskräften veranlasste einige Betriebe, ihre Mitarbeiter zu so vielen Überstunden zu zwingen, dass es auch den damals gültigen Vorschriften widersprach.[6]

Die Historikerin Lenka Kalinová meint,[7] dass das soziale System in der Tschechoslowakei in den Jahren 1951 bis 1953 in eine Krise geraten sei, die »nicht nur eine Folge der Stagnation des Lebensniveaus, sondern ein Ausdruck tieferer Zusammenhänge war. Es zeigte sich, dass die angeschlagene Richtung und Geschwindigkeit des Übergangs von einem System zum anderen sowie die tiefe Umstrukturierung der Wirtschaft in mehreren Bereichen zugleich sozial unhaltbar war.« Kalinová kommt zu der Schlussfolgerung, dass die Bevorzugung der Arbeiter im Hinblick auf ihre politische Stellung, auf Löhne und Sozialleistungen nicht durchgehalten werden konnte. In den Jahren 1951 bis 1953 war das System ineffizient und Wirtschaftswachstum war nur durch eine extensive Nutzung der Produktionsfaktoren zu erzielen. Unter diesen Bedingungen konnte es die von ihm versprochenen sozialen Errungenschaften nicht nachhaltig gewährleisten.

»Als diese Versprechungen und realen Hoffnungen der Bevölkerung auf Wirtschaftswachstum und Anhebung des Lebensstandards, d. h. die Hauptanreize für die Unterstützung der neuen Macht, nicht erfüllt wurden, nahm die Unzufriedenheit und schrittweise auch der Widerstand der Bevölkerung gegen die regierenden Funktionäre zu. Sukzessive verloren auch die politischen Motive ihre Wirksamkeit, mit denen die neue Macht einen Rückhalt in den Arbeitermassen zu finden versuchte. So, wie sie sich vor neu beitretenden Menschen verschloss, wie der Bürokratismus und Repressionen auch gegen Arbeiter zunahmen, schwanden auch deren Illusionen über diese Macht.«

Dazu kam auch die Unfähigkeit des Regimes, optimale Bedingungen für einen normalen Betrieb der Volkswirtschaft zu schaffen, denn es konnte den Rohstoff- und Energiemangel nicht bewältigen. Trotzdem bestand es auf der Erfüllung von festgelegten Sollwerten der Arbeitspläne, und wenn es die Werktätigen nicht im Guten dazu bewegen konnte, griff es zur Gewalt. In den Jahren 1948 bis 1953 stellten die Arbeiter 25 bis 30 Prozent der Opfer der politischen Verfolgung auf allen Ebenen der gerichtlichen und außergerichtlichen Repressionen dar.[8]

---

6   Kalinová, Lenka: Změny ve složení a postavení dělníků – představy a skutečnost [Veränderungen in der Zusammensetzung und Stellung der Arbeiterschaft – Vorstellungen und Wirklichkeit]. In: K proměnám sociální struktury v Československu 1918–1968. Praha 1993, S. 152.
7   Ebenda, S. 157 f.
8   Heumos, Peter: »Wenn sie sieben Turbinen schaffen, kommt die Musik.« Sozialistische Arbeitsinitiativen und egalitäre Defensive in tschechoslowakischen Industriebetrieben und Bergwerken 1945–1965. In: Brenner, Christiane; Heumos, Peter (Hg.): Sozialgeschichtliche Kommunismusforschung Tschechoslowakei, Polen, Ungarn und DDR 1948–1968. Vorträge der Tagung des Collegiums Carolinum in Bad Wiessee vom 22. bis 24. November 2002. München 2005, S. 149.

Peter Heumos stellt fest, dass

»der Terror eine Reaktion auf permanente, überwiegend sozial bedingte Unruhen in der Industrie insbesondere während des ersten Fünfjahrplans war: auf Arbeitsunterbrechungen, Protestaktionen, innerbetriebliche Zusammenrottungen, auf massenhaftes Vermeidungsverhalten und Boykott der Schichtarbeit, auf den Widerstand gegen die Verschärfung von Arbeitsnormen, lokale Unruhen, auf eine Streikwelle Anfang Juni 1953.«[9]

Verschiedene Proteste gegen die totalitäre Herrschaft der tschechoslowakischen kommunistischen Partei gab es natürlich auch früher, fast sofort nach dem Februarputsch 1948. Dies waren jedoch keine Arbeiteraktionen, denn dem neuen Regime gelang es zunächst, mit diversen Lohn- und Sozialmaßnahmen die Mehrheit der Arbeiterklasse auf seine Seite zu bringen, und diese zeigte sich deshalb relativ lange bereit, die Kommunisten an der Macht zu halten. Aber infolge aller oben genannten Umstände und einer ungünstigen Entwicklung im ökonomischen, sozialen und politischen Bereich wurde die bisherige Interesseneinheit zerstört, die Arbeiter hörten auf, das kommunistische Regime als ihr eigenes anzusehen, das ihre Interessen durchsetzte, und Anfang der 1950er Jahre begannen sie, gegen das Regime massenhaft aufzutreten.

Zu ersten vereinzelten Streiks in Industriebetrieben kam es auf dem gesamten Staatsgebiet im Sommer 1951; die Arbeiter reagierten damit auf die beschränkte Zuteilung von Lebensmitteln und Konsumgütern, welche die Regierung im Juni desselben Jahres wegen Wirtschaftsproblemen einleitete.[10] Zu wirklich massenhaften Kundgebungen der Unzufriedenheit griff die Arbeiterschaft nur wenig später, im November 1951 in Brünn und dem damaligen Brünner Bezirk. Die Streiks und anschließenden Demonstrationen brachen aus, nachdem die Regierung am 20. November beschlossen hatte, die Höhe des Weihnachtszuschusses zu beschränken, was Hunderttausende von Werktätigen betraf.[11] Anfang der fünfziger Jahre erreichte übrigens auch der bewaffnete Widerstand gegen die KPTsch-Herrschaft in der Tschechoslowakei seinen Höhepunkt. Eben zu dieser Zeit entstanden und wirkten die meisten illegalen staatsfeindlichen Gruppen, die sich bemühten, Bedingungen für den Sturz des gehassten Regimes zu schaffen.

Die politische Entfremdung zwischen der tschechoslowakischen Öffentlichkeit und den regierenden Kreisen konnte auch äußeren Beobachtern nicht entgehen. Im Januar 1952 meldete der österreichische Botschafter in Prag nach Wien, dass sich Widerstand gegen die Regierung im Lande verbreitet

---

9   Ebenda, S. 150.
10   Nationalarchiv Prag – Archiv des ZK KPTsch (nachstehend nur »NAP«), Sammlung (nachstehend nur »f.«) 100/1, Band (nachstehend nur »sv.«) 82, Archiveinheit (nachstehend nur »ar. j.«) 615, Zpráva z průzkumu o příčinách stávek na některých závodech, dat. 31.7.1951.
11   Pernes, Jiří: Brno 1951. Příspěvek k dějinám protikomunistického odporu na Moravě [Brünn 1951. Beitrag zur Geschichte des antikommunistischen Widerstands in Mähren]. Praha 1997.

habe: »Die Empörung der Bevölkerung ist in erster Linie durch Verschlechterung von Wirtschaftsverhältnissen, ständige Erhöhung von Arbeitsnormen und Abkommandieren der Leute in Arbeitslager, Bergwerke usw. hervorgerufen.«[12] Aus den angeführten Tatsachen ergibt sich eindeutig, dass die ökonomische und soziale Krise in der Tschechoslowakei schon früher ausbrach, als Karel Kaplan meint. Als ein Katalysator der ungünstigen Entwicklung wirkten außerdem jene politischen Prozesse, die Ende der 1940er und Anfang der 1950er Jahre in der Tschechoslowakei – genauso wie in anderen kommunistischen Ländern – im Gange waren und die sich viel stärker als früher gegen Parteifunktionäre richteten. Nicht nur jene mussten damals ihre Positionen verlassen, die von der Staatssicherheit verhaftet wurden, sondern auch ihre nächsten Mitarbeiter. Sowohl Funktionäre als auch einfache Parteimitglieder wurden unsicher, ihre bisher fest geschlossenen Reihen kamen zum Schwanken. Eine der wenigen Gewissheiten, die ihnen blieb, war Klement Gottwald, der Vorsitzende der KPTsch und Staatspräsident, dessen Autorität[13] bisher zur Stabilisierung der Lage beigetragen hatte. Der angesehene Führer starb allerdings unerwartet nach seiner Rückkehr aus Moskau am 14. März 1953. Sein Tod destabilisierte das kommunistische Regime weiter, weil es in den obersten Parteiorganen keine Persönlichkeit gab, die sich einer ähnlichen Achtung erfreute und Gottwald ersetzen konnte.

I. Lockerung der Verhältnisse nach Stalins und Gottwalds Tod

Die Partei- und Staatsführung der Tschechoslowakei wurde nun von Antonín Zápotocký, der schon am 21. März 1953 zum Staatspräsidenten gewählt wurde, und von Antonín Novotný, der vom Präsidium des Zentralkomitees (ZK) der KPTsch mit der Leitung der Arbeit des Parteisekretariats beauftragt und mit dem Titel »Erster Sekretär« bedacht wurde, übernommen.[14] Die Parteiführung war sich der ernsten Lage im Lande bewusst. Von den Sicherheitsorganen bekam sie täglich Berichte über wachsende Unzufriedenheit unter der Bevölke-

---

12 Österreichisches Staatsarchiv/Archiv der Republik, Sammlung 01 BmfaA 1951, Kart. 177, Sektion II-pol., Bericht »Politische u. soziale Unruhe in der CSR«.

13 In der Sitzung des Präsidiums des ZK der KPTsch am 17.8.1953 formulierte es treffend der damalige Vorsitzende der Kommission für Parteikontrolle, Jan Harus: »Gottwald, das war eine heilige Autorität. Der riesige Sieg, der neue Staat usw., das alles ist mit dem Namen Klement Gottwald verknüpft. Nun haben wir K. G. nicht mehr«, siehe NAP, f. 02/1 – Předsednictvo ÚV KSČ, sv. 37, ar. j. 49, Schůze PÚV KSČ 17.8.1953, handschriftliches Protokoll der Diskussion.

14 Pernes, Jiří: Snahy o překonání politicko-hospodářské krize v Československu v roce 1953 [Bemühungen um Überwindung der politisch-wirtschaftlichen Krise in der Tschechoslowakei 1953]. Brno 2000, S. 9.

rung und immer häufigere Widerstandsbekundungen.[15] Sie kam deshalb zu dem Schluss, dass die Einleitung einiger Reformen zur Gesundung der Verhältnisse notwendig sei. Die erste und zugleich schmerzhafteste war die Währungsreform, die am 31. Mai und 1. Juni 1953 durchgeführt wurde. Trotz aller Probleme wurde sie zu einem erfolgreichen Abschluss gebracht. Der Staat bereicherte sich dadurch enorm: Der Gesamtgewinn überstieg 14 Milliarden Kronen. Er konnte dadurch nicht nur aktuelle Wirtschaftsprobleme lösen, sondern sich sogar eine ausreichende Finanzreserve und Spielraum für großzügige soziale Gesten in der nächsten Zukunft schaffen.[16]

Die Währungsreform rief eine neue Unzufriedenheitswelle unter den Werktätigen hervor. Das Land wurde von Streiks und Demonstrationen erschüttert, die vom kommunistischen Regime allerdings ohne jegliche Skrupel brutal unterdrückt wurden. Nur die negative Einstellung der Führung der Kommunistischen Partei der Sowjetunion (KPdSU), die befürchtete, dass Massensäuberungen, mit denen insbesondere Zápotocký drohte, zu neuen Komplikationen in der innenpolitischen Situation führen könnten, hielt die tschechoslowakischen Kommunisten davon ab, noch härter gegen die unzufriedene Öffentlichkeit vorzugehen.[17]

In der Frage der weiteren Entwicklung war sich die KPTsch-Führung nicht einig. Das bewirkten vor allem die unterschiedlichen Ansichten von Antonín Zápotocký, der mit den Ideen des sogenannten »Neuen Kurses« kokettierte, der nach 1953 in der UdSSR und in Ungarn sowie Ostdeutschland zur Anwendung kam, und die von Antonín Novotný, der auf der Vollendung der gewaltsamen Kollektivierung der Landwirtschaft und auf der Erfüllung der »Generallinie des Aufbaus des Sozialismus« in der Form beharrte, die im Mai 1949 vom IX. Parteitag der KPTsch formuliert worden war. Diese Uneinigkeit manifestierte sich im August und September 1953, als das ZK der KPTsch über das neue Vorgehen der Partei nach Gottwalds Tod entscheiden sollte. Zur Grundlage für seine Besprechung wurden die sogenannten Augustthesen, welche Antonín Zápotocký vorbereiten sollte. Dieser trug sie in der Sitzung des ZK der KPTsch im September 1953 vor. Der vorgelegte Bericht war eigentlich der erste Versuch einer kritischen Bewertung der tschechoslowakischen Wirtschaft Anfang der 1950er Jahre: Es ging um eine Auflistung der Erfolge und Misserfolge der Parteipolitik und ebenfalls um die Benennung von deren Ursachen. Die Verfasser des Berichtes sprachen wohl zum ersten Mal nicht nur über Erfolge beim »Aufbau des Sozialismus«, sondern auch über Fehlschläge und »ernste Fehler«. Für die damalige Zeit war allerdings kennzeichnend, dass fast alle kritischen Hinweise, welche die erste Version des Berichts

15 Ebenda, S. 11.
16 Ebenda, S. 13.
17 Ebenda, S. 16.

enthielt, schrittweise gestrichen wurden. Dazu trug die widersprüchliche Stellungnahme der KPdSU-Führung bei, die den Bericht der tschechoslowakischen Genossen zur Beurteilung bekam. Die sowjetische Antwort stärkte diejenigen ZK-Mitglieder, die jede Änderung der bisherigen politischen Praxis ablehnten. Sie begriffen, dass die Ruhe im Lande aufrechterhalten werden musste und deshalb Maßnahmen zur Erhöhung des Lebensstandards der Bevölkerung einzuleiten waren, dass jedoch keine grundsätzliche Revision der bisherigen Tätigkeit erforderlich war.[18]

Zwischen den Jahren 1953 und 1956 verbesserte sich die sozioökonomische Situation in der Tschechoslowakei allmählich. Der Regierung half dabei der Wandel der außenpolitischen Ausrichtung der Sowjetunion von einer konfrontativen Politik hin zur friedlichen Koexistenz. Das ermöglichte – zumindest für eine gewisse Zeit –, nicht geringe Finanzmittel in die Produktion von Konsumgütern, in den Wohnungsbau und in die Verbesserung des Lebensniveaus der Bevölkerung umzuleiten. Aus Besprechungsmaterialien des Politbüros des ZK der KPTsch aus den Jahren 1954 bis 1956 geht klar hervor, wie oft es sich mit der Stimmung im Lande befasste. Am meisten half dem Regime die mehrmalige Preisreduzierung im Einzelhandel; zum ersten Mal wurde sie bereits im Oktober 1953 durchgeführt und dann bis Ende 1956 noch sechsmal wiederholt. Und es ist festzustellen, dass sich die mit dieser Maßnahme verbundenen Erwartungen des Regimes auch erfüllten. Die Einzelhandelspreise wurden binnen kürzester Zeit um 18 Prozent herabgesetzt, und das war in jedem Geldbeutel zu spüren.[19] 1953 ließ auch der bisherige brutale Druck auf die Kollektivierung der Landwirtschaft vorübergehend nach, was sich auf die Verbesserung der Versorgung und die Behebung der größten Lebensmittelnot positiv auswirkte. Nach Stalins Tod hörten auch die willkürlichen Verhaftungen auf, die sogar in den Reihen der KPTsch Unruhe stifteten. Politische Prozesse wurden zwar fortgeführt, sie verloren allerdings den bisherigen Charakter eines politischen Theaters, das die breiten Bevölkerungsschichten einschüchtern sollte, und kommunistische Funktionäre wurden nicht mehr zum Tode verurteilt.[20] Infolge all dieser Umstände beruhigte sich die Situation im Lande allmählich und das politische und soziale Klima änderte sich zugunsten des Regimes.

---

18 Ebenda, S. 22.
19 Pernes, Jiří: Československý rok 1956. K dějinám destalinizace v Československu [Das tschechoslowakische Jahr 1956. Zur Geschichte der Destalinisierung in der Tschechoslowakei]. In: Soudobé dějiny 7(2000)4, S. 612.
20 Der letzte kommunistische Funktionär, der von seinem eigenen Regime 1954 hingerichtet wurde, war der ehemalige Kommandant der Staatssicherheit Osvald Závodský. Näher siehe Kalous, Jan: »Nepřátelé« ve Státní bezpečnosti. Procesy s příslušníky StB [»Feinde« in der Staatssicherheit. Prozesse mit StB-Angehörigen]. In: Pernes, Jiří; Foitzik, Jan (Hg.): Politické procesy v Československu po roce 1945 a »případ Slánský«. Sborník příspěvků ze stejnojmenné konference, pořádané ve dnech 14.–16. dubna 2003 v Praze. Brno 2005, S. 282–290.

Es kam in der Tschechoslowakei jedoch nicht zu einem tieferen politischen Wandel. Die KPTsch-Führung war ihrer stalinistischen Vergangenheit nach wie vor treu, was sich nicht nur in ihrem unveränderten Wortschatz widerspiegelte, sondern auch im Bau des monströsen Denkmals auf der Prager Anhöhe Letná. Paradoxerweise wurde es 1955 enthüllt, als Stalins Name nicht nur in der Sowjetunion, sondern auch in anderen kommunistischen Ländern unauffällig zu verklingen begann. Als die KPdSU-Führung Anfang 1956 die tschechoslowakischen Genossen zu ihrem XX. Parteitag einlud, legte Antonín Novotný dem Politbüro des ZK der KPTsch den Text seiner Begrüßungsansprache zur Genehmigung vor, die er dort vortragen wollte. Neben Phrasen über die Freundschaft des tschechoslowakischen und sowjetischen Volkes stellte er auch fest, dass die leuchtenden Erfolge der Sowjetunion dank der Kommunistischen Partei der Sowjetunion erreicht worden seien, welche »die große Lehre von Marx, Engels, Lenin und Stalin stets kreativ weiterentwickelt«. Die KPTsch-Führung genehmigte diese Rede ohne Bedenken, was zu bestätigen scheint, dass Stalin noch am 9. Februar 1956 eine unanfechtbare Autorität für die tschechoslowakischen Kommunisten darstellte, zu der sie sich nach wie vor bekannten. Es steht auch fest, dass die tschechoslowakische Delegation beim XX. Parteitag über die frostige Kälte gegenüber dem bis zu dieser Zeit angebeteten Stalin überrascht war, die aus den Ansprachen seit dem Anfang zu spüren war. Antonín Novotný passte sich dieser Tendenz rasch an: Als er am 16. Februar 1956 seine Begrüßungsansprache vortrug, ließ er nicht nur den Hinweis auf den »kreativen Beitrag« Stalins aus, sicherheitshalber führte er gar keine Namen der »Klassiker« des Marxismus-Leninismus an.

Ungeschickter verhielt sich Antonín Zápotocký, als er am 24. Februar im Gebäude der tschechoslowakischen Botschaft mit jungen Tschechen und Slowaken diskutierte, die an Hochschulen in der Sowjetunion studierten. Die Studenten vernahmen sensibel alle Bemerkungen über den »Personenkult«, die im sowjetischen Milieu von 1953 an immer häufiger vorkamen, und fragten Zápotocký nach seiner Meinung über Stalins Fehler und nach den Ursachen dafür, dass Stalin die kollektive Führung mit seiner Selbstherrschaft ersetzt hatte. »Wollt ihr in dieses Fettnäpfchen treten?«, antwortete Zápotocký mit einer Frage.

»Es muss nicht darüber diskutiert werden, in welcher Ära es diese kollektive Führung nicht gab, wer es verhinderte. Das ist eine Frage der Feinfühligkeit und Ehrfurcht. Ist denn jemand von uns daran interessiert, dass die Frage von Stalin zu einem Diskussionsgegenstand wird? Die richtige Politik ist, sich in diese Sachen nicht einmischen!«

Und am nächsten Tag trug Chruščev in einer geheimen Parteitagsitzung seine berühmte Rede »Über den Personenkult und seine Folgen« vor.[21]

---

21   Pernes: Československý rok 1956 (Anm. 19), S. 596.

II. Die Tschechoslowakei 1956

Die Aussage Pavel Tigrids und der wenig schmeichelhafte Witz über die Tschechen, die eingangs erwähnt wurden, könnten suggerieren, dass die tschechoslowakische Öffentlichkeit über Chruščevs Referat und die Entstalinisierungswelle in der Sowjetunion wenig begeistert war. Das Gegenteil war der Fall: Obwohl Chruščevs Referat während der gesamten Regierungszeit der KPTsch nie offiziell auf Tschechisch publiziert wurde, fanden der XX. Parteitag der KPdSU und seine Ergebnisse in der Tschechoslowakei großen Anklang. In öffentlichen Konferenzen der KPTsch wurden mehr parteiinterne Demokratie und ein größeres Maß an sozialer Freiheit gefordert. Kritisiert wurde der tschechoslowakische Stalinismus; die Verantwortlichen sollten zur Rechenschaft gezogen werden. Die tschechoslowakischen Schriftsteller verlangten auf der II. Konferenz ihres Verbandes im April 1956 unter anderem die Aufhebung der Zensur und Freiheit für verhaftete Autoren. Im Mai fanden zum ersten Mal seit dem Februar 1948 in den meisten Universitätsstädten Studentenfeste, die sogenannten Majales, statt. Oft wurden sie zu Foren politischer Kritik am herrschenden Regime. Die Organisation des Tschechoslowakischen Jugendverbandes an der Mathematisch-Physikalischen Fakultät der Karlsuniversität in Prag veranstaltete am 26. April eine große Versammlung, um neben spezifischen Forderungen der Studenten auch solche nach unabhängigen Informationen der Bevölkerung, Beschränkung der Führungsaufgabe der KPTsch im Staat und ähnliches vorzubringen. Die wichtigste Forderung war aber offensichtlich der allgemeine Ruf nach Abhaltung eines außerordentlichen Parteitags der KPTsch, der eine »Auseinandersetzung mit der Vergangenheit« beschleunigen und vertiefen sollte. Keine dieser Forderungen wurde allerdings antikommunistisch artikuliert, alle betonten das Bedürfnis, das kommunistische Regime im Lande »verbessern« und seine bisherigen Mängel beheben zu wollen.[22]

Die Führung der kommunistischen Partei geriet in eine schwierige Situation. Von Moskau wurde sie zur Durchführung einer Entstalinisierungskampagne verpflichtet und musste dieser Weisung Folge leisten. Zugleich wollte sie sich aber weder einer grundsätzlichen Selbstkritik unterwerfen noch ihren früheren Führer Klement Gottwald kritisieren, der für die Partei nach wie vor ein unantastbarer Abgott war. Deshalb machte sie Gottwalds Schwiegersohn, den bisherigen Verteidigungsminister Alexej Čepička, zum Sündenbock. In der Sitzung des ZK der KPTsch am 19. und 20. April 1956 wurde er als der Verursacher der stalinistischen Deformationen und Repräsentant des Personenkults in der ČSR bezeichnet, der Mitgliedschaft im Politbüro enthoben, aus der Regierung abberufen und aus dem öffentlichen Leben entfernt. Anstatt eines außerordentlichen

22 Ebenda, S. 602–609.

Parteitags wurde im Juni eine gesamtstaatliche Konferenz der KPTsch einberufen, deren Delegierte der bestehenden Parteiführung ihr Vertrauen aussprachen
und zum Kampf gegen die »Feinde des Sozialismus« aufriefen.

Parallel dazu unternahm die KPTsch-Führung zahlreiche Schritte zur Verbesserung des Lebensstandards der Bevölkerung. Von der mehrmaligen Senkung der Einzelhandelspreise war hier schon die Rede. Dabei blieb es aber
nicht. Das Politbüro befasste sich so gut wie jeden Monat mit irgendeinem
neuen Vorschlag, dessen Auswirkungen schließlich die Lebensbedingungen
breiter Schichten verbesserten: Am 2. März diskutierte es eine Erhöhung der
niedrigsten Pensionen, am 26. März Maßnahmen zur »weiteren Erhöhung des
Lebensniveaus der Bevölkerung«, im April Probleme im Wohnungsbau, am
4. Juni eine Verkürzung der Arbeitszeit und Anpassung der Gehälter im Gesundheitswesen, am 9. Juni eine Verkürzung der Arbeitszeit von Jugendlichen,
einen Monat später Lohnanpassungen für Ingenieure, technische Mitarbeiter
und Angestellte in der Produktion, Anfang August eine Verbesserung der
Kurbetreuung und betrieblichen Erholung, im September einen Gesetzentwurf zur Verkürzung der Arbeitszeit etc.[23] Alle Maßnahmen erleichterten den
Bürgern tatsächlich das Leben, und es ist kein Wunder, dass sie weitgehend
zur Aufrechterhaltung der Ruhe im Lande beitrugen – im Unterschied beispielsweise zu Polen und Ungarn, wo die sozialen Verhältnisse viel schlechter
waren. Die Sozialpolitik der KPTsch wurde auch von Chruščev in der Präsidiumssitzung des ZK der KPdSU im Oktober 1956 lobend erwähnt und zum
Vorbild für andere Staaten erhoben.[24]

Die Reformbewegung in Polen wurde von der tschechoslowakischen Öffentlichkeit mit unverhohlener Sympathie beobachtet; der antikommunistische Aufstand des ungarischen Volkes im Oktober 1956 schockierte allerdings
die meisten Tschechen und Slowaken. Die kommunistische Propaganda
konnte die Grausamkeiten der ungarischen Vorfälle erfolgreich nutzen und
tschechoslowakischen Werktätigen ein Zusammengehörigkeitsgefühl mit dem
herrschenden Regime vermitteln. Die Polizei liquidierte zwar im Oktober und
November einige illegale Gruppen, die Aktionen gegen die kommunistische
Regierung vorbereiteten; dabei handelte es sich aber nur um marginale Erscheinungen. Im Gegenteil, genau zu dieser Zeit kam es zu spontanen Äußerungen der Unterstützung für die KPTsch-Führung, und zwar sogar von denjenigen, die bisher kritisch aufgetreten waren. So schickte beispielsweise die
Parteiorganisation im S.-K.-Neumann-Theater in Prag, die noch im Frühling
die Einberufung des außerordentlichen Parteitags gefordert hatte, nun dem
Zentralkomitee eine völlig anders geartete Resolution. Darin stand, dass die
Mitglieder »erst unter dem Eindruck der letzten Vorkommnisse in Polen und

---

23 Ebenda, S. 612 f.
24 NAP, f. 02/2, sv. 120. ar. j. 147, Schůze PB 24.10.1956, bod 1 – Události v MLR.

Ungarn sich völlig bewusst wurden, wie es bei uns mit der Parteieinheit ausfallen würde, wenn auch andere Parteimitglieder solche Ansichten wie sie durchgesetzt hätten«.[25] In Prag und anderenorts fanden Parteisitzungen mit Mitarbeitern der Hochschulen und der Tschechoslowakischen Akademie der Wissenschaften, mit Theater- und Filmemachern sowie Schriftstellern statt. Interne Dokumente der KPTsch aus dieser Zeit stellen fest, dass die »Diskussion bestätigte, dass in allen Bereichen, wo die Aktive tätig waren, sich ein gesunder und fester Parteikern befindet, der in der letzten Zeit noch stabiler wurde«.[26]

Alle diese Umstände verweisen auf folgende Tatsache: Im Jahre 1956 befand sich das kommunistische Regime in der Tschechoslowakei nicht in einer Krise. Die KPTsch-Führung konnte diese nämlich während der vorangegangenen zwei bis drei Jahre überwinden und ihre Macht erhalten. Im Jahre 1956 war das kommunistische Regime in der Tschechoslowakei wieder stabilisiert und von der überwiegenden Mehrheit der Bevölkerung akzeptiert. Die traditionell links gesinnte tschechoslowakische Öffentlichkeit verspürte 1956 kein Bedürfnis, dem Regiment der kommunistischen Partei aktiv entgegenzutreten und sich für seinen Sturz einzusetzen. Deshalb benahmen sich die Tschechen damals anders als die Polen und Ungarn – aus deren Sicht wie Schweine. Wenn man aber die kritischen Äußerungen näher betrachtet, die zu dieser Zeit in der Tschechoslowakei an die Adresse der kommunistischen Partei gerichtet wurden, wird deutlich, dass sie keine Bedingungen für den Sturz der kommunistischen Regierung schaffen wollten, sondern für deren Reform. Die Verfasser kritischer Äußerungen aus den Reihen der Schriftsteller, Studenten, Schauspieler, Wissenschaftler, politischer Mitarbeiter in der Armee und auch Arbeiter in öffentlichen Parteikonferenzen, die nach einem außerordentlichen Parteitag riefen, wollten die kommunistische Regierung nicht abschaffen, sondern mit einem größeren Maß an Demokratie und persönlicher Freiheit ausstatten, also dass schaffen, was zwölf Jahre später, während des sogenannten Prager Frühlings, als »Sozialismus mit menschlichem Antlitz« oder »demokratischer Sozialismus« bezeichnet wurde. Übrigens hatten die Tschechen und Slowaken 1968 genug Informationen über alle Verbrechen und Grausamkeiten, welche die KPTsch während ihrer zwanzigjährigen Herrschaft begangen hatte, zur Verfügung. Und trotzdem war eine überwältigende Mehrheit von ihnen bereit, die KPTsch auch danach zu unterstützen und ihr Schicksal mit ihr zu verbinden. Und es war kein Zufall, dass die meisten sogenannten Reformer, die sich 1968 in der kommunistischen Partei engagierten, eben das Jahr 1956 für den Augenblick ihres politischen Erwachens hielten, das Jahr des ersten zaghaften Versuchs einer Demokratisierung des Kommunismus in der Tschechoslowakei.

25   Zit. nach: Neumannová, Jana: Strana a spisovatelé v roce 1956: II. sjezd SČSS [Die Partei und die Schriftsteller im Jahre 1956: II. Konferenz des Verbandes Tschechoslowakischer Schriftsteller]. Handschriftl. Praha 1969, S. 112.
26   Ebenda.

Hermann Wentker

Bedroht von Ost und West

Die Entstalinisierungskrise von 1956 als
Herausforderung für die DDR

Der XX. Parteitag der KPdSU und die durch ihn in Gang gesetzte Entstalinisierung erschütterten den Ostblock. Denn schon bald stellte sich heraus, dass
Chruščev sich als Zauberlehrling erwies, der die Geister, die er gerufen hatte,
nicht mehr loswurde. In Polen und Ungarn schienen die Dämme zu brechen:
Die Reformen und Aufstände bedrohten die kommunistische Herrschaft in
ihrem Kern, da sowohl die jeweiligen Staatsparteien davon erfasst waren als
auch ein Austritt der beiden Staaten aus dem Warschauer Pakt zur Debatte
stand. In der DDR hingegen blieb es vergleichsweise ruhig. Die Entstalinisierung führte lediglich zu minimalen Kurskorrekturen – insbesondere zu Entlassungen von Verurteilten und zu einem modifizierten justizpolitischen Kurs –,
nicht aber zu grundlegenden Reformen. In der Bevölkerung kam es zwar zu
vermehrten Protesten, aber nicht zu Aufständen. Als Ursachen für diese Unterschiede zur polnischen und ungarischen Entwicklung sind unter anderem die
schwache innerparteiliche Opposition in der SED, die zersplitterte und isoliert
von den »Massen« agierende Intelligenz, die in der DDR weitverbreitete
Kriegsangst, die Erfahrungen von 1953 sowie die vorrangige Beschäftigung der
DDR-Bevölkerung mit ihren ökonomischen Problemen genannt worden.[1]
In den folgenden Ausführungen steht die weitergehende Frage im Mittelpunkt, warum, nicht nur aus der Sicht Ulbrichts, der Status quo in der DDR
unbedingt zu erhalten war. Es geht mithin um die existentielle Herausforderung, die die von Chruščev angestoßene Entstalinisierung und die nachfolgenden Herrschaftskrisen in Polen und Ungarn für die DDR darstellten, und um
die entscheidende Frage, mit welchen Strategien die DDR-Führung dieser
Herausforderung sowohl im »nationalen« Rahmen als auch im Rahmen des
Ostblocks begegnete. Daher werden, erstens, der Wandel des ostdeutsch-
sowjetischen Verhältnisses infolge der Entstalinisierungsversuche vonseiten
Chruščevs, zweitens die Wahrnehmung der polnischen Unruhen des Jahres
1956 und die Konsequenzen, die Ost-Berlin daraus zog, drittens die Reaktionen der DDR auf die doppelte Herausforderung durch Polen und Ungarn,

---

1   Vgl. dazu Granville, Johanna: Ulbricht in October 1956: Survival of the *Spitzbart* during De-
stalinization. In: JCH 41(2006), S. 477–502.

und viertens die Auswirkungen von »1956« auf das Verhältnis der DDR zu
ihren Nachbarn sowie zur Sowjetunion thematisiert.

I. Das ostdeutsch-sowjetische Verhältnis

Spätestens mit dem Jahr 1955 »normalisierten« sich die Beziehungen zwischen
der DDR und der Sowjetunion. Die DDR war zwar weiterhin von der Block-
führungsmacht abhängig; jedoch löste diese damals die letzten Reste ihrer
Besatzungsverwaltung – die Sowjetische Hohe Kommission – auf und schloss,
nachdem sie die DDR bereits am 25. März 1954 für souverän erklärt hatte,
mit der ostdeutschen Regierung am 20. September 1955 einen Vertrag »auf
völliger Gleichberechtigung, gegenseitiger Achtung der Souveränität und der
Nichteinmischung in die inneren Angelegenheiten«.[2] Wichtiger als dieser
formale Akt war indes die Aufwertung der DDR als eigenständiger Staat im
Rahmen der deutsch-deutschen Systemkonkurrenz. Chruščevs Erklärung am
26. Juli 1955 in Ost-Berlin, in der er »die mechanische Vereinigung beider
Teile Deutschlands« als »unreale Sache« bezeichnete und betonte, dass man die
deutsche Frage »nicht auf Kosten der Interessen der Deutschen Demokratischen Republik lösen« könne,[3] verhieß der DDR-Führung Sicherheit: Die
Verkündung der »Zwei-Staaten-Theorie« bedeutete das definitive Ende einer
aktiven Wiedervereinigungspolitik, und die DDR musste nicht mehr befürchten, zugunsten eines nicht-sozialistischen Gesamtdeutschlands aufgegeben zu
werden. Mehr noch: Da Chruščev die Überlegenheit des sozialistischen Systems über das kapitalistische an der Nahtstelle des Ost-West-Konflikts – in
Deutschland – unter Beweis stellen wollte, forderte er gegenüber ostdeutschen
Vertretern in Moskau am 10. Juli 1956, die wirtschaftliche Attraktivität der
DDR zu erhöhen: Die DDR sollte sich zum Modell und Schaufenster des
gesamten Sozialismus entwickeln.[4] Dies zog freilich die Verpflichtung nach
sich, der DDR wirtschaftlich in einem bisher ungeahnten Ausmaß unter die
Arme zu greifen.

Bedeutete dies eine Stabilisierung des ostdeutschen Staates, so drohte mit der
Geheimrede Chruščevs auf dem XX. Parteitag der KPdSU eine Destabilisierung
von dessen Regime. Denn die Kritik an stalinistischen Praktiken traf nicht nur

---

2   Die Souveränitätserklärung. In: Dokumente zur Außenpolitik der Regierung der Deutschen
Demokratischen Republik. Bd. I, Berlin (Ost) 1954, S. 303 f.; der deutsch-sowjetische Vertrag vom
20.9.1955. In: ebenda, Bd. III, S. 280–283, hier 281.
3   Rede Chruschtschows. In: Dokumente zur Deutschlandpolitik, III. Reihe. Bd. 1, Bonn u. a.
1961, S. 232–236, hier 234.
4   Vgl. Lemke, Michael: Einheit oder Sozialismus? Die Deutschlandpolitik der SED 1949–1961.
Köln u. a. 2001, S. 363.

den großen Stalin, sondern auch die »kleinen Stalins« in den Satellitenstaaten, unter anderem den Ersten Sekretär der SED, Walter Ulbricht. Aus dem Bewusstsein, dass nicht nur seine persönliche Macht, sondern auch die DDR angesichts der permanenten Herausforderung durch die Bundesrepublik besonders gefährdet war, versuchte er die Folgen des Tauwetters für seinen Staat strikt zu begrenzen. Er hoffte, sich im Wesentlichen auf einen Artikel im *Neuen Deutschland* am 4. März 1956 beschränken zu können, in dem er – im Gegensatz zu früheren Behauptungen – schrieb, dass Stalin kein »Klassiker« des Marxismus sei.[5] Den Text der Geheimrede ließ er auf der ZK-Tagung am 22. März nur verlesen; auf Parteiversammlungen im April wurden nur Ausschnitte daraus für die Parteibasis vorgetragen. Doch sein Kalkül ging nicht auf: Durch einen polnischen Funktionär gelangte die Rede in den Westen und nach Jugoslawien, wo sie am 20. März komplett publiziert wurde.[6] Für Ulbricht brachen nun ungemütliche Zeiten an, da er von zwei Seiten in Bedrängnis geriet: zum einen durch zunehmende Diskussionen, Unmutsbekundungen und, insbesondere nach dem Posener Aufstand, durch einzelne Streiks in der DDR. Zum anderen regte sich auch an der SED-Spitze Widerspruch zu Ulbricht. Dessen prominentester Kritiker war ZK-Sekretär Karl Schirdewan, den die sowjetische Seite als Vertreter des »Neuen Kurses« bereits vor dem XX. Parteitag unterstützt hatte. Schirdewan, so scheint es, wurde in Moskau bereits als Nachfolger Ulbrichts gehandelt: Chruščev, der Schirdewan Ende März 1956 in Warschau anlässlich der Beisetzung von Boleslaw Bierut traf, kritisierte bei dieser Gelegenheit Ulbricht heftig wegen dessen zögerlicher Auswertung des XX. Parteitags. Insbesondere dessen Personenkult und Abblocken jeglicher »Fehlerdiskussion« schienen Chruščev zufolge die falschen Signale für die DDR zu sein. Außerdem intensivierte Schirdewan im Frühjahr 1956 seinen Kontakt zum sowjetischen Botschafter Georgij Puškin, der ihn an die Stelle von Ulbricht setzen wollte.[7]

Warum stürzte Chruščev 1956 also nicht den ungeliebten »Spitzbart«? Drei Gründe lassen sich dafür anführen. Erstens hätte dies der Politik der »Entsatellisierung« widersprochen, die er parallel zur Entstalinisierung verfolgte: Die Ostblockstaaten sollten demzufolge mehr Autonomie als zu Stalins Zeiten erhalten, vorausgesetzt, dass deren innenpolitische Ordnung erhalten und

5 »Stalin ist kein Klassiker des Marxismus«. In: Weber, Hermann (Hg.): DDR. Dokumente zur Geschichte der Deutschen Demokratischen Republik 1945–1985. München 1987, S. 225 f.

6 Vgl. Kowalczuk, Ilko-Sascha: Zwischen Hoffnungen und Krisen: Das Jahr 1956 und seine Rückwirkungen auf die DDR. In: JHK 2006, S. 22–25.

7 Vgl. dazu Grieder, Peter: Eine unabhängige britische Sicht. In: Klein, Thomas; Otto, Wilfriede; Grieder, Peter: Visionen. Repression und Opposition in der SED (1949–1989). Frankfurt/O. 1996, S. 588–590; Harrison, Hope: Driving the Soviets up the Wall. Soviet-East German Relations 1953–1961. Princeton/Oxford 2003, S. 66; Schirdewan, Karl: Aufstand gegen Ulbricht. Berlin 1994, S. 82.

deren Zugehörigkeit zum Warschauer Pakt bestehen blieb.[8] Moskau legte sich selbst also Fesseln an, die es nicht ohne Weiteres abstreifen wollte. Zweitens konzentrierte sich die Moskauer Führung seit dem Sommer 1956 auf die zunehmend krisenhafte Entwicklung in Polen, Ungarn und im Nahen Osten, sodass sie schlicht nicht die Energie aufbrachte, sich auch noch um die SED-Spitze zu kümmern. Drittens war sich der sowjetische Botschafter – und mit ihm wohl auch die Führung in Moskau – bei aller Kritik an Ulbricht sehr wohl bewusst, dass man bei der Abschaffung des Personenkults sehr behutsam vorgehen müsse, damit der »Feind« nicht davon profitiere.[9] Ein Führungswechsel im »Frontstaat« DDR barg also, wegen der ständigen Herausforderung durch die Bundesrepublik, die Gefahr erheblicher Erschütterungen in sich. Damit argumentierte auch Ulbricht, der vor dem ZK-Plenum am 29. Juli 1956 den polnischen und ungarischen Weg für die DDR mit dem Argument zurückwies: »Wir haben in der Praxis einige Erfahrungen. Wir stehen an vorderster Stelle. Wir sind das am weitesten im Westen befindliche Land des sozialistischen Lagers. Wir können uns solche Dinge nicht erlauben.«[10] Dabei ging es ihm nicht nur um die Sicherung seiner persönlichen Macht. Ulbricht wusste aufgrund seiner Erfahrungen vom Juni 1953 nur zu gut um die Fragilität der DDR.

All dies veranlasste die sowjetische Führung zwar zur Zurückhaltung gegenüber Ulbricht, bedeutete aber nicht, wie jüngst behauptet, dass sie Ulbricht unterstützt habe.[11] Die Entscheidung Chruščevs, sich aus den Machtkämpfen an der SED-Spitze herauszuhalten, ist sehr viel treffender als »wohlwollende Neutralität« für Schirdewan bezeichnet worden.[12] Im Herbst 1956 jedenfalls hatte sich Chruščev noch nicht festgelegt.

---

8   Zum Begriff der »Entsatellisierung« vgl. Löwenthal, Richard: Vormachtkontrolle und Autonomie in der Entwicklung des Sowjetblocks. In: Ders.; Meissner, Boris (Hg.): Der Sowjetblock zwischen Vormachtkontrolle und Autonomie. Köln 1984, S. 11–47, hier 17–19.

9   Vgl. die Zitate aus zwei Berichten Puškins vom April 1956, in: Harrison: Driving the Soviets up the Wall (Anm. 7), S. 68.

10   Zit. nach: Harrison, Hope: Ulbricht und der XX. Parteitag der KPdSU. Die Verhinderung politischer Korrekturen in der DDR 1956–1958. In: DA 39(2006), S. 50. Ulbricht hatte schon im Mai 1956 vor dem Parteiaktiv des MfS auf die besondere Gefährdung der DDR im Kampf »zwischen den zwei Systemen in Deutschland« hingewiesen: Vgl. Fricke, Karl Wilhelm; Engelmann, Roger: »Konzentrierte Schläge«. Staatssicherheitsaktionen und politische Prozesse in der DDR 1953–1956. Berlin 1998, S. 233.

11   So Granville: Ulbricht in October 1956 (Anm. 1), S. 481 u. 485. Granville geht davon aus, dass vor allem Puškin Ulbricht unterstützt habe. Als ein Beleg dafür dient ihr auch die Tatsache, dass Puškin das Papier, das Harich ihm am 25.10.1956 übergeben hatte, direkt an Ulbricht weiterleitete. Daraus kann indes nur abgeleitet werden, dass auch Puškin gegen jegliche Opposition »von unten« war, während er einen Führungswechsel wohl begrüßt hätte.

12   So Grieder: Eine unabhängige britische Sicht (Anm. 7), S. 590.

II. Die polnische Herausforderung

Die Entstalinisierung in Polen führte, anders als in der DDR, zu freieren Diskussionen und zur Öffnung des kulturellen Lebens. Die Angst vor harten Repressionen verschwand. In dieser Situation wagten auch die Arbeiter, ihren Unmut über Versorgungsmängel und zu geringe Löhne öffentlich zu artikulieren. Höhepunkt dieser Proteste waren Streiks und Unruhen in Posen, die am 28. Juni in Massendemonstrationen und mehrtägigen Unruhen mit vielen Toten eskalierten. Ein weiteres Mal spitzte sich die Situation anlässlich des 8. ZK-Plenums der PVAP vom 19. bis zum 21. Oktober 1956 zu, als es – zumindest nach außen – zu einer Konfrontation zwischen der polnischen Führung und dem angereisten Chruščev kam. Wenngleich Chruščev nach neuesten Erkenntnissen an einer friedlichen Lösung mit Gomułka interessiert war, erschien die Situation äußerst explosiv: Auf der einen Seite demonstrierten in der polnischen Hauptstadt die Massen, und auf der anderen Seite waren sowjetische Truppen auf dem Weg dorthin. Letztere wurden auf sowjetische Anordnung jedoch aufgehalten, und Chruščev reiste am 20. Oktober zurück nach Moskau. Ein sowjetisch-polnischer Zusammenstoß war zwar vermieden worden, aber die Demonstrationen in Warschau gingen weiter.[13]

Die DDR-Führung war durch die Entwicklung in ihrem östlichen Nachbarland äußerst beunruhigt. Am 28. Juni berief das SED-Politbüro eine außerordentliche Sitzung ein, auf der nur der Aufstand in Posen behandelt wurde. Auch am 19., 22., 23. und 25. Oktober trat das höchste SED-Führungsgremium zu Sondersitzungen zusammen, um über die Lage in Polen und Ungarn zu beraten.[14] Die größte Sorge galt einem Überschwappen der Unruhen auf die DDR. Der stellvertretende DDR-Innenminister Herbert Grünstein begrüßte gegenüber einem polnischen Diplomaten nach dem Posener Aufstand das rasche und energische Eingreifen der polnischen Truppen; andernfalls »hätte sich die Provokation ausbreiten können, auf ganz Polen, auch auf das Gebiet der DDR«.[15] Das 8. ZK-Plenum brachte Polen in den Worten von Staatssicherheitsminister Ernst Wollweber, der auf der Rückreise von einer Kur im polnischen Kudowa am 19./20. Oktober in Warschau Station machte, an den »Rand einer Konterrevolution«. Als er nach Ost-Berlin zurückgekehrt war, erstattete er Ulbricht Bericht. Dieser schimpfte über die polnische Staatssicherheit, die die Verbreitung von Gomułkas Rede vor dem ZK über Rundfunk

---

13   Vgl. dazu den Beitrag von Mark Kramer in diesem Band.
14   Vgl. die Protokolle der Politbürositzungen, in: SAPMO-BA, DY 30 J IV 2/2/485, 504, 505, 506 u. 507.
15   Zit. nach: Borodziej, Wlodzimierz: Die Beziehungen Polen-DDR im Spiegel der Akten des polnischen Außenministeriums. In: Hahn, Hans Henning; Olschowsky, Heinrich (Hg.): Das Jahr 1956 in Ostmitteleuropa. Berlin 1996, S. 61; vgl. dazu auch Anderson, Sheldon: A Cold War in the Soviet Bloc. Polish-East German Relations, 1945–1962. Boulder/Col. 2001, S. 118.

und Presse nicht verhindert habe. Dadurch, so Ulbricht, sei »alles in Bewegung gekommen, und vielleicht gibt es überhaupt kein Halten mehr«.[16] Ulbricht wusste, dass auch in der DDR die Lage alles andere als ruhig war. Wenn der Funke aus Polen übersprang, konnte das Pulverfass in die Luft fliegen.[17]

Über mögliche Handlungsoptionen wurde in Ost-Berlin auf höchster Ebene nachgedacht. Staatssicherheitsminister Wollweber empfahl Ulbricht einerseits, Druck auf Polen auszuüben, indem die DDR aufhöre »mit den ständigen Erklärungen über den Schutz der Oder-Neiße-Grenze durch die DDR und die sowjetischen Truppen in der DDR«. Man könne, so Wollweber weiter, »bei antisowjetischen Elementen in Polen nicht den Eindruck entstehen lassen, dass sie sich austoben können, und gleichzeitig wird ihre Westgrenze unter allen Umständen geschützt«. Die »Konterrevolutionäre müssen merken, dass wir für sie gar nichts und gegen sie alles tun«. Obwohl Ulbricht dem zustimmte, ist über eine entsprechende öffentliche Instrumentalisierung der Ängste Polens angesichts einer Revision seiner Westgrenze in den folgenden Monaten nichts bekannt. Des Weiteren empfahl Wollweber, in Polen »alle Kräfte [zu] stützen, die bereit sind die Konterrevolution zu bekämpfen. Und man muss es tun mit Gomułka.« Letzteres lehnte Ulbricht, der schon bei der Absetzung Gomułkas als Generalsekretär im September 1948 mit diesem hart ins Gericht gegangen war,[18] ab.[19] Doch letztlich blieben solche Überlegungen Makulatur, da die DDR keine Möglichkeiten hatte, um in Polen selbst Einfluss auszuüben.

Die DDR-Führung musste sich folglich auf defensive Maßnahmen beschränken. So rief sie nach Ausbruch des Posener Aufstands an den an Polen grenzenden DDR-Bezirken für die Polizei- und Grenzpolizeibereitschaften Alarmstufe I aus. Die polnischen Grenztruppenkommandeure beruhigten überdies ihre ostdeutschen Kollegen mit der Erklärung, dass Posen weiträumig abgeriegelt sei.[20] Auch am 18. Oktober registrierte die polnische Botschaft – neben sowjetischen Truppenbewegungen an der Ostgrenze der DDR –, dass die Grenzpolizei alarmiert wurde.[21] Darüber hinaus marschierten in den Tagen vom

16   Vgl. Wollweber, Ernst: Aus Erinnerungen. Ein Porträt Walter Ulbrichts. Hg. v. Otto, Wilfriede. In: BzG 32(1990)3, S. 362–364, hier 363 f.

17   Ähnlich hatte ein SED-Funktionär aus Meißen im Oktober 1956 formuliert: »Bei uns in den Betrieben gleicht die Situation einem Pulverfass, und es fehlt nur noch ein Funke, dann geht es in die Luft.« Zit. in: Granville: Ulbricht in October 1956 (Anm. 1), S. 478, Anm. 6.

18   Vgl. die Äußerungen Ulbrichts auf der SED-Parteivorstandssitzung v. 15.9.1948. In: Friedrich, Thomas u. a. (Hg.): Entscheidungen der SED 1948. Aus den Stenographischen Niederschriften der 10. bis 15. Tagung des Parteivorstandes der SED. Berlin 1995, S. 321 f.

19   Die Zitate in: Wollweber: Aus Erinnerungen (Anm. 16), S. 363 f.

20   Vgl. Diedrich, Torsten; Wenzke, Rüdiger: Mit »Zuckerbrot und Peitsche« gegen das Volk. Die DDR und ihre bewaffneten Kräfte im Krisenjahr 1956. In: Heinemann, Winfried; Wiggershaus, Norbert (Hg.): Das internationale Krisenjahr 1956. Polen, Ungarn, Suez. München 1999, S. 446 f.

21   Vgl. Ruchniewicz, Krzysztof: Reaktionen der DDR auf die Oktober-Ereignisse in Polen im Jahre 1956. In: Ders.: Zögernde Annäherung. Studien zur Geschichte der deutsch-polnischen Beziehungen im 20. Jahrhundert. Dresden 2005, S. 62. Ruchniewicz' Vermutung, dass sich nicht nur die

24. Oktober bis zum 3. November die »Kampfgruppen der Arbeiterklasse«, die infolge des Aufstands vom 17. Juni 1953 in den Betrieben gebildet worden waren,[22] sowie die Verbände der »Gesellschaft für Sport und Technik« auf, um auf die eigene Bevölkerung abschreckend zu wirken und um Demonstrationen im eigenen Land zu verhindern. So riegelten etwa Kampfgruppen am 3. November das Gelände der besonders renitenten Veterinärmedizinischen Fakultät der Humboldt-Universität in Berlin ab, die am Tag zuvor auf einer Vollversammlung eine Studentenvertretung gewählt hatte.[23]

Neben physischer Abschottung und Abschreckung versuchte die DDR-Führung durch propagandistische Mittel die eigene Bevölkerung gegen den polnischen Bazillus zu immunisieren. So beschloss das Politbüro am 23. Oktober, dass die eigenen Korrespondenten Berichte zu verfassen hatten, »die in ihrem Inhalt eindeutig gegen die westliche Propaganda gerichtet sind«, dass in der Presse »demokratische Rechte und Maßnahmen«, die in der DDR angeblich bestünden, denen gegenüberzustellen seien, die in Polen gefordert würden, und die Rede Gomułkas nur in einem »berichtsmäßige[n] Auszug« zu veröffentlichen, der vorher jedoch dem Politbüro vorzulegen sei.[24] Zwar wurde alles getan, um die Tatsache, dass die PVAP einen neuen Generalsekretär hatte, zunächst zu unterdrücken: 200 000 Exemplare der *BZ am Abend* wurden beispielsweise am 22. Oktober eingezogen, weil diese ein Bild Gomułkas und einen kurzen Redeausschnitt enthielt. Am 25. Oktober erschien schließlich die Rede unter Weglassung zahlreicher Schlüsselstellen im *Neuen Deutschland*. Ganz lückenlos hatte die Zensur jedoch nicht funktioniert: Die *Wochenpost* gab den gesamten Text der Rede als presseinterne »WOP-Informationen« heraus. Führende Politbüromitglieder wurden des Weiteren angehalten, in Berliner Betriebe zu gehen, dort Reden zu halten und das Gespräch mit den Arbeitern zu suchen. Auch darüber berichtete die Presse weisungsgemäß.[25] Die tendenziöse Berichterstattung über die Ereignisse in Polen in den Ostblockstaaten – insbesondere in der DDR –

Sowjetunion, sondern auch die DDR auf eine Intervention in Polen vorbereite habe, ist wohl nicht mehr als eine Spekulation.

22   Vgl. dazu Wagner, Armin: Die Kampfgruppen der Arbeiterklasse (1953–1990). In: Diedrich, Torsten; Ehlert, Hans; Wenzke, Rüdiger (Hg.): Im Dienste der Partei. Handbuch der bewaffneten Organe der DDR. Berlin 1998, S. 281–337.

23   Vgl. Krüger, Joachim: Votum für bewaffnete Gewalt. Ein Beschluss des SED-Politbüros vom November 1956. In: BzG 34(1992)4, S. 75–85, hier 80; zur Veterinärmedizinischen Fakultät vgl. Kowalczuk, Ilko-Sascha: Die Niederschlagung der Opposition an der Veterinärmedizinischen Fakultät der Humboldt-Universität zu Berlin in der Krise 1956/57. Dokumentation einer Pressekonferenz des Ministeriums für Staatssicherheit im Mai 1957. Berlin 1997, S. 16.

24   Protokoll der außerordentlichen Politbürositzung am 23.10.1956; SAPMO-BA, DY 30 J IV 2/2/506, Bl. 1.

25   Vgl. Ruchniewicz: Reaktionen der DDR (Anm. 21), S. 71–74; Herzberg, Guntolf: Anpassung und Aufbegehren. Die Intelligenz der DDR in den Krisenjahren 1956/58. Berlin 2006, S. 222 f. u. 225; Protokoll der außerordentlichen Politbürositzung am 25.10.1956; SAPMO-BA, DY 30 J IV 2/2/507, Bl. 1 f.

veranlasste die polnische Publizistin Edda Werfel Anfang November zu einer eingehenden Gegenreaktion, die auch von westdeutschen Zeitungen aufgenommen wurde. Aufgrund dieses Maßes an Publizität glaubte die SED-Führung, die Kontroverse mit Polen nicht länger unter dem Tisch halten zu können und entschloss sich zur Gegenoffensive, die Hermann Axen, seit kurzem Chefredakteur des *Neuen Deutschlands*, am 27. November persönlich einleitete. Ergebnis war eine regelrechte Presseschlacht zwischen Polen und der DDR Ende November/Anfang Dezember, an der sich auf ostdeutscher Seite auch die Direktorin der SED-Parteihochschule Hanna Wolf beteiligte.[26] Die SED, so lässt sich aus diesen Vorgängen schlussfolgern, war trotz einer strikten Pressepolitik im eigenen Lande nicht in der Lage, die Bevölkerung so abzuschirmen bzw. zu beeinflussen, wie sie es gewollt hätte.

III. Die doppelte Herausforderung: Der »polnische Oktober« und die ungarische Revolution

Zwar stellte das PVAP-Plenum zunächst die Hauptsorge der DDR-Führung dar. Jedoch hatte man dort genauso die Lage in Ungarn im Blick. Denn am 19. Oktober, als das SED-Politbüro vor allem wegen Polen zu einer außerordentlichen Sitzung zusammentrat, beschloss es ebenfalls, ein Telegramm an das Präsidium der KPdSU zu richten, in dem es sich über die Entwicklung in Ungarn beunruhigt zeigte. Die Pressemeldungen über die feierliche Bestattung der Opfer des Rajk-Prozesses am 6. Oktober[27] »und die aus diesem Anlass gehaltenen Reden und Mitteilungen über andere Ereignisse« würden vom Gegner »zu einer systematischen Hetze aus[genutzt] mit dem Ziel, in die Bevölkerung der Deutschen Demokratischen Republik Beunruhigung zu tragen«. Die KPdSU-Führung solle doch darauf hinwirken, dass die Ungarn vor entsprechenden Presseveröffentlichungen solche brisanten Fragen zunächst innerparteilich klärten.[28] Es ging dem SED-Politbüro also weniger um ein direktes Übergreifen der antistalinistischen Stimmung aus Ungarn, sondern um die

---

26 Vgl. Ruchniewicz: Reaktionen der DDR (Anm. 21), S. 76–78; Herzberg: Anpassung und Aufbegehren (Anm. 25), S. 242 f. u. 262 f. Da der Artikel Werfels in den westdeutschen Zeitungen behandelt worden war, kann man jedoch nicht wie Herzberg davon ausgehen, dass die DDR-Bevölkerung diesen nicht kannte.

27 Außenminister László Rajk war 1949 nach einem Schauprozess zusammen mit anderen hingerichtet worden; im Zusammenhang mit seiner Rehabilitierung wurden deren Gebeine exhumiert und erneut feierlich bestattet. Vgl. dazu und den dabei gehaltenen Reden die Einleitung. In: Békés, Csaba; Byrne, Malcolm; Rainer, János M. (Hg.): The 1956 Hungarian Revolution: A History in Documents. Budapest, New York 2002, S. 12.

28 Protokoll der außerordentlichen Politbürositzung am 19.10.1956; SAPMO-BA, DY 30 J IV 2/2/504, Bl. 2, TOP 4, teilweise zit. in: Krüger: Votum für bewaffnete Gewalt (Anm. 23), S. 76.

indirekten Auswirkungen in der DDR über die westdeutschen Medien, die mit ihrer Berichterstattung zur Destabilisierung des ostdeutschen Staates beitragen konnten. Angesichts dieser Situation dürfte die Übereinstimmung der Lagebeurteilung des ostdeutschen Botschafters in Budapest, Rudolf Helmer, mit der seines sowjetischen Amtskollegen, Jurij Andropov, beruhigend auf die ostdeutsche Führung gewirkt haben. Gleichwohl waren in der Unterredung der beiden Botschafter am 19. Oktober unterschiedliche Akzentsetzungen feststellbar. Helmer konstatierte vor allem »eine neue Welle des Chauvinismus und Nationalismus« in der Bevölkerung, die »sich vor allem gegen den proletarischen Internationalismus, gegen die Sowjetunion und gegen die Zusammenarbeit mit dem sozialistischen Lager« richte, sowie eine ständige Verbreiterung der »Basis der Rechten und Oppositionellen in der Partei und der Massen«. Jurij Andropov hingegen, der die Unzufriedenen innerhalb und außerhalb der Partei in drei große Gruppen einteilte (»Klassengegner«, Parteigenossen, die mit der Politik Rákosis unzufrieden seien, breite Kreise der Armee und des Staatssicherheitsdienstes), vertrat die Auffassung, dass die Arbeiter, die »eine Reihe berechtigter wirtschaftlicher und sozialer Forderungen« erhöben, »nicht gegen die Partei« eingestellt seien. Gleichwohl war auch er der Meinung, dass sich die Krise nach der Umbettung Rajks verschärft habe und dass der Westen – insbesondere die USA – zugunsten der ungarischen Regierung agiere.[29]

Im *Neuen Deutschland* wurde der Aufstand in Ungarn schon am 25. Oktober als »Putsch konterrevolutionärer Elemente« bezeichnet.[30] Wenngleich die SED-Führung die Situation in Ungarn kritisch beobachtete, waren ihre Handlungsmöglichkeiten beschränkt. Sie wollte vor allem die DDR-Bürger aus Budapest zurückholen, sodass sie diese anwies, sich am 30. Oktober per Schiffstransport zur tschechoslowakischen Grenze zu begeben, wo sie von Mitgliedern der DDR-Botschaft in Empfang genommen wurden, die für ihren Weitertransport sorgten.[31] Lediglich in Ost-Berlin, wo sich eine Reihe von Mitarbeitern der ungarischen Botschaft in den ersten Novembertagen gegen den stalinistischen Botschafter Emánuel Safrankó stellten, konnte sie eingreifen. Nachdem die Sympathisanten der Nagy-Regierung das kommunistische Staatswappen vom Botschaftsgebäude entfernt hatten, bat Botschafter Safrankó die DDR um Hilfe. Unter Verletzung diplomatischer Gepflogenheiten griff daraufhin das MfS ein und verhaftete die unbotmäßigen Diplomaten.[32] Spätestens am 5. November

---

29   Aktenvermerk über eine Unterredung mit dem sowjetischen Botschafter Andropov am 19.10.1956; PA AA, MfAA, A.15319, Bl. 13–15.

30   »Ungarn schlägt Konterrevolution nieder«. In: ND v. 25.10.1956, S. 1.

31   Aufzeichnung über die Durchführung der am 30.10.1956 am csl. Grenzkontrollpunkt Sturovo erfolgten Übernahme und Weiterleitung von 101 aus Budapest kommenden deutschen Staatsangehörigen durch zwei Vertreter der DDR in Prag; PA AA, MfAA, A.9065, Bl. 9–16.

32   Vgl. Horváth, István: Die Revolution in Ungarn und die DDR – einige Reflexionen aus Ungarn. In: Timmerman, Heiner (Hg.): Die DDR in Deutschland. Berlin 2001, S. 61 f. Der sowjetische

war die frühere »Ordnung« in der ungarischen Botschaft wiederhergestellt, denn
an diesem Tag wurde von einer Versammlung im Botschaftsgebäude eine Resolution über die Unterstützung der Regierung Kádár einstimmig angenommen.[33]
Dennoch konnte sich Safrankó nicht mehr lange in Ost-Berlin halten. Am
12. November teilte er im DDR-Außenministerium mit, dass er abberufen worden sei.[34] Noch weniger als in Polen konnte die DDR in Ungarn eigenen Einfluss geltend machen; sie konnte nur hoffen, durch ein Grußtelegramm ihres
Präsidenten Pieck an die Regierung Kádár am 4. November, in der deren Einset-
zung begrüßt und Unterstützung »beim Aufbau eines besseren Lebens« zugesagt
wurde, zur Stabilisierung der Situation beizutragen.[35]

Die doppelte Herausforderung durch die polnische Krise und die ungarische Revolution zwang die DDR-Führung, den eigenen Staat noch konsequenter nach außen abzuschotten und die Bevölkerung mit einer Mischung
aus Abschreckung und sozialpolitischen Wohltaten möglichst ruhigzustellen.
Die Abschottungsmaßnahmen betrafen zunächst die persönlichen Kontakte
von Ostdeutschen mit Polen und Ungarn. Das Politbüro befasste sich in seiner
Sitzung vom 30. Oktober unter anderem mit dem interministeriellen Reiseverkehr und beschloss, dass Einreisen entsprechender Delegationen aus Polen
und Ungarn »auf ein Minimum beschränkt« und nur dann gestattet werden
durften, »wenn es sich um Einhaltung wichtiger Vertragsverpflichtungen
handelt«. Überdies sei »eine gute politische Betreuung der Einreisenden«
durch die DDR-Behörden zu gewährleisten. Ausreisen in diese Staaten sollten
auf wenige Fälle beschränkt und dann »nur politisch qualifizierte[n] Personen«
gestattet werden.[36] Der allgemeine Reiseverkehr wurde durch die generelle
Wiedereinführung der Visumpflicht am 29. November stark eingeschränkt
und engeren Kontrollen unterworfen. Auch diese Maßnahme richtete sich

Botschafter, der im Nachhinein in Kenntnis gesetzt wurde, war mit dieser Aktion freilich nicht einverstanden, sodass Erich Mielke als Verantwortlicher dafür gerügt wurde (mündliche Mitteilung von
Bernd-Rainer Barth).

33   Vermerk über ein Gespräch mit dem 1. Sekretär der ungarischen Botschaft, Herrn Husznár,
und dem 2. Sekretär der ungarischen Botschaft, Herrn Kurtan, auf dem Cocktail in der polnischen
Botschaft am 5.11.1956 [von Kiesewetter]; PA AA, MfAA, A.9067, Bl. 7. In den dem Verfasser
vorgelegten MfAA-Akten fanden sich nur Andeutungen zu den Querelen in der ungarischen Botschaft. Vgl. neben dem genannten Aktenvermerk auch die Aktennotiz über eine Unterredung zwischen dem Botschafter der Ungarischen Volksrepublik, Safrankó, und dem Stellvertreter des Ministers
Winzer am 1.12.1956 in Anwesenheit der Kollegin Kundermann. Ebenda, Bl. 4.

34   Aktenvermerk über eine Besprechung zwischen Botschafter Safrankó und Staatssekretär
Handke in Anwesenheit der Kollegin Kundermann am 12.11.1956; PA AA, MfAA, A.9067, Bl. 6.

35   Abgedruckt in: Dokumente zur Außenpolitik der Regierung der Deutschen Demokratischen
Republik. Bd. V, Berlin (Ost) 1958, S. 588 f.

36   Protokoll der Politbürositzung am 30.10.1956; SAPMO-BA, DY 30 J IV 2/2/508, Bl. 7,
TOP 14, Anlage Nr. 4, Bl. 47. Ein Teil der Anlage zit. in: Ruchniewicz: Reaktionen der DDR
(Anm. 21), S. 82. Dieser geht jedoch irrtümlich davon aus, dass der Beschluss sämtliche Reisen von
und nach Polen und Ungarn betroffen habe.

gegen Polen und Ungarn. Peter Florin, Leiter der ZK-Abteilung für Außenpolitik und Internationale Verbindungen, der den diesbezüglichen Vorschlag Ulbricht übermittelte, hielt die Einführung des Visazwangs nur hinsichtlich dieser beiden Staaten jedoch für »unzweckmäßig, da er als eine einseitige unfreundliche Haltung angesehen werden könnte«.[37]

Abschreckend sollten – neben den bereits erwähnten Aufmärschen der Kampfgruppen und der GST – zwei Schauprozesse gegen angebliche Agenten des amerikanischen Geheimdienstes wirken. Die Tätigkeit der einen Angeklagtengruppe habe sich angeblich »gegen die Volksdemokratien Polen und ČSR« gerichtet, während den anderen Beschuldigten »Militärspionage gegen die DDR« vorgeworfen wurde. Neben dem Abschreckungseffekt sollte mit den Prozessen »bewiesen« werden, »dass sich die Imperialisten durch die Organisierung von Verbrechen in die inneren Angelegenheiten der Volksdemokratien einmischen« und »dass der amerikanische Geheimdienst verstärkt versucht, in großem Umfange Bürger der Deutschen Demokratischen Republik als Agenten anzuwerben«. Es ging also auch um Propaganda sowie um eine Erhöhung der »Wachsamkeit«.[38] Vorbereitung und Durchführung der Prozesse in der Regie des MfS verweisen zusätzlich darauf, dass die »Tauwetterperiode« in der DDR-Justiz, die im Frühjahr 1956 noch zur »strikten Einhaltung der Gesetzlichkeit angehalten worden war«, bereits gegen Jahresende der Vergangenheit angehörte.[39]

Gleichzeitig mit der Verschärfung des Kurses versuchte die ostdeutsche Führung, die Bevölkerung mit sozialpolitischen Zugeständnissen für sich zu gewinnen. Bereits seit Mai 1956 waren Löhne und Gehälter stufenweise angehoben worden; im Juni 1956 waren Preissenkungen für Textilien, Schuhe und andere Industriewaren mit einem Volumen von rund einer Milliarde DM in Kraft getreten; im Juli hatte Ulbricht die Aufhebung der Lebensmittelrationierung für 1957 verkündet.[40] In der Politbürositzung vom 30. Oktober, in der auch den erwähnten Schauprozessen zugestimmt wurde, erhielt Ministerpräsident Grotewohl zudem den Auftrag, Vorlagen zur »Regelung der Arbeitszeit zu Weihnachten und Neujahr, zur Frage der Weihnachtszuwendungen [und] zur Frage einer Erhöhung der Altersrenten« vorzubereiten.[41] Wenngleich es sich dabei zunächst um Ankündigungen handelte, deren Umsetzung zum Teil

37   Vgl. ebenda; Protokoll der Politbürositzung, 27.11.1956; SAPMO-BA, DY 30 J IV 2/2/516, Bl. 2, TOP 5; Hausmitteilung Florins an Ulbricht v. 27.11.1956 im Arbeitsprotokoll der Politbürositzung; SAPMO-BA, DY 30 J IV 2/2A/536, Bl. 96.
38   Vgl. Protokoll der Politbürositzung am 30.10.1956; SAPMO-BA, DY 30 J IV 2/2/508, Bl. 6, TOP 7, Anlage Nr. 2, Bl. 31–45, die Zitate Bl. 31, 36, 35 u. 40.
39   Vgl. dazu Weber, Petra: Justiz und Diktatur. Justizverwaltung und politische Strafjustiz in Thüringen. München 2000, S. 467 f.
40   Vgl. Diedrich; Wenzke: Mit Zuckerbrot und Peitsche (Anm. 20), S. 448 f.
41   Protokoll der Politbürositzung am 30.10.1956; SAPMO-BA, DY 30 J IV 2/2/508, Bl. 3, TOP 3.

noch längere Zeit auf sich warten ließ,[42] war die eingeschlagene Richtung jedoch klar erkennbar: Das Regime wollte demonstrieren, dass es sich nach Kräften bemühte, die materiellen Nöte der Bevölkerung zu beseitigen. Des Weiteren kam das Politbüro einer wesentlichen politischen Forderung der protestierenden Studentenschaft entgegen: Es stimmte am 30. Oktober einem von der FDJ unabhängigen Studentenrat der DDR zu. Doch zu dieser Durchbrechung des Organisationsmonopols des staatlichen Jugendverbands kam es schließlich doch nicht. Bereits am 20. November, nach der Niederschlagung der ungarischen Revolution, wurde dieser Beschluss rückgängig gemacht.[43]

Angesichts der äußerst brenzligen Situation – zu den Krisenherden Polen und Ungarn und der Unruhe im eigenen Land kam noch die Suez-Krise hinzu – beschloss die Sicherheitskommission der SED am 28. Oktober, dass sich die DDR vor »konterrevolutionären Aktionen« von innen und außen schützen müsse, und das möglichst mit eigenen Mitteln. Willi Stoph, der frisch gekürte Verteidigungsminister, hatte dem Politbüro bis zum 7. November einen Bericht über die Situation über die bewaffneten Kräfte sowie Vorschläge für deren Einsatzplanung vorzulegen. Pünktlich am 6. November lag die Vorlage über »Maßnahmen zur Unterdrückung konterrevolutionärer Aktionen« vor; zwei Tage später wurde sie vom Politbüro verabschiedet. Abgestuft sollten im Falle eines Einsatzes gegen Aufstände im Innern zunächst die Volkspolizei, die Kampfgruppen und die bewaffneten Kräfte des MfS, in einem zweiten Schritt die NVA und erst danach, wenn all dies nicht ausreichen sollte, sowjetische Truppen eingesetzt werden.[44] Damit hatte die DDR freilich nicht nur für die Krise von 1956/57, sondern auch für die Zukunft Vorkehrungen für den inneren Notstand getroffen. Von besonderer Bedeutung dabei war, dass die Partei nicht nur auf oberster Ebene, sondern bis hinunter in die Bezirke und Kreise (über die 1. Sekretäre) die Befehlsgewalt über die staatliche Exekutive sowie über die Chefs der Polizei-, Staatssicherheits- und Armeeeinheiten innehatte.

---

42 So wurden die Renten zwar schon mit Politbürobeschluss vom 8.11.1956 um 30 DM erhöht: vgl. Hoffmann, Dierk: Sozialistische Rentenreform? Die Debatte über die Verbesserung der Altersversorgung in der DDR 1956/57. In: Fisch, Stefan; Haerendel, Ulrike (Hg.): Geschichte und Gegenwart der Rentenversicherung in Deutschland. Beiträge zur Entstehung, Entwicklung und vergleichenden Einordnung der Alterssicherung im Sozialstaat. Berlin 2000, S. 306. Die Rationierung von Lebensmitteln wurde erst mit dem Gesetz zur Abschaffung von Lebensmittelkarten vom 28.5.1958 (Gesetzblatt der DDR 1958, S. 413–415) aufgehoben.

43 Vgl. Skyba, Peter: Vom Hoffnungsträger zum Sicherheitsrisiko. Jugend in der DDR und Jugendpolitik der SED 1949–1961. Köln u. a. 2000, S. 366–373.

44 Vgl. Diedrich; Wenzke: Mit Zuckerbrot und Peitsche (Anm. 20), S. 455–457; das Dokument gedruckt in: Krüger: Votum für bewaffnete Gewalt (Anm. 23), S. 81–85.

IV. Nach der Niederschlagung des ungarischen Aufstands

Dass sich die Beziehungen der DDR zu Ungarn nach dem sowjetischen Eingreifen und der Installierung Kádárs wandelten, verwundert nicht. Denn nun ging es darum, die neue ungarische Führung zu stabilisieren. Solidaritätsbekundungen genügten dafür nicht; die DDR, die selbst am 6. November die Sowjetunion um die Lieferung zusätzlicher Nahrungsmittel und Rohstoffe noch im laufenden Quartal gebeten hatte,[45] griff nun Ungarn unter die Arme. Nachdem in Ost-Berlin am 9. November das »Hilfskomitee für das sozialistische Ungarn« gegründet worden war, sagte Grotewohl Kádár am 13. November im Rahmen einer zusätzlichen Warenlieferung kostenlose Hilfe im Wert von 22 Millionen DM zu.[46] Am 20. November weilte eine »Freundschaftsdelegation« der DDR in Ungarn, die weitere Unterstützung zusagte: Mit Politbürobeschluss vom 27. November wurde dieser Zusage entsprochen.[47] Dass dies alles möglicherweise nicht ganz freiwillig, sondern auch aufgrund sowjetischen Drucks geschah, verdeutlicht eine Vorlage Ulbrichts für das Politbüro, in dem er von dem Ersuchen von Michail Suslov vom 14. Dezember berichtete, den Mitte Dezember auslaufenden Vertrag über Stromlieferungen an Ungarn doch bis zum Ende des ersten Quartals 1957 fortzusetzen.[48]

Doch nicht nur die ostdeutsch-ungarischen, sondern auch die ostdeutsch-tschechoslowakischen Beziehungen besserten sich infolge der sowjetischen Intervention in Ungarn. Denn die ČSR hatte aufgrund ihrer langen Grenze zu Ungarn und ihrer ungarischen Minderheit das sowjetische Eingreifen nicht nur nachdrücklich befürwortet, sondern gegenüber der sowjetischen Führung zwei Mal auch die Beteiligung eigener Truppen angeboten – beide Male war das tschechoslowakische Angebot freilich abgelehnt worden.[49] Am 9. und 10. Dezember 1956 besuchte eine SED-Delegation unter Führung von Walter Ulbricht Prag, um sich mit der KSČ-Spitze zu beraten. Nachdem sich beide über die Auswirkungen der polnischen und der ungarischen Krise auf ihre jeweiligen Staaten ausgetauscht hatten, vereinbarten sie eine engere Zusam-

---

45 Vgl. ebenda, S. 79.

46 Vgl. ADN-Meldung »Warenhilfe für die ungarischen Werktätigen« vom 13.11.1956, in: Dokumente zur Außenpolitik (Anm. 35), S. 589 f.; Horváth: Die Revolution in Ungarn und die DDR (Anm. 32), S. 63.

47 Vgl. Mitteilung über die Besprechung der DDR-Delegation mit Vertretern der Revolutionären Arbeiter-und-Bauern-Regierung und der Ungarischen Sozialistischen Arbeiterpartei in Budapest am 20.11.1956, in: Dokumente zur Außenpolitik (Anm. 35), S. 590–592; Protokoll der Politbürositzung am 27.11.1956; SAPMO-BA, DY 30 J IV 2/2/516, Bl. 5, TOP 9.

48 Vorlage Ulbrichts zur Politbürositzung am 18., 19. u. 20.12.1956; SAPMO-BA, DY 30 J IV 2/2/539, Bl. 118; nach dem Bericht Selbmanns genehmigte das Politbüro selbstverständlich die weiteren Energielieferungen an Ungarn; ebenda, Bl. 9, TOP 4.

49 Kaplan, Karel: Die Ereignisse des Jahres 1956 in der Tschechoslowakei. In: Hahn; Olschowsky (Hg.): Das Jahr 1956 in Ostmitteleuropa (Anm. 15). S. 31–45, hier 42.

menarbeit für die Zukunft: Man dürfe nicht erst zusammenkommen, »wenn es zu spät ist«. Beide Seiten, die das militärische Eingreifen in Ungarn begrüßten, rückten nun enger zusammen, um, mit den Worten Antonín Novotnýs, »einen Wall [...] gegenüber den imperialistischen Staaten zu bilden«.[50] Einen solchen Wall bildeten sie jedoch in den folgenden Jahren nicht nur gegen den Westen, sondern auch gegen Polen.

Obwohl eine Konferenz im Ostberliner Außenministerium Ende 1956 festgestellt hatte, dass Polen trotz aller Hoffnungen des Westens im sozialistischen Lager verblieben sei,[51] war sich die DDR über dessen weiteren Kurs noch nicht im Klaren und setzte daher weiter auf Abgrenzung. An die Stelle von DDR-Botschafter Stefan Heymann, dem von der DDR-Führung vorgeworfen worden war, die Lage in Polen zu positiv zu bewerten, trat auf Ulbrichts persönlichen Wunsch im Februar 1957 der Hardliner Josef Hegen, der bis dahin Staatssekretär im DDR-Innenministerium gewesen war. Der Harich-Prozess beeinträchtigte wegen der von DDR-Seite unterstellten Verbindungen der »Gruppe« um Harich nach Polen die beiderseitigen Beziehungen genauso wie die reduzierten Kohlelieferungen aus Polen in die DDR.[52] Ost-Berlin war weiterhin äußerst besorgt, dass der polnische »Bazillus« ansteckend sein könnte. So machte sich Hermann Matern in seinem Gespräch mit Gomułka und anderen führenden Genossen der PVAP am 11. Dezember 1956 in Warschau Sorgen über die unterschiedliche Agrarpolitik westlich und östlich der Oder. Während die DDR die Bildung von LPG unterstütze, setze Polen auf deren »Rückbildung«: Wie, so Matern sorgenvoll, könne verhindert werden, »dass diese Politik auch über die Oder auf unsere landwirtschaftliche Bevölkerung einwirke«? Diese Sorgen führte Matern noch einmal – ganz im Sinne der bereits zitierten Äußerungen Ulbrichts vom Juli 1956 – darauf zurück, »dass wir sozusagen mit dem Gesicht gegen den Feind stehen und Klarheit darüber haben möchten, was in unserem Rücken vorgeht«.[53] Die Beziehungen zu Polen blieben daher vorerst gespannt.

Entscheidend für die Position der DDR im Ostblock war indes ihr Verhältnis zur Sowjetunion, das sich im Zuge der Wirren in Polen und Ungarn wandelte. Als erstes Anzeichen für eine Verbesserung der durch die »Entstalinisierung« beeinträchtigten Beziehungen konnte ein Schreiben vom ZK der KPdSU an das

50 Zu dem Treffen vgl. Ihme-Tuchel, Beate: Das »nördliche Dreieck«. Die Beziehungen zwischen der DDR, der Tschechoslowakei und Polen in den Jahren 1954 bis 1962. Köln 1994, S. 151 f., die Zitate S. 152.
51 Vgl. Borodziej: Die Beziehungen Polen-DDR (Anm. 15), S. 63.
52 Zur Entwicklung der ostdeutsch-polnischen Beziehungen 1957 vgl. Anderson: A Cold War (Anm. 15) S. 134–158, zum Ersatz Heymanns durch Hegen S. 148 f., zur Rolle des Harich-Prozesses S. 149–151.
53 Kurzprotokoll der Verhandlungen in Warschau mit dem Politbüro der Vereinigten Polnischen Arbeiterpartei; SAPMO-BA, DY 30/3652, Bl. 64–83, die Zitate Bl. 66 f.

ZK der SED vom 19. Oktober gewertet werden, in dem der bevorstehende Blitzbesuch Chruščevs in Warschau anlässlich des PVAP-Plenums angekündigt wurde, da die Lage in der PVAP-Führung ein »Anlass zu ernster Besorgnis [sei], gerade in Anbetracht der besonderen Bedeutung der Stellung Polens für das Lager des Sozialismus und vor allem für die Sowjetunion«.[54] Unabhängig davon, ob eine ähnliche Mitteilung an die anderen Parteiführungen im Ostblock ging, verweist dies doch auf das Bedürfnis Moskaus, in der Krise der DDR zu versichern, dass sie mit ihren Sorgen nicht allein sei.

Dass sich die sowjetische Führung damals anscheinend genötigt sah, über ihr Verhalten Rechenschaft abzulegen, zeigt die Einladung führender Vertreter aus der Tschechoslowakei, aus Ungarn, Rumänien, Bulgarien und der DDR zu einem informatorischen Treffen nach Moskau vom 20. Oktober. Bereits am 24. Oktober nahmen die geladenen Genossen – darunter Ulbricht, Grotewohl und Stoph – an einer Präsidiumssitzung der KPdSU teil. Als einziger der angereisten Spitzenpolitiker kritisierte Ulbricht Chruščev indirekt dafür, dass es in Ungarn und Polen so weit gekommen sei: Man hätte die dortigen »fehlerhaften Ansichten« entlarven müssen; dies solle jetzt von den einzelnen Parteien mit entsprechenden Presseverlautbarungen nachgeholt werden. Der angegriffene Chruščev wies Ulbricht zurecht: Die Bedingungen hätten sich seit den Komintern-Zeiten, als nur eine Partei an der Macht gewesen sei, grundlegend geändert; durch Herumkommandieren würde man nur Chaos heraufbeschwören; die Propaganda-Arbeit müsse sich auf die jeweils eigene Partei beschränken; gegenseitige Polemik unter den Bruderparteien werde nur zu Polemik unter den Nationen führen.[55] Das zeigt, dass die Gegensätze zwischen Ulbricht und Chruščev noch keineswegs überwunden waren. Ulbricht beurteilte die Situation aus Sicht der DDR, die seiner Meinung nach aufgrund ihrer gefährdeten Lage zwischen der Bundesrepublik und Polen zusehen musste, dass das Feuer in Polen möglichst bald gelöscht wurde, damit es sich nicht nach Westen ausbreitete. Chruščev hingegen wollte einerseits den einzelnen Staaten innerhalb des sowjetischen Imperiums mehr Autonomie gewähren, andererseits aber die weitgehende Geschlossenheit des Ostblocks erhalten. Am 24. Oktober glaubte er noch, die Lage in Ungarn mit relativ wenig Aufwand in den Griff zu bekommen und seine Politik der »Entsatellisierung« fortsetzen

---

54 ZK der KPdSU an ZK der SED, 19.10.1956, ebenda, Bl. 33; Ulbricht informierte noch am selben Tag das Politbüro über das Schreiben: Protokoll der außerordentlichen Politbürositzung am 19.10.1956; SAPMO-BA, DY 30 J IV 2/2/504. Vgl. dazu Ruchniewicz: Reaktionen der DDR (Anm. 21), S. 62 f.; Ihme-Tuchel: Das nördliche Dreieck (Anm. 50), S. 134, schreibt, dass das ZK der KSČ »mit großer Wahrscheinlichkeit« auch unterrichtet wurde.

55 Zum Hintergrund des Treffens, vgl. Kramer, Mark: The Soviet Union and the 1956 Crises in Hungary and Poland: Reassessments and New Findings. In: Journal of Contemporary History 33(1998), S. 171 f.; Bericht über das Treffen aufgrund der Notizen Jan Svobodas. In: Békés; Byrne; Rainer (Hg.): The 1956 Hungarian Revolution (Anm. 27), S. 222–226, hier 226.

zu können. In dieser Kontinuität steht letztlich auch die Erklärung der Sowjet-regierung vom 30. Oktober über die Beziehungen der UdSSR zu den anderen sozialistischen Staaten, die »auf den Prinzipien der völligen Gleichberechtigung, der Achtung der territorialen Integrität, der staatlichen Unabhängigkeit und Souveränität sowie der gegenseitigen Nichteinmischung« beruhen sollten.[56]

Die sowjetische Entscheidung vom 31. Oktober, in Ungarn militärisch zu in-tervenieren, führte zunächst zu einem Rückschlag nicht nur im Entstalinisie-rungs-, sondern auch im »Entsatellisierungsprozess«. Im Präsidium der KPdSU begann man, die Sorgen der DDR angesichts ihrer Bedrohung durch ein Über-schwappen der Unruhen in Polen ernst zu nehmen. In diesem Sinne wandte sich Außenminister Dmitrij Šepilov auf der Präsidiumssitzung vom 4. No-vember dagegen, »die Clique von Rákosi und Gerő« öffentlich zu verurteilen, und er fügte hinzu: »Ist es wirklich nötig, führende Kader verächtlich zu ma-chen? Morgen wird es die ›Ulbricht-Clique‹ sein.«[57] Wenngleich sich Chruščev in dieser Sitzung im Hinblick auf die Behandlung der ungarischen Führung durchsetzte, scheint die sowjetische Führung von nun an die DDR als stabilen Faktor in ihrem östlichen Vorfeld wieder geschätzt zu haben. Chruščev drängte jedenfalls nicht weiter auf eine Entstalinisierung der DDR und mischte sich in die Auseinandersetzungen in der DDR-Führung nicht mehr ein. Wenngleich dieser Konflikt im Jahre 1957 noch schwelte und unentschieden blieb, konnte Ulbricht angesichts der sowjetischen Zurückhaltung Schirdewan Schritt für Schritt entmachten. Bei dem entscheidenden Treffen zwischen den SED-Politbüromitgliedern Ulbricht, Otto Grotewohl, Hermann Matern, Willi Stoph, Friedrich Ebert und Alfred Neumann sowie Chruščev am 29. Januar 1958 bedachte letzterer Schirdewan zwar mit Lob und Ulbricht mit Kritik, ließ aber seine Gesprächspartner wissen, dass sie ihre Meinungsverschiedenheiten selbst klären müssten. Dies eröffnete Ulbricht die Chance, Schirdewan nicht nur aus Politbüro und Sekretariat, sondern auch aus dem ZK zu entfernen.[58]

Auch wenn sich das Verhältnis zwischen Moskau und Ost-Berlin in dem Maße entspannte, in dem vom Entstalinisierungskurs abgerückt wurde, ist doch auffällig, dass die DDR von einigen wichtigen Konsultationen im Ost-

---

56   Die Zitate nach der deutschen Übersetzung der in der *Prawda* am 31.10.1956 veröffentlich-ten Erklärung der Regierung der UdSSR über die Grundlagen der Entwicklung und weiteren Festi-gung der Freundschaft und Zusammenarbeit zwischen der Sowjetunion und den anderen sozialisti-schen Staaten. In: Ost-Probleme 8(1956), S. 1630 f. Zum Hintergrund vgl. Wentker, Hermann: Entsatellisierung oder Machtverfall? Das sowjetische Imperium und die innerstaatlichen Konflikte im Ostblock 1953 bis 1981. In: Bispinck, Henrik u. a. (Hg.): Aufstände im Ostblock. Zur Krisenge-schichte des realen Sozialismus. Berlin 2004, S. 239.

57   Arbeitsnotizen über die Sitzung des Präsidiums des ZK der KPdSU am 4.11.1956. In: Békés; Byrne; Rainer (Hg.): The 1956 Hungarian Revolution (Anm. 27), S. 386 (Übersetzung vom Engli-schen ins Deutsche vom Verfasser).

58   Vgl. dazu Amos, Heike: Politik und Organisation der SED-Zentrale. Struktur und Arbeits-weise von Politbüro, Sekretariat, Zentralkomitee und ZK-Apparat. Münster 2003, S. 508–519.

block ausgeschlossen blieb. So informierte Chruščev vor der sowjetischen Intervention in Ungarn am 4. November zwar die chinesische, die polnische, die bulgarische, die rumänische und die jugoslawische Führung, nicht aber die führenden Genossen in Ost-Berlin.[59] Nach der Niederschlagung des Aufstands trafen des Weiteren vom 1. bis zum 4. Januar 1957 führende sowjetische, ungarische, bulgarische und rumänische Vertreter in Budapest zusammen. Das Gipfeltreffen war von Kádár vorgeschlagen und von Chruščev einberufen worden; es ging unter anderem um eine Erklärung der ungarischen Regierung, derzufolge auch nicht-kommunistischen Parteien eine – stark eingeschränkte – Rolle zugestanden werden sollte, und um das Schicksal der Führungsgruppe um Imre Nagy. Auch zu diesem Treffen, über das am 6. Januar 1957 ein Kommuniqué veröffentlicht wurde, war die DDR-Führung nicht eingeladen worden.[60] Im Nachhinein musste sich der stellvertretende DDR-Außenminister Sepp Schwab in Ungarn über das Treffen informieren; warum die DDR nicht eingeladen worden war, wurde ihm jedoch nicht mitgeteilt.[61] Zwei Mal war Ost-Berlin mit Blick auf Entscheidungen über Ungarn nicht hinzugezogen worden; warum Chruščev die DDR nicht beteiligen wollte, geht aus den bisher ausgewerteten Akten nicht hervor, sodass über die Motive nur spekuliert werden kann. Johanna Granville vertritt mit Blick auf die Nicht-Konsultation der DDR Anfang November 1956 die Auffassung, dass die sowjetische Führung es nicht für nötig gehalten habe, Ulbricht zu unterrichten, da sie dessen Zustimmung vorausgesetzt habe.[62] Das mag zutreffend sein. Im zweiten Fall ist jedoch auch denkbar, dass Chruščev Ulbricht deshalb nicht hinzuzog, weil er eine ähnliche Auseinandersetzung wie am 24. Oktober in Moskau vermeiden wollte. Die Tatsache, dass die DDR in beiden Fällen nicht einbezogen wurde, kann also auch damit zusammenhängen, dass trotz einer ostdeutsch-sowjetischen Wiederannäherung Moskau mit Ost-Berlin noch nicht im Reinen war.

V. Schlussbemerkung

Insgesamt bewirkten die Entwicklung und das gewaltsame Ende der Entstalinisierungskrise in Ungarn eine Stabilisierung der DDR im Sinne Ulbrichts.

---

59   Vgl. etwa Kramer: Soviet Union and the 1956 Crises (Anm. 55), S. 202–205.

60   Die rumänischen und tschechoslowakischen Memoranden über dieses Treffen sowie das Kommuniqué. In: Békés; Byrne; Rainer (Hg.): The 1956 Hungarian Revolution (Anm. 27), S. 489–495.

61   Bericht [Schwabs] über die Unterredungen in Budapest am 8. u. 9.1.1957; SAPMO-BA, DY 30/3660, Bl. 82–86. Dem Bericht zufolge wurde auch in den Parteiversammlungen in Ungarn immer wieder gefragt, warum Polen und die DDR nicht eingeladen worden seien.

62   Granville: Ulbricht in October 1956 (Anm. 1), S. 483.

Erstens hatte sich die SED-Führung angesichts der Unruhen im Nachbarland gegen Reformen und für verstärkte Abschottung, für Abschreckung und Einschüchterung sowie für einen Präventionsplan im Fall von Aufständen entschieden. All dies stärkte die Stellung Ulbrichts gegenüber seinen Widersachern und führte zum weitgehenden Abbruch der zaghaften Reformansätze. Zweitens traten infolge der sowjetischen Invasion in Ungarn außenpolitische Veränderungen im Ostblock ein, die sich zugunsten Ost-Berlins auswirkten. Die DDR und die ČSR, die »Bollwerke des Konservativismus im Ostblock«, wurden von ihrer Rolle als Bremser des Fortschritts befreit. Indem Chruščev von der Entstalinisierung abrückte, wurden beide Staaten, die die Beziehungen untereinander intensivierten, zu Garanten der Stabilität im Ostblock. Nun halfen sie der Sowjetunion, Polen zu isolieren und in Schach zu halten. Denn die Sowjetunion hatte, drittens, ihre Haltung gegenüber der DDR korrigiert. Sie hielt zwar noch an der Entsatellisierung, nicht aber an der Entstalinisierung fest. Auch wenn die ostdeutsch-sowjetischen Beziehungen nicht in jeder Hinsicht ungetrübt waren, bedeutete dies, dass Moskau auf Eingriffe in die Machtkämpfe in der DDR-Führung verzichtete und Ulbricht weiterhin als Ersten Sekretär der SED akzeptierte.

Internationale Dimensionen

Bernd Bonwetsch

Entstalinisierung und imperiale Politik

Die UdSSR und der Ostblock nach Stalins Tod

Der Tod Stalins am 5. März 1953 wirkte sich, für alle Welt sichtbar, fast unmittelbar als eine Art außenpolitischer »Entstalinisierung« aus: Verwiesen sei
nur auf die Wiederaufnahme der Waffenstillstandsverhandlungen in Korea,
die sich offenbar vor allem aufgrund der Haltung Stalins seit Juli 1951 ergebnislos hingezogen hatten und nun binnen weniger Monate am 27. Juli 1953
zum Abschluss gebracht wurden,[1] die förmliche Rücknahme sowjetischer
Territorialansprüche gegenüber der Türkei am 30. Mai 1953, den Botschafter-
austausch mit Jugoslawien im Juni 1953, der die Aussöhnung von 1955 an-
bahnte, und die Wiederaufnahme der erst am 12. Februar abgebrochenen
diplomatischen Beziehungen zu Israel am 15. Juli 1953 – ein Akt, der insofern
große symbolische Bedeutung hatte, als er die letzte von Stalin angezettelte
»Affäre«, die »Ärzteverschwörung« mit ihren antisemitischen Aspekten, auch
außenpolitisch bereinigte. Zu erwähnen wären überdies Malenkovs Plädoyer
für eine Politik der »Entspannung« und der »Vermeidbarkeit von Kriegen« in
der Regierungserklärung vom August 1953 vor dem Obersten Sowjet, die
Berliner Außenministerkonferenz und die vorläufige Regelung des Indochina-
konflikts 1954, die Genfer Konferenzen, der Staatsvertrag für Österreich 1955
und die Aufnahme diplomatischer Beziehungen zur Bundesrepublik – all dies
wäre bei einem Fortleben Stalins zwar nicht unmöglich, aber doch nur schwer
denkbar gewesen.

Mit »Entstalinisierung« sind jedoch eigentlich innen- und blockpolitische
Vorgänge gemeint, die eine Abkehr von den Verhältnissen unter Stalin bedeuteten. Gerade innenpolitisch lastete Stalins Erbe auf den Diadochen, die selbst an
seinem Zustandekommen beteiligt gewesen waren. Irgendwie mussten sie mit
diesem Erbe fertigwerden. Offenkundig war kein Mitglied der alten Moskauer
Führung bereit oder in der Lage, es ohne Abstriche fortzuführen. Und so wurden von ganz oben Korrekturmaßnahmen ergriffen. Sie lösten Folgen aus, die in
der Sowjetunion selbst weniger schwer zu kontrollieren waren als im sowjetischen Imperium. Mit Imperium ist hier das osteuropäische Vorfeld gemeint, das
sich die Sowjetunion dank ihres Einsatzes und Erfolges im Krieg gegen
Deutschland mit widerwilliger Duldung der Westmächte erstritten hatte. Stefan

---

1   Steininger, Rolf: Der vergessene Krieg: Korea 1950–1953. München 2006, S. 182.

Plaggenborg hat das jüngst in Aufnahme eines Begriffs von Hannes Adomeit den »zweiten Ring« genannt.[2] China gehörte nie wirklich zu diesem engeren Ring, auch wenn die Sowjetunion versucht hat, es in Abhängigkeit zu halten, und sich von außen zeitweise der Eindruck ergab, dass es so sei.

Die Entstalinisierung in der Sowjetunion selbst betraf zwar nicht nur einzelne prominente Opfer Stalins, sondern Millionen Lagerhäftlinge und letztlich die ganze Bevölkerung, aber sie war im Wesentlichen eine Sache der Rivalen an der Spitze von Partei und Staat. Diese setzten die Abkehr von Stalin und vom Stalin'schen Erbe, wie andere Sachfragen auch, nicht zuletzt als Mittel im persönlichen Machtkampf ein. Denn der persönliche Führungsanspruch beruhte auch auf der Legitimität, die programmatischen Positionen zuerkannt wurde, wie umgekehrt der Erfolg eines Programms den Maßstab für die Legitimität eines persönlichen Führungsanspruchs bildete.

Die persönliche Rivalität unter seinen »Mitkämpfern« war schon von Stalin gefördert und zugleich balanciert worden. Für die Stabilität im Innern hatten diese nach Stalins Tod verstärkt geführten Machtkämpfe erstaunlich wenig Konsequenzen. Im Imperium dagegen hatten sie Eruptionen zur Folge, die zwar eingedämmt, aber in ihren Langzeitwirkungen nie mehr beseitigt werden konnten.

Entstalinisierung unter Berija und Malenkov

Begonnen hat die Entstalinisierung nicht erst mit der »Geheimrede« Chruščevs auf dem XX. Parteitag, sondern schon mit Stalins Tod. Das Land fühlte sich zwar in den ersten Tagen schockiert und verlassen wie eine Waise. Es überschlug sich in dem hysterischen Versuch, die Trauer der Größe des empfundenen Verlusts angemessen sein zu lassen. Aber das dauerte nur kurze Zeit. Denn der sowjetischen Welt hatte sich ohne offizielle Ankündigung mitgeteilt, dass mit dem Tod des »Vaters der Völker«, ohne den man im ersten Moment nicht leben zu können glaubte, in der Sowjetunion etwas anders geworden war. Ihr fehlte die furchtgebietende und wahrlich schreckliche Figur, die es vermocht hatte, nicht nur jeden Gedanken an Kritik oder Widerstand in der Führung wie im Volk auszuschließen, sondern freiwillige Hingabe und Unterwerfung zur Selbstverständlichkeit werden zu lassen. Das betraf die Teilhaber der Macht ebenso wie alle Schichten der Bevölkerung bis hin zu den Dichtern, die sich wohl bis an ihr Lebensende der Hymnen schämten, die sie bei dessen Tod noch auf Stalin gesungen hatten.

---

2 Plaggenborg, Stefan: Experiment Moderne. Der sowjetische Weg. Frankfurt, New York 2006, S. 249.

Atmosphärisch änderte sich schon bald etwas, ohne dass es dazu eines Befehls bedurft hätte. So notierte etwa der amerikanische Korrespondent Harrison Salisbury am 14. März 1953 in seinem Tagebuch, dass die Moskauer plötzlich zu mehreren Tausend auf dem Roten Platz in einer entspannten, lockeren Atmosphäre spazieren zu gehen begannen. Noch 14 Tage zuvor hätte man das den Menschen so nicht erlaubt.[3] Das war zwar nie verboten gewesen, aber das Land hatte in vielem ungeschriebene Gesetze respektiert und so auch dies, dass man so nahe bei Stalin nicht einfach zum Vergnügen spazieren ging. Ähnlich war es mit den normalen Arbeitszeiten, die jetzt plötzlich wieder galten, ja die sogar dekretiert wurden, obwohl auch sie offiziell nie abgeschafft worden waren.[4] Das ganze Land hatte sich in seinen Arbeitszeiten in abgestufter Form auf die Schlaflosigkeit des »Führers« im Kreml eingestellt. Das galt besonders natürlich für die Partei- und Regierungsspitzen, die, wie Nikolaj Bajbakov überliefert hat, im »Stalin-Regime« arbeiteten und auf die frühmorgendliche telefonische Mitteilung von Stalins Sekretär Poskrebyšev warteten, dass der »Hausherr« sich nun zur Ruhe begebe.[5] Dabei handelte es sich weniger um eine Mitteilung als um einen Bescheid, der ihnen selbst gestattete, ebenfalls das Bett aufzusuchen.

Entstalinisierung im engeren Sinne begann als Teil der Diadochenkämpfe. Das zeigte sich im Grunde noch während der letzten Atemzüge Stalins, als die Parteiführung, in der nun Molotov, Berija und Malenkov den Ton angaben, in einer Art »Palastrevolution« (Adam Ulam) die Mitgliederzahl des Präsidiums halbierte und die älteren Führungsmitglieder der Partei wieder in ihre angestammten Ämter einsetzte. So wurde Molotov erneut Außen-, Berija Innen-, Bulganin Verteidigungs- und Mikojan Außenhandelsminister. Erst wenige Monate zuvor, auf dem XIX. Parteitag, hatte die Erweiterung des in Präsidium umbenannten Politbüros zu den Maßnahmen Stalins gehört, mit denen er die Position seiner alten »Mitkämpfer« geschwächt und diese selbst zum Teil öffentlich gedemütigt hatte.[6]

Malenkov, der neue Ministerratsvorsitzende, galt als eigentlicher Kronprinz und hielt dementsprechend auch die zentrale Trauerrede bei der Beisetzung Stalins am 9. März. Allerdings musste er um des neuen »kollektiven« Führungsstils

---

3   Salisbury, Harrison E.: Moscow Journal. The End of Stalin. Chicago 1961, S. 355.

4   Beschluss des Ministerrats v. 29.8.1953: Politbjuro CK VKP(b) i Sovet Ministrov SSSR. 1945–1953. Moskau 2002, S. 409. Noch zu Lebzeiten Stalins war mehrfach versucht worden, die Arbeitszeiten zu »normalisieren« – ohne Erfolg.

5   Bajbakov, Nikolaj Konstantinovič: Sorok let v pravitel'stve. Moskau 1993, S. 19.

6   Die Vorgänge 1953–1956 kurz und zuverlässig beschrieben bei Pichoja, Rudol'f: Sovetskij Sojuz. Istorija vlasti. 1945–1991. Moskau 1998, S. 98–136; Merl, Stephan: Entstalinisierung, Reformen und Wettlauf der Systeme 1953–1964. In: Plaggenborg, Stefan (Hg.): Handbuch der Geschichte Russlands. Bd. 5. Stuttgart 2002, S. 182–199. Zu den persönlichen Rivalitäten in der Parteiführung: Medevedev, Roj: Oni okružali Stalina. Moskau 1990; Khlevniuk, Oleg: Cold Peace. Stalin and the Soviet Ruling Circle. Oxford 2004; Zubkova, Elena: The Rivalry with Malenkov. In: Taubman, William u. a. (Hg.): Nikita Khrushchev. London 2000, S. 67–84.

und der Ämtertrennung willen sein Parteiamt als Sekretär des ZK schon am 14. März abgeben. Malenkov suchte sich politisch vor allem als Protagonist der Einführung des »Neuen Kurses«, das heißt einer konsumentenfreundlichen Wirtschaftspolitik, zu profilieren. Das konnte nach all den Jahren der Entbehrungen zugunsten der Entwicklung der Schwerindustrie durchaus auch als eine Art Entstalinisierung verstanden werden. Dieser Kurs wurde am 8. August 1953 von Malenkov als offizielles Regierungsprogramm verkündet und nicht zuletzt mit der Vermeidbarkeit von Kriegen und der Möglichkeit von »Entspannung« aufgrund des waffentechnischen Gleichziehens mit den USA durch den erfolgreichen Test der Wasserstoffbombe begründet.

Berija hatte durch sein Amt an der Spitze des erneut zusammengelegten Innen- und Staatssicherheitsministeriums eine äußerst starke Position. Er nutzte sie zum Erstaunen seiner Umgebung zu zahlreichen Initiativen, die ihn, kannte man seine Karriere als Schergen Stalins nicht, als Anwalt von Recht und Gesetz ausweisen würden. Seine Maßnahmen betrafen die Stalin'sche Gewaltherrschaft und ihre Auswüchse direkt und waren erste wichtige Schritte auf dem Weg einer politisch-juristischen Entstalinisierung. Alle derartigen Schritte im Frühjahr 1953 gingen auf Berija zurück.[7]

Das Verhalten Berijas wirft im Hinblick auf seine Motive bis heute Fragen auf. Es ging um elementare rechtsstaatliche Maßnahmen. Aber man sollte den »Marschall der Lubjanka« (Starkov)[8] nicht zum überzeugten Liberalen erklären, wie es zeitweise geschehen ist. Mit seiner eigenen Vergangenheit ging Berija zum Beispiel ähnlich milde um wie später Chruščev, während er andere für gleichartige Vergehen ans Messer lieferte. Aber Berija hatte zumindest die Entstalinisierung als politische Notwendigkeit und zugleich als Waffe im Kampf gegen seine Konkurrenten eher als Chruščev erkannt, der sich ihrer später ebenfalls bediente.

Fast täglich kamen von Berija gut vorbereitete Initiativen. So wurde auf seinen Vorschlag am 13. März eine Kommission zur Untersuchung der bis heute nicht befriedigend geklärten Nachkriegs-»Affären« eingesetzt, mit denen Stalin

7   Pichoja: Istorija vlasti (Anm. 6), S. 102–112; Žukov, Jurij N.: Bor'ba za vlast' v partijno-gosudarstvennych verchach SSSR vesnoj 1953g. In: Voprosy istorii (1996)5–6, S. 39–57; Naumov, Vladimir: Zur Geschichte der Geheimrede N. S. Chruščevs auf dem XX. Parteitag der KPdSU. In: Forum (1997)1, S. 137–177. Zu Berija gibt es eine umfangreiche Literatur. Vgl. Knight, Amy: Beria. Stalin's First Lieutenant. Princeton 1993; Antonov-Ovseenko, Anton: Berija. Moskau 1999; Starkov, Boris: Sto dnej »Lubjanskogo Maršala«. In: Istočnik (1993)4, S. 82–90; Kokurin, Aleksandr I.; Petrov, Nikita: MVD. Struktura, funkcii, kadry. Stat'ja sed'maja (1953–1954). In: Svobodnaja mysl' (1998)1, S. 112–123; Kokurin, Aleksandr I.; Požarov, Aleksandr I.: »Novyj kurs« L. P. Berii 1953g. In: Istoričeskij archiv (1996)4, S. 132–164.
8   Lavrentij Berija war am 9. Juli 1945 zum Marschall befördert worden. Ein militärischer Rang gehörte damals zum Standard für viele Zivilisten mit Stalin an der Spitze. Die »Lubjanka« wird als Synonym für die sowjetische Geheimdienstzentrale verwendet und ist eigentlich der Name der Straße, an der sie liegt.

in seinem abgrundtiefen Misstrauen die alte Garde seiner »Mitkämpfer« in die Enge getrieben hatte. Auf Berija gingen Schritte zur Rückgliederung des GULag in die Kompetenz des Justizministeriums ebenso wie erste Schritte zu dessen gänzlicher Auflösung zurück (vor 1934 waren die Straflager dem Justizministerium unterstellt). Am 27. März wurde auf seinen Vorschlag eine Amnestie für Häftlinge mit Strafen bis zu 5 Jahren verkündet, sofern sie nicht wegen des berüchtigten Konterrevolutions-Paragraphen 58 verurteilt worden waren. Betroffen waren davon über eine Million der 2,5 Millionen Lagerhäftlinge. Sie kehrten nun in Scharen nach Hause zurück, wurden allerdings zu Stillschweigen verpflichtet. Es blieb Nikita Chruščev vorbehalten, das auf dem Juli-Plenum 1953, das der Verurteilung Berijas diente, als »billige Demagogie« zu kritisieren.[9]

Viele weitere Maßnahmen zur Korrektur des Stalin'schen Gewalt- und Willkürsystems, etwa das Verbot dessen, was man heute als »robuste Verhörmethoden« bezeichnet, wurden auf Vorschlag von Berija beschlossen.[10] Zum Teil stieß er allerdings auch auf Ablehnung unter seinen Führungskollegen, weil diese in der Regel an der kritisierten Praxis unmittelbar Anteil gehabt hatten. Das betraf etwa die Einschränkung der Kompetenzen der »Sonderberatung« des NKVD, die außergerichtlich massenhaft über prominentere Fälle von Konterrevolution bis zur Todesstrafe geurteilt und seit 1948 auch noch Sträflinge, die ihre Strafe verbüßt hatten, reihenweise zu praktisch unbegrenzter Verbannung verurteilt hatte.[11] All dies vollzog sich weitgehend ohne Publizität. Öffentliches Aufsehen erregte dagegen die Rehabilitierung der »Kreml-Ärzte«, der Opfer der letzten mysteriösen »Affäre« Stalins, auf Beschluss des Präsidiums vom 3. April 1953, weil Berija in diesem Fall in der *Pravda* vom 6. April für ein Millionenpublikum erklären ließ, dass die Verurteilungen aufgrund von gefälschten Anschuldigungen und erpressten Geständnissen erfolgt seien.[12]

Berija erwies sich auch in anderer Beziehung als »Liberaler«: Er sorgte dafür, dass an die Spitze der Republikparteien der Sowjetunion Angehörige der jeweiligen Titularnation gelangten, was ihm später als Förderung von »bürgerlichem Nationalismus« vorgeworfen wurde; er schien Gerüchten zufolge sogar einer Lockerung der Kolchospolitik zuzuneigen,[13] und er war eine der treibenden Kräfte bei dem Bemühen, die Führungen der Ostblockstaaten zu ähnlichen Veränderungen wie in der Sowjetunion zu veranlassen, vor allem zur Bildung »kollektiver« Führungen und zur Rehabilitierung politischer Häftlinge. Das betraf vor allem Ungarn, wo mit Mátyás Rákosi ein hartgesottener Stalinist am Ruder war, der aufgrund des Drucks aus Moskau Imre Nagy als

---

9   Pichoja: Istorija vlasti (Anm. 6), S. 105; Kokurin; Požarov: Novyj kurs (Anm. 7), S. 143–145.
10   Ebenda, S. 151.
11   Ebenda, S. 159–163.
12   Die Veröffentlichung einer Erklärung war vom Präsidium abgesegnet, der Wortlaut nicht.
13   Conquest, Robert: Power and Policy in the U.S.S.R. A Study in Soviet Dynastics. New York 1961, S. 219; Merl: Entstalinisierung (Anm. 6), S. 208.

Ministerpräsident Platz machen und die Freilassung politischer Häftlinge wie János Kádár hinnehmen musste.[14] Es betraf aber auch Polen, wo ebenfalls politische Häftlinge wie der ehemalige Parteivorsitzende Władysław Gomułka freigelassen wurden, und es betraf in allererster Linie die DDR, wo sich nach dem Beschluss der II. Parteikonferenz zum »Aufbau des Sozialismus« 1952 unter der Führung Walter Ulbrichts ein radikaler Kurs entfaltet hatte, der die gesamte wirtschaftliche und innenpolitische Lage dramatisch verschlechtert und eine Fluchtbewegung riesigen Ausmaßes ausgelöst hatte.

Berija war der Exponent einer Tendenz in der sowjetischen Führung, in den osteuropäischen Ländern den Zwang zur Nachahmung des wirtschaftlichen Beispiels der Sowjetunion zu mildern, die dogmatischsten Stalinisten aus den Führungen zu entfernen und in der DDR den Aufbau des Sozialismus ganz zu stoppen. Auch die Ablösung Ulbrichts betrieb er, um entsprechende deutschlandpolitische Perspektiven offenzuhalten. Sein Urteil über die Perspektiven des Sozialismus in der DDR war geradezu radikal nüchtern: Er werde nur durch die Anwesenheit der Roten Armee garantiert, erklärte er auf der Sitzung der Regierung in Moskau vom 27. Mai 1953, auf der Lösungen für die Probleme in der DDR erörtert wurden.[15] Das teilte die gesamte sowjetische Führung in dieser Radikalität zwar nicht, aber die Maßnahmen, die der vom 2. bis zum 4. Juni nach Moskau zitierten SED-Führung diktiert wurden, gingen im Wesentlichen auf Berija zurück und sollten in der DDR ebenfalls den »Neuen Kurs« einführen. Der Vorwurf, die sozialistische DDR an die Bundesrepublik verkauft haben zu wollen, der ihm nach seiner Verhaftung auf dem Juli-Plenum des ZK der KPdSU und im Prozess 1953 in polemischer Übertreibung gemacht wurde – später, auf dem Januar-Plenum 1955, auch Malenkov[16] –, hat darin seinen realen Kern.[17]

14 Pikanterweise war Nagy seit langem Agent des KGB. Siehe: Agent »Volodja«. Neizvestnye fakty iz biografii Imre Nadja. In: Istočnik (1993)1, S. 71–73.

15 Wilke, Manfred; Voigt, Tobias: »Neuer Kurs« und 17. Juni – Die zweite Staatsgründung der DDR 1953. In: Hegedűs, Andras B.; Wilke, Manfred (Hg.): Satelliten nach Stalins Tod. Berlin 2000, S. 41. Die Deutschland-Pläne Berijas sind ungeklärt und werden kontrovers diskutiert. Vgl. dazu Bonwetsch, Bernd; Filitow, Alexei: Die sowjetische Politik und die SED. Handlungs- und Verantwortungsspielräume der KPD/SED/DDR 1945–1953. In: Das geteilte Deutschland im geteilten Europa. Materialien der Enquete-Kommission »Überwindung der Folgen der SED-Diktatur im Prozess der deutschen Einheit. Hg. v. Deutschen Bundestag. Bd. VIII/1, Baden-Baden 1999, S. 831–888. Die Schilderungen bei Sudoplatov, Pavel: Specoperacii. Ljubjanka i Kreml' 1930–1950 gody. Moskau 1999, S. 560–565, sind wichtige Hinweise, können aber nicht wörtlich genommen werden. Vgl. ferner Loth, Wilfried: Die Sowjetunion und die deutsche Frage. Studien zur sowjetischen Deutschlandpolitik von Stalin bis Chruschtschow. München 2007, S. 215–235.

16 Pichoja: Istorija vlasti (Anm. 6), S. 138, irrtümlich mit falschem Datum: 31.10.1966 statt 1961.

17 Siehe vor allem die Dokumentation: Lavrentij Berija. 1953. Stenogramma ijul'skogo plenuma CK KPSS i drugie dokumenty. Moskau 1997. Dt. Übers. des Stenogramms: Knoll, Viktor; Kölm, Lothar: Der Fall Berija. Das Plenum des ZK der KPdSU Juli 1953. Berlin 1993; vgl. auch Zubok, Vladislav: The Case of Divided germany, 1953–1964. In: Taubman u. a. (Hg.): Nikita Khrushchev (Anm. 6), S. 279 f.

Die Entschlossenheit, mit der Berija seine innenpolitischen Entstalinisierungsmaßnahmen in Moskau durchsetzte, und wohl auch seine radikale Nüchternheit im Hinblick auf die DDR wirkten auf manche Präsidiumsmitglieder jedoch überzogen und auch persönlich höchst bedrohlich und lösten bei den Konkurrenten um die Führung Widerstand aus. Chruščev ergriff die Initiative. Ihm gelang es, im Präsidium eine Verschwörung gegen Berija zu organisieren und mit Georgij Malenkov selbst einen langjährigen Parteigänger, wenn nicht Komplizen Berijas auf seine Seite zu ziehen.

Mithilfe des Militärs wurde der völlig ahnungslose Berija am 26. Juni 1953 auf einer Sitzung des Parteipräsidiums überrumpelt und verhaftet. Man machte ihm auf dem Juli-Plenum, im Zuge des Untersuchungsverfahrens und in der Urteilsbegründung die absurdesten, aber stalinismusüblichen Vorwürfe, unter anderem, dass er feindlicher Agent gewesen sei, nationalistische Gegensätze in der Sowjetunion geschürt und als »Agent des Klassenfeindes«, so Molotov auf dem Juli-Plenum, nach Stalins Tod die Beziehungen zu Jugoslawien wieder anbahnen wollte.[18] Seit dem 18. Dezember 1953 verhandelte eine »Sondergerichtssitzung« (Special'noe sudebnoe prisutstvie) des Obersten Gerichts unter Vorsitz Marschall Konevs gegen ihn. Am 23. Dezember wurden Berija und sechs Mitangeklagte, darunter der ehemalige stellvertretende Außenminister Dekanozov, zum Tode verurteilt und unmittelbar darauf hingerichtet.[19] Das ganze wurde in echt stalinistischer Manier durchgeführt und gab denjenigen, die am tiefsten in den Stalinismus verstrickt waren, zunächst einmal wieder Oberwasser.

Der Aufstand vom 17. Juni war eine direkte Folge der halbherzigen und zum Teil unsinnigen Umsetzung der Moskauer Direktiven in der DDR. Aber er diente ebenfalls als Vorwand, um Berija zu belasten und letztlich die bewusste politische Entstalinisierung für die nächsten Jahre auf Eis zu legen. Von Berija eingeleitete Rehabilitierungen gingen zwar 1953/54 weiter, auch wenn das ohne Öffentlichkeit geschah. So wurden die Opfer der »Leningrad-Affäre« am 30. April 1954 rehabilitiert.[20] Aber neue Rehabilitierungsverfahren wurden nicht eingeleitet. Das »Tauwetter« (Ottepel') im sowjetischen Alltagsleben, wie Il'ja Erenburg es unvergesslich durch seinen Romantitel benannte, ging jedoch als »stille Entstalinisierung« (Leonhard) durchaus weiter. Es kam zu erstaunlichen Lockerungen.[21] In verschiedenen Straflagern des GULag kam es 1953/54

---

18 Zit. nach: Knight: Beria (Anm. 7), S. 206.

19 Berija. Konec kar'ery. Moskau 1991, bes. S. 296–415; Kolendić, Anton: Machtkampf im Kreml. Vom Tode Stalins bis zur Hinrichtung Berijas. Bergisch Gladbach 1983, S. 277–287.

20 Bonwetsch, Bernd: Die »Leningrad-Affäre« 1949–1951. Verbrechen und Politik im Spätstalinismus. In: Deutsche Studien 28(1990), S. 306–322. Zu den Rehabilitierungen insgesamt: Van Goudoever, Albert P.: The Limits of Destalinization in the Soviet Union. Political Rehabilitation in the Soviet Union since Stalin. London 1986.

21 In Romanen wie Kornilow, Wladimir: Abschied vom Regiment. Frankfurt/M. 1982, kommen diese Lockerungen gut zum Ausdruck.

sogar zu Aufständen derjenigen, die nicht unter Berijas Amnestie gefallen waren und die nun gewaltsam auf ihr Problem aufmerksam machten. Die Aufstände wurden zwar rücksichtslos niedergeworfen, nichtsdestoweniger aber wurden die zurückgebliebenen »Konterrevolutionäre« doch weitgehend entlassen.[22]

Im Kampf um die Führung in Moskau setzte sich nach der Ausschaltung Berijas zunächst Malenkov mit seinem »Neuen Kurs« durch, sodass dieser am 8. August 1953 als offizielles Regierungsprogramm verkündet wurde. Aber mit Berija hatte Malenkov zweifellos einen starken Verbündeten verloren. Der Machtkampf ging weiter – vor allem zwischen Malenkov und Chruščev, der im September formell zum Ersten Sekretär des ZK gewählt wurde und damit direkt hinter und immer mehr neben Malenkov rangierte. Die Konkurrenz beider drückte sich nach außen in der Auseinandersetzung um den Wirtschaftskurs aus. Chruščev gewann sie schließlich: Auf dem Januar-Plenum des ZK 1955 musste Malenkov den Rückzug antreten, und Chruščev scheute sich nicht, den konsumentenfreundlichen »Neuen Kurs« mit unguten Anspielungen auf Bucharins und Rykovs politische Vernichtung Ende der 1920er Jahre als »rechte Abweichung« zu disqualifizieren.[23]

Dass im Kreml auch weiterhin um die Macht gerungen wurde, blieb in Osteuropa nicht unbemerkt. Die ungeklärte Machtfrage war, ohne dass dies im Einzelnen dargelegt werden soll, der wesentliche, wenn auch nicht der einzige Grund dafür, dass die Einführung des »Neuen Kurses« und entsprechende personelle Veränderungen in den Ländern des Ostblocks in unterschiedlicher Weise und nur zögernd vorgenommen wurden. Das wiederum hing auch von den Präferenzen und Machtkonstellationen in den jeweiligen Parteiführungen ab. So konnte etwa Mátyás Rákosi in Ungarn trotz der in Moskau mehrfach an ihm geübten Kritik gegen die Politik des neuen Ministerpräsidenten Imre Nagy opponieren.[24] Synchron zur Demontage Malenkovs durch Chruščev konnte Rákosi mit Rückendeckung aus Moskau Nagy seit Oktober 1954 sogar offen bekämpfen. Nachdem dessen politische Linie dann im Januar 1955 bei einem Besuch einer ungarischen Parteidelegation in Moskau mit Vokabeln wie »bucharinistisch«, »kleinbürgerlich« und »parteifeindlich« charakterisiert worden war, konnte Rákosi ihn schließlich im Frühjahr 1955 auf einer ZK-Sitzung unter den Augen Suslovs der »rechten Abweichung« bezichtigen, aller Ämter entkleiden und schließlich sogar aus der Partei ausschließen lassen.[25]

22   Istorija Rossii s načala XIX veka do načala XXI veka. Bd. 2, Moskau 2005, S. 699 f.; Merl: Entstalinisierung (Anm. 6), S. 192.

23   Rede Chruščevs v. 25.1.195: In: Pravda v. 3.2.1955.

24   Zu Ungarn detailliert: Rainer, János M.: Ungarn 1953–1956. Die Krise und die Versuche ihrer Bewältigung. In: Hegedűs, Andras B.; Wilke, Manfred (Hg.): Satelliten nach Stalins Tod. Berlin 2000, S. 137–217; Borhi, László: Hungary in the Cold War, 1945–1956. Between the United States and the Soviet Union. Budapest 2004, S. 229–238.

25   Rainer: Ungarn 1953 (Anm. 24), S. 189–192.

Obwohl man in Budapest letztlich den Moskauer Wünschen im Großen und Ganzen folgte, manifestierte sich in diesen Vorgängen doch ein neues Verhältnis zwischen der Sowjetunion und den osteuropäischen Volksdemokratien. Die Herrschaft Moskaus war zwar auch unter Stalin nicht so absolut gewesen, wie der Begriff der »Stalinisierung« der Volksdemokratien seit 1949 suggeriert.[26] Bestimmte nationale Eigenheiten blieben erhalten und Jugoslawien trotzte Moskau sogar offen, auch wenn die von Stalin kolportierte Äußerung von 1948, er werde nur den »kleinen Finger rühren, und es gibt keinen Tito mehr«, den machtpolitischen Realitäten wohl entsprach.[27] In diesem Fall irrte Stalin jedoch in der Annahme, dass der Sturz Titos allein durch öffentliche Ächtung und die Unterstützung seiner innerparteilichen Gegner zu bewirken sei.

Aber jetzt, seit Stalins Tod, war Widerspruch aus den Ländern des Ostblocks offener. Für das Zögern, den Forderungen aus Moskau zu folgen, war zwar sicher neben den innerparteilichen Konstellationen in Osteuropa in erster Linie die ungeklärte Macht- und Richtungsfrage in Moskau selbst verantwortlich. Neu ist jedoch die Tatsache, dass die relative Selbstständigkeit der Volksdemokratien nicht nur geduldet, sondern in gewisser Weise sogar vonseiten Moskaus gefördert wurde. Denn zumindest Teile der Moskauer Führung glaubten, die osteuropäischen Parteiführer nicht mehr nur, wie zu Zeiten Stalins, als reine Befehlsempfänger behandeln zu dürfen, sondern deren Gefolgschaft auch auf Zustimmung und Überzeugung gründen zu müssen.

Das äußerte sich zum Beispiel darin, dass man nach dem Sturz Berijas die Führer der wichtigsten kommunistischen Parteien in Briefen informierte und zu geheimen Konsultationen nach Moskau rief, um ihnen die Situation zu erläutern. Ebenso geschah es nach dem Kurswechsel gegenüber Jugoslawien seit Juni 1954, nach der Absetzung Malenkovs im Februar 1955, nach der Kritik an Molotov auf dem Juli-Plenum von 1955 und anlässlich der bevorstehenden Kritik an Stalin auf dem 20. Parteitag. Es ging sowohl darum, die ausländischen Parteiführer von der Richtigkeit der eigenen Politik zu überzeugen, als auch darum, sich diese Politik für die internen Auseinandersetzungen in Moskau durch die Führer des Ostblocks legitimieren zu lassen.[28]

---

26 Brzezinski, Zbigniew K.: K., Der Sowjetblock. Einheit und Konflikt. Köln 1962, hat als erster darauf aufmerksam gemacht.

27 Doklad N. S. Chruščeva O kul'te ličnosti Stalina na XX s-ezde KPSS. Dokumenty. Moskau 2002, S. 97; vgl. Chruschtschow erinnert sich. Die authentischen Memoiren. Hg. v. Talbott, Strobe. Reinbek bei Hamburg 1992, S. 569.

28 Vgl. als frühen Versuch, derartige Zusammenhänge aufzuweisen Bonwetsch, Bernd: Außenpolitik als Innenpolitik. Zur Rolle auswärtiger Beziehungen für die innere Machtrivalität in der Sowjetunion 1953–1963. In: Deutsche Studien 20(1982), S. 3–25.

Der XX. Parteitag

Noch deutlicher wurde dies nach dem XX. Parteitag vom 14. bis 25. Februar 1956, auf dem Chruščev seinen eigenen Anlauf zur Entstalinisierung einleitete. Im Unterschied zu Berijas eher rechtsstaatlicher Entstalinisierung zielte Chruščev zunächst vor allem auf die politische »Entzauberung« Stalins. Stalin und Berija wurde nun alle Schuld aufgebürdet. Damit wurden die Partei und ihre Führungskräfte, deren psychologische Situation insgesamt sehr kompliziert war, geschont. Auch die Ausschaltung von linken und rechten »Abweichlern« wurde von der Kritik an Stalin nicht nur ausgenommen, sondern ausdrücklich gewürdigt. Nichtsdestoweniger war unverkennbar, dass Chruščev andere Konkurrenten um die Macht mit der Kritik an Stalin-Verbrechen unter Druck setzte. Die Belastung einzelner Führungsmitglieder war dabei weniger eine Wahrheits- als vielmehr eine Machtfrage. Sich selbst glaubte Chruščev vor Belastung sicher.[29]

Ende 1955 begann Chruščev ernst zu machen: Am 31. Dezember 1955 setzte das Präsidium auf seinen Vorschlag zur Vorbereitung des bevorstehenden Parteitages eine Kommission zur Untersuchung der Repression führender Partei- und Staatsfunktionäre in den 1930er Jahren ein. Den Vorsitz führte ZK-Sekretär Petr N. Pospelov.[30] In den nächsten Wochen vor dem XX. Parteitag machte Chruščev überdies gegen den Widerstand alter »Mitkämpfer« Stalins die Repression zum wichtigsten politischen Thema und zog zu seiner Unterstützung auch prominente entlassene Häftlinge wie Ol'ga Šatunovskaja bei.

Am 8. Februar 1956 legte die Pospelov-Kommission ihren 70-seitigen Bericht vor. Er war nüchtern und schonungslos.[31] Am Tag darauf wurde er vom Präsidium kontrovers diskutiert. Wegen des Widerstands von Molotov, Kaganovič, Vorošilov und Malenkov wurde beschlossen, im normalen Rechenschaftsbericht keine Kritik an Stalin vorzunehmen. Am 13. Februar einigte man sich auf den Kompromiss, dem Plenum des ZK, das am selben Tag zusammentrat, vorzuschlagen, in einer geschlossenen Sitzung des Parteitags einen Vortrag Nikita Chruščevs über den Personenkult anzuhören.

So geschah es auch.[32] Dabei war dem Präsidium zum Zeitpunkt seiner Beschlussfassung der Text der Rede nicht bekannt.[33] Der Entwurf der Pospelov-

---

29 Naumov, V. P.: K istorii sekretnogo doklada N. S. Chruščeva na XX s-ezde KPSS. In: Novaja i novejšaja istorija (1996)4, S. 147–168, hier 153.

30 Deshalb wurde die Kommission allgemein Pospelov-Kommission genannt.

31 Doklad N. S. Chruščeva (Anm. 27), S. 185–230.

32 Die Dokumente zur Vorbereitung des Parteitags, abgedruckt in: ebenda, S. 234–254; hier das Stenogramm des Plenums vom 13.2.1956, S. 241–243; die entsprechenden Dokumente auch in: Prezidium CK KPSS 1954–1964. Bd. I: Černovye protokol'nye zapisi zasedanij. Stenogrammy. Moskau 2003; vgl. insgesamt Naumov: Geheimrede (Anm. 7).

33 Pichoja: Istorija vlasti (Anm. 6), S. 142.

Kommission lag erst am 18. Februar vor, während der Parteitag schon lief.[34] Er war deutlich weniger umfassend als der Bericht vom 8. Februar und betonte schon ganz im Sinne Chruščevs die persönliche Schuld Stalins und die Zielrichtung seiner Verbrechen gegen ergebene Parteimitglieder, wobei allerdings die Opfer der Schauprozesse ausgenommen waren. Chruščev selbst diktierte tags darauf Ergänzungen, die diese Tendenz noch verstärkten und zusätzlich auch die Kriegs- und Nachkriegszeit einbezogen. Dagegen waren zum Beispiel die im Pospelov-Bericht erwähnten Mord-Bacchanalien von 1937/38, in denen binnen weniger Monate 700 000 Menschen wie am Fließband »nach Plan« hingerichtet wurden, nicht mehr enthalten.[35] Chruščev hatte als Moskauer Parteichef gehörigen Anteil an ihnen gehabt.

Auf dieser Basis arbeitete Chruščev mit ZK-Sekretär Dimitrij Šepilov die endgültige Version seiner Rede aus und verlas sie am 25. Februar.[36] Der »Personenkult« und die damit verbundenen Verbrechen wurden als individuelles Problem Stalins und einiger seiner Helfershelfer angeprangert. Die Partei und die Sowjetunion waren nach dieser Version auf wundersame Weise unberührt geblieben bzw. konsequent auf dem Wege zum Sozialismus vorangeschritten.

Die Rede Chruščevs schlug wie eine Bombe ein. Der Saal schwieg, es gab – wohl einmalig nach der Rede eines sowjetischen Parteiführers – keinen Beifall.[37] Das Präsidium beschloss, die Rede in redigierter Form im ganzen Land in Versammlungen verlesen zu lassen und sie auch den ausländischen Parteiführungen bekanntzumachen, sie aber nicht zu veröffentlichen.[38] Die Verlesungen lösten überall erregte Diskussionen und sogar Unruhen aus, die sich in Georgien im Übrigen gegen die angebliche Verunglimpfung Stalins richteten. Das zeigte offenbar völlig überraschend, wohin freie Diskussion führen konnte. Sie wurde deshalb mit administrativen Mitteln und gegebenenfalls auch, wie in Georgien am 9. März 1956, mit Gewalt unterdrückt.

Eine wirkliche Suche nach Ursachen und Konsequenzen fand nicht statt.[39] Ein eigens zur Diskussion der Stalin-Frage für Mitte 1956 geplantes ZK-Plenum, auf dem Marschall Žukov als einer der schärfsten Stalin-Kritiker das

34   Doklad N. S. Chruščeva (Anm. 27), S. 120–133.
35   Ebenda, S. 134–162. Auch in seinen »Erinnerungen« erinnerte sich Chruščev dieser Verbrechen nicht. Vgl. aber Naumov, Vladimir: Repression and Rehabilitation. In: Taubman u. a. (Hg.): Nikita Khrushchev (Anm. 6), S. 85–112.
36   Pichoja: Istorija vlasti (Anm. 6), S. 143 u. 145; Doklad N. S. Chruščeva (Anm. 27), S. 42.
37   Pichoja: Istorija vlasti (Anm. 6), S. 145. In der redigierten Fassung des Textes (in den Izvestija CK KPSS 1989/3, S. 128–170, erstmals veröffentlicht) wurde allerdings »stürmischer, langanhaltender, in Ovationen übergehender Beifall, alle erheben sich von den Sitzen« eingefügt. Siehe Doklad N. S. Chruščeva (Anm. 27), S. 119.
38   Ebenda, S. 252–254.
39   Besonders anschaulich als prominenter Fall eines Gemaßregelten: Orlow, Juri: Ein russisches Leben. München 1992, S. 147–152. Vgl. dazu Pichoja: Istorija vlasti (Anm. 6), S. 149 f.; Doklad N. S. Chruščeva (Anm. 27), S. 405–606, enthält zahlreiche Dokumente über Reaktionen auf den Vortrag in der Sowjetunion von März 1956 – Februar 1957.

Hauptreferat halten sollte, wurde abgesagt.[40] Das Parteipräsidium erließ lediglich am 30. Juni 1956 einen ZK-Beschluss »Über die Überwindung des Personenkults und seiner Folgen«, der die Richtung der Diskussion vorgeben und sie
in engen Grenzen halten sollte.[41] De facto aber wurde die Diskussion im ganzen
Land eingedämmt, so als ob mit Erlass der Resolution das Problem gelöst sei.
Insbesondere die Intelligenz wurde durch Maßnahmen gegen die Zeitschriften
»Fragen der Philosophie« und »Fragen der Geschichte« eingeschüchtert.

Während die öffentliche politisch-geistige Entstalinisierung eingestellt wurde,
liefen allerdings andere Maßnahmen ohne große Publizität weiter. So nahmen
die nur auf Antrag vorgenommenen Rehabilitierungen ein weit größeres Ausmaß an als vor dem XX. Parteitag.[42] Und man sollte nicht unterschätzen, dass
einige Maßnahmen wie Amnestien – 1955 für Kollaborateure, 1956 für ehemalige Kriegsgefangene – und die pauschale Rehabilitierung einiger deportierter
Kaukasusvölker im Januar 1957 de facto für Millionen Menschen Erleichterung
brachten, selbst wenn weiterhin viele Bedingungen wie etwa Verschwiegenheits-
pflicht dafür sorgten, dass diese Beseitigung von Folgen des Stalinismus sich
nicht zu einer Entstalinisierung »von unten« entwickelte.[43]

Ob diese dosierte innenpolitische Entstalinisierung in der Sowjetunion ohne
die Krisen innerhalb der kommunistischen Weltbewegung und vor allem in
Osteuropa 1956 möglicherweise weitergegangen wäre, wissen wir nicht.[44] Aber
diese Krisen wurden mit Recht als Folgen der von Chruščev vertretenen Politik
angesehen. Schließlich hatte er in seinem öffentlichen Rechenschaftsbericht eine
Art »Entstalinisierung« der außenpolitischen Beziehungen sowohl zu den kapitalistischen Mächten als auch zu den Ländern des sozialistischen Lagers angekündigt, indem er zum einen die Möglichkeit friedlicher Koexistenz und der Vermeidbarkeit von Kriegen und zum anderen das Recht auf eigene Wege zum
Sozialismus und das Prinzip der Gleichberechtigung der Länder des Sozialismus
hervorgehoben hatte. Damit wurde zumindest theoretisch die Gefolgschaft im
sozialistischen Lager auf Freiwilligkeit, das heißt in der politischen Praxis wohl
von direkten auf indirekte Herrschaftsmethoden umgestellt.

Die große Frage war, ob die erneuerte Sowjetunion imstande war, in den
osteuropäischen Ländern genügend Zustimmung zur Gefolgschaft zu bewirken und dadurch den Zusammenhalt des osteuropäischen Imperiums mit
indirekten Mitteln zu sichern. Der Erfolg wäre Chruščev zugute gehalten
worden, doch wie es kam, wurde ihm logischerweise der sich bald einstellende

---

40   Istorija Rossii (Anm. 22), S. 703.
41   Der Beschluss u. a. in: Doklad N. S. Chruščeva (Anm. 27), S. 352–368.
42   Von März 1953 bis Februar 1956 wurden 7 700 Personen rehabilitiert, von März 1956 bis
Ende 1957 über eine halbe Million: Istorija Rossii (Anm. 22), S. 704.
43   Merl: Entstalinisierung (Anm. 6), S. 197 f.
44   Reaktionen innerhalb der kommunistischen Weltbewegung von Februar bis Dezember 1956,
in: Doklad N. S. Chruščeva (Anm. 27), S. 609–795.

Misserfolg zur Last gelegt. Chruščevs Stellung wurde so geschwächt, dass seine prominenten Gegner im ZK-Präsidium 1957 sogar seinen Sturz betrieben, auch wenn im Vordergrund der Argumentation eher andere Vorwürfe als die innen- und außenpolitische Entstalinisierung standen. Nur dank der Unterstützung vonseiten des Verteidigungsministers Žukov und des KGB-Vorsitzenden Serov konnte ein ZK-Plenum einberufen werden, das die Absetzungsentscheidung des Präsidiums vom 18. Juni 1957 für nichtig und die Gegner Chruščevs zu »Parteifeinden« erklärte.[45] Aber an ein öffentliches Weitertreiben der Entstalinisierung war für einige Jahre nicht zu denken.

Die Entstalinisierungskrise im Ostblock 1956

Zu diesem Stillstand trug nicht unwesentlich die Entwicklung im Ostblock bei. Schon vor dem XX. Parteitag hatten die Machtkämpfe und politischen Kehrtwendungen in Moskau zur Folge gehabt, dass die sowjetische Führung in den Hauptstädten Osteuropas nicht mehr einfach befehlen konnte, sondern um Zustimmung warb und werben musste. Ganz wichtig war in diesem Zusammenhang die von Chruščev seit Juni 1954 gegen die Opposition vor allem Molotovs betriebene Aussöhnung mit Jugoslawien, die sich auf dem XX. Parteitag schließlich in der förmlichen Anerkennung des Prinzips unterschiedlicher, »nationaler Wege zum Sozialismus« niederschlug, womit im Übrigen ein Theorem der unmittelbaren Nachkriegszeit wieder aufgegriffen wurde.[46] Chruščev und Bulganin hatten Ende Mai/Anfang Juni 1955 bei einem Besuch in Belgrad einige Zugeständnisse an Tito gemacht. Anschließend reisten sie nach Sofia und Bukarest, um den eiligst dort versammelten osteuropäischen Parteiführern die neue Linie in der Jugoslawienpolitik und massive Kritik an der Politik Stalins und dessen Methoden zu üben. Dies geschah jedoch nicht nur zur Information, um die »Genossen zu befähigen, die notwendigen Schritte für eine Wendung in der Politik gegenüber Jugoslawien einzuleiten«, wie es

45   Istorija Rossii (Anm. 22), S. 704; Molotov, Malenkov, Kaganovič 1957. Stenogramma ijun'skogo plenuma CK KPSS i drugie dokumenty. Moskau 1998; Pethybridge, Roger: A Key to Soviet Politics. The Crisis of the Anti-Party Group. London 1962.
46   Hoensch, Jörg K.: Die sowjetische Osteuropapolitik. In: Geyer, Dietrich (Hg.): Osteuropa-Handbuch. Sowjetunion. Außenpolitik 1955–1973. Köln 1976, S. 300–301. Vgl. insgesamt zum sowjetisch-jugoslawischen Verhältnis Clissold, Stephen (Hg.): Yugoslavia and the Soviet Union, 1939–1973. London 1975; Haberl, Othmar N.: Die sowjetisch-jugoslawische Normalisierung in den 50er Jahren. In: Deutsche Studien 19(1981), S. 53–72; Einleitung des Herausgebers, in: Mićunović, Veljko: Moskauer Tagebücher 1956–1958. Hg. und eingel. v. Wolfgang Höpken. Stuttgart 1982.

in einem Bericht über die vertraulichen Gespräche in Sofia hieß.[47] Es ging den beiden Sowjetführern vielmehr zugleich darum, die ausländischen Parteiführer in einem in Moskau noch nicht ausgestandenen Richtungsstreit Partei ergreifen zu lassen und die eigenen Parteigänger im Ausland zu einer offensiven Haltung zu ermutigen.[48]

Auf dem anschließenden Juli-Plenum des ZK der KPdSU in Moskau standen die Jugoslawien-Politik und der Streit zwischen Molotov und Chruščev im Mittelpunkt. Das Plenum billigte zwar einmütig die neue Politik gegenüber Jugoslawien, und Molotov stand mit seiner Opposition ziemlich allein. Doch seine Auffassung, dass man nur staatliche Koexistenzbeziehungen aufnehmen solle, weil die Duldung der jugoslawischen Selbstständigkeit im Rahmen der internationalen Parteibeziehungen gefährliche Konsequenzen für den Zusammenhalt des sozialistischen Lagers haben könne, hatte vermutlich ihre stummen Anhänger.[49] Die Auffassung Molotovs fand 1956 jedenfalls angesichts der Krise im sozialistischen Lager offene Unterstützung in der sowjetischen Parteiführung und ging in die offizielle Haltung gegenüber Jugoslawien ein.

1955 jedoch hatte sich Chruščev nicht zuletzt dank der Unterstützung des Militärs durchgesetzt. Denn unter Sicherheitsaspekten galt die Aussöhnung mit Jugoslawien als Gewinn. Sie wurde zum Beispiel von Verteidigungsminister Žukov geradezu als Vorstufe zur Einbeziehung Jugoslawiens in den Warschauer Pakt gewertet. So wurden auch die Sicherheitsbedenken Molotovs gegen den österreichischen Staatsvertrag entkräftet.[50] Die Mehrheit der osteuropäischen Parteiführer sträubte sich jedoch zunächst verständlicherweise gegen die Aussöhnung mit Jugoslawien und die Kritik an den Stalin'schen Methoden, denn alle hatten sich mehr oder minder intensiv an der Kampagne gegen Tito und den Titoismus beteiligt. Sie durften dabei ebenso auf Rückendeckung der Gegner Chruščevs in Moskau hoffen, wie sie diese umgekehrt stützten.

Im Kontext dieser Werbung um ausländische Zustimmung ist es zu sehen, wenn Molotov vor den sowjetischen wie den ausländischen Kommunisten als jemand kompromittiert wurde, der an den Stalin'schen Herrschafts- und Ausbeutungsmethoden etwa mittels der »gemischten Gesellschaften« habe festhalten wollen und der erst eines »Nasenstübers« von Mao Zedong bedurft habe, um davon Abstand zu nehmen, wie Mikojan auf dem Juli-Plenum 1955

47   Leonhard, Wolfgang: Kreml ohne Stalin. Frankfurt/M. 1962, S. 156; vgl. Brzezinski: Sowjetblock (Anm. 26), S. 214; Hoensch: Die sowjetische Osteuropapolitik. In: Geyer, Dietrich (Hg.): Osteuropahandbuch. Sowjetunion. Außenpolitik 1945-1955. Köln 1972, S. 445.
48   Diskussion zur Information der »Bruderparteien« vom 8. Juni 1955 im Präsidium des ZK: Prezidium CK KPSS (Anm. 32), S. 51–54.
49   Zum Plenum: Dallin, David: Sowjetische Außenpolitik nach Stalins Tod. Köln 1961, S. 271–278.
50   Ebenda, S. 419; Chruschtschow erinnert sich (Anm. 27), S. 386 f.

erklärte.[51] Auf der anderen Seite war die mit liberalen Mitteln bewirkte Wiedereingliederung Jugoslawiens in das sozialistische Lager ein Erfolg für die Entstalinisierungspolitik Chruščevs.

Für die parteiinternen Auseinandersetzungen war das von Belang. Entstalinisierung und begrenzte Liberalisierung erwiesen sich vorübergehend als machtpolitische Argumentationshilfe. Chruščev zögerte nicht, sich Titos Autorität im In- und Ausland im Interesse seiner Politik zunutze zu machen – man denke etwa an die Bewegung der »Blockfreien«. Das verlangte allerdings auch Konzessionen an Titos Forderungen wie die Abschaffung eines Steuerungs- und Herrschaftsinstruments wie des Kominform am 17. April 1956 und die Bestätigung des Prinzips der Nichteinmischung und des Rechts sozialistischer Staaten auf eigene Wege bei dessen triumphalem, dreiwöchigem Staatsbesuch in der UdSSR im Juni 1956.[52]

Das waren Zugeständnisse, die die bis dahin nicht angezweifelte Vorherrschaft der UdSSR im sozialistischen Lager infrage stellten und Tito in dem Glauben wiegten, er könne in jugoslawischem Sinne Einfluss auf Osteuropa ausüben.[53] In dem Moment allerdings, in dem die Entstalinisierung im Oktober 1956 ihre machtpolitische Legitimität verlor, verlor auch die Unterstützung Titos ihr Gewicht in Moskau völlig – im Gegenteil, wer Anspruch auf Gehör erhob, vermied jeden positiven Bezug zu Tito bzw. Jugoslawien.

Machtpolitisch wesentlich wichtiger als die Haltung Jugoslawiens war allerdings die Chinas. Das sowjetisch-chinesische Verhältnis war zu Lebzeiten Stalins nie frei von Spannungen gewesen. Im Bürgerkrieg, den man nach den Worten Maos angeblich »gegen den Willen Stalins« gewonnen hatte,[54] in den Wirtschaftsbeziehungen und im Koreakrieg, der wohl nicht zuletzt aufgrund der Haltung Stalins so lange hinausgezögert wurde und China in der Konfrontation mit den USA hielt, hatte sich das ausgewirkt. Die unlösbar scheinende Kriegsgefangenenfrage wurde nun, nach Stalins Tod, binnen weniger Wochen auf eine Weise gelöst, wie sie von chinesischer Seite schon im Sommer 1952 ventiliert, aber in Moskau nicht gebilligt worden war. Auch auf wirtschaftlichem Gebiet suchten die Nachfolger Stalins das Verhältnis zu China zu verbessern.

---

51   Ebenda, S. 464 f.; Bialer, Seweryn: Ich wählte die Wahrheit. In: Hinter dem Eisernen Vorhang (1956)10, S. 23–26.

52   Hoensch: Die sowjetische Osteuropapolitik (Anm. 46), S. 303.

53   Ebenda, S. 303 f.

54   Martin, Helmut: Mao intern. Unveröffentlichte Schriften, Reden und Gespräche Mao Tsetungs 1949–1976. München 1977, S. 41. Zum sowjetisch-chinesischen Konfliktverhältnis liegt eine Fülle von Studien vor. Hier sei nur verwiesen auf Brahm, Heinz: Die Sowjetunion und die Volksrepublik China, 1949–1955. In: Geyer (Hg.): Außenpolitik (Anm. 47), S. 593–603; Ders.: Der sowjetisch-chinesische Konflikt. In: Geyer (Hg.): Außenpolitik (Anm 46), S. 469–536.

Schon am 21. März 1953 wurde ein Wirtschaftshilfeabkommen unterzeichnet, nachdem zuvor monatelang ergebnislos verhandelt worden war.[55]

Welche Bedeutung dieses Verhältnis hatte, kommt symbolhaft in einer Fotomontage der *Pravda* vom 10. März 1953 zum Ausdruck: Über einer Grußbotschaft Maos an Partei und Regierung der UdSSR »unter Führung des Genossen Malenkov« zeigte sie Malenkov, Stalin und Mao Zedong direkt nebeneinander angeblich bei der Unterzeichnung des Freundschaftsvertrages vom 14. Februar 1950. Malenkov hatte jedoch nicht direkt neben den Führern gestanden, wie ein Vergleich mit dem ursprünglich ebenfalls auf der Titelseite der *Pravda* veröffentlichten Foto zeigt.[56] Mit dieser plumpen Montage wollte aber der wichtigste Prätendent auf die Nachfolge Stalins die Legitimität seines Anspruchs unterstreichen. Natürlich wusste man auch in Peking, dass es sich hier um eine Montage handelte. Aber man ließ es geschehen und war sich dabei bewusst, dass die Zustimmung aus Peking für die Anerkennung eines Führungsanspruchs in Moskau ganz offensichtlich nicht ohne Belang war.

Aber Malenkov wurde die chinesische Huld schon bald entzogen, denn die konsumentenfreundliche Politik des »Neuen Kurses« war mit verstärkter Wirtschaftshilfe an China nicht zu vereinbaren. Hingegen fand das konkurrierende Wirtschaftskonzept Chruščevs vom Primat der Schwerindustrie in Peking ebenso Beifall wie sein Neulandprogramm.[57] Es hatte seine Logik, dass Molotov und Chruščev als Gegner Malenkovs im Oktober 1954 in Peking weitere wirtschaftliche und technische Hilfe zusagten.

Konkrete Hilfe beim Wiederaufbau Chinas schien das einzig wirksame Mittel zu sein, um China an die Sowjetunion zu binden. Denn in Peking verstummten offenbar die Stimmen derjenigen nicht, die für einen auch wirtschaftlich attraktiven, jugoslawischen Kurs der »mittleren Linie« zwischen der Sowjetunion und den Vereinigten Staaten plädierten.[58] Allerdings sollte diese Anerkennung Chruščevs aus Peking im Wesentlichen nur bis zum XX. Parteitag dauern. Auch sowjetische Wirtschaftshilfe konnte das nicht ändern, und Chruščev selbst brach diesen Versuch später sogar um den Preis einer zusätzlichen Entfremdung Chinas als gescheitert ab, indem er 1959 die 1957 zugesicherte Lieferung einer Atombombe verweigerte und im Jahr darauf die sowjetischen Techniker aus China zurückrief.

---

55   Meissner, Boris (Hg.): Das Ostpakt-System. Frankfurt 1953, S. 173–174; Brahm: Sowjetunion (Anm. 54), S. 602.

56   Pravda v. 10.3.1953 u. 15.2.1952; vgl. Salisbury: Journal (Anm. 3), S. 350 u. 359.

57   Baras, Victor: China and the Rise of Khrushchev. In: Studies in Comparative Communism 8(1975), S. 183–191.

58   Siehe als einen von vielen derartigen Hinweisen Maos: Martin (Hg.): Mao intern (Anm. 54), S. 27. Die Vereinbarungen vom Oktober 1954. In: Meissner (Hg.): Ostpakt-System (Anm. 55), S. 179–184.

Zunächst jedoch sicherte sich Chruščev die Unterstützung Maos in den Moskauer Machtkämpfen, ebenso wie Mao in internen Auseinandersetzungen in Peking von der Unterstützung durch Chruščev profitierte.[59] Mit Beginn der Entstalinisierung änderte sich das jedoch. Zunächst rief das Bekanntwerden der »Geheimrede« Chruščevs vor allem in Polen heftige Diskussionen hervor.[60] Der neue Parteichef Edward Ochab, der am 20. März mit Billigung einer sowjetischen Regierungsdelegation nach dem Tode Bieruts am 12. März 1956 gewählt worden war, suchte den Impulsen des XX. Parteitags durch die Entlassung politischer Häftlinge, darunter auch Gomułkas, und durch eine innenpolitische Lockerung zu entsprechen. Doch statt die Erregung zu besänftigen, war das Gegenteil der Fall. Es kam in vielen Städten zu Manifestationen, die am 28. Juni in einen Aufruhr mündeten, der blutig niedergeschlagen wurde. Die Lage spitzte sich derart zu, dass auch die Beziehungen zwischen der PVAP und der KPdSU sich verschärften. Aber im Interesse einer nicht allein durch militärische Gewalt bewirkten Gefolgschaft Warschaus akzeptierte Chruščev den Wiederaufstieg des »Nationalkommunisten« Gomułka, der von der Wiederaufnahme in die Partei am 4. August 1956 bis zur Wahl zum 1. Sekretär ihres Politbüros bei gleichzeitiger Entfernung des 1949 zum polnischen Verteidigungsminister eingesetzten Sowjetmarschalls Rokossowskij aus dem Politbüro führte.[61]

Gomułkas Linie, nationalpolnische Positionen mit einem glaubwürdigen Bekenntnis zur Bindung an die Sowjetunion zu vereinen, ermöglichte es andererseits Chruščev am 20. Oktober 1956, dessen Wahl an die Spitze der PVAP zuzustimmen und auf die bereits vorbereitete militärische Intervention zu verzichten. Damit rettete Chruščev zugleich einen Rest seiner außenpolitischen »Entstalinisierung«, die auch im Moskauer Parteipräsidium am 21. Oktober Zustimmung fand und sofort den Parteiführungen in Osteuropa und China erläutert werden sollte. Man rief sie zu diesem Zweck für den 23. Oktober nach Moskau zusammen und informierte sie tags darauf über die getroffenen Maßnahmen, ja man ließ sie sogar an der Sitzung des Präsidiums selbst teilnehmen, und es blieb ausgerechnet dem 1953 fast gestürzten Ulbricht überlassen, an der polnischen Haltung herumzunörgeln.[62]

Die Politik relativ flexibler Loyalitätssicherung wurde allerdings zu diesem Zeitpunkt in Ungarn bereits auf eine noch härtere Probe gestellt. Doch gerade die Erörterungen zur Ungarn-Krise im Präsidium der KPdSU zeigen deutlich,

59 Bonwetsch: Außenpolitik (Anm. 28), S. 15.

60 Orlow, Alexander: Der polnische Oktober. Sieg der Vernunft über die Gewalt. In: Heinemann, Winfried; Wiggershaus, Norbert (Hg.): Das internationale Krisenjahr 1956. Polen, Ungarn, Suez. München 1999, S. 43–57. Siehe auch den Beitrag von Mark Kramer in diesem Band.

61 Hoensch: Die sowjetische Osteuropapolitik (Anm. 46), S. 308–311.

62 Prezidium CK KPSS (Anm. 32), S. 174 f., 178 u. 969, Anm. 2. Die vielköpfige chinesische Delegation unter Führung von Liú Shàoqí blieb bis 31. Oktober in Moskau. Vgl. auch: Sovetskij Sojuz i vengerskij krizis 1956 goda. Moskau 1998, S. 413, Anm. 2.

dass die Intervention in Polen nicht nur wegen der sich verschärfenden Situation in Ungarn unterblieb. Sie zeugen vielmehr auch davon, dass in der sowjetischen Führung durchaus Zweifel an einer stalinistischen, das heißt militärischen Lösung der Krise bestanden und dass man sie im Konsens mit der ungarischen Führung zu lösen suchte.

Der Funke war von Polen auf Ungarn übergesprungen. Auch im Falle Ungarns muss auf die Darlegung von Einzelheiten verzichtet werden.[63] Wie in Ungarn kamen auch in Polen innen- und außenpolitische Aspekte der Entstalinisierung zusammen und verstärkten den antisowjetischen Charakter der Bewegung. Das hatte nicht zuletzt damit zu tun, dass ein hartgesottener Stalinist wie Mátyás Rákosi sowjetischerseits noch bis Juli 1956 als Parteiführer gestützt wurde. Das brachte nicht nur ihn selbst, sondern auch die »Ungarische Partei der Werktätigen« insgesamt als vermeintlichen oder tatsächlichen Handlanger sowjetischer Machtinteressen insbesondere bei der Intelligenz immer mehr in Verruf. Anders als die Parteiführung in Polen setzte Rákosi – ebenso wie andere Mitglieder der ungarischen Parteiführung – auf gewaltsame Unterdrückung der Opposition. Nötigenfalls sollte das auch mit sowjetischer Unterstützung geschehen.

Anastas Mikojan wurde zur Klärung der Lage nach Budapest entsandt, und er sorgte auch für die Ablösung Rákosis. Das heißt, sowjetischem Einfluss ist zuzuschreiben, dass es zunächst nicht zu einer eher »stalinistischen« Gewaltlösung kam, wie Rákosi sie befürwortete. Zugleich wurden jedoch sowjetischerseits Vorbereitungen für den Einsatz der eigenen Truppen getroffen. Am 23. Oktober lösten Schüsse vor dem Budapester Radiosender die offene Revolte aus. In Moskau plädierten bis auf Mikojan alle Präsidiumsmitglieder für das Eingreifen der sowjetischen Truppen. Diese rückten am 24. Oktober in Budapest ein. Auch andere Städte wurden besetzt.[64] Das Partei-Präsidium, das Mikojan und Suslov nach Budapest entsandt hatte, beschäftigte sich nun permanent mit der Ungarn-Frage. Dabei ist hochinteressant, dass ausländische Parteiführer ständig konsultiert wurden oder aber, wie Liú Shàoqí und andere Chinesen ab dem 24. Oktober mehrfach an den Erörterungen teilnahmen. Gerade Liú war es, der dabei betonte, dass die UdSSR das Zentrum der kommunistischen Bewegung sei und dass es nur ein Zentrum geben dürfe.[65]

63 Siehe Rainer, János M.; Barth, Bernd-Rainer: Ungarische Revolution: Aufstand – Zerfall der Partei – Revolution. In: Hegedűs; Wilke: Satelliten (Anm. 15), S. 219–258; Hegedűs, András B.: Die Niederschlagung der ungarischen Revolution. In: ebenda, S. 260–289; Borhi: Hungary (Anm. 24), S. 238–251; Pronko, Walentin A.: Ungarn-UdSSR: Herbst 1956. In: Heinemann; Wiggershaus (Hg.): Das internationale Krisenjahr 1956 (Anm. 60), S. 75–94; Kyrow, Alexander; Zselicky, Béla: Ungarnkrise 1956. Lagebeurteilung und Vorgehen der sowjetischen Führung und Armee. In: ebenda, S. 95–133. Siehe auch den Beitrag von László Varga in diesem Band.
64 Hoensch: Die sowjetische Osteuropapolitik (Anm. 46), S. 311–314; Kramer, Mark: The Soviet Union and the 1956 Crises in Hungary and Poland. Reassessments and New Findings. In: Journal of Contemporary History 33(1998), S. 163–214.
65 Prezidium CK KPSS (Anm. 32), S. 178.

Das war, wie auch dann bei der öffentlichen Wiederholung auf der kommunistischen Weltkonferenz im November 1957, weniger eine Feststellung als eine Aufforderung, die selbstverständlich auch die Verantwortung auf Moskau schob und zugleich eine indirekte Kritik an der Entstalinisierung bedeutete. Nach der von Mikojan geförderten Bildung der Regierung Nagy am 28. Oktober hofften Chruščev und die Mehrzahl der Präsidiumsmitglieder jedoch, im Einvernehmen mit der neuen ungarischen Regierung das schlimmste verhindern zu können, und ließen am 29. und 30. Oktober die sowjetischen Truppen zurückziehen. Mit ihnen zogen sich auch viele Angehörige des aufgelösten ungarischen Geheimdienstes zurück. Nach dem neuesten Quellenstand war das ganze keineswegs nur ein Manöver zur Sammlung der Kräfte für die Rückkehr der Truppen nach Budapest.[66]

Am 30. Oktober plädierte Chruščev auf der Sitzung des Präsidiums sogar für den Abzug der sowjetischen Truppen aus allen osteuropäischen Ländern, sofern deren Regierungen es wünschen sollten. Aus Peking wurden durch Botschafter Judin zwar kritische Fragen übermittelt, und Liú Shàoqí sprach sich in der Sitzung selbst für den Verbleib der sowjetischen Truppen in Ungarn und Budapest aus. Aber Chruščev schien großen Wert darauf zu legen, dem versammelten Präsidium in Anwesenheit Liús und im Gegensatz zu dessen Ansichten zu berichten, dass das ganze Politbüro in Peking die Idee unterstütze, den Abzug der sowjetischen Truppen auf einer Sitzung des Warschauer Paktes zu erörtern und dabei die Meinung der Länder zu berücksichtigen, in denen sowjetische Truppen stehen.[67]

Eine entsprechende, durchaus selbstkritische Erklärung, die allerdings auch an die Verpflichtungen aus dem Warschauer Vertrag erinnerte, aber klar die Bereitschaft zur Nichteinmischung und zum Abzug der sowjetischen Streitkräfte bekundete, wurde vom Präsidium am 30. Oktober 1956 verabschiedet, noch am selben Tag im Radio verlesen und am 31. Oktober in der Presse veröffentlicht.[68] Es ist aus dem Protokoll der Sitzung auch eindeutig ersichtlich, dass eine Mehrheit des Präsidiums für eine friedliche Lösung und auch für den völligen Abzug der sowjetischen Truppen war, wie Chruščev vorschlug, weil die »antisowjetische Stimmung groß« sei, so Šepilov und Žukov, und weil man »nicht gegen den Willen des Volkes regieren« dürfe, wie Saburov meinte.[69]

Man kann die Bereitschaft, die Beziehungen zu den sozialistischen Staaten zu »entstalinisieren«, zweifellos nicht bestreiten. Es handelte sich nicht um ein taktisches Manöver, um die Intervention vorzubereiten. Dennoch beschloss

---

66 Pronko, Ungarn, und Kyrow; Zselicky, Ungarnkrise, verwenden die Präsidiumsprotokolle des ZK der KPdSU und die Dokumentation Sovetskij Sojuz i vengerskij krizis 1956 goda (Anm. 62) nicht.

67 Vengerskij krizis (Anm. 62), S. 457–458; Prezidium CK KPSS (Anm. 32), S. 187 f.

68 Die Erklärung: Sovetskij Sojuz i vengerskij krizis 1956 (Anm. 62), S. 464–466; Pichoja: Istorija vlasti (Anm. 6), S. 162.

69 Vengerskij krizis (Anm. 62), S. 459–460; Prezidium CK KPSS (Anm. 32), S. 189 f.

das Präsidium nur knapp einen Tag später, am 31. Oktober, gegen das Votum Mikojans, der sich in Budapest aufhielt, ansonsten aber einstimmig die militärische Intervention. Von den Anwesenden hatte lediglich Michail Saburov, der Gosplan-Vorsitzende, trotz seiner Zustimmung Zweifel an der Vernunft der Entscheidung zu erkennen gegeben.

Zu dieser Intervention wollte man sich, wie mit Rákosi und anderen in Moskau weilenden ungarischen Parteiführern abgesprochen, von einer unter János Kádár bzw. Ferenc Münnich zu bildenden »Provisorischen Revolutionären Regierung« rufen lassen.[70] Kádár, der ebenfalls einige Tage in Moskau weilte und aufgrund der Gespräche Chruščevs und Bulganins mit Tito zum neuen Ministerpräsidenten bestimmt wurde, nahm an den Sitzungen des Präsidiums des ZK in Moskau am 2. und 3. November teil. Er ging keineswegs mit fliegenden Fahnen in das Lager der Intervention über, sondern bekannte sich zur Politik Nagys und sah die eigentlichen Fehler bei Rákosi. Aber er ließ sich doch zur Zustimmung zur Intervention bewegen.[71]

Was hat diesen Umschwung in Moskau innerhalb weniger Stunden herbeigeführt, der zur blutigen Unterdrückung des ungarischen Volksaufstandes führte? Zum einen ließ sich der Gang der Bewegung auf der Straße durch eine sowjetische Erklärung nicht schlagartig beenden. Sie radikalisierte sich weiter, und, was wohl noch bedrohlicher war, Imre Nagy erklärte am 30. Oktober auch noch den Austritt Ungarns aus dem Warschauer Pakt. Insofern zerstörte der Gang der Dinge die Illusionen darüber, dass das Imperium in dieser Situation mit einer Geste des guten Willens und mit friedlichen Mitteln zusammenzuhalten sei.

Im Vorschlag Chruščevs und der anscheinend sehr kurzen Diskussion, die der Interventionsentscheidung des Präsidiums in Moskau vom 31. Oktober vorausging, spielte die größte Rolle allerdings die Entwicklung am Suez-Kanal. Die Verstaatlichung des Kanals durch Ägypten, der israelische Angriff auf Ägypten in der Nacht auf den 30. Oktober, das britisch-französische Ultimatum vom selben Tag, das Veto beider Staaten gegen eine sowjetische Resolution im UN-Sicherheitsrat bei amerikanischer Stimmenthaltung, schließlich der Beginn aktiver französisch-britischer Kampfhandlungen gegen Ägypten am 31. Oktober – sie waren der Hintergrund für die sowjetische Wendung »um 180 Grad«.[72] Chruščev skizzierte eine Situation, in der der Rückzug aus Ungarn von Amerikanern, Briten und Franzosen als Schwäche ausgelegt werden würde und diese sich nach Ägypten auch Ungarns bemächtigten.

---

70   Vengerskij krizis (Anm. 62), S. 479–484; Prezidium CK KPSS (Anm. 32), S. 191–193. Saburov stimmte der Intervention zwar zu, gab aber seine Zweifel an der Entscheidung zu erkennen.

71   Vengerskij krizis (Anm. 62), S. 515–522 u. 542–547. Zum Plädoyer für Kádár als Regierungschef: Mićunović, Veljko: Tagebücher 1956–1958. Stuttgart 1982, S. 179; Hegedűs: Niederschlagung (Anm. 63), S. 262 f.

72   So Pichoja: Istorija vlasti (Anm. 6), S. 163.

Bis auf Mikojan plädierten alle Präsidiumsmitglieder für die Intervention. Es ging jetzt lediglich noch um die Zustimmung des sozialistischen Lagers. Besonders wichtig war dabei die Jugoslawiens und Chinas. Die in Moskau anwesenden chinesischen Genossen mit Liú Shàoqí an der Spitze waren mit der Intervention einverstanden, wie Bulganin auf der Präsidiumssitzung vom 1. November berichtete.[73] Das konnte nach dem Vorangegangenen kaum überraschen. Tito hingegen musste überzeugt werden. Deshalb reisten Chruščev und Malenkov auf abenteuerliche Weise »inkognito« nach Brioni und versuchten, wie Botschafter Mićunović als Gesprächsteilnehmer berichtet, in einem zehnstündigen Nachtgespräch das jugoslawische Einverständnis um jeden Preis zu erreichen. Tito gab es unter vielen Vorbehalten, über die sich die sowjetische Seite jedoch offenkundig hinwegsetzen wollte und später auch hinwegsetzte. Lediglich bei der Auswahl Kádárs zum neuen Regierungschef und im Hinblick auf die Verurteilung der »Rákosi-Clique« in Kádárs in Moskau entworfenem Aufruf an das Volk[74] konnten die Jugoslawen den Ausschlag geben – weil es in Moskau dazu Meinungsdifferenzen gab und auch Kádár auf dieser Kritik bestand.[75] Von den befragten Ostblock-Führern war es nur Gomułka, der seine Zustimmung zur Intervention versagte. Insofern war er konsequenter als Tito, verzichtete aber immerhin darauf, das publik zu machen.[76]

Die Sowjetunion, China und die Blockbeziehungen seit 1956

Chruščev und den Befürwortern der Entstalinisierung in Moskau war es mit einer Mischung aus Gewalt und Überzeugung gelungen, die Zustimmung zur militärischen Intervention oder zumindest ihre Duldung durch alle wichtigen »Bruderparteien« zu bewirken und das sozialistische Lager in der Krise noch einmal zusammenzuhalten. Sogar eine kooperationswillige Regierung in Budapest hatte man aufbieten können. Nichtsdestoweniger hatte die Entstalinisierung mit den Vorgängen in Polen und Ungarn ihre Grenzen im Hinblick auf die Bewahrung des Imperiums gezeigt. Denn die Zustimmung der beiden Antipoden im Lager – Jugoslawiens und Chinas – beruhte keineswegs auf einem Konsens in der Sache.

Der Bund der Kommunisten Jugoslawiens beharrte auf der Respektierung der Prinzipien der Souveränität sozialistischer Länder, der Nichteinmischung

---

73 Vengerskij krizis (Anm. 62), S. 495; Prezidium CK KPSS (Anm. 32), S. 194.

74 Der Aufruf in: Vengerskij krizis (Anm. 62), S. 502–504.

75 Molotovs Lamento vom 4.11. über die jugoslawische Haltung in: Prezidium CK KPSS (Anm. 32), S. 201; Mićunović: Tagebücher (Anm. 71), S. 174–185; Vengerskij krizis (Anm. 62), S. 484 u. 487. Es gab während der Gespräche auf Brioni keine Aufzeichnungen.

76 Vengerskij krizis (Anm. 62), S. 510; Merl: Entstalinisierung (Anm. 6), S. 298.

in innere Angelegenheiten sowie auf dem Recht auf eigene Wege zum Sozialismus. Aus Warschau wurde diese Politik lebhaft unterstützt. Die chinesischen Kommunisten hingegen sahen den Preis für ihre Zustimmung in der Rückkehr zu ideologischem Dogmatismus und der Verurteilung des jugoslawischen »Revisionismus«, wobei nicht zuletzt auch die von Chruščev repräsentierte Entstalinisierungspolitik gemeint war.[77]

In Moskau schlug das Pendel in kürzester Frist zugunsten der »Opfer« der Entstalinisierung aus, das heißt im Wesentlichen derjenigen Mitglieder der Parteiführung, die man 1955 gedemütigt hatte, die aber 1957 wieder so stark waren, dass sie zumindest im Parteipräsidium eine Mehrheit zur Absetzung Chruščevs aufbieten konnten, auch wenn sie kurz darauf auf dem ZK-Plenum als »parteifeindliche Gruppe« disqualifiziert wurden. Die »Entstalinisierung« der Blockbeziehungen wurde dennoch weitgehend zurückgenommen. Der Zusammenhalt des Imperiums schien zumindest im Moment angesichts der akuten Krise nichts anderes zuzulassen. Dementsprechend sank der »Verkehrswert« Jugoslawiens für die Intra-Blockbeziehungen wie für parteiinterne Diskussionen ins Bodenlose. Die Zugehörigkeit Jugoslawiens zum sozialistischen Lager galt nicht mehr als Gewinn, sondern als Belastung. Moskau scheute sich auch nicht, Belgrad vor der internationalen Öffentlichkeit mit der absprachewidrigen Verschleppung der in die jugoslawische Botschaft in Budapest geflüchteten Mitglieder der Regierung Nagy zu demütigen. Man richtete ein propagandistisches Dauerfeuer auf den jugoslawischen »Revisionismus«, dem sich selbstverständlich diejenigen osteuropäischen Parteiführungen mit Eifer anschlossen, die die Rehabilitierung Jugoslawiens nur mit Widerwillen mitgemacht hatten.

Dieser einseitigen, chinesischen Forderungen zumindest entgegenkommenden Politik entsprach im Innern die Einstellung jeglicher Entstalinisierungsschritte. Es ist insofern kein Zufall, dass Chruščev sein erstes öffentliches Bekenntnis zu positiven Leistungen Stalins nach der »Geheimrede« auf einem Empfang Zhōu Ēnláis im Januar 1957 in der Moskauer chinesischen Botschaft ablegte.[78] Aber es zeigte sich doch sehr schnell, dass es zwischen der Sowjetunion und China weniger um ideologische als um machtpolitische Differenzen ging, die mit Formelkompromissen und symbolischen Handlungen gegenüber Jugoslawien nicht zu überbrücken waren.

Es ist hier nicht der Ort, auf Stationen und Problemfelder des sowjetisch-chinesischen Konfliktverhältnisses einzugehen.[79] Zusammenfassend sei vielmehr

77 Beide Aspekte sind in den Tagebuchnotizen des jugoslawischen Botschafters Mićunović gut dokumentiert; Hoensch: Die sowjetische Osteuropapolitik (Anm. 46), S. 315–328.

78 Mao nahm den Sinneswandel Chruščevs für sich in Anspruch: Bonwetsch: Außenpolitik (Anm. 28), S. 16.

79 Vgl. dazu Brahm, Heinz: Der sowjetisch-chinesische Konflikt (Anm. 54), S. 469–509; Zagoria, Donald S.: Der sowjetisch-chinesische Konflikt 1956–1963. München 1964; Zubok, Vladislav;

festgestellt, dass China sich zum einen mit der Rolle eines Juniorpartners im sozialistischen Lager nicht abfinden, sondern eine eigene Rolle spielen wollte. Das stellte den sowjetischen Führungsanspruch zumindest für China selbst wie auch für die Dritte Welt infrage. Zum anderen wollte sich China durch das von sowjetischer Seite vertretene Konzept der »friedlichen Koexistenz« nicht von eigenen machtpolitischen Ambitionen etwa im Hinblick auf die »Befreiung« Taiwans abhalten lassen. Hier hat die Deklarierung der USA zum »Papiertiger« ihren tieferen Ursprung, weil man den sowjetischen Verweis auf die Atomkriegsgefahren nicht ohne gewisse Berechtigung auch als Domestizierungsversuch verstand.

Die Beschießung der Inseln Quemoy und Matsu in der Straße von Formosa 1958 war, nach seinen eigen Worten, Maos »Antwort« auf die sowjetische Entspannungspolitik.[80] Hatte China 1956 nicht ohne Selbstüberschätzung gehofft, Moskau als Führungsmacht des sozialistischen Lagers auf einen Weg der größeren Risikobereitschaft gegenüber dem von den USA geführten »Imperialismus« drängen zu können, so hatte Moskau gehofft, China durch verstärkte Wirtschafts- und Waffenhilfe in die eigenen Vorstellungen einbinden zu können. Beides führte zu den Kompromissen auf der kommunistischen Weltkonferenz vom November 1957 und verschiedenen sowjetisch-chinesischen Abkommen.

Doch diese Erwartungen erfüllten sich nicht. In der Krise um die Inseln Quemoy und Matsu und im chinesisch-indischen Grenzkonflikt 1959 hielt sich Moskau sehr zurück und zeigte, dass es die machtpolitischen Ambitionen Chinas nicht ohne Weiteres unterstützen wollte. Erst recht wurde dies 1959 durch die Verweigerung der 1957 zugesagten Hilfe bei der Entwicklung der chinesischen Atombombe, 1960 durch den Abzug der sowjetischen Spezialisten und durch die Beendigung der technischen Hilfe für China demonstriert. Die kommunistische Weltkonferenz von 1960 machte dann für die sowjetische Seite vollends deutlich, dass der Versuch, China weiterhin in das sowjetisch geführte sozialistische Lager einzubinden, mehr Probleme schuf als löste.

Die Sowjetunion sah sich daher veranlasst, die Führung im sozialistischen Lager und vor allem in Osteuropa nun in offener Konfrontation mit Peking zu suchen. Im Großen und Ganzen gelang dies, auch wenn sich mit Albanien ein Vorposten Chinas in Europa etablierte. Dafür konnte Moskau die erneute Normalisierung der Beziehungen zu Jugoslawien als Erfolg verbuchen. Aber die alte, selbstverständliche Führung Moskaus auch im engeren Kreis der osteuropäischen Satelliten im »zweiten Ring« war dank des ständigen Problems China unwiederbringlich dahin. Moskau musste sich fortan die Loyalität seiner osteuropäischen Verbündeten mit vielen Zugeständnissen erkaufen, weil

Pleshakov, Constantine: Inside the Kremlin's Cold War. From Stalin to Khrushchev. Cambridge 1966, S. 210–235.
80 Zit. nach: Zubok, Vladislav: Cold War, S. 212. Zum Ablauf des Konflikts um die Inseln, der zum »Papiertiger«-Begriff führte: Zagoria: Der sowjetisch-chinesische Konflikt 1956–1963 (Anm. 79), S. 227–250.

Gewalt- und Ächtungsandrohungen allein nicht mehr genügten. Nicht nur Rumänien nutzte den sowjetisch-chinesischen Konflikt in der Folge, um sich außenpolitischen Freiraum zu schaffen, wie etwa die diplomatische Anerkennung der Bundesrepublik 1967 zeigte. Auch alle anderen, weniger aufsässigen europäischen Verbündeten hatten dank dieses Konflikts größeren Spielraum gewonnen. Es ist daher eine Ironie der Geschichte, dass sich die Beziehungen Moskaus zu den osteuropäischen Satelliten seit 1956 dank des Entstalinisierungskritikers China tatsächlich »entstalinisierten«.

Winfried Heinemann

Das Krisenjahr 1956 und die Entwicklung der Blockkonfrontation

Die Lehre von der internationalen Politik hatte es sich vor der Wende der Jahre 1989/90 häufig zur Übung gemacht, die Welt als bipolar zu betrachten und sich auf die Interaktion zweier Blöcke zu konzentrieren – zweier Blöcke, die dann zumeist auch noch undifferenziert als »Militärblöcke« tituliert wurden. Dass dem »Ostblock« etwas gegenüberstand, das man nirgendwo im allgemeinen Sprachgebrauch als »Westblock« bezeichnete, hätte zu denken geben müssen.

Historiker dagegen sind keine Politikwissenschaftler. Sie versuchen weniger, das Gemeinsame in verschiedenen Phänomenen der Vergangenheit zu finden, als ein komplexes Phänomen in seiner ganzen Differenziertheit auszuleuchten. Historiker versuchen daher auch, den Kalten Krieg als ein komplexes Geschehen zu betrachten. Dazu gehört, die beiden großen Blöcke in ihrer jeweiligen inneren Struktur in den Blick zu nehmen. Dazu gehört ebenso, den Blick auf die Staaten der sich etablierenden »Dritten Welt«, auf die »Blockfreien« nicht zu verlieren.

Um die Auswirkungen des Jahres 1956 auf die Blockkonfrontation näher bestimmen zu können, müssen die Struktur der Blöcke selbst, ihre Interaktion und auch die Rolle der sich etablierenden Blockfreien-Bewegung untersucht werden. Dabei wird die westliche Perspektive im Vordergrund stehen. Das gilt auch für die Betrachtung der sowjetischen Politik: Im Folgenden geht es weniger um die tatsächlichen Ziele Moskaus, wie sie sich aus den heute zugänglichen russischen Akten rekonstruieren lassen, sondern um die vom Westen der Sowjetunion damals unterstellten Absichten.

I. Veränderungen des Internationalen Systems vor 1956

»Mehr als ein altmodisches Militärbündnis«[1] sollte das mit dem Washingtoner Vertrag 1949 geschlossene Bündnis sein – allerdings auch keine Unterorganisation der Vereinten Nationen, kein System kollektiver Sicherheit, sondern ein

---

1   English, John: The Worldly Years. The Life of Lester Pearson, vol. 2: 1949–1962. Toronto 1992, S. 15.

System kollektiver Verteidigung gegen einen Angriff von außen.[2] Gerade die kleineren Partner aber hatten sich von vornherein ein begleitendes und verpflichtendes Programm politischer Konsultation ausbedungen. Staaten wie Belgien oder Kanada waren bereits im 20. Jahrhundert zwei Mal von den Großen in einen Krieg hineingezogen worden, ohne politischen Einfluss auf die zum Krieg führenden Entwicklungen nehmen zu können. Noch einmal sollte es nicht dazu kommen.[3]

So sah der Nordatlantikvertrag in seinem Text vor allem politische Organe vor, insbesondere den Nordatlantikrat, und verzichtete auf eine militärische Kommandostruktur, die man zunächst der Westunion zu überlassen gedacht. Erst unter dem Eindruck des Koreaschocks, und um eine westdeutsche Wiederbewaffnung für die Partner akzeptabel werden zu lassen, waren die massive US-amerikanische Truppenpräsenz und eine militärische Kommandostruktur hinzugekommen – immer auch ergänzt um entsprechend intensivierte politische Strukturen, insbesondere den seit 1953 ständig tagenden NATO-Rat auf Botschafterebene. Das Reden von der NATO als Militärallianz ist schlicht falsch.

Die NATO setzte sowohl auf politische Kohäsion als auch auf militärische Kooperation und fürchtete daher Bedrohungen zugleich auf der politischen wie auf der militärischen Ebene. Die Bedrohungsperzeption der NATO sah immer neben der Möglichkeit des militärischen Angriffs die Gefahr der Erosion innerhalb der Mitgliedsstaaten oder der Kohäsion zwischen ihnen. Alle Interessenkonflikte zwischen den NATO-Partnern waren potenzielle Gefahren für die glaubhafte Abschreckung der Allianz. Solange die militärische Bedrohung unmittelbar schien, überwog bei allen Verbündeten das Interesse an einem funktionsfähigen Bündnis. Jetzt aber, nachdem sich infolge des in Genf geschlossenen Waffenstillstands Entspannung abzuzeichnen begann,[4] schien die Gefahr des inneren Zerfalls wieder zuzunehmen.

Auch Entwicklungen im sozialistischen Lager erwiesen sich als wirkmächtig für die Geschehnisse des Jahres 1956. Im Vorjahr war es zur Wiederannäherung zwischen der Sowjetunion und dem abtrünnigen Satelliten Jugoslawien gekommen, und im selben Jahr hatte Moskau das bisherige System bilateraler Verträge der sozialistischen Staaten untereinander überwölbt durch den Warschauer

---

2   Siehe zum Folgenden Heinemann, Winfried: Vom Zusammenwachsen des Bündnisses. Die Funktionsweise der NATO in ausgewählten Krisenfällen 1951–1956. München 1998, Kapitel I.

3   Létourneau, Paul: Die strategische Dimension der kanadischen Außen- und Bündnispolitik 1945–1956. In: Wiggershaus, Norbert; Heinemann, Winfried (Hg.): Nationale Außen- und Bündnispolitik der NATO-Mitgliedstaaten. München 2000, S. 19–39; Vos, Luc de; Sterkendries, Jean Michel: Außenpolitik und atlantische Politik Belgiens 1949–1956. In: ebenda, S. 177–194.

4   Kaplan, Lawrence S.: NATO and the United States. The Enduring Alliance. Updated edition, New York 1994, S. 67–71; English: The Worldly Years (Anm. 1), S. 94; Milloy, John: The Formation and Work of the 1956 Committee of Three on Non-Military Cooperation in NATO. Oxford (Research Paper) 1991, S. 8.

Pakt.[5] Schien die Reise Chruščevs nach Belgrad anzudeuten, dass Moskau gewillt war, auch sozialistische Regime außerhalb seines eigenen Machtbereichs zu akzeptieren (und Abspaltungen vom Block letztlich hinzunehmen), so dokumentierte das neu entstandene Militärbündnis die sowjetische Entschlossenheit, den eigenen Machtbereich zu behaupten:

»Es erscheint daher vielmehr plausibel, dass erstens die Gründung der WVO primär ein politischer Akt war, ein sozialistisches Gegenbündnis ins Leben zu rufen, und zweitens zunächst die machtpolitische Absicherung des sozialistischen Imperiums im Vordergrund stand.«[6]

Das stellt ein Stück weit die neuerdings gelegentlich geäußerte Vorstellung einer »Entsatellisierung« infrage.[7]

Der Warschauer Pakt sollte überdies der sowjetischen Militärpräsenz in Staaten wie Ungarn eine neue Legitimität verschaffen, nachdem die ursprüngliche Begründung dafür, nämlich die rückwärtigen Verbindungen der in Österreich stationierten Besatzungstruppen sichern zu müssen, ebenfalls 1955 weggefallen war.[8] Nicht zuletzt ist darauf hinzuweisen, dass aus sowjetischer Sicht der 1954 geschlossene Balkanpakt zwischen Jugoslawien, Griechenland und der Türkei das Potenzial besaß, weitere Staaten, insbesondere Rumänien und Bulgarien, anzuziehen und damit aus dem sowjetischen Machtbereich herauszulösen – auch dagegen sollte der Warschauer Pakt ein Gegengewicht sein.[9]

Im April 1955 war zudem auf der Konferenz von Bandung die Blockfreien-Bewegung entstanden. Dulles hatte zwar Neutralität im Kalten Krieg als »unmoralisch« diffamiert, aber nicht verhindern können, dass der Zusammenschluss blockfreier Nationen begann, ein eigenes Gewicht zu gewinnen. Daran war Tito nicht unbeteiligt, wenn er auch an der Bandung-Konferenz nicht teilgenommen hatte. Auch die Tendenz zum Neutralismus schien ein Risiko für die beiden Bündnissysteme darzustellen. So ging es aus der Sicht der Sowjetunion wie aus jener der USA im Laufe des Jahres 1956 darum, Auflösungserscheinungen innerhalb der jeweiligen Allianz zu verhindern.

---

5   Umbach, Frank: Das rote Bündnis. Entwicklung und Zerfall des Warschauer Paktes 1955–1991. Berlin 2005, S. 115–117.

6   Ebenda, S. 117.

7   Siehe dazu den Beitrag von Hermann Wentker in diesem Band.

8   Nielsen, Catherine C.: Neutrality vs. Neutralism. Austrian Neutrality and the 1956 Hungarian Crisis. In: Schmidl, Erwin A. (Hg.): Die Ungarnkrise 1956 und Österreich. Wien 2002, S. 215–234.

9   Zum Balkanpakt Iatrides, John O.: Balkan Triangle. Birth and Decline of an Alliance across Ideological Borders. Den Haag 1968; Pavlowitch, Stevan K.: Yugoslavia, the Balkans, the Mediterranean, and the West. In: NATO and the Mediterranean, ed. by Lawrence S. Kaplan and Raimondo Luraghi. Wilmington (Delaware) 1985, S. 171, und Heinemann: Vom Zusammenwachsen (Anm. 2), Kapitel II und III.

II. Entwicklungen im Jahre 1956

»Die Legitimität der von der UdSSR eingesetzten politischen Regime stand von Anfang an auf tönernen Füßen, wie bereits der Arbeiteraufstand in der DDR verdeutlichte.«[10] Chruščevs Zugehen auf Tito, aber auch seine berühmte Rede auf dem XX. Parteitag schienen anzudeuten, dass die Sowjetunion bereit war, mit dem Abschied von den stalinistischen Methoden auch die strikte Kontrolle über die Satelliten zu lockern. Die Niederschlagung der polnischen Arbeiterunruhen, vor allem aber der Einmarsch in Ungarn, setzten solchen Hoffnungen ein Ende. Zwar hatte Chruščev die Einheit des »sozialistischen Lagers« durchgesetzt, doch war damit gleichzeitig seine Politik einer Entstalinisierung sowohl innen- als auch außenpolitisch weitgehend gescheitert.[11]

Die NATO sah sich im Frühjahr 1956 mit einer internen Krise konfrontiert, die von der *Neuen Zürcher Zeitung* als eine existentielle Bedrohung des Bündnisses bewertet wurde:[12] Der unbewaffnete Bündnispartner Island forderte den Abzug der amerikanischen Stationierungskräfte und beteiligte zwei kommunistische Minister an der Regierung.[13] Exemplarisch waren die Notwendigkeit militärischer Sicherheitsvorsorge und der politische antikommunistische Konsens des Bündnisses infrage gestellt. Nicht nur durch diesen unerhörten Vorgang wurde der Ruf nach einer verbesserten politischen Konsultation im NATO-Rahmen unüberhörbar. Die USA verstanden darunter die Verhinderung einer weiteren Erosion des Bündnisses, die kleineren Partner verlangten größeren Einfluss auf die Sicherheitspolitik der Hegemonialmacht. Der Nordatlantikrat berief zur Lösung des Interessenkonflikts einen »Rat der Drei Weisen«, bestehend aus den Außenministern Norwegens, Kanadas und Italiens – Lange, Pearson und Martino – und beauftragte ihn, Grundsätze der politischen Zusammenarbeit zu entwickeln. Die drei Minister, ernüchtert durch die gelegentlich hemdsärmelige Art, in der die USA die Interessen ihrer Bündnispartner hintenansetzten, waren zunächst zögerlich gewesen, ob sie den Auftrag überhaupt annehmen sollten. Immerhin aber gelang es Lange und Pearson, einen wesentlichen Beitrag zur Lösung der Island-Krise zu leisten. Pearson erhielt zudem für seine innovativen Lösungsansätze in der Suezkrise im Folgejahr den Friedensnobelpreis. Und Gaetano Martino hatte sich um die Klärung des Triest-Problems, das lange zwischen Italien und Jugoslawien geschwelt hatte, verdient gemacht.[14] Die drei entwickelten ein Konzept, das bis zum Spätherbst fast abgeschlossen war.

10 Umbach: Das rote Bündnis (Anm. 5), S. 128.
11 Ebenda, S. 133.
12 Neue Zürcher Zeitung v. 3.4.1956.
13 Heinemann: Vom Zusammenwachsen (Anm. 2), Kapitel VI.
14 Zu Triest neuerdings Wörsdörfer, Rolf: Krisenherd Adria 1915–1955. Konstruktion und Artikulation des Nationalen im italienisch-jugoslawischen Grenzraum. Paderborn 2003; Valdevit,

Suez bezeichnete auch ein eklatantes Scheitern der Konsultation im Bündnisrahmen. Briten und Franzosen hatten fest der NATO assignierte Streitkräfte aus ihren Bündnisaufgaben herausgelöst, sich und damit die Partner an den Rand des Atomkrieges gebracht (so zumindest der Eindruck in der Zeit) und dabei weder die USA noch viel weniger die kleineren Partner beteiligt. Der fast fertige Bericht der Drei Weisen musste noch einmal umgeschrieben werden, bevor er im Dezember 1956 vom Ministerrat verabschiedet werden konnte. Für die Jahre bis 1990 zumindest diente er als Basis der politischen Kooperation im Rahmen der Allianz – zu spärlich für die, die sich ein überwiegend politisches Bündnis gewünscht hatten, aber auch Festschreibung eines bis dahin erreichten Zustands, den sich bei Vertragsunterzeichnung 1949 viele nicht hatten vorstellen können.

III. Folgen

Eine Folge des Jahres 1956 war die Vollendung eines Machtwechsels im östlichen Mittelmeer, der sich 1947 mit der Truman-Doktrin angekündigt hatte. Noch im Zweiten Weltkrieg und sicher bis 1947 waren die Briten mit ihren Stützpunkten auf Zypern und in Suez die Führungsmacht in der Region gewesen, die zugleich die Verantwortung für ein militärisches Containment im griechischen Bürgerkrieg trug. Mit dem britischen Rückzug aus diesem Konflikt begann der Einfluss der ehemaligen Weltmacht zu schwinden.[15] Umgekehrt übernahmen die USA die Unterstützung der griechischen Regierungstruppen, schlossen 1953 ein Stationierungsabkommen, das ihnen eine Marinebasis auf Kreta sicherte – und mit dazu beitrug, dass Ende 1956 der Zypernkonflikt, also der Aufstand der Griechen gegen die Kolonialherrschaft der Briten weiter eskalierte. Das Scheitern der britisch-französischen Intervention in einem Raum, der noch zehn Jahre zuvor als ihr unumstrittenes Herrschaftsgebiet gegolten hatte, dokumentierte diesen Wechsel augenfällig.

Damit vollzog sich in diesem Raum ein Wechsel, der in der asiatisch-pazifischen Region schon früher begonnen hatte. Nur zwang das offensichtliche

Giampaolo: Trieste. Storia di una periferia insecura. Mailand 2004. Zu den drei Weisen neben meiner ausführlichen Darstellung in: Vom Zusammenwachsen (Anm. 2) die abweichende Interpretation bei Thoß, Bruno: Bündnissolidarität und Regionalkonflikt. Die Suche der NATO nach einem System gegenseitiger Konsultation und die Suez-Krise (1955–1956), in: Acta No. 14. Commission Internationale d'Histoire Militaire, XIVe Colloque International d'Histoire Militaire, Montréal 1988: »Conflicts of High and Low Intensity since the Second World War«, tôme II. Ottawa 1989, S. 691–710.

15 Lehmkuhl, Ursula: Vom Umgang mit dem Niedergang. Strategien der Sicherung britischer Machtpositionen in der internationalen Politik vor und nach Suez. In: Heinemann, Winfried; Wiggershaus, Norbert (Hg.): Das Internationale Krisenjahr 1956. Vorgänge – Perzeptionen – Auswirkungen. München 1999, S. 589–613.

Scheitern britischer Interventionspolitik die Londoner Politik nunmehr, sich diesem Prozess bewusster zu stellen und ihn auch aktiv zu gestalten.[16]

Briten und Franzosen reagierten unterschiedlich auf die Suez-Krise, also auf die Erfahrung, ohne den amerikanischen Verbündeten handlungsunfähig geworden zu sein.[17] London beschloss, die special relationship wieder zu beleben. Der Kauf von Polaris-U-Booten und -Raketen, verbunden mit der Hinnahme amerikanischer Auflagen hinsichtlich einer souveränen Zielplanung, war das auffälligste Indiz für diese Tendenz. Frankreich dagegen setzte in der Folge von »Suez« auf eine eigenständige nukleare Komponente, zudem aber auf ein politisches Gegengewicht zum übermächtigen amerikanischen Partner. In den Trümmern des Suez-Abenteuers liegt bereits die Saat jener Hinwendung zu einer europäischen und pro-deutschen Politik, die 1957 zu den Römischen Verträgen und 1963 zum deutsch-französischen Freundschaftsvertrag führte.[18] Adenauers Entscheidung, auch angesichts der sowjetischen Nukleardrohung gegen Paris seinen Staatsbesuch dort nicht abzubrechen, hatte sich als richtig erwiesen.[19]

Die sowjetische Politik unter Stalin war vom Westen als expansiv und dynamisch interpretiert worden.[20] Auch Chruščevs Ausgreifen nach Ägypten bot Anlass zu der Sorge, mittelfristig würde es der Sowjetunion gelingen, wesentliche Regionen der bisherigen Kolonialreiche unter ihre Kontrolle zu bringen und damit dem Westen den Zugang zu strategischen Rohstoffen vorzuenthalten.[21] Eisenhowers Nuklearisierung der westlichen Verteidigung, sein »New Look« diente ja dazu, der nun wieder stärker gewachsenen wirtschaftlichen Bedrohung gerecht zu werden, die auf dem Umweg über eine Destabilisierung der westlichen Volkswirtschaften eine gesellschaftliche und damit letztlich

---

16   Lehmkuhl, Ursula: Pax Anglo-Americana. Machtstrukturelle Grundlagen anglo-amerikanischer Asien- und Fernostpolitik in den 1950er Jahren. München 1999.

17   Heuser, Beatrice: John Bull und Marianne. Das Auseinanderleben zweier alter Verbündeter. In: Heinemann; Wiggershaus (Hg.): Das Internationale Krisenjahr 1956 (Anm. 15), S. 553–571.

18   Schmitt, Burkard: Frankreich und die Nukleardebatte der Atlantischen Allianz 1956–1966. München 1998, Kapitel II; Krüger, Dieter: Sicherheit durch Integration? Die wirtschaftliche und politische Integration Westeuropas 1947 bis 1957/58. München 2003, S. 434–467; Steinkühler, Manfred: Der deutsch-französische Vertrag von 1963. Entstehung, diplomatische Anwendung und politische Bedeutung in den Jahren von 1958 bis 1969. Berlin 2002; zur deutschen Politik der Zeit jetzt neu Segers, Mathieu: The Federal Republic of Germany and the Common Market. Controversy, Crisis and »Chancellor-Politics«. In: Fink, Carole; Hadler, Frank; Schramm, Tomasz (Hg.): 1956. European and Global Perspectives. Leipzig 2006, S. 169–191.

19   Schwarz, Hans-Peter: Adenauer. Der Staatsmann 1952–1967. Stuttgart 1991, S. 301–306.

20   Zur westlichen Bedrohungsperzeption siehe Wiggershaus, Norbert: Nordatlantische Bedrohungsperzeptionen im »Kalten Krieg« 1948–1956, in: Maier, Klaus A.; Wiggershaus, Norbert: Das Nordatlantische Bündnis 1949–1955. München 1993, S. 17–54.

21   Schmidt, Gustav: Die Auswirkungen der internationalen Vorgänge 1956 auf die Strukturen des Kalten Krieges. In: Heinemann; Wiggershaus (Hg.): Das Internationale Krisenjahr 1956 (Anm. 15), S. 639–688, hier 640–641.

politische Destabilisierung hervorzurufen drohte.[22] Eine Sicherheits- und Rüstungspolitik, die auch langfristig wirtschaftlich tragbar blieb, schuf eben auch die Voraussetzungen dafür, den sich entwickelnden Nationen wirtschaftliche Hilfe zu leisten.

Dass die Bewegung der Blockfreien in Nasser ebenso wie in Nehru einen ihrer wichtigsten Führer finden würde, war damals schon abzusehen. Dass aber die ganzheitlich konzipierte Politik des Westens langfristig den Sowjets, die ja mehr als Rüstungshilfe kaum zu bieten hatten, eine strategische Präsenz in Afrika verwehren würde, haben 1956 wohl noch wenige erkannt.

Zugleich belegte der Verlauf des Krisenjahres aber auch, dass Chruščev es letztlich bei einer Verfestigung des Status quo beließ. Darin trafen sich seine Interessen mit denen der USA, die ebenfalls davor zurückgescheut waren, auf die Entwicklungen im sowjetischen Vorfeld so direkt Einfluss zu nehmen, dass sie damit eine militärische Eskalation zwischen den Bündnissen riskiert hätten. Das Jahr 1956 verfestigte so die Strukturen des Kalten Krieges, aber die Bewältigung der vielen verschiedenen Krisen hatte doch die Hoffnung wachsen lassen, dass es gelingen würde, die globale Systemkonfrontation ohne militärische Auseinandersetzung, vor allem ohne den nuklearen Austausch zu überwinden.

Eine amerikanische Intervention in Ungarn hätte die NATO mit Sicherheit zerrissen. Sie war ja nur unter Verletzung entweder der österreichischen oder der jugoslawischen Neutralität möglich, musste sich also als Angriffskrieg darstellen. Eine erhebliche Zahl der Bündnispartner hätte genau jene Situation eintreten gesehen, die man mit dem Beitritt zur NATO und der damit verbundenen Aufgabe erheblicher Souveränitätsrechte hatte vermeiden wollen: eine einseitige Kriegspolitik der Hegemonialmacht ohne Möglichkeit der politischen Einflussnahme seitens der kleineren Partner. Zugleich hätten Briten und Franzosen mit einer gewissen Berechtigung nach dem Rational hinter einer amerikanischen Politik gefragt, die in einem Land im sowjetischen Machtbereich militärisch eingriff und zugleich die Verbündeten bei einer Intervention in ihrem klassischen Einflussgebiet im Stich ließ. Nein, eine solche US-Intervention hätte auch im westlichen Lager jede mühsam aufgebaute Kohäsion vernichtet. Umgekehrt aber führte die sowjetische Invasion allen, die in Europa von Entspannung und Neutralität träumten, vor Augen, dass der Kalte Krieg unverändert andauerte. Auch in dieser Hinsicht hat 1956 die Strukturen der internationalen Beziehungen verfestigt.

---

22 Dockrill, Saki: Eisenhower's New-Look National Security Policy, 1953–61. Basingstoke 1996.

Bernd Stöver

Das Veto der Bombe

Amerikanische Liberation Policy im Jahr 1956: Das Beispiel Radio Freies Europa

I. Containment und Liberation Policy im Kalten Krieg

Den Kalten Krieg, in dem 1956 eines der Schlüsseljahre darstellte, kann man als die radikalste Phase des Ost-West-Konflikts betrachten. Es war jener Abschnitt des 20. Jahrhunderts, in dem die seit der Russischen Oktoberrevolution 1917 geführte politisch-ideologische Auseinandersetzung zwischen dem kommunistischen Modell der »Diktatur des Proletariats« und dem Modell der liberalkapitalistischen parlamentarischen Demokratie durch die Erfindung und den Einsatz der Atombombe auf eine völlig andere und bisher unbekannte Ebene gehoben wurde. Zwar galten beide Ideen mit ihrem Anspruch auf universale Anwendung und globale Gültigkeit ohnehin als unvereinbar. »Die Bombe« jedoch ließ nun nichts mehr von dem, was bisher gegolten hatte, unberührt.[1] Der Kalte Krieg war im Gegensatz zum Ost-West-Konflikt ein permanenter und aktiv betriebener »Nicht-Frieden«, in dem man zum ersten Mal in der Lage war, durch einen militärischen Konflikt die Menschheit gleich mehrfach zu vernichten und darüber hinaus die Erde weitgehend unbewohnbar zu hinterlassen. Dies war von nun an bei ernsthaften politischen Krisen immer mitzudenken. Zwar waren die technischen Möglichkeiten für den globalen Nuklearkrieg erst ab Ende der 1950er Jahre erreicht. Doch bereits am Ende der 1940er Jahre schlug man vor, den Kalten Krieg vor dem Hintergrund der atomaren Bedrohung als einen spezifischen Zustand zwischen einem militärisch geführten Konflikt und einem wirklichen Frieden im Völkerrecht zu verankern.[2]

Auch die Erfindung des Begriffs »Kalter Krieg« hing eng mit »der Bombe« zusammen. Es waren die 1946/47 geführten Atomkontrollkonferenzen zwischen den USA und den Sowjets, die den Mitarbeiter des amerikanischen

---

1 Ausführlich dazu Stöver, Bernd: Der Kalte Krieg 1947–1991. Geschichte eines radikalen Zeitalters. München 2007.

2 Jessup, Philip C.: Should international Law Recognize an Intermediate Status between Peace and War? In: American Journal of International Law 48(1954), S. 98–103, hier 101 ff. Zu den zeitgenössischen juristischen Debatten Grob, F.: The Relativity of War and Peace. A Study in Law, History and Politics. London 1949.

Verhandlungsführers Bernard Baruch, Herbert Swope, zu der Wortschöpfung führte.[3] Die Gespräche zwischen den Delegationen erwiesen sich als extrem schwierig und quälend langsam, was die Amerikaner der Intransigenz Stalins, die Sowjets den imperialen Plänen der USA zuschrieben. Beide Seiten hatten den Eindruck, hier werde Krieg am Verhandlungstisch geführt. Auch Churchill bestätigte später in seinen 1954 vorgelegten Erinnerungen die kriegerische Atmosphäre, in der sich die internationale Politik damals generell abspielte.[4] Dahinter stand bereits die Furcht, dass ein zukünftiger Krieg zwischen den zerstrittenen Siegern des Zweiten Weltkrieges früher oder später ein nuklearer sein werde, wie Verhandlungsführer Bernard Baruch in seinen Memoiren unterstrich.[5] Zum Zeitpunkt der Atomkontrollgespräche allerdings besaß Moskau die Bombe noch nicht, wenngleich für Stalin 1947 absehbar war, dass man sie innerhalb der nächsten zwei Jahre wohl bauen könne. Der bereits 1942 ernannte wissenschaftliche Leiter des sowjetischen Atomwaffenprogramms, Igor Kurčatov, hatte dies Anfang 1947 in einem geheimen Gutachten festgestellt. Insofern war aus Sicht der UdSSR, die seit 1943 ernsthaft an der Entwicklung von Kernwaffen arbeitete, der von Baruch vorgeschlagene Plan zur Atomwaffenkontrolle nicht nur unannehmbar, sondern eine schlichte Provokation. Die Unterschrift unter ein solches Abkommen hätte nach Ansicht Moskaus der Erpressung durch den Westen Tür und Tor geöffnet.[6] Schon zwei Wochen nach dem ersten Atombombenabwurf auf Japan hatte Stalin am 20. August 1945 den Befehl erteilt, mit vollem Einsatz eine eigene Nuklearwaffe zu bauen und dafür bezeichnenderweise den aus seiner Sicht besten Mann zum Chef des Programms gemacht: den berüchtigten Geheimdienstchef Lavrentij Berija. Es war auch der von diesem ausgehende Druck, der es fast auf den Tag genau vier Jahre später möglich machte, die erste sowjetische Atombombe zu zünden. Zum selben Zeitpunkt hatten die USA ihre Atomwaffenherstellung allerdings bereits auf Serienproduktion umgestellt. Das nukleare Wettrüsten eskalierte nun kontinuierlich.

Das revolutionär Neue an der Situation nach dem Zweiten Weltkrieg war den Zeitgenossen präsent und wurde seit 1945 auch in den großen Publikumszeitschriften wie *Life* ausgebreitet. Dem allgemein spürbaren Unbehagen entsprach auch der apokalyptische Tenor der Rede, mit der Baruch am 14. Juni 1946 den amerikanischen Vorschlag zur Atomwaffenkontrolle präsentierte. In Deutschland waren es zum Beispiel *Der Spiegel* oder auch die *Frankfurter Hefte*, die apokalyptische Szenarien vor der Öffentlichkeit ausbreiteten. Als der den

---

3   Baruch, Bernard M.: The Public Years. New York 1960, S. 388.
4   Churchill, Winston S.: Der Zweite Weltkrieg. Mit einem Epilog über die Nachkriegsjahre. Bern 1954, S. 1115.
5   Baruch: Public Years (Anm. 3), S. 388.
6   Holloway, David: Stalin and the Bomb: the Soviet Union and the Atomic Energy. New Haven 1994, S. 164.

Republikanern nahestehende New Yorker Journalist Walter Lippmann 1947 seine publizistische Abrechnung mit der Truman-Administration unter dem Titel *The Cold War* herausbrachte, war dies nicht nur das erste Mal, dass der neue Begriff auf einem Buchcover erschien. Darüber hinaus zeichnete auch Lippmann eine Zukunft, in der »ein ausgewachsener Weltkrieg mit Atombomben und dem ganzen Rest« als eine zumindest wahrscheinliche Möglichkeit auftauchte.[7] Tatsächlich spielten bereits kurz danach in der Ersten Berlinkrise 1948/49 und im Koreakrieg ab Juni 1950 Drohungen, die vorhandenen Nuklearwaffen auch einzusetzen, um politische Forderungen durchzusetzen, eine wichtige Rolle. Auch die 1956 in Ungarn und Ägypten gleichzeitig stattfindende »Doppelkrise« des Kalten Krieges war von Drohungen begleitet, »die Bombe« einzusetzen. Sie kamen diesmal von Chruščev.

Nachdem beide Seiten fähig waren, Nuklearwaffen herzustellen und ihre Bestände nun kontinuierlich wuchsen, wurde das eigentliche Paradoxon des Kalten Krieges immer deutlicher. Es lag in der Vorstellung, sich zwar in einer umfassenden Auseinandersetzung mit dem politisch-ideologischen Gegner im globalen Ausmaß zu befinden, in einer Art »totalem« oder »absolutem Krieg«, wie ihn der Schriftsteller Arthur Koestler schon 1945 in Anlehnung an Clausewitz nannte.[8] Nur konnte man diesen Konflikt im Gegensatz zu den bisher bekannten Phasen »totaler Kriege« eben nicht mehr mit Aufbietung *aller*, das heißt auch militärischer Mittel führen. Alle Überlegungen zur weiteren Austragung des Konflikts standen unter der Prämisse, den Nuklearkrieg zu vermeiden, und damit fielen auch die politischen Strategien für den Kalten Krieg unter »das Veto der Bombe«, wie eine berühmte Karikatur von Hans Meyer-Brockmann formulierte, die nicht zufällig im Krisenjahr 1956 in der Münchener Satirezeitschrift *Simplicissimus* abgedruckt wurde.[9]

Zu den politischen Strategien für den Kalten Krieg gehörten auf amerikanischer Seite die Eindämmungs- (*Containment Policy*) und die Befreiungspolitik (*Liberation Policy*), die im Kampf der globalen politischen Systeme eben gerade nicht die Schwelle zum Atomkrieg überschreiten, aber trotzdem den Gegner wirksam bekämpfen sollten. In diesen Überlegungen spielten die Rundfunksender, insbesondere auch halboffizielle Stationen wie Radio Freies Europa, von Beginn an eine wichtige Rolle.[10] Das im Februar 1946 aus der US-Vertretung in

---

7 Lippmann, Walter: The Cold War. A Study in U.S. Foreign Policy. New York 1947.

8 Wehler, Hans-Ulrich.: Absoluter und totaler Krieg. Von Clausewitz zu Ludendorff. In: Politische Vierteljahrsschrift 10(1969)2/3, S. 220–248; Begriff des »absoluten Krieges« bei Koestler, Arthur: The Yogi and the Commissar and Other Essays. London 1945, S. 256.

9 Abgedruckt in: Stöver: Der Kalte Krieg (Anm. 1), S. 387.

10 Stöver, Bernd: Die Befreiung vom Kommunismus. Amerikanische Liberation Policy im Kalten Krieg 1947–1991. Köln 2002. Zur Eskalation des amerikanisch-sowjetischen Konflikts seit 1944/45, die schließlich in der offiziellen Erklärung eines »Kalten Krieges« 1947 gipfelte und sich von dort aus in einem kontinuierlichen und umfassenden Schlagabtausch bis 1991 fortsetzte, der sukzessiv dann auch andere Beteiligte einbezog. Stöver: Der Kalte Krieg (Anm. 1), S. 28 ff.

Moskau ins State Department nach Washington gesandte berühmte »Lange Telegramm« des Botschaftsrats George F. Kennan, stand am Anfang der Formulierung der Eindämmungsstrategie. Dass Kennans radikale Schlussfolgerung, mit der Sowjetunion und dem Kommunismus gebe es aufgrund der diametral unterschiedlichen politischen Kultur keinen *Modus Vivendi*, nicht nur in der Truman-Administration, sondern auch in der militärischen Führung der USA auf nahezu ungeteilte Zustimmung stieß, bewies, dass man hier bereits zu den politischen Leitlinien zurückgekehrt war, die vor dem 1941 geschlossenen »unnatürlichen Bündnis« zwischen Washington und Moskau gegen Hitler gegolten hatten. Aktueller Hintergrund war 1946 vor allem das aus amerikanischer Sicht unakzeptable Vorgehen der Sowjets in Ostmitteleuropa, das als ein dreister Bruch der im Februar 1945 noch gemeinsam in Jalta verabschiedeten Abmachungen über Nachkriegsziele verstanden wurde. Selbst der gegenüber Stalin häufig nachsichtige Roosevelt hatte kurz vor seinem Tod im April 1945 von der Notwendigkeit der »Eindämmung« der Sowjets gesprochen. Zustimmung jedenfalls signalisierten kurz nach dem Bekanntwerden des langen Telegramms alle wichtigen politischen Institutionen in den USA. Der als einflussreicher antikommunistischer Hardliner bekannte Marineminister James Forrestal sorgte schließlich dafür, dass Kennan seine Vorschläge im Juni 1947 noch einmal ausführlich, wenngleich noch anonym (»Mister X«) in der angesehenen Zeitschrift *Foreign Affairs* unter dem Titel *The Sources of Soviet Conduct* (Die Grundlagen sowjetischen Verhaltens) veröffentlichen konnte. Die Grundidee, den Kommunismus durch eine umfassende politisch-wirtschaftliche und militärische Unterstützung der von ihm bedrohten Länder an einer weiteren Ausbreitung zu hindern, stand dann auch im Mittelpunkt des ersten offiziellen öffentlichen Bekenntnisses zur Eindämmungsstrategie, der Rede Trumans am 12. März 1947. Sie wurde als Truman-Doktrin bekannt. Im Rückblick auf die fast fünfzigjährige Geschichte des Kalten Krieges bis 1991 war die Truman-Doktrin eine der »Kriegserklärungen« des Konflikts. Die »Kriegserklärung« der Gegenseite folgte sechs Monate später, als Andrej Ždanov im Auftrag Stalins in seiner ebenso berühmten »Zwei-Lager«-Rede im September 1947 den globalen Klassenkampf der Systeme ausrief.

Die noch 1947 vom außenpolitischen Sprecher der Republikaner und späteren Außenminister der USA, John Foster Dulles, entwickelte *Liberation bzw. Rollback Policy,* die mit der Eindämmungspolitik zusammen sofort in den Strudel der US-Wahlkämpfe geriet, unterstellte den Verfechtern der *Containment*-Idee vor allem Passivität. Eine solche Strategie, so Dulles, reagiere nur noch auf die jeweils aktuellen Expansionen Moskaus und fördere dadurch eher die hohe Aggressivität des Kommunismus als sie zu verhindern. Diktatoren könne man nicht durch Eindämmung aufhalten. Man habe sie vielmehr aktiv zu bekämpfen. Der Kommunismus müsse durch offene und verdeckte Maßnahmen nicht nur aktiv, sondern vor allem präventiv angegriffen werden, und dies nicht zuletzt in seinem eigenen Herrschaftsgebiet. Nur dadurch nehme man ihm die Möglichkeit zur Ausdehnung seines Machtbereichs. Ein durch innere Probleme in Anspruch genommenes kommunistisches Imperium, so wurde Dulles nicht müde zu betonen, sei überdies gezwungen, auch die Kontrolle über die bereits eingerichteten Satellitenstaaten wieder aufzugeben. Darüber hinaus aber sei die Befreiungspolitik, anders als die *Containment Policy*, eben auch in der Lage, langfristig die Sowjetunion selbst in ihrem Bestand zu gefährden. Die Unterstützung von Regimegegnern, die Förderung von Umsturzversuchen, aber auch schlichter wirtschaftlicher Druck könne den Kommunismus in seinem Zentrum treffen, dort in die Defensive drängen und ihn langfristig möglicherweise sogar endgültig als globale Gefahr beseitigen.

Während in den parteipolitischen Schlachten der Wahlkämpfe 1948, 1950 und 1952 vor allem die Unterschiede der Strategien herausgestellt wurden, entwickelten sie sich vor dem Hintergrund der ersten großen Schlachten des Kalten Krieges, der Ersten Berlinkrise 1948/49 und des Koreakrieges zwischen 1950 und 1953 inhaltlich weiter und näherten sich schließlich sogar an. Besonders bemerkenswert war, dass sich schließlich auch die Vertreter der Eindämmungspolitik genötigt sahen, dezidiert auf die Offensivqualitäten ihres Modells hinzuweisen. Einen bemerkenswerten Beweis dafür lieferte namentlich Averell Harriman, der ehemals für Roosevelt als Botschafter in Moskau und für Truman als Sonderbeauftragter der Auslandshilfe tätig gewesen war. In der vielbeachteten Fernsehsendung *Pick the Winner*, die während des US-Präsidentschaftswahlkampfs 1952 ausgestrahlt wurde, stellte er die Eindämmungspolitik schließlich sogar ausdrücklich als eine Variante der *Rollback*-Strategie vor.[11] Im Nachhinein war es dann nur logisch, dass auch Truman in seinen 1955 vorgelegten Memoiren die *Containment*-Politik als Offensivstrategie beschrieb.[12] Die heftige Kritik verdeckte so nur zeitweilig, dass jenseits aller parteipolitischen Querelen beide Konzepte inhaltlich eng miteinander verwandt waren. Auch Kennan, der weiterhin zu den stärksten Kritikern der *Liberation Policy* gehörte, gab intern stets seiner Hoffnung Ausdruck, dass die UdSSR durch die Eindämmungspolitik allmählich die Kontrolle über Osteuropa verlieren und in ein »paar Jahren Teile von ihm ausspeien« werde.[13]

Das negative Urteil der Demokraten und vor allem Kennans gegenüber der *Liberation Policy* verliert zusätzlich an Gewicht, wenn man berücksichtigt, dass beide letztendlich auf die gleichen Instrumente setzten, und diese waren vor dem

---

11 Dazu das Manuskript zur Fernsehsendung »Pick the Winner« v. 12.8.1952, CBS-Television, S. 13, in: Seeley J. Mudd Library, Princeton, USA (MLP), John Foster Dulles-Papers (JFD-P), Selected Correspondence (SC), Box 63, Folder: Re Republican Presidential Campaign. Dazu auch Stöver: Befreiung (Anm. 10), S. 62 f.

12 Truman, Harry S.: Memoirs, Vol. I: Years of Decisions. New York 1955, S. 552.

13 Schreiben Kennans, 28.1.1957, S. 1; folgende Wiedergabe aus einem Brief v. 8.11.1956; zit. nach: Stöver: Befreiung (Anm. 10), S. 59.

Hintergrund des »Vetos der Bombe« nicht die militärischen. Bereits 1947 war unter Kennans Leitung ein »Politischer Planungsstab« (*Policy Planning Staff*, PPS) eingerichtet worden, der in den folgenden Jahren auch die in der Regel durch Emigrantengruppen getragenen Umsturzversuche in kommunistischen Staaten plante und koordinierte. So war es keine Überraschung, dass schließlich beide Modelle bis 1953 zu einer integrierten *Containment-Liberation*-Strategie zusammenwuchsen, die bis über das Ende des Kalten Krieges hinaus Bestand hatte.[14] Als der amerikanische Nationale Sicherheitsrat (NSC) im Juli 1953 die Ergebnisse für eine Präsentation zusammenfasste, hatte man sich deutlich für eine Verstärkung der vor allem durch die Geheimdienste durchgeführten Eingriffe in den gegnerischen Machtbereich im globalen Kampf gegen den Kommunismus ausgesprochen. Bis weit in die achtziger Jahre hinein wurden kontinuierlich geheime Operationen auch in den ostmitteleuropäischen Satellitenstaaten durchgeführt, wenngleich sich ihr Schwerpunkt schon ab Mitte der fünfziger Jahre deutlich in die Dritte Welt verlagerte. Darüber hinaus waren beide Seiten überzeugt, dass nicht zuletzt der Radiopropaganda eine besondere Bedeutung bei der Befreiung vom Kommunismus zukomme.[15] Dies hatten nicht nur George Kennan und John Foster Dulles unabhängig voneinander immer wieder betont, sondern auch das 1950 vorgelegte, gemeinsam verabschiedete zentrale NSC-Strategiepapier für den Kalten Krieg: NSC 68 hielt die Radiosender für entscheidende Instrumente für die »Befreiung vom Kreml«.[16]

Obwohl es kaum ausdrücklich thematisiert wurde, spielte auf diese Weise bei all diesen Fragen »die Bombe« eine zentrale Rolle. Den Begriff des *Brinkmanship* hat namentlich John Foster Dulles in seinem *Rollback*-Konzept stark gemacht. Alles, so kann man seine Überlegungen in diesem Punkt zusammenfassen, solle erlaubt sein, wenn es nicht die Grenze zum Nuklearkrieg überschreiten würde. Wo diese Grenze genau verlief, war indes nicht ganz einfach zu erkennen. Dulles ließ mitten im Präsidentschaftswahlkampf 1952 einen Aufsatz mit dem Titel *A Policy of Boldness* in der Zeitschrift *Life* publizieren, wo die Befreiungspolitik und das Konzept der militärischen »Massiven (atomaren) Vergeltung« (*Massive Retaliation*) in einem Zusammenhang erschienen.[17] Dies wurde auch innerhalb der Republikanischen Partei kritisiert. Es waren insbesondere solche Verlautbarungen, die Kennan auf dem Höhepunkt

---

14 Die veröffentlichten Quellen zu »Solarium« in: Foreign Relations of the United States (FRUS) 1952–1954, Bd. II: National Security Affairs. Washington 1984, S. 323–442.

15 Stöver: Befreiung (Anm. 10), S. 190 ff.

16 Annex VIII, NSC 68/1, The Strategy of Freedom, Draft, 11.12.1950, S. 80 f.; NAW, RG 59, Lot 64 D 563, Box 57, Folder: o. Bez. Folgende Wiedergabe ebenda. Die Anhänge finden sich nicht in den einschlägigen Veröffentlichungen zur Sicherheitspolitik der USA im Kalten Krieg. Zur Bedeutung der Radiopropaganda in der Befreiungspolitik vgl. die Rede von Dulles: »The Defense of Our Freedom« v. 6.5.1948, S. 9; MLP, John Foster Dulles Papers (JFD-P), Speeches, Statements, Press Conferences 1913–1959 (SSP), Box 295, Folder: »The Defense of America«.

17 Dazu ebenda, S. 154 u. 186.

des Krisenjahres 1956 noch einmal zu einem besonders heftigen Ausfall gegen die Befreiungspolitik veranlassten. An den Herausgeber der Zeitschrift *Foreign Affairs*, Hamilton Fish Armstrong, schrieb er am 8. November 1956, dem Tag, an dem zwar die mittlerweile durch nukleare Drohungen aufgeladene Suezkrise in Ägypten von den USA und der UdSSR gemeinsam entschärft werden konnte, gleichzeitig aber die Rote Armee den Aufstand der Ungarn blutig niederwalzte und Stimmen nach westlichem Eingreifen – das zwangsläufig zu einem Atomkrieg geführt hätte – nicht verstummen wollten. »Das Gerede in diesem Land [den USA] über die ›Befreiung‹ [vom Kommunismus] ist mir immer einfach kindisch erschienen«, so Kennan. »Für mich macht es den Eindruck, als hofften die amerikanischen ›Befreier‹ eigentlich auf den Dritten Weltkrieg, aber trauen sich nicht, es zu sagen.«[18]

Im Rückblick gesehen, bieten *Containment-* und *Rollback*-Strategie das Bild zweier zwar zunächst in Konkurrenz entstehender Konzepte, welche aber außerhalb der zumeist tagespolitisch motivierten Debatten bis 1953 offiziell zu einer integrativen Doppelstrategie verschmolzen. Seit 1949/50 waren in einzelnen Institutionen, die für die »Schlacht der Ideen« mit dem Kommunismus gegründet worden waren, ohnehin bereits radikale Vertreter der Offensive gegen den Kommunismus tätig. Erster Leiter des *National Committee for Free Europe* (NCFE), das auch für den Betrieb des schließlich in München ansässigen »offiziell inoffiziellen« Radio Freies Europa zuständig war, wurde bezeichnenderweise einer der radikalsten Befürworter der Befreiungsidee: Charles Douglas (»C. D.«) Jackson. Kurz nach seinem Amtsantritt hatte Jackson 1951 der *New York Times* zu Protokoll gegeben, die Aufgabe von RFE sei nicht mehr oder weniger, als »die Bedingungen für einen Aufruhr in den Ländern zu schaffen, die unsere Sendungen erreichen«.[19]

II. Radio Freies Europa

1950 hatten Umfragen in den USA gezeigt, dass über die Hälfte der amerikanischen Bevölkerung von der Wirkung des US-Rundfunks hinter dem Eisernen Vorhang überzeugt war. Zu diesem Zeitpunkt existierten als US-Sender unter anderem die global tätige *Voice of America* (VOA) und der »Rundfunk im amerikanischen Sektor« Berlins, der RIAS. Als neue Station ging im Sommer 1950

---

18 »The talk in this country of ›liberation‹ [...] has seemed to me to be simply childish, It seems to me that the American ›liberationists‹ [...] actually hope for the third world war, but are unwilling to say so.« (MLP, George F. Kennan Papers, Box 31, Folder: 2-B. 1956. Outgoing Letters.)

19 »[...] To create conditions of turmoil in the countries our broadcasts reach.« Zit. nach: Kovrig, Bennett: The Myth of Liberation: East Central Europe in U.S. Diplomacy and Politics since 1941. Baltimore 1973, S. 94.

der inoffizielle Sender RFE in Betrieb. Im März 1953, kurz nach dem Tod Stalins, folgte der Schwestersender *Radio Liberation*, der für den gesamten Raum der Sowjetunion zuständig war. Bei einer parallel dazu durchgeführten repräsentativen Befragung hatten die Amerikaner mehrheitlich bejaht, dass es notwendig sei, gerade die Radiostationen im Rahmen der Psychologischen Kriegführung global weiter auszubauen, um im Kampf mit den Sowjets bestehen zu können.[20] Diese Zustimmungsrate stieg in den folgenden Jahren kontinuierlich.[21] Etwa zum gleichen Zeitpunkt war eine knappe Mehrheit der US-Amerikaner davon überzeugt, die USA würden den »Propagandakrieg« des Kalten Krieges verlieren, wenn nicht endlich mehr dafür getan werde.[22] Die öffentliche Unterstützung für diesen Teil der Offensive gegen den Kommunismus blieb auch in den folgenden Jahren erhalten, zumal die positiven Wirkungen der Massenmedien im Kalten Krieg immer wieder öffentlich herausgestellt wurden.[23] Seit 1951 waren die Radioprogramme durch die erzwungene Schließung der sogenannten *Outposts* des *United States Information Service* (USIS) in Ostmitteleuropa ohnehin in eine ganz neue Position gerückt. Solche Außenstellen hatten noch 1949 (!) in Bulgarien, der ČSR, Ungarn, Polen, Rumänien, in Jugoslawien und sogar in der UdSSR bestanden.[24] Ein Memorandum hielt Ende August 1951 die Entscheidung fest, von nun an die elektronischen Medien als die zentralen Instrumente des Propagandakrieges gegenüber Ostmitteleuropa auszubauen. Sieben Jahre später, interessanterweise nach dem Ungarnaufstand 1956, der so große Kritik an den Radiostationen und ihren zum Teil offensiven antikommunistischen Programmen für die »Captive People« ausgelöst hatte, war eine knappe Mehrheit der Amerikaner davon überzeugt, die USA seien in der Lage, tatsächlich den »Propagandakrieg« zu gewinnen.[25]

Außerordentlich wichtig zur Beantwortung der Frage, wie die Programme jenseits des »Eisernen Vorhangs« im Jahr 1956 aufgenommen wurden, ist darüber hinaus die Tatsache, dass die Hörer in den Empfangsgebieten der Radioprogramme schon früh nicht mehr zwischen den einzelnen Stationen unterschieden. Die meisten von ihnen wussten bereits vor 1956 nicht mehr genau, welchen westlichen Sender sie eigentlich gerade hörten oder gehört hatten, wie bei Umfragen

---

20   Gallup Poll, S. 929 u. 937 (Umfragen: 9.–14.7. u. 30.7.–4.8.1950).
21   Ebenda, S. 991 (Umfragen: 19.–24.5.1951): 73%.
22   Ebenda, S. 1009 (Umfragen: 26.–31.8.1951). 1955: 67% für Erhöhung des Budgets für Propaganda; ebenda, S. 1309 (Umfrage: 20.–25.1.1955).
23   Zum Beispiel Sorensen, R. C.: Wenn RFE morgen schwiege …, in: Der Antikommunist, Nr. 6, v. Juli 1956, S. 37–40. Hervorgehoben wurde hier insbesondere, dass RFE-Sendungen die osteuropäischen Regierungen veranlassen würden, einen »milderen Kurs« zu beginnen (ebenda, S. 39).
24   United States Advisory Commission on Information, Semiannual Report to the Congress, March 1949, S. 122 f.; National Archives, Washington D.C. (NAW), Record Group (RG) 306, Records of the U.S. Advisory Commission on Information, Box 1, Folder: Reports.
25   Gallup Poll, S. 1553 (Umfragen: 16.–21.4.1958); Folgende Wiedergabe ebenda, S. 1704 (Umfragen: 12.–17.1.1961).

unter Ungarnflüchtlingen deutlich wurde.[26] Man hörte »Westradio«, und es hing zum Teil auch von Zufällen und den gerade eingeschalteten Störsendern ab, welche Station tatsächlich empfangen werden konnte. Nur auf diese Weise ist auch zu erklären, dass die Sendungen während der ostmitteleuropäischen Aufstände 1956, die von mobilen Stationen privater Befreiungsorganisationen, etwa der radikalen russischen Gruppe NTS, ausgestrahlt wurden und die nachweisbar militärische Hilfe versprachen, RFE zugeschrieben wurden.

Als RFE startete, war der Sender die erste antikommunistische Station, die dezidiert für die Befreiung des sowjetisch kontrollierten Osteuropas gegründet und dafür bewusst aus dem Verantwortungsbereich der offiziellen US-Politik ausgegliedert worden war. Folgt man der Einstufung der US-Behörden, war RFE damit ein »schwarzer« Sender, eine Einrichtung, deren Verantwortung, anders als etwa für die VOA, nicht mehr direkt bei der US-Regierung lag.[27] Dies bedeutete in der Praxis eine deutliche Erweiterung der politischen Möglichkeiten. Der Sender war damit ein klassisches Beispiel für das, was im Falle des RIAS als *Strategy of Constructive Subversion* hieß.[28] Am 4. Juli 1950 – nicht zufällig am amerikanischen Nationalfeiertag – startete das RFE-Programm zum ersten Mal über einen mobilen Sender in der Nähe von Mannheim. Das einschlägige *Psychological Warfare Casebook* fasste die Aufgabenstellung des Senders wenig später so zusammen:

»Das prinzipielle Ziel von RFE ist, die kommunistischen Regime im schlechtesten Licht zu zeigen. Die Radiopolitik von RFE ist darauf ausgerichtet, die Menschen in den gefangenen Staaten zu ermutigen, die Hoffnung auf Wiedergewinnung der nationalen und der individuellen Freiheit nicht aufzugeben, die Regime zu demoralisieren, indem man die natürlichen Befürchtungen der kommunistischen Funktionäre nährt, indem man die Saat des Widerstands sät und Vergeltung androht, indem man die Freunde hinter dem Eisernen Vorhang in ihrem Glauben bestärkt, dass sie stark seien und dass die Regime nur bestehen könnten, weil sie auf Repressionen aufbauten und um die Hörer an die unzerstörbaren geistigen Werte der westlichen Welt und die politischen und ökonomischen Vorteile zu erinnern, die sie haben werden, wenn die Unterdrückten einst frei seien.«[29]

In den für die deutschen Stellen zusammengefassten acht Absichtserklärungen zur Arbeit des Senders war Entsprechendes zu lesen. Es gehe darum, (1) »die Lügen und Verdrehungen des Kommunismus mit der Wahrheit zu bekämpfen«,

---

26 Washington Report, Fulton Lewis, 24.9.1958; Auswärtiges Amt, Politisches Archiv (AA-PA), Abt. 7/383.

27 [PSB] Understanding Regarding Responsibility for Propaganda Activity and Liaison Arrangements Necessary to Insure Control, 9.2.1951; Truman Library, Independence, Mo. (TLI), Harry S. Truman Papers (HST-P), Psychological Strategy Board, Box 13; Folder: 091.411.

28 Stöver, Bernd: Radio mit kalkuliertem Risiko. Die Rolle des RIAS im Kalten Krieg 1946 1961. In: Arnold, Klaus; Classen, Christoph (Hg.): Zwischen Pop und Propaganda, Radio in der DDR. Berlin 2004, S. 209–228.

29 Daugherty, William E.: A Psychological Warfare Casebook. Baltimore 1958, S. 154.

(2) »aufklärend zu wirken und klar herauszustellen, um was es bei diesem Kampf gegen den Kommunismus geht«, (3) »den unterdrückten Völkern hinter dem Eisernen Vorhang Nachrichten über den Fortschritt und die Ereignisse in der freien demokratischen Welt des Westens zu übermitteln«, (4) »die Hoffnung der Völker hinter dem Eisernen Vorhang wachzuhalten, indem der Brutalität und dem Betrug des Kommunismus die Vorteile der Demokratie gegenüber gestellt werden«, (5) »einen Keil zwischen die versklavten Völker und ihre Beherrscher zu treiben und den sowjetischen wie landeseigenen kommunistischen Einfluss in den Ländern hinter dem Eisernen Vorhang mit allen verfügbaren Mitteln zu unterminieren«, (6) »den Geist für Freiheit und menschliche Würde in den versklavten Völkern wachzuhalten und ihre Bemühungen nach Befreiung moralisch zu unterstützen«, (7) »die Völker hinter dem Eisernen Vorhang wissen zu lassen, welchen Anteil die westliche Welt an ihrem Schicksal nimmt, sie wissen zu lassen, dass wir ihre Befreiung wünschen und ihr Verlangen, freie Regierungen ihrer eigenen Wahl einzusetzen, unterstützen«, (8) und »als eine private Radiostation, nicht behindert von diplomatischen Erwägungen, jedoch innerhalb der großen Linie der Außenpolitik der Vereinigten Staaten, einen intensiven und wirksamen psychologischen Krieg gegen den Kommunismus zu führen«.[30]

Die Station sendete in fünf osteuropäischen Sprachen: Tschechoslowakisch, Polnisch, Ungarisch, Bulgarisch und Rumänisch.[31] Die Programme wurden durch nationale »Desks« vorbereitet, die in der Regel mit Emigranten aus den entsprechenden Staaten besetzt waren. Die Sendemanuskripte dieser Abteilungen wurden immer zunächst in der englischen Originalversion vorgelegt. Erst dann übersetzte man die Texte in die fünf Landessprachen.[32] Die Sendeleitung von RFE glaubte, damit am sichersten Probleme zu vermeiden, die auf fehlerhafte Übersetzungen zurückgingen. Im Umkehrschluss bedeutete dies aber auch, dass diese vorproduzierten Sendungen auch in ihrem teilweise politisch problematischen Inhalt gewollt waren. Das Thema »Befreiung« lief als kontinuierliches Thema durch alle Sendungen, wie das interne RFE-*Policy Handbook* 1951 ausdrücklich unterstrich.[33] Für die Praxis der Station und für das Verständnis der Wirkung des Senders war neben diesen Punkten allerdings auch von besonderer Bedeutung, dass viele Programme eben nicht vorproduziert

---

30   Wissenwertes über Radio Freies Europa, 27.2.1952; AA-PA, Abt.2/1909.
31   Daugherty: Psychological Warfare Casebook (Anm. 29), S. 154. Die Informationen über einen albanischen »Desk« sind höchst widersprüchlich. Das Psychological Warfare Casebook erwähnt keine solche Abteilung. Nach RFE-Darstellung (Bericht v. 18.9.1952, S. 1) ging ein albanischer »Desk« am 4.7.1950 auf Sendung (AA-PA, Abt. 2/1908). Auch der »Report on Radio Free Europe« vom 15.12.1952 erwähnt einen albanischen »Desk«, der demnach 1,5 Stunden Programm ausstrahlte (Report, S. 6; Eisenhower Library Abilene, Ks. (ELA), C. D. Jackson Papers (CDJ-P), Box 54, Folder: FEC). Der kontinuierlich vorgetragenen Forderung der deutschen Vertriebenen, auch einen deutschen »Desk« einzurichten, wurde niemals nachgekommen.
32   Washington Report, Fulton Lewis, 24.9.1958; AA-PA, Abt. 7/383.
33   Stöver: Befreiung (Anm. 10), S. 431.

wurden, sondern »live« entstanden. Damit war die Möglichkeit einer vorherigen Kontrolle der Programme zwar nicht ausgeschlossen, aber doch relativ eingeschränkt.[34] Trotz diverser Verpflichtungserklärungen,[35] sich »politischer Bestrebungen« zu enthalten, war damit auch RFE bereits vor 1956 ein »Selbstläufer« mit einer erstaunlichen politischen Eigendynamik geworden.

Darüber hinaus muss darauf hingewiesen werden, dass man die Arbeit und vor allem auch die Wirkung von RFE nicht aus den wenigen Monaten vor dem Ungarischen Aufstand 1956 erklären kann. Das Verständnis der Sendungen für den Hörer beruhte auf den davor liegenden sechs Jahren Programmgestaltung.[36] Die tatsächlich ausgestrahlten Programme sind zum Teil erhalten geblieben. Auch wenn ein direkter kontinuierlicher »Abhördienst« niemals eingerichtet wurde, Kontrollaufnahmen gab es. Dass RFE wie alle anderen Befreiungssender in seinen Programmen eine »direkte Sprache« benutzte, war daher kein Geheimnis, und die RFE-Macher haben es selbst immer wieder betont. »Wir senden die Nachrichten ohne Schnörkel, nichts wird gefärbt oder verdreht.« (»*We broadcast straight news with nothing slanted or twisted*«.)[37] Dies wurde im Übrigen ohnehin als eine schlichte Notwendigkeit im Propagandakrieg des Kalten Krieges begriffen. Wenn die Sowjetunion mit »einfachen Begriffen« wie »Kapitalismus« und »Imperialismus« argumentiere, habe der Westen in diesem Spiel mitzumachen.

III. Die Ungarn-Operationen von RFE

Den Hintergrund für die RFE-Programme 1956 bildete die Abrechnung Chruščevs mit Stalin. Welche politische Bedeutung die USA der Chruščev-Geheimrede unter den Bedingungen des Kalten Krieges zuwiesen, wird nicht zuletzt daraus ersichtlich, dass die CIA unmittelbar nach dem Bekanntwerden der Vorgänge auf dem XX. Parteitag der KPdSU eine ganze Arbeitsgruppe darauf ansetzte, den vollständigen Text der aufsehenerregenden Ausführungen zu erhalten. Schließlich gelang es im April 1956 über den israelischen Geheimdienst Mossad, die vollständige Rede zu erhalten. Sie wurde sofort übersetzt und im Juni des Jahres vom State Department veröffentlicht. Bereits parallel dazu waren Teile der Rede als Flugblatt über Ostmitteleuropa abgeworfen worden.[38]

---

34   Daugherty: Psychological Warfare Casebook (Anm. 29), S. 154.
35   Schreiben RFE (Condon) an AA (Friedensburg), 7.7.1955; AA-PA, Abt. 7/384.
36   Policy Handbook (Incomplete), Secret, 12.12.1951, o. S.; ELA, CDJ-P, Box 65, Folder: Times Inc. File.
37   Radio Reports, 19.11.1956; AA-PA, Abt. 7/385.
38   Zu den Einzelheiten dieser aufsehenerregenden Operation vgl. Grose, Peter: Gentleman Spy. The Life of Allen Dulles. Boston 1994, S. 422 ff.

Im Gegensatz zu manchen anderen Operationen nach Ostmitteleuropa war der Einsatz der Chruščev-Rede im Rahmen der Bekämpfung des Kommunismus auch nicht umstritten. Selbst der extrem kritisch gegenüber der Befreiungspolitik eingestellte George Kennan bezeichnete die Abrechnung Chruščevs mit Stalin als »pures Gold« für die antikommunistische Propaganda.[39] Welche Hochstimmung herrschte, wird auch aus den Diskussionen des amerikanischen Sicherheitsrats deutlich. In der NSC-Konferenz am 22. März 1956 sprach CIA-Chef Allen Dulles in deutlicher Anlehnung an seine Ausführungen während des Aufstandes in der DDR im Juni 1953 wieder von einer »große[n] Gelegenheit, die Situation sowohl verdeckt als auch offen zu nutzen«.[40]

Für den erwünschten Druck auf die Satellitenstaaten und die UdSSR nach dem XX. Parteitag war vor allem RFE und die dazugehörige *Free Europe Press* (FEP) zuständig. Die FEP hatte bereits in den zwei Jahren vor dem Polnischen und Ungarischen Aufstand 1956 einige hundert Millionen Flugblätter mit einschlägigen Texten per Ballon nach Ostmitteleuropa geschickt. Zwischen 1954 und 1956 waren allein über Ungarn 103 529 342 Flugblätter über dem Land verteilt worden.[41] Um die Wirkung der Radioprogramme bestimmen zu können, ist es daher hilfreich, sich auch die Inhalte der parallel durchgeführten Flugblattoperationen vor 1956 anzuschauen. Der Name der größten und wichtigsten für Ungarn konzeptionierten Flugblattaktion trug den Namen *Focus* und war zwischen Oktober 1954 und Frühjahr 1955 durchgeführt worden. Die Operation hatte man im Zusammenhang mit den im Juni 1953 relativ überraschend auftretenden Unruhen in der ČSR und der DDR entwickelt, und sie richtete sich, wie die parallel laufenden Flugblattoperationen nach Polen, gezielt auf die Ausnutzung der erneut als revolutionär angesehenen Situation in Ostmitteleuropa. *Focus* sollte vor allem aktuelle politische und wirtschaftliche Missstimmungen, aber auch traditionell bestehende Probleme – etwa Nationalitätenkonflikte – in Ungarn anheizen.[42]

Ungarn war 1953/54 vor allem deswegen in den Fokus der Planer gerückt, weil sich hier seit dem Tod Stalins 1953 besonders sensationelle Veränderungen vollzogen hatten.[43] Mit dem am 4. Juli 1953 als Nachfolger des moskautreuen

---

39   Ebenda, S. 425.

40   A. W. Dulles auf dem 280. Treffen des NSC, 22.3.1956; zit. nach: Marchio, James D.: Rhetoric and Reality. The Eisenhower-Administration and unrest in Eastern Europe, 1953–1959. Washington, American University 1990 (ms.), S. 274.

41   Angaben nach: Effectiveness of FEC Leaflet Operations, A Summary Evaluation, o. D. [März 1956], S. 1; AA-PA, Abt. 7/302.

42   Zur Einordnung der Operationen in den Kontext des »Krisenjahres 1953« vgl. Stöver, Bernd: Das Umbruchjahr 1953 – Ein Resümee. In: Kleßmann, Christoph; Stöver, Bernd (Hg.): 1953 – Krisenjahr des Kalten Krieges in Europa. Köln 1999, S. 199–222, hier 206 ff.

43   Zur ungarischen Situation im Umfeld der Aktion Rainer, János M.: Der »Neue Kurs« in Ungarn 1953. In: ebenda, S. 71–92, sowie Hacker, Jens: Der Ostblock. Entstehung, Entwicklung und Struktur 1939–1980. Baden-Baden 1983, S. 484 ff.

Mátyás Rákosi eingesetzten Reformer Imre Nagy als Ministerpräsidenten hatte eine politische Neuorientierung begonnen, die auch in Ungarn als »Neuer Kurs« bezeichnet worden war. Der ungarische »Neue Kurs« revidierte den Fünfjahresplan mit seinen hohen Industrialisierungsnormen und ordnete gleichzeitig eine deutliche Verstärkung der Konsumgüterproduktion an. Gleichzeitig wurde auch das Tempo der Kollektivierung gedrosselt, und bald waren sogar Austritte aus den Kolchosen möglich. Nagy hatte zudem die Auflösung der Straflager und mehr Gesetzlichkeit in Aussicht gestellt.

Als Flugblätter waren von der FEP 1954/55 vor allem die »Zwölf Forderungen der Nationalen Oppositionsbewegung« (»*Nemzeti Ellenallasi Mozgalom*«) auf den Weg nach Ungarn geschickt worden. Die Anfangsbuchstaben »NEM« ergaben in ungarischer Sprache gleichzeitig das Wort »Nein«. Die zwölf Forderungen beinhalteten klassische Ideen der demokratischen Gesellschaft, wie Freiheit, Rechtsstaatlichkeit, Volkssouveränität, Mitbestimmung, Gleichheit und Minderheitenschutz und lehnten sich gleichzeitig an die aufsehenerregende Regierungserklärung Imre Nagys vom 4. Juli 1953 an.[44]

Focus startete mit dem millionenfachen Abwurf von gummierten Aufklebern, die den Aufdruck »12« und »NEM« trugen. Parallel dazu wurden auch Flugblätter mit dem vollständigen Text der »Zwölf Forderungen« in Millionenauflage eingesetzt. Allein am 1. Oktober 1954 wurden bereits eine Million Exemplare über dem Land abgeladen. Parallel dazu sendete die ungarische Abteilung von RFE, die *Voice of Free Hungary*, ein 24-Stunden-Programm mit den dazugehörigen Erläuterungen.

Nach Aussagen des für die Operation Verantwortlichen, Allan Michie, konnte in Ungarn eine überzeugende öffentliche Wirkung erreicht werden. Selbst im entlegensten Winkel des Landes seien die Zeichen »12« und »NEM« an Wänden von Fabriken aufgetaucht.[45] Wenn man den Meldungen glauben kann, entsprach die positive Aufnahme in der Bevölkerung jener der berühmten »F-für-Freiheit«-Kampagne in der SBZ ab Juli 1949. Damals war die ostdeutsche Volkspolizei der Situation schließlich nur noch dadurch Herr geworden, indem sie die an die Wände gemalten Buchstaben »F« mit den Lettern »DJ« ergänzte, so dass nun die Abkürzung »FDJ« als ein prokommunistisches Symbol erschien.[46] Dass es eine breite Rezeption in Ungarn gab, legen auch die Berichte der amerikanischen Legation in Budapest nahe.

Auf die durchschlagende Wirkung von *Focus* wies noch ein weiteres Indiz hin, welches allerdings gleichzeitig die kontraproduktive Seite solcher Operationen sichtbar macht. Sie veranlasste RFE und FEP schließlich sogar dazu, die

44   Michie, Allan A.: Voices through the Iron Curtain: The Radio Free Europe Story. New York 1963, S. 158.

45   Ebenda, S. 159. Folgende Wiedergaben ebenda.

46   Fricke, Karl Wilhelm; Engelmann, Roger: »Konzentrierte Schläge«. Staatssicherheitsaktionen und politische Prozesse in der DDR 1953–1956. Berlin 1998, S. 83.

Aktion im Frühjahr 1955 vorzeitig abzubrechen.[47] Vor dem Hintergrund der eskalierenden innenpolitischen Lage hatten die Sowjets Imre Nagy am 18. April 1955 abgesetzt und ihn gezwungen, dem moskautreuen Altstalinisten Mátyás Rákosi wieder das Amt des Staatschefs zu übergeben. Rákosi gelang es danach rasch – nicht zuletzt durch die prominente Rolle, die Nagy auf den Flugblättern der Amerikaner spielte – diesen als »Kollaborateur« und »Mann des Westens« darzustellen und ihn damit insbesondere in die Nähe des ehemaligen sowjetischen Geheimdienstchefs Lavrentij Berija zu rücken, der in Moskau als »Verräter« im Dezember 1953 hingerichtet worden war. Trotz dieses eigentlichen negativen Ausgangs der Operation *Focus* leitete sich daraus keine grundsätzliche Änderung der RFE-Politik vor den Aufständen 1956 ab.

IV. Die Wirkung von RFE während des Aufstandes 1956

Wie wurden die Sendungen von RFE nun während des Aufstands in Ungarn 1956 wahrgenommen? Ein Phänomen, welches im Zusammenhang mit den Vorwürfen gegenüber RFE nach dem Aufstand, der Sender habe unzulässigerweise Unterstützung angekündigt, ernst genommen werden muss, ist, dass die Flüchtlinge, die während und nach dem Aufstand nach ihrer Flucht in Österreich ankamen, tatsächlich mehrheitlich davon überzeugt waren, dass Hilfe aus dem Westen versprochen worden war.[48] Als man Ende 1956 in einer groß angelegten Aktion 1 000 Flüchtlinge befragte, waren 96 Prozent der Überzeugung gewesen, dass der Westen Hilfe senden werde, 77 Prozent dieser Gruppe hatten geglaubt, dies werde militärische Hilfe sein.[49] Nach einer anderen, von einem Wiener Meinungsforschungsinstitut durchgeführten Umfrage, ermittelte man auf die Frage »Wurde durch die westlichen Radiosendungen für Ungarn in Ihrem Land der Eindruck erweckt, dass die Ungarn im Falle eines Aufstandes auf eine militärische Hilfe des Westens rechnen können?« rund 71 Prozent Zustimmung, wobei 48 Prozent dies uneingeschränkt bejahten und 23 Prozent angaben, sie hätten es »wenigstens so aufgefasst«.[50] Nur 22 Prozent gaben ein klares »Nein« zu Protokoll. 60 Prozent der Befragten äußerten sich »enttäuscht«,

---

47 Michie: Voices (Anm. 44), S. 159 f.

48 Mussulin, J.: Fragen an die Ungarn. Flüchtlinge im politischen Röntgenschirm. In: Die Zeit v. 6.12.1956 (AA-PA, Abt. 7/385).

49 Hungary and the 1956 Uprising: Personal Interviews with 1 000 Hungarian Refugees in Austria, Prepared by the International Research Associates, Inc., New York 1957, S. 32 u. 37. Vgl. dazu Marchio: Rhetoric (Anm. 40), S. 417.

50 Institut für Markt- und Meinungsforschung Dr. Walter Fessel, Wien, o. D. [hd. schr. »Nov.–Dec. 1956«], S. 6; NAW, RG 306, Office of Research, Country Project Files, 1951–64, Box 39, Folder: Hungary Nov. 1956, Refugee Attitude. Dem Begleitbrief der USIS-Station Wien zufolge waren die Umfragen zwischen dem 22. und 26.11. durchgeführt und am 29.11. veröffentlicht worden.

dass die USA nicht in den Kampf eingegriffen hätten, 11 Prozent meinten, sie seien zwar nicht enttäuscht, hielten aber die US-Entscheidung zur Nichtintervention für falsch. Von diesen 71 Prozent Interventions-Befürwortern waren immerhin noch 32 Prozent für westliche Hilfe, selbst für den Fall, dass damit der Dritte Weltkrieg ausgelöst worden wäre.

Im Westen waren die Vorwürfe gegen die Befreiungspolitik und insbesondere RFE, wenn sie aus dem Osten kam, vor 1956 niemals wirklich ernst genommen worden. Es galt die seit Jahren gängige Einschätzung, dass Proteste aus dem Ostblock Erfolgsbelege seien.[51] Diese Reaktion war nicht mehr möglich, als sich nach dem Ungarischen Aufstand Ende 1956 zahlreiche westliche Medien in die Diskussion einschalteten und wie die Regierungen in Ostmitteleuropa die Verantwortung des Westens für den Aufstand betonten, der Hunderte Tote und über tausend Verletzte gekostet, Budapest verwüstet und darüber hinaus Hunderttausende in die Flucht gezwungen hatte. Diese Debatte erhielt vor dem Hintergrund der US-Präsidentschaftswahlen im November 1956 und der 1957 anstehenden bundesdeutschen Wahlen noch einmal zusätzliches außen- und innenpolitisches Gewicht. In den USA griffen vor allem die großen Tageszeitungen wie die *New York Post*, die *New York Times*, die *Washington Post*, das Nachrichtenmagazin *Newsweek*, aber auch die speziell den Republikanern nahestehenden Blätter *Christian Science Monitor*, *New Leader* und *New Republic* ein. Im Mittelpunkt standen die Radiosender, insbesondere die »offiziell inoffizielle« Station RFE. Unweigerlich rückte aber auch der gesundheitlich bereits schwer angeschlagene US-Außenminister John Foster Dulles zentral in die Kritik.

Drei Fragen standen im Mittelpunkt der Ermittlungen, und die gegebenen Antworten können gleichzeitig als eine Art Fazit zum Verhalten und zur Verantwortung des Senders vor und während des Aufstandes betrachtet werden. 1. Gab es wirklich Sendungen, die den Aufständischen Hilfe versprochen hatten, wie nicht zuletzt die Flüchtlinge zu Protokoll gegeben hatten? 2. Gab es Belege, dass der Sender unabhängig davon für ein politisches Klima mitverantwortlich war, und welche Rolle spielte dabei die offizielle Regierungspolitik? 3. Welche Folgen hatten sich daraus für die Rundfunkpolitik und insbesondere für die *Liberation Policy* abzuleiten?

Die Frage, ob in den Radiosendungen für Ungarn tatsächlich eine wie auch immer geartete Unterstützung aus dem Westen angekündigt worden war, gehörte zu den politisch brisantesten. Bei den Überprüfungen der erhalten gebliebenen Programme gab es gleich mehrere Sendungen, die für missverständlich gehalten wurden. Die den Republikanern nahestehende Zeitschrift *The New Republic* fand heraus, dass in den Sendungen von RFE bereits am

---

51 »A ›sign of weakness of [the] regime‹«. US-Legation, Budapest, an State Department, 12.11.1954, o. S. [6]; NAW, RG 59, DF, 511.64/11-1254.

24. Oktober 1956, also einen Tag nachdem die Polizei eine Sympathiekundgebung für Polen in Budapest gewaltsam aufgelöst und damit den Beginn des Volksaufstandes verursacht hatte, davon gesprochen worden war, dass die Ungarn diesen Kampf keinesfalls verlieren könnten. Am 3. November, einen Tag nachdem von Imre Nagy der Austritt Ungarns aus dem Warschauer Pakt erklärt und die Neutralität des Landes ausgerufen worden waren, hatte RFE demnach erklärt, dass die Vereinten Nationen zur Lösung von Krisen auch über bewaffnete Einheiten verfügen könnten.[52] Das Auswärtige Amt in Bonn fand bei der Kontrolle der Sendungen einen in der »Internationalen Presseschau« von RFE am 4. November 1956 verlesenen Kommentar des britischen *Observer*. In ihm war die Vermutung ausgesprochen worden, dass bei einem sowjetischen Angriff auf Ungarn – der tatsächlich an diesem Tag erfolgte – der Druck auf die amerikanische Regierung, »Washington möge den Freiheitskämpfern militärische Hilfe gewähren«, unwiderstehlich werden würde.[53] Die *New York Times* entdeckte, dass am 5. November in einem RFE-Kommentar davon gesprochen worden war, dass westliche Hilfe nicht vor 14.00 Uhr am nächsten Tag zu erwarten sei.[54] Hintergrund war hier allerdings nur eine UN-Resolution gewesen.

Alles dies machte deutlich, dass in RFE-Sendungen von direkter militärischer Hilfe offensichtlich nicht gesprochen worden war, aber manches war zweifellos missverständlich. Eine Ankündigung militärischer Hilfe hatte es allerdings in einem aufsehenerregenden Aufruf eines mobilen Senders aus dem politischen Umkreis der radikalen russischen Emigrantenorganisation NTS gegeben. Für die Radiohörer war es wohl nicht unterscheidbar gewesen, ob diese Sendung von RFE gekommen war.[55] An Eindeutigkeit hatte es bei den Radikalen tatsächlich nicht gefehlt. Ein »Ungarischer Verband ehemaliger Soldaten«, dem NTS offensichtlich den Sendeplatz zur Verfügung gestellt hatte, versuchte hier den Eindruck zu erwecken, als seien militärische Einheiten bereits an der ungarisch-österreichischen Grenze angekommen und warteten nur noch auf den Marschbefehl. Der »Verband«, so hieß es im Aufruf, »erwartet die Anweisungen der Befehlshaber der aufständischen Kräfte, sei es entweder in Bezug auf die Verwendung der Streitkräfte oder auf materielle Unterstützung der Aufständischen«. Jedes einzelne Mitglied des »Ungarischen Verbandes ehemaliger Soldaten«, so war weiter zu hören gewesen, »Männer, Jugendliche und Frauen – ist gewillt, freudig Blut und Leben für die heilige Sache der Freiheit des Landes zu opfern und vereint mit euch auszurufen:

---

52 Bericht (Entwurf), o. D., S. 1; AA-PA, Abt. 7/385, S. 5. Folgende Wiedergaben ebenda.
53 Ebenda, S. 2. Folgende Wiedergaben ebenda.
54 »Free Radio Denies Inciting Hungary«. In: New York Times v. 9.12.1956. Folgende Wiedergaben ebenda.
55 Dazu Stöver: Befreiung (Anm. 10), S. 777 f. Folgendes Zitat ebenda.

›Freiheit oder Tod!‹« Die ganze freie Welt fühle sich mit den Aufständischen verbunden und lehne den sowjetischen Eingriff ab.

»Waffenbrüder«, so der Aufruf weiter, »befreit die politischen Gefangenen, von denen viele Mitglieder des ›Ungarischen Verbandes ehemaliger Soldaten‹ sind und ihr Leben schon früher für die Sache der Freiheit eingesetzt haben. Auch für diese Männer hat die Stunde der Freiheit geschlagen. Aufständische Kämpfer, eure Namen stehen auf dem schönsten Blatt der Geschichte der ungarischen Freiheit. Eure Kinder werden die Denkmäler ungarischer Helden schmücken statt Kränze vor die Füße fremder Götzen zu legen. Ungarn ist die Heldin unseres Jahrhunderts; Kompromisse mit dem Bolschewismus gibt es nicht. Lang lebe die Freiheit Ungarns! Lang lebe unsere Heimat! Im Namen des Sonderrates des ›Ungarischen Verbandes ehemaliger Soldaten‹: András Zákó, Generalmajor. Hier ist NTS – Radio Freies Russland! Wir brachten einen Aufruf unserer ungarischen Brüder.«[56]

Im Hinblick auf die Frage nach den Indizien für die Verantwortlichkeit des Senders für das politische Klima, das zum Aufstand geführt hatte, gingen alle Untersuchungen davon aus, dass RFE nicht der Alleinschuldige sein konnte. Die Auffassung, dass RFE nur inoffizielles Sprachrohr einer offiziellen US-Außenpolitik sei und sehr erfolgreich seine gestellte »Mission« erfüllt habe, war Konsens; insofern stellte sich auch die Frage der Verantwortung anders. Jahrelange offiziell verlautbarte Befreiungsrhetorik, die in zum Teil nicht mehr kontrollierbaren Sendungen von Emigranten weiter interpretiert oder auch nur kommentarlos weitergegeben worden sei, habe ihre Wirkung hinterlassen. Sendungen seien in »leidenschaftlicher Weise« entstanden. Erhebliche Verantwortung wurde daher auch der radikalen Rhetorik des US-Präsidentschaftswahlkampfes 1952 und den Wahlkampfprogrammen zugewiesen, wobei Republikaner wie Demokraten gleichermaßen für ihre Versprechungen gegenüber den »Captive People« kritisiert wurden. Die Wahlkampfplattform der Republikaner aus dem Jahr 1952 erschien hier als eine ebenso unverantwortliche Rhetorik wie das demokratische Wahlkampfprogramm 1956, in der die amtierende republikanische Regierung für ihre »gebrochenen Versprechen« gegenüber den »unglücklichen Opfern des Kommunismus« getadelt worden war.[57] Sogar der der Eisenhower-Administration nahestehende *Christian Science Monitor* schrieb:

»Einige Hörer werden sich von den ›starken‹ Worten dieser Leute [bei RFE] durchaus animiert gefühlt haben, Leute, die Hunderte von Kilometern von den Kämpfern entfernt saßen und die nach den Kämpfen nach der Beendigung ihrer Rundfunksendungen

56   Anlage Schreiben RFE (Condon) an das Auswärtige Amt, Bonn (Oncken), 19.12.1956; AA-PA, Abt. 7/385.

57   »Right Behind You«. In: The New Republic v. 26.11.1956, S. 4 f., hier 4. Folgende Wiedergaben ebenda.

durch die friedlichen Straßen von München gingen, um mit ihren Familien das Abendessen einzunehmen.«[58]

Einen besonders die Bundesrepublik betreffenden Effekt der Radioprogramme nach Ungarn berichtete der Intendant des Süddeutschen Rundfunks, Fritz Eberhard, im Dezember 1956 Außenminister Heinrich von Brentano: »Eigenartigerweise«, so Eberhard, »haben [...] die Ungarn gerade von der deutschen Bundesrepublik Hilfe erwartet, da sie der Überzeugung waren, Deutschland verfüge wieder über eine starke Armee.«[59] Solche Überzeugungen, hatte er vermutet, könnten nur auf die Wirkung der Sender zurückgehen, die seit Jahren über den Aufbau einer neuen starken »Wehrmacht« in Westdeutschland berichteten.

Nach diesen Ergebnissen der Kontrolle der Sendungen war das Fazit eindeutig. RFE, das war für alle einsichtig, hatte am Klima, in dem offensichtlich die Mehrheit der aufständischen Ungarn gehofft hatte, der Westen werde irgendwie helfen, regen Anteil gehabt. Gleichzeitig waren sich alle bewusst, dass RFE den Aufstand nicht ausgelöst hatte. Außerdem hätten die Ungarn ebenso wenig wie die Polen 1956, noch die Ostdeutschen im Juni 1953 eine Aufforderung von außen gebraucht.[60] Die Folgen aus dem Aufstand waren aber aufgrund der Untersuchungsergebnisse trotzdem eindeutig. Für Europa wurde beschlossen, die Radioprogramme stärker zu überwachen, als dies bisher geschehen war. Für die Befreiungspolitik waren die Jahre nach dem Aufstand in Ungarn zwar nicht das Ende, aber die Aktivitäten wurden doch deutlich vom atomar hochgerüsteten Europa in die weniger brisante Dritte Welt verlagert, wo in den folgenden Jahrzehnten die militärischen Konflikte der Supermächte ausgefochten wurden.[61] In Europa war vor dem »Veto der Bombe« eine offensiv betriebene Befreiungspolitik, selbst wenn sie nur im Radioprogramm stattfand, nicht mehr möglich.

58   »Criticism of RFE on Hungary Sifted«. In: The Christian Science Monitor v. 30.11.1956 (AA-PA, Abt. 7/385). Folgende Wiedergaben ebenda.

59   Schreiben Eberhard an Brentano v. 1.12.1956; AA-PA, Abt. 7/385.

60   Hungarians Didn't Need U.S. Radio To Open Their Eyes to Communism. In: The New Leader v. 3.12.1956 (AA-PA, Abt.7/385).

61   Dazu Stöver: Befreiung (Anm. 10), S. 783 ff.

Hanns Jürgen Küsters

Die Bedeutung der Entstalinisierungskrise für die Deutschlandpolitik

Wer die Bedeutung der Rede des Ersten Sekretärs des ZK der KPdSU Nikita Chruščev auf dem XX. Parteitag der KPdSU am 25. Februar 1956 in Moskau[1] und die verschiedenen ineinandergreifenden, komplexen Krisen dieses Jahres für die Deutschlandpolitik richtig verstehen will, kommt nicht umhin, drei grundsätzliche Betrachtungen anzustellen: Erstens ist die deutschlandpolitische Ausgangslage zu klären; zweitens nach den Einschätzungen und Verhaltensweisen der Bundesregierung zu fragen, allen voran natürlich von Bundeskanzler Konrad Adenauer, und drittens ist der Blick auf die Konsequenzen für die Deutschlandpolitik zu richten, die sich aufgrund der von Anastas Mikojan angeprangerten Säuberungsaktionen Stalins und dessen Personenkult und der Rede Chruščevs im Zuge der nachfolgenden Entstalinisierungskrise abzeichneten.

Was die Ausgangsanlage anbelangt, so befanden sich die Viermächte-Verhandlungen über Deutschland Anfang 1956 in der Sackgasse. Nach dem NATO-Beitritt der Bundesrepublik und der Aufnahme der DDR in den Warschauer Pakt im Mai 1955 hatte die Sowjetführung die Anerkennung der Existenz zweier vermeintlich souveräner deutscher Staaten zum Ausgangspunkt jeder Annäherung gemacht[2] und dies in einer TASS-Erklärung am 1. März 1956 nochmals bekräftigt.[3] Mit dem Scheitern der Genfer Außenministerkonferenz der Vier Mächte im November 1955 war auch das von den Westmächten vertretene Junktim, die Wiedervereinigung zur Voraussetzung für den Aufbau europäischer Sicherheitsstrukturen zu machen, praktisch fehlgeschlagen. In seiner Parteitagsrede knüpfte Chruščev an den bereits im Frühjahr 1954 unterbreiteten Vorschlag eines kollektiven Sicherheitssystems in Europa[4] als Grundlage für die Lösung der Deutschlandfrage an[5] und verkehrte

1   Rede Chruščevs, 25.2.1956, erstmals veröffentlicht in: Iswestija ZK KPSS, 1989, Nr. 3, S. 128–170.

2   Rede Chruščevs auf einer Großkundgebung in Berlin (Ost), 26.7.1955, in: Dokumente zur Deutschlandpolitik (DzD), III. Reihe, Bd. 1, 5. Mai bis 31. Dezember 1955. Hg. v. Bundesministerium für gesamtdeutsche Fragen Bonn/Berlin, bearb. von Ernst Deuerlein unter Mitwirkung von Hansjürgen Schierbaum. Frankfurt/M., Berlin 1961, S. 227–236 (russischer und deutscher Text).

3   TASS-Erklärung zur deutschen Frage, 1.3.1956, in: DzD, III. Reihe, Bd. 2, 1. Januar bis 31. Dezember 1956. Hg. v. Bundesministerium für gesamtdeutsche Fragen Bonn/Berlin, bearb. von Ernst Deuerlein/Hansjürgen Schierbaum. Frankfurt/M., Berlin 1963, S. 152–154 (russischer und deutscher Text).

4   Note der sowjetischen Regierung an die französische Regierung, 31.3.1954, in: Die Bemühungen der Bundesrepublik um die Wiederherstellung der Einheit Deutschlands durch gesamtdeut-

damit die Prämissen. Für die Westmächte besaß der sowjetische Vorschlag im Genfer UN-Unterausschuss für Abrüstung, die konventionellen Streitkräfte in Europa zu verringern,[6] weitaus größere Attraktivität, weil damit die Regelung der Deutschlandfrage nur noch als Folge und nicht als Vorbedingung von Abrüstung definiert wurde.

Drei Entwicklungen bereiteten Adenauer Sorge: Erstens, die Westmächte würden bei den Genfer Abrüstungsverhandlungen gegenüber der Sowjetunion nicht mehr bedingungslos an dem Junktim zwischen parallelen Fortschritten in der Entspannungspolitik und in der Deutschlandfrage festhalten und somit Sicherheit und Wiedervereinigung auseinanderdividieren. Sonst könnte es doch wieder zu einem Arrangement der Großmächte über die Köpfe der Deutschen hinweg kommen. Zweitens bestand für das westliche Bündnis eine Erosionsgefahr, wenn es zu Abrüstungsarrangements unter den Großmächten, möglicherweise zu Lasten Deutschlands, käme. Käme es nicht zu einer Verbesserung der politischen Koordination, würde das unweigerlich auf Kosten des Zusammenhalts der Allianz gehen. Drittens könnten Amerikaner, Briten und Franzosen geneigt sein, die für die Sicherheit der Bundesrepublik benötigten Truppen aus dem Bereich Europa-Mitte abzuziehen.

Die Verurteilung des Stalinismus auf dem XX. Parteitag interpretierte Adenauer in seinen »Erinnerungen« als »einen schweren Schock« für die »ganze kommunistische Welt mit ihren Satellitenstaaten« und glaubte anfangs wohl, Mikojans Rede sei ein gegen Chruščev gerichteter Schlag, der »auf dem besten Wege« war, »ein zweiter Stalin zu werden«.[7] Recht bald sah er darin einen Schachzug in der inneren Machtauseinandersetzung der Sowjetführung. Vor dem CDU-Bundesvorstand verglich er die Situation mit dem Diadochenkampf, der 1924 nach dem Tod Lenins eingesetzt hatte. Chruščev, »eine Persönlichkeit von starker Vitalität und Brutalität« und »viel emotionaler als Bulganin«, diese Personifizierung der »glühenden, vitalen, eruptiven Grausamkeit«[8] und dessen Geheimrede verkörperten für den Kanzler nicht den Beginn einer neuen Epoche. Davon könne man erst sprechen, wenn sich durch sowjetische Gesten die internationalen Beziehungen geändert hätten. »Wenn ein Volk unter Diktatur

sche Wahlen. Dokumente und Akten. Hg. v. Bundesministerium für gesamtdeutsche Fragen, II. Teil November 1953 – Dezember 1955, durchges. u. erweit. Neuaufl. der »Neuen Folge«. Bonn 1958, S. 96–100; französischer Text in: La Documentation Française, No. 2030, 9.6.1955, S. 3–6.

5   Rechenschaftsbericht des ZK der KPdSU an den XX. Parteitag, abgegeben vom Ersten Sekretär Chruščev (Auszug), 14.2.1956, in: DzD, III/2 (1956), S. 114–118.

6   Entwurf für ein Abkommen zur Reduzierung der konventionellen Rüstung und der Streitkräfte, vorgelegt von dem Vertreter der UdSSR im Abrüstungsunterausschuss der Vereinten Nationen, 27.3.1956; ebenda, S. 199–202.

7   Adenauer, Konrad: Erinnerungen 1955–1959. Stuttgart 1967, S. 110.

8   Adenauer, Bericht über die Lage, 12.7.1956, in: Adenauer: »Wir haben wirklich etwas geschaffen.« Die Protokolle des CDU-Bundesvorstands 1953–1957, bearb. von Günter Buchstab. Düsseldorf 1990, S. 922–933, hier 924 u. 926.

steht, gleichgültig, ob die Diktatur nun unter dem Namen Stalin oder unter dem Namen eines Kollektivs ausgeübt wird«, stellte der Kanzler auf dem CDU-Bundesparteitag Ende April in Stuttgart unmissverständlich fest, »so ist das gehupft wie gesprungen. Diktatur ist und bleibt Diktatur!«[9] Damit holte Adenauer Spekulationen über eine Änderung der sowjetischen Politik nach der Rede Chruščevs auf den Boden der Tatsachen zurück.

Seiner Ansicht nach führte die Sowjetunion gegen den Westen einen politischen Krieg,[10] bei dem es ihr unverändert um »eine Art ›heilige Aufgabe‹« ging, nämlich »die Weltbeherrschung«, bedingt durch drei Faktoren: ihren ausgeprägten Nationalismus, den Panslawismus und den starken ideologischen Missionsdrang des Kommunismus. Im Grunde ließ sich das Ergebnis des XX. Parteitags für die sowjetische Führung in vier Punkten zusammenfassen: (1) Sie hatte »gewisse Herrschaftsmethoden Stalins verurteilt«, (2) verschiedene theoretische Lehren Stalins aufgegeben, (3) dessen Fähigkeiten angezweifelt, jedoch seine imperialistische Außenpolitik keineswegs revidiert oder gar die Absicht, die von ihr versklavten Völker in die Freiheit zu entlassen. (4) Letztlich war allein der Einfluss Chruščevs gestiegen.[11]

Genau hatte der Kanzler beobachtet, dass sich bei seinem Besuch im September 1955 in Moskau[12] Bulganin und Chruščev in der Verhandlungsführung abwechselten.[13] Vom französischen Ministerpräsidenten Guy Mollet erfuhr der Kanzler am 4. Juni 1956, hauptsächlicher Verhandlungspartner bei den Beratungen im Mai 1956 in Moskau sei Chruščev gewesen.[14] Offenbar habe er sich gegenüber dem Rivalen Bulganin durchgesetzt, schloss Adenauer daraus. Nun fühle sich Chruščev wie ein Nachfolger der Zaren. Dies sei bei dessen Besuch im April 1956 in London deutlich geworden.[15]

Aufseiten der Westmächte bestätigten diese Kontakte nur bereits bekannte Einschätzungen, die sich schon vor Chruščevs Rede verfestigt hatten: Die Sowjetunion will zwar mit dem Westen über Abrüstungsfragen im Gespräch bleiben, an einer Lösung der deutschen Frage ist sie aber nicht wirklich interessiert. Um so wichtiger war es aus bundesdeutscher Sicht, an dem Junktim

9   Eröffnungsrede Adenauers auf dem Bundesparteitag der CDU am 27.4.1956 in Stuttgart (Auszüge), in: Keesings's Archiv der Gegenwart 26 (1956), S. 5749–5752, hier 5749.

10   Interview Adenauers mit dänischen Chefredakteuren, 4.5.1956, in: Adenauer Teegespräche 1955–1958, bearb. vom Verf. Berlin 1986, S. 80–87, hier 82.

11   Adenauer: Erinnerungen (Anm. 7), S. 110 u. 112 f.

12   Dazu neuerdings Altrichter, Helmut (Hg.): Adenauers Moskaubesuch 1955. Eine Reise im internationalen Kontext. Bonn 2007.

13   Presse-Tee, 7.6.1956, in: Adenauer Teegespräche (Anm. 10), S. 88–95, hier 93; Informationsgespräch Adenauers mit Henry J. Taylor, 9.6.1956; ebenda, S. 96–99, hier 96.

14   Compte rendu de la conversation entre MM. Mollet, Pineau, Adenauer, von Brentano, à Luxembourg, 4.6.1956, in: Documents Diplomatiques Français (DDF) 1956, Tome I (1er Janvier – 30 Juin). Hg. v. Ministère des Affaires Étrangères. Paris 1988, S. 881–887, hier 884.

15   Informationsgespräch Adenauers mit Henry J. Taylor, 9.6.1956, in: Adenauer Teegespräche (Anm. 10), S. 97.

zwischen Wiedervereinigung und europäischer Sicherheit bzw. Abrüstung festzuhalten.[16] Die Sowjetunion werde am Status quo der beiden deutschen Staaten in Europa nichts ändern, lautete Adenauers Einschätzung, solange sich nicht eine Chance zur Schaffung eines sozialistischen Deutschlands böte.[17] Anders war die von Mollet gegenüber Adenauer kolportierte Äußerung Chruščevs, die der französische Ministerpräsident angeblich während seines Moskau-Besuchs zu hören bekam,[18] nicht zu interpretieren, ihm seien 17 Millionen Deutsche in der Hand lieber als ein vereinigtes, wenn auch neutrales Deutschland.[19] Für Adenauer hieß dies: Die sowjetische Führung hatte trotz Entstalinierungsdiskussion im Vergleich zum Vorjahr keine Modifikationen in der Deutschlandpolitik vorgenommen. Ihre fast psychopathische Angst vor Einkreisung vonseiten der kapitalistischen Staaten blieb unverändert. Chruščev intendierte die deutschlandpolitische Anerkennung des Status quo – sprich: der DDR und die Teilung Deutschlands –, den die Bundesregierung zu überwinden trachtete und mit dem sich die drei Westmächte gemeinsam mit der Sowjetunion zu arrangieren gedachten.

Mit großen Bedenken beobachtete Adenauer im Frühjahr 1956 Tendenzen bei Briten und Franzosen, für die Sicherheit der Bundesrepublik benötigte Truppen aus dem Bereich Europa-Mitte abzuziehen. Bonner Diplomaten setzten zunächst darauf, durch aktives Einschalten in die Nahostpolitik im eigenen Interesse mäßigend zu wirken: schonender Umgang mit Frankreich, gleichzeitige Verbesserungen der deutsch-arabischen Wirtschaftsbeziehungen bei behutsamem Abwehren israelischer Stimmen, vor allem Ben Gurions, der indirekt bei Adenauer auf die Aufnahme offizieller Beziehungen zur Bundesrepublik drängte.[20] Zwar kam die amerikanische Regierung Aufforderungen der

16   Telegramm Botschafter Chauvel, London, an Außenminister Pineau, 12.4.1956, in: DDF 1956, Tome I (Anm. 14), S. 575 f.

17   Informationsgespräch Adenauers mit Vertretern der Auslandspresse, 19.7.1956, in: Adenauer Teegespräche (Anm. 10), S. 119–128, hier 119 f.

18   Adenauer berichtet in seinen Erinnerungen 1955–1959 (Anm. 7), S. 131 f., Mollet habe »über seine Unterredungen mit Chruschtschow und anderen sowjetischen Politikern« ihm »wörtlich erklärt«, »sie zögen es vor, achtzehn Millionen Deutsche auf ihrer Seite zu haben als siebzig Millionen gegen sich oder bestenfalls neutralisiert«. Dazu auch Telegramm von Botschafter Dejean, Moskau, an Außenminister Pineau, 16.6.1956, in: DDF 1956, Tome I (Anm. 14), S. 1002–1004, hier insbes. S. 1002 Anm 1.

19   Ausführungen Adenauers auf einer Pressekonferenz am 5.6.1956 in Bonn, während der er von »17 Millionen Deutschen« sprach, in: DzD III/2 (1956), S. 450 f. Dazu auch den Artikel »Zur Chruschtschow-Erklärung«, in: Bulletin des Presse- und Informationsamtes der Bundesregierung, Nr. 104, 9.6.1956, S. 1014, das sowjetische Dementi in einer TASS-Erklärung zur Äußerung Adenauers, 21.6.1956, in: DzD, ebenda, S. 487 f. (russischer und deutscher Text), sowie die daraufhin erfolgte Stellungnahme der Bundesregierung zur TASS-Erklärung (Offener Widerspruch zur Genfer Direktive, in: Bulletin, Nr. 114, 23.6.1956, S. 1117), in der es hieß, Chruščev habe erklärt, er zieht es vor, »20 Millionen Deutsche« auf seiner Seite zu haben, und selbst »wenn Deutschland militärisch neutral wäre, genügt und das nicht«.

20   Schreiben Adenauer an von Brentano, 14.8.1956, in: Adenauer Briefe 1955–1957 (Adenauer Rhöndorfer Ausgabe), bearb. von Hans Peter Mensing. Berlin 1998, S. 228 u. 503.

NATO-Partner im März 1956 nach, ihre 6. Flotte im Mittelmeer zu verstärken.[21] Doch blieb der Versuch von Außenminister von Brentano, in Athen
einen Vermittlungsversuch zwischen Griechen und Briten in der Zypernfrage
einzuleiten und der weiteren Gefährdung der NATO-Position im östlichen
Mittelmeer entgegenzuwirken, ziemlich erfolglos. In London zeigte die Regierung Eden kein Interesse, den eigenen Handlungsspielraum durch derlei Vorstöße von dritter Seite einengen zu lassen.[22] Und das erst recht nicht von den
Westdeutschen, die hinsichtlich ihrer Wiedervereinigungspolitik von den drei
Westmächten abhängig waren.

Sich dahinschleppende Diskussionen über eine verbesserte Bündniszusam-
menarbeit innerhalb der NATO[23] gingen im Frühjahr 1956 mit einer sich
allmählich verschärfenden Krise im Nahen Osten einher. Amerikaner und
Briten verhandelten gemeinsam mit der Weltbank über die Finanzierung des
Baus eines Nilstaudammes bei Assuan, dem Prestigeprojekt von Ägyptens
Staatspräsident Gamal Abdel Nasser. Letztlich wollte man ihn politisch nicht
in Richtung Moskau abdriften lassen, was dieser nur zu gut wusste und mit
antiwestlichen Kampagnen auszunutzen versuchte. Auf Drängen des amerikanischen Kongresses zog die Eisenhower-Administration Finanzierungszusagen
zurück, worauf Nasser mit der Nationalisierung des Suezkanals reagierte, was
wiederum unter den NATO-Partnern Kritik an Washington hervorrief. Zu
alledem wurden im Juli 1956 Überlegungen des Vorsitzenden des Joint Chiefs
of Staff, Admiral Arthur Radford, bekannt, die eine allmähliche Reduzierung
amerikanischer konventioneller Streitkräfte in Europa vorsahen.[24] Diese sollten
durch die europäischen Verbündeten und im Krisenfalle mittels frühzeitigem
Einsatz von Nuklearwaffen kompensiert werden. Bei Adenauer lösten diese
Ankündigungen helles Entsetzen aus, denn die Bundesrepublik würde davon
gleich doppelt betroffen sein. Zum einen war der gerade in Gang gekommene
Aufbau der Bundeswehr innenpolitisch unverändert umstritten; zum anderen
wähnte sich der Kanzler keineswegs sicher, ob der Radford-Plan nicht ein
erster Schritt zur Abkehr der Vereinigten Staaten von Europa oder gar der

---

21   Thoß, Bruno: Die Doppelkrise von Suez und Budapest in ihren Auswirkungen auf Adenauers Sicherheits- und Europapolitik 1956/57. In: Heinemann, Winfried; Wiggershaus, Norbert: Das
internationale Krisenjahr 1956. Polen, Ungarn, Suez. München 1999, S. 573–588, hier 576.
22   Schreiben von Brentano an Adenauer, 17.5.1956 (Auszüge), in: Adenauer: Erinnerungen
(Anm. 7), S. 139.
23   Dazu Schmidt, Gustav: Die Auswirkungen der internationalen Vorgänge 1956 auf die Strukturen des Kalten Krieges. In: Heinemann; Wiggershaus (Hg.): Das internationale Krisenjahr 1956
(Anm. 21), S. 639–688.
24   Zu den Reaktionen Adenauers auf die am 13.7.1956 in der *New York Times* veröffentlichten
Überlegungen Radfords vgl. Adenauer: Erinnerungen (Anm. 7), S. 197–214; auch Memorandum of
Conversation Adenauer – Conant – Quarles, 10.9.1956, in: Foreign Relations of the United States
1955–1957, Vol. XXVI Central and Southeastern Europe, Department of State Publication 9930.
Washington (D. C.) 1992, S. 155–157.

Einstieg in die Rückkehr zu einer isolationistischen Politik der USA bedeutete.[25] Wollte sich Amerika angesichts der bevorstehenden Präsidentschaftswah-
len im November 1956 mehr als zehn Jahre nach Kriegsende auf leisen Sohlen
aus seinen europäischen Verbindlichkeiten verabschieden? Die Amerikaner
würden dann ein handlungsschwaches Westeuropa hinterlassen, das weder
verteidigungspolitisch noch wirtschaftlich über eigenständige Institutionen
verfügte und somit über kurz oder lang für die Sowjetunion eine Einladung
darstellte, die westliche Allianz zu entzweien. Umso dringender war die Ausarbeitung einer europäischen Rückfallposition geboten.

Dabei setzte Adenauer auf Angebote der französischen Regierung, eine stärkere bilaterale Rüstungskooperation aufzubauen.[26] Nachdrücklich unterstützte
der Kanzler zudem die im April 1956 unterbreiteten Vorschläge des belgischen
Außenminister Paul-Henri Spaak, Regierungsverhandlungen über die Schaffung
eines gemeinsamen europäischen Marktes und einer Europäischen Atomge-
meinschaft zur friedlichen Nutzung der Kernenergie unter den sechs Mitgliedsstaaten der Europäischen Gemeinschaft für Kohle und Stahl von Juni 1956 an
in Brüssel aufzunehmen.[27] Wichtige Voraussetzung dafür war jedoch zunächst
eine deutsch-französische Klärung der Zugehörigkeit des Saarlandes zur Bundesrepublik Deutschland, nachdem im Herbst 1955 die Saarbevölkerung das auf
der Pariser Konferenz 1954 ausgehandelte Saarstatut abgelehnt hatte.

Dass Chruščevs Rede auf dem XX. Parteitag der KPdSU keinen Einfluss auf
die Grundsätze sowjetischer Deutschlandpolitik hatte, bewies aus Sicht der
Bundesregierung auch die Reaktion Moskaus auf das Urteil des Bundesverfassungsgerichts am 17. August 1956, die KPD für grundgesetzwidrig zu erklären
und aufzulösen.[28] Die KPD war ihrer Meinung nach auch deshalb verboten
worden, weil sie den Gedanken der Wiedervereinigung in »gröblichster Weise
für ihre hetzerische Propaganda missbraucht« hatte.[29] Die ebenfalls stark propagandistisch gefärbte Antwort des ZK der KPdSU rückte zum wiederholten
Male die These in den Vordergrund, die Vereinigung Deutschlands sei nur
durch direkte Verhandlungen der beiden deutschen Staaten möglich.[30] Das

---

25 Adenauer: Erinnerungen (Anm. 7), S. 199.

26 Ebenda, S. 262.

27 Segers, Mathieu L. L.: Tussen Verzoening en Verval. De nationale standpuntbepaling van de
Bondsrepubliek Duitsland gedurende de beraadslagingen en onderhandelingen over de Verdragen van
Rome. Wageningen 2006, S. 177–190; Ders.: Zwischen Pax Americana und Pakt Atomica. Das
deutsch-amerikanische Verhältnis während der Euratom-Verhandlungen 1955–1957. In: VfZ
54(2006)3, S. 433–458.

28 KPD-Prozess. Dokumentarwerk zu dem Verfahren über den Antrag der Bundesregierung auf
Feststellung der Verfassungswidrigkeit der Kommunistischen Partei Deutschlands vor dem Ersten Se-
nat des Bundesverfassungsgerichts. Hg. v. Pfeifer, G.; Stickert, H. G. 3 Bde., Karlsruhe 1955–1956.

29 Verlautbarung der Bundesregierung zum Urteil des Bundesverfassungsgerichts in: Bulletin,
Nr. 154, 18.8.1956, S. 1482.

30 Erklärung des ZK der KPdSU zum Verbot der KPD, 29.8.1956, in: DzD III/2 (1956),
S. 686–692 (russischer und deutscher Text).

widersprach nicht nur der im Dezember 1955 offiziell in der Hallstein-Doktrin bekräftigten Nichtanerkennungspolitik der Bundesregierung gegen-über der DDR. Es war aus Sicht der Bonner Regierung zugleich ein Signal an die Sowjetunion, man werde der politischen Unterwanderung durch die von der SED-gesteuerten KPD nicht tatenlos zusehen. Hinter der KPD stehe eben nicht – wie sie behaupte – die deutsche Arbeiterschaft, sondern nur eine kleine Funktionärsgruppe, deren Ziel die Abschaffung der demokratischen Verfas-sung in der Bundesrepublik sei. Und im Übrigen: Das Verbot der KPD, das hatte auch das Bundesverfassungsgericht in seinem Urteil herausgestellt, habe »mit der Abhaltung gesamtdeutscher Wahlen zur Wiedervereinigung über-haupt nichts zu tun«.[31]

Mit der Note an die Regierung der UdSSR vom 2. September 1956[32] setzte die Bundesregierung den eingeleiteten pragmatischen Kurs im Aufbau unmit-telbarer bilateraler Kontakte fort, die mit der beim Moskauer Besuch Adenauers im September 1955 vereinbarten Aufnahme diplomatischer Beziehungen und der Botschafterakkreditierung im März 1956 begonnen hatte. Bonn hielt die Einberufung einer neuen Viermächtekonferenz über Deutschland aus zwei Gründen »nicht für zweckmäßig«: Zum einen bestanden keine begründeten Erfolgsaussichten, und zum anderen hoffte man darauf, verbesserte bilaterale Beziehungen könnten dazu führen, dass in deren Konsequenz »praktische wirk-same Schritte zur Wiederherstellung der Einheit Deutschlands« folgen würden.

Diese Note implizierte erstens die unveränderte bundesdeutsche Bereit-schaft zu Verhandlungen mit Moskau über Fragen der Repatriierung von Deutschen aus der Sowjetunion, signalisierte zweitens den Westmächten die Aussichtslosigkeit von Viermächte-Verhandlungen und machte ihnen drittens deutlich, dass Bonn nun seinerseits nach Mitteln und Wegen suchte, in der Wiedervereinigungsfrage voranzukommen. Das am gleichen Tag übersandte Memorandum an die sowjetische Regierung[33] wiederholte nur bekannte deutschlandpolitische Positionen mit der Quintessenz: Das Junktim von Ab-rüstungsfrage und Wiedervereinigungsfrage bleibt bestehen, die NATO-Bindung ist unumstößlich, im Falle der Wiedervereinigung lässt sich über Sicherheitsgarantien für die Sowjetunion reden, etwa in Form von besonderen entmilitarisierten Sicherheitszonen. Mit anderen Worten: Im Westen gab es deutschlandpolitisch nichts Neues. Denn alle Positionen waren der Sowjet-union hinlänglich bekannt. Derlei Wiederholungen unterstrichen die unver-änderte Gültigkeit der eigenen Position in der Annahme, die Gegenseite werde

---

31 Zur Erklärung der Bundesregierung zu der Stellungnahme der KPdSU gegen das Verbot der KPD vgl. Grobe Einmischung in innerdeutsche Angelegenheiten, in: Bulletin, Nr. 164, 1.9.1956, S. 1585 f.

32 Note der Regierung der Bundesrepublik Deutschland an die Regierung der UdSSR, 2.9.1956, in: DzD II/2 (1956), S. 704 f.

33 Memorandum der Regierung der Bundesrepublik Deutschland an die Regierung der UdSSR, 2.9.1956; ebenda, S. 706–716.

ihre Position auf absehbare Zeit ebenso wenig ändern. Bewegung im deutsch-landpolitischen Stellungskrieg, den alle Beteiligten bereits im Jahr zuvor bezogen hatten, war nicht zu erkennen.

In seiner Antwort knüpfte Moskau an bekannte Forderungen an.[34] Für Bonn war allein die Erkenntnis wichtig: Die Kremlherren wollten offenkundig den bilateralen Gesprächsfaden nicht abreißen lassen. Ihr Vorschlag, Handelsbeziehungen aufzunehmen und in den Bereichen Wissenschaft, Technik und Kultur zu kooperieren, ließ durchblicken, dass in dieser Phase die Entwicklung der bilateralen Beziehungen eine primäre Rolle spielte und deutschlandpolitische Belange allenfalls sekundäre Bedeutung besaßen.

Das betraf ebenso den Vorstoß, den Bundesfinanzminister Fritz Schäffer mit Wissen Adenauers am 21. Oktober 1956 in einem diskreten Sondierungsgespräch mit Puškin in Ost-Berlin über Möglichkeiten einer deutsch-deutschen Konföderation machte.[35] Doch für Adenauer waren solche Beratungen kein gangbarer Weg zur Wiedervereinigung. Dieses Angebot hielten Sowjets und SED-Führung zunächst geheim, bis Ulbricht über die Kontakte im Oktober 1958, unmittelbar bevor Chruščev das Berlin-Ultimatum verkündete, öffentlich sprach.[36] Die Sowjetführung beharrte auf ihrem Standpunkt. Der Weg zur Wiedervereinigung führe nur über direkte Verhandlungen zwischen der Bundesrepublik und der DDR.[37] Gespräche über die Abhaltung gesamtdeutscher Wahlen lehnte Moskau ab.[38]

Aus Sicht der Bundesregierung reihte sich nun eine Katastrophe an die andere. Hatte man sich in Bonn anfänglich noch dem Trugschluss hingegeben, die Krisen am Suezkanal und in Ungarn könnten getrennt und auf Sparflamme beigelegt werden, so waren solche Gedankenspiele spätestens Ende Oktober 1956 Makulatur.[39] Zeitweise hatte Adenauer gemeint, die nationalkommunistische Bewegung und die antisowjetische Opposition in Polen könnten zu einer gemeinsamen Linie finden und damit eine evolutionäre Entwicklung in Gang setzen.[40] Mit der daraufhin in Ungarn aufflammenden Protestbewegung, vornehmlich aus Kreisen von Studenten und Intellektuellen initiiert, kam aber

34 Note der Regierung der UdSSR an die Regierung der Bundesrepublik Deutschland, 22.10.1956; ebenda, S. 813–824 (russischer und deutscher Text).

35 Dazu Küsters, Hanns Jürgen: Wiedervereinigung durch Konföderation? Die informellen Unterredungen zwischen Bundesfinanzminister Schäffer, NVA-General Vincenz Müller und Sowjetbotschafter Georgij Maksimowitsch Puschkin 1955/56. In: VfZ 40(1992)1, S. 107–153.

36 Rede Ulbrichts auf der Tagung des Nationalrats der Nationalen Front des demokratischen Deutschland, 18.10.1958, in: DzD III. Reihe, Bd. 4 1. Januar 1958 bis 9. November 1958, bearb. von Ernst Deuerlein und Giesela Biewer. Frankfurt/M., Berlin 1969, S. 1808–1816, hier S. 1814.

37 Erklärung des Ersten Stellvertretenden Außenministers Gromykos bei der Entgegennahme des Memorandums der Bundesregierung (Auszug), 7.9.1956, in: DzD III/2 (1956), S. 730.

38 Note der Regierung der UdSSR an die Regierung der Bundesrepublik Deutschland, 22.10.1956; ebenda, S. 813–824 (russischer und deutscher Text).

39 Thoß: Die Doppelkrise von Suez und Budapest (Anm. 21), S. 573–588.

40 Adenauer: Erinnerungen (Anm. 7), S. 230.

alsbald die Befürchtung auf, ein Sieg der ungarischen Revolution könnte Ulbrichts letzte Tage einläuten und zu einem unkontrollierten Übergreifen der Unruhen auf die DDR führen, die wie der Aufstand am 17. Juni 1953 in einem Debakel enden könnten. Adenauer und mit ihm das Bundeskabinett gingen davon aus, dass trotz der Drohungen Chruščevs mit dem Einsatz nuklearer Waffen im Falle einer westlichen Reaktion die beiden Supermächte es dazu nicht kommen lassen und eine Eskalation der Konflikte vermeiden würden.[41] Zu genau wusste die politische Führung in Bonn: Die Bundeswehr war nicht mobilisierungsfähig, weil sie noch kaum über Streitkräfte verfügte. Zusicherungen der amerikanischen Regierung, die Startbahnen in Landsberg am Lech zu verlängern, um im Falle des Falles strategische Bomber von Spanien in die Bundesrepublik verlegen zu können,[42] waren nicht mehr als eine Beruhigungspille, die Westdeutschen würden nicht schutzlos dastehen, sollten sowjetische Truppen über Österreich hinaus nach Bayern vorstoßen.[43] Beteuerungen von Bundesverteidigungsminister Franz Josef Strauß, die westliche Stärke reiche aus, das »Reich der Sowjetunion von der Landkarte verschwinden zu lassen«, sollten für die Öffentlichkeit beruhigend wirken. Doch tatsächlich war es angesichts der NATO-internen Auseinandersetzungen über die Bündnisstrategie nicht mehr als ein Pfeifen im Walde. Wer vermochte schon zu sagen, wie die Amerikaner reagieren würden, wenn die Sowjets nicht die Grenzen der beiden Blöcke respektierten? Ein militärisches Eingreifen der NATO war jedenfalls nicht vorgesehen.[44] In Bonn sah sich niemand in der Lage, den Ungarn bei ihren Unabhängigkeitsbemühungen – außer der Bereitstellung von einer Million DM für materielle Hilfsmaßnahmen –[45] aktiv politische Hilfe zu leisten, war man doch selbst heilfroh, möglichst ungeschoren aus der Krise herauszukommen.

Das Gleiche galt für die sich zuspitzende Nahostkrise, als israelische Streitkräfte auf die Sinai-Halbinsel vorrückten. Briten und Franzosen drohten gemäß ihrer Absprachen zwar den beiden Konfliktparteien Israel und Ägypten in einem Ultimatum ihr Einschreiten durch eine militärische Besetzung der Suezkanalzone an und machten den Schritt auch wenig später wahr. Genau genommen ging es ausschließlich darum, den unliebsamen Nasser zu stürzen, dem wachsenden arabischen Nationalismus Einhalt auch mit Blick auf die französische Algerienpolitik zu gebieten und den alten Einfluss der zwei europäischen Kolonialmächte im Nahen Osten wiederherzustellen.

41 Äußerung Adenauers, Sondersitzung der Bundesregierung, 30.10.1956, in: Die Kabinettsprotokolle der Bundesregierung, Bd. 9, 1956. Hg. für das Bundesarchiv von Friedrich P. Kahlenberg, bearb. von Ursula Hüllbüsch. München 1998, S. 669–679, hier 670 f.

42 Strauß, Franz Josef: Die Erinnerungen. 2. Aufl., Berlin 1989, S. 297–299.

43 Gehlen, Reinhard: Der Dienst. Erinnerungen 1942–1971. München 1971, S. 270.

44 Strauß: Die Erinnerungen (Anm. 42), S. 298.

45 Zum Beschluss: Sondersitzung am 30.10.1956, in: Die Kabinettsprotokolle der Bundesregierung, Bd. 9 1956, S. 670 f. Deutsche Hilfe für Ungarn, in: Bulletin, Nr. 207, 3.11.1956, S. 1981.

Schließlich mehrte sich auch in der Bundesregierung der Verdacht, das westliche Bündnis sei durch ein abgekartetes Spiel von Briten und Franzosen mit den Israelis am Suezkanal vor vollendete Tatsachen gestellt worden. Zudem machte die barsche Reaktion Eisenhowers auf das britisch-französische Suez-Abenteuer[46] Adenauer klar, dass die westliche Hegemonialmacht nicht gewillt war, solche Eskapaden der beiden westeuropäischen Mächte zu tolerieren. Nach den Erfahrungen mit dem Radford-Plan verstärkte das nur noch Adenauers Misstrauen gegenüber Washington. Anscheinend waren sich die beiden Supermächte stillschweigend doch einig, wenn es galt, die Kontrolle über die eigenen Verbündeten zu wahren. Indem die Amerikaner Großbritannien und Frankreich vor einer Konflikteskalation im Nahen Osten warnten, setzten sie in Adenauers Augen NATO-Interessen aufs Spiel. Denn immerhin hatten London und Paris sich bemüht, eine Bolschewisierung des Nahen Ostens zu verhindern. Direkte Hilfsappelle, die Strauß aus der ungarischen Hauptstadt erhalten hatte, liefen ins Leere, weil sich in Bonn trotz mehrfacher Bemühungen kein adäquater diplomatischer Ansprechpartner der amerikanischen Botschaft finden ließ. Mit anderen Worten: Eisenhower gewährte den Kremlführern bei der Regelung der Krise in Ungarn freie Hand.

Adenauer setzte nun seine eigenen Zeichen. Er tat alles, um den Zusammenhalt der Westeuropäer zu stärken. Am 6. November 1956, just auf dem Höhepunkt der Doppelkrise in Ungarn und am Suezkanal, entschied er sich, gegen den Ratschlag seines Außenministers von Brentano und Teile der CDU-Bundestagsfraktion[47] nach Paris zu reisen. Dieser demonstrative Akt in Zeiten höchster Not französischer Diplomatie interpretierte die Regierung Mollet vollkommen richtig als ein Signal großer Solidarität.[48]

Der Bundeskanzler reiste aber keineswegs nur aus Frustration über das Verhalten der USA an die Seine. Seine Reise hatte noch zwei andere handfeste Gründe. Zum einen wollte er im Hinblick auf die bevorstehende Abstimmung über die Ratifizierung des Saarabkommens jene Kräfte in der französischen Nationalversammlung beflügeln, die sich für die Annahme ausgesprochen hatten. Damit war nämlich sichergestellt, dass am 1. Januar 1957 das Saarland zur Bundesrepublik Deutschland gehören und die »kleine Wiedervereinigung« im Westen perfekt gemacht würde. Zum anderen waren auf dem Außenministertreffen der EGKS-Staaten am 20./21. Oktober die Brüsseler Verhandlungen

---

46 Ambrose, Stephen E.: Eisenhower. Vol. II The President. New York 1984, S. 356–368.

47 Kosthorst, Daniel: Brentano und die deutsche Einheit. Die Deutschland- und Ostpolitik des Außenministers im Kabinett Adenauer 1955–1961. Düsseldorf 1993, S. 112 f. Dazu auch die Ausführungen des Vorsitzenden Krone in der Fraktionsvorstandssitzung, 5.11.1956, in: Die CDU/CSU-Fraktion im Deutschen Bundestag. Sitzungsprotokolle 1953–1957. Zweiter Halbband. 1956–1957, bearb. von Helge Heidemeyer. Düsseldorf 2003, S. 1287–1290, hier 1288.

48 Procès-verbal de l'entretien entre le président Guy Mollet et le chancelier Adenauer, 6.11.1956, in: DDF 1956, Tome III (24 Octobre–31 Décembre), S. 231–238.

über die Gründung der Europäischen Wirtschaftsgemeinschaft und Euratom vor allem wegen eines deutsch-französischen Streites über Fragen der sozialen Harmonisierung in eine Sackgasse geraten. Verschiedene Sachkompromisse, die während der Adenauer-Visite in Paris zustande kamen, bedeuteten den entscheidenden Durchbruch für die Verhandlungen über den Gemeinsamen Markt. Frankreich, das zwei Jahre zuvor den europäischen Integrationsprozess durch die Ablehnung des Vertrages über die Gründung der Europäischen Verteidigungsgemeinschaft zwischenzeitlich gestoppt hatte, bekannte sich damit zur Fortsetzung der Einigung Westeuropas – im Gegensatz zu den Briten, die sich unverändert skeptisch über die neuen Integrationsbemühungen der Sechs zeigten. Bestehende Risse im westlichen Bündnis waren damit aber längst nicht gekittet. Sie stellten angesichts des sowjetischen Verhaltens in Ungarn eine fortdauernde Gefahr dar. Die Konsolidierung des westlichen Bündnisses blieb daher für Adenauer oberstes Gebot.

Zugleich bestärkte die Niederschlagung des Ungarn-Aufstandes durch die militärische Intervention der Sowjetunion Adenauers Meinung über die unnachgiebige Diktatur der Sowjets über die Satellitenstaaten. Einerseits waren sie »eine Belastung und ein Gefahrenherd«[49] für die Kremlführung, deren Verhalten typisch war für diktatorische Regime. Denn diese setzten bei Schwierigkeiten im Innern stets auf außenpolitische Ablenkungsmanöver.[50] Andererseits war die Sowjetunion stark genug, um den über kurz oder lang unweigerlich aufkommenden Zielkonflikt zwischen gleichzeitiger Anhebung des niedrigen sozialen Lebensstandards der Bevölkerung, permanenter Aufrüstung und Unterjochung der nach Freiheit strebenden Satellitenstaaten[51] derzeit noch managen zu können. Zu alledem war Adenauer der Meinung, nur große Staaten seien allein überlebensfähig. Ein schwacher Staat lade »seinen Nachbarn geradezu ein, ihn in Besitz zu nehmen«.[52] Innenpolitische Kritiker forderte er unter dem Eindruck der Doppelkrise auf, mit aller Macht den bis dahin schleppenden Aufbau der Bundeswehr zu unterstützen und die Notstandsplanung, vor allem hinsichtlich der wirtschaftlichen Bevorratung, zu verbessern.[53]

Hinsichtlich der internationalen Lageentwicklung hatten aus seiner Sicht die Stagnation des europäischen Einigungsprozesses und der Radford-Plan im Sommer 1956 die KPdSU-Führung zusätzlich veranlasst, subtilere Methoden des

49   Adenauer: Erinnerungen (Anm. 7), S. 242–245.
50   Bericht Adenauers zur politischen Lage, 7.2.1957, in: Adenauer: »Wir haben wirklich etwas geschaffen.« (Anm. 8), S. 1184.
51   Dazu Ausführungen Adenauers am 26.10. 1956 in Hannover: Polen und Ungarn eine Lehre und eine Mahnung, in: Bulletin, Nr. 205, 30.10.1956, S. 1957 f.
52   Bericht Adenauers zur politischen Lage, 23.11.1956, in: Adenauer: »Wir haben wirklich etwas geschaffen.« (Anm. 8), S. 1117.
53   Erklärung der Bundesregierung, abgegeben von Bundeskanzler Adenauer, 8.11.1956, in: Verhandlungen des Deutschen Bundestages, 2. Wahlperiode 1953, Stenographische Berichte, Bd. 32, Bonn 1956, S. 9259–9264; auch Bulletin, Nr. 211, 9.11.1956, S. 2017–2020.

Kalten Krieges zu ergreifen. Sie verlegten den Kalten Krieg vom militärischen Gebiet auf das Gebiet der Ökonomie und Ideologie, betrieben in Europa rivalisierende Koexistenz mit den Westmächten, verlagerten durch Waffenlieferungen und Ölkrise den Druck von Europa nach Asien und in den Vorderen Orient, was Auswirkungen für Europa und das Mittelmeerbecken hatte, rangen in Asien und Afrika um ungebundene Staaten und umwarben mit einer Friedenskampagne die Blockfreien. Nachdem die Sowjets Europa vergebens abgetastet hatten, nahmen sie nunmehr die arabischen und afrikanischen Völker ins Visier, um diese von der Richtigkeit des Kommunismus zu überzeugen.[54]

Doch waren es gerade diese Veränderungen, die nunmehr auch die Bonner Diplomatie zwangen, nach flexibleren Denkansätzen zu suchen. Denn die Bundesregierung wollte und musste – schon allein ihres Wiedervereinigungsziels wegen – mit der Sowjetführung im Gespräch bleiben. Eines zeichnete sich deutlich ab: Allein der Versuch, mittels Hallstein-Doktrin möglichst viele nichtgebundene Staaten in der Dritten Welt gegen Moskau und die DDR aufzubringen, würde auf Dauer nicht ausreichen.[55] Bonn musste die gewonnene Handlungsfreiheit in bilateralen Gesprächen mit Moskau selbst nutzen, um auszuloten, welche Möglichkeiten und Grenzen im Hinblick auf die Regelung der deutschen Frage gegeben waren. Dabei standen zwei Annahmen im Vordergrund. Zum einen: Auf lange Sicht werde die Sowjetunion es nicht schaffen, mit bloßer Waffengewalt die Satellitenstaaten in Schach zu halten. Und zum anderen: Dies werde in absehbarer Zeit die sowjetische Verhandlungsbereitschaft erhöhen, wenn im Innern des Imperiums weitere Erosionserscheinungen sichtbar würden.

Adenauers außenpolitischer Berater Herbert Blankenhorn brachte die Konsequenzen aus den Ereignissen des Jahres 1956 sowohl für die Deutschlandpolitik der Bundesregierung als auch für die westliche Politik insgesamt auf den Punkt:

»Mir scheint jedenfalls, dass sich der Westen aus der sogenannten Politik der Stärke, d. h. des Schützengrabensystems gegenüber dem Osten, auf eine Politik der Flexibilität hin entwickeln muss. Nur wenn es gelingt, unter Berücksichtigung der sowjetischen Sicherheit und unter Schonung ihres Prestiges den Rückzug der Sowjets aus Mitteleuropa zu ermöglichen«, hielt er in einer Tagebucheintragung am Silvestertag 1956 fast prophetisch anmutend fest, »wird die Bahn frei für eine Überwindung der Teilung Europas, der Teilung Deutschlands und der immer noch ungeordneten territorialen Verhältnisse (Oder-Neiße) und schließlich für die Schaffung eines Gesamteuropas, in welchem selbstständige und

---

54   Dazu der Beitrag von Küsters, Hanns Jürgen: Adenauers Strategie im Kalten Krieg. In: Doering-Manteuffel, Anselm; Schwarz, Hans-Peter (Hg.): Adenauer in der deutsche Geschichte. Bonn 2001, S. 174–191.

55   Grewe, Wilhelm: Die Politik der Wiedervereinigung im Jahre 1956, in: Bulletin, Nr. 18, 26.1.1957, S. 153 f.

freiheitliche osteuropäische Staaten ihren Platz wieder einnehmen. Hierzu ist aber dringend erforderlich, dass der Westen seine Einheit wieder ganz gewinnt.«[56]

Welche Erkenntnisse lassen sich nun aus der Entstalinisierungskrise 1956 für die Deutschlandpolitik ziehen?

(1) Unabhängig von der Geheimrede Chruščevs und dem sowjetischen Handeln gegenüber Polen und der militärischen Intervention in Ungarn setzte die Sowjetunion ihren bereits in der zweiten Jahreshälfte 1955 eingeschlagenen deutschlandpolitischen Kurs fort. Nur auf der Grundlage der Zweiteilung Deutschlands, der Anerkennung der DDR und der Schaffung eines kollektiven europäischen Sicherheitssystems war die sowjetische Führung zu Verhandlungen mit dem Westen bereit. Eine geschmeidigere Haltung der Sowjetführer in der Deutschlandfrage war im Laufe des Jahres 1956 nicht zu erkennen.

(2) Die Westmächte reagierten mit Skepsis auf die vermeintlichen Liberalisierungstendenzen und gingen nach der gescheiterten Viermächte-Außenministerkonferenz nicht von einem Interesse Moskaus an einer Änderung der Status-quo-orientierten Deutschlandpolitik aus. Vielmehr zeigten sie wegen der hohen finanziellen Belastungen und aus nuklearstrategischen Gründen verstärkt Interesse an sicherheitspolitischen Vereinbarungen mit der Sowjetunion, vor allem im Bereich der konventionellen Abrüstung.

(3) Angesichts amerikanischer Incertituden, wie sie im Radford-Plan zum Ausdruck kamen, mussten die Westeuropäer selbst aktive Allianzpolitik betreiben. Hauptziel des Bündnisses war es, Risse zu kitten, die Einheit des Westens wieder zu festigen und die sicherheitspolitische Zusammenarbeit zu intensivieren. Europäische und amerikanische Sicherheitsinteressen waren in Europa eben nur bedingt kongruent. Der Westen hoffte zwar zeitweise auf den Erfolg der Reformbewegung in Polen und Ungarn, ließ sie jedoch im Stich, weil es nicht den Interessen der Hegemonialmacht entsprach und weil die westliche Allianz selbst eigene Krisen und Konflikte zu bewältigen hatte.

(4) Die Bundesregierung wollte ihren nach Aufnahme der bilateralen Beziehungen gegenüber Moskau gewonnenen Handlungsspielraum nutzen, eventuelle Chancen im Hinblick auf die Regelung der deutschen Frage auszukundschaften. Nach den Erfahrungen der Entstalinisierungskrise schwante der Bonner Diplomatie, dass es dazu möglicherweise einer flexibleren Haltung gegenüber der Sowjetunion bedurfte, um wirklich Bewegung in die Deutschlandpolitik zu bringen.

(5) Nach der Blockteilung 1955 mit Aufnahme der beiden deutschen Staaten in die jeweiligen Bündnissysteme zeigten die Krisen in Polen, Ungarn und im Nahen Osten 1956, dass die beiden Supermächte Sowjetunion und USA

---

56 Tagebucheintrag Blankenhorn, 31.12.1956, in: BA Koblenz, Nachlass Herbert Blankenhorn, N 1351/70, Bl. 3 f.; Ramscheid, Birgit: Herbert Blankenhorn (1904–1991). Adenauers außenpolitischer Berater. Düsseldorf 2006, S. 281 f.

nicht gewillt waren, eigene Wege ihrer Verbündeten zu akzeptieren. Vielmehr hielten sie sich strikt an die jeweiligen Einflussgrenzen und respektierten das Handeln der anderen Seite. Die Berlinkrise zwischen 1958 und 1963 bestätigte diese Maxime.

Thomas Großbölting

Entstalinisierungskrisen im Westen

Die kommunistischen Bewegungen Westeuropas und das Jahr 1956

Das Jahr 1956 war geprägt von atemberaubenden Vorgängen in Moskau und der kommunistischen Welt: Am 25. Februar hielt der Erste Sekretär der Kommunistischen Partei der Sowjetunion, Nikita Chruščev, eine fünfstündige »Geheimrede«, die durch (vermutlich gezielte) Indiskretionen bald weltweit bekannt wurde. In dieser prangerte er Exzesse und Verbrechen seines drei Jahre zuvor verstorbenen Amtsvorgängers sowie den Personenkult um Josif Stalin an. Trotz Schonung der Partei sowie ihrer führenden Köpfe inklusive seiner selbst war diese – so das Urteil Wolfgang Leonhards – eine der »bedeutsamsten Reden des Kommunismus«:[1] Vorsichtig, aber unüberhörbar wurde an den ideologischen und politischen Eckpfeilern des sowjetischen Machtgefüges gerüttelt. Die Auswirkungen reichten rasch weit über die Sowjetunion hinaus. In vielen osteuropäischen Staaten entwickelten sich Unruhen und Instabilität. Bis zum Herbst sah sich die Sowjetunion vor allem in Polen und Ungarn vor bedrohlichen politischen Krisen. In Polen konnte man diese mit friedlichen Mitteln beilegen, in Ungarn allein durch den Einsatz sowjetischer Truppen. Auch wenn Osteuropa seit circa Mitte 1957 wieder in politischer Lethargie verharrte, so »hätten die Folgen [dieser Ereignisse] das kommunistische Machtgefüge im Herbst 1956 beinahe zum Einsturz gebracht«.[2]

Mit Blick auf Osteuropa und die sogenannten Volksdemokratien sind diese Ereignisse, ihre Ursachen und Folgen, ihre Hauptprotagonisten und auch ihre sozial- und gesellschaftsgeschichtlichen Hintergründe umfassend ausgeleuchtet worden.[3] Im Gegensatz dazu haben die Veränderungen, die dieses Beben auch in den kommunistischen Bewegungen Westeuropas nach sich zog, kaum Beachtung gefunden.[4] Schaut man in die seit einigen Jahren wieder populär gewordenen

---

1   Vgl. Leonhard, Wolfgang: Die bedeutsamste Rede des Kommunismus. In: Aus Politik und Zeitgeschichte 17/18(2006), S. 3–7.

2   Kramer, Mark: Entstalinisierung und die Krisen im Ostblock. In: ebenda, S. 8–16, hier 8.

3   Eine Forschungsbilanz zum 40. Jahrestag der ungarischen Revolution bietet The Journal of Communist Studies and Transition Politics 13(1997), Special Issue: Hungary 1956 – Forty Years on. Hg. v. Cox, Terry. Zum aktuellen Forschungsstand siehe die Einleitung dieses Bandes.

4   Als Ausnahme vgl. Argentieri, Federigo: Ungheria 1956. La rivoluzione calunniata. Venedig 2006, S. 36. Für die deutschsprachige Literatur der ganz auf der Ebene kommunistischer Ideologieentwicklung argumentierende Aufsatz von Marek, Franz: Der XX. Parteitag der KPdSU und die kom-

Kompendien zur Geschichte Europas, aber auch auf das im vergangenen Jahr praktizierte Gedenken an die »ungarische Revolution«, dann fallen zwei Charakteristika der Darstellung auf: Erstens wird 1956 dargestellt als Episode ohne langfristige Folgen. Zweitens werden diese Ereignisse meist ausschließlich »Osteuropa« zugeordnet.[5] Trotz der guten Gründe, die für diese Charakterisierung sprechen, bleibt diese Perspektive – beschränkt man sich nur darauf – zu eng. »1956« ist, so soll im Folgenden dieser Sicht entgegengehalten werden, durchaus für den Westen Europas ein Thema. Dieses zu negieren, liefe nicht nur an den historischen Gegebenheiten vorbei, sondern wäre auch aus zwei weiteren Gründen ein Fehler: Aus geschichtspolitischer Sicht leistet es der Tendenz Vorschub, den Kommunismus aus der Erfolgsgeschichte der Integration Europas, sprich: Westeuropas, auszuklammern.[6] Zum anderen wird damit die Chance vertan, europäische Geschichte auch als eine Beziehungsgeschichte zwischen West und Ost zu schreiben und so den vielfältigen Irritationen bei der Erweiterung der Europäischen Union zu begegnen.[7]

Derjenige geht an der historischen Situation vorbei, der eines nicht beachtet: Der Kommunismus war auch in Westeuropa eine Macht. »Das Ende des Zweiten Weltkriegs«, so François Furet, »leitete jene kurze Periode von etwa zehn Jahren ein, während der die Anziehungskraft des sowjetischen Kommunismus auf die politischen Vorstellungen der Menschen im 20. Jahrhundert ihr Höchstmaß erreicht.«[8] Diese Faszination beschränkte sich nicht auf die jeweiligen kommunistischen Parteien und ihre Mitglieder, sondern griff weit darüber hinaus: Das starke Abschneiden nicht nur der kommunistischen, sondern auch der sozialistischen und sozialdemokratischen Parteien, die Diskussion sozialistischer Wirtschaftsmodelle selbst in konservativen Kreisen, die intensiven Hoffnungen auf einen dritten Weg zwischen Sozialismus und Kapitalismus unter Intellektuellen und Künstlern – auch wenn die realpolitischen Verhältnisse sich vielfach nicht in diese Richtung entwickelten, so suggerierte

munistischen Parteien Westeuropas. In: Crusius, Reinhard; Wilke, Manfred (Hg.): Der XX. Parteitag der KPdSU und seine Folgen. Frankfurt 1977, S. 177–209.

5   Vgl. Mazower, Mark: Der dunkle Kontinent. Europa im 20. Jahrhundert. Berlin 2000, S. 391–414; Altrichter, Helmut; Bernecker, Walther L.: Geschichte Europas im 20. Jahrhundert. Stuttgart 2004; Besier, Gerhard: Das Europa der Diktaturen. Eine neue Geschichte des 20. Jahrhunderts. München 2006; als Ausnahme vgl. Judt, Tony: Postwar. A History of Europe since 1945. London, S. 321–323.

6   Weber, Hermann: Zehn Jahre historische Kommunismusforschung. Leistungen, Defizite, Perspektiven. In: VfZ 50(2002), S. 611–633, hier 624: »Untersuchungen über den Kommunismus in Westeuropa sind eher die Ausnahme«.

7   Als ein Beispiel dafür, wie offen die Frage nach der gesamteuropäischen Vergangenheitspolitik ist, kann die Debatte um die Rede »Altes Europa, neues Europa« von Sandra Kalniete zur Eröffnung der Leipziger Buchmesse am 24.3.2004 gelten. Vgl. zur Dokumentation http://www.dieunion.de/reden/altes_neues_europa.htm., Zugriff am 14.2.2007.

8   Furet, François: Das Ende der Illusion. Der Kommunismus im 20. Jahrhundert. München 1995, S. 457.

die intellektuelle und politische Diskussion der unmittelbaren Nachkriegsjahre doch, dass der Zug der Zeit nach links abgebogen war.

Darum kann es nicht verwundern, dass »1956« als eine besondere Klimax in der Geschichte des Kommunismus auch in Westeuropa eine Reihe gravierender Auswirkungen hatte: Nicht kurz-, wohl aber mittelfristig veränderten die Ereignisse und die Wahrnehmung dieser Ereignisse die westeuropäischen kommunistischen Bewegungen und damit die politische Landschaft. Sie taten dieses, indem sie die Legitimation ihrer Organisationen politisch-ideologisch wie auch strukturell grundlegend veränderten. Besonders gravierend war, dass damit die Tradierungskette kommunistischer Grundüberzeugungen fundamental infrage gestellt war. Was es bedeutete, »Kommunist« zu sein, bekam in den sechziger Jahren eine deutlich andere Fasson. Das Jahr 1956, der XX. Parteitag der KPdSU, die revolutionären Aufstände in Polen und Ungarn sowie die militärische Intervention der Roten Armee waren nicht die einzigen, aber durchaus wirkmächtige Faktoren dieses Wandels.

Um diesen Auswirkungen von »1956« in Westeuropa nachzugehen, werden im Folgenden zwei Grundtypen kommunistischer Organisationen jeweils exemplarisch analysiert: Am Beispiel der Kommunistischen Parteien in Italien (PCI) und in Frankreich (PCF) soll es um gesellschaftlich hochgradig integrierte und politisch einflussreiche kommunistische Bewegungen gehen. Im Gegensatz zu diesen Beispielen blieb in den übrigen westeuropäischen Nationen der Kommunismus weitgehend fremd, er fand sich weder im politischen System noch kulturell verankert.[9] Empirisch steht dafür im Folgenden die Kommunistische Partei Deutschlands (KPD), die sich zwar als ein Element im Konkurrenzkampf der zwei deutschen politischen Systeme in einer besonderen Situation befand, zugleich aber typische Merkmale des Typus nichtintegrierter kommunistischer Parteien aufwies: Diese Organisation verfügte nicht über eine breite soziale Basis, sondern war vor allem auf die Stützung von außen – durch die Kommunistische Internationale und durch die entsprechenden osteuropäischen »Bruderparteien« – angewiesen.[10]

Nur wenige Hinweise sollen genügen, um zunächst die Stellung des PCI und des PCF im politischen wie im kulturellen System ihrer Nationen und damit die Ausgangslage im Jahr 1956 zu verdeutlichen: Beide Parteien waren mitgliederstark und konnten große Wählergruppen hinter sich vereinigen. In Frankreich wurde die KP im November 1946 mit knapp 29 Prozent der Wählerstimmen zur stärksten parlamentarischen Kraft, die Partei selbst zählte 900 000 eingeschriebene Mitglieder und war verschiedentlich an der Regierung beteiligt. In

9   Vgl. dazu die Hinweise bei Möller, Horst: Das Kommunismusbild in der alten Bundesrepublik zwischen Kaltem Krieg und Entspannungspolitik. In: März, Peter; Veen, Hans-Joachim (Hg.): Woran erinnern? Der Kommunismus in der deutschen Erinnerungskultur. Köln 2006, S. 17–31, hier 20.

10   Vgl. die Andeutungen zur Typenbildung bei Moreau, Patrick; Lazar, Marc; Hirscher, Gerhard (Hg.): Der Kommunismus in Westeuropa. Niedergang oder Mutation? Landsberg 1998, S. 18.

Italien waren es zwei Millionen Mitglieder, in den Wahlen im Sommer 1946 hatte man die 20-Prozent-Marke gestreift. Im System des »bipartismo imperfetto« blieb der PCI bis zum Ende der achtziger Jahre die zweitstärkste politische Kraft hinter der »ewigen Regierungspartei« Democrazia Cristiana (DC).

Der Einfluss der Kommunistischen Parteien reichte aber weit über diese Zahlen hinaus. In beiden Nationen war es gelungen, eine besondere Identität unter ihren Mitgliedern auszubilden: Neben jedem Kirchturm eine Parteisektion – unter diesem Motto stand das Agieren des PCI nach 1944.[11] In bestimmten Regionen Italiens war es durchaus gelungen, nicht nur die Macht in den Rathäusern, sondern auch die kulturelle Hegemonie zu übernehmen. Das medial so erfolgreiche Klischee von Don Camillo und Peppone - dem durch die gemeinsame Resistenza-Erfahrung verbundenen kommunistischen Bürgermeister und dem katholischen Landpfarrer, die sich nach dem Krieg im Wettbewerb um die Gemeindemitglieder bzw. Genossen vor Ort sehen – hatte in manchen Landstrichen Italiens durchaus Anklänge an die Realität.[12] Mittels ihrer Vorfeldorganisationen wie Gewerkschaften und Jugendverbänden, über ihre Nähe zu den Intellektuellen und Künstlern und mittels ihres Engagements im Verlagswesen prägte die Kommunistische Organisation die politische Kultur und das intellektuelle Leben entscheidend mit.

Die französische Kommunistische Partei konnte auf eine ähnlich erfolgreiche Entwicklung verweisen: Schon bei den Mitgliederzahlen registrierte sie »une véritable explosion d'adhésions«. Nach geschätzten 5 000 Mitgliedern in den Jahren 1939 und 1940 vereinten sich zum Zeitpunkt der Befreiung von Paris 60 000 Anhänger in der Kommunistischen Partei. Bis zum Dezember 1946 wuchs der PCF auf seinen Höchststand mit 900 000 Mitgliedern. Ähnlich wie die italienische kommunistische Partei konzentrierte sich in regionalen Schwerpunkten eine Anhängerschaft, auf die die Parteiführung setzen konnte.[13]

Wie war es dazu gekommen?[14] Der personelle Kern der Parteien war zunächst, in den 1920er und 1930er Jahren, noch klar abgegrenzt: Arbeitergruppen aus bestimmten Produktionssparten, Teile der Landbevölkerung sowie von den Wanderungsbewegungen erfasste Gruppen bildeten bis dato den Kern der kommunistischen Parteien sowohl in Frankreich als auch in Italien.[15]

---

11   Vgl. dazu Kertzer, David I.: Politics and Symbols. The Italian Communist Party and the Fall of Communism. London 1996, S. 33.

12   Vgl. dazu die als Filmvorlage dienenden Romane des italienischen Schriftstellers Giovanni Guareschi. Vgl. zur katholisch-kommunistischen Auseinandersetzung im Bereich der Festkultur Kertzer, David I.: Politics and Ritual: The Communist Festa in Italy. In: Anthropological Quarterly 4(1974), S. 374–389.

13   Vgl. Lazar, Marc: Maisons rouges. Les partis communistes francais et italien de la Libération à nos jours. Paris 1992, S. 29 f.

14   Vgl. zum Folgenden die Beiträge in Kapitel II und III in Blackmer, Donald L. M.; Tarrow, Sidney (Hg.): Communism in Italy and France. Princeton 1975, S. 143–372.

15   Vgl. dazu Moreau; Lazar; Hirscher (Hg.): Der Kommunismus in Westeuropa (Anm. 10), S. 18 f.

Seit 1941 weitete sich nicht nur das soziale Spektrum der Parteimitglieder, sondern auch der Einfluss und das Renommee in der Gesamtgesellschaft ganz erheblich: Sowohl in Frankreich als auch in Italien waren die Kommunisten (mit)entscheidende Träger des Widerstandes gegen die NS-Besatzung. Nach Kriegsende avancierten *Resistenza* und *Résistance* zu Gründungsmythen der jeweiligen Nationen.[16] Für die kommunistischen Bewegungen bedeutete dies, dass die »unverbrüchliche Treue zur Sowjetunion« und die Parteinahme für die Arbeiterklasse sich nun mit dem »Antifaschismus« verbanden. Auf diese Weise schuf man ein Integrationsangebot, mit dem man nicht nur Teile der linken und emanzipatorischen Bewegungen an sich band, sondern auch weit ins bürgerliche Lager ausstrahlte.[17] Diese Hochschätzung erstreckte sich ausdrücklich auch auf »il baffone«, so ein italienischer volkstümlicher Spitzname für den Schnauzbartträger Stalin. Nicht nur Kommunisten, sondern viele nahestehende Kreise sahen Stalin keineswegs kritisch, sondern mit Bewunderung, personifizierte der Oberbefehlshaber über die Rote Armee doch den Sieg über Nazideutschland.[18] Diese Haltung entwickelte sich paradoxer Weise zu einer Zeit, in der der stalinistische Terror im Innern der Sowjetunion in zum Teil völlig irrationalen Formen und mit höchster Intensität wütete.[19]

Neben diesem, in die nationale Gesellschaft hochgradig integrierten Kommunismus existierte ein zweiter Typus kommunistischer Parteien in Westeuropa: In Ländern wie Schweden, Norwegen, Großbritannien, den Niederlanden, in Belgien, aber auch in der Bundesrepublik blieb der Kommunismus vergleichsweise fremd und war relativ schwach im politischen System und der nationalen Gesellschaft verankert. Seine organisierten Formen überlebten nur aufgrund der Unterstützung durch die Kommunistische Internationale oder kommunistischer Parteien in Osteuropa. Im Folgenden soll dieses knapp illustriert werden am Beispiel der Kommunistischen Partei Deutschlands (KPD): Ihr politischer und gesellschaftlicher Einfluss war ebenso klein wie ihre Mitgliederzahl, die sich im Mai 1947 auf knapp 214 000, im Dezember 1954 auf

---

16   Für Italien vgl. Gobbi, Rombolo: Il mito della Resistenza. Mailand 1992; Campani, Carlo: Antifaschismus als Zivilreligion. Die Legitimität der Republik und die nationale Identität Italiens in der Nachkriegszeit. In: Mitteilungen des Instituts für Sozialforschung Frankfurt 4(1994), 78–90; Petersen, Jens: Der Ort der Resistenza in Geschichte und Gegenwart Italiens. In: Quellen und Forschungen aus italienischen Archiven und Bibliotheken 72(1992), S. 550–571, hier 550; für Frankreich vgl. zuletzt Diamond, Hanna; Kitson, Simon (Hg.): Vichy, Resistance, Liberation. New Perspectives on Wartime France. Oxford 2005; Roussel, Hélène (Hg.): Résistances – mouvements sociaux – alternatives utopiques. Saint-Denis 2004.

17   Vgl. Sassoon, Donald: The Strategy of the Italian Communist Party. From the Resistance to the Historic Compromise. London 1981, S. 29–40; Kertzer: Politics (Anm. 11), S. 41–62; vgl. für Frankreich Verdès-Leroux, Jeannine: Au service du Parti. Le parti communiste, les intellectuels et la culture (1944–1956). Paris 1983, S. 65–106.

18   Kertzer: Politics (Anm. 11), S. 51–56.

19   Furet: Ende (Anm. 8), S. 381.

gut 80 000 erstreckte.[20] Allein in wenigen Regionen wie dem Ruhrgebiet, ansatzweise auch im Saarland, gelang es, das »rote Milieu« partiell zu reaktivieren.[21] Lebensfähig und begrenzt wirkmächtig wurden diese Parteien vor allem durch die Stützung durch die SED. Im Gegensatz zu den nationalen Mitgliedern der kommunistischen Parteien verband sich das Engagement der DDR nur anfänglich mit dem Anspruch, mit der KP eine breite Volksbewegung zu schaffen. Der ostdeutschen Führung diente die Partei vor allem als Interventionsmöglichkeit in den westlichen Konkurrenzstaat.[22]

Beide knapp skizzierten Typen kommunistischer Parteien, sowohl die integrierte als auch die extern gestützte Variante, stürzten die Ereignisse um »1956« in eine fundamentale Krise: Die KPD in Westdeutschland wurde im August 1956 verboten, und zwar weitgehend unabhängig von den internationalen Vorgängen. Dass sich Funktionäre und Mitglieder dagegen nahezu gar nicht wehrten, führten allerdings schon Zeitgenossen auf die politisch-ideologische Lähmung zurück, die mit den Enthüllungen des XX. Parteitags und deren Diskussion eingesetzt hatte.[23]

In Großbritannien – um nur ein weiteres Beispiel für diese Variante der kommunistischen Parteien in Westeuropa zu nennen – quittierten circa 7 000 Kommunisten ihre Mitgliedschaft, diese Zahl entsprach einem Viertel der Gesamtstärke der Partei. Ein Drittel der Redakteure des *Daily Worker* verließ das Presseorgan der britischen Kommunistischen Partei. Unter ihnen war Peter Fryer, der Ungarn-Korrespondent des Organs, dessen Berichte aus Budapest nur zensiert und sinnentstellt publiziert worden waren. Auffällig war, dass sich nicht nur Intellektuelle, sondern auch prominente Gewerkschaftsführer und sogar der Generalsekretär von der Partei lösten. Mit Harry Pollitt trat der ranghöchste Funktionär der kommunistischen Partei Großbritanniens zurück. Wie stark dieser Schritt symbolisch aufgeladen war, zeigt sich daran, dass Pollitt genau auf diese Weise bereits einmal protestiert hatte, nämlich im Jahr 1939, als er anlässlich des Hitler-Stalin-Paktes sein Amt als Generalsekretär niedergelegt hatte.[24]

Ausgehend von einem viel höheren Niveau der Mitgliedszahlen und der Organisationsstärke waren auch die Kommunisten in Italien und Frankreich massiv betroffen: Die französische KP bezahlte die Enthüllungen des XX. Parteitags und ihren Umgang mit der Entstalinisierung mit einem starken Mit-

---

20   Kössler, Till: Abschied von der Revolution. Kommunismus und Gesellschaft in Westdeutschland 1945–1968. Düsseldorf 2005, S. 452.

21   Zur Vorgeschichte der regionalen Schwerpunkte vgl. Mallmann, Klaus Michael: Kommunisten in der Weimarer Republik. Sozialgeschichte einer revolutionären Bewegung. Darmstadt 1996.

22   Moreau, Patrick; Gleumes, Hermann: Die Deutsche Kommunistische Partei: Ergänzung oder Konkurrenz für die PDS? In: Moreau; Lazar; Hirscher (Hg.): Der Kommunismus in Westeuropa (Anm. 10), S. 333–374.

23   Vgl. Kössler: Abschied (Anm. 20), S. 397.

24   Vgl. Westoby, Andrew: Communism since World War II. Brighton 1981, S. 284–286.

gliederschwund: Ein parteiinterner Bericht vom Februar 1957 führte aus, dass man ein Viertel der Mitglieder verloren habe und auf 287 000 abgesunken sei. Viele kommunistische Zellen in den Betrieben und Wohngebieten waren zerfallen.[25] An ihre Hochzeit in der zweiten Hälfte der vierziger und zu Beginn der fünfziger Jahre konnten die französischen Kommunisten nie wieder anknüpfen.

Der mächtige italienische PCI büßte über 200 000 Mitglieder ein, seine Mitgliederzahl ging von knapp über zwei Millionen im Jahr 1956 auf 1,7 Millionen zurück. In den Folgejahren allerdings – und damit unterschieden sich die italienischen Kommunisten deutlich von den beiden erstgenannten – konnte man diese Verluste wieder ausgleichen. In den siebziger Jahren agierte der PCI stärker denn je, sowohl mit Blick auf ihre Wahlergebnisse als auch gemessen an seiner Ausstrahlung in Kultur und Gesellschaft.

Analysiert man, wie sich Parteiführung, Parteibasis und »fellow travellers« gegenüber der Entstalinisierung und den diese begleitenden Krisen verhielten, dann überraschen diese unterschiedlichen Folgen umso mehr, reagierten doch zunächst alle drei Organisationen nahezu synchron und zum Teil sogar wortgleich: Als Antwort auf erste Informationen über die Chruščev-Rede leugneten Palmiro Togliatti und Maurice Thorez, die Führer des mächtigen PCI und des PCF, wie auch die Führung der westdeutschen KPD jegliche Kenntnis. Zu Hilfe kam ihnen dabei, dass die Existenz des Berichts offiziell nie bestätigt, geschweige denn der publizierte Wortlaut autorisiert worden war.[26]

Noch am 14. April 1956 beklagte sich Thorez gegenüber Absolventen einer Kaderschulung über die Unruhe unter kommunistischen Intellektuellen und verband dies mit dem Vorwurf, dass die in Anspruch genommene »geistige Unabhängigkeit« sich darauf beschränke, die »Anschuldigungen der Feinde« zu wiederholen anstatt sie als Kommunisten zurückzuweisen.[27] Am 8. März räumte dann mit Jacques Duclos ein hoher PCF-Funktionär öffentlich vor mehreren tausend Parteiaktivisten ein, dass Stalin für eine bestimmte Zeit die Prinzipien der kollektiven Führung vernachlässigt und deshalb Fehler gemacht habe. Diese Feststellung aber berechtige nicht dazu, die Verdienste Stalins als Erbauer des Sozialismus und als Sieger über Nazideutschland zu verleugnen. Dem Zeitungsbericht zufolge schloss sich diesen Ausführungen minutenlanger Beifall an.[28]

25 Vgl. Sacker, Richard: A Radiant Future. The French Communist Party and Eastern Europe 1944–1956. Bern u. a. 1999, S. 250 ff. Die offizielle Erklärung des Politbüros v. 27.11.1956 »La Campagne 1957 pour la remise des cartes et e renforcement du Parti«. In: Cahiers du Communisme 32(1956)12, S. 1479–1480, hier 1479.

26 Vgl. für Italien wie für Frankreich Wall, Irwin M.: French Communism in the Era of Stalin. The Quest for Unity and Integration 1945–1962. London 1983, S. 203.

27 Cahiers du Communisme 32(1956)5, S. 638.

28 L' Humanité v. 10.3.1956, S. 1.

Darüber hinaus aber verschwieg die französische Delegation, die den XX. Parteitag besucht hatte, in ihrer Berichterstattung gegenüber dem PCF das »Stalin-Problem« nahezu gänzlich und erging sich in üblichen Erfolgsmeldungen. »Einige wichtige Fragen, die auf dem XX. Parteikongress gestellt wurden« – so der Titel eines Beitrags von Thorez zu einer nationalen Parteiversammlung in Paris, in dem er aber nur eine winzige Andeutung in die Richtung des Geheimberichts machte.

> »Der Fehler des Genossen Stalin war es, in der letzten Phase seiner Aktivitäten bestimmte Regeln des Lebens und der Parteiführung, die er zuvor selber Kommunisten besonders in seinem Buch ›Probleme des Leninismus‹ in der ganzen Welt vermittelt hatte, missverstanden zu haben.«[29]

Zwar initiierte Thorez in der Folgezeit eine Diskussion über Auswüchse des Personenkults auch in der französischen KP und forderte die Abschaffung der Formel von der »Maurice Thorez Partei«.[30] Jegliches eigenes Zutun zu dieser Entwicklung aber wies er von sich. Im Gegenteil: Die französische Partei habe sich keine Fehler vorzuwerfen.[31] Wenn er in seinen folgenden Betrachtungen zwischen der Sowjetunion als Symbol der Einheit der kommunistischen Bewegung und den Führern der Sowjetunion differenzierte, dann deutete das mehr Reserven gegenüber Chruščev an, als dass es einer Kritik an Stalin gleichzusetzen wäre.[32] Ganz im Sinne der Mehrheit der Spitzenfunktionäre wies Thorez alle Versuche von »Reaktionären« zurück, notwendige Fehlerdiskussionen dazu zu nutzen, die Person und das Werk Stalins zu diskreditieren.[33]

Ähnlich, wenn auch in Nuancen unterschieden, äußerte sich Togliatti: Zweieinhalb Wochen nach Abschluss des XX. Parteikongresses der KPdSU konzentrierte er seinen Bericht im Zentralkomitee des PCI auf den formalen Verlauf der Zusammenkunft. Er lobte Chruščevs Empfänglichkeit für die Idee der verschiedenen Wege zum Sozialismus, die Wirtschaftsreformen in der Sowjetunion und den gestiegenen Lebensstandard. Auch wenn er durch seine Ausführungen zum besonderen italienischen Weg zum Sozialismus wie auch zur Bedeutung der kommunistischen Arbeit im Parlament erneut die Sonderrolle des PCI im Weltkommunismus herausstrich, deutete er erst in der abschließenden Passage die Diskussion um Stalin und den Stalinismus vage an, nicht ohne auch zu dieser Gelegenheit Elogen auf ihn zu singen.[34]

---

29   Cahiers du Communisme 32(1956)5, S. 517.

30   Intervention de Maurice Thorez au Comité Central d' Arcueil. In: ebenda, S. 776 f.

31   Lazar: Maisons rouges (Anm. 13), S. 55–58.

32   Vgl. Fejtö, François: The French Communist Party and the Crisis of International Communism. Cambrige 1967, S. 58 f.

33   Ebenda, S. 44–53.

34   Vgl. Togliatti, Palmiro: Problemi del movimento operaio internazionale, 1956–1961. Rom 1962, S. 27–72; vgl. auch Urban, John Barth: Moscow and the Italian Communist Party. From Togliatti to Berlinguer. Ithaca, London 1986, S. 229

Seit dem 4. Juni 1956 verfing die Strategie des Leugnens und Nicht-Wahrhaben-Wollens nur noch bedingt.[35] Die *New York Times* hatte ebenso wie *Le Monde* und verschiedene Organe der italienischen Presse den gesamten Text der Chruščev-Rede publiziert. Dieser war zwar von der KPdSU-Führung als Fälschung zurückgewiesen worden, aber damit dennoch öffentlich geworden. Via polnischer Arbeiterpartei aus Moskau in die westliche Presse lanciert, leistete die Veröffentlichung der Chruščev-Fraktion im internen Kremlmacht-kampf gute Dienste, brachte aber die westlichen kommunistischen Parteien in Bedrängnis und führte zu durchaus unterschiedlichen Reaktionen: Die KP Frankreichs hielt an ihrem Kurs fest und reagierte darauf mit einer nahezu kompletten Verweigerung jeglicher Entstalinisierung. Zwar erkannte das Po-litbüro am 18. Juni die Authentizität des Textes implizit an, nutzte aber seine weitere Erklärung vor allem dazu, die Art der Veröffentlichung und die da-durch entstandenen Folgen zu kritisieren.[36]

Die Führung der italienischen Kommunisten hingegen nutzte die Entwick-lung dazu, ihre Situation im nationalen politischen System zu verbessern, indem man die Abhängigkeit vom Weltkommunismus und insbesondere von Moskau weiter lockerte.[37] Togliatti beschränkte sich in der Fehleranalyse nicht auf die von Chruščev gegebene Begründung vom »Personenkult«; in seiner Analyse griff er tiefer. Die Fehler und Abweichungen Stalins vom Leninismus zeugten von der »verzweifelten Perspektive eines endlos wechselnden gegensei-tigen Verfolgungskampfes der einander gegenüberstehenden Teile der Gesell-schaft, und zwar auch im Innern der Organisationen der Arbeiterklasse«.[38] In einem Interview mit Alberto Moravia führte Togliatti diesen Gedanken weiter: Die Fehler Stalins, so heißt es dort, waren Ausdruck einer latenten Umwand-lung der Gesellschaft der UdSSR und damit ein Signal dafür, »dass sich die Anzeichen der Bürokratisierung, Verstöße gegen die Gesetzlichkeit, Stagnation und teilweise auch Degenerationserscheinungen an verschiedenen Punkten der Gesellschaft häuften«. Auch wenn Togliatti die größten Auswirkungen dieser Fehler vor allem auf die »obersten Führungsorgane von Staat und Partei« beschränkte, prophezeite er doch, dass bei Fortwirken dieses Zustandes es »vielleicht sogar zu einem Umbruch gekommen« wäre.[39]

35   Bereits vorab hatten Artikel der Führung der Chinesischen Kommunistischen Partei im Par-teiorgan Jen-min Jih-pao durch zusätzliche Informationen die interne Diskussion angeheizt.

36   Veröffentlicht in der Zeitschrift L' Humanité v. 19.6.1956, S. 1; dazu vgl. Sacker: Radiant Future (Anm. 25), S. 179.

37   Blackmer, Donald M.: Unity in Diversity. Italian Communism and the Communist World. Cambridge 1968, S. 172.

38   Togliatti, Palmiro, in L'Unitá Roma v. 15.3.1956.

39   Togliatti, Palmiro, in L'Unitá Roma v. 17.6.1956; vgl. dazu insgesamt Blackmer: Unity in Diversity (Anm. 37), S. 56–61. Eine Darstellung der ideologischen Entwicklung Togliattis auch bei Marek: XX. Parteitag (Anm. 4).

Damit verließ Togliatti die von Chruščev vorgegebene Sprachregelung deutlich und äußerte sich aus der Binnenperspektive des kommunistischen Lagers höchst unorthodox: In der Mai-Juni-Nummer der Zeitschrift *Nuovi Argomenti* von 1956 vertiefte er seine Anmerkungen. Togliatti unterstrich zunächst, dass die »Irrtümer« Stalins die sozialistischen Grundlagen der Sowjetunion nicht erschütterten. Deshalb bleibe die Sowjetunion das große historische Modell für die Herausbildung der sozialistischen Gesellschaft. In seinem Rückblick auf die sowjetische Geschichte verklärte Togliatti das Grauen der Moskauer Prozesse und die Bedeutung der Stalin'schen Verfassung von 1936. Er warf Chruščev sogar vor, die Verdienste Stalins verschwiegen zu haben. Neu waren die Schlussfolgerungen, die Togliatti aus seiner Analyse zog: Das Vertrauen zur Sowjetunion möge nicht verschwinden, aber ein »gewisser Abstand« zur Bruderpartei sowie eine »größere Autonomie des Urteils« seien nun geboten. »Das komplexe System ist polyzentrisch geworden, und auch in der kommunistischen Bewegung kann man nicht mehr von einer einzigen Führung sprechen.«[40]

Als Togliatti auf dem VIII. Parteitag der italienischen Kommunisten den nicht neuen Gedanken vom »italienischen Weg zum Sozialismus« nochmals reaktivierte, provozierte er damit die Kritik der französischen Genossen, die dieses als »potenzielles opportunistisches Abweichlertum« anprangerten. Die französischen Kommunisten warfen ihren italienischen Partnern hauptsächlich vor, auch den französischen Dissidenten zusätzliche Argumente geliefert zu haben.[41] Die Spitze der französischen KP hatte – das wird damit deutlich – einen anderen Weg eingeschlagen: Thorez plädierte dafür, die gerade erst geöffneten Akten Stalins wieder zu schließen, betonte wiederholt die führende Rolle der UdSSR im internationalen Kommunismus und lehnte jegliche Konsequenzen für seine Partei, aber auch für den Weltkommunismus ab. Oberflächlich schien der 14. Parteitag des PCF den Erfolg dieser Blockadepolitik zu bestätigen: Die Parteitagsregie vermittelte den Eindruck von Einigkeit, Vitalität und Enthusiasmus. Der *Le Monde*-Berichterstatter Raymond Barrillon sprach karikierend gar von einer »Zustimmungslitanei« für Thorez.[42] Dem waren vielfältige Anstrengungen der Parteispitze vorausgegangen, bei denen Angebot und Zwang Hand in Hand gingen: Hohe Funktionäre hatten im ganzen Land Diskussionsveranstaltungen bestritten und zugleich Druck auf die Leiter der verschiedenen Parteisektionen ausgeübt.[43] Um potenzielle Kritiker zu integrieren, war die Zahl der Mitglieder des Zentralkomitees von 75 auf 102 erhöht worden. Auf der Parteiversammlung selbst erklärte Thorez die Entstalinisierung für beendet. Er lobte die Kritikfähigkeit der sowjetischen

---

40   Togliatti, »Intervista a Nuovi Argomenti«, Original in: Nuovi Argomenti No. 20 (Mai–Juni 1956), S. 3 f., abgedruckt in: Ders.: Problemi (Anm. 34), S. 116.
41   Vgl. Lazar: Maisons rouges (Anm. 13), S. 101.
42   Vgl. Le Monde v. 21.7.1956, S. 3.
43   Wall: French Communism (Anm. 26), S. 213.

Führung. Welche kapitalistische Regierung habe je das eigene Verhalten und die Fehler im spanischen Bürgerkrieg, die Appeasement-Politik in München oder die Schlacht von Điện Biên Phủ im Indochinakrieg infrage gestellt?[44]

Die Hoffnung des französischen Parteichefs, damit die Diskussion beendet zu haben, erfüllte sich nicht. Im Gegenteil: Die Niederschlagung des Aufstandes in Ungarn forderte sowohl von den italienischen als auch von den französischen Kommunisten einen erneuten Kraftakt. Dabei näherten sich beide Parteien in ihrer Herangehensweise zunächst wieder an. Sowohl die Führung der italienischen als auch die der französischen Partei begrüßte den Einmarsch sowjetischer Truppen. Unter den Mitgliedern weit verbreitet wurde eine Fotografie aus Budapest, die zeitgleich in den Parteiorganen *L'Unitá*, der *Humanité* und dem *Daily Worker* erschien:[45] Die dort abgebildeten Lynchmorde an mehreren Mitgliedern der politischen Polizei vom 30. Oktober galten als Beleg für den »weißen Terror« und den revanchistischen Charakter des Aufstandes. Die Unruhen in Ungarn – so argumentierte eine Kleinschrift der KPD in einem den Verlautbarungen der italienischen und der französischen Partei ganz ähnlichen Duktus – galten als Machwerk von imperialistischen Saboteuren zusammen mit lokalen Reaktionären, die die Errichtung eines faschistischen Regimes geplant hatten. Nach dem XX. Parteitag, als die sowjetische Führung als paralysiert galt, hätten die ausländischen Kräfte ihre Chance gewittert. Durch das beherzte Eingreifen der Roten Armee wäre aber die Sowjetführung diesem Putsch zuvorgekommen.[46]

Man beließ es nicht bei dieser Darstellung, sondern insbesondere die französische Kommunistische Partei bemühte sich auch in der Folgezeit um eine Verschleierung und Umdeutung der Ereignisse in Ungarn:[47] Geschichtliche Analogien wurden angeführt, um zu demonstrieren, wie sich regelmäßig und in immer ähnlichen Erscheinungsformen die Konterrevolution zeige. Man spielte die Ereignisse herunter, indem man sie als einen regional begrenzten Aufstand ohne weitere Wirkung abtat. Man lenkte ab, indem man ab dem 25. Oktober ausführlich über den sich unter französischer Beteiligung anbahnenden Tunesienkrieg, später dann auch über die Suez-Krise berichtete und die Ereignisse parallelisierte. Sowohl die Auseinandersetzung um den Suez-Kanal als auch der Aufstand in Ungarn, so eine gezielt eingesetzte Lesart, seien Versuche der imperialistischen Kräfte, einen Krieg zu provozieren. Wie stark darüber hinaus die Faschisten auf dem Vormarsch seien, zeigte sich laut französischer Parteipresse am Verbot der westdeutschen KPD im August des Jahres 1956.[48]

---

44   Vgl. ebenda, S. 214.
45   Vgl. Argentieri: Ungheria 1956 (Anm. 4), S. 59.
46   Zum Nachdenken. Tatsachen über Ungarn. Kommunistische Partei Deutschlands 1956, unpaginiert. Bis in die Wortwahl vergleichbar sind die Ausführungen Togliattis auf dem VIII. Parteitag der PCI. Vgl. dazu Kertzer: Politics (Anm. 11), S. 36–38.
47   Vgl. dazu Sacker: Radiant Future (Anm. 25), S. 216–244.
48   Vgl. Desanti, Dominique: Les Staliniens. Une expérience politique 1944–1956. Paris 1975, S. 487.

Der Rekurs auf diese drei Entwicklungen schlug bei vielen Kommunisten eine besondere Saite an, die Fakten zu ignorieren half und eine Deutung etablierte, die sich in das dualistische kommunistische Weltbild hervorragend einfügte: Wo Faschismus und Imperialismus drohten, da war Antifaschismus und »Résistance«/»Resistenza« geboten. Angesichts der drohenden Gefahr verlangten die Parteiführungen von ihren Mitgliedern Disziplin, Geschlossenheit und Folgsamkeit.[49] Dass diese Strategie in erstaunlichem Maße verfing, ist wohl vor allem auf die relativ geschlossene Lebenswelt und den dadurch bedingten begrenzten Medienkonsum der KP-Mitglieder zurückzuführen. Wer nur die Parteipresse las, übernahm die dort vorzufindenden Interpretationen: Ein unabhängiges französisches Meinungsforschungsinstitut befragte 5 000 französische Wähler der KP nach den Ursachen des Aufstandes in Ungarn, Mehrfachnennungen waren möglich: 56 Prozent der Befragten machten »ausländische Agenten« dafür verantwortlich, 51 Prozent glaubten an einen faschistischen Aufstand und 22 Prozent vermuteten »Katholische Aktivitäten« als Auslöser. Jeweils ein Viertel der Befragten gab an, Genugtuung und Erleichterung während der Niederschlagung verspürt zu haben.[50]

Trotz der vielfältigen Umdeutung und Desinformation und trotz des relativen Erfolgs dieser Bemühungen konnte die Entstalinisierung nicht folgenlos an den kommunistischen Milieus vorbeigehen, und zwar aus zwei Gründen: Es gab, erstens, kaum ein Ereignis in Frankreich, das wie die Niederschlagung der Revolution in Ungarn eine solche Welle des Antikommunismus hervorrief.[51] Zahlreiche gesellschaftliche Organisationen solidarisierten sich symbolisch mit den ungarischen Aufständischen. Diese Haltung reichte weit in die Reihen der Arbeiterbewegung hinein. Sozialistische Gewerkschaften und Organisationen verurteilten die Niederschlagung der Revolution. Parteizentralen der kommunistischen Partei wurden attackiert, Zeitungsboten mit dem PCF-Parteiorgan *L'Humanité* angegriffen und Fenster in Gebäuden der französisch-sowjetischen Freundschaftsorganisation eingeworfen. Die Parteiführung und die Parteipresse suchten auch diese Vorkommnisse herunterzuspielen oder sie wiederum zu faschistischen Übergriffen zu erklären. Beim Treffen des PCF-Zentralkomitees am 20. und 22. November 1956 sprach sich Thorez vor allem gegen die Intellektuellen aus, die angesichts feindlicher Attacken nicht standgehalten hätten, und wandte sich zudem gegen die Führung der italienischen Kommunisten, da diese zu leichtfertig Konzessionen gemacht habe.[52] Damit blieb die französische KP bei ihrer harten Linie: absolute Loyalität zur UdSSR und Kampf gegen

---

49   Sacker: Radiant Future (Anm. 25), S. 244.
50   Zit. nach: Fougeyrollas, Pierre: La Conscience Politique dans la France Contemporaine. Paris 1963, S. 48 f.
51   Vgl. Sacker: Radiant Future (Anm. 25), S. 252.
52   L' Humanité v. 21.11.1956.

jegliche Form des Revisionismus.[53] Zweitens standen durch die Enthüllungen des XX. Parteitags wie auch die Niederschlagung des Ungarnaufstandes zentrale Achsen der gemeinsamen Weltdeutung zur Disposition: die absolute Bindung an die Sowjetunion, damit eng verbunden die Führungsposition Stalins sowie das Prinzip des demokratischen Zentralismus.

Wie konnte man weiterhin einer sowjetischen Parteiführung glauben, die die bislang so felsenfesten Gewissheiten infrage stellte? Vor dem Hintergrund dieses Grundzweifels standen beispielsweise die Kommunisten an der Ruhr dem von der KPdSU und der SED propagierten »Neuen Kurs« höchst skeptisch gegenüber.[54] Man wandte sich kritisch gegen die »Ja-Sager« aus Ost-Berlin und warf Ulbricht Opportunismus vor. Gleichwohl – so belegt das Protokoll einer außerordentlichen Versammlung der Kreisfunktionäre – hielten die Kommunisten im Ruhrgebiet an Stalin als Symbolfigur »revolutionärer Unnachgiebigkeit« fest. Dass es dennoch zu einer Reihe von Austritten kam, war – so zeigen die Ego-Dokumente der Renegaten – weniger auf die Offenlegung der Verbrechen Stalins selbst zurückzuführen. Im Gegenteil: Zu Irritationen führte vor allem, dass traditionelle Kernüberzeugungen von Kommunisten durch Kommunisten angegriffen und preisgegeben wurden.

Darüber hinaus formierte sich Widerstand auch unter den Intellektuellen, die in der Partei waren oder dieser nahestanden. Dabei waren es bei vielen Intellektuellen nicht die Enthüllungen der Geheimrede des XX. Parteitags, die zum Bruch mit der Partei führte. Im Gegenteil: Von vielen war der XX. Parteitag als Aufbruch empfunden worden, von dem eine Regeneration des kommunistischen Systems erhofft wurde. Für Intellektuelle, wie zum Beispiel Hannah Arendt, ließ die Niederschlagung des Aufstandes rasch die Illusion zerplatzen, dass die aufkommende Rätebewegung in Ungarn es erlaube, Freiheit und Kommunismus doch in einem Atemzug zu nennen.[55]

In Frankreich war der Rückzug des schwarzen Schriftstellers Aimé Césaire am 24. Oktober 1956 die erste breit wahrgenommene Oppositionshandlung aus diesen Kreisen. Sein Unmut beschränkte sich nicht auf die Niederschlagung des Ungarnaufstandes, sondern er benannte mit den Enthüllungen des XX. Parteitags, der kommunistischen Haltung gegenüber den Befreiungskämpfen in den Kolonien wie auch der Verweigerung jeglicher Destalinisierung weitere Gründe. Dass er seinen Parteiaustritt unmittelbar am Tag nach der Invasion erklärte, rückt dieses Ereignis aber an die erste Stelle. Picasso, Simone de Beauvoir, Colette Audry, Jean-Paul Sartre – die Liste derer ist lang, die sich öffentlich von der KP lösten und ihre Komplizenschaft mit den stali-

---

53 Erklärung des Politbüros v. 27.11.1956 »La Campagne 1957 pour la remise des cartes et e renforcement du Parti«. In: Cahiers du Communisme 32(1956)12, S. 1479–1480, S. 1479.

54 Vgl. hierzu und zum Folgenden Kössler: Abschied (Anm. 20), S. 397–399.

55 Lettre à Maurcie Thorez. In: Présence Africaine 1956; die Antwort der PCF-Führung: Garandy, Roger : »Lettre à Aimé Césaire«. In: L' Humanité v. 2.11.1956.

nistischen Verbrechen geißelten.[56] In Italien waren es Intellektuelle wie Renzo
De Felice oder Italo Calvino, die die Partei verließen.

Quantitativ breitere Kreise zog die Distanzierung in den kommunistischen
Vorfeldorganisationen – vor allem in den Gewerkschaften sowie in Teilen der
Friedens- und der Frauenbewegung. Belegen lässt sich das am Beispiel der französischen Situation: Der Versuch der kommunistischen Gewerkschaft CGT, die
KP-Interpretation der Ereignisse in Ungarn zu unterstützen und ihre Mitglieder
zum 13. November zu einem »Aktionstag gegen den Faschismus« zu mobilisieren, scheiterte kläglich. Bei Wahlen zu den Arbeitnehmervertretungen, die drei
Monate nach der Niederschlagung des Aufstandes in Ungarn abgehalten wurden, büßte der CGT regional bis zu 30 Prozent der Stimmen ein.[57]

Am 8. September 1957 notierte der ungarische Schriftsteller István Bibó,
dass die UdSSR mit der Niederschlagung der Ungarischen Revolution allen
»fellow travellers« der Kommunisten wie verschiedenen Flügeln der Friedens-,
der Frauen- und der Jugendbewegung einen harten, vielleicht sogar tödlichen
Stoß versetzt habe.[58] Die Analyse gibt ihm Recht: Schaut man beispielsweise
auf die linke Protestbewegung der Schüler und Studierenden von 1968, dann
sieht man deutlich, dass die organisierten Kommunisten und vor allem die
Sowjetunion in den Augen dieser Generation nicht mehr attraktiv waren.

Obwohl also die kommunistischen Parteien die »Krise« von 1956 auf der
Organisationsebene leidlich managten, waren Risse in der kommunistischen
Subkultur und Lebenswelt aufgetreten, die vor allem mittel- und langfristig
große Wirkungen hatten: Der französische PCF konnte nie wieder an ihre
Hochzeit der fünfziger Jahre anknüpfen. Obwohl mit dem Wechsel in der
Parteiführung zu WaldeckRochet der Kurs liberaler wurde und es noch verschiedene Regierungsbeteiligungen gab, blieb man immer im Schatten der
französischen Sozialisten.[59] Spätestens 1979, als die KP Frankreichs den Einmarsch der Sowjetunion in Afghanistan begrüßte, war der zwischenzeitlich
kurze Flirt mit dem Eurokommunismus und damit auch die Attraktivität für
nahestehende Gruppierungen beendet.[60] Die KPD in Westdeutschland erstand
aufgrund eines außenpolitischen Deals 1968 neu als DKP. Man agierte mittels
eines Funktionärs- und Kaderapparats, der zu einem Großteil von der SED
getragen wurde. Es gelang weder, die kommunistischen Traditionsmilieus an
Ruhr und Saar noch die verschiedenen Ausläufer der Studentenbewegung
dauerhaft zu integrieren.[61]

56   Hierzu und zum Folgenden vgl. Argentieri: Ungheria 1956 (Anm. 4), S. 63 f.
57   Sacker: Radiant Future (Anm. 25), S. 252.
58   Zit. nach: Judt: Postwar (Anm. 5), S. 322.
59   Vgl. dazu Lazar: Maisons rouges (Anm. 13), S. 153–183.
60   Priester, Karin: Hat der Eurokommunismus eine Zukunft? Perspektiven und Grenzen des
Systemwandels in Westeuropa. München 1982, S. 177.
61   Vgl. Kössler: Abschied (Anm. 20), S. 445; Müller, Hans-Peter: Gründung und Frühgeschich-
te der DKP im Licht der SED-Akten. In: Schroeder, Klaus (Hg.): Geschichte und Transformation des
SED-Staates. Beiträge und Analysen. Berlin 1994, S. 251–285, hier 262 f.

In Italien hingegen wendete man die Entwicklung zu seinen Gunsten. 1966 kommentierte Togliatti rückblickend und öffentlich die Situation des Jahres 1956 folgendermaßen: »Erinnern Sie sich, was dann passierte? Jedermann war davon überzeugt, dass wir am Ende seien […] Tatsächlich aber passierte nichts dergleichen.«[62] Togliatti hatte damit den Trend der Entwicklung durchaus getroffen. Wie gelang es den italienischen Kommunisten, dieser Krise nicht nur Herr zu werden, sondern im Gefolge der Protestbewegung Ende der sechziger Jahre stärker denn je dazustehen? Vorab ist auf die relative Schwäche der nicht-kommunistischen sozialistischen und bürgerlichen Konkurrenz zu verweisen: Stärker als in Frankreich beispielsweise hatte die DC immer den Charakter einer Honoratiorenpartei aufrechterhalten. Zur kulturellen und lebensweltlichen Integration möglicher Wähler hatte man nur schwache eigene Bemühungen entwickelt und lehnte sich im Wesentlichen an die Passageriten der katholischen Kirche an. Über diese für die Kommunisten vorteilhaften Rahmenbedingungen hinaus aber waren auch strategische Entscheidungen innerhalb des PCI Grundlage des Erfolgs. Drei Faktoren sind insbesondere zu nennen:

Erstens: Auf dem VIII. Kongress der Kommunistischen Partei Italiens im Dezember 1956 betonte Togliatti erneut seine Idee vom Polyzentrismus und der »via italiana all socialismo«. Damit forcierte er die Entwicklung zu einer reformistischen Partei, die als nationale, italienische Variante und mit ihren eurokommunistischen Ideen erfolgreich in weite Teile der Gesellschaft ausstrahlte. Selbst 1968 gelang es dem PCI, innerhalb der Protestbewegung von Studenten und Schülern ein eigenes Profil zu gewinnen und für sich unter den jungen Protestierenden zu werben, ohne die Traditionswählerschaft zu verlieren.[63]

Die zweite, der beschriebenen Entwicklung korrespondierende Änderung betraf den Traditionshaushalt der italienischen Kommunisten und dessen parteiinterne Verwendung: Das Weltbild der kommunistischen Veröffentlichungen und Rituale war schwarzweiß gezeichnet. In diesem Szenario war und blieb die Sowjetunion das entscheidende Vorbild für die Entwicklung in anderen Staaten und Gesellschaften. In seinem Gebrauch aber passte man dieses Image den neuen Gegebenheiten an: Hatte man sich vorab vor allem auf den Großen Vaterländischen Krieg und den Beitrag der Roten Armee zum Sieg über den Faschismus bezogen, rekurrierte man nun auf die Oktoberrevolution sowie ökonomische Erfolge in den Folgejahrzehnten. Auch andere Themen, die zu eng mit der Person Stalins verbunden waren, wurden in der offiziellen Parteigeschichtsschreibung wie auch in öffentlichen Zusammenhängen gemieden.

---

62 Togliatti, Palmiro: Conclusioni alla V Conferenza die organizzazione del Partito comunista italiano (1964), zit. nach: Angius, Gavino (Hg.): Essere comunisti. Il ruolo del PCI nella società italiana. Rom 1986, S. 40.

63 Vgl. Sapelli, Giulio: The Italian Left after 1989: Continuity and transformation. In: Sassoon, Donald: Looking Left. European socialism after the Cold War. London 1997, S. 45–63, hier 45 f.

Drittens: Zu Stalin selbst hatte Togliatti verschiedentlich betont, dass Irren menschlich sei und dieses insbesondere dann gelte, wenn jemand wie der Führer der Sowjetunion einen völlig neuen Weg beschreite. Stalins Fehler hätten aber nie das sozialistische System an sich gefährdet, sondern wären zwangsläufig und automatisch als solche erkannt worden, da sie im Gegensatz zu den sozialistischen Ideen gestanden hätten. Auf diese Weise gelang es einerseits, grundsätzliche Kritik an den politischen Ideen Lenins, Marx' und Engels' abzuwehren. Andererseits fand die Kommunistische Partei Italiens nun frühe Kritiker Stalins in ihren eigenen Reihen: So stilisierte sich beispielsweise Togliatti zum Gralshüter des theoretischen Vermächtnisses von Antonio Gramsci, der zum Opponenten des sowjetischen Diktators und zum theoretischen Wegbereiter des nachstalinistischen Kommunismus erklärt wurde.[64] Nachdem der Klassiker Stalin entthront war, hatte man also einen italienischen Ersatz zu bieten. Togliatti gerierte sich als offizieller Interpret, ja, »he was more than this: he became the guardian of Gramsci's shrine, the oracle through whose lips Gramsci could still speak.«[65]

Zum Ende der 1960er Jahre und insbesondere unter dem Eindruck des Einmarschs von Truppen des Warschauer Pakts in die Tschechoslowakei gehörte es zum Selbstbild der italienischen Kommunisten, die Unabhängigkeit von der Sowjetunion zu betonen und zugleich zu behaupten, dieses auch in der Vergangenheit immer so gepflegt zu haben.[66]

Dieser nationale Eigenweg und die relative ideologische Distanzierung von der Sowjetunion waren die Voraussetzung dafür, im politischen Feld Italiens weiterhin stark zu bleiben. Mit diesen Veränderungen galt aber auch hier, dass »Kommunist zu sein« nun in entscheidenden Punkten anders definiert war. Wie stark man im Vergleich zu dem ersten Nachkriegsjahrzehnt die Grundüberzeugungen verändert hatte, resümiert die Beobachtung des Politologen Carlo Bacchetti: »In den siebziger Jahren hatte die PCI systematisch mehr Konvergenzen mit der deutschen Sozialdemokratie als mit den kommunistischen Parteien in West- und vor allem in Osteuropa.«[67]

Das Jahr 1956, die partiellen Enthüllungen der Verbrechen Stalins auf dem XX. Parteitag wie auch die Geschehnisse in Polen und Ungarn hatten nicht nur in Osteuropa, sondern auch im Westen des Kontinents weitreichende Konsequenzen: Die besondere Ausstrahlung des Sowjetkommunismus, die sich mit dem Sieg über das nationalsozialistische Deutschland entwickelt hatte,

---

64   Wie sehr dieses den tatsächlichen Gegebenheiten widersprach belegt Drake, Richard: Apostles and Agitators. Italy's Marxist Revolutionary Tradition. Harvard 2003, S. 194–221.

65   Kertzer: Politics (Anm. 11), S. 47.

66   Vgl. ebenda, S. 51.

67   Bacchetti, Carlo: Die Transformationen des Kommunismus in Italien: Die Partei der Rifondazione comunista. In: Moreau; Lazar; Hirscher (Hg.): Der Kommunismus in Westeuropa (Anm. 10), S. 94–130, hier 95.

kam 1956 an ihr Ende. 40 Jahre lang hatten große Teile der westeuropäischen Linken nach Moskau geschaut. Die bolschewistische Gewalt wurde als notwendiges Übel entschuldigt, zum Teil sogar als Ausdruck besonderer Entschlossenheit bewundert. Moskau war – wie der amerikanische Historiker Tony Judt es ausgedrückt hat – der verherrlichende Spiegel der politischen Illusionen einer ganzen Generation von Kommunisten. Im November 1956 zersprang dieser.[68] Die neue Generation der sich progressiv gebenden Linken fand die Projektionsflächen ihrer Utopien von nun an vorzugsweise in der Dritten Welt oder in Südamerika.

Ein mit dieser Überzeugung verbundener Typus kommunistischer Organisation und kommunistischer Identität waren damit an ihr Ende gekommen: Die Generation der Kommunisten, die ihre Parteizugehörigkeit vor allem mit dem Antifaschismus begründete, an der Sowjetunion und an der Person Stalins ausrichtete, dünnte aus und verlor die Hegemonie über die Weltdeutung der Partei. In Frankreich konnte man sich der Konkurrenz der Sozialisten und Maoisten nicht erwehren und gerierte sich nach einer kurzen liberaleren Phase zunehmend selbstreferenziell. Die wieder gegründete DKP in der alten Bundesrepublik mutierte zu einem rein rückwärtsgewandten Traditionsverein bzw. zum verlängerten Arm der SED. Mit dem Revisionismus in Italien erfand sich eine Generation von Kommunisten neu. Ohne die »alte Garde« zu verschrecken entfernte man sich doch stark von den eigenen Grundlagen der fünfziger Jahre.

Drittens etablierte sich um 1956 endgültig ein sozialistisch-antikommunistischer Diskurs, der von osteuropäischen Dissidenten und westeuropäischen Ex-Kommunisten getragen wurde.[69] Machtpolitisch blieb dieser Aspekt lange Zeit völlig marginal. In Osteuropa selber – speziell in Ungarn, aber auch in der Sowjetunion – entwickelten sich die sogenannten Volksdemokratien gegen Ende der fünfziger Jahre stabiler denn je. Allenfalls ideengeschichtlich und damit sehr eingeschränkt wird man deshalb die ungarische Revolution von 1956 als Beginn der Re-Europäisierung Ost-Mitteleuropas charakterisieren können.[70] Für die spätere Renaissance des Konzepts der Zivilgesellschaft, welches sich in Prag 1968 ebenso wiederfindet wie in Polen seit Beginn der 1980er Jahre, ist dieser Startpunkt zur Entwicklung einer transnationalen Oppositionsbewegung allerdings kaum zu überschätzen.[71]

---

68 Judt: Postwar (Anm. 5), S. 322.
69 Aufschlussreich dafür die Studie von Ackermann, Ulrike: Sündenfall der Intellektuellen. Ein deutsch-französischer Streit von 1945 bis heute. Stuttgart 2000.
70 Timmermann, Heiner; Kiss, Lászlo (Hg.): Ungarn 1956. Reaktionen in Ost und West. Berlin 2000, S. 75–80.
71 Vgl. dazu Arndt, Agnes: Intellektuelle in der Opposition. Diskurse zur Zivilgesellschaft in der Volksrepublik Polen. Frankfurt/M. 2007.

Repression im Wandel: Entwicklungen in den
Bereichen Geheimpolizei, Justiz und Strafvollzug

Andreas Hilger

Grenzen der Entstalinisierung

Sowjetische Politik zwischen Rehabilitierung und Repression 1953–1964

I.

Terror und Massenrepressionen waren zweifellos konstitutive Merkmale stalinistischer Herrschaft. Von daher trafen sie auch keineswegs ausschließlich politische Gegner, sondern die gesamte Bevölkerung. Eine wesentliche Aufgabe kam dabei neben quasigerichtlichen Instanzen immer auch der Justiz zu, die ihren Teil dazu beitragen musste, die Entwicklung der parteiamtlich definierten sozialistischen Gesellschaft und die Disziplinierung ihrer individuellen Angehörigen abzustützen.[1] Ein Blick auf Verurteilungsgründe von GULag-Häftlingen macht deutlich, dass die ausufernde Sanktionspraxis des Stalinismus in und nach dem Zweiten Weltkrieg keineswegs aufgegeben wurde (Tabelle I).

Die Entstalinisierung einer derart politisch-ideologisch bestimmten Strafverfolgung und ihrer Instrumente stellte somit nicht nur eine Neubestimmung des Verhältnisses zum direkten politischen Gegner dar. Sie betraf vielmehr den gesamten staatlichen respektive parteilichen Umgang mit Abweichungen vom vorgegebenen sozialistischen (kommunistischen) Gesellschafts- und Menschenideal, ja, den Umgang mit der Bevölkerung überhaupt. Angesichts des besonderen Stellenwerts der Strafpolitik für die sowjetische Innen- und Außenpolitik rührte die Entstalinisierung an den Kern tradierter Herrschaftsausübung. Die zentrale Bedeutung der Strafverfolgung für Selbstverständnis, Sicherung und Arbeitsweise des Systems brachte es mit sich, dass entsprechende Reformen respektive Korrekturen mit zahlreichen nicht-justiziellen Aspekten der sowjetischen Realität in enger Wechselwirkung standen. Strafpolitische Neupositionierungen hatten immer auch eine außen-, block-, erinnerungs-, nationalitäten- oder wirtschaftspolitische Lesart. Zugleich mussten sich Prioritätenwechsel in anderen Politikbereichen ihrerseits auf die Justiz- und Rehabilitierungspolitik auswirken.

---

1   Zum Begriff des Stalinismus immer noch Hildermeier, Manfred: Interpretationen des Stalinismus. In: HZ 261(1997), S. 655–674; zur Verortung der Gewalt im Stalinismus vgl. Plaggenborg, Stefan: Stalinismus als Gewaltgeschichte. In: Ders. (Hg.): Stalinismus. Neue Forschungen und Konzepte. Berlin 1998, S. 71–112, sowie Ders.: Experiment Moderne. Der sowjetische Weg. Frankfurt/M. 2006, S. 23–45, bes. 121–177; plastisch: Baberowski, Jörg: Der rote Terror. Die Geschichte des Stalinismus. München 2003.

Tabelle I: Verurteilungsgründe von GULag-Häftlingen, 1941–1954 (Auswahl)[2]

Jahr	Wirtschafts-, Arbeits- und Passvergehen (ohne Urteile von Spezialgerichten)					»Konterrevolutionä-re« Verbrechen und »Staatsverbrechen«
	Unterschlagung von Staats- und gesellschaftlichem Eigentum	Spekulation	Verletzung des Passregimes	Eigenmächtiges Verlassen von Unternehmen und Einrichtungen	Nichterfüllung des Minimums an Manntagen durch Kolchosangehörige	
1941	249 136	29 853	41 967	310 967	-	75 411
1945	280 424	11 114	12 670	120 600	145 108	152 691
1946	238 930	16 590	35 782	143 600	190 784	129 826
1947	454 396	33 087	56 437	215 679	136 982	78 810
1948	252 822	36 396	50 049	249 940	117 453	73 269
1949	221 534	25 945	36 809	267 869	144 354	75 125
1950	196 518	18 191	26 672	208 962	122 314	60 641
1951	162 226	17 930	22 877	133 823	82 222	54 775
1952	180 485	20 667	19 704	179 695	140 404	28 800
1953	155 897	16 920	14 409	137 304	59 825	12 807
1954	112 855	14 024	9 025	163 325	-	3 007

Von daher kann es nicht überraschen, dass sich die Reorganisation und partielle Neuausrichtung der verzweigten Infrastruktur stalinistischer Repressionen nicht als kontinuierlicher Prozess beschreiben lässt, der etwa 1953 eingesetzt und sich ab 1956 endgültig widerspruchsfrei entfaltet hätte.

Langfristig erscheint die Entstalinisierung von Justiz, Sicherheitsapparaten und Strafvollzug geradezu als Lackmustest für den Reformwillen der Erben Stalins sowie für die innere Reformfähigkeit des Gesamtsystems. Tabus in der poststalinistischen Systemkritik und -veränderung mussten zwangsläufig zur Begrenzung der Justizreformen führen, während auf der anderen Seite vermeintlich kontrollierbare Einzelmaßnahmen ungeahnte Konsequenzen für das komplexe Gesamtgebäude der Parteiherrschaft zeitigen mochten. »Warum«, so fragten ja nicht nur mutige Historiker nach dem XX. Parteitag, ließ »das ZK in der Periode 1934–1937 die Massenvernichtung von Menschen zu?« »Gab es vor 1953 irgendeine Möglichkeit, gegen den ›Personenkult‹ zu kämpfen, und wer verpasste diese Chance?« »Warum befassten sich die Mitglieder des Polit-

---

2   Statistik der gerichtsstatistischen Abteilung des Obersten Gerichts der UdSSR für den Zeitraum von 1937 bis 1. Halbjahr 1955. In: Ju. N. Afanas'ev u. a. (Hg.): Istorija stalinskogo Gulaga. Konec 1920-ch – pervaja polovina 1950-ch godov. Bd. 1: Massovye repressii v SSSR. Moskau 2004, S. 613–615; Aufstellungen der 1. Spezialabteilung des MVD über die Zahl von Verhafteten und Verurteilten 1921–1953 v. 11.12.1953. In: Šostakovskij, Vjačeslav N. (Hg.): GULAG (Glavnoe upravlenie lagerej) 1917–1960. Moskau 2000, S. 431–434. (Abweichende Angaben hinsichtlich der politischen Verurteilungen bei Kudrjavcev, Vladimir N.; Trusov, Aleksej I.: Političeskaja justicija v SSSR. Moskau 2000, S. 314.)

büros (Kaganovič, Molotov, Mikojan, Vorošilov u. a.) lange Zeit damit, die Tätigkeit Stalins zu loben und sangen Hymnen, anstatt einen prinzipiellen, leninistischen Kampf für die Durchsetzung leninistischer Organisationsprinzipien in der Führung von Partei und Volk zu führen?« »Warum werden die Fehler in der Landwirtschaft, in der ›Leningrader Affäre‹, in der Umsiedlung einiger Nationalitäten Stalin zugeschrieben, wenn sich mit diesen Fragen eine ZK-Kommission unter Malenkov beschäftigte?«[3]

Aus einem konträren Blickwinkel hat Chruščev im Rückblick von der damaligen Angst der Machthaber gesprochen, dass das Tauwetter sich zur Flut auswüchse, die »alles« hätte hinwegschwemmen können. (Westliche) Historiker haben die neue Ära dagegen sozusagen von unten als bloße »Diktatur ohne Massenterror« beschrieben (John Keep).[4] Dieser Ansatz hat einiges für sich, wie die folgenden Ausführungen verdeutlichen. Er darf aber nicht der Gefahr erliegen, den qualitativen Wandel, den der endgültige Verzicht auf den Massenterror für Gesellschaft und System der UdSSR darstellte, aus den Augen zu verlieren.

II.

Die angesprochene Multidimensionalität sowie die Widersprüchlichkeit der justizpolitischen Entstalinisierung lassen sich bereits in der Amnestie vom 27. März 1953 greifen.[5] Die Amnestie diente in stalinistischer Tradition zunächst einmal ganz pragmatisch einer Entlastung des GULag,[6] erwies sich aber zugleich als Indikator für ein erstes wirtschaftspolitisches Umdenken der neuen Machthaber. Daneben waren die Massenentlassungen in Ansätze justizpolitischer Entschärfungen eingebettet, wie sie sich Ende März in der Übergabe zahlreicher Einrichtungen des Strafvollzugs vom Innen- an das Justizministerium sowie im Verbot der Folter

---

3   Fragen an das ZK-Mitglied A. M. Pankratova zu ihrem Vortrag zu »Der XX. Parteitag der KPdSU und die Aufgaben der Geschichtswissenschaft« auf 9 Versammlungen in Leningrad, 20.–23.3.1956. In: Novikov, A. V. (Hg.): Pervaja reakcija na kritiku »kul'ta ličnosti« I. V. Stalina. Po itogam vystuplenij A. M. Pankratovoj v Leningrade v marte 1956 goda. In: Voprosy istorii (2006)8, S. 14–21, hier 16 f.

4   Beide Zitate nach: Adler, Nanci: The Gulag survivor. Beyond the Soviet system. New Brunswick 2002, S. 89 f.

5   Ukas des Präsidiums des Obersten Sowjets v. 27.3.1953. In: General'naja prokuratura RF (Hg.): Sbornik zakonodatel'nych i normativnych aktov o repressijach i reabilitacii žertv političeskich repressij. Teil 2, Kursk 1999, S. 70–72.

6   Vgl. Alexopoulos, Golfo: Amnesty 1945: the revolving door of Stalin's Gulag. In: Slavic Review 64(2005), S. 274–306, hier 302 f.

(4. April 1953) ausdrückten.[7] Unabhängig von diesen sachlichen Erwägungen betrachtete Berija Initiativen zur innenpolitischen Entspannung als probates Mittel im internen Machtkampf[8] – die gängige Bezeichnung der Entlassungen als »Vorošilov-Amnestie«[9] ging deutlich an der Entscheidungsfindung im Kreml vorbei.

Zu diesem frühen Zeitpunkt dachten allerdings weder Berija noch seine feindlichen Kollegen an eine allumfassende Neugestaltung der Justiz: Die 1948 gegründeten berüchtigten Sonderlager für »besonders gefährliche Staatsverbrecher« beispielsweise verblieben über März 1953 hinaus beim Innenministerium (MVD), und die Märzamnestie selbst schloss das Gros der sogenannten »konterrevolutionären« Sträflinge bewusst von allen Vergünstigungen aus. Dafür setzten sich die neuen Machthaber mit dem Problem verurteilter Ausländer im GULag auseinander. Bei dieser Häftlingsgruppe vermengten sich allgemeine straf- und spezifisch außerjustizielle, sprich: außenpolitische Erwägungen besonders deutlich. Die rund 20 000 ausländischen Staatsbürger in sowjetischen Haftanstalten und Lagern setzten sich aus verurteilten Kriegsgefangenen und Zivilisten mehrheitlich aus Deutschland, aber auch aus Österreich, Japan, China, Finnland, Spanien usw. zusammen.[10] Den Löwenanteil unter diesen Gefangenen machten Kriegsgefangene aus, die auf Grundlage des berühmten Ukas des Präsidiums des Obersten Sowjets vom 19. April 1943 »Über Maßnahmen zur Bestrafung der deutschen faschistischen Übeltäter« zu langjährigen Haftstrafen verurteilt worden waren.[11]

MVD und Justizministerium wollten in Ausführungsbestimmungen zur Märzamnestie ursprünglich diese Häftlingsgruppe explizit von möglichen Strafsenkungen ausschließen. Auch wenn derlei Postulate angesichts des in den genannten Fällen üblichen Strafmaßes von 15 bis 25 Jahren praktisch bedeutungslos waren:[12] Sie verweisen darauf, dass der Umgang mit der besonderen

---

7   Brief Berija an das Präsidium des Ministerrats v. 28.3.1953. In: Šostakovskij (Hg.): GULAG (Anm. 2), S. 791–793; Befehl MVD 0068 v. 4.4.1953. In: Kokurin, A. I.; Požarov, A. I.: »Novyj kurs« L. P. Berii. 1953g. In: Istoričeskij archiv (1996)4, S. 132–164, hier 151.

8   Vgl. ebenda, S. 132–164; zusammenfassend Merl, Stephan: Entstalinisierung, Reformen und Wettlauf der Systeme 1953–1964. In: Plaggenborg, Stefan (Hg.): Handbuch der Geschichte Russlands. Bd. 5: 1945–1991. Vom Ende des Zweiten Weltkriegs bis zum Zusammenbruch der Sowjetunion. Stuttgart 2002, S. 175–198 u. 274–276.

9   Kliment Vorošilov fungierte als Vorsitzender des formal verantwortlichen Präsidiums des Obersten Sowjets.

10   Schreiben des Justizministers, Goršenin, des Generalstaatsanwalts, Safonov, des Stellv. Innenministers, Kruglov, des Stellv. Außenministers, Puškin, und P. Fedotov (Innenministerium) v. 20.5.1953 an Malenkov. In: Peresmotreny prigovory v otnošenii inostrancev. In: Istočnik (1994)4, S. 111–112.

11   Text des Ukas u. a. in Zeidler, Manfred: Stalinjustiz contra NS-Verbrechen. Die Kriegsverbrecherprozesse gegen deutsche Kriegsgefangene in der UdSSR in den Jahren 1943–1952. Kenntnisstand und Forschungsprobleme. Dresden 1996, S. 52–54 (russ.), S. 55 f. (dt.).

12   Vgl. Hilger, Andreas: Stalins Justiz auf dem Prüfstand? Deutsche »Kriegsverurteilte« zwischen Repatriierung und Rehabilitierung, 1953–2002. In: Forum für osteuropäische Ideen- und Zeitgeschichte 8(2004)1, S. 123–150, hier 128 f.

Gruppe ausländischer Gefangener vorrangig als Aspekt außenpolitischer Beziehungen und nicht als rechtliches Problem betrachtet wurde. Seine Regelung blieb der Justiz folgerichtig entzogen. Es war das ZK-Präsidium, das bis Ende Mai 1953 auf Vorschlag Berijas und Molotovs umfangreiche Entlassungen der Ausländer beschloss. Dem Militärkollegium des Obersten Gerichts blieb nur, auf diese höchste Anordnung hin die politische Vorgabe nach angeblichen individuellen Prüfungen in eine formaljuristische Form zu gießen. Die ZK-Beschlüsse – und damit natürlich auch die neuen Gerichtspapiere – wurden mit Berijas Sturz erst einmal hinfällig, um ab Herbst 1953 mit leichten quantitativen Abänderungen doch noch realisiert zu werden. So wurden im Zeitraum von Oktober 1953 bis April 1954 beispielsweise rund 15 000 deutsche Kriegsgefangene und Zivilisten aus sowjetischer Haft (in der UdSSR und DDR) entlassen.[13]

Innenpolitisch sahen sich Behörden und Gesellschaft derweil vor die Aufgabe gestellt, die ab März 1953 entlassenen sowjetischen Gefangenenheere in Arbeits- und Lebensprozesse außerhalb der Lager zu integrieren. Bis zum 16. Juni 1953 waren Angaben des Justizministeriums zufolge knapp 1,3 Millionen Personen aus Besserungs-Arbeitslagern und -kolonien, Gefängnissen und Verbannung entlassen worden.[14] Der ambitionierte Auftrag zur Reintegration erwies sich gerade mit Blick auf kriminelle Karrieren der Sträflingswelt mitunter als unlösbar. Dass er indes immer schlecht bewältigt wurde, lag neben den unzureichenden organisatorischen und politischen Vorbereitungen der Entlassungen auch am Beharrungsvermögen stalinistischer Werte sowie entsprechender Perzeptions- und Verhaltensmuster bei Amts- und Privatpersonen.[15] Jüngst hat Mirjam Sprau auf der Basis von Petitionen ehemaliger Häftlinge an den Obersten Sowjet und den Ministerrat Lebenssituationen der Entlassenen und gesellschaftliche Phobien nachgezeichnet. Diese Quellen unterstreichen, dass die »Ehemaligen« im alltäglichen Kampf sowjetischer Bürger um die mangelhaften Ressourcen an

---

13 Vgl. Hilger, Andreas; Morré, Jörg: SMT-Verurteilte als Problem der Entstalinisierung. Die Entlassungen Tribunalverurteilter aus sowjetischer und deutscher Haft. In: Hilger, Andreas; Schmeitzner, Mike; Schmidt, Ute (Hg.): Sowjetische Militärtribunale. Bd. 2: Die Verurteilung deutscher Zivilisten 1945 bis 1955. Köln 2003, S. 685–756, hier 699–708.

14 Bericht Justizminister Goršenin, auszugsweise abgedruckt in: Kokurin, Aleksandr; Morukov, Juri: GULag: Struktura i kadry. In: Svobodnaja mysl' 21(2001)9, S. 97–122, hier 100 f.

15 Hierzu ausführlich Kozlov, Vladimir: Neizvestnyj SSSR. Protivostojanie naroda i vlasti 1953–1985gg. Moskau 2006, S. 70–126; Pyžikov, Aleksandr: Chruščevskaja »ottepel'«. Moskau 2002, S. 240–258; Dobson, Miriam: Contesting the paradigms of de-stalinization: readers' responses to One day in the Life of Ivan Denisovich. In: Slavic Review 64(2005)3, S. 580–600; Dies.: »Show the bandit-enemies no mercy!« Amnesty, criminality and public response in 1953. In: Jones, Polly (Hg.): The dilemmas of de-stalinization. Negotiating cultural and social change in the Khrushchev era. London 2006, S. 21–40; Jones, Polly: From the secret speech to the burial of Stalin. Real and ideal responses to de-Stalinization. In: ebenda, S. 41–63. Mit Blick auf die historische Zunft der UdSSR: Novikov (Hg.): Pervaja reakcija (Anm. 3).

Arbeit, Wohnraum etc. besonders schlechte Chancen hatten.[16] Der ständige, aufgezwungene Konkurrenzkampf sowie kriminelle Exzesse mögen zur pauschalen Ablehnung der Rückkehrer durch weite Teile der Bevölkerung mit beigetragen haben. Die in der Literatur gesammelten Stellungnahmen der »unbescholtenen Bürger« gegen die Amnestierten allgemein lassen aber, wie bereits angedeutet, die tiefe Verwurzelung stalinistischer Feindbilder und Handlungspraktiken in der Gesellschaft als ausschlaggebenden Einflussfaktor bei der schwierigen, häufig fehlgeschlagenen Wiedereingliederung früherer Häftlinge hervortreten.[17]

Die justizpolitische Entstalinisierung war somit außen- wie innenpolitisch eng mit Parallelentwicklungen anderer Politik- und Lebensfelder verknüpft, die ihrerseits wesentlich über Ausmaß, Erfolge und Rückschläge der justizpolitischen Abkehr vom Stalinismus mit entschieden. Derlei Rückkoppelungen führten auch bei anderen, im Kontext der Märzamnestie bereits angesprochenen Maßnahmen dazu, dass Reformentwicklungen immer wieder unter- oder abgebrochen wurden. Die Straflager beispielsweise kamen bereits 1954 an das Innenministerium zurück, und die Repatriierung von Ausländern erstreckte sich schließlich bis weit ins Jahr 1956 hinein. Und während neue Grundsätze der Strafjustiz erst Ende 1958 erlassen wurden, griffen Chruščev (respektive seine Nachfolger) ab Ende der 1950er Jahre in Form der sogenannten »Parasitengesetze« und »Rowdy«-Erlasse erneut verstärkt aufs Strafrecht zurück, um gesellschaftliche Abweichungen von ideologischen Utopien oder schlicht fehlende Anpassungsbereitschaft respektive -fähigkeit zu ahnden.[18] Es passt auch bei Berücksichtigung des komplexen Ursachenkonglomerats zu diesem Gesamtbild, dass unter Chruščev der Anwendungsbereich der Todesstrafe erheblich – auf den Bereich der Wirtschaftskriminalität – ausgeweitet wurde.[19]

Ideologisierung sowie politische Instrumentalisierung der Justiz blieben im Poststalinismus wichtige Bedingungen und Merkmale sowjetischer Herrschaft: Der unbedingte Vorrang des Macht- und Systemerhalts stand auch für Chruščev nie zur Debatte. Hinsichtlich der politisch-ideologischen Strafverfolgung drehte sich die Entstalinisierung somit um die Frage, in welchem Ausmaß das System nach Stalin politische Opposition wie individuelle Nonkonformität

---

16　Sprau, Mirjam: Rückkehr aus dem GULag. Lebensbedingungen ehemaliger Häftlinge 1953–1956 in Briefen an den Obersten Sowjet und den Ministerrat der UdSSR, Magisterarbeit. Marburg 2005, S. 56–115.

17　Kozlov: Neizvestnyj SSSR (Anm. 15), S. 70–126; Sprau: Rückkehr (Anm. 16), S. 116–130.

18　Vgl. zusammenfassend Raschka, Johannes: Mobilisierung zur Arbeit. Die Verfolgung von »Parasiten« und »Asozialen« in der Sowjetunion und in der DDR 1954–1977. In: ZfG 53(2005), S. 323–344; Schroeder, Friedrich-Christian: Der Kampf der Sowjetunion gegen das Rowdytum. In: Jahrbuch für Ostrecht 7(1966)2, S. 87–132.

19　Als Einführung vgl. Kiriakova, Maria: The death penalty in Russia 1917–2000: a bibliographic survey of English language writings. In: International journal of legal information 31(2003), S. 482–523; Quillin, Cary: The death penalty in the Soviet Union. In: American Journal of Criminal Law 5(1977), S. 225–246; Mikhlin, Alexander S.: The death penalty in Russia. London 1999.

als tolerierbar ansah. Das, was in den Augen der neuen Kreml-Herrscher als repressiver, letztlich systemschädigender Exzess angesehen wurde, war unter dem Signum der Wiederherstellung der sogenannten »sozialistischen Gesetzlichkeit« durch Entlassungen respektive Rehabilitierungen zu korrigieren. Auf diese Weise behielt sich die Partei, genauer gesagt die Parteispitze weiterhin die Kompetenz vor, aus ihrem Interesse heraus »staats«- oder »gesellschaftsgefährliche« Aktivitäten zu definieren und verfolgen zu lassen. Man muss sich diese komplexen Hintergründe der Entscheidungen vergegenwärtigen, um das seltsame Nebeneinander – eher doch Miteinander – Chruščev'scher Einzelmaßnahmen zu verstehen: Die Beendigung des Massenterrors ist keineswegs mit einem Ende der politisch motivierten Repressionen und Verfolgungen gleichzusetzen.

III.

Die Märzamnestie von 1953 hatte politische Gefangene, die zu mehr als fünf Jahren Haft verurteilt worden waren, von Entlassungen respektive Strafminderungen ausgeschlossen.[20] In den Folgemonaten widmeten sich die neuen Kreml-Spitzen herausgehobenen Einzelfällen (u. a. der Frau Molotovs), stoppten die aktuellsten Auswüchse des Stalinismus (Stichwort: Ärzte-Affäre) und versuchten, sich ein genaueres Bild über die zurückliegenden Verfolgungen zu verschaffen. Zugleich machte man sich an die Bereinigung der gröbsten Verformungen des Justizsystems: Die Folter wurde, wie bereits erwähnt, Anfang April 1953 verboten, Doppelbestrafungen – das Exil nach Haftverbüßung – wurden Mitte August 1953 weitgehend, die außergerichtliche Sonderkonferenz (OSO) am 1. September 1953 ganz abgeschafft.[21] Derlei Einzelmaßnahmen führten zwangsläufig dazu, die jeweiligen individuellen Fälle einer justizpolitischen Neubewertung zu unterziehen. Der entsprechende Bericht über die Insassen der »Sonderlager für besonders gefährliche Staatsverbrecher« vom 5. Januar 1954 bewegte sich dabei bezeichnenderweise noch ganz im Vorstellungsrahmen der Vorjahre: Von gut 200 000 Sträflingen sollten immerhin noch rund 95 000 in den Sondereinrichtungen belassen, die Einstufung von, so die Termini »Vaterlandsverrätern, Spionen, Diversanten, Terroristen, Trotzkisten, Rechten, Menschewiken und Sozialrevolutionären« als »besonders gefährliche Verbrecher« beibehalten werden.[22]

20 Wie Anm. 4.

21 Vgl. zu den Beschlüssen der Jahre 1953/1954 Jakovlev, Aleksandr N. (Hg.): Reabilitacija: kak ėto bylo. Dokumenty Prezidiuma CK KPSS i drugie materialy. Mart 1953 – fevral' 1956. Moskau 2000, Abt. I–III.

22 Vermerk Generalstaatsanwalt Rudenko, Justizminister Goršenin und Innenminister Kruglov v. 5.1.1954 für das ZK-Präsidium. In: ebenda, S. 83–85.

Als Generalstaatsanwaltschaft, Justiz- und Innenminister dem ZK-Präsidium diese Vorschläge unterbreiteten, war Berija im Übrigen nach einem geheimen Sonderprozess stalinistischer Machart hingerichtet worden.[23] Es muss dahingestellt bleiben, welchen Fortgang eine Entstalinisierung unter Berija hätte nehmen können. Für ihn waren Justizreformen ja nie nur systemerhaltenden Motiven geschuldet, sondern galten als Instrument im verbissenen Machtkampf. Das Verhalten der Sieger dieser internen Auseinandersetzungen, Chruščev und Malenkov, war nicht frei von analogen Ambivalenzen.

Die verbliebene Doppelspitze nahm sich mit einiger Verzögerung sicherlich systematischer und umfassender der Frage der politischen Häftlinge im GULag an. Der Beschluss des ZK-Präsidiums zur Einrichtung einer Zentralkommission und regionaler Ableger zur Überprüfung der Haftfälle von »Konterrevolutionären«, den Justiz und Sicherheitsapparate im Auftrag des ZK vorbereitet hatten, datiert vom 4. Mai 1954.[24] Nach dem XX. Parteitag, am 19. März 1956, wurden diese Kommissionen durch neue Kommissionen des Präsidiums des Obersten Sowjets ersetzt. Diese besuchten die sowjetischen Haftanstalten und entschieden vor Ort über die Rechtmäßigkeit politischer Verurteilungen sowie über die »Zweckmäßigkeit, Personen, die zwar politische, Amts- oder wirtschaftliche Verbrechen begangen haben, aber keine staatliche oder gesellschaftliche Gefährdung darstellen, in Haft zu behalten«;[25] diese Kommissionen hatten ihre Tätigkeit bis zum 1. Oktober 1956 abzuschließen.

Bis zum 1. April stuften lokale und Zentralkommissionen die früheren Verurteilungen in 53 Prozent von 237 412 geprüften Fällen als rechtmäßig ein und milderten in weiteren 32 Prozent lediglich das Strafmaß ab.[26] Diese recht harsche Gangart wurde bis März 1956 mehr oder weniger beibehalten.[27] Die Tätigkeit der neuen Kommissionen nach dem XX. Parteitag zeichnete sich dagegen durch eine größere Liberalität aus. Gemäß deren Abschlussbericht kamen circa 63 Prozent von gut 81 000 überprüften politischen Häftlingen in den Genuss einer vorzeitigen Haftentlassung. Diese war indes wie in den Vormonaten auch nur selten mit einer vollständigen Rehabilitierung verbunden.[28]

---

23   Hierzu Jakovlev, A. N. (Hg.): Lavrentij Berija. 1953. Stenogramma ijul'skogo plenuma CK KPSS i drugie dokumenty. Moskau 1999.

24   Vermerk Generalstaatsanwalt Rudenko, MVD Kruglov, KGB-Vors. Serov und des Justizministers Goršenin für das Ck-Präsidium v. 19.3.1954 und Beschluss des ZK-Präsidiums Nr. 63. In: Jakovlev (Hg.): Reabilitacija (Anm. 21), S. 103–105 u. 116 f.

25   Beschluss des ZK-Präsidiums Nr. 7 v. 19.3.1956. In: Jakovlev, Aleksandr N. (Hg.): Reabilitacija. Kak ėto bylo. Fevral' 1956 – načalo 80-ch godov. Moskau 2003, S. 29–31.

26   Bericht Rudenkos an das ZK über die Ergebnisse der Tätigkeit der Zentralkommission v. 29.4.1955. In: Jakovlev (Hg.): Reabilitacija (Anm. 21), S. 213.

27   Vermerk der Zentralkommission an das ZK v. 16.4.1956. In: Jakovlev (Hg.): Reabilitacija (Anm. 25), S. 71 f. Von rund 100 000 zusätzlichen Fällen von April 1955 bis März 1956 blieben knapp 60 000 frühere Urteile unverändert.

28   Bericht von A. B. Aristov über die Tätigkeit der Kommissionen des Präsidiums des Obersten Sowjets v. 17.10.1956. In: Jakovlev (Hg.): Reabilitacija (Anm. 25), S. 192–194.

Insgesamt sank der Anteil politischer Häftlinge an den Lager- und Gefängnis-
insassen langfristig bis Ende der 1950er Jahre. Am 1. Januar 1953 beispielsweise
galten 21,9 Prozent der Insassen von Besserungs-Arbeitslagern und -Arbeitsko-
lonien als »konterrevolutionäre Verbrecher«. Aufgrund der Märzamnestie stieg
dieser Anteil zum 1. Januar 1954 rapide auf 34,8 Prozent an, um dann bis zum 1.
Januar 1956 ebenso deutlich auf 14,6 Prozent abzufallen. Am 1. Januar 1960
zählte das MVD schließlich noch 9 600 »besonders gefährliche Staatsverbrecher«
in seinen Lagern und Kolonien, was einem Anteil von 1,6 Prozent entsprach.[29]
Chruščevs Biograph hat ihn mit Recht als die treibende Kraft hinter der aus-
geweiteten Informationssammlung, hinter neuen Prüfungen und Entlassungen
beschrieben, getrieben von einem unbeirrbaren Zukunftsglauben an die Stärke
des sozialistischen Systems, von Selbstrechtfertigung und Stolz.[30] Die Abläufe ab
1954 zeigen Chruščev aber zugleich als bewussten Machtpolitiker, dessen ideologischer Optimismus und Reformeifer sich glücklich mit dem eigenen Vorteil
zusammenfügte. So trafen die vehementen Vorwürfe gegen Berija und gegen
den ehemaligen Staatssicherheitsminister Abakumov sicherlich keine Unschuldigen; dabei entledigte man sich Abakumovs ganz traditionell durch ein Auf-
trags-Todesurteil eines Geheimtribunals Ende 1954, und wie zu Zeiten Stalins
wurden Angehörige und Mitarbeiter der ehemaligen Geheimdienstgrößen in die
Verbannung geschickt.[31] Die Konzentration auf Berija und Abakumov ermöglichte es aber sowjetischen Spitzenpolitikern einschließlich Chruščevs, ihre
Mitverantwortung an stalinistischen Verbrechen zu übergehen.[32] Neue Enthüllungen wie im Umfeld der Rehabilitierungen der Leningrader Affäre nutzte
Chruščev weiterhin gegen direkte Konkurrenten – in diesem Fall gegen Malenkov –, und die weitere Suche nach Schuldigen trug 1957 zur Niederlage der
sogenannten Anti-Parteigruppe Molotovs, Malenkovs und Kaganovičs bei.[33]
Diese Instrumentalisierung der Entstalinisierung im Machtkampf bot gesellschaftlichen Diskussionen zwar in begrenztem Umfang ein Ventil, dämpfte aber
ihre potenzielle Dynamik und lenkte ihre Wirkung.[34]
    Trotz dieser Winkelzüge lassen sich die Maßnahmen Chruščevs, wie ausge-
führt, keineswegs auf machtpolitische Motive reduzieren. Die Details der anhal-

29   Aufstellung über Häftlingsbewegungen/-belegung in ITL und ITK MVD 1953–1955 sowie
1959. In: Šostakovskij (Hg.): GULAG (Anm. 2), S. 435–441 u. 442–447.
30   Taubman, Taubman: Khrushchev. The man and his era. New York 2003, S. 276 f.; vgl.
Jakovlev (Hg.): Reabilitacija (Anm. 21), Abt. III.
31   Notiz des Stellv. KGB-Vorsitzenden Lunev und Generalstaatsanwalt Rudenko v. 28.8.1954
für das Innenministerium. In: Jakovlev (Hg.): Reabilitacija (Anm. 21), S. 171.
32   Vgl. Bericht Rudenko u. a. vom 19.3.1954 an das ZK-Präsidium; ebenda, S. 103–105; zu
Abakumov beispielhaft der Beschluss des ZK-Präsidiums über die »Leningrader Affäre« v. 3.5.1954;
ebenda, S. 115 f.
33   Jakovlev, Aleksandr N. (Hg.): Molotov, Malenkov, Kaganovič. 1957. Stenogramma ijun'skogo
plenuma CK KPSS i drugie dokumenty. Moskau 1998.
34   Novikov (Hg.): Pervaja reakcija (2006), S. 4 f. u. 16 f.

tenden Überprüfungen, Entlassungen und Rehabilitierungen können hier nicht nachgezeichnet werden. Es reicht, anhand einzelner Beispiele noch einmal die ganze Bandbreite der strafpolitischen Entstalinisierung – sowohl, was Personengruppen, als auch, was Handlungsfelder anbetrifft – zu unterstreichen. Ende Januar 1955 etwa stand die Rehabilitierung bulgarischer Politemigranten an, die in den Jahren 1935 bis 1939 repressiert worden waren.[35] Im März 1955 ordnete das ZK-Präsidium die Überprüfung des Falls A. N. Tupolevs an.[36] Einen Monat später bemühte sich Žukov um die Wiedereinsetzung rehabilitierter Armeeführer in den Generalsrang, während andere ehemalige Kriegsgefangene noch um ihre Rehabilitierung kämpften.[37] Ab August 1955 ging es schließlich um die Rehabilitierung sowjetischer Juden, die 1951 im Kontext der Verfolgung des Jüdischen Antifaschistischen Komitees verurteilt worden waren. Bemerkenswerterweise wurden einige ihrer Richter im selben Zeitraum wegen ihrer Rolle in der Leningrader Affäre aus der Partei ausgeschlossen.[38]

Des Weiteren hatte der KGB Ende 1955 die Benachrichtigung von Angehörigen von Hingerichteten neu zu regeln,[39] und der Oberste Sowjet schließlich dekretierte eine Amnestie für sowjetische »Kollaborateure«.[40] Daneben erreichten die bereits angesprochenen Entlassungen ausländischer, das heißt vor allem österreichischer, deutscher, osteuropäischer und japanischer Strafgefangener in den Jahren 1955/56 ihren letzten Höhepunkt. Die Rücksiedlungen deportierter sowjetischer Völker setzte ebenfalls 1956 ein. Bereits am 8. September 1955 regelte das ZK-Präsidium zudem erstmals sozial- und pensionsrechtliche Ansprüche rehabilitierter Polithäftlinge.[41]

Die vielfältigen Opfergruppen verweisen deutlich auf die Verbrechen des Stalinismus, derer sich die neuen Machthaber wohl bewusst waren. Es ist das bleibende historische Verdienst Chruščevs, dass seine Geheimrede und die unter seiner Ägide betriebenen Kursänderungen eine Neuauflage stalinistischer Massenrepressionen dauerhaft unmöglich gemacht haben – der GULag büßte seine frühere Bedeutung unwiderruflich ein.[42]

---

35   Vermerk Rudenko und Serov für das ZK der KPdSU v. 31.1.1955. In: Jakovlev (Hg.): Reabilitacija (Anm. 21), S. 188.

36   Beschluss des ZK-Präsidiums Nr. 111 v. 4.3.1955; ebenda, S. 194. Tupolev war 1940 zu 15 Jahren Haft verurteilt und im Juli 1941 wieder entlassen worden.

37   Vermerke Žukov bzw. Rudenko für das ZK-Präsidium v. 29.4. u. 14.7.1955; ebenda, S. 214 u. 231.

38   Vermerke Rudenko und Serov resp. der Kommission für Parteikontrolle an das ZK-Präsidium v. 1.8.1955; ebenda S. 237–243.

39   Direktive des KGB-Vorsitzenden Serov Nr. 108ss v. 24.8.1955; ebenda, S. 254 f.

40   Ukas des Präsidiums des Obersten Sowjets v. 17.9.1955; ebenda, S. 259 f.

41   Beschluss des ZK-Präsidiums Nr. 147 v. 8.9.1955; ebenda, S. 257–259.

42   Zum 1.1.1960 befanden sich noch 580 000 Häftlinge in Lagern und Kolonien des MVD: Aufstellung des Leiters der Hauptverwaltung MVD für Haftorte, Cholodkov, vom 6.2.1960 über Häftlingsbewegungen in den Besserungsarbeitslagern und -kolonien. In: Šostakovskij (Hg.): GULAG (Anm. 2), S. 442–447. Gesamtübersichten zur Häftlingsentwicklung nun v. a. in Bd. 4 der 7-bändigen Geschichte

Doch bereits der schwerfällige, ab Ende der 1950er respektive Anfang der 1960er letztlich ausgebremste Verlauf der Rehabilitierungen spiegelt deutlich die Halbherzigkeit poststalinistischer Justizkorrekturen wider. In einer Pilotstudie hat Van Goudoever unterschiedliche Maßnahmen beschrieben, die für die stufenweise Abkehr vom stalinistischem Massenterror standen. Sie reichten von der Publikation der Werke ehemals verfemter Schriftsteller über Lohnnachzahlungen, der öffentlichen Nennung politisch Verfolgter, über die Wiederaufnahme verstoßener Verurteilter in die Partei bis hin zur juristischen Rehabilitierung.[43] Letztere – die Wiederherstellung des Rechts unschuldig Verurteilter im individuellen Fall – macht den Kern des sowjetischen Konzepts aus, das indes Sinn und Unsinn der den Urteilen zugrundeliegenden Rechtsnormen nie hinterfragte und die politische Instrumentalisierung der Justiz grundsätzlich fortsetzte. Da auch in der Rehabilitierungspraxis weiterhin politische Erwägungen dominierten, wurden vorrangig ehemalige Parteiangehörige juristisch rehabilitiert; auf diese Weise wurde diese herausgehobene Gruppe zugleich zum wesentlichen Nutznießer der materiellen Regelungen von September 1955.

Daneben betrieb der KGB offenbar mit Erfolg die strikte zeitliche Begrenzung der zu überprüfenden Fälle auf die Jahre nach 1935. Bei der Neubewertung früherer Verfahren laufe man, argumentierte der KGB-Vorsitzende Ivan Serov am 1. April 1957 gegenüber Generalstaatsanwalt Rudenko, zu schnell Gefahr, »tatsächliche Verbrecher« und »wirkliche Feinde des sowjetischen Staates« zu rehabilitieren – das könne eine ganze »Reihe unerwünschter Folgen politischen, rechtlichen und wirtschaftlichen Charakters« nach sich ziehen.

»Die Notwendigkeit einer umfassenden Überprüfung der Archiv-Untersuchungsakten der Jahre 1937–1938 wurde durch die festgestellten Fakten von Verletzungen der sowjetischen Gesetzlichkeit in der Untersuchungsarbeit hervorgerufen. Für die Fälle der 1920er und Anfang der 1930er Jahre verfügen wir nicht über derartige Angaben und sehen daher keine Grundlage für eine umfassende Überprüfung dieser Fälle.«[44]

Staatssicherheit wie politische Führung vermieden es bewusst, den Roten Terror des Staatsgründers Lenin oder die Justizkampagnen, die beispielsweise Kollektivierung und Industrialisierung begleiteten, zu thematisieren, hätte das doch das real existierende Gesamtsystem unter Chruščev infrage gestellt. Außenpolitische, vor allem aber innenpolitische Erschütterungen – hier besonders die Unruhen von Novočerkassk 1962 – brachten schließlich noch in Chruščevs Amtszeit die Bemühungen um eine sowjetische Vergangenheitsaufarbeitung zum Stillstand.

des GULag: Ju. N. Afanas'ev u. a. (Hg.): Istorija stalinskogo Gulaga. Konec 1920-ch – pervaja polovina 1950-ch godov. Bd. 4: Naselenie Gulaga: čislennost' i uslovija soderžanija. Moskau 2004.

43   Van Goudoever, Albert P.: The Limits of Destalinization in the Soviet Union. Political Rehabilitations in the Soviet Union since Stalin. London 1986.

44   Vermerk Serov vom 1.4.1957 für Rudenko. In: Jakovlev (Hg.): Reabilitacija (Anm. 25), S. 244–246.

Die in der Literatur vorliegenden Angaben über die Zahl juristischer (u. a.) Rehabilitierungen differieren. Sie weisen aber allesamt einen zahlenmäßigen Höhepunkt in den Jahren 1955 bis 1957 und den faktischen Abbruch ab 1961/62 aus. Der Zählung des KGB respektive seiner Nachfolgeeinrichtungen zufolge sind in den Jahren 1954 bis 1961 737 182 Verurteilte rehabilitiert worden (inklusive Rehabilitierungen der für Kriminalverbrechen Verurteilten), während es in den nächsten 25 Jahren 1962 bis 1987 nur noch 157 055 Personen waren.[45] Damit geriet die innere Entstalinisierung des Systems noch unter Chruščev in eine Sackgasse, aus der sie sich erst über ein Vierteljahrhundert später wieder – mühevoll und höchst unvollständig – befreien konnte. Die Entfernung des Leichnams Stalins von seinem Ehrenplatz im Mausoleum auf dem Roten Platz kaschierte den Stillstand nur schwach. Das Beharrungsvermögen stalinistischer Denk- und Handlungsmuster offenbarte der KGB-Vorsitzende Viktor Čebrikov im Juli 1984 im Politbüro. Man habe, so Čebrikov missmutig, nach 1953 eine ganze Reihe Betroffener »illegal« rehabilitiert.[46]

IV.

An dieser Episode ist nicht nur Čebrikovs Geringschätzung der Chruščev'schen Rehabilitierungen von Interesse, sondern auch die Mitgliedschaft des KGB-Vorsitzenden im höchsten Parteigremium. Diese unmittelbare Verbindung von Parteispitze und »Schild und Schwert der Partei« hatte sein Vorgänger im Amt, Jurij Andropov, 1973 erreicht – vor ihm war dies zuletzt Berija gelungen. Die Entwicklung führt vor Augen, dass stalinistische Instrumente wie die Sicherheits- und Geheimpolizei der UdSSR die Amtszeit des Initiators der Entstalinisierung im Wesentlichen um viele Jahre unbeschadet überdauerten. Überspitzt ausgedrückt, blieb das eigentliche Machtgefüge des überkommenen Systems trotz der eindeutigen Absage an Massenterror als Herrschaftsmittel und ungeachtet aller Neujustierungen der Justiz erhalten.

Diese sicherheitsdienstlichen Kontinuitäten in der UdSSR sind bislang nur ansatzweise in die Diskussionen um Wesen und Ausmaß der Entstalinisierung eingeflossen. Sie sind indes von wesentlicher Bedeutung für die Bewertung der höchst ambivalenten Entwicklung im Bereich der politischen Verfolgung in der UdSSR. Das zeigt sich schon am geschilderten maßgeblichen Einfluss des KGB auf die Rehabilitierungsverfahren. Vor allem aber behielt die Staatssicherheit ihre Kompetenzen für die politische Verfolgung. Nichts kann die

---

45 Rjabuchin, O. S. (Hg.): Lubjanka 2. Iz istorii otečestvennoj kontrrazvedki. Moskau 1999, S. 284 u. 289.
46 Sitzungsprotokoll v. 12.7.1984. In: CWHIP Bulletin (1994)4, S. 81.

Tabelle II: Verurteilungen wegen konterrevolutionärer oder Staatsverbrechen ab 1954[47]

Jahre	1954	1955	1956	1957	1958	1959 bis 1962	1963 bis 1966	1967 bis 1970	1971 bis 1974
Gesamtzahl	3 007	1 739	1 010	2 879	2 233	5 413	3 251	2 456	2 423
davon Todesurteile	79	40	31	50	83	k.A.	k.A.	k.A.	k.A.
Vaterlandsverrat	–	–	–	–	–	1 010	457	423	350
Spionage	–	–	–	–	–	28	8	0	9
Antisowjetische Agitation/ Propaganda	–	–	–	–	–	1 601	502	381	348
Schmuggel	–	–	–	–	–	47	103	183	474
Illegaler Grenz- übertritt	–	–	–	–	–	926	613	704	553
Währungsver- gehen	–	–	–	–	–	587	474	382	401
Verletzung von Staatsgeheimn.	–	–	–	–	–	22	31	19	18
Andere	–	–	–	–	–	1 003	1 011	328	258

(Linke Randbeschriftung: Delikte)

gewollten Kontinuitäten in der politischen Strafverfolgung unter Chruščev besser illustrieren als die Tatsache, dass parallel zu den Rehabilitierungen auch in der zweiten Hälfte der 1950er Jahre politische Prozesse gegen sowjetische Bürger geführt wurden. 1954 waren 3 007 neue Verurteilungen in politischen Verfahren zu verzeichnen. Ihre Zahl sank 1955/56 deutlich ab, erreichte aber in den Jahren 1957 und 1958 einen poststalinistischen Höhepunkt (2 879 und 2 233 Urteile); nach Chruščev sollte sich die Zahl politischer Prozesse in der UdSSR auf 600 bis 700 jährlich einpendeln.[48] Es sei hier nur der Vollständigkeit halber erwähnt, dass im Übrigen auch Chruščev mit zwangspsychiatrischen oder sogenannten gesellschaftlich-prophylaktischen Maßnahmen gegen politisch Missliebige vorging. Derartige Instrumente waren bereits im Stalinismus, mitunter schon unter Lenin entworfen und erprobt worden und sollten später unter Brežnev durch den KGB bzw. unter seiner Kontrolle massiv gegen die Dissidentenbewegung eingesetzt werden.

Natürlich blieben die Organe der Staatssicherheit weder von den Nachfolgekämpfen ab 1953 noch von den Entstalinisierungsbemühungen unberührt. In diesem doppelten Kontext entwickelte wiederum zunächst Berija, der nach dem Tod Stalins erneut das Innenministerium übernommen hatte, hektische Aktivität. Innerhalb seiner zweiten, mit 114 Tagen äußerst kurzen Amtszeit

47 Kudrjavcev, Vladimir N.; Trusov, Aleksej I.: Političeskaja justicija v SSSR. Moskau 2000, S. 314; Pichoja: Sovetskij Sojuz (Anm. 48), S. 365 f.

48 Vgl. Pichoja, Rudol'f G.: Sovetskij Sojuz. Istorija vlasti 1945–1991. Moskau 1998, S. 365 f.; Kozlov, Vladimir A. (Hg.): Kramola. Inakomyslie v SSSR pri Chruščeve i Brežneve 1953–1982gg. Rassekrečennye dokumenty Verchovnogo suda i Prokuratury SSSR. Moskau 2005, S. 36.

konzentrierte Berija in seinem Ministerium ordnungs- und sicherheitspolizeiliche Kompetenzen in unbekanntem Ausmaß. Durch die Inkorporation des unter Stalin enorm angewachsenen Staatssicherheitsministerium (MGB) wuchs das Heer der MVD-Angehörigen auf 1,1 Millionen Personen an (Stand: 15. Mai 1953) und verfügte in Form der Inneren und Grenztruppen sowie kleinerer Spezialeinheiten für Diversions- und Terroreinsätze über schlagkräftige bewaffnete Verbände. Dazu kamen noch die rund 260 000 Angehörigen der Miliz, die ebenfalls dem MVD unterstanden.[49] Es war diese brisante Mischung aus der besonderen Machtstellung des MVD und den weit ausholenden innen- wie außenpolitischen Maßnahmen bzw. Ambitionen Berijas, die am 26. Juni 1953 zu seiner Verhaftung führte. Das folgende ZK-Plenum wertete Berijas Politik als Versuch, »das Innenministerium über Partei und Regierung zu stellen«.[50] Berija und rund 40 seiner engsten Gefolgsleute wurden hingerichtet, circa 4 000 Mitarbeiter aus dem MVD entlassen. Die Parteispitze beeilte sich, die bedrohliche Machtfülle des monolithischen Innenministeriums dauerhaft zu zerschlagen. Bereits am 4. Februar 1954 lagen dem ZK-Präsidium die angeforderten »Vorschläge zur Ausgliederung der Organe der Staatssicherheit aus dem Innenministerium der UdSSR« vor, und vier Tage später beschloss das Präsidium die Gründung des Komitees für Staatssicherheit beim Ministerrat der UdSSR (KGB).[51]

Das MVD verlor im Laufe der nächsten Jahre weiter an Macht und Einfluss und musste sich ganz auf Aufgaben der öffentlichen Sicherheit und Verwaltung sowie auf den Strafvollzug konzentrieren. Im Januar 1960 löste der Ministerrat das MVD der Sowjetunion auf und betraute neue unionsweite Einrichtungen bzw. die vorhandenen Innenministerien der Republiken mit seinen Aufgaben. Den vorläufigen Schlusspunkt setzte 1962 die Umbenennung dieser Innenministerien in Ministerien zum Schutz der öffentlichen Ordnung (MOOP). Chruščevs Nachfolger Brežnev teilte allerdings weder dessen gesellschaftspolitischen Optimismus noch seine sprunghafte Radikalität und gründete bereits im Juli 1966 ein zentrales Ministerium zum Schutz der öffentlichen Ordnung der UdSSR. Dieses übernahm die innenpolitischen Aufgaben des früheren Unions-MVD und figurierte ab dem 25. November 1968 folgerichtig auch wieder unter diesem Namen.[52]

---

49   Zahlen nach Jakovlev, Aleksandr N. (Hg.): Lubjanka. Organy VČK – OGPU – NKVD – NKGB – MGB – MVD – KGB 1917–1991. Spravočnik, Moskau 2003, S. 115; Petrov, Nikita: Die wichtigsten Veränderungstendenzen im Kaderbestand der Organe der sowjetischen Staatssicherheit in der Stalin-Zeit. In: Forum für osteuropäische Ideen- und Zeitgeschichte 5(2001)2, S. 91–120, hier 119 f.

50   Beschluss des ZK-Plenums v. 7.7.1953. In: Jakovlev, Aleksandr N. (Hg.): Lavrentij Berija. 1953. Stenogramma ijul'skogo plenuma CK KPSS i drugie dokumenty. Moskau 1999, S. 365–373, hier 369.

51   Hierzu die Dokumentation von V. Ju. Afiani u. a (Hg.): »Čestno služit' partii«. Postanovlenie Prezidiuma CK KPSS ob obrazovanii KGB pri Sovete Ministrov SSSR. 1954g. In: Istoričeskij archiv (2002)3, S. 3–28.

52   Zur strukturellen Entwicklung der Behörden vgl. Jakovlev (Hg.): Lubjanka (Anm. 49).

Die hier skizzierte Zerschlagung des Innenministeriums unter Chruščev griff eindeutig auf Vorbilder der Stalin-Ära zurück. Personell bedienten sich die neuen Machthaber gleichermaßen aus Stalins Kaderreservoir. Mit Sergej Kruglov und Ivan Serov rückten zunächst altgediente Tschekisten an die Spitze von MVD und KGB. Die beiden hatten einerseits ihre zweifelhaften Meriten unter Stalin erworben und zeichneten sich andererseits durch ein enges Vertrauensverhältnis zu Chruščev (bzw. Malenkov) aus.

Insgesamt lassen sich an personeller und struktureller Entwicklung des KGB zwei sich überlagernde Vorgänge ablesen: die Entschärfung des potenziellen Gefahrenherdes Sicherheitsdienst zum Wohle der Partei und die Entstalinisierung als Abkehr von Massenrepressionen. Wie schon Stalin, so hielt auch Chruščev eine Doppelstrategie von Personalabbau und paralleler Kadersäuberung für den besten Weg, seine Mischung von alten und neuen Zielen zu erreichen. 1954 strebte die Parteiführung daher neben den erwähnten Reorganisationen von MVD und KGB eine durchgängige Kürzung der entsprechenden Planstellen um 20 Prozent an. Diesen Plänen von 1954 steht ein Bericht Serovs gegenüber, der dem ZK Streichungen im Umfang von 50 Prozent sowie für 1955 den Wegfall von knapp 7 700 weiteren Stellen meldete; daneben, so Serov, waren 7 800 Offiziers- in zivile Beschäftigungsverhältnisse umgewandelt worden.[53] Parallel hierzu wurden bis 1957 über 18 000 Tschekisten der Stalin-Ära offiziell wegen Unfähigkeit bzw. krimineller Vergehen (Amtsmissbrauch u. ä.) entlassen. Darunter befanden sich 2 000 Mitarbeiter des Moskauer Zentralapparats inklusive 48 Kader im Range eines Abteilungsleiters und höher. 40 (ehemalige) Mitarbeiter verloren im selben Zeitraum ihren Generalsrang. KGB-Angaben zufolge wurden allerdings bis 1989 gerade einmal 1 342 Tschekisten wegen ihrer begangenen Verbrechen auch tatsächlich gerichtlich verfolgt und abgeurteilt.[54]

Serovs Nachfolger Aleksandr Šelepin setzte im Rahmen der Neuaufstellung des KGB den Abbau in operativen und Verwaltungsdiensten fort, sodass der Personaletat des KGB bis 1960/61 den niedrigsten Stand im gesamten Kalten Krieg erreichte.[55] Danach – und damit wiederum in den letzten Amtsjahren Chruščevs – konnte der KGB auf innenpolitische Herausforderungen bereits mit einer vorsichtigen Aufstockung des Personals reagieren: Nach dem blutig niedergeschlagenen Aufstand von Novočerkassk (Juni 1962) durften in den territorialen KGB-Gliederungen auf einen Schlag 400 neue Mitarbeiter eingestellt werden. Da der KGB zudem bereits 1957 die Grenztruppen der UdSSR

53 Schreiben Innenminister Kruglov v. 4.2.1954 an das ZK-Präsidium sowie Vermerk Serov an das ZK v. Juni 1957. In: ebenda, S. 684–692.

54 Vermerk Serov an das ZK von Juni 1957. In: ebenda, S. 688–692; Knight, Amy: Spies without cloaks. The KGB's successors. Princeton 1996, S. 197 f.

55 Čertoprud, Sergej: Andropv i KGB. Moskau 2004, S. 125 f.

übernommen hatte, zählte man schließlich 1967 schon wieder rund 120 000 Tschekisten, 40 000 mehr, als 1954.[56]

Hinsichtlich der fälligen Neurekrutierungen war es von Anfang an das erklärte Ziel, Mitarbeiter für den KGB zu gewinnen, die, in dieser Reihenfolge, »der Kommunistischen Partei, dem sozialistischen Vaterland und seinem Volk grenzenlos ergeben und ideologisch standhaft« waren.[57] Diesen Anforderungen wurden naturgemäß hauptamtliche Funktionäre aus Partei, Sowjets und Komsomol besonders gerecht. Unter Chruščev nahm die Überführung von Partei- und vor allem Komsomolfunktionären auf wichtige KGB-Posten mitunter kampagnenartige Züge an. Dennoch konnten und sollten die Kaderwechsel keineswegs alle Ebenen vollständig erfassen. Symptomatisch war, dass von 50 KGB-Mitarbeitern, die in den Jahren 1958 bis 1962 Schlüsselposten im Unions-KGB und seinen republikanischen und regionalen Zweigstellen innehatten, immerhin 58 Prozent bereits vor 1950 in das Staatssicherheitsorgan eingetreten waren.[58]

Mit den Reorganisationen avancierte der KGB zur eigentlichen politischen und Geheimpolizei. Das ZK der KPdSU erließ erst im März 1959 eine allgemein gehaltene Verordnung über Rechte und Pflichten des KGB, die nie veröffentlicht wurde. Dass damit der Tätigkeit des KGB bis 1991 eine echte Rechtsbasis fehlte, zeugte einmal mehr von der andauernden Unterordnung rechtsstaatlicher Grundsätze unter politische Notwendigkeiten. Dementsprechend eindeutig formulierte die Verordnung von März 1959 den Anspruch des Zentralkomitees der KPdSU auf die »unmittelbare Führung und Kontrolle« des KGB,[59] wobei in der Praxis wieder nur der engste Führungszirkel um Chruščev ausschlaggebend war.[60] Die besondere Nähe der Tschekisten zur herrschenden Parteielite sicherte letztlich eine exklusive Sonderstellung des KGB im gesamten Staatsgefüge ab. Von daher blieben auch nach Stalins Tod die Kontrollfunktionen der Staatsanwaltschaft, in der ab Mai 1955 Spezialabteilungen für die Überwachung der Untersuchungsarbeit des KGB eingerichtet wurden (*otdel po nadzoru za sledstviem v organach gosbezopasnosti*), weitgehend theoretischer Natur. Auf der anderen Seite wurde vonseiten der Partei und des KGB bald nach dem Umbau der Staatssicherheit lautstark die bedeutende Rolle

56 Schreiben Innenminister Kruglov v. 4.2.1954 an ZK-Präsidium. In: Jakovlev (Hg.): Lubjanka (Anm. 49), S. 684–686; für 1967 Schätzwerte auf der Basis der Offiziersstellen nach dem Jahresbericht des KGB für 1967. In: CWIHP, Virtual Archive.

57 Vgl. den Auszug aus dem Protokoll Nr. 200 der Sitzung des ZK-Präsidiums v. 9.1.1959. In: Jakovlev (Hg.): Lubjanka (Anm. 49), S. 693–698.

58 Knight, Amy: The KGB. Police and politics in the Soviet Union, rev. edition. Boston 1990, S. 152–154.

59 Auszug aus dem Protokoll Nr. 200 der Sitzung des ZK-Präsidiums v. 9.1.1959. In: Jakovlev (Hg.): Lubjanka (Anm. 49), S. 693–698.

60 Vgl. hierzu besonders Petrov, Nikita: Ivan Serov. Pervyj predsedatel' KGB. Moskau 2005, S. 155–190.

der Tschekisten für Wohl und Wehe der UdSSR sowie, sozusagen als öffentlichkeitswirksame Abfederung der poststalinistischen Umbauten, die kommunistische Reinheit und Vorbildlichkeit der verbliebenen Tschekisten herausgestellt.[61]

Die Staatssicherheit sah sich trotz Entstalinisierung im Rahmen der politischen Vorgaben weiterhin faktisch keinen institutionellen Einschränkungen unterworfen. Auch in seiner Zielsetzung unterschied sich der KGB nicht wesentlich von seinen Vorgängereinrichtungen. Der 1959 ausformulierte Aufgabenkatalog stellte zum Teil bis in seine Wortwahl hinein das schon aus der Stalin-Ära her bekannte Gemisch aus Staats-, Ideologie- und Parteischutz dar: Dem KGB oblag neben der Spionage (»in kapitalistischen Ländern«) der »Kampf gegen Spionage-, Diversions-, Terror- und andere Zersetzungstätigkeit ausländischer Aufklärungsorgane, antisowjetischer Zentren im Ausland und ihrer Agenten im Innern des Landes« sowie ganz allgemein der »Kampf gegen die feindliche Tätigkeit antisowjetischer und nationalistischer Elemente im Innern der UdSSR«. Zu den Kernaufgaben zählten weiterhin der tschekistische Schutz wichtiger Industrieobjekte und des Transportwesens, die Bewachung von Parteiführung und Regierung, die Absicherung der Regierungskommunikation sowie die Funkabwehr. Die operative Abwehrarbeit erstreckte sich auch auf das Militär. Damit war der KGB wie seinerzeit Smerš und MGB nicht nur für den operativen Schutz, sondern auch für die politische Überwachung der Armee verantwortlich. Darüber hinaus behielten sich ZK und, nominell, die Regierung, immer vor, den KGB zur »Erfüllung anderer Aufträge« heranzuziehen.[62] Neben Zahlungen an ausländische kommunistische Parteien oder der Herstellung vertraulicher Kanäle (u. a. nach Kuba) stellte der KGB Spezialeinheiten und -kenntnisse für Terror- und Diversionseinsätze im Ausland zur Verfügung, die unter Chruščev nach wie vor die direkte Liquidierung von Widersachern im Exil einschlossen.[63]

Im Innern lassen die Ende der 1950er Jahre reformierten Strafgesetzbücher und Strafprozessordnungen der sowjetischen Republiken die Kontinuitäten politisch-ideologischer Repressionsziele deutlich erkennen. Die Strafprozessordnungen der UdSSR sahen vor, dass der KGB in der Mehrheit der »besonders gefährlichen« und einer Reihe von »sonstigen« Staatsverbrechen die strafrechtlichen Ermittlungen übernahm (Art. 126 StPO): Das betraf in der Redaktion der Strafgesetzbücher zu Chruščevs Zeiten die Artikel 64 bis 70,

---

61 Knight: KGB (Anm. 58), S. 55–58; Dziak, John J.: Chekisty. A history of the KGB. Lexington 1988, S. 139 f.

62 Auszug aus dem Protokoll Nr. 200 der Sitzung des ZK-Präsidiums vom 9.1.1959. In: Jakovlev (Hg.): Lubjanka (Anm. 49), S. 693–698; Čebrikov, V. M. u. a. (Red.): Istorija sovetskich organov gosudarstvennoj bezopasnosti. Učebnik, Moskau 1977, S. 546. (http://www.fas.harvard.edu/%7Ehpcws/istoria1.pdf).

63 Zu den Zahlungen vgl. Beschlüsse des ZK-Präsidiums aus den 1950er/1960er Jahren im Russischen Staatsarchiv für Neueste Geschichte, Moskau (RGANI), Bestand 89, Verzeichnis 38; zu Auslandsmorden (als letzter Fall 1959 Stepan Bandera) vgl. z. B. Kolpakidi, Aleksandr; Prochorov, Dmitrij: KGB: specoperacii sovetskoj razvedki. Moskau 2000, S. 271–277.

Artikel 72, 73, 75 bis 76, ferner Artikel 78 und 79 sowie 83 und 84.[64] Schließlich oblagen dem KGB grundsätzlich Ermittlungen in Verfahren wegen der »Verletzung militärischer Geheimnisse« oder des »Verlusts von Urkunden, die militärische Geheimnisse enthalten« (Art. 259 a–c). Darüber hinaus konnte der KGB zusätzlich bei Devisenvergehen (Art. 88), Unterschlagung und Amtsmissbrauch (Art. 92) sowie schweren Fällen von Diebstahl staatlichen oder gesellschaftlichen Vermögens (Art. 93-1) tätig werden; es verfolgte zudem Fälle von Falschaussagen oder Nichtanzeige, die während anderer KGB-geführter Ermittlungen zum Vorschein kamen (Art. 88-1, 88-2, 181–185, 189, 190). Auf der anderen Seite ließen sich politisch unliebsame Handlungen ohne Wieteres kriminalisieren. Hierfür standen anti-religiöse Bestimmungen der StGB (Art. 142; Art. 227) oder Regelungen des Passwesens (Art. 198) bereit – die Zuständigkeitsbereiche wurden später noch ausgebaut. Ohne deren Radikalität zu erreichen, erinnern sie doch unweigerlich an die weitgesteckten Urteilsbegründungen des Spätstalinismus.[65]

Aufgabenkatalog und Tätigkeitsschwerpunkte des KGB stellten somit die wichtigsten Kontinuitäten zur Stalin-Ära dar. Das sowjetische bipolare Weltbild billigte weiterhin allein der VKP (b)/KPdSU korrekte, richtungweisende Entscheidungen zu. Zugleich waren Partei und Staatssicherheit aufgrund ihres exklusiven Gesamtanspruchs weder willens noch in der Lage, die höchst unterschiedlichen Motive und Zielrichtungen von Gegenkräften oder Abweichungen differenziert zu beurteilen. Auf diese Weise gehörte auch eine angeblich enge Verbindung von inneren und äußeren Opponenten zu den Konstanten des tschekistischen Weltbilds. Da man Exzesse der Vergangenheit individuellen Fehlern oder Verbrechen zuschrieb, musste sich an den Feindbildern im Kern nichts ändern.

Gegen den wachsenden gesellschaftlichen Mut zur Kritik an den neuen Machthabern – aus durchaus höchst unterschiedlichen Positionen heraus – und gegen die unvermeidlichen Folgen einer »Entfesselung« der repressierten Völker und Individuen griff das Regime unter Chruščev, wie bereits erwähnt, schon ab 1956/57 wieder auf repressive Maßnahmen zurück. Der KGB wirkte an der Unterdrückung offener Unruhen in der UdSSR selbst – Tblisi (1956), Groznyj (1958) oder Novočerkassk (1962) –, aber auch an der Niederschlagung des unga-

---

64 Strafgesetzbuch, Strafprozessordnung, Gerichtsverfassungsgesetz der RSFSR. Berlin 1961; Strafgesetzbuch der Russischen Sozialistischen Föderativen Sowjet-Republik vom 27. Oktober 1960 in der Fassung vom 6.5.1963. Berlin 1964; Ugolovnyj kodeks RSFSR: oficial'nyj tekst s izmenenijami na 16 sentjabrja 1966g. Moskau 1966. Es handelt sich um Vorwürfe von: Vaterlandsverrat; Spionage; Terrorakt; Terrorakt gegen Vertreter eines ausländischen Staats; Diversion; Schädlingstätigkeit; anti-sowjetische Agitation/Propaganda; antisowjetische/staatsverbrecherische Organisation; besonders gefährliche Staatsverbrechen gegen einen anderen Staat der Werktätigen; Verletzung von Staatsgeheimnissen und Verlust von Urkunden, die Staatsgeheimnisse enthalten; Schmuggel; Massenunruhen; illegale Ein-/Ausreise; Verletzung der Vorschriften über den internationalen Flugverkehr.

65 Vgl. Tabelle I, S. 265.

rischen Aufstands mit. Serov ließ es sich hier nicht nehmen, den ungarischen Verteidigungsminister persönlich zu verhaften.[66] Derartige Unruhen führten, wie dargestellt, nicht nur zur deutlichen Verlangsamung der Entstalinisierung, sondern auch zu einer wieder zunehmenden Intoleranz – ideologische Wachsamkeit genannt – gegenüber (möglicher) gesellschaftlicher Opposition. So stigmatisierte das ZK-Präsidium die gerade erst entlassenen Häftlinge im Dezember 1956 erneut als potenziell »antisowjetische Elemente« und gab sie damit zur intensivierten Überwachung durch den KGB frei. Unter den ehemaligen Gefangenen gäbe es »Menschen«, hieß es in einem Rundbrief des ZK, »die feindlich«[67] gegen die Sowjetmacht eingestellt sind, besonders unter den ehemaligen »Trotzkisten, rechten Opportunisten und bourgeoisen Nationalisten«. »Hinsichtlich der Personen, die versuchen, eine Anti-Partei- und antisowjetische Tätigkeit durchzuführen, müssen«, so die Aufforderung des ZK an die »Genossen«, »Parteiorganisationen und sowjetische Organe die entschiedensten Maßnahmen zur Unterbindung ergreifen und so verfahren, wie wir immer mit Menschen verfahren sind, die unserer Ordnung gegenüber feindlich sind«.[68]

Der entscheidende sicherheitspolitische Wendepunkt aber lässt sich an den Unruhen von Novočerkassk im Jahre 1962 festmachen. Diese hatten ihren direkten Anlass in Preiserhöhungen und der allgemeinen wirtschaftlichen Unzufriedenheit der Bevölkerung.[69] Mit Genehmigung des ZK-Präsidiums holte der 3. KGB-Vorsitzende Vladimir Semičastnyj am 28. Juli in einem KGB-Befehl dennoch zu einem gesellschaftspolitischen Rundumschlag aus. Seiner Überzeugung nach war Novočerkassk nur der letzte in einer Kette von Vorfällen, in denen »feindlich gesonnene Personen« den von »kriminell-hooliganistischen Elementen« angestifteten Unruhen eine »konterrevolutionäre Richtung« verleihen wollten.[70] Semičastnyj hob in diesem Zusammenhang erneut besonders ehemalige Häftlinge, die seinerzeit als »Agenten feindlicher Aufklärungsdienste, aktive Mitglieder nationalistischer und ausländischer antisowjetischer Organisationen, wichtige Angehörige von Straftruppen und Helfershelfer«, als »reaktionär gesonnene Kirchen- und Sektenautoritäten« oder als deren Anhänger verurteilt worden waren, hervor. Vor diesem Hintergrund befahl der Amtschef, dem Kampf gegen die »antisowjetischen Elemente innerhalb des Landes« denselben Stellenwert einzuräumen wie der direkten Abwehr auslän-

---

66   Vgl. Petrov: Ivan Serov (Anm. 60), S. 167–171; allg. Kozlov, Vladimir: Mass uprisings in the USSR. Protest and rebellion in the Post-Stalin years. Armonk 2002.

67   Wörtlich: »böse«

68   Brief des ZK »Über die Verstärkung der politischen Arbeit der Parteiorganisationen in den Massen und Unterbindung von Ausfällen antisowjetischer feindlicher Elemente«. In: Jakovlev (Hg.): Reabilitacija (Anm. 25), S. 208–214; vgl. Weiner, Amir: The empires pay a visit: Gulag returnees, East European rebellions, and Soviet frontier politics. In: The Journal of Modern History 78(2006), S. 333–376.

69   Kozlov: Neizvestnyj SSSR (Anm. 15), S. 330–404.

70   Befehl des KGB Nr. 00175 v. 28.7.1962, als Entwurf abgedruckt in: Jakovlev (Hg.): Lubjanka (Anm. 49), S. 703–708. Hier auch das Folgende.

discher Zersetzungstätigkeit, gemeinsam mit dem MVD »gefährliche« und »parasitäre« Kriminelle unter Kontrolle zu halten und den »Kampf gegen Tagediebe« im Sinne der Partei zu verstärken. Insgesamt stellt sich Semičastnyjs Befehl als Bindeglied zwischen wesentlichen Repressionszielen des MGB und dem späteren Aufgabenkatalog der 5. KGB-Verwaltung und damit als Beleg langfristiger tschekistischer Kontinuitäten dar.[71] Aktuell signalisierte der Befehl in Verbund mit der Einstellung der Rehabilitierungen sowie dem bereits geschilderten Ausbau lokaler KGB-Strukturen den endgültigen Abbruch der halbherzigen Reformbemühungen auf dem Gebiet der Staatssicherheit.

Angesichts dieser Entwicklungen muss die Gesamtbilanz der Entstalinisierung der politischen Verfolgung nach 1953 höchst ambivalent ausfallen. Neben dem Verzicht auf grenzenlosen Terror erwiesen sich die umfangreichen Entlassungen sowie die weitaus weniger großzügigen Rehabilitierungen als einschneidende Korrekturen. Sie zielten aber eindeutig auf eine System- und Machtstabilisierung, die auch weiterhin wenig Raum für politisch-gesellschaftliche Freiheiten oder rechtsstaatliche Überlegungen ließ. Von daher war die zeitgleiche Konsolidierung der Sicherheitsapparate nur folgerichtig. Auch das neue Regime griff – auf unvergleichlich niedrigerem und schon von daher auf qualitativ neuem Niveau – auf die althergebrachten Instrumente von Strafjustiz und Geheimpolizei zurück, um politische Opposition zu unterdrücken und soziale Abweichungen zu ahnden. Die nur halbherzigen Reformen im Bereich der Staatssicherheit änderten nichts an deren politisch-ideologischer Ausrichtung oder an ihrer systemimmanenten Schlüsselstellung, die zukünftiges Wachstum und andauernde Usurpation politischer und gesellschaftlicher Schlüsselpositionen nach sich zogen. Im Gesamtkontext von seiner Diskussion von Recht und Gewalt im Stalinismus hat Stefan Plaggenborg die hier angerissenen Maßnahmen in Justiz und Staatssicherheit als »Wiederbelebung des Normenstaates« beschrieben.[72] Die Idee, das Fraenkel'sche Modell von Maßnahmen- und Normenstaat auf die UdSSR zu übertragen, ist nicht neu.[73] Es sei dahingestellt, ob sich das Konzept tatsächlich nicht für den Stalinismus

---

71 Seit der Gründung eines eigenständigen Volkskommissariats (ab 1946 Ministerium) für Staatssicherheit hatte sich dort eine Verwaltung – die 5. – mit »antisowjetischen Elementen« befasst. Diese fungierte 1953/54 als 4. MVD-Verwaltung. Ihre Aufgaben wurden 1954 der 4. Verwaltung des KGB, nach deren Auflösung im Februar 1960 der 2. Hauptverwaltung übertragen. Kurz nach seinem Amtsantritt regte Andropov im Juli 1967 die erneute Gründung einer 5. Verwaltung an, da man nur so der seiner Meinung nach immer bedrohlicher werdenden »Wühlarbeit« im Lande Herr werden könne. Die neue Verwaltung bestand 1967 aus sechs Abteilungen. Bis 1982/83 wuchs die 5. Verwaltung auf 15 Abteilungen mit wechselnden Aufgabenbeschreibungen an. Vgl. Jakovlev (Hg.): Lubjanka (Anm. 49), S. 165–168 u. 227 f.

72 Plaggenborg, Stefan: Experiment Moderne. Der sowjetische Weg. Frankfurt/M., New York 2006, S. 212.

73 Fraenkel, Ernst: Der Doppelstaat. Frankfurt/M. 1974; vgl. Hilger, Andreas; Schmeitzner, Mike: Einleitung: Deutschlandpolitik und Strafjustiz. Zur Tätigkeit sowjetischer Militärtribunale in Deutschland 1945–1955. In: Sowjetische Militärtribunale (Anm. 13), S. 7–33, hier 12 f.

eignet, wie Plaggenborg meint;[74] der Negativbefund unterschätzt den potenziellen Maßnahmecharakter von Justizentscheidungen sowie das weite Feld
rechtlich geregelter Beziehungen im Staatswesen UdSSR. Dass der Normenstaat unter Chruščev neues Gewicht gewann, ist hiervon unabhängig und
unstrittig. Diese Kennzeichnung, die ja die andauernde Existenz des Maß-
nahmenstaates zu Recht mitdenkt, trifft genau die mangelhafte Reichweite der
justiz- und sicherheitsdienstlichen Reformen. Diese Entwicklungen von Justiz
und Sicherheitsapparaten wiederum stehen für die systembedingten Grenzen
der Entstalinisierung und damit für die Reformresistenz des sowjetischen
Herrschaftsgefüges.

---

74 Plaggenborg: Experiment (Anm. 72), S. 201–212.

Łukasz Kamiński

The Polish Communist Security Apparatus in 1956

The communist security apparatus reached its climax of development in 1953. At that time the Ministry of Public Security consisted of 11 departments which were split into numerous divisions and sections. The network of territorial units encompassed not only all provinces and districts but also the most important industrial plants and some communes. The number of officers belonging to the security service reached almost 35 000 at the beginning of that year. Moreover, several thousand soldiers of the Internal Troops, policemen, prison guards etc. were subordinated to the Ministry of Public Security. The agent network amounted to 85 000 secret collaborators of various sorts. This enormous structure controlled practically all spheres of social life. 5 400 000 people, who constituted one fourth of society including the old and infants, were considered as suspicious elements.[1]

The omnipotent security apparatus got gradually into a crisis. Colonel Józef Światło, one of the top officers, put himself at the disposal of the Americans during his visit in Berlin in December 1953. Having given elaborate evidence he was used in one of the most important, as it turned out later, propaganda campaigns. The Polish section of Radio Free Europe started broadcasting interviews with colonel Światło in the spring of 1954. The broadcasts aroused widespread social interest. It was a very convenient argument for re-introducing party control and supervision over the security apparatus. Józef Światło had been the deputy head of the 10th Department of the Ministry of Public Security which dealt among others with the surveillance of the party itself.[2]

In November 1954 the Ministry of Public Security was abolished, and Stanisław Radkiewicz who until then had been its all-powerful head, was appointed Minister for the State-Owned Farms, quite a second-rate post. The Committee for Public Security which was newly established in accordance with the Soviet model was headed by a party activist, Władysław Dworakowski.

---

1   Paczkowski, Andrzej: Od sfałszowanego zwycięstwa do prawdziwej klęski. Szkice do portretu PRL. Kraków 1999, p. 36–68. Most of the figures also in: Dudek, Antoni; Paczkowski, Andrzej: Poland. In: Persak, Krzysztof; Kamiński, Łukasz (Ed.): A Handbook of the Communist Security Apparatus in East Central Europe 1944–1989. Warsaw 2005, p. 221–283. Moreover: Paczkowski, Andrzej: Der Sicherheitsapparat in den Jahren des Tauwetters. Der Fall Polen. In: Foitzik, Jan (Hg.): Entstalinisierungskrise in Ostmitteleuropa 1953–1956. Vom 17. Juni bis zum ungarischen Volksaufstand. Politische, militärische, soziale und nationale Dimensionen. Paderborn 2001, p. 165–188.

2   Błażyński, Zbigniew: Mówi Józef Światło. Za kulisami bezpieki i partii 1940-1955. Warszawa 2003.

The police was subordinated to the newly established Ministry of Internal Affairs, and the prisons and work camps were subordinated to the Ministry of Justice. A gradual decrease in the number of officers and secret collaborators started. The number of people under surveillance was lowered significantly as well. In 1954, there were still over 75 000 agents working for the security apparatus; one year later their number amounted to only 36 000.[3] Criminal proceedings were instigated against a number of the most brutal officers. Amongst others the following were arrested: the director of the Investigation Department, Colonel Jacek Różański, and the director of the 10th Department, Colonel Anatol Fejgin. All this was frustrating for the officers of the security apparatus which had been so powerful until 1953.

In 1955 the first symptoms of the decrease in social fear caused by the security apparatus were noted. It manifested itself in the fact that there were people who refused to hand over the propaganda brochures of Radio Free Europe sent by balloons from the West to the officers. The account of colonel Światło was the most popular one. One of the impulses which incited the change in the attitude of society must have been the criticism of the activities of the Ministry of Public Security expressed during the 3rd Plenum of the Central Committee of the Polish United Workers' Party (PZPR) in January 1955.[4]

The frustrations of the security apparatus officers intensified after the 20th Congress of the CPSU. In the course of the party meetings organized then doubts were expressed concerning the condemnation of Stalin, and it was questioned whether the criticism of the security apparatus bodies was justified. The degree of disappointment was expressed by questions such as: »Why are the employees of the public security apparatus brought to account for the distortions and no one is drawing a conclusion concerning the Central Committee Secretaries and other members of the Political Bureau«. People thought that it was the party which delegated the tasks to be carried out by the security apparatus, and later the party used it as a scapegoat.[5]

In spring 1956 an increasing number of incidents of evading collaboration was observed. Agents failed to appear at planned meetings, they did not carry out the tasks given to them. The officers of the security apparatus who until then posed a threat to the whole society, started complaining that they were being threatened that revenge would be taken on them, etc. This happened mainly in some smaller towns. An increasing number of people started filing complaints to the prosecutor's offices against the security apparatus officers' behavior in recent years. Astonished officers were called for hearings as suspects.

---

3   Ruzikowski, Tadeusz: Tajni współpracownicy pionów operacyjnych aparatu bezpieczeństwa 1950-1984, »Pamięć i Sprawiedliwość« 2003, nr 1, p. 124.

4   Rykowski, Zbysław; Władyka, Wiesław: Polska próba. Październik '56. Kraków 1988, p. 87–89.

5   AIPN Gd, 0046/78, vol. 6.

As a consequence they were afraid to use the old methods and having no new directions how to behave they neglected their operational duties.[6]

The degree of the crisis in which the communist secret police was in June 1956 came to light in the city of Poznań. The security apparatus was unable not only to prevent the events from happening but it also failed to predict them. The Poznań uprising showed not only that the number of agents in the workers' community which started rebelling in spring was insufficient, but it proved also the limited capacity of the security service to perceive the popular mood.

The uprising in Poznań was also a proof that society hated intensely the communist security apparatus. The seat of the Provincial Office of Public Security was attacked fiercely. The first shots at the demonstrators were fired from that building. Several officers caught in this city were lynched.[7] Similar events took place a few months later in Budapest.

There were attempts to exploit the events in Poznań as a justification to call up at least a part of the security apparatus again. Operation plans connected with possible social protests were being prepared all over the country.[8] The sense of being threatened united the ranks of officers who furthermore felt proud of the attitude of their colleagues who managed to defend their head-quarters in Poznań against the demonstrators.

At the same time the events developed in a direction which was unfavourable for the representatives of the security apparatus. More and more often people mentioned that Władysław Gomułka should return to power. Society again demanded more reforms. This phenomenon reached its climax in October 1956. At that time officers of the security apparatus were only passive observers of the undergoing changes. It is very characteristic of that period that the opponents of reforms wanted to use the army to prevent Gomułka from taking over and that they did not intend any role to be played by the security apparatus.

The fall of the secret police was a process which was crowned by a decision concerning the liquidation of the Committee for Public Security made at the beginning of November 1956. The structures of the Security Service were formally subordinated to the Ministry of Internal Affairs. This served the purpose of hiding the security apparatus from common Poles. The structure of the security apparatus within the ministry consisted of three operational de-partments (intelligence, counterintelligence and the fight against enemy operations) as well as many auxiliary departments (operational technique, corre-spondence check, recording, codes, etc.). In comparison with the previous structure the security apparatus had been reduced significantly. The Provincial

---

6   Zblewski, Zdzisław: Główne problemy Wojewódzkiego Urzędu Bezpieczeństwa Publicznego w Krakowie w przededniu Października '56, »Pamięć i Sprawiedliwość« 2003, nr 1, p. 158.

7   Makowski, Edmund: Poznański czerwiec 1956. Pierwszy bunt społeczeństwa w PRL. Poznań 2001.

8   AIPN Wr., 053/772, p. 17–29.

and District Public Security Offices in the field were also liquidated and the Security Service was incorporated into the respective provincial and district police departments. The institution of Soviet counsellors was liquidated as well, and instead a liaison office of the KGB was established at the Ministry of Internal Affairs. The number of employed officers was reduced even more.[9]

The liquidation of the previous structures as well as the attitude of Polish society led to an almost complete paralysis of the security apparatus operations in November and December 1956. It is characteristic that there are hardly any records or reports preserved from that period. Numerous incidents of attacks on specific officers were observed at that time; these sometimes ended with the officer being beaten up severely. In some industrial plants workers demanded that the former officers employed there as well as exposed secret collaborators should be fired.

In autumn 1956, a large part of agents refused to collaborate any longer. As a result of this phenomenon and as a result of the continued staff layoffs, only 11 500 agents collaborated with the apparatus. That was seven times less than in 1953. However, it was not the only problem faced by the security apparatus staff which was reduced to merely 9 000.[10] They also had to face the problem that the funds allocated for their operational work were reduced. Another problem was the attitude of society which openly expressed its hostility towards the officers. This was reflected in very serious problems in finding work for former officers.

On the other hand, however, the limitation of the scope of interest in the security service as well as the decrease in the number of gathered information contributed to the increasing efficiency of the security apparatus operations and activities. As early as 1957 efficient operations in the priority fields were started. In that period they encompassed the exposure of the Catholic Church, the pacification of the social uproar and the fight against the so-called »right-wing members in the peasants' parties«.

All those phenomena described above apply to a significantly lesser extent to the military security apparatus. The Main Directorate of Information of the Polish Army (Główny Zarząd Informacji) was infamous for incredible cruelty applied in the course of investigations which were carried out during the period of Stalinism. It was a completely Soviet-controlled body, the top staff coming from the Soviet military counterintelligence corps (Smersh). The internal documentation was generally prepared in Russian. As a consequence of all this that body needed restructuring, too. On 10 January 1957 the Military Internal Service (Wojskowa Służba Wewnętrzna) was established. The change was however

---

9   Dudek; Paczkowski: Poland (see note 1), p. 228.
10   Ruzikowski: Tajni współpracownicy (see note 3), p. 124.

only minimal. The Soviet officers were removed but the perpetrators of the crimes committed in the army did not have to account for their deeds.[11]

However, some employees of the Ministry of Public Security were sentenced. In 1957 sentences reaching up to 15 years imprisonment were imposed. Amongst others the following people, already mentioned above, were found guilty: Jacek Różański and Anatol Fejgin. They served their sentences under very good conditions, and they were pardoned in 1964.[12]

This was a symbol for the reconstruction of the security service's importance. The number of officers was being increased gradually. The agent network was being rebuilt. In 1962 a new department – that is the 4th Department of the Ministry of Internal Affairs, first of all dealing with exposing the Catholic Church, was established. The main directions of the operations were issues concerning ethnic minorities, »ideological sabotage«, contacts with foreign countries, activities regarding emigration, attempts to create new opposition structures and bodies as well as unorganized social resistance.

The complete reconstruction of the security apparatus took place in the eighties in the course of the fight against the great »Solidarity« movement. The number of officers increased up to 25 000 and the number of agents just before the fall of the communism reached more than 100 000 people (excluding army agents).[13] Even such a well-developed security apparatus having at its disposal state-of-the-art technical means was unable to stop the fall of the communist dictatorship.

11   Dudek; Paczkowski: Poland (see note 1), p. 232.
12   Fijałkowska, Barbara: Borejsza i Różański, Przyczynek do dziejów stalinizmu w Polsce. Olsztyn 1995, p. 216–222.
13   Dudek; Paczkowski: Poland (see note 1), p. 261.

Roger Engelmann

Lehren aus Polen und Ungarn 1956

Die Neuorientierung der DDR-Staatssicherheit als Resultat der Entstalinisierungskrise

Die Geschichte der kommunistischen Herrschaft ist eine Geschichte von Krisen unterschiedlicher Art und Reichweite, aus denen die Machthaber jeweils spezifische Konsequenzen zogen. Es handelte sich dabei um eine eigentümliche Mischung aus rationalen Lernprozessen und ideologischen Reflexen, die auf eine Krisenprävention hinausliefen, in der repressive Maßnahmen eine entscheidende, wenn auch nicht ausschließliche Rolle spielten. Die Bedeutung des Volksaufstandes vom 17. Juni 1953 und des daraus resultierenden »Juni-Traumas« für die weitere Politik der SED ist inzwischen weithin anerkannt; eher besteht hier eine Neigung zur Überbewertung.[1] Die Konsequenzen der allgemeinen kommunistischen Systemkrise von 1956 für Herrschaftsideologie, Herrschaftsstrukturen und Herrschaftspraxis in der DDR werden dagegen weniger deutlich wahrgenommen.[2] Jüngst ist gar die »Bedeutungslosigkeit« des Jahres 1956 für die Geschichte der DDR konstatiert worden, eine Einschätzung, die auf der Ausblendung wesentlicher historischer Realitätsbereiche, nicht zuletzt auch der transnationalen Bezüge, basiert.[3]

Die SED-Führung und vor allem der Erste Sekretär Walter Ulbricht hatten solche Wahrnehmungsprobleme nicht. Sie beobachteten die Entwicklungen in

1 Vgl. Engelmann, Roger: Das Juni-Trauma als Ausgangspunkt sicherheitspolizeilicher Expansion? Zur Entwicklung der Repressionsapparate nach dem 17. Juni 1953. In: Ders.; Kowalczuk, Ilko-Sascha (Hg.): Volkserhebung gegen den SED-Staat. Eine Bestandsaufnahme zum 17. Juni 1953. Göttingen 2005, S. 235–250. Einige Autoren stellen den »17. Juni« in den Kontext einer »zweiten« oder »inneren Staatsgründung«. Vgl. Wilke, Manfred; Voigt, Tobias: »Neuer Kurs« und 17. Juni 1953 – Die zweite Staatsgründung der DDR 1953. In: Hegedűs, András B.; Wilke, Manfred: Satelliten nach Stalins Tod. Der »Neue Kurs«, 17. Juni 1953 in der DDR, Ungarische Revolution 1956. Berlin 2000, S. 24–135; Kowalczuk, Ilko-Sascha: Die innere Staatsgründung. Von der gescheiterten Revolution 1953 zur verhinderten Revolution 1961. In: Diedrich, Torsten; Kowalczuk, Ilko-Sascha (Hg.): Staatsgründung auf Raten. Zu den Auswirkungen des Volksaufstandes 1953 und des Mauerbaus 1961 auf Staat, Militär und Gesellschaft in der DDR. Berlin 2005, S. 341–378.

2 Das ist selbst bei Publikationen der Fall, die sich ausgiebig mit der Krise 1956/57 in der DDR befassen. Vgl. etwa Mitter, Armin; Wolle, Stefan: Untergang auf Raten. Unbekannte Kapitel der DDR-Geschichte. München 1993, S. 163–295; Klein, Thomas: »Für die Einheit und Reinheit der Partei. Die innerparteilichen Kontrollorgane der SED in der Ära Ulbricht. Köln u. a. 2002, S. 268–326.

3 Vgl. Fulbrook, Mary: »Entstalinisierung« in der DDR. Die Bedeutung(slosigkeit) des Jahres 1956. In: DA 39(2006)1, S. 35–42.

den sogenannten Bruderländern, namentlich in Polen, von Anfang an sehr genau. Ulbricht, der über einen ausgeprägten Machtinstinkt verfügte, zog daraus frühzeitig Schlüsse für seine eigene Politik, die – wie sich zeigen wird – sehr bald unter dem Primat der präventiven Herrschaftssicherung stehen sollte.

Die Krise von 1956 hatte zwei unterschiedliche Elemente, die in der Betrachtung auseinander zu halten sind, auch wenn sie intensive Wechselwirkungen entfalteten. Das erste Krisenelement könnte man als Typ »17. Juni« oder »Poznań« bezeichnen: Soziale und ökonomische Unzufriedenheit bildete hier den Ausgangspunkt von Unruhen, Großbetriebe und Arbeiterschaft spielten dabei eine große Rolle, die Unruhe steigerte sich zum gewalttätigen Aufruhr gegen den Staat, das Regime reagierte zunächst polizeilich-militärisch, später auch sozialpolitisch. Mit diesem Krisenelement hatte man in der DDR im Zusammenhang mit dem Juni-Aufstand Erfahrungen gesammelt und entsprechende Vorkehrungen getroffen.[4] Obwohl es 1956 sowohl in Polen als auch in Ungarn eine erhebliche Rolle spielte und insbesondere die Juni-Ereignisse von Poznań in der DDR Erinnerungen an den 17. Juni hervorriefen,[5] kommt diesem in der folgenden Betrachtung nur eine untergeordnete Rolle zu.

Das zweite Krisenelement von 1956 war dagegen weitgehend neu und stand im engen Zusammenhang mit dem XX. Parteitag der KPdSU. Man könnte es als Typ »Petöfi-Klub«[6] etikettieren und als ideologische Entstalinisierung beschreiben. Diese wurde von Teilen der parteinahen Intellektuellen getragen und wirkte bis in den Staats- und Parteiapparat hinein. Die Stalinisten fanden für dieses Phänomen den Begriff des »Revisionismus«. In Polen und Ungarn entfaltete es 1956 – unabhängig von den Intentionen der jeweiligen Akteure – Wirkungen von systemgefährdender Dimension.

Im Machtgefüge der DDR hatte Chruščevs »Geheimrede« nur geringe Auswirkungen. Ulbricht, der Hauptverantwortliche für den bisherigen stalinistischen Kurs, geriet zwar unter Druck. Ihm gelang es jedoch, größere Veränderungen zu vermeiden. In den Monaten nach dem XX. Parteitag zielten all

---

4   Seit dem Juni-Aufstand fertigte das MfS regelmäßige Stimmungsberichte aus den Betrieben der DDR und registrierte Arbeitskonflikte minutiös; nach den Ereignissen von Poznań intensivierte es diese Tätigkeit noch. Vgl. die Berichte der Abt. Information des MfS v. 2.-31.7.1956; BStU, MfS, AS 81/59; vgl. auch Mitter; Wolle: Untergang (Anm. 2), S. 221–224.

5   Vgl. Wolle, Stefan: Polen und die DDR im Jahre 1956. In: Hahn, Hans Henning; Olschowsky, Heinrich (Hg.): Das Jahr 1956 in Ostmitteleuropa. Berlin 1996, S. 46–57, hier 47–51.

6   Der nach dem ungarischen Freiheitsdichter der Revolution von 1948 Sándor Petöfi benannte Klub bildete sich schon 1955 unter der Ägide des ungarischen Einheitsjugendverbandes DISZ und wurde nach dem XX. Parteitag der KPdSU zum Forum der intellektuellen Entstalinisierung in Ungarn. Im Sommer/Herbst 1956 sprengte er den Rahmen eines intellektuellen Debattierklubs; seine Veranstaltungen wurden von Tausenden Teilnehmern besucht. Obwohl eher gemäßigt reformkommunistisch orientiert, fungierte er auf der intellektuellen Ebene als Motor der Entwicklung, die im Oktober in die Revolution führte. Für Ulbricht und die anderen Stalinisten in der SED-Führung wurde der Begriff »Petöfi-Klub« zum Synonym für die gedankliche Wegbereitung der »Konterrevolution«.

seine Bemühungen auf die Verhinderung sogenannter Fehlerdiskussionen, die gerade seine eigene Machtstellung als Allererstes gefährdet hätten.[7] Nach der 3. Parteikonferenz der SED von Ende März 1956, auf der das Politbüromitglied Karl Schirdewan den Delegierten Chruščevs »Geheimrede« vortrug,[8] musste Ulbricht widerwillig einen konzilianteren Kurs einschlagen, was insbesondere im justizpolitischen Bereich zu Konsequenzen führte: Über 20 000 politische Gefangene wurden bis Oktober 1956 entlassen,[9] doch substanzielle politische Konzessionen blieben aus. Auch im Bereich der Justiz kam es 1956 in der DDR zu keiner nachhaltigen Stärkung der »Gesetzlichkeit«.[10]

Schon Ende April 1956 formulierte das SED-Politbüro die Abwehrformel gegen alle weitergehenden Veränderungsbestrebungen: Aus der Diskussion »über Fragen des Personenkults, über die Fragen der Korrektur von Fehlurteilen, der Verletzung der sozialistischen Gesetzlichkeit in anderen Ländern« sei nicht der Schluss zu ziehen, »dass wir in gleicher Weise, also im mechanischen, schablonenhaften Sinne, eine Übertragung dieser Maßnahmen der Bruderparteien auf unsere Bedingungen vornehmen sollen«. »Überspitzungen, die zu einer ungerechtfertigten Verurteilung von Menschen führten« – so die wahrheitswidrige Behauptung –, habe man in der DDR in der Vergangenheit keinen freien Lauf gelassen.[11] Doch, wie die SED-Führung aus den Stimmungsberichten der Staatssicherheit entnehmen konnte, gärte es in der Bevölkerung und sogar in den Grundorganisationen der Partei, und diese Stimmungen

---

7   Vgl. Harrison, Hope M.: Ulbricht und der XX. Parteitag der KPdSU. Die Verhinderung politischer Korrekturen in der DDR 1956–1958. In: DA 39(2006)1, S. 43–53; Kowalczuk, Ilko-Sascha: Zwischen Hoffnung und Krisen: Das Jahr 1956 und seine Rückwirkungen auf die DDR. In: Jahrbuch für Historische Kommunismusforschung 2006, S. 15–33.

8   Schirdewan, Karl: Aufstand gegen Ulbricht. Im Kampf um politische Kurskorrektur, gegen stalinistische, dogmatische Politik. Berlin 1994, S. 85.

9   Vgl. Zur Entlassung werden vorgeschlagen. Wirken und Arbeitsergebnisse der Kommission des Zentralkomitees zur Überprüfung von Angelegenheiten von Parteimitgliedern 1956. Mit einem Vorwort von Josef Gabert. Berlin 1991.

10   Vgl. Fricke, Karl Wilhelm: DDR-Unrechtsjustiz im »politischen Tauwetter«. Zur Manipulation politischer Strafprozesse nach der 3. Parteikonferenz. In: DA 40(2007)1, S. 40–49. Symptomatisch ist auch der von Werkentin ausführlich beschriebene Fall des Rechtsanwalts Herbert Schmidt. Vgl. Werkentin, Falco: Politische Strafjustiz in der Ära Ulbricht. Berlin 1995, S. 336–351; vgl. außerdem Engelmann, Roger: Staatssicherheitsjustiz im Aufbau. Zur Entwicklung geheimpolizeilicher und justitieller Strukturen im Bereich der politischen Strafverfolgung 1950–1963. In: Ders.; Vollnhals, Clemens (Hg.): Justiz im Dienste der Parteiherrschaft. Rechtspraxis und Staatssicherheit in der DDR. Berlin 1999, S. 133–164, hier 152–160.

11   Die leninistische Geschlossenheit unserer Partei, Artikel des Politbüros des ZK der SED. In: ND v. 29.4.1956, zit. nach: Gabert, Josef; Prieß, Lutz (Hg.): SED und Stalinismus. Dokumente aus dem Jahr 1956. Berlin 1990, S. 134–145, hier 139 f.

richteten sich oftmals persönlich gegen Ulbricht, der wegen seiner stalinistischen Politik weithin als kompromittiert angesehen wurde.[12]

Als der Stalinist Mátyás Rákosi in Ungarn am 17. Juli 1956 als Parteichef
abgelöst wurde, wertete Ulbricht dies offensichtlich als Gefahrensymptom. Die
DDR-Medien verschwiegen den Sturz tagelang. Die Nachricht erreichte die
DDR-Bevölkerung lediglich über den Westberliner Rundfunksender RIAS
und verbreitete sich »im Wisperton eines gefährlichen Staatsgeheimnisses«, wie
Alfred Kantorowicz am 22. Juli in seinem Tagebuch festhielt.[13] Diese SED-
Pressepolitik wiederholte sich, als Władysław Gomułka, der von 1951 bis
1954 als »Titoist« inhaftiert gewesen war, zum Ersten Sekretär der PVAP
gewählt wurde – ein Vorgang, der Ulbricht so vorkommen musste, als sei ihm
Paul Merker als Erster Sekretär des ZK nachgefolgt. Entsprechend hysterisch
reagierte er: Am 22. Oktober 1956 wurden 200 000 Exemplare der Ostberli-
ner Boulevardzeitung *BZ am Abend* wieder eingezogen, weil sie als einziges
DDR-Blatt ein Bild und einen kurzen Ausschnitt aus der Antrittsrede
Gomułkas gedruckt hatte. Die Interessierten konnten sich freilich über die
Westmedien und den Warschauer Sender in deutscher Sprache informieren.[14]

Unter den parteinahen Intellektuellen in der DDR sorgte die Art und Weise, wie die SED-Führung mit dem XX. Parteitag und dessen Auswirkungen in
den »Volksdemokratien« umging, für verbreitete Irritationen. Insbesondere in
der literarischen Intelligenz gärte es. Der Arbeiterschriftsteller Willi Bredel,
Mitglied des ZK der SED, kritisierte die abwiegelnd-zynische Haltung
Ulbrichts sogar in der Quasi-Öffentlichkeit der 3. Parteikonferenz. Seine
Äußerungen wurden von den Politbüro-Hardlinern sofort reflexartig als
»feindlich« eingestuft, was unter den Schriftstellern große Frustration auslöste.
Bodo Uhse, der damalige Vorsitzende des DDR-Schriftstellerverbandes,
schrieb am 11. April 1956 in sein Tagebuch: »Welch trauriger Gegensatz zur
Haltung der polnischen Partei, zur Rede Ochabs.«[15] Die Erneuerungswilligen
orientierten sich in den folgenden Wochen und Monaten immer stärker an
Polen, gleichzeitig begannen die Ängstlichen und Orthodoxen zurückzurudern
und sich von den polnischen Verhältnissen abzugrenzen. Es bildeten sich
Kerne dissidenter Intellektueller, etwa um den Leipziger Lehrstuhl von Ernst
Bloch oder um den Berliner Aufbau-Verlag und die Redaktion der Wochen-

---

12 Siehe etwa: MfS, Abt. Information: Information 90/56 v. 25.7.1956: Bericht über die Diskussionen in Versammlungen zur Verurteilung des Personenkults; BStU, MfS, AS 81/59, Bl. 321–326; vgl.
auch die Zitate bei Mitter; Wolle: Untergang auf Raten (Anm. 2), S. 239 f.

13 Zit. nach: Herzberg, Guntolf: Anpassung und Aufbegehren. Die Intelligenz der DDR in den
Krisenjahren 1956/58. Berlin 2006, S. 218.

14 Vgl. Wolle, Stefan: Polen und die DDR im Jahre 1956. In: Hahn; Olschowsky (Hg.): Das
Jahr 1956 (Anm. 5), S. 46–57, hier 52; Herzberg: Anpassung (Anm. 13), S. 223–225.

15 Zit. nach: Brandt, Marion: Für eure und unsere Freiheit? Der Polnische Oktober und die
Solidarność-Revolution in der Wahrnehmung von Schriftstellern aus der DDR. Berlin 2002, S. 101.

zeitschrift des Kulturbundes *Sonntag*, die eine durchaus rege Kommunikation mit polnischen, teilweise auch mit ungarischen Kollegen pflegten. Diese Kontakte gerieten zunehmend in das Fadenkreuz der Sicherheitsorgane, so etwa im Fall des Berliner Besuchs der polnischen Literaturkritiker Roman Karst und Marceli Ranicki (der spätere Marcel Reich-Ranicki) im Oktober 1956.[16]

Auch an den Hochschulen artikulierte sich Widerspruch gegen Ulbrichts Linie. Das MfS registrierte in der Studentenschaft verbreitete Diskussionen über den XX. Parteitag der KPdSU und die »Auswirkungen des Personenkults«, wobei »alle Veröffentlichungen über die Fehler Stalins wie Sensationen aufgegriffen und diskutiert« würden.[17] Die SED-Führung versuchte, durch eine Intensivierung der Parteiarbeit die Lage unter Kontrolle zu bringen. Am 13. Juni 1956 nahm Ulbricht selbst an einer Tagung des Parteiaktivs der Humboldt-Universität zu Berlin teil, wo er die Anwesenden einerseits zum »wissenschaftlichen Meinungsstreit« ermunterte und gleichzeitig vor »Fehlerdiskussionen« warnte. Unübersehbar ist hier das Bemühen des SED-Chefs, sich vom »Dogmatismus« abzusetzen, um seine Position zu konsolidieren; er unterstützte auf dieser Versammlung sogar Robert Havemann, der zuvor von diversen Hardlinern aus dem Parteiaktiv angegriffen worden war.[18]

Machtpolitisch wesentlich ungeschminkter, wenn auch ebenfalls ambivalent, war ein Monat zuvor Ulbrichts Auftritt auf einer Parteiaktivtagung der Staatssicherheit gewesen.[19] Als Konzession an den neuen politischen Kurs verlangte er hier, dass das MfS zukünftig »Überspitzungen« vermeiden und bei der Bekämpfung von Feinden stärker differenzieren müsse. Die Untersuchungsabteilungen des MfS dürften keinen Druck mehr auf Richter und Staatsanwälte ausüben. Es dürfe nicht mehr vorschnell verhaftet werden; Einschüchterungen hätten zu unterbleiben. Gleichzeitig verwahrte sich Ulbricht jedoch abermals gegen die Vorstellung, die DDR müsse sich an Entstalinisierungsmaßnahmen anderer sozialistischer Länder orientieren: Schließlich habe man zu Stalins Zeiten in der DDR »solche Prozesse, wie in Polen [...] nicht geführt«. Nicht zufällig führte er hier Polen ins Feld, das sich beim Thema Schauprozesse als Beispiel eigentlich nicht aufdrängte. Aber es war eben das

---

16   Ebenda, S. 132–134; vgl. auch Olschowsky, Heinrich: Das Jahr 1956 in der literarischen Szene der DDR. In: Hahn; Olschowsky (Hg.): Das Jahr 1956 (Anm. 5), S. 116–134; Herzberg: Anpassung (Anm.13), S. 218–221.

17   MfS, Abt. Information: Lage in den Universitäten und unter den Studenten v. 29.5.1956; BStU, MfS, AS 80/59, Bl. 98–112, hier 98.

18   Vgl. Klein: Einheit und Reinheit (Anm. 2), S. 285 f. Zur Rolle von Robert Havemann auf dieser Versammlung vgl. Herzberg: Anpassung (Anm. 13), S. 543 f.

19   Rede Ulbrichts auf der Parteiaktivtagung des MfS am 11.5.1956; BStU, MfS, SdM 2366, Bl. 20–34. Zu diesem Auftritt des Ersten Sekretärs des ZK vor den Kadern der Berliner Stasi-Zentrale siehe auch Mitter; Wolle: Untergang (Anm. 2), S. 241–244.

Vorbild, an dem sich die Anhänger einer entschiedenen Entstalinisierung in der DDR zunehmend orientierten.[20]

Bezeichnend ist jedenfalls, dass Ulbricht schon auf dieser Versammlung im Mai 1956 – also noch vor den Ereignissen von Poznań und noch bevor Rákosi in Ungarn wirklich in die Defensive geriet – sein zentrales Anliegen folgendermaßen formulierte: Die Staatssicherheit sei unter den neuen Bedingungen »noch notwendiger als bisher«.[21] Es gebe eine neue Taktik des Gegners, Stimmungen in intellektuellen Kreisen und der Partei für seine Ziele auszunutzen. Ausgangspunkt dieser Diskussionen seien die »Fehler des Genossen Stalin«. Im Kampf »zwischen den zwei Systemen in Deutschland« versuche »der Gegner, auf diese Weise bei uns einzudringen«. Partei und Staatssicherheit aber seien auf diese »neuen Methoden und Formen« nicht vorbereitet. »Das heißt, mitten im Lande kann uns der Gegner überraschen und wir merken nichts davon.«[22]

Für die Entwicklung in der DDR war es nicht bedeutungslos, dass der selbstbewusste und manchmal durchaus Ulbricht-kritische Minister für Staatssicherheit Ernst Wollweber Ende Mai 1956 einen Herzinfarkt erlitt und bis September im Krankenhaus lag. Er war somit nicht im Dienst, als die Entwicklung in Polen und Ungarn an Fahrt gewann. An der Spitze der Staatssicherheit waltete der Stellvertreter Wollwebers, Erich Mielke, der – aus Überzeugung und Karrieregründen – den Ehrgeiz hatte, es dem SED-Chef hundertprozentig recht zu machen.

Wollweber unterzog sich nach seinem Krankenhausaufenthalt einer Kur im polnischen Bad Kudowa und erlebte dort als Rekonvaleszenter den heraufziehenden »polnischen Oktober«. Unmittelbar vor dem dramatischen 8. ZK-Plenum der PVAP am 19./20. Oktober, auf der die Wahl Gomułkas zum Ersten Sekretär stattfand, eilte er nach Warschau und führte dort informelle Gespräche mit verschiedenen hohen Funktionären. Unter anderem traf er den Vorsitzenden des Komitees für Nationale Sicherheit Edmund Pszczółkowski, seinen Stellvertreter Antoni Alster und den Innenminister Władysław Wicha, die ihrem deutschen Amtskollegen gegenüber offenbar ziemlich zugeknöpft waren, aber deutlich machten, dass das ZK umgehend die politischen Entscheidungen fällen müsse, die die polnische Bevölkerung von ihm erwarte.[23]

Wollweber war darüber verwundert, dass die leitenden Mitarbeiter der polnischen Staatssicherheit sich auf die Seite Gomułkas geschlagen hatten, und erklärte sich das folgendermaßen: Die Autorität der Staatssicherheit sei in

---

20 Rede Ulbrichts (Anm. 19); BStU, MfS, SdM 2366, Bl. 20–31.
21 Ebenda, Bl. 34.
22 Ebenda, Bl. 24 f.
23 Vgl. Wollweber, Ernst: Aus Erinnerungen. Ein Porträt Walter Ulbrichts, dokumentiert von Wilfriede Otto. In: Beiträge zur Geschichte der Arbeiterbewegung 32(1990), S. 350–378; außerdem Wollwebers Bericht o. D. (Ende Oktober 1956), wahrscheinlich für Ulbricht bestimmt; BStU, MfS, SdM 1201, Bl. 424–433.

Polen völlig am Boden. Nachdem Gomułka Erster Sekretär geworden und auf die Geheimpolizei nunmehr angewiesen sei, habe er versprochen, ihre Autorität wieder zu heben. Dadurch habe er die polnische Staatssicherheit für sich gewonnen.[24] Als Fazit seiner Warschauer Gespräche hielt Wollweber lapidar fest, es sei »klar ersichtlich, dass man die antisowjetischen und nationalistischen Stimmungen nicht bekämpft« habe, »sondern […] sozusagen auf ihrer Flutwelle an die Macht geschwommen« sei.[25] Wollweber, dessen uneingeschränkte Loyalität immer zuallererst der Sowjetunion galt, gefiel das überhaupt nicht. Er ging soweit, einem seiner polnischen Ansprechpartner, dem Staatssekretär im Transportministerium Borgin, den er aus seiner Amtszeit im DDR-Verkehrsministerium gut kannte, indirekt mit dem Thema polnische Westgrenze zu drohen: »Ich habe ihm gesagt, wir stellen nicht die Frage der Oder-Neiße-Grenze, aber durch die [polnische] Politik, so wie sie sich scheinbar entwickelt, würden sich in Deutschland weitere revisionistische Stimmungen gegenüber der Oder-Neiße-Grenze entwickeln.«[26]

Obwohl Wollweber in Warschau also eine durchaus kernig-stalinistische Gesinnung an den Tag gelegt hatte, war seine Haltung in den Augen von Ulbricht immer noch zu lau. Der SED-Chef machte der polnischen Staatssicherheit den Vorwurf, dass sie die Machtübernahme Gomułkas nicht verhindert habe. Wollweber, der in die Rolle eines Verteidigers seiner polnischen Kollegen gedrängt wurde, hielt dem entgegen, wenn die polnische Staatssicherheit so gehandelt hätte, hätte sie dies gegen den Willen des Zentralkomitees der PVAP tun müssen.[27] Das Argument scheint den Ersten Sekretär nicht beeindruckt zu haben, zeigte ihm aber, dass Wollweber in einer vergleichbaren Situation nicht unbedingt in seinem Sinne agiert hätte. Von nun an suchte er systematisch nach Gelegenheiten, seinen Staatssicherheitsminister zu demontieren.[28]

Die Nervosität Ulbrichts war insofern nicht unberechtigt, weil vor dem Hintergrund der polnischen und ungarischen Oktoberereignisse die kritischen Stimmen in der DDR zunehmend lauter wurden. An der Berliner Humboldt-Universität etwa hatten Studenten nach dem Vorbild des »Petöfi-Klubs« einen »Jakobiner-Klub« gebildet, in dem wissenschaftliche, philosophische und politische Fragen diskutiert wurden. Die SED verfügte zwar die Auflösung dieses Zirkels, aber am 11. Oktober kamen 50 Anhänger des aufgelösten Klubs

24 Ebenda, Bl. 430.
25 Ebenda, Bl. 427.
26 Ebenda, Bl. 429.
27 Wollweber: Erinnerungen (Anm. 23), S. 363 f.
28 Zur Dramaturgie des Konfliktes Ulbricht – Wollweber vgl. Engelmann, Roger; Schumann, Silke: Der Ausbau des Überwachungsstaates. Der Konflikt Ulbricht – Wollweber und die Neuausrichtung des Staatssicherheitsdienstes der DDR 1957. In: VfZ 43(1995)2, S. 341–378, sowie ausführlicher Dies.: Kurs auf die entwickelte Diktatur. Walter Ulbricht, die Entmachtung Ernst Wollwebers und die Neuausrichtung des Staatssicherheitsdienstes 1956/57. Berlin 1995.

trotzdem zusammen und diskutierten unter anderem die Geheimrede Chruščevs und Wolfgang Leonhards »Die Revolution entlässt ihre Kinder«.[29]

Das Interesse der Studenten an den polnischen Vorgängen war groß, und es verbreitete sich Unmut über die mangelhafte Berichterstattung der DDR-Presse zu Polen.[30] Der Ton wurde schärfer: Studenten der Hochschule für Ökonomie und Planung in Berlin forderten zum Beispiel die Absetzung Walter Ulbrichts mit der Begründung, er sei »der größte Stalinist der Gegenwart«. »Die Volksdemokratien hätten ihre Politik geändert, bei uns in der DDR sei aber alles beim Alten geblieben.«[31] An der Berliner Humboldt-Universität gärte es vor allem bei den Chemikern, Medizinern und Veterinärmedizinern. Prophylaktisch wurden am 31. Oktober in Berlin-Mitte zwei Kampfgruppen-Hundertschaften zusammengezogen.[32]

Als wenig später die politische Situation in Ungarn außer Kontrolle geriet, fühlte Ulbricht sich in seinen Befürchtungen vollkommen bestätigt. Bereits am 5. November verfasste er ein Schreiben »an die Genossen und Mitarbeiter der Staatssicherheit«, dessen Kernsatz lautete: »Das Beispiel Ungarn lehrt uns, niemals in die Fehler der ungarischen Partei zu verfallen, sondern einheitlich, entschlossen und konsequent alle Versuche der Konterrevolution zur Restaurierung des Kapitalismus schon im Keime zu ersticken.« Er betonte: »Die Versuche der Feinde, durch eine Politik der Aufweichung Boden in der Deutschen Demokratischen Republik zu gewinnen, müssen durch rechtzeitige Informationen und Hinweise an die Partei [und] durch Einsatz aller Kräfte zum Scheitern gebracht werden.«[33]

Drei Tage später beschloss das SED-Politbüro überstürzt »Maßnahmen zur Unterdrückung konterrevolutionärer Aktionen«, einen Stufenplan für den Bürgerkriegseinsatz, der ein nach dem Juni-Aufstand konzipiertes System von politisch-militärischen Kommandostrukturen weiterentwickelte und implementierte.[34]

---

29 Analyse der Feindtätigkeit der wissenschaftlichen und künstlerischen Intelligenz, o. D. (1957); BStU, MfS, BdL/Dok. 5154, sowie SAPMO-BA, DY 30 IV 2/1/182, Bl. 62–153. Dokumentiert bei Kowalczuk, Ilko-Sascha: Frost nach dem kurzen Tauwetter: Opposition, Repressalien und Verfolgungen 1956/57 in der DDR. Eine Dokumentation des Ministeriums für Staatssicherheit. In: Jahrbuch für historische Kommunismusforschung 1997, S. 167–215, hier 202.

30 MfS, Abt. Information: Information 275/56: Lage der Studenten v. 25.10.1956; BStU, MfS, AS 83/59, Bl. 123–127.

31 MfS, Abt. Information: Information 279/56: Lage in der Deutschen Demokratischen Republik, Anhang: Lage unter den Studenten v. 26.10.1956; ebenda, Bl. 168–175, hier 168.

32 Vgl. Kowalczuk, Ilko-Sascha: Die Niederschlagung der Opposition an der Veterinärmedizinischen Fakultät der Humboldt-Universität zu Berlin in der Krise 1956/57. Dokumentation einer Pressekonferenz des Ministeriums für Staatssicherheit im Mai 1957. Berlin 1997; siehe auch Herzberg: Anpassung (Anm. 13), S. 341–353.

33 Entwurf des Schreibens v. 5.11.1956; SAPMO-BA, DY 30 IV 2/12/102, Bl. 314–317.

34 Vgl. Krüger, Joachim: Votum für bewaffnete Gewalt. Ein Beschluss des SED-Politbüros vom November 1956. In: Beiträge zur Geschichte der Arbeiterbewegung 34(1992)4, S. 75–85; weiterfüh-

Weitere vier Tage später, am 12. November, beendete Ulbricht auf dem 29. ZK-Plenum faktisch das politische »Tauwetter«. In seinem Redebeitrag betonte er, dass nach dem XX. Parteitag auch in der DDR »manche Genossen der Staatssicherheit« so vorsichtig geworden seien, »dass sie nicht mehr die Kraft« gehabt hätten, gegen bestimmte Feinde des Staates energisch vorzugehen. Er werde nicht zulassen, dass durch Fehlerdiskussionen »irgendwelche Zersetzungsarbeit« in die Partei oder die Staatsorgane hineingetragen werde.[35] Auf dem folgenden 30. ZK-Plenum, das vom 30. Januar bis zum 1. Februar 1957 stattfand, wurde die Einordnung der ungarischen und polnischen Ereignisse sowie der dissidenten Diskussionen von DDR-Intellektuellen in den Kontext einer »Aufweichungstaktik des Imperialismus« parteioffiziell kanonisiert.[36] Die Staatssicherheit erhielt den Auftrag, sich auf die »neuen Feindmethoden« der »ideologischen Zersetzung« durch »revisionistische, opportunistische und liberalistische Anschauungen« einzustellen.[37]

Schon am 3. November 1956 hatte das MfS mit einer Richtlinie »über die Abwehr feindlicher Tätigkeit gegen die Universitäten und Hochschulen« ganz im Sinne Ulbrichts auf den politischen Gärungsprozess reagiert, der insbesondere innerhalb der Studentenschaft in Gang gekommen war: Die »Auswertung der Vorkommnisse in Ungarn, wo die konterrevolutionären Aktionen von feindlichen Studentengruppen eröffnet worden« seien, habe die Notwendigkeit erhöhter Wachsamkeit an den Hochschulen verdeutlicht. An den DDR-Universitäten gebe es »seit geraumer Zeit ebenfalls konterrevolutionäre Umtriebe«. Besondere Aufmerksamkeit sei Forderungen nach Pressefreiheit zu schenken. Diese Freiheit sei in Ungarn ausgenutzt worden, um »in massierter Form schädliche Ideologien zu verbreiten«. Die bisherigen Ergebnisse zeigten, dass die operative Arbeit des MfS an den Universitäten »wesentliche Schwächen und Mängel« aufweise. Es müsse gründlich geprüft werden, ob sie noch dem »derzeitigen Stand des Kampfes« entspreche und den »neuesten Methoden« des Gegners gewachsen sei.[38]

---

rend: Wagner, Armin: Walter Ulbricht und die geheime Sicherheitspolitik der SED. Der Nationale Verteidigungsrat und seine Vorgeschichte (1953–1971). Berlin 2002, S. 130–142.

35   Stenographisches Protokoll des 29. Plenums des ZK (12.–14.11.1956); SAPMO-BA, DY 30 IV 2/1/166, Bl. 119–149, hier 147 f.

36   Vgl. Stenographisches Protokoll des 30. Plenums des ZK, 30.1.–1.2.1957, Bericht des Politbüros, vorgetragen von Erich Honecker; SAPMO-BA, DY 30 IV 2/1/170, Bl. 6–53, hier 30–40; Referat von Walter Ulbricht; ebenda, Bl. 54–85, hier 77–85.

37   Vgl. Richtlinie der SED-Kreisleitung im MfS v. 14.2.1957 zur Auswertung des 30. Plenums des ZK in den Grundorganisationen; BStU, MfS, KL-SED 364 (alt), Bl. 1001–1003.

38   Richtlinie 1/56 v. 3.11.1956 über die Abwehr feindlicher Tätigkeit gegen die Universitäten und Hochschulen der Deutschen Demokratischen Republik, gez. (Bruno) Beater, Stellvertreter des Ministers; BStU, MfS, BdL/Dok. 2379; dokumentiert bei Kowalczuk: Die Niederschlagung (Anm. 32), S. 40–47.

Dabei trug die Staatssicherheit der Tatsache Rechnung, dass die aus ihrer Sicht »ideologisch aufgeweichten« universitären SED-Parteiorganisationen als Ordnungsfaktor nur noch begrenzt tauglich waren. Sie versuchte das zu kompensieren, indem sie ihrem Spitzelnetz politische Aufgaben zuwies: Es müsse »ein großer Teil solcher G[eheimer] I[nformatoren] vorhanden sein, die in unserem Auftrag überall positiv auftreten, die Stärke der DDR und das Fortschrittliche unserer Entwicklung aufzeigen und dabei auch weitere zu uns stehende Angehörige des Lehrkörpers und Studenten entdecken und um sich scharen«.[39]

Ein solches Vorgehen war aus damaliger Sicht durchaus ungewöhnlich, ergab sich aber aus dem Umstand, dass die SED-Hardliner die SED-Grundorganisationen und FDJ-Gruppen an den Hochschulen nicht mehr im Griff hatten: »An fast allen Hochschulen und Universitäten der DDR« zeigten sich »Versuche der Studenten – teilweise unterstützt durch Dozenten – die Auseinandersetzungen in den Volksdemokratien Polen und Ungarn für Forderungen an die Führung der SED und an den Staat auszunutzen«. Häufig im Einverständnis mit den FDJ-Leitungen werde etwa die Auflösung der FDJ-Hochschulgruppen, die Gründung einer unabhängigen Studentenorganisation und die Abschaffung des obligatorischen gesellschaftswissenschaftlichen Grundstudiums sowie des obligatorischen Russischunterrichts verlangt.[40] Die Mehrzahl der Studenten – auch die Mitglieder der SED – orientiere sich an der Westpresse und vor allem an den Meldungen des RIAS. Die Hochschulleitungen der SED und der FDJ seien »nur selten in der Lage, der feindlichen Argumentation entgegenzuwirken«. Die Äußerungen richteten sich zunehmend gegen das Führungskollektiv der SED, besonders gegen Walter Ulbricht, dessen Rücktritt wiederholt gefordert worden sei.[41]

Im Hinblick auf die politischen und intellektuellen Spielräume markierte die erste Novemberhälfte 1956 in der DDR einen einschneidenden Wendepunkt: Anschauungen, die in den vorausgegangenen Monaten des »Tauwetters« von den Stalinisten geduldet werden mussten, galten jetzt plötzlich (wieder) als »feindlich«. Erich Loest hat diesen Vorgang mit den Worten beschrieben: »Die Funktionäre fanden die alte sichere Härte und die harte Sicherheit ihrer Sprache und Argumente von einer Woche zur anderen wieder.«[42] Zum Schlüsselvorgang für die repressive politische Neuorientierung im Winter 1956/57 wurde jedoch der Fall Harich.

---

39 Ebenda, S. 43 f.
40 Analyse betr. Lage unter den Studenten nach dem XX. Parteitag, 2.10.1956 (Anlage 1 zur Richtlinie 1/56; ebenda); BStU, MfS, BdL/Dok. 2379; siehe auch Abt. Information: Information 285/56: Lage an den Universitäten und Hochschulen der Deutschen demokratischen Republik (Zusammenfassung), 28.10.1956; BStU, MfS, AS 83/59, Bd. 1b, Bl. 206–211, hier 206.
41 Ebenda, Bl. 206 f.
42 Loest, Erich: Durch die Erde ein Riß. Ein Lebenslauf. München 1996, S. 291.

Wolfgang Harich, Philosophiedozent an der Humboldt-Universität zu Berlin und stellvertretender Cheflektor im Aufbau-Verlag, hatte sich intensiv an den nach dem XX. Parteitag der KPdSU einsetzenden Reformdiskussionen unter Parteiintellektuellen beteiligt. Dabei hatte er unter anderem auch mit polnischen und ungarischen Intellektuellen kommuniziert. In den späteren Stasi-Verhören unterstrich er unter anderem die Bedeutung seiner Gespräche mit Georg Lukács und Leszek Kołakowski.[43] In mehreren Papieren formulierte er politische Vorstellungen zur Reform von SED und DDR eingebettet in eine offensive Strategie zur Wiedervereinigung beider deutscher Staaten. Er übermittelte seine Überlegungen an den sowjetischen Botschafter Puškin und diskutierte sie auch mit Vertretern der SPD und der westdeutschen Presse. Damit ging er sowohl gedanklich als auch in seinem konkreten Handeln weiter als alle anderen Parteiintellektuellen, die später des »Revisionismus« bezichtigt wurden. Die später inkriminierten Texte Harichs von 1956 waren das einzige wirklich umfassende und detailliert ausgearbeitete politische Programm, das der »Revisionismus« des Jahres 1956 hervorbrachte.[44] Harich entwarf eine Alternative zur gültigen Parteilinie, die eine (von der SED) kontrollierte und zunächst lediglich begrenzte Demokratisierung und Liberalisierung vorsah. Von der Politbürokratie musste dies jedoch als radikaler Systembruch gedeutet werden, zumal der anvisierte Wiedervereinigungsprozess in vollständig demokratische Formen münden sollte.

Für Ulbricht waren die Ideen Harichs jedenfalls schlicht das »Programm der Konterrevolution«. Er drängte Wollweber zu seiner Verhaftung, was am 29. November tatsächlich geschah.[45] Es folgten weitere Verhaftungen unter kritischen Parteiintellektuellen. Auch der Leiter des Aufbau-Verlages Walter Janka und die leitenden Redakteure des dort erscheinenden *Sonntags*, Gustav Just und Heinz Zöger, gerieten jetzt in die Mühlen der politischen Strafjustiz. Die Wochenzeitschrift des Kulturbundes war monatelang das Forum der intellektuellen Entstalinisierung gewesen und hatte insbesondere auch kulturelle und politische Entwicklungen in Polen dokumentiert.[46] Aufbau-Verlag und *Sonntag* wurden vom MfS in der Rückschau zum »politisch-organisatorischen Zentrum der konterrevolutionären Bestrebungen der Gruppierung um

43   Sachstandsbericht (der HA IX des MfS), 17.12.1956; BStU, MfS, AU 89/57, Untersuchungsvorgang, Bd. 1, Bl. 173–207, hier 177.

44   Vgl. die Dokumentation in Harich, Wolfgang: Keine Schwierigkeiten mit der Wahrheit. Zur nationalkommunistischen Opposition 1956 in der DDR. Berlin 1993, S. 112–160. Zu den Vorgängen und Schriften des Jahres 1956 Prokop, Siegfried: Ich bin zu früh geboren. Auf den Spuren Wolfgang Harichs. Berlin 1997, S. 91–113; vgl. auch Engelmann, Roger: Ost-West-Bezüge von Widerstand und Opposition in der DDR der fünfziger Jahre. In: Neubert, Ehrhart; Eisenfeld, Bernd (Hg.): Macht – Ohnmacht – Gegenmacht. Grundfragen zur politischen Gegnerschaft in der DDR. Bremen 2001, S. 169–182, hier 176–179, sowie Herzberg: Anpassung (Anm. 13); S. 489–510.

45   Wollweber: Erinnerungen (Anm. 23), S. 366.

46   Vgl. Brandt: Für eure und unsere Freiheit? (Anm. 15), S. 114–127.

Harich« mit weitreichenden Verbindungen in »revisionistische« Kreise in der DDR, Polen und Ungarn gestempelt.[47] Bei näherem Hinsehen handelte es sich bei dieser »Gruppe« jedoch lediglich um einen losen Diskutierzirkel, in dem unorthodoxe Ideen ausgetauscht worden waren.

Für die repressive Politik des SED-Chefs spielte die strafrechtliche und politisch-propagandistische Behandlung der »revisionistischen« Abweichungen eine zentrale Rolle. Sein Ziel war, die alternativen politischen Denkströmungen des Jahres 1956 samt und sonders als »konterrevolutionär« und »staatsverräterisch« zu kriminalisieren. Nach den geistigen Ausschweifungen der Tauwetterperiode sollten Partei und Intellektuelle so wieder diszipliniert werden. Die Botschaft, die mit der Kriminalisierung der Angehörigen der sogenannten Gruppe Harich-Janka beabsichtigt war, zeigte zweifellos Wirkung. Schon nach den ersten Verhaftungen machten sich unter den Intellektuellen Niedergeschlagenheit und Empörung breit, das belegen Meinungsäußerungen aus dem Schriftstellerverband, der Akademie der Künste, Berliner Verlagen, der Universität Jena und sogar aus dem Kulturministerium und der DDR-Nachrichtenagentur ADN, die in der MfS-Berichterstattung wiedergegeben sind. Das beabsichtigte Strafverfahren wurde als »Schauprozess gegen die Intelligenz« oder als »Warnschuss vor den Bug aller, die eine offene Diskussion wünschten«, bezeichnet. Etliche fühlten sich an die »Zeiten Berijas« erinnert.[48]

Ulbrichts These von den »neuen Feindmethoden der ideologischen Aufweichung und Zersetzung« führte in den Jahren 1957/58 zur Herausbildung des geheimpolizeilichen Schlüsselbegriffs der »politisch-ideologischen Diversion«, der in der Folgezeit nicht nur die operative Tätigkeit der Staatssicherheit, sondern indirekt auch die politische Strafjustiz beeinflusste. Das im Februar 1958 in Kraft getretene Strafrechtsergänzungsgesetz (StEG) hielt hierfür vor allem den § 13 »Staatsverrat« bereit, laut einer MfS-internen »Vorlesung« das in der DDR schwerstmögliche Verbrechen. Ungeschminkt heißt es hier:

»Dass es politisch notwendig ist, einen solchen Tatbestand zu schaffen, haben nicht zuletzt die Ereignisse 1956 in Ungarn sowie die Tätigkeit der Harich-Gruppe in der DDR bewiesen. [...] Mit aller Schärfe solchen Verbrechen entgegentreten zu können und dieselben im Keime zu ersticken, ist Sinn und Zweck dieses Tatbestandes.«[49]

Harich, Janka und ihre Mitangeklagten wurden im März bzw. Juni 1957 noch nach dem Boykotthetzeartikel 6 der DDR-Verfassung abgeurteilt, in den Strafverfahren taucht für ihre Verfehlungen jedoch schon das Attribut »staatsverräterisch« auf, ein Begriff, der rechtlich zu diesem Zeitpunkt offiziell noch gar nicht

---

47   Analyse der Feindtätigkeit, zit. nach: Kowalczuk: Frost (Anm. 29), S. 178–180.

48   Reaktion auf die Festnahme der Harich-Gruppe, ohne Verfasser, o. D. (Mitte Dezember 1956); BStU, MfS, AU 89/57, Beiakte, Bl. 89–99.

49   Vorlesung zum StEG für alle Mitarbeiter des MfS v. Dezember 1957; BStU, MfS, AS 153/63, Bl. 137 f.

kodifiziert war. Der Wortlaut der späteren Staatsverratsnorm im StEG kann jedoch als direkter Ausfluss der Ulbricht'schen Auffassungen zur »Aufweichungstaktik des Imperialismus« und ihrer Veranschaulichung in den beiden Prozessen gegen die sogenannte Harich-Janka-Gruppe angesehen werden, denn er setzte den »gewaltsamen Umsturz« der »verfassungsmäßigen Staats- und Gesellschaftsordnung« mit seiner »planmäßigen Untergrabung« gleich. In dieser Logik galt die »Zusammenkunft von Personen zum Zwecke der Beratung, Ausarbeitung und Verwirklichung einer staatsverräterischen Konzeption« als Vorbereitungshandlung zum »Staatsverrat«, die gemäß § 13 StEG zu ahnden war.[50] Dies zielte auf eine Kriminalisierung aller Kommunikationsstrukturen, in denen von der Parteilinie abweichende politische Auffassungen formuliert wurden. Wie sich bald zeigte, traf die entsprechende Strafrechtspraxis häufig lockere Diskussionszusammenhänge »revisionistischer« Parteiintellektueller, die zu umstürzlerischen Organisationen hochstilisiert wurden. Dieser politisch und juristisch haarsträubende Denkansatz wird in internen Materialien des MfS-Untersuchungsorgans auf die Spitze getrieben, wo »sogenannte Literaturabende und Gedichtvorlesungen« als besonders geschickte Formen der Tarnung staatsverräterischer Handlungen aufgeführt werden.[51]

Die »revisionistischen« Kommunikationszusammenhänge hatten zahlreiche Gemeinsamkeiten: Sie wurden ausnahmslos von Angehörigen der Intelligenz und vorwiegend von SED-Mitgliedern gebildet. Ausgangspunkt ihrer Aktivitäten war der Wunsch nach konsequenter Entstalinisierung. Unter den Bedingungen des politischen Tauwetters bis zum November 1956 agierten sie relativ offen, dann begannen sie, sich als Reaktion auf die neue politische Eiszeit teilweise konspirativ zu verhalten. Auch programmatisch sind etliche Parallelen erkennbar: Forderungen nach Ablösung der politisch belasteten Stalinisten in Partei und Staatsführung (vor allem Ulbricht, Matern, Benjamin, Melsheimer), nach Meinungs-, Kunst- und Wissenschaftsfreiheit, freieren Wahlen (bis hin zu konkurrierenden Listen) und nach Abschaffung des MfS finden sich bei fast allen »Gruppen«. Zahlreiche »Revisionisten« wurden in den Jahren 1957 und 1958 wegen Staatsverrats zu hohen Zuchthausstrafen verurteilt, unter ihnen etliche Universitätsdozenten.[52] Auch der Schriftsteller Erich Loest und Günter Zehm, ein ehemaliger Assistent von Ernst Bloch, der in einem skandalösen Verfahren gleichsam »stellvertretend für seinen Lehrer« abgeurteilt wurde,[53] gehörten zu ihnen. Nach Inkrafttreten des StEG im Februar 1958 verschärfte

50   Ebenda, Bl. 140.

51   Auszüge aus Materialien der HA IX v. 4.2.1958; BStU, MfS, SdM 1125, Bl. 250–260, hier 253.

52   Vgl. Herzberg: Anpassung (Anm. 13), S. 370–395; Engelmann: Ost-West-Bezüge (Anm. 44), S. 179–181.

53   Vgl. Weber, Petra: Justiz und Diktatur. Justizverwaltung und politische Strafjustiz in Thüringen 1945–1961. München 2000, S. 473–478.

sich die Strafrechtspraxis noch, weil § 13 StEG eine Mindeststrafe von fünf Jahren Zuchthaus vorsah.

Tendenziell kriminalisierte die SED alle abweichenden Vorstellungen von Parteiintellektuellen, die während des »Tauwetters« geäußert worden waren, obwohl diese von ihrer politischen Reichweite her durchweg begrenzter waren als Harichs »Plattform«. Für die 33. ZK-Tagung im Oktober 1957 lieferte das MfS unter dem Titel »Analyse der Feindtätigkeit innerhalb der wissenschaftlichen und künstlerischen Intelligenz« eine Übersicht zu den Personenkreisen, in denen politisch gefährliche Ansichten festgestellt worden waren. Genannt wurden sowohl Personen, die sich früher oder später wieder »auf Linie« bringen ließen, als auch solche, die strafrechtlich verfolgt oder aus dem Land getrieben wurden. Einige prominente Namen seien nachfolgend erwähnt, um das personelle Spektrum der Häresie zu verdeutlichen: Ernst Bloch, Alfred Kantorowicz, Ernst Busch, Gerhard Zwerenz, Fritz Raddatz, Günter Kunert, Heiner Müller, Uwe-Jens Heuer und Karl-Eduard von Schnitzler.[54]

Der Anspruch Ulbrichts, den Kampf gegen den »Revisionismus« persönlich auch im Detail zu steuern, führte schon im Spätherbst 1956 zu einem ernsten Zerwürfnis mit seinem Staatssicherheitsminister. Der Parteichef verschaffte sich zu diesem Zweck über Erich Mielke Zugang zu den Ermittlungsakten im Fall Harich, noch bevor der Minister selbst sie zur Kenntnis nehmen konnte. Der eher kühl und zurückhaltend agierende Wollweber wurde für die politischen Absichten Ulbrichts zunehmend ein Hindernis. Als Wollweber versuchte, seine Autorität als Minister wiederherzustellen, in dem er durch den Erlass einer Meldeordnung die eigenmächtige Kommunikation seiner Stellvertreter mit der Parteiführung unterband, fasste Ulbricht das als Kampfansage auf. Er warf Wollweber im Februar 1957 vor, sich über Partei und Regierung stellen zu wollen; dies war im Kern ein Hochverratsvorwurf. Wollwebers politische Laufbahn befand sich im steilen Sinkflug. Hätte der KGB keine Gründe gehabt, ihn zunächst weiterhin zu stützen, wäre sie hier wahrscheinlich schon beendet gewesen.[55]

Der Konflikt zwischen Ulbricht und Wollweber führte im März 1957 sogar zur Abberufung des KGB-Bevollmächtigten in Ostberlin, Evgenij Pitovranov, der dem Minister für Staatssicherheit verhaltene Schützenhilfe geleistet hatte.[56] In Moskau setzte man nach der Ungarn- und Polen-Krise wieder auf Ulbricht und war dabei sogar bereit, Kompetenzverluste in Kauf zu nehmen. Auf Betreiben Ulbrichts wurde die Anleitung des MfS, die bis dahin weitgehend in der Hand der sowjetischen Berater gelegen hatte, jetzt sukzessive von der SED

---

54 Vgl. Kowalczuk: Frost (Anm. 29).
55 Vgl. Engelmann; Schumann: Ausbau, sowie Dies.: Kurs auf die entwickelte Diktatur (Anm. 28).
56 Wollweber: Erinnerungen (Anm. 23), S. 369 f., sowie Wollwebers Brief an Ulbricht v. 28.3.1957; BStU, MfS, SdM 1200, Bl. 151.

übernommen: Auf zentraler Ebene lag sie nunmehr eindeutig beim Ersten Sekretär und der Sicherheitskommission des Politbüros.[57] Für die Parteisekretäre auf Bezirks-, Kreis- und sogar auf Betriebsebene wurden abgestuft analoge Befugnisse geschaffen.[58]

Für Ulbricht endeten die Auseinandersetzungen um den »Revisionismus« ausgesprochen erfolgreich. Er schob allen Entstalinisierungstendenzen in der DDR für mehrere Jahre einen Riegel vor, setzte seine Machtsicherungsstrategie durch und schaltete seine Gegner aus. Auch der Staatssicherheitsminister musste im November 1957 gehen – zu zögerlich war er auf die Linie des Ersten Sekretärs eingeschwenkt. Statt der inneren Herrschaftssicherung absolute Priorität zu geben, hatte er erhebliche Ressourcen in der Auslandsspionage gebunden – wie es die sowjetischen »Freunde« gewünscht hatten.[59] Statt die neuartigen Gefahren für die kommunistische Herrschaft zu erkennen, plante er im MfS einen Personalabbau – wahrscheinlich spielte dabei das sowjetische und polnische Vorbild eine Rolle.[60] Wollweber blieb traditionellem »tschekistischem« Denken verhaftet. Die Vorstellung des SED-Chefs, dass die Geheimpolizei auf die Bekämpfung politisch-ideologischer Abweichungen auszurichten sei, blieb ihm letztendlich fremd. Stattdessen machte er sich über die Rolle der Staatssicherheit in der Stalinzeit Gedanken. Wie er in einem persönlichen Gespräch mit zweien seiner Stellvertreter im Februar 1957 bekannte, beschäftigte ihn die Beweisführung, dass die »Tragödie« mit der Staatssicherheit in den sozialistischen Ländern »keine Gesetzmäßigkeit« sei.[61] Für Ulbricht war ein solcher Stasi-Chef in dieser machtpolitisch heiklen Phase definitiv fehl am Platze.

Die persönliche Rolle Walter Ulbrichts bei der Neuausrichtung der Repressionspolitik im Jahre 1957 ist kaum zu überschätzen. Er war es, der aus den polnischen und ungarischen Ereignissen des Jahres 1956 die Theorie von »neuen Feindmethoden« der »ideologischen Aufweichung und Zersetzung« entwickelte und damit die Basis für die Entstehung des Stasi-Schlüsselbegriffs

---

57 Beschluss des Politbüros v. 9.2.1957, dokumentiert in Engelmann; Schumann: Ausbau (Anm. 28), S. 367 f.

58 Dienstanweisung 16/57 v. 30.5.1957, sowie Dienstanweisung 17/57 v. 18.6.1957, dokumentiert in Engelmann, Roger; Joestel, Frank (Bearb.): Grundsatzdokumente des MfS. Berlin 2004, S. 106–125 (MfS-Handbuch, Teil V/5).

59 Vgl. Engelmann, Roger: Zur »Westarbeit« der Staatssicherheit in den fünfziger Jahren. In: Herbstritt, Georg; Müller-Enbergs, Helmut: Das Gesicht dem Westen zu ... DDR-Spionage gegen die Bundesrepublik Deutschland. Bremen 2003, S. 143–152, hier 148–150.

60 Vgl. den Beitrag von Andreas Hilger in diesem Band. Außerdem Gieseke, Jens: Die hauptamtlichen Mitarbeiter der Staatssicherheit. Personalstruktur und Lebenswelt. Berlin 2000, S. 172–177. Zum polnischen Fall: Paczkowski, Andrej: Der Sicherheitsapparat in den Jahren des »Tauwetters«. Der Fall Polen. In: Foitzik, Jan (Hg.): Entstalinisierungskrise in Ostmitteleuropa 1953–1956. Vom 17. Juni bis zum ungarischen Volksaufstand. Politische, militärische und nationale Dimensionen. Paderborn 2001, S. 165–188, sowie der Beitrag von Łukasz Kamiński in diesem Band.

61 Gespräch Wollwebers mit seinen Stellvertretern Bruno Beater und Martin Weikert, nach einem Bericht Beaters v. 15.2.1957, dokumentiert in Engelmann; Schumann: Ausbau (Anm. 28), S. 368–370.

der »politisch-ideologischen Diversion« legte. Es gibt robuste Indizien, dass dieser Begriff, der in späteren Zeiten Wahrnehmung und Tätigkeit aller Ostblocksicherheitsorgane prägen sollte, zunächst eine DDR-Spezialität war, die anfangs insbesondere von den sowjetischen Genossen mit einem gewissen Argwohn betrachtet wurde; sie hielten ideologische Abweichungen für eine Angelegenheit der Partei, nicht der Geheimpolizei.[62]

Dass sich der geheimpolizeiliche Begriff der »politisch-ideologischen Diversion« mit allen seinen praktischen Konsequenzen im Bereich von Überwachung und Repression im gesamten Ostblock durchsetzte, lag in der kommunistischen Systemlogik begründet. Es handelte sich um die zwangsläufige Reaktion auf die Erkenntnis, dass das poststalinistische System, das nicht mehr auf schrankenlosen Terror zurückgreifen wollte, durch Entwicklungen aus seinem Innern gefährdet war. Auch und gerade politisch-ideologische Abweichungen von Systemträgern und grundsätzlich systemloyalen Personen wurden zum Gegenstand geheimpolizeilicher Überwachung, weil sie (keineswegs zu Unrecht) als potenziell besonders wirkungsvolle Ausgangspunkte staatsgefährdender Entwicklungen angesehen wurden. Die Staatssicherheit bekam die Aufgabe, alle gesellschaftlichen Handlungsräume, in denen »Aufweichungen« zu befürchten waren, unter ihre Kontrolle zu bringen. Dieser Anspruch einer umfassenden präventiven Überwachung der Gesellschaft bildete den Motor der Stasi-Expansion in der DDR, bis sie in den achtziger Jahren an ihre immanenten Grenzen stieß.

---

62 Vgl. Wolf, Markus: Spionagechef im geheimen Krieg. Erinnerungen. München 1997, S. 124–126, sowie Fricke, Karl Wilhelm; Engelmann, Roger: »Konzentrierte Schläge«. Staatssicherheitsaktionen und politische Prozesse in der DDR 1953–1956. Berlin 1998, S. 241 f.

Tobias Wunschik

Ein Regenmantel für Dertinger

Das instabile »Tauwetter« im Gefängniswesen der DDR 1956/57

I. Justizpolitik und Haftbedingungen
in der Phase des »Tauwetters«

Die Mitte der fünfziger Jahre war für den DDR-Strafvollzug »in mehrfacher
Hinsicht ein wichtiger Einschnitt«.[1] Welche Lockerungen in den Haftbedingungen es jetzt gab, inwieweit dies in dem politischen Klimawandel Bestand
hatte und welchen grundsätzlichen Veränderungen das Gefängniswesen jetzt
unterlag, soll nachfolgend beleuchtet werden. Im Mittelpunkt steht dabei
stärker die Strafvollzugspolitik als die justizpolitische Linie und deren Korrekturen, weswegen die seinerzeitigen Strafherabsetzungen und Häftlingsentlas-
sungen nur am Rande Erwähnung finden.

Bereits der Tod Stalins im März 1953 hatte der »weitgehenden Bevorzugung terroristischer Mittel« bei der politischen Strafverfolgung in der DDR
ein Ende bereitet.[2] Auch im Strafvollzug wurde das in der stalinistischen Phase
übliche Niveau physischer und psychischer Misshandlungen nie wieder erreicht. Missstände in der Strafvollzugspolitik wurden zwar, wie etwa auf der
25. Tagung des Zentralkomitees der SED im Oktober 1955,[3] diagnostiziert,
jedoch nicht behoben. Weil insbesondere die gesellschaftliche Integration von
Haftentlassenen völlig ungenügend war, politische Häftlinge häufig in den
Westen flüchteten und Kriminelle oftmals rückfällig wurden, setzte man auf
eine bessere Resozialisierung. Auf repressive Mittel und Methoden wollte man
dabei nach wie vor nicht verzichten, doch jetzt versprach der neue Minister des
Innern Karl Maron zusätzlich auch ein »Zuckerbrot«. Er regte im November
1955 an, »auch in unseren HAL [Haftarbeitslagern] für die besten Arbeiter die

---

1 Müller, Klaus-Dieter: »Jeder kriminelle Mörder ist mir lieber ...«. Haftbedingungen für politische Häftlinge in der SBZ und DDR. In: »Die Vergangenheit läßt uns nicht loß ...«. Haftbedingungen politischer Gefangener in der SBZ/DDR und deren gesundheitliche Folgen. Hg. v. d. Gedenkstät-
te für die Opfer politischer Gewalt Moritzplatz Magdeburg u. a. Berlin 1997, S. 7–129, hier 48.

2 Vgl. Hilger, Andreas; Petrow, Nikita: »Im Namen der Union der Sozialistischen Sowjetrepu-
bliken«. Sowjetische Militärjustiz in der SBZ/DDR von 1945 bis 1955. In: Roginskij, Arsenij u. a.
(Hg.): »Erschossen in Moskau ...« Die deutschen Opfer des Stalinismus auf dem Moskauer Friedhof
Donskoje 1950–1953. Berlin 2005, S. 19–35, hier 26.

3 Vgl. Weber, Hermann: Geschichte der DDR. München 1999, S. 182.

Möglichkeit zu finden, dass sie ein bis zwei Tage mit ihren Frauen innerhalb des Lagers zusammen sein können«, wie es auch in der Sowjetunion praktiziert werde.[4] Zwar handelte es sich um ein Luftschloss des Ministers, das der rauen Haftwirklichkeit Hohn sprach, und vermutlich wäre den politischen Gefangenen diese Vergünstigung ohnehin verwehrt worden. Doch dass zumindest am »grünen Tisch« solche Pläne geschmiedet wurden, deutete auf Bewegung in der Strafvollzugspolitik hin.

Der XX. Parteitag der KPdSU im Februar 1956 legte dann die bestehenden strategischen und programmatischen Defizite der Ostberliner Führung bloß. »Den Vorgaben und Anweisungen aus Moskau beraubt, traten [...] Ideen- und Konzeptlosigkeit in den Leitungsetagen der kommunistischen Bruderparteien deutlicher als je zuvor zutage.«[5] Auf ihrer 3. Parteikonferenz vom März 1956 machte die SED zwar eine verhaltene Kehrtwende, versuchte aber in der Folge eine »Fehlerdiskussion« zu vermeiden. Vor allem das Verhalten der Untersuchungsorgane geriet in die Diskussion, auch wenn die unmittelbar Verantwortlichen versuchten abzuwiegeln. Auf der 26. Sitzung des Zentralkomitees im März 1956 mit den Verhörmethoden seines Apparates konfrontiert, behauptete etwa der Minister für Staatssicherheit Ernst Wollweber, es gäbe in den Gefängnissen der Geheimpolizei »keinerlei physischen Druck, um irgendein Geständnis zu erzwingen«. Allenfalls »vor Jahren« sei es vorgekommen, dass ein Aufseher »einem frech auftretenden Provokateur eine gelangt hat«, wie er die rauen Vernehmungsmethoden bagatellisierte.[6] Sein Stellvertreter Erich Mielke ließ Selbstkritik noch stärker missen und erklärte, man habe im Klassenkampf »manchmal scharfe Maßnahmen ergriffen«, jetzt aber gelte es noch »objektiver« und »gewissenhafter« zu arbeiten.[7]

Doch Wollweber musste gleichwohl die Forderung nach Einhaltung der »demokratischen Gesetzlichkeit« für seinen Apparat übernehmen. Bereits im März kritisierte der Minister auf einer Parteiaktivtagung Dauerverhöre, unbegründete Festnahmen und die »Anwendung physischer Mittel«, beklagte aber

---

4   Vgl. Aktenvermerk des Leiters der Verwaltung Strafvollzug zur Rücksprache mit dem Minister des Innern v. 4.11.1955; BA, DO 1 11/1493, Bl. 92. Entsprechend der üblichen Diskriminierung der politischen Gefangenen wären wohl nur »fortschrittliche« Kalfaktoren in den Genuss dieser Regelung gekommen.

5   Diedrich, Torsten; Wenzke, Rüdiger: Mit »Zuckerbrot und Peitsche« gegen das Volk. Die DDR und ihre bewaffneten Kräfte im Krisenjahr 1956. In: Heinemann, Winfried; Wiggershausen, Norbert (Hg.): Das internationale Krisenjahr 1956. Polen, Ungarn, Suez. München 1999, S. 439–468 hier 439.

6   [Diskussionsbeitrag von] Ernst Wollweber auf der 26. Tagung des Zentralkomitees der SED v. 22.3.1956; SAPMO-BA, DY 30 IV 2/1/156, Bl. 59 f., abgedruckt in: Hoffmann, Dierk; Schmidt, Karl-Heinz; Skyba, Peter (Hg.): Die DDR vor dem Mauerbau. Dokumente zur Geschichte des anderen deutschen Staates 1949–1961. München 1993, S. 239 f.

7   Vgl. [Diskussionsbeitrag von] Erich Mielke auf der 26. Tagung des Zentralkomitees der SED v. 22.3.1956; SAPMO-BA, DY 30 IV 2/1/156, Bl. 115 f.

zugleich das Absinken der Verhaftungszahlen.[8] Walter Ulbricht ermahnte die Staatssicherheit dann im Mai auf einer weiteren Parteiaktivtagung, zukünftig »Überspitzungen« zu vermeiden und keinen Druck auf Richter und Staatsanwälte auszuüben, hielt die bisherige Linie jedoch für grundsätzlich richtig und rief zu größerer Wachsamkeit auf.[9] Im Juni 1956 wurde dann auch im *Neuen Deutschland* die Verhaftungspraxis als zu leichtfertig und die Tätigkeit der Staatsanwaltschaft als zu formal kritisiert. Zukünftig müssten »die in der Strafprozessordnung festgelegten gesetzlichen Bestimmungen konsequenter als in der Vergangenheit« eingehalten werden.[10]

Das Untersuchungsorgan der Staatssicherheit, die Linie IX, reagierte rasch, aber in Maßen auf diese Maßgaben, wie die folgende Tabelle ausweist. So leitete die Hauptabteilung IX ab dem Juni nur noch ein Drittel so viele Ermittlungsverfahren ein wie noch zu Jahresbeginn. Weil viele Verfahren bereits »angeschoben« worden waren, kam es bei den Verurteilungen allerdings zu einer gewissen Verzögerung. Zwar brachte die Staatssicherheit im Jahre 1956 mit großer Kontinuität den »Löwenanteil« der eingeleiteten Ermittlungsverfahren kontinuierlich auch zur Anklage (und zur Verurteilung), doch wurde die Spruchpraxis deutlich milder – und diese orientierte sich oftmals an den »Empfehlungen« von Staatsanwaltschaft und Staatssicherheit bzw. (in bedeutsamen Fällen) sogar an den Wünschen Ulbrichts. So fielen die drakonischen Strafmaße (wie Todesstrafe und lebenslänglich) praktisch weg, während vergleichsweise »milde« Gefängnis- und Zuchthausstrafen (von unter fünf Jahren) prozentual zunahmen. Aufgrund wechselnder Zuordnungen sind die untenstehenden Deliktkategorien schwer zu interpretieren, doch scheint insgesamt weniger häufig nach schweren Straftatbeständen (wie »Terror« und »Untergrundtätigkeit«) ermittelt worden zu sein. Dass einer vergleichsweise konstanten Zahl von Beschuldigten »Spionage« vorgehalten wurde, liegt vermutlich an dem von justizpolitischen Konjunkturen unabhängigen Charakter dieses Vorwurfs; dass gegen Ende des »Tauwetters« die Verhaftungszahlen wieder stiegen, wird weiter unten noch erörtert.

8   Protokoll der Kollegiumssitzung v. 19.3.1956; BStU, MfS, SdM 1901, Bl. 114 f., zit. nach: Gieseke, Jens: Die hauptamtlichen Mitarbeiter des Ministeriums für Staatssicherheit. Personalstruktur und Lebenswelt 1950–1989/90. Berlin 2000, S. 211.

9   Vgl. Engelmann, Roger; Schumann, Silke: Kurs auf die entwickelte Diktatur. Walter Ulbricht, die Entmachtung Ernst Wollwebers und die Neuausrichtung des Staatssicherheitsdienstes 1957. Berlin 1995, S. 6.

10   Alles für die Festigung der demokratischen Gesetzlichkeit. In: ND v. 21.6.1956, abgedruckt in: Zur Entlassung werden vorgeschlagen … Wirken und Arbeitsweise der Kommission des Zentralkomitees zur Überprüfung von Angelegenheiten von Parteimitgliedern 1956, Dokumente. Berlin 1991, S. 92–100.

Ermittlungstätigkeit der Hauptabteilung IX und Verurteilungspraxis im Jahr 1956[11]

	Beschuldigte	Jan.	Febr.	März	April	Mai
	Spionage	60	78	k.A.	34	130
	Schädlingstätigkeit	10	15	k.A.	6	k.A.
	Untergrundtätigkeit	28	42	k.A.	12	k.A.
	Diversion	2	0	k.A.	0	k.A.
	Terror	16	1	k.A.	0	k.A.
Ermittlungen eingeleitet im Monatsverlauf nach Delikten	and. »antidemokratische« Verbrechen	76	73	k.A.	32	k.A.
	Abwerbung	k.A.	k.A.	k.A.	k.A.	1
	Zeugen Jehovas	k.A.	k.A.	k.A.	k.A.	4
	Brandstiftung	k.A.	k.A.	k.A.	k.A.	1
	Verrat	k.A.	k.A.	k.A.	k.A.	5
	Hetze	k.A.	k.A.	k.A.	k.A.	2
	einfache Verbrechen	k.A.	k.A.	k.A.	k.A.	3
	illegal. Waffenbesitz	k.A.	k.A.	k.A.	k.A.	k.A.
	gesamt	**212**	**199**	**k.A.**	**84**	**146**
gleichz. bearb.	am 1. Tag des Monats	488	500	446	375	258
	übergeben an StAW	178	234	k.A.	173	169
Abschluss im Monatsverlauf	übergeben an VP	7	6	k.A.	3	0
	übergeben an Dritte	3	1	k.A.	1	1
	entlas. durch HA IX	12	12	k.A.	24	14
	gesamt	**200**	**253**	**k.A.**	**201**	**184**
weiterer Verbleib der Beschuldigten nach Übergabe an die StAW/sofern nicht gleich verurteilt im Monatsverlauf	von der StAW entlasssen	1	3	k.A.	3	12
	vom Gericht frei gespr./Verf. eingest.	4	2	k.A.	2	17
	von der StAW zur Nachermittl. zurück an MfS	3	3	k.A.	5	3
	Gefängnis < 5 J.	19 (11,9)	30 (15,5)	k.A.	36 (21,2)	35 (2.
Zahl der Verurteilungen nach Strafmaßen im Monatsverlauf *(in Prozent)*	Zuchthaus < 5 J.	78 (48,6)	96 (49,5)	k.A.	89 (52,3)	87 (5.
	Zuchthaus 5-10 J.	50 (31,3)	51 (26,3)	k.A.	29 (17,1)	23 (1.
	Zuchthaus 10-15 J.	8 (5,0)	11 (5,7)	k.A.	14 (8,2)	6 (.
	lebenslänglich	22 (1,3)	2 (1,0)	k.A.	1 (0,6)	2 (.
	Todesstrafe	3 (1,9)	4 (2,0)	k.A.	1 (0,6)	0
	gesamt	**180**	**194**	**k.A.**	**170**	**153**

11   Vgl. Tätigkeits- und Auswertungsberichte der HA IX; BStU, MfS, HA IX MF 11150-11160. Die im Jahresverlauf wechselnde Erfassung unterschiedlicher Delikte bedeutet nicht, dass bestimmte Straftaten in einzelnen Monaten nicht verfolgt wurden (und mit »0« gewertet werden können), sondern lediglich anderen Rubriken zugeordnet wurden. Die Gesamtzahl der eingeleiteten, abgeschlossenen und verurteilten Fälle in der oben stehenden Tabelle ist davon aber unberührt. Zusammengefasst wurden, aus Gründen der Übersichtlichkeit, lediglich die – ab Mai ausgewiesenen – Delikte »Ostbüro der SPD«, »RIAS«, »UfJ«, »KgU« und »NTS«. Sie wurden hier der Kategorie »Spionage«

Juni	Juli	Aug.	Sept.	Okt.	Nov.	Dez.	ges.
55	44	36	55	64	92	53	≥584
k.A.	k.A.	k.A.	k.A.	k.A.	k.A.	3	≥34
k.A.	k.A.	k.A.	k.A.	k.A.	7	7	≥96
k.A.	k.A.	k.A.	1	k.A.	k.A.	1	≥4
k.A.	k.A.	k.A.	2	k.A.	9	1	≥29
k.A.	k.A.	k.A.	k.A.	k.A.	k.A.	k.A.	≥181
2	1	6	0	1	k.A.	3	≥14
6	3	2	1	k.A.	k.A.	k.A.	≥16
1	´0	0	0	1	2	1	≥6
1	4	7	5	2	5	4	≥33
0	2	1	2	11	81	23	≥122
1	11	10	4	10	11	11	≥61
k.A.	k.A.	k.A.	2	k.A.	k.A.	k.A.	≥2
66	**65**	**62**	**72**	**89**	**207**	**104**	**≥1244**
220	190	118	103	114	150	247	
84	122	71	55	k.A.	84	133	≥1303
0	2	1	0	k.A.	6	1	≥26
0	0	0	4	k.A.	7	1	≥18
12	13	5	2	k.A.	13	9	≥116
96	**137**	**77**	**61**	**k.A.**	**110**	**144**	**≥1463**
18	7	7	1	k.A.	4	7	≥63
11	6	5	10	k.A.	1	1	≥59
6	3	3	0	k.A.	0	2	≥28
34 (22,4)	22 (20,2)	10 (9,9)	14 (15,5)	11 (17,2)	8 (11,6)	10 (22,7)	≥229
87 (57,2)	61 (56,0)	67 (66,3)	54 (59,3)	34 (53,1)	42 (60,9)	32 (72,7)	≥727
21 (13,8)	15 (13,8)	20 (19,8)	18 (19,7)	17 (26,6)	14 (20,3)	2 (4,6)	≥260
8 (5,3)	8 (7,3)	4 (4,0)	5 (5,5)	2 (3,1)	5 (7,2)	0	≥71
2 (1,3)	2 (2,7)	0	0	0	0	0	≥31
0	0	0	0	0	0	0	≥8
152	**108**	**101**	**91**	**64**	**69**	**44**	**≥1067**

hinzugerechnet, obwohl sich dahinter seltener auch Delikte wie »Terror« oder »Hetze« verbergen könnten. Es handelt sich indes um sehr niedrige Zahlen (meist ein bis drei Fälle); allein im November wurden mehr Delikte dieser Art gezählt (5 »NTS«, 3 »OSPD«, 3 »KgU«, 3 »UfJ«). Im Monat Dezember ergibt die Summe der einzelnen Delikte im Tätigkeits- und Auswertungsbericht der Hauptabteilung IX nicht die dort genannte Gesamtzahl (Fehler in der Quelle). Die am 1. Tag des Monats gleichzeitig bearbeiteten Ermittlungsverfahren (Zeile 16) zuzüglich der neu eingeleiteten (Zeile 2–15) abzüglich der im Monatsverlauf abgeschlossenen ergibt die Zahl der am 1. Tag des Folgemonats bearbeiteten Ermittlungsverfahren.

Weil die bisherige drakonische Strafzumessung als nicht mehr zeitgemäß galt, wurden konsequenterweise auch bestehende Strafurteile überprüft. Die Partei-führung war um Kurskorrektur in der Justizpolitik bemüht und sorgte dafür, dass in den folgenden Monaten etwa 25 000 Häftlinge freikamen, worauf noch näher einzugehen sein wird.[12] Die hierfür verantwortliche »Kommission des Zentralkomitees zur Überprüfung von Angelegenheiten von Parteimitglie-dern« kritisierte auch die Gefängnisverwaltung. Diese habe »zugunsten der Sicherheit und Isolierung« zu wenig auf die Besserung der Straffälligen geach-tet. Zukünftig müsse die »produktive Arbeit« mit der Erziehung der Gefange-nen »auf das engste verbunden werden«, damit die Insassen »das Leben mit anderen Augen« sehen könnten. Zugleich befürwortete die Kommission je-doch »eine strenge Disziplin« in den Haftanstalten.[13]

In der veränderten politischen Atmosphäre sollte der Sozialismus stärker durch »Erziehung« und nicht so sehr durch Zwang vermittelt werden, weswegen pädagogische Konzepte in der Strafvollzugspolitik ein wenig Boden gutmachen konnten und die Willkür etwas nachließ. So lobte die Kontrollgruppe der obers-ten Gefängnisverwaltung im Juli 1956, dass in der Haftanstalt Untermaßfeld die Disziplinarpraxis differenziert sei und kritisierte, dass die strenge Arreststrafe zu häufig verhängt würde.[14] Diese Strafform (mit gleichzeitigem Entzug aller Vergünstigungen für sechs Monate) wurde auch im Bezirk Leipzig zu leichtfer-tig ausgesprochen, wie der zuständige Staatsanwalt für Haftaufsicht im April 1956 einschätzte.[15] Und im Juli 1956 kritisierten die Instrukteure der Erfurter Bezirksverwaltung für Strafvollzug, dass die Beschwerden der Gefangenen schlichtweg ignoriert würden und sorgten dafür, dass in der Untersuchungshaft-anstalt Gotha die Freistunde fortan mehr als 17 Minuten betrug.[16]

Weil in der veränderten politischen Atmosphäre Sanktionen nicht mehr so sehr zu befürchten waren, wagten viele Gefangene jetzt erstmals Eingaben zu formulieren; in der Haftanstalt Untermaßfeld etwa verdoppelten sich diese vom Jahresbeginn bis zum Sommer 1956.[17] In der Regel trauten sich die Häft-linge jedoch nur unabweisbare und vergleichsweise nebensächliche Anliegen vorzubringen. So resümierte die oberste Gefängnisverwaltung am Ende des

---

12   Vgl. Weber: Geschichte der DDR (Anm. 3), S. 190–192.

13   Alles für die Festigung der demokratischen Gesetzlichkeit. In: ND v. 21.6.1956, abgedruckt in: Zur Entlassung werden vorgeschlagen … Wirken und Arbeitsweise der Kommission des Zentralkomitees zur Überprüfung von Angelegenheiten von Parteimitgliedern 1956, Dokumente. Berlin 1991, S. 92–100.

14   Vgl. Bericht der Kontrollgruppe der Verwaltung Strafvollzug über die Einhaltung der demokrati-schen Gesetzlichkeit betr. die StVA Untermaßfeld v. 9.7.1956; BA, DO 1 11/1488, Bl. 188–192.

15   Vgl. Protokoll über die am 29.4.1956 stattgefundene Dienstbesprechung mit allen Haftauf-sichtsstaatsanwälten; BA, DO 1 11/1589, Bl. 238–243.

16   Schreiben des Leiters der U-Haftanstalt Gotha an die Bezirksverwaltung Strafvollzug Erfurt betr. Einhaltung der sozialistischen Gesetzlichkeit in der DDR v. 27.7.1956; BA, DO 1 11/1585, Bl. 138.

17   Vgl. Bericht der Kontrollgruppe der Verwaltung Strafvollzug über die Einhaltung der demokrati-schen Gesetzlichkeit betr. die StVA Untermaßfeld v. 9.7.1956; BA, DO 1 11/1488, Bl. 188–192.

3. Quartals 1956, dass in der gesamten DDR die Beschwerden hauptsächlich Effektenverluste und »erlittene Haftschäden« betrafen. Die letztgenannten seien »sämtlich als unbegründet abgewiesen« worden, wohingegen persönlicher Besitz der Gefangenen während der Haftzeit tatsächlich abhanden gekommen sei.[18] Die anstehende Überprüfung der Haftzeiten scheint zudem die Furcht vor den Aufsehern ein wenig gemildert zu haben; so legte im Haftarbeitslager Mildenberg beispielsweise im Mai 1956 ein Häftling die Arbeit mit der Begründung nieder, dass er ohnehin bald entlassen werde.[19]

In Zusammenhang mit dem neuen »Erziehungskonzept« sollten die Gefangenen jedoch nunmehr stärker weltanschaulich beeinflusst werden. Anfang 1956 war daher erstmalig, nach anderen ostdeutschen Tageszeitungen, grundsätzlich nun auch das *Neue Deutschland* im Gefängnis erhältlich, wenngleich sämtliche Zeitschriften vor dem Aushändigen noch zensiert wurden. Ab Mitte 1956 sollte außerdem bei wichtigen politischen Ereignissen, mindestens jedoch alle 14 Tage, eine »Politinformation« erfolgen.[20] Denn manche brisante Nachricht drang bis hinter die Gefängnismauern – wie etwa die Kunde vom Aufstand in Posen,[21] weswegen die politische Entwicklung aus Sicht der Machthaber einer »Interpretation« bedurfte. Auch die bisherige Weisung, dass politische Gefangene nicht als Kalfaktoren eingesetzt werden sollten, galt nun als obsolet. »Wo kämen wir hin«, so fragte die oberste Gefängnisverwaltung im September, »wenn wir als Hausarbeiter und Kalfaktoren nur Mitglieder der SED oder von Massenorganisationen einsetzen wollten?« Vor allem käme es darauf an, die Häftlinge »erzieherisch zu entwickeln, und das müssen wir erst recht mit staatsfeindlichen Elementen«.[22] So saß beispielsweise in der Haftanstalt Untermaßfeld schon im Juli etwa jeder zweite Hausarbeiter aus politischen Gründen ein.[23]

Jahrelang waltende Missstände, an denen die Verantwortlichen bislang keinen Anstoß genommen hatten, wurden jetzt problematisiert – so etwa im August in der Untersuchungshaftanstalt Delitzsch, die sich im Keller des örtlichen Volkspolizeikreisamtes befand. Aufgrund starker Regenfälle stand dort

18 Bericht der Vollzugsabteilung der Verwaltung Strafvollzug über das III. Quartal 1956 v. 14.10.1956; BA, DO 1 11/1472, Bl. 88–90.

19 Vgl. [Bericht der] Abt. Information [des Ministeriums für Staatssicherheit] v. 4.6.1956; BStU, MfS, AS 80/59, Bd. 1a, Bl. 207 f. Auch außerhalb der Gefängnismauern kam es zu einer Reihe Streiks. Vgl. Wolle, Stefan: Die SED im Krisenjahr 1956. Zweiter Teil: Der verhinderte Aufstand. In: Horch und Guck 3(2006), S. 41–46.

20 Vgl. BA, DO 1 11/1589.

21 Vgl. Information 86/56 der Abt. Information betr. Formen und Methoden der Feindtätigkeit v. 21.7.1956; BStU, MfS, AS 81/59, Bl. 205–280.

22 Vgl. Schreiben der Abt. Produktion der Verwaltung Strafvollzug an die Bezirksverwaltung Strafvollzug Erfurt betr. Arbeitsbelohnung Strafgefangener o. D. [September 1956]; BA, DO 1 11/1585, Bl. 132.

23 Vgl. Bericht der Kontrollgruppe der Verwaltung Strafvollzug über den Einsatz der Kalfaktoren betr. die StVA Untermaßfeld v. 9.7.1956; BA, DO 1 11/1488, Bl. 194–195a.

wieder einmal das Wasser in den Diensträumen wie auch in den Zellen 15 cm hoch, sodass »die Wände stets feucht [waren] und im Raum eine feuchtkalte Luft vorhanden ist, die gesundheitsschädigend« wirkt. Da in Delitzsch meist nur wenige Personen inhaftiert waren, schlug die Bezirksverwaltung für Strafvollzug vor, das Gefängnis zu schließen und die Insassen nach Leipzig zu verlegen.[24] Die oberste Gefängnisverwaltung stimmte dem mit der Begründung zu, dass eine Unterbringung von Häftlingen unter diesen Bedingungen »nicht mehr zulässig« sei.[25]

In der Substanz änderten sich die Haftbedingungen kaum, doch die atmosphärischen Veränderungen forderten ihren Tribut – und es wurden, gewissermaßen stellvertretend, häufig Missstände von nachrangiger Bedeutung thematisiert. So registrierte die oberste Gefängnisverwaltung bei einer Dienstreise nach Bautzen II, dass »Klagen« im Allgemeinen nicht vorgebracht worden seien. Aber der »Strafgefangene [Georg] Dertinger hatte einen Trinkbecher, bei dem die Emaille abgesprungen war. Es wurde angewiesen, sofort dafür Sorge zu tragen, dass die Gefangenen anständiges Ess- und Trinkgeschirr erhalten.« Da außerdem die Freistunde bei Regen nicht durchgeführt worden war, wurde jetzt die Ausgabe von Mänteln angewiesen.[26] Doch durchnässte Kleidung und schadhaftes Geschirr dürften kaum die Hauptsorgen der politischen Gefangenen in dieser Zeit gewesen sein, die unter Willkür, Entmündigung, Isolation und Übergriffen litten, nachdem sie Opfer der politischen Willkürjustiz geworden waren.

Trotz partieller Erleichterungen blieb der Alltag in den Gefängnissen des SED-Regimes jedenfalls außerordentlich hart. Es werde »sehr viel vom humanen Strafvollzug geschrieben«, so beklagten die Insassen der Haftanstalt Brandenburg-Görden seinerzeit, doch die Realität sei eine andere: »In einer Zelle 5 Mann, 4 Sitze, dünne Strohsäcke, die auf der Erde liegen und in der Ecke ein stinkender Kübel.«[27] An einem durchschnittlichen Tag im Verlauf des Jahres 1956 waren in sämtlichen Haftanstalten zusammengenommen etwa 1 500 Gefangene arbeitsunfähig krankgeschrieben – was ohnehin schwierig genug zu erreichen war, da stets Simulation unterstellt wurde. Dies entsprach 6,8 Prozent der Inhaftierten, und im Jahresverlauf waren sogar 16,3 Prozent der Gefangenen mindestens einmal unabweisbar krank. Durchschnittlich 2,6 Prozent aller Insassen litten an Tuberkulose. Obwohl kranke Häftlinge

---

24 Vgl. Schreiben der Bezirksverwaltung Strafvollzug Leipzig an die Vollzugsabteilung der VSV v. 9.8.1956; BA, DO 1 11/1154.

25 Vgl. Schreiben der Vollzugsabteilung der Verwaltung Strafvollzug v. 13.9.1956; BA, DO 1 11/1154, Bl. 90.

26 Vgl. Bericht der Vollzugsabteilung der Verwaltung Strafvollzug über die Dienstfahrt v. 20.10.1956; BA, DO 1 11/1488, Bl. 309a–310

27 [Bericht des GI »Karl Heinz«] betr. Meinungen der Strafgef[angenen] nach ihrer Entlassung aus der Strafanstalt v. 5.6.1956; BStU, MfS, BV Potsdam, AIM 307/58, Arbeitsvorgang Bd. I, Bl. 8 f.

bevorzugt entlassen wurden, waren in der zweiten Jahreshälfte 1956 prozentual sogar immer mehr Insassen erkrankt. Möglicherweise waren Krankschreibungen jetzt leichter zu erreichen, und weil die zahlreichen Haftentlassungen einen Arbeitskräftemangel bewirkt hatten, wurden jetzt zudem die verbliebenen Häftlinge zu Arbeiten herangezogen, »denen sie körperlich auf die Dauer nicht gewachsen waren«.[28] Zahlreiche Unfälle und Erkrankungen waren eine zwangsläufige, jedoch unbeabsichtigte Nebenfolge des »Tauwetters« für den Strafvollzug der DDR.

Wenn man den Statistiken der Verwaltung Strafvollzug Glauben schenkt, starben im Verlauf des Jahres 1956 in ihren Haftanstalten insgesamt 148 Personen, davon 111 durch Krankheit, 18 bei tödlichen Unfällen (vermutlich vorwiegend beim Arbeitseinsatz) und 19 aus sonstigen Gründen. Dahinter verbarg sich wahrscheinlich vorwiegend Selbstmord.[29] Anderen Quellen zufolge gab es im Jahr 1956 insgesamt 25 Suizide und weitere 165 Versuche hierzu (gegenüber 43 Selbsttötungen und 88 Versuchen im Vorjahr).[30] Angesichts der sich im Laufe des Jahres fast halbierenden Gesamtzahl der Gefangenen deutet dies sogar eher auf eine real steigende Tendenz hin. Diese Entwicklung ist vermutlich auf enttäuschte Hoffnungen nach einer versagten Haftentlassung zurückzuführen[31] – ein besonders tragischer Begleitumstand der Entstalinisierung.

II. Das Abstellen der Übergriffe

Die wichtigste Veränderung im Zuge des »Tauwetters« war wohl, dass die körperlichen Übergriffe der Aufseher merklich nachließen. Berichten ehemaliger Häftlinge zufolge haben vor allem die systematischen physischen Misshandlungen in diesem Zeitraum »so gut wie aufgehört«.[32] Waren Gewalttätigkeiten zuvor »die Regel« gewesen, wurden sie jetzt zur »Ausnahme«, so das Urteil von Gerhard Finn und Karl Wilhelm Fricke.[33] Aufgrund der neuen politischen Linie waren viele Verantwortliche jetzt um eine andere Haltung bemüht: Statt bekannt gewordene Vorwürfe von Gefangenenmisshandlung

---

28 Jahresbericht des Referates SV der Hauptabteilung Med[izinische] Dienste des Ministerium des Innern v. 15.4.1957; BA, DO 1 11/1574, Bl. 29–47.

29 Vgl. ebenda.

30 Vgl. BA, DO 1 11/1510. Für den Zeitraum ab 1959 siehe auch Grashoff, Udo: »In einem Anfall von Depression …«. Selbsttötungen in der DDR. Berlin 2006, S. 55–76.

31 Zugleich wurden im Jahresverlauf 1956 insgesamt 101 Neugeborene im Strafvollzug entbunden, deren Müttern offenbar keine Haftverschonung gewährt worden war. Vgl. Jahresbericht des Referates SV der Hauptabteilung Med[izinische] Dienste des Ministeriums des Innern v. 15.4.1957; BA, DO 1 11/1574, Bl. 29–47.

32 Finn, Gerhard: Die politischen Häftlinge in der Sowjetzone. Köln 1989, S. 111.

33 Ders.; Fricke, Karl Wilhelm: Politischer Strafvollzug in der DDR. Köln 1981, S. 108.

wie bisher zu ignorieren und zu vertuschen, war jetzt teilweise Aufklärung angesagt, und vorgesetzte Instanzen versuchten sogar mit der Aufdeckung von Missständen »Punkte zu sammeln«.

Deutlich werden die Auswirkungen des »Tauwetters« auf den Strafvollzug an den Fallbeispielen Ichtershausen und Neustrelitz. So erfuhr das Referat Jugendhilfe des Stadtbezirks Zwickau-Mitte im Januar 1956 von drei entlassenen Jugendlichen, dass im Jugendhaus Ichtershausen »erziehungswidrige Verhältnisse herrschen«. Die Leiterin der Jugendhilfe informierte daraufhin die zuständige Jugendstaatsanwältin Schmele sowie die Gefängnisverwaltung. Letztere befand jedoch bei einer näheren Untersuchung im März, dass den Aussagen der Jugendlichen »keine allzu große Glaubwürdigkeit bei[zu]messen« sei. Auch die Jugendstaatsanwältin versicherte, »bisher nur gute Informationen« über das Gefängnis erhalten zu haben und hielt die Intervention deswegen für eine »voreilige und falsche Maßnahme«.[34]

Als Ende Mai jedoch mehrere Jugendstaatsanwälte zu einer Tagung zusammenkamen, hatte sich das politische Klima schon merklich gewandelt. Diese standen hinsichtlich der Aufsicht über die Haftanstalten in einer gewissen Rivalität zur Gefängnisverwaltung, was möglicherweise dazu führte, dass sie nun ein wesentlich schärferes Urteil fällten. In Ichtershausen werde »das Mittel der Erziehung durch Zwang zu viel betont«. Hausstrafen würden zu häufig ausgesprochen und dürften nur abgestuft angewandt werden. »Man darf die Jugendlichen nicht schikanieren.« Die Leitung des Jugendhauses Ichtershausen bekannte jetzt schuldbewusst, dass eine »Reinigung« ihrer Haftanstalt »bitter notwendig« sei, weil »eine gewisse Betriebsblindheit« Einzug gehalten habe.[35]

Rund vier Monate später inspizierte die Verwaltung Strafvollzug in eigener Regie das Jugendhaus – und stellte nunmehr skandalöse Zustände fest. Die jugendlichen Häftlinge würden geschlagen und ihre Beschwerden grundsätzlich ignoriert. Das Untersuchungsergebnis präsentierte die Gefängnisverwaltung dann mit einem Seitenhieb der Staatsanwaltschaft, die all dies trotz ihres Kontrollauftrages bislang nicht festgestellt habe. Den Juristen gegenüber hatte sich der Leiter des Jugendhauses stets als »entschiedener Gegner der Prügelstrafe« präsentiert und sie so in die Irre geführt. Auch der Parteisekretär lehne »prinzipiell alle Pädagogik ab« und wolle »nur durch strenge Disziplin« auf die Jugendlichen einwirken. Erst jetzt wurde das Leitungspersonal abgelöst.[36]

Wie unterschiedlich auf bekannt gewordene Missstände reagiert wurde, verdeutlicht auch das Beispiel der Untersuchungshaftanstalt der MfS-Bezirksverwaltung

---

34 Bericht des Referates Jugendstrafvollzug über die Dienstreise nach Zwickau v. 26.3.1956; BA, DO 1 11/1567, Bl. 53 f.

35 Abt. Produktion der Verwaltung Strafvollzug: Auswertung der Tagung der Jugendstaatsanwälte am 30.5.1956 v. 4.6.1956; ebenda, Bl. 4 f.

36 Vgl. Bericht des Stellvertreters der Politabteilung der Verwaltung Strafvollzug über den Einsatz im Jugendhaus Ichtershausen am 15.–16.10.1956 v. 19.10.1956; BA, DO 1 11/1488, Bl. 302 f.

Neubrandenburg in Neustrelitz. Ihr Leiter, Fritz Stegemann, war erstmalig im Januar 1954 kritisiert (jedoch nicht bestraft) worden, weil unter seiner Leitung Häftlinge im Laufschritt und unter Beschimpfungen in eine »grüne Minna« verladen worden waren.[37] Im Mai 1954 wurde er sogar wegen »pflichtbewusster Arbeits- und Dienstverrichtung« zum Unterleutnant befördert, nur elf Monate später mit Zustimmung der sowjetischen Behörden zum Leutnant.[38]

Stegemann pflegte sich zwar angeblich mit einigen Häftlingen auch über private Dinge zu unterhalten, andere Insassen hingegen wurden von ihm körperlich misshandelt.[39] So wurden die Untersuchungshäftlinge, wie vielerorts üblich, bei Verlegungen beschimpft, gestoßen und, rein zur Schikane, zur Eile angetrieben. Bewegten sie sich auf dem gebohnerten Korridoren und Treppen aber tatsächlich schnell, hieß es: »Sie wollen wohl fliehen«, was Schläge nach sich zog. Stegemann ließ außerdem im März 1956 einen Häftling, der verbotenerweise in seiner Zelle laut gepfiffen hatte, in den Keller bringen, wo er ihn – laut überlieferter Akten – ohrfeigte und 12 Stunden in einer »kleinen Zelle« stehen ließ.[40]

Im »Tauwetter« galten solche Praktiken nicht länger als ordnungsgemäß, doch Sanktionen sollte erst folgender Vorgang auslösen: Ein 1956 entlassener politischer Häftling traf einen seiner ehemaligen Bewacher zufällig auf dem Bahnhof wieder. Da er jetzt keine Sanktionen mehr fürchtete, erzählte er dem jungen Mitarbeiter der Abteilung XIV, dass er seinerzeit von Stegemann aufgefordert worden war, ihn über das Betragen seiner Bewacher zu unterrichten. Diese Praxis diente offensichtlich der Machtsicherung des Gefängnisleiters, verstieß aber gegen alle Usancen. Der Aufseher erstattete der Zentralen Parteileitung Bericht. Möglicherweise beflügelte ihn dabei das herrschende politische Klima, in dem auch Kritik am Führungsverhalten von höheren Funktionären nicht mehr tabuisiert zu sein schien.[41]

Bei einer Parteiversammlung Ende September wurden allein der Führungsstil Stegemanns und die Bespitzelung von Aufsehern durch Häftlinge thematisiert, nicht hingegen die Übergriffe auf Gefangene. Wie es den politischen Vorzeichen dieser Zeit entsprach, erklärte ein Aufseher: »Ich habe diese Zuchthäusler als Menschen behandelt, aber als Zuchthäusler angesehen, und von diesen Menschen lasse ich mich nicht bespitzeln.« Der Leiter der Abteilung XIV erhielt eine strenge Rüge und wurde versetzt,[42] doch gegenüber

---

37 Vgl. Schreiben der Abt. VIII der BV Neubrandenburg v. 28.1.1954; BStU, MfS, BV Neubrandenburg, KS 258/59, Bd. 3, Bl. 27.

38 Vgl. BStU, MfS, BV Neubrandenburg, KS 258/59, Bd. 3, Bl. 29.

39 Bericht der Hauptabteilung Kader und Schulung v. 29.11.1956; BStU, MfS, BV Neubrandenburg, KS 258/59, Bd. 1, Bl. 46–49.

40 Vgl. Vernehmung [des Häftlings Hans-Ulrich D.] in Bützow-Dreibergen v. 14.6.1956; BStU, MfS, BV Neubrandenburg, KS 258/59, Bd. 3, Bl. 111 f.

41 Protokoll der Gruppenversammlung der Parteigruppe der Abt. XIV v. 25.9.1956; ebenda, Bl. 140–156.

42 Ebenda.

Vorwürfen Dritter reagierten seine Mitarbeiter immer noch mit einem Schul-
terschluss, als eine weitere Misshandlung bekannt wurde. Die Aufseher be-
zeichneten eine entsprechende Beschwerde als eine »Verleumdung«, für die der
Häftling »abermals zur Verantwortung gezogen werden müsste«.[43] Selbstge-
rechtigkeit der Machthaber und ihrer Helfershelfer war eben auch in der poststalinistischen Phase noch lange nicht passé.

Dann ergab sich jedoch Grund zu der Vermutung, dass Stegemanns Verfehlungen auch im Westen bekannt geworden waren. So wurde er im Februar
1957 aus den Reihen des Staatssicherheitsdienstes entlassen,[44] was im gesamten
Ministerium bekannt gegeben wurde.[45] Der Umgang mit den Beschwerden
gegen ihn zeigt deutlich, dass das »Tauwetter« bei den Verantwortlichen Ab-
wehrhaltungen und Wahrnehmungsverweigerungen nicht beseitigte und dass
die Verletzung geheimpolizeilicher Grundsätze allemal schwerer wog als die
Drangsalierung von Häftlingen. An der Ohnmacht der politischen Gefangenen änderte sich insbesondere in der Untersuchungshaft der Staatssicherheit
also nichts Grundsätzliches.

III. Konflikte zwischen Staatsanwaltschaft und Gefängnisverwaltung

Im Prozess der Entstalinisierung kam es zu Konflikten zwischen der Gefängnisverwaltung im Ministerium des Innern und der Staatsanwaltschaft für Straf-
vollzugsaufsicht, wie bei den Vorgängen in Ichtershausen bereits deutlich wurde.
Beide Seiten rivalisierten um Macht und Einfluss und versuchten, sich bei der
Umsetzung der neuen politischen Maßgaben mitunter zu übertrumpfen. Dabei
könnte auch ein Rolle gespielt haben, dass die Justizverwaltung in der Phase bis
1952, als ihr die meisten Haftanstalten unmittelbar unterstanden, gewichtige
Reformkonzepte für einen Erziehungsstrafvollzug entwickelt hatte.[46]

Generalstaatsanwalt Ernst Melsheimer kritisierte im August 1956 in der
Neuen Justiz, dass im Strafvollzug die Sicherheit bislang allzu sehr betont wor-
den sei, und forderte zusätzliche Kompetenzen für die Staatsanwaltschaft.[47]
Der Leiter der obersten Gefängnisverwaltung August Mayer entgegnete im

43   Stellungnahme [des Leiters der Abt. IX der BV Neubrandenburg] v. 10.10.1956; BStU, MfS,
SdM 1923, Bl. 24–28.

44   Bericht der Hauptabteilung Kader und Schulung v. 29.11.1956; BStU, MfS, BV Neubrandenburg, KS 258/59, Bd. 1, Bl. 46–49.

45   Vgl. Befehl 414/56 des 1. Stellvertreter des Ministers für Staatssicherheit v. 7.12.1956; BStU,
MfS, HA KuSch 1071.

46   Vgl. Wentker, Hermann: Justiz in der SBZ/DDR 1945–1953. Transformation und Rolle
ihrer zentralen Institutionen. München 2001.

47   Melsheimer, Ernst: Zur kommenden »Ordnung über die Aufsicht der Staatsanwaltschaft«.
In: Neue Justiz 16(1956), S. 486–489.

September 1956, dass nach wie vor die »Sicherheit den Vorrang hat« und diese überhaupt erst die Voraussetzung für die Erziehung der Gefangenen sei, »was der Genosse Generalstaatsanwalt anscheinend nicht sieht«.[48] Der Stellvertretende Generalstaatsanwalt Bruno Haid, der zugleich in der besagten Kommission zur Überprüfung politischer Strafurteile tätig war, warf der Gefängnisverwaltung vor, sie könne sich »nur sehr schwer von ›alten Vorstellungen‹ lösen«. Die Aufgabe des Strafvollzugs müsse es sein, bei den Häftlingen »›menschliche Werte‹ zu schaffen«, und deswegen sah der Jurist auch nicht ein, »weshalb man Gefangenen Fachliteratur z. B. über Zierfischzucht vorenthält, wenn der Einzelne dafür Interesse zeigt«.[49] Melsheimer erklärte, dass er »außerordentlich beeindruckt« gewesen sei, als er in einer Haftanstalt der Staatssicherheit in Ostberlin in einer Zelle »ein Aquarium mit 3 Schleierschwänzen« gesehen habe.[50]

Kurioserweise mussten hier die Haftbedingungen bei der Staatssicherheit, die unter materiellen Gesichtspunkten, insbesondere für die in Arbeitskommandos tätigen Strafgefangenen, teilweise besser waren als im Strafvollzug des Ministeriums des Innern, als positives Beispiel herhalten. Auf der anderen Seite waren dort für die Untersuchungshäftlinge die Verhöre härter und die Isolation extremer.[51] Und so konterte der Leiter der Verwaltung Strafvollzug Mayer, man habe mit der Staatssicherheit einen »hartnäckigen Kampf« um die »Abschaffung der Ausnahmehaftbedingungen« geführt, der »vom Genossen Generalstaatsanwalt kaum unterstützt wurde«.[52] Bei dieser Attacke dürfte freilich machtpolitisches Kalkül eine größere Rolle gespielt haben, als die Sorge um das Wohl der Gefangenen.

Zumindest neigten im »Tauwetter« des Jahres 1956 einige Staatsanwälte dazu, ihre Kontrollfunktion gegenüber der Gefängnisverwaltung etwas ernster zu nehmen als zuvor. Gegenseitig warfen sich die Vertreter beteiligter Institutionen jetzt Versäumnisse vor, die bislang nicht thematisiert worden waren. So hielt Mayer dem Generalstaatsanwalt vor, er selbst habe bei einem Besuch der Strafvollzugsanstalt Rüdersdorf die Arrestzelle sperren lassen müssen, weil

48   Vgl. Bericht der Verwaltung Strafvollzug über die Tätigkeit der Haftstaatsanwälte v. 21.9.1956; BA, DO 1 11/1589, Bl. 277 f.

49   Vgl. Stellungnahme der Verwaltung Strafvollzug zu einigen Fragen der Entwicklung des Strafvollzuges bis zum heutigen Tage v. 6.12.1956; BA, DO 1 11/1472, Bl. 214–251. Haid sprach sich auch gegen Ermittlungen gegen Walter Janka aus. Vgl. Schirdewan, Karl: Aufstand gegen Ulbricht. Berlin 1994, S. 118.

50   Vermutlich handelte es sich um das Haftarbeitslager Hohenschönhausen. Aktenvermerk der Verwaltung Strafvollzug betr. Besprechung über den Entwurf einer Ordnung über die staatsanwaltschaftliche Aufsicht v. 8.11.1956; BA, DO 1 11/1589, Bl. 228.

51   Vgl. u. a. Beleites, Johannes: »Feinde bearbeiten wir!« Die Haftbedingungen im Untersuchungshaftvollzug des MfS. In: DA 5(1999), S. 787–798.

52   Stellungnahme der Verwaltung Strafvollzug zu einigen Fragen der Entwicklung des Strafvollzuges bis zum heutigen Tage v. 6.12.1956; BA, DO 1 11/1472, Bl. 214–251.

diese »eher als eine Dunkelzelle zu betrachten war. Auch hier hat der Staatsanwalt scheinbar nichts gesehen.« Im Haftarbeitslager Röcknitz ordnete der zuständige Staatsanwalt im September 1956 an, dass den Inhaftierten alle 14 Tage Fernsehen zu gestatten sei – doch hatte die oberste Gefängnisverwaltung genau dies ausdrücklich untersagt.[53]

Als sich der Wind bereits wieder drehte, warf die oberste Gefängnisverwaltung im November 1956 der Staatsanwaltschaft allen Ernstes vor, sie wolle aus den Haftanstalten »Sanatorien« machen.[54] Zwei Staatsanwälte hätten bei einer Vorortkontrolle sogar einem Jugendlichen die Hand geschüttelt, was mit Erziehung »unseres Erachtens nach nichts zu tun« habe; die Jugendlichen seien dadurch aufsässig geworden.[55] Mayer wehrte sich auch entschieden gegen den Vorschlag der Staatsanwaltschaft, vier abgeordnete Bürger sollten das Haftarbeitslager Rüdersdorf besuchen und sich selbst ein Bild machen, um die kursierenden Gerüchte zu zerstreuen. Diese vergleichsweise liberalen Vorstellungen, so Mayer weiter, würden »der Zeit weit vorauseilen«.[56]

Grundsätzlich versuchte die Generalstaatsanwaltschaft im Zuge des »Tauwetters« ihre Aufsichtsfunktion zu präzisieren und auszuweiten.[57] Mayer sah jedoch seine Autorität untergraben, wenn Staatsanwälte die Gefängnisleiter »zur Ungehorsamkeit« auffordern würden. Immerhin gestand Mayer im Dezember 1956 zu, dass die Staatsanwälte auch aus eigener Initiative die Haftanstalten kontrollieren sollten, wenn dies »in der richtigen Form und in gegenseitiger Zusammenarbeit« geschehe. Dies widersprach zwar dem Wesen einer wirklichen Kontrolle, genügte jedoch dem Prinzip der sozialistischen Gesetzlichkeitsaufsicht.[58] Im November 1956 wurde dann eine Ordnung über die staatsanwaltschaftliche Aufsicht vorbereitet, ließ sich jedoch in der heraufziehenden neuen politischen Frostperiode gegen das Ministerium des Innern und den Staatssicherheitsdienst nicht durchsetzen.[59]

---

53 Bericht der Verwaltung Strafvollzug über die Tätigkeit der Haftstaatsanwälte v. 21.9.1956; BA, DO 1 11/1589, Bl. 277 f.

54 Vgl. Aktenvermerk der Verwaltung Strafvollzug betr. Besprechung über den Entwurf einer Ordnung über die staatsanwaltschaftliche Aufsicht v. 8.11.1956; ebenda, Bl. 228.

55 Stellungnahme der Verwaltung Strafvollzug zu einigen Fragen der Entwicklung des Strafvollzuges bis zum heutigen Tage v. 6.12.1956; BA, DO 1 11/1472, Bl. 214–251.

56 »Mir scheint, dass es gerade gegenwärtig notwendig ist, die moralische Kraft unserer Genossen dadurch zu stärken, dass man sie im Bemühen unterstützt, durch den Gegner veranlasste Störungsversuche rasch zu unterbinden.« Ebenda.

57 Vgl. Mollnau, Karl A.: Die staatsanwaltschaftliche Gesetzlichkeitsaufsicht in der DDR als gescheiterter Versuch eines sowjetischen Rechtstransfers. In: Bender, Gerd; Falk, Ulrich (Hg.): Recht im Sozialismus. Analysen zur Normdurchsetzung in osteuropäischen Nachkriegsgesellschaften (1944/45–1989). Bd. 3: Sozialistische Gesetzlichkeit (Sonderhefte zur Europäischen Rechtsgeschichte Nr. 115). Frankfurt/M. 1999, S. 241–277, hier 262–263.

58 Stellungnahme der Verwaltung Strafvollzug zu einigen Fragen der Entwicklung des Strafvollzuges bis zum heutigen Tage v. 6.12.1956; BA, DO 1 11/1472, Bl. 214–251.

59 Vgl. Otto, Wilfriede: Erich Mielke – Biographie. Aufstieg und Fall eines Tschekisten. Berlin 2000, S. 256.

IV. »Tauwetter« im Organ Strafvollzug

Nach dem Volksaufstand vom 17. Juni 1953 war das Innenministerium neu strukturiert worden.[60] Der dem Innenminister Willi Stoph unterstellte Chef der Volkspolizei, Karl Maron, verfügte jetzt über einen Stellvertreter für besondere Dienstzweige, dem neben dem Betriebsschutz und der Feuerwehr auch die Gefängnisse unterstanden.[61] Auf Beschluss des Politbüros vom April 1955 wurde der Strafvollzug dann aus dem Bereich der Deutschen Volkspolizei ausgegliedert und eine selbstständige Verwaltung innerhalb des Innenministeriums gebildet.[62] Zum Jahresbeginn 1956 wurde die Hauptabteilung Strafvollzug zur Verwaltung Strafvollzug aufgewertet und erhielt eine eigene Personal- und Politabteilung.[63]

Die geschilderte Disziplinierung des Chefs der Untersuchungshaftanstalt in Neustrelitz hat schon gezeigt, dass nach der 3. Parteikonferenz der SED von den Leitern ein weniger autoritärer Führungsstil erwartet wurde. So monierte die Verwaltung Strafvollzug im Juni 1956, die Bezirksverwaltung für Strafvollzug Karl-Marx-Stadt habe in einzelnen Haftanstalten »überzogene Kritik« geübt und das »Wesen der Kontrolle« vielfach »noch falsch verstanden«; in Zukunft solle sie »offenere und gründlichere Selbstkritik« leisten.[64] In Bützow-Dreibergen beschwerten sich hinter vorgehaltener Hand sogar die Aufseher über den autokratischen Führungsstil des Leiters ihres Gefängnisses, Fritz Ackermann: »Überall wird der Stalinismus beseitigt, nur in unserer Dienststelle nicht!«[65]

Zu den gängigen Herrschaftsmechanismen im Gefängniswesen zählte, dass die Feindbilder der Aufseher »von oben« genährt und sie zur Unnachgiebigkeit gegenüber den Insassen angehalten wurden. Dies schloss mit ein, zu nachsichtige Bewacher exemplarisch zu bestrafen.[66] Tendenzen zur Fraternisierung ließen sich dadurch jedoch nicht völlig unterbinden, insbesondere in der Phase des »Tauwetters«. So wurden bei einer Gesamtzahl von 9 612 Aufsehern[67] im Verlauf des Jahres 1956 wegen versöhnlichen Verhaltens gegenüber Häftlingen immerhin

60   Vgl. u. a. Diedrich; Wenzke: Mit »Zuckerbrot und Peitsche« (Anm. 5), S. 439–468, hier 441–443.

61   Vorlage Stophs für das Politbüro betr. Statut des Kollegiums der DVP v. 28.12.1953; SAPMO-BA, DY 30 J IV 2/2 A-326, Bl. 423–425.

62   Vgl. Anlage Nr. 1 zum Protokoll Nr. 18/55 der Sitzung des Politbüros v. 12.4.1955; SAPMO-BA, DY 30 J IV 2/2-415.

63   Vgl. Befehl 53/55 des Ministers des Innern betr. Reorganisation des Strafvollzuges v. 13.12.1955; BA, DO 1 2.2./58020.

64   Rededisposition [der Verwaltung Strafvollzug] zur Abschlussbesprechung beim Brigadeeinsatz in der BVSV Karl-Marx-Stadt, 1.6.1956; BA, DO 1 11/1488, Bl. 124–138.

65   Bericht eines GI [Geheimen Informators] aus der Strafvollzugsanstalt Bützow-Dreibergen v. 30.11.1956; BStU, MfS, BV Potsdam, AP 77/61, Bl. 162.

66   So wurde etwa im Oktober 1955 ein Aufseher aus Waldheim wegen Gefangenenbegünstigung zu 15 Monaten verurteilt, weil er offenbar sexuelle Kontakte zu einem Häftling aufgenommen hatte. Vgl. BStU, MfS, SK 5 zu Josef T.

67   Stand 31.12.1955, vgl. BA, DO 1 11/1638, Bl. 73.

86 Mitarbeiter des DDR-Gefängniswesens bestraft.[68] Ein Aufseher hatte im April in der Haftanstalt Magdeburg-Sudenburg den Gefangenen sogar Mut zugesprochen, da sie »für eine gerechte Sache« einsitzen würden.[69] Durch die sinkenden Gefangenenzahlen wurden jetzt insgesamt weniger Aufseher benötigt, sodass DDR-weit etwa 1 400 Stellen eingespart wurden[70] und beispielsweise die Haftkrankenhäuser in Cottbus und Jerichow ganz aufgelöst werden konnten.

Schon 1958 wurde die Ausgliederung der Verwaltung Strafvollzug wieder rückgängig gemacht, insbesondere weil die Chefs der Bezirksbehörden der Deutschen Volkspolizei um einen Teil ihres Einflusses fürchteten und der Strafvollzug seinerzeit ohnehin bei der obersten Parteiführung in der Kritik stand.[71] Im April 1958 beschloss das Politbüro daher eine Neugliederung des Innenministeriums, in dessen Zuge die Verwaltung Strafvollzug wieder in den Dienstbereich der Hauptverwaltung der Deutschen Volkspolizei eingegliedert wurde. Diese war ihrerseits dem Stellvertreter des Ministers für die bewaffneten Organe untergeordnet.[72]

V. Die Besuche westlicher Delegationen
in den Haftanstalten der DDR

Nach dem XX. Parteitag drängte Nikita Chruščev auf ein besseres Verhältnis Ostberlins gegenüber Bonn – auch um den Druck auf die DDR zu mindern. Eine wichtige Rolle sollten dabei die bundesdeutschen Sozialdemokraten spielen, die es möglichst auf die eigene Seite zu ziehen galt, und die sich schützend vor die KPD stellen sollten, deren Verbot durch ein Urteil des Bundesverfassungsgerichts absehbar war.[73] Das SED-Regime umwarb daher die bundesdeutsche SPD als potenziellen Bündnispartner gegen die Adenauer-Regierung, was insbesondere in

---

68   Vgl. Jahresbericht der Polit-Abteilung der Verwaltung Strafvollzug [für das] Jahr 1956 v. 26.1.1957; BA, DO 1 11/1472, Bl. 170–177.

69   Vgl. [Bericht der] Abt. Information über Stimmung und Lage in der VP v. 31.4.1956; BStU, MfS, AS 79/59, Bd. 1b, Bl. 146–157.

70   Jahresbericht der Kaderabteilung der Verwaltung Strafvollzug v. 18.1.1957; BA, DO 1 26.0/18079.

71   Rede Erich Honeckers in Auswertung der 33. Tagung des ZK der SED im Bereich des Ministeriums des Innern v. 1.11.1957; SAPMO-BA, DY 30/2512, Bl. 2–36.

72   Vgl. Anlage 5 zum Protokoll 18/58 der Sitzung des Politbüros v. 22.4.1958; SAPMO-BA, DY 30 J IV 2/2-590; Befehl 24/58 des Ministers des Innern betr. Struktur des Ministeriums des Innern v. 20.6.1958; BStU, MfS, BdL/Dok 050029.

73   Vgl. Kircheisen, Inge: Die internationale Sozialdemokratie im Jahr 1956. In: Dies. (Hg.): Tauwetter ohne Frühling. Das Jahr 1956 im Spiegel blockinterner Wandlungen und internationaler Krisen. Berlin 1995, S. 142–164, hier 147; Harrison, Hope M.: Driving the soviets up the wall. Soviet-East German Relations, 1953–1962. Princeton 2003, S. 64 f.

der Bereitschaft zur Freilassung von 691 angeblichen Agenten des Ostbüros der SPD seinen Ausdruck fand.[74]

Gegenüber der westlichen Öffentlichkeit sollte das schlechte Erscheinungsbild des SED-Regimes dringend »aufpoliert« werden, und nach dem Zurückschrauben der politischen Repression schien gerade der Strafvollzug hierzu geeignet. So wurden nun gelegentlich westliche Repräsentanten eingeladen, einzelne Haftanstalten vor Ort in Augenschein zu nehmen und sich selbst ein Bild zu machen. Ostberlin stellte dabei seine Sicherheitsbedenken und sein Interesse an der Geheimhaltung zurück, um international an Reputation zu gewinnen. In dem politischen Klima dieser Monate lag es zudem nahe, den Strafvollzug einer gewissen öffentlichen Kontrolle zu unterwerfen, was ja auch die Staatsanwaltschaft im Falle Rüdersdorf vorgeschlagen hatte.[75]

Ganz gezielt lud das SED-Regime jetzt solche Personen und Institutionen ein, bei denen eine »fortschrittliche« politische Grundhaltung zu vermuten war (wie bei einigen Abgeordneten der britischen Labour Party) oder die aus Gründen selbstverordneter politischer Neutralität keine scharfen Noten nach Ostberlin senden würden (wie das Internationale Rote Kreuz). Einem »Drehbuch« gleich wurden im Vorfeld der Visiten meist noch kosmetische Korrekturen in den Haftanstalten vorgenommen und bei den Besuchen selbst beispielsweise die Anstaltspfarrer als »neutrale« Gewährsleute hinzugezogen. Teilweise gelang es dabei, durch eine geschickte Inszenierung den westlichen Beobachtern eine geschönte Realität vorzugaukeln.

In seinen Bemühungen, die diplomatische Isolation der DDR zu überwinden, lud Ostberlin bereits einen Monat nach dem XX. Parteitag eine Delegation der britischen Labour Party nach Ostdeutschland ein.[76] Wie das SED-Regime freimütig erklärte, hoffte es durch intensive Kontakte einer De-facto-Anerkennung der DDR näherzukommen.[77] Zwar unterhielten die britischen Sozialisten seinerzeit keine offiziellen Parteibeziehungen in die DDR, doch gestattete die Parteiführung ihren Mitgliedern »private« Kontakte, was entsprechende Reisetätigkeit nach sich zog.[78] So ließ sich im Juli 1956 eine achtköpfige Gruppe von linksorientierten »Hinterbänklern« der Labour-Fraktion in Ostberlin von Walter Ulbricht, Otto Grotewohl, Otto Buchwitz und Johannes Dieckmann

---

74 Vgl. Schroeder, Klaus unter Mitarbeit von Alisch, Steffen: Der SED-Staat. Geschichte und Strukturen der DDR. München 1998, S. 599.

75 Im November 1956 tätigte außerdem ein Berliner Dozent die Eingabe, dass eine Delegation von Bürgern die Haftanstalt der Staatssicherheit in Hohenschönhausen besichtigen solle. Vgl. Abschrift eines Schreibens des Stellvertretenden Direktors der Ingenieurschule für Schwermaschinenbau und Elektrotechnik Berlin v. 7.11.1956; BStU, MfS, SdM 1930, Bl. 36.

76 Vgl. Protokoll der Sitzung des Sekretariats des ZK v. 7.3.1956; SAPMO-BA, DY 30 J IV 2/3-504.

77 Vgl. Hoff, Henning: Großbritannien und die DDR 1955–1973. Diplomatie auf Umwegen. München 2003, S. 23, 114 u. 131 f.

78 Abt. Westeuropäische Länder [des Ministeriums für Auswärtige Angelegenheiten]: Die Haltung der britischen Labour-Party zur Deutschland-Frage v. 2.7.1957; PA AA, MfAA, A 690, Bl. 86–99.

empfangen. Dabei sprachen sie auch die politischen Gefangenen an – wohl weil die Westberliner SPD sie kurz zuvor entsprechend instruiert hatte.[79]

Im September 1956 konnte dann eine andere Delegation der Labour Party das Jugendhaus Dessau besichtigen. Dort stellte die oberste Gefängnisverwaltung mit Bedauern fest, dass sich die britischen Besucher »für die Prinzipien des Strafvollzugs« in der DDR und den Arbeitseinsatz »nicht interessierten«. Stattdessen hätten sie nach den Verurteilungsgründen und den Strafmaßen der jugendlichen Insassen gefragt. Die ausländischen Gäste bemängelten, dass es zu viele Aufseher gäbe und die Gefängnishöfe so klein seien, dass man noch nicht mal ein richtiges Handballspiel darin veranstalten könne.[80] Zwei Mitglieder der Delegation besuchten zwei Tage später außerdem die Haftanstalt Rummelsburg. Hier störten sie sich bei ihrem Rundgang an der immer noch hohen Belegung, dem Sprechverbot während des Hofgangs und der Markierung der Häftlingskleidung durch farbige Streifen. Die nüchternen Räumlichkeiten, so vermerkten sie mit kühlem britischen Humor, würden sie an das Unterhaus in London erinnern.[81] Das Interesse der britischen Gäste soll zu Freilassungen einzelner politischer Gefangener beigetragen haben.[82]

Nach der Niederschlagung des ungarischen Volksaufstandes kamen die Besuche der Labour Party bis April 1957 zum Erliegen.[83] Dessen ungeachtet wollten im Dezember 1956 einige »westdeutsche Rechtsanwälte« die Haftanstalt Rummelsburg besuchen, wo ihnen vorrangig die Werkhallen mit vergleichsweise modernen Maschinen präsentiert wurden. Die namentlich nicht genannten Juristen ließen sich davon durchaus beeindrucken und versprachen, fortan »die Wahrheit« über die DDR-Haftanstalten zu verbreiten.[84]

Als neutrale Beobachter konnten ab Februar 1957 außerdem Delegationen des Internationalen Roten Kreuzes die Haftanstalten Berlin-Rummelsburg, Bautzen I, Brandenburg-Görden, Waldheim, Hoheneck, das Haftkrankenhaus Klein-Meusdorf sowie die Haftarbeitslager Schwarze Pumpe, Röcknitz und Himmelsmühle besuchen. H. G. Beckh, als Sektionschef in der Exekutivabteilung des Internationalen Roten Kreuzes für die DDR zuständig, wurde dabei auch vom Chef des DDR-Gefängniswesens zu einem Gespräch empfangen,

---

79 Vgl. Bericht des Hauptreferenten Plaschke über die Beziehungen der Deutschen Demokratischen Republik zur Großbritannien v. 30.7.1956; PA AA, MfAA, A 690, Bl. 22–27.
80 Vgl. Handschriftlicher Bericht über den Besuch von Labourabgeordneten im Jugendhaus Dessau v. 28.9.1956; BA, DO 1 11/1604, Bl. 13–13a; Schreiben des Leiters der Verwaltung Strafvollzug an Maron v. 4.10.1956; ebenda, Bl. 6 f.
81 Vgl. ebenda; Bericht des Leiters der BV SV [Strafvollzug] Berlin v. 25.9.1956; ebenda, Bl. 9–12.
82 Vgl. Boll, Friedhelm: Sprechen als Last und Befreiung. Holocaust-Überlebende und politisch Verfolgte zweier Diktaturen. Berlin 2001, S. 249.
83 Vgl. Bericht des Hauptreferenten Plaschke über die Beziehungen der Deutschen Demokratischen Republik zur Großbritannien v. 30.7.1956; PA AA, MfAA, A 690, Bl. 22–27.
84 Nachtrag zum Bericht der BVSV [Bezirksverwaltung für Strafvollzug] Berlin v. 5.12.1956; BA, DO 1 11/1604, Bl. 20 f.

der dabei die schlechte Behandlung der politischen Häftlinge rundherum abstritt.[85] In Rummelsburg (Berlin I) äußerte sich der Delegierte des Roten Kreuzes angeblich »lobend über das abwechslungsreiche Essen«[86] und enthielt sich auch nach seiner Rückkehr in den Westen öffentlicher Kritik.[87] Lieber monierte er hinter den Kulissen die »ausgesprochen eintönige Gefängniskost«[88] – wohl um sich weitere Besuche nicht zu verbauen. Das SED-Regime gestattete diese Besuche vermutlich hauptsächlich deswegen, weil Vertreter des Internationalen Roten Kreuzes seinerzeit auch inhaftierte KPD-Anhänger in bundesdeutschen Haftanstalten besuchen konnten,[89] was unter dem Gesichtspunkt der politischen Optik einen wichtigen Punktsieg bedeutete.

Der bereits erwähnte Alfred Schönherr, als Nachfolger Mayers zwischenzeitlich als Leiter der Verwaltung Strafvollzug eingesetzt, hielt indes im Mai 1960 wietere Visiten Beckhs »für nicht erforderlich«.[90] Vermutlich war das »face-lifting« des ostdeutschen Gefängniswesens weit hinter den Erwartungen der Initiatoren zurückgeblieben; die erhofften publikumswirksamen Besuche von Spitzenfunktionären der Labour Party hatten nicht stattgefunden.[91] Weitere Besuche westlicher Delegationen erfolgten offenbar erst wieder in den siebziger und achtziger Jahren.[92]

VI. Vorzeitige Haftentlassungen

Die Moskau-Reise von Bundeskanzler Konrad Adenauer im September 1955 brach das Eis im bundesdeutsch-sowjetischen Verhältnis, wenngleich Moskau die 9 536 verbliebenen deutschen Kriegsgefangenen bzw. Deportierten ohnehin bald freigelassen hätte. Von diesen gingen dann 6 432 in die Bundesrepublik

---

85 Schreiben des Generalkonsulats der Bundesrepublik in Genf an das Auswärtige Amt in Bonn betr. Bericht von Herrn Beckh über die Behandlung der politischen Häftlinge in der Sowjetzone v. 20.3.1957, 3 S.; BA, B 137/1812.

86 Vgl. Bericht der Strafvollzugsanstalt Berlin I v. 18.2.1957; BA, DO 1 11/1604, Bl. 23–25.

87 Vgl. Mission du CICR en Allemagne Orientale, in: Revue Internationale de la Croix-Rouge, Nr. 459 (März 1957), S. 167–169.

88 Schreiben des Generalkonsulats der Bundesrepublik in Genf an das Auswärtige Amt in Bonn betr. Bericht von Herrn Beckh über die Behandlung der politischen Häftlinge in der Sowjetzone v. 20.3.1957, 3 S.; BA, B 137/1812.

89 Vgl. Schreiben des Deutschen Roten Kreuzes an das Bundesministerium der Justiz betr. Besichtigung von Haftanstalten durch einen Delegierten des Internationalen Roten Kreuzes v. 15.3.1957, 2 S.; ebenda.

90 Vgl. Schreiben des Leiters der Verwaltung Strafvollzug Schönherr an den Leiter des Büros des Ministers, Gen. Oberst Göhringer, v. 19.5.1960; BA, DO 1 11/1604, Bl. 62.

91 Vgl. Hoff: Großbritannien und die DDR (Anm. 77) , S. 270 u. 303.

92 Vgl. u. a. Stern Nr. 5 v. 22.1.1987, S. 150 f.

und 3 104 in die DDR,[93] von wo aus viele später weiter in den Westen flüchteten.[94] Damit trugen sie eine gewisse Unruhe in die Gesellschaft hinein; bei dem Zwischenhalt eines Transportes auf dem Bahnhof von Gotha beispielsweise kam es zu tumultartigen Szenen, als in Abwesenheit der Volkspolizei besorgte Frauen den Zug stürmten, nach ihren vermissten Ehemännern fragten und antisowjetische Parolen riefen.[95] Die Staatssicherheit hätte sich die Freigelassenen gerne geheimdienstlich zunutze gemacht, doch »die Zusammenarbeit mit den Freunden« war schlecht, sodass sie »keine Übersicht über die nach Westdeutschland gehenden Personen« hatte, »die uns operativ interessieren«. Mindestens 163 Personen, die erst in den Jahren 1950 bis 1952 von einem Sowjetischen Militärtribunal verurteilt worden waren, hatte die Staatssicherheit nämlich bereits registriert.[96] Sie sollten, so ist zu vermuten, möglicherweise teilweise als Werbungskandidaten ins Visier genommen werden.

Um den Erfolg der Adenauer-Regierung zu relativieren, entschloss sich Ostberlin dann im Oktober 1955 zur vorzeitigen Freilassung von »Kriegsverurteilten«, die bereits viele Jahre in ostdeutschen Haftanstalten hatten zubringen müssen.[97] Insgesamt saßen hier im Oktober 1955 noch 4 355 SMT-Verurteilte, 968 Waldheim-Häftlinge und 436 nach Befehl 201 Verurteilte ein, im Februar 1956 aber »nur noch« respektive 2 794, 259 und 90 Gefangene der drei genannten Kategorien.[98]

In der Folge der Moskau-Reise Adenauers wurden auch 749 sogenannte Schwerstkriegsverbrecher zwischen Oktober 1955 und Februar 1956 der DDR-Regierung übergeben. Je nach Wohnort von Familienangehörigen bzw. der Entlassungsadresse, die sie anzugeben wagten, durften 471 Personen von ihnen in die Bundesrepublik weiterreisen, wo sie nach einer Befragung durch das Deutsche Rote Kreuz umgehend freikamen und nur zu einem geringen

---

93 Vgl. Wodopjanowa, Soja: »Vorzeitig entlassen und in die Heimat zurückführen …«. Das Zentralkomitee der KPdSU zur Frage der Entlassung deutscher Kriegsgefangener nach Stalins Tod (nach Moskauer Archivquellen). In: Eimermacher, Karl; Volpert, Astrid (Hg.): Tauwetter, Eiszeit und gelenkte Dialoge. Russen und Deutsche nach 1945 (West-Östliche Spiegelungen Neue Folge, Bd. 3). München 2006, S. 147–182, hier 177.

94 Vgl. 1. Bericht der Abteilung Information zur Rückführung von Zivilpersonen aus der UdSSR v. 24.12.1955; BStU, MfS, AS 87/59, Bl. 148 f.

95 Und in Oranienburg verließ ein Teil der Belegschaft eines Postamtes den Dienst, um den Heimkehrertransport zu begrüßen. Zusammenfassung der Berichte des Informationsdienstes über die Ankunft und Weiterleitung der zurückgekehrten Kriegsverurteilten v. 22.10.1955; ebenda, Bl. 176–186.

96 Vgl. ebenda.

97 Vgl. Lemke, Michael: Einheit oder Sozialismus? Die Deutschlandpolitik der SED 1949–1961. Berlin 2001, S. 346 f.

98 Vgl. Hilger, Andreas; Morré, Jörg: SMT-Verurteilte als Problem der Entstalinisierung. Die Entlassungen Tribunalverurteilter aus sowjetischer und deutscher Haft. In: Hilger, Andreas; Schmeitzner, Mike; Schmidt, Ute (Hg.): Sowjetische Militärtribunale. Bd. 2: Die Verurteilung deutscher Zivilisten 1945–1955. Köln 2003, S. 685–756, hier 737 u. 739. Siehe auch mit teilweise abweichenden Angaben: Schreiben betr. vorzeitige Haftentlassungen von Verurteilten, die in den Strafvollzugsanstalten der DDR einsitzen v. 11.11.1955; BStU, MfS, AS 2/59, Bl. 483 f.

Teil wegen Verbrechen gegen die Menschlichkeit strafrechtlich zur Verantwortung gezogen wurden. Doch insgesamt 278 der sogenannten Nichtamnestierten verblieben in Bautzen I bzw. Hoheneck. Das SED-Regime hätte sie nur zu gerne vor Gericht gestellt, doch weil die sowjetische Seite kaum Strafakten übergab, fehlten die Rechtsgrundlagen. Deswegen wurde der größte Teil von ihnen bereits Mitte 1956 klammheimlich in den Westen entlassen, was ebenfalls der »Tauwetterphase« mitgeschuldet war.[99]

Unter den veränderten politischen Rahmenbedingungen nach dem XX. Parteitag lag eine Überprüfung weiterer Urteile nahe, besonders der drakonischen Strafmaße aus der stalinistischen Phase der DDR. So wuchsen unter den Bürgern die Erwartungen hinsichtlich einer Überprüfung der Urteile und geringerer Willkür der Untersuchungsorgane, wie der Staatssicherheitsdienst registrierte.[100] Im März erklärte Walter Ulbricht dann auf einer Tagung des Zentralkomitees, dass zwar keine Generalamnestie ausgesprochen werde, doch die SED-Führung viele Haftfälle prüfen und »sogar Kriegsverbrecher« freilassen wolle. »Bitteschön, sollen die draußen verfaulen. [...] Es bleiben nur die sitzen, die wir unbedingt halten müssen, also die Agenten, Spione, die uns großen Schaden zugefügt haben.«[101]

Entsprechend dieser Linie setzte das Zentralkomitee der SED nun eine etwas irreführend bezeichnete »Kommission zur Überprüfung von Angelegenheiten von Parteimitgliedern« ein, die auch Strafurteile von DDR-Gerichten aufheben konnte.[102] Das Gremium war zwar durch die Verfassung nicht legitimiert, doch konnte die Parteiführung sich so abermals als oberstes Justizorgan profilieren. Entgegen ihrer förmlichen Bezeichnung befasste sich die Kommission nicht nur mit parteiinternen Vorgängen, sondern verfügte auch die Entlassung von Personen, die durch Sowjetische Militärtribunale verurteilt worden waren oder als

99   Vgl. Schmidt, Ute: Spätheimkehrer oder »Schwerkriegsverbrecher«? Die Gruppe der 749 »Nichtamnestierten«. In: Hilger, Andreas; Schmidt, Ute; Wagenlehner, Günther (Hg.): Sowjetische Militärtribunale. Bd. 1: Die Verurteilung deutscher Kriegsgefangener 1941–1953. Köln 2001, S. 273–350, hier 340 u. 343.

100   Vgl. Analyse der Abt. Information über die Tätigkeit und den Einfluss der SPD v. 2.3.1956; BStU, MfS, AS 79/59, Bd. 1b, Bl. 45–55.

101   Schlusswort von Walter Ulbricht v. 22.3.1956; SAPMO-BA, IV 2/1/56, Bl. 133–142, zit. nach: Hoffmann; Schmidt; Skyba (Hg.): Die DDR vor dem Mauerbau (Anm. 6), S. 248–250.

102   Vgl. Zur Entlassung werden vorgeschlagen (Anm. 10); Klein, Thomas: »Für die Einheit und Reinheit der Partei«. Die innerparteilichen Kontrollorgane der SED in der Ära Ulbricht. Köln 2002, S. 270–282. Der Kommission stand Walter Ulbricht persönlich vor; außerdem gehörten ihr der Vorsitzende der Zentralen Parteikontrollkommission (ZPKK) Hermann Matern, das ursprünglich aus der SPD stammende Politbüro-Mitglied Friedrich Ebert, das Politbüromitglied Karl Schirdewan, der (Ende Mai erkrankte) Minister für Staatssicherheit Ernst Wollweber, der Volkskammerabgeordnete Helmut Lehmann, 1. Sekretär der SED-Bezirksleitung Erfurt Hans Kiefert und stellvertretende Generalstaatsanwalt Bruno Haid an; die Stellvertretende Vorsitzende der Zentralen Parteikontrollkommission Herta Geffke sowie der Stellvertretende Minister für Staatssicherheit Erich Mielke waren ständig anwesend. Außerdem wurden Unterkommissionen für die Begnadigung von Angehörigen des Ostbüros der SPD (bestehend aus Ebert und Mielke) und die Freilassung von SED-Funktionären (bestehend aus Haid und Lehmann) gebildet.

prominente Funktionäre gearbeitet hatten (wie Paul Baender, Bruno Gold-
hammer oder Max Fechner).[103] Schon im Vorfeld hatte Mielke eine »hausinter-
ne« Überprüfung von politisch bedeutsamen Strafurteilen angewiesen,[104] vermutlich um einen gewissen Informationsvorsprung zu erhalten. Doch der vor-
malige Staatssekretär für Justiz Helmut Brandt etwa blieb trotz seiner Proteste[105]
hinter Gittern und wurde im August 1956 zusammen mit anderen in die Haftanstalt Bautzen II verlegt, die von nun an für prominente und streng zu isolie-
rende politische Gefangene genutzt wurde und unter besonderem Einfluss der
Staatssicherheit stand.[106]
Anders als bei vorangegangenen Entlassungsaktionen konnte eine Herkunft
aus dem Westen für das Wiedererlangen der Freiheit nützlich sein, wollte die
SED doch seinerzeit deutschlandpolitisch Boden gutmachen.[107] Es blieben jedoch solche Häftlinge von der Freilassung ausgenommen, die sich während der
Inhaftierung abfällig über das SED-Regime geäußert hatten oder denen angeblich der Sinn nach Rache stand.[108] Politisches Wohlverhalten oder zumindest
Stillhalten war also Voraussetzung für eine Freilassung, deren genaue »Spielregeln« vielfach willkürlich erschienen. In einzelnen Fällen entschieden allein
operative Erwägungen der Staatssicherheit darüber, ob sich die Gefängnistore
öffneten.[109] Insbesondere nutzte die Geheimpolizei die vorzeitigen Haftentlassungen, um Spitzel zu gewinnen und diese etwa gegen das Ostbüro der SPD
einzusetzen,[110] ohne dass verdichtete Angaben über Werbungserfolge vorliegen.
Im Juni 1956 erklärte das SED-Regime, zuletzt 3 169 Häftlinge mit geringen kriminellen Vergehen auf Bewährung freigelassen zu haben. Bei 11 896
weiteren Personen sei außerdem die Begnadigung oder Freilassung auf Bewährung bereits beschlossen. Letztlich würden bis September sämtliche Haftfälle
geprüft, bei denen die Betreffenden zwei Drittel ihrer Strafe bereits verbüßt
hätten.[111] So erlangten zwischen Januar und September etwa 25 000 Häftlinge
ihre Freiheit, während »nur noch« 23 674 Personen in ostdeutschen Haftanstalten verbleiben mussten.
Die Massenentlassungen verursachten besonders in den Haftarbeitslagern
»immer größere Schwierigkeiten.« Vielfach wurde hier die Arbeit ganz eingestellt

---

103 Vgl. Werkentin, Falco: Politische Strafjustiz in der Ära Ulbricht. Berlin 1995, S. 374.
104 Vgl. Engelmann; Schumann: Kurs auf die entwickelte Diktatur (Anm. 9), S. 5.
105 Vgl. Schreiben von Helmut Brandt an den Generalstaatsanwalt v. 9.1.1957; BStU, MfS, AU
449/54, Bd. 10 HA/GA, Bl. 16–18.
106 Vgl. Fricke, Karl Wilhelm; Klewin, Silke: Bautzen II. Sonderhaftanstalt unter MfS-Kontrolle.
Leipzig 2001.
107 Vgl. u. a. BStU, MfS, AS 15/59.
108 Vgl. SAPMO-BA, DP 1-1318.
109 Vgl. BStU, MfS, AS 1/59, Bd. 1; BStU, MfS, AS 15/59, Bl. 114.
110 Vgl. BStU, MfS, HA XX 14035.
111 Vgl. Mitteilung des Presseamtes beim Ministerpräsidenten. In: ND v. 21.6.1956, S. 1.

oder die Produktion auf die wichtigsten Betriebe beschränkt.[112] Wie bereits erwähnt, führte der Einsatz neuer, ungelernter Arbeitskräfte zu einer höheren Zahl von Arbeitsunfällen und Erkrankungen. Die oberste Gefängnisverwaltung konnte der Entwicklung indes auch positive Seiten abgewinnen, denn durch die Entlassungen war »zum 1. Mal die reale Möglichkeit gegeben, alle arbeitsfähigen Strafgefangenen zu beschäftigen«.[113] Tatsächlich befanden sich im letzten Quartal 1956 in der gesamten DDR 78,7 Prozent aller Gefangenen im Arbeitseinsatz,[114] in einzelnen Haftanstalten gar 100 Prozent.[115] Anderen Quellen zufolge schnellte der Anteil der Arbeitenden von 51,6 Prozent zum Jahresende 1955 auf 73,0 Prozent ein Jahr später hoch.[116]

Nach dem Ungarn-Aufstand hingegen ließen die vorzeitigen Haftentlassungen stark nach, weil die Gefängnisleiter es in dieser »besondere[n] Klassenkampfsituation« nicht wagten,[117] sich durch eine Befürwortung weiterer Freilassungen politisch zu exponieren. Die SED-Führung hatte sich schon im Juli 1956 berichten lassen, dass immer mehr Bürger die Haftentlassungen für zu frühzeitig oder zu großzügig hielten. Einige sahen in den Freilassungen angeblich sogar ein Indiz für eine Schwäche des SED-Regimes, das sich westlichem Druck beugen müsse.[118] All dies sprach aus Sicht der Verantwortlichen wohl gegen eine Fortsetzung der Haftentlassungen. Trotz latenter Sorgen um ein Anwachsen der Kriminalität dürfte die Mehrzahl der Bürger die Freilassungen jedoch begrüßt haben. So sammelte etwa in Berlin-Treptow im Sommer 1956 fast die gesamte Nachbarschaft Unterschriften für einen wegen Spionage festgenommenen Mann.[119] In der Phase des »Tauwetters« erschien ihnen dieses Engagement wohl aussichtsreich bzw. nicht länger mit einem unkalkulierbaren Risiko verbunden, selbst in die Mühlen der Repression zu geraten.

---

112 Vgl. Quartalsbericht III/56 der Abt. Produktion der Verwaltung Strafvollzug v. 16.10.1956; BA, DO 1 11/1472, Bl. 94–96.

113 Ebenda.

114 Vgl. Quartalsbericht IV/56 der Abt. Produktion der Verwaltung Strafvollzug v. 15.1.1957; ebenda, Bl. 129 f.

115 Vgl. Bericht der Kontrollgruppe der Verwaltung Strafvollzug über den Einsatz der Kalfaktoren betr. die StVA Untermaßfeld v. 9.7.1956; BA, DO 1 11/1488, Bl. 194–195a.

116 Vgl. Jahresbericht 1956 der Abt. Produktion der Verwaltung Strafvollzug v. 2.2.1957; BA, DO 1 11/1472, Bl. 202–206; Werkentin: Politische Strafjustiz (Anm. 103), S. 409.

117 Vgl. Verwaltung Strafvollzug: Die Entwicklung der Arbeit im Strafvollzug in der Anwendung des § 346 StPO v. 15.5.1962; BA, DO 1 11/1477, Bl. 166–171.

118 [Stimmungsbericht der] Abt. Information zur Lage in Industrie und Verkehr v. 7.7.1956; BStU, MfS, AS 81/59, Bl. 81–101.

119 Vgl. Information 86/56 der Abt. Information betr. Formen und Methoden der Feindtätigkeit v. 21.7.1956; BStU, MfS, AS 81/59, Bl. 205–280.

VII. Die strengere Linie ab dem Herbst 1956

Aus Sicht der Staatssicherheit war die Volkspolizei viel zu sehr um Mäßigung bemüht. Im gesamten Apparat der Ostberliner Volkspolizei sei »nach dem XX. Parteitag eine gewisse Unsicherheit zu verzeichnen, indem man vor Festnahmen zurückschreckt und die Frage der demokratischen Gesetzlichkeit überspitzt oder auch falsch verstanden wird«.[120] Im Apparat der Staatssicherheit nahm man sich im August 1956 vor, »von uns aus so arbeiten, dass die Beweisführung da ist, dass wirklich bestraft werden muss. [...] Solche Fälle, wo Freispruch erfolgt, müssen Ausnahmen sein.«[121] Tatsächlich waren sie dies auch in der »Tauwetterphase« geblieben, wie die Tabelle auf S. 300 ausweist. Die zitierte Maßgabe sollte wohl die neuen Signale der SED-Führung in die geheimpolizeiliche Arbeit umsetzen, war letztlich jedoch wenig geeignet, etwa der Beweismanipulation oder der Geständniserpressung einen Riegel vorzuschieben.

Die politische Großwetterlage schlug mit dem ungarischen Volksaufstand endgültig um. Justizministerin Hilde Benjamin hatte sich schon zuvor zu einem harten Kurs bekannt und in einer öffentlichen Fragestunde bestritten, dass in den Haftanstalten jemals Geständnisse erpresst worden seien.[122] Im November kündigte Ulbricht dann eine »neuerliche Verschärfung der politischen Repression« an.[123] In der Tabelle lässt sich ablesen, dass das Abflauen des »Tauwetters« jetzt wieder zu einer steigenden Zahl von Ermittlungsverfahren führte. Die Verurteilungszahlen hingegen nahmen vor Jahresende noch nicht wieder zu, jedenfalls soweit sie auf Ermittlungen des zentralen Untersuchungsorgans der Staatssicherheit, der Hauptabteilung IX, zurückgingen; vermutlich ist dies auf die erwähnte »Trägheit« der Ermittlungsverfahren zurückzuführen. Im November wurden allein 81 »Provokateure und Hetzer [...] in Verbindung mit dem faschistischen Putsch« in Ungarn festgenommen.[124]

Im Frühjahr 1957 rechnete Ulbricht dann auf dem 30. Plenum der SED mit unliebsamen Reformvorstellungen ab und beschwor die Gefahren ideologischer Aufweichung und Duldsamkeit gegenüber dem politischen Gegner. Die neue Linie wirkte sich auch auf den Strafvollzug aus – so sagte Mayer im Mai 1957: »Man hat viel von den ›Rechten‹ der Strafgefangenen gesprochen, ja sogar davon, dass sie gesetzlich festgehalten seien. Das ist aber nicht so.« Daher gelte es »so

---

120 Ebenda.
121 Protokoll der Sitzung der SED-Kreisleitung im MfS v. 14.8.1956; BStU, MfS, SED-KL 1168, Bl. 176–202.
122 Der Tagesspiegel v. 18.10.1956, S. 1.
123 Engelmann; Schumann: Kurs auf die entwickelte Diktatur (Anm. 9), S. 9.
124 Tätigkeits- und Auswertungsbericht der Hauptabteilung IX v. 8.12.1956; BStU, MfS, HA IX MF 11159, o. Pag.

schnell wie möglich die Liberalisierungserscheinungen zu beseitigen. Die Strafgefangenen müssen spüren, dass sie sich in einer Strafvollzugsanstalt befinden.«[125]

In seiner Funktion als Sekretär der Sicherheitskommission behauptete dann
auch Erich Honecker im November 1957, es mehrten sich die »Erscheinungen
des liberalen und kumpelhaften Verhaltens« der Aufseher gegenüber den politischen Gefangenen. Teilweise würden diese sogar als Kalfaktoren eingesetzt – was
im Vorjahr noch ausdrücklich erwünscht gewesen war. In sämtlichen Haftanstalten seien »durch übertriebene Betonung seiner erzieherischen Funktion« die
eigentlichen Aufgaben des Strafvollzuges »entstellt worden«. Demgegenüber gelte
es Maßnahmen zu ergreifen, um die allgemeine Sicherheit zu erhöhen.[126] Entsprechend der härteren Linie schlug Mayer im Januar 1958 vor, fortan Häftlinge
mit drei oder mehr Vorstrafen in einem Steinbruch schwere körperliche Arbeit
leisten zu lassen.[127]

Erst als Walter Ulbricht auf dem V. Parteitag der SED im Juli 1958 eine verstärkte politische Erziehung und ein wachsendes sozialistischen Bewusstsein
forderte,[128] besannen sich die Verantwortlichen wieder stärker auf pädagogische
Konzepte in der Strafvollzugspolitik und kritisierten das »untaktische Verhalten«
der Aufseher.[129] Die Gefängnisverwaltung votierte jetzt für differenzierte Haftbedingungen, »das heißt ein strenges Regime für die Feinde unserer Ordnung«
sowie für Schwerkriminelle, und ein milderes Regime für die übrigen Gefangenen.[130] Die wiederholten Kurswechsel in der Strafvollzugspolitik folgten letztlich
den Konjunkturen und Rückschlägen des Entstalinisierungsprozesses.

VIII. Justizkorrekturen in der Sowjetunion und der DDR – Analogien und Unterschiede

Im sowjetischen Herrschaftsbereich beeinflussten die politischen Kursänderungen der östlichen Führungsmacht unmittelbar die »Satellitenstaaten« und
dabei insbesondere die Repressionsorgane Geheimpolizei, Justiz und Strafvoll-

125 Protokoll der Tagung der Polit-Stellvertreter der BVSV v. 10.5.1957; BA, DO 1 11/1484,
Bl. 328–341.
126 Rede Erich Honeckers in Auswertung der 33. Tagung des ZK der SED im Bereich des Ministeriums des Innern v. 1.11.1957; SAPMO-BA, DY 30/2512, Bl. 2–36.
127 Vgl. Auszug aus der Kollegiumsvorlage des Gen. Generalmajor Mayer v. 9.1.1958 über das
Problem der Vorbestraften im Strafvollzug v. 21.2.1958; BA, DO 1 11/1584, Bl. 222.
128 Vgl. Hoffmann; Schmidt; Skyba (Hg.): Die DDR vor dem Mauerbau (Anm. 6), S. 277.
129 Vgl. Bericht der Adjutantur des Ministeriums des Innern über eine Überprüfung im Strafvollzug v. 15.8.1959; BA, DO 1 11/1489, Bl. 299–320.
130 Vgl. Bericht der Verwaltung Strafvollzug über die Lage im Strafvollzug, insbesondere über
den Stand der Erziehungsarbeit vor dem Kollegium des Ministeriums für Staatssicherheit v.
17.8.1959; BA, DO 1 11/1476, Bl. 91–120, hier 101.

zug. Zeitversetzt und in unterschiedlicher Intensität vollzogen sich hier ähnliche Veränderungen. So wurden rasch nach Stalins Tod in der Sowjetunion die Haftarbeitslager für wirtschaftlich unsinnige Großprojekte aufgelöst, wie auch in der DDR seinerzeit viele Haftarbeitslager geschlossen wurden.[131] Die Entlassung von mehr als einer Million Gefangener (bzw. etwa 40 Prozent der Insassen) im Jahre 1953 diente Moskau vor allem als »Reforminstrument für den GULag« (im Sinne seiner Wirtschaftlichkeit) und gar nicht so sehr als Instrument zur Justizkorrektur.[132] Die Massenentlassungen führten angesichts miserabler Transportlogistik und ignoranter Bürokraten zu blankem Chaos – und mittelfristig zu einer deutlich höheren Verbrechensrate.[133] Die wachsende Unsicherheit der Bürger war eine zwangsläufige, doch nicht intendierte Folge der nachlassenden Repression – und auch im Strafvollzug der DDR hatte die Entwicklung teilweise unbeabsichtigte Folgen, wie oben gezeigt werden konnte. Hier wurden im Jahre 1953 etwa 23 000 Personen, also ein gutes Drittel der Häftlinge entlassen,[134] was weit weniger logistische Probleme aufwarf. Zudem wurde diese Entwicklung durch neue Verhaftungen nach dem Volksaufstand vom 17. Juni teilweise konterkariert.[135]

Auch die Aufstände in den sowjetischen Lagern in den Jahren 1953/54, die zur Mäßigung der Repression vermutlich beitrugen,[136] fanden in der DDR nur eine abgeschwächte und verspätete Entsprechung in den Häftlingsrevolten in Cottbus und Hoheneck.[137] In den Jahren 1954/55 wurden dann in der Sowjetunion rund 32 000 politische Gefangene (»Konterrevolutionäre«) vorzeitig

131 Vgl. Wunschik, Tobias: Die Befreiung der Gefangenen im Juni 1953. In: Engelmann, Roger; Kowalczuk, Ilko-Sascha (Hg.): Volkserhebung gegen den SED-Staat. Eine Bestandsaufnahme zum 17. Juni 1953. Göttingen 2005, S. 175–204.

132 So blieben die wegen »konterrevolutionärer Verbrechen« Verurteilten hinter Gittern, wohingegen Gefangene mit geringerer Arbeitskraft auf freien Fuß kamen – Schwangere, Frauen mit Kleinkindern, Invaliden, Greise und Schwerstkriminelle.

133 Die Verbrechensrate stieg im zweiten Halbjahr 1953 in der gesamten Sowjetunion bei Mord und Vergewaltigung um rund 30 % und bei Gewaltverbrechen und Diebstahl privaten Eigentums um fast 66 % im Vergleich zum Vorjahr. Vgl. Dobson, Miriam: »Show the bandit-enemies no mercy!« Amnesty, criminality and public response in 1953. In: Jones, Polly (Hg.): De-Stalinization. Negotiating cultural and social change in the Khrushchev era. London 2006, S. 21–39, hier 26.

134 Vgl. Werkentin: Politische Strafjustiz (Anm. 103), S. 369.

135 Binnen 24 Monaten nach dem Volksaufstand wurden etwa 13 000 bis 15 000 Personen festgenommen und etwa 1 800 Personen verurteilt. Vgl. Kowalczuk, Ilko-Sascha unter Mitarbeit von Weber, Gudrun: 17. Juni 1953 – Volksaufstand in der DDR. Ursachen – Abläufe – Folgen. Berlin 2003, S. 244 u. 255.

136 Armanski, Gerhard: Maschinen des Terrors. Das Lager (KZ und GULAG) in der Moderne. Münster 1993, S. 185; siehe auch Foitzik, Jan; Henning, Horst (Hg.): Begegnungen in Workuta. Erinnerungen, Zeugnisse, Dokumente. Leipzig 2003.

137 Vgl. Wunschik, Tobias: Norilsk und Workuta, Cottbus und Hoheneck. Die Proteste der Häftlinge in der Sowjetunion und der DDR nach Stalins Tod im Jahre 1953. In: Timmermann, Heiner (Hg.): Das war die DDR. DDR-Forschung im Fadenkreuz von Herrschaft, Außenbeziehungen, Kultur und Souveränität. Münster 2004, S. 198–218.

freigelassen, doch zu Beginn des Jahres 1956 waren immer noch 113 000 von ihnen inhaftiert.[138] Insgesamt wurden jetzt noch rund 780 000 Insassen gezählt – etwa zwei Drittel weniger als im April 1953,[139] wohingegen in der DDR die Häftlingszahlen im gleichen Zeitraum um lediglich ein Sechstel gesunken waren.[140] In dem gewandelten politischen Klima wurden in der Sowjetunion auch immer häufiger Bitten von Häftlingen auf Überprüfung ihrer Urteile durch die Instanzen bis nach Moskau durchgestellt. Im Vorfeld des XX. Parteitags kam sogar die Idee auf, Häftlinge vor den Delegierten auftreten zu lassen, doch wurde dies dann als zu brisant verworfen;[141] ein ähnliches Szenario wäre in Ostberlin schlichtweg unvorstellbar gewesen.

Im Jahre 1956 bildete den wichtigsten Schritt zur Rehabilitierung der Opfer stalinistischer Strafjustiz der Ukaz des Präsidiums des Obersten Sowjet vom 24. März.[142] Statt der GULag-Verwaltung, wie im Jahre 1953, befanden jetzt Sonderkommissionen über vorzeitige Entlassungen.[143] So kamen im Schnellverfahren »wenige zehntausend« für unschuldig befundene Personen frei, doch die politischen Gefangenen im engeren Sinne (»Trotzkisten« oder rechte Oppositionelle) wurden oftmals ausgenommen.[144] Auch im ostdeutschen Strafvollzug stand mangelnde politische Läuterung einer Freilassung entgegen, wie gezeigt werden konnte. Von außen- und deutschlandpolitischem Kalkül ließ sich Ostberlin indes bei der bevorzugten Freilassung einiger hundert Sozialdemokraten sowie bei den Besuchen westlicher Delegationen leiten, die wohl eine Besonderheit in der östlichen Hemisphäre darstellten und ein kurzes Intermezzo blieben.

Der neue sowjetische Innenminister N. P. Dudorow strebte im April 1956 die »Rückkehr zu einem ›normalen‹ Gefängnissystem« und die Intensivierung der Erziehung an, doch KGB-Chef Iwan Serow verwässerte diese Initiative offenbar[145] – in der DDR hatten sich ganz ähnliche Differenzen zwischen den Apparaten ergeben. Weil Moskau die drakonische Rechtsprechung der stalinistischen Phase bereits mit den Entlassungen des Jahres 1953 korrigiert hatte, stieg im Jahresverlauf 1956 die Gesamtzahl der Insassen sogar wieder leicht auf über

138 Vgl. Merl, Stefan: Berija und Chruscev: Entstalinisierung oder Systemerhalt? Zum Grunddilemma sowjetischer Politik nach dem Tode Stalins. In: Geschichte in Wissenschaft und Unterricht 9(2001), S. 484–506, hier 497.

139 Vgl. Dobson: »Show the bandit-enemies no mercy!« (Anm. 133), S. 21–39, hier 34.

140 Vgl. Werkentin: Politische Strafjustiz (Anm. 103), S. 409.

141 Vgl. Merl, Stefan: Entstalinisierung, Reformen und Wettlauf der Systeme 1953–1964. In: Plaggenborg, Stefan (Hg.): Handbuch der Geschichte Russlands. Bd. 5: 1945–1991. Vom Ende des Zweiten Weltkriegs bis zum Zusammenbruch der Sowjetunion. Stuttgart 2002, S. 175–314, hier 193.

142 Vgl. Kopalin, Leonid: Die Rechtsgrundlagen der Rehabilitierung widerrechtlich repressierter deutscher Staatsbürger. In: Hilger; Schmidt; Wagenlehner (Hg.): Sowjetische Militärtribunale (Anm. 99), S. 352–384, hier 355.

143 Elie, Marc: Massenentlassungen aus den sowjetischen Strafvollzugseinrichtungen 1953–1964 (Manuskript des Vortrags in Tübingen am 24.8.2006, 13 S.; im Besitz des Autors), S. 4.

144 Vgl. Merl: Entstalinisierung (Anm. 141), S. 175–314, hier 197 f.

145 Applebaum, Anne: Der Gulag. Berlin 2003, S. 537.

800 000 Personen. Weil immer weniger politische Gefangene eingeliefert wurden, sank aber der Anteil der »Konterrevolutionäre« von vormals 34 Prozent (im Jahre 1954) auf 14 Prozent (im Jahre 1956) und schließlich sogar auf etwa 1,2 Prozent (im Jahre 1959).[146] Im Osten Deutschlands wurde zunächst eine ähnlich hohe Quote von knapp 36 Prozent »Staatsverbrechern« gezählt (im Jahre 1954), doch betrug ihr Anteil im Jahr 1959 immer noch 21 Prozent.[147] Offenbar erfolgte die Justizkorrektur in der DDR verzögert und abgeschwächt, doch unterschiedliche Ausgangslagen (durch eine länger andauernde und unnachsichtigere stalinistische Umgestaltungspolitik in der Sowjetunion), verschiedene Bewertungsgrundlagen (des politischen Gefangenen) und abweichende Spruchpraxis der Justiz erschweren den Zahlenvergleich enorm.

IX. Fazit

Die SED-Führung versuchte im Jahre 1956, »die Grundstrukturen ihres stalinistischen Systems in der DDR zu konservieren«,[148] sodass die politischen Impulse des XX. Parteitags der KPdSU auf die DDR nur begrenzte Auswirkungen hatten.[149] Auch im Bereich der Strafvollzugspolitik wurde hier das vielbeschworene Vorbild des »großen Bruders« nun nicht mehr »originalgetreu« kopiert.[150] Dadurch mitbedingt, kam es seinerzeit nur zu einer »begrenzten Wende« in der Strafvollzugspolitik der DDR.[151]

Statt gravierende Missstände im Strafvollzug sowie in der Untersuchungshaft zu beseitigen, wurden »stellvertretend« eher kosmetische Veränderungen vorgenommen – und diese oftmals bald wieder relativiert. Die besagten Regenmäntel für Dertinger und seine Leidensgefährten machten Bautzen II noch lange nicht zum »Sanatorium«, wie die Gefängnisverwaltung die Entwicklung wahrnehmen wollte, nachdem sich das »Tauwetter« teils wieder verflüchtigt

---

146 Vgl. Merl: Berija und Chruscev: Entstalinisierung oder Systemerhalt? (Anm. 138), S. 484–506, hier 497.

147 Vgl. Werkentin: Politische Strafjustiz (Anm. 103), S. 409.

148 Vgl. Weber: Geschichte der DDR (Anm. 3), S. 169 f.

149 Bispinck, Henrik u. a.: Krisen und Aufstände im realen Sozialismus. In: Ders. (Hg.): Aufstände im Ostblock. Zur Krisengeschichte des realen Sozialismus. Berlin 2004, S. 9–21, hier 20; siehe auch Wolle, Stefan: Die DDR zwischen Tauwetter und Kaltem Krieg. »Mutmaßungen« über das Jahr 1956, in: Foitzik, Jan: Entstalinisierungskrise in Ostmitteleuropa 1953–1956. Vom 17. Juni bis zum ungarischen Volksaufstand. Politische, militärische, soziale und nationale Dimensionen. Paderborn 2001, S. 293–330, hier 293.

150 So wurde die Möglichkeit der Gefangenen, sich durch übermäßigen Arbeitseinsatz Strafrabatt zu erarbeiten in der DDR (nach einem älteren sowjetischen Vorbild) im Jahre 1952 eingeführt, 1957 wieder eingeschränkt und 1961 in der bisherigen Form abgeschafft, in der Sowjetunion indes 1954 (wieder) eingeführt und 1958 abgeschafft.

151 Vgl. Werkentin: Politische Strafjustiz (Anm. 103), S. 373.

hatte. Dass in der DDR Gefangenenmisshandlung zumindest problematisiert wurde, Häftlinge Eingaben erstmals vorzubringen wagten und politische Gefangene zeitweise als Kalfaktoren eingesetzt werden konnten, waren gleichwohl deutliche Indizien eines »Tauwetters« auch im Strafvollzug.

Aus ihrem Ausgeliefertsein heraus konnten die politischen Gefangenen die Milderung der politischen Repression im Jahre 1956 besonders deutlich spüren. Seismographisch ließ sich hinter den Gefängnismauern die Veränderung der politischen Großwetterlage wahrnehmen, auch wenn sich die dienstlichen Weisungen zur Behandlung der Insassen kaum änderten. Ein wichtiges Indiz dieser Entwicklung war die wachsende Zahl von Eingaben durch die Gefangenen.

»Willkür war ein konstituierendes Moment des Stalinismus, sei es bei der Verhaftung, dem Urteil oder letztlich bei der Frage der Begnadigung.«[152] Auch nach dem Ende der stalinistischen Phase blieben die politischen Gefangenen jedoch, aufgrund der Besonderheit ihrer Haftsituation, in besonderem Maße politischer Willkür (durch ihre Bewacher) ausgeliefert. Im Strafvollzug findet gleichwohl die These Bestätigung, dass der seinerzeitige »Verzicht auf offen terroristische Methoden der Herrschaftsausübung [...] eine Tendenz zu einer noch intensiveren und umfassenderen Überwachung der Gesellschaft implizierte«.[153] Denn dass etwa ab Mitte der fünfziger Jahre politische und kriminelle Gefangene gemeinsam verwahrt wurden, bildete die Grundlage für eine Intensivierung der Überwachung. Einer gründlicheren Erziehung sollten auch die gesonderte Verwahrung von Rückfalltätern und die verstärkte politische Schulung der Gefangenen dienen. Die Tauwetterphase führte zu einer Abschwächung der bis dahin dominanten Brutalität und Willkür im DDR-Strafvollzug und zur Stärkung pädagogischer Zielsetzungen.

---

152 Roginskij (Hg.): »Erschossen in Moskau …« (Anm. 2), S. 13.
153 http://hsozkult.geschichte.hu-berlin.de/termine/id=5960&sort=datum&order=down&search
=noch+intensiveren+ und+umfassenderen+%DCberwachung.

Georg Herbstritt

Die »Balkan«-Akte des Ministeriums für Staatssicherheit

Geheimdienstliche Maßnahmen gegen die
ungarische Emigration in der Bundesrepublik

Die ungarische Revolution vom Herbst 1956 löste beim Ministerium für Staatssicherheit in Ostberlin vielfältige Reaktionen aus. Eine dieser Reaktionen bestand darin, dass das MfS sich nun intensiver mit den ungarischen Emigranten befasste, die in der Bundesrepublik Deutschland und Westberlin lebten. Sie wurden für mehrere Jahre eine wichtige Zielgruppe geheimdienstlicher Aktivitäten.

Der folgende Beitrag versteht sich lediglich als Einstieg in dieses Thema. Am Beispiel einer 19 Bände umfassenden MfS-Akte, des »Objektvorgangs Balkan«, wird aufgezeigt, welche Hinweise es darauf gibt, wie der DDR-Geheimdienst ungarische Emigrantenverbände im Westen Deutschlands beobachtete und bearbeitete, und wie die Zusammenarbeit zwischen dem MfS und dem ungarischen Geheimdienst in dieser Frage fassbar wird. Es bleibt einem späteren Forschungsprojekt vorbehalten, die MfS-Akten aus diesem Bereich umfassend zu sichten und mit Erkenntnissen aus ungarischen Archiven sowie der einschlägigen Literatur zusammenzuführen.

Den Objektvorgang Balkan hatte das MfS im Jahre 1960 angelegt. Es handelte sich um einen Aktenvorgang, der auf jene Emigranten ausgerichtet war, die seit dem Zweiten Weltkrieg aus den Ländern des Balkans in die Bundesrepublik Deutschland gekommen waren. Zu den Ländern des Balkans gehörte für das MfS in diesem Zusammenhang auch, und sogar in erster Linie, Ungarn, obwohl diese Zuordnung geografisch falsch ist. Der Zweck dieser Akte bestand darin, Informationen über Emigranten und Emigrantenorganisationen aus diesen Ländern systematisch zu erfassen, um sie gegebenenfalls mit geheimdienstlichen Mitteln zu bearbeiten, also auszuspähen und ihre Aktivitäten zu behindern. Das MfS arbeitete dabei mit den kommunistischen Geheimdiensten der Herkunftsstaaten der Emigranten zusammen.[1] Da es sich um einen Objektvorgang handelte, standen in erster Linie Verbände und Gruppen im Mittelpunkt des geheimdienstlichen Interesses. Wenn das MfS hingegen einzelne Personen gezielt verfolgte, legte es zu ihnen einen je eigenen operativen Vorgang an.

---

1   MfS, HA II/5/D, 22.3.1965: Abschlussbericht Objektvorgang »Balkan« – Reg.-Nr. 2288/60; BStU, MfS, AOP 4288/65, Bd. 1, Bl. 21. Bei dieser BStU-Signatur handelt es sich um die Signatur des Objektvorgangs Balkan.

Der Objektvorgang Balkan ist schon deshalb bemerkenswert, weil es keineswegs selbstverständlich war, dass sich das MfS überhaupt eingehender mit Emigrantenverbänden aus Ungarn und Südosteuropa befasste. Denn die DDR war unmittelbar gar nicht betroffen. Es ging hier ja um Menschen aus Ungarn sowie aus Albanien, Bulgarien und Rumänien, die ihrerseits, wenn überhaupt, auf ihre Heimatstaaten schauten, aber sich nicht für die DDR interessierten. Und es handelte sich um Emigranten, zum Teil auch um Flüchtlinge und Vertriebene, die in der *Bundesrepublik* Aufnahme gefunden hatten, und nicht in der DDR. Nun ist zwar bekannt, dass das MfS in der Bundesrepublik präsent war, aber es war nie in der Lage, die Bundesrepublik flächendeckend zu überwachen oder zu bearbeiten. Es musste im Rahmen seiner geheimdienstlichen »Westarbeit« immer wieder Schwerpunkte setzen und tat das auch, und aus seiner Sicht zumeist auch erfolgreich. Zum genannten Zeitpunkt gehörten die Emigranten aus den genannten Staaten, die in der Bundesrepublik lebten, ganz offensichtlich zu den Zielen der MfS-Westarbeit.

Der Objektvorgang Balkan zeigt zugleich eine interessante und wichtige Konstellation auf: Er dokumentiert die Zusammenarbeit *osteuropäischer* Geheimdienste im Bereich der *Westarbeit*.

Innerhalb des MfS war es die damalige Abteilung 5 in der Hauptabteilung II, die den Objektvorgang Balkan anlegte und führte. Sie war im Frühjahr 1956 neu strukturiert worden und hatte seither die Aufgabe, »feindliche Emigrantenorganisationen, die das Gebiet der UdSSR und Volksdemokratien betreffen«, sowie den »Sender ›Freies Europa‹ in Westdeutschland« und die Staatsgrenze der DDR zu Polen und der Tschechoslowakei zu bearbeiten.[2] Der Objektvorgang Balkan fiel aus Sicht des MfS also zweifelsohne in den Zuständigkeitsbereich der Hauptabteilung II/5.

Die MfS-Hauptabteilung II/5 legte den Objektvorgang Balkan zwar erst 1960 an. In den Vorgang sind jedoch Unterlagen und Erkenntnisse eingeflossen, die vereinzelt bis 1955 zurückreichen. Am 5. April 1956 hatte die damals zuständige Hauptabteilung II/6A einen Objektvorgang mit der Bezeichnung »Ungarische Emigranten-Organisationen in Westberlin und Westdeutschland« eröffnet, der 1960 dann Bestandteil des Objektvorgangs Balkan wurde.[3]

2   MfS, Stellvertreter des Ministers [Beater], 16.6.1956: Schreiben an den Leiter der Bezirksverwaltung Gera betr. Strukturveränderung in der Hauptabteilung II und in den Abteilungen II der Bezirksverwaltungen; BStU, MfS, BdL/Dok 3818, unpaginiert. Ich danke meinem Kollegen Roland Wiedmann, der mir eine Kopie dieses Schreibens zur Verfügung stellte und auch komplizierte Fragen zur MfS-Struktur kompetent und zuverlässig beantwortete.

3   MfS, HA II/6A, 5.4.1956: Beschluss für das Anlegen eines Objektvorganges; BStU, MfS, AOP 4288/65, Bd. 1, Bl. 4.

I.

Mitte der fünfziger Jahre hatte der ungarische Geheimdienst (Államvédelmi Hatóság [ÁVH], deutsch: Amt für Staatsschutz)[4] in Ostberlin eine sogenannte Operativgruppe stationiert, das heißt, er unterhielt in der ungarischen Botschaft in Ostberlin, mit Wissen der DDR-Staatssicherheit, eine Spionageresidentur. Diese Operativgruppe oder Spionageresidentur steuerte auch die geheimdienstlichen Aktionen, die von der ungarischen Handelsvertretung in Frankfurt am Main ausgingen.[5]

Am 17. Mai 1955 wandte sich der Leiter der ungarischen Operativgruppe in Ostberlin, Jozsef Huszár, in einem Brief an Erich Mielke, der damals stellvertretender Chef der DDR-Staatssicherheit war. Er bat darum, ihm verschiedene Unterlagen zur Verfügung zu stellen, um mit dem Aufbau der eigenen Arbeit beginnen zu können. Die »Wunschliste« der ungarischen Operativgruppe umfasste sieben Punkte, und ebenso aufschlussreich wie die Liste selbst sind die kurzen Randnotizen der DDR-Staatssicherheit, weil aus ihnen hervorgeht, wie der Kenntnisstand bei der DDR-Geheimpolizei war.

An erster Stelle stand der Wunsch nach Material über ungarische Emigrantenorganisationen, und zwar konkret über »Gruppierungen von ungarischen Emigranten in der NATO-Armee« sowie »über führende ungarische Emigranten innerhalb dieser Organisation«. Die DDR-Staatssicherheit notierte hierzu als Randbemerkung nur: »nicht bekannt«. Punkt zwei der Wunschliste zielte auf die ungarische Abteilung bei Radio Freies Europa (RFE). Hierzu war bei der DDR-Staatssicherheit nur »wenig Material« vorhanden. Als drittes folgte die Frage nach Informationen »über Ungarn, die in feindlichen Spionagedienststellen gegen die Volksdemokratien arbeiten«. Auch hierzu war den DDR-Kollegen nur »wenig bekannt«. Punkt vier betraf »Flüchtlingslager, in denen Emigranten aus den Volksdemokratien untergebracht sind«. Zu diesem Aspekt war bei der DDR-Staatssicherheit Material »vorhanden«. Fünftens interessierte sich die ungarische Operativgruppe für »Spionageschulen, wo sich Ungaren befindet [sic!]«, doch der DDR-Staatssicherheit war auch darüber nur »wenig bekannt«.

Einfacher war es offenbar, die beiden letzten Punkte des ungarischen Informationsbedarfs abzudecken. Hier ging es zum einen um eine Aufstellung jener

---

4   Bis 1948 lautete die Bezeichnung »Államvédelmi Osztály« (ÁVO), deutsch: Staatsschutzabteilung, auch als »Abteilung für Staatssicherheit« übersetzt. Wie Paul Lendvai schreibt, war die Abkürzung ÁVO »sprachlich so einprägsam, dass, obwohl die gefürchtete Institution bereits 1948 in ›Amt des Staatsschutzes‹ (ÁVH) umbenannt wurde, die Kurzformel ÁVO für die Mitarbeiter der Geheimpolizei bis zum heutigen Tag so geläufig blieb wie in Deutschland die Bezeichnung ›Stasi‹ für das Ministerium für Staatssicherheit der DDR.« Lendvai, Paul: Der Ungarn-Aufstand 1956. Eine Revolution und ihre Folgen. München 2006, S. 120.

5   Ost-Berlin. Agitations- und Zersetzungszentrale für den Angriff gegen den Bestand und die verfassungsmäßige Ordnung der Bundesrepublik Deutschland und Operationsbasis der östlichen Spionagedienste. Hg. v. Bundesamt für Verfassungsschutz. Köln 1960, S. 47.

Ungarn, die in der DDR und in Ostberlin lebten, zum anderen um die Frage, auf welchen Wegen Flüchtlinge aus den kommunistischen Ländern nach Westberlin gelangten.[6] Insgesamt lassen die Randbemerkungen darauf schließen, dass sich die DDR-Staatssicherheit bis zum damaligen Zeitpunkt im Mai 1955 so gut wie nicht mit der ungarischen Emigration im Westen beschäftigte.

Ob die Anfrage der ungarischen Operativgruppe für die DDR-Staatssicherheit so etwas wie eine Initialzündung war, sich mehr mit der ungarischen Emigration zu befassen, geht aus den bislang durchgesehenen Unterlagen nicht hervor. Allerdings kann man erkennen, dass die DDR-Staatssicherheit unmittelbar danach begann, in diese Richtung zu arbeiten. Dabei nutzte sie zunächst die Möglichkeiten, die sie in der DDR und in beiden Teilen Berlins vorfand. So geriet ab der zweiten Jahreshälfte 1955 die »Ungarische Kolonie Berlin« (Magyar Kolónia Berlin) ins Visier der DDR-Staatssicherheit, nachdem die ungarische Operativgruppe nochmals ausdrücklich auf diesen Verband hingewiesen hatte. Die Ungarische Kolonie hatte sich bereits 1846 in Berlin gegründet und kümmerte sich vor allem um den kulturellen Zusammenhalt der in Berlin lebenden Ungarn. In den fünfziger Jahren des zwanzigsten Jahrhunderts hatte sie ihren Sitz an mehrfach wechselnden Orten in Charlottenburg, also im Westteil Berlins, aber ihre Mitglieder wohnten im gesamten Stadtgebiet, und sie alle erhielten regelmäßig per Post Einladungen zu Veranstaltungen und Versammlungen der Kolonie. Es war für das MfS nun ein leichtes, den Postverkehr des Verbandes mit seinen Mitgliedern im Ostteil Berlins zu überwachen. Im Frühjahr 1956 gerieten auf diese Weise ungefähr 60 Mitglieder der Ungarischen Kolonie in Ostberlin in die geheimdienstliche Postkontrolle.[7]

Eine andere Möglichkeit, die das MfS innerhalb der DDR nutzen konnte, um etwas über die ungarische West-Emigration zu erfahren, bot ein Aufnahmelager

---

6   Regierung der Ungarischen Volksrepublik, Ministerium des Innern, Leiter der Berliner Gruppe: Schreiben an das Staatssekretariat für Staatssicherheit, Gen. Generalleutnant Mielke, 17.5.1955; BStU, MfS, AOP 4288/65, TV 4, Bd. 1, Bl. 115. Der Name des Leiters der Berliner Gruppe ist in diesem Brief nicht eindeutig zu entziffern, aber Jozsef Huszár wird auch in anderen Dokumenten als Leiter der ungarischen Operativgruppe genannt, vgl. insbesondere BStU, MfS, AP 15651/78, Bl. 24; auch die Notiz in BStU, MfS, AP 1687/57, Bl. 4, verweist auf Huszár.

7   HA II/6/A, 22.7.1955: Aktennotiz. Betr.: Ungarische Emigrantenorganisationen in Westberlin; BStU, MfS, AOP 4288/65, TV 1, Bd. 1, Bl. 352 f. Vom MfS erstellte Listen mit den Namen der in Ost-Berlin lebenden Mitglieder der Ungarischen Kolonie aus den Monaten März, April und Juni 1956 in BStU, MfS, AOP 4288/65, TV 3, Bd. 1a, Bl. 253–259, wobei der darin enthaltene Vermerk »A« bzw. »Dok. ›A‹« ein zusätzlicher Hinweis auf angeordnete Postkontrolle ist; hierzu auch TV 4, Bd. 1, Bl. 160. Im Rahmen dieser Postkontrolle wurde die HA II/5 auf einen Rentner aufmerksam, den sie im Februar 1957 dann als GI »Lajos« anwarb, vgl. Anm. 15. Ein Bericht über einen ungarischen Emigrantenfunktionär in Westberlin vom 15.8.1955, den die DDR-Staatssicherheit an den ungarischen Geheimdienst weiterleitete, ist vorhanden in BStU, MfS, AP 3286/62, Bl. 5. Zur Geschichte der ungarischen Kolonie vgl. auch die von ihr herausgegebene ungarischsprachige Festschrift: Magyar Kolónia – Ungarische Kolonie Berlin e.V. 1846–1986. Berlin [West] 1986, darin zu den fünfziger Jahren nur sehr knapp S. 11; ich danke meinem Kollegen Jürgen Rother für die notwendige Übersetzung.

in Bautzen, in dem bis 1962 Deserteure aus westlichen Streitkräften untergebracht wurden. Es handelte sich hier nicht um das bekannte Gefängnis Bautzen, sondern um ein spezielles Flüchtlingslager.[8] Es scheint aber nur sehr wenige Ungarn gegeben zu haben, die aus der westlichen Emigration in die DDR flohen. Im Objektvorgang Balkan ist lediglich ein einziger Fall dokumentiert. Es handelte sich um einen Ungarn, der 1948 als 16-Jähriger sein Land verließ und bis 1956 vor allem in verschiedenen Lagern in Österreich und Süddeutschland lebte. Am 23. September 1956 ging er in die DDR, um von dort nach Ungarn zurückzukehren. Seit Anfang Oktober 1956 wurde er vom MfS vernommen, auch die ungarische Operativgruppe in Ostberlin wurde über seinen Fall sofort in Kenntnis gesetzt. Dem MfS berichtete er über die Organisationen, mit denen er in Berührung gekommen war, beispielsweise dem »Kameradschaftsbund ungarischer Frontkämpfer [auch: Krieger]« (Magyar harcosok bajtársi közössége, MHBK), dem Radio Freies Europa, der »Ungarischen Legion« (Hungarista Legio) oder dem »Ungarischen Hilfsdienst« (Magyar Iroda); er nannte die Namen von Mitarbeitern dieser Einrichtungen und lieferte Personenbeschreibungen. Die Tatsache, dass er den Kenntnisstand des MfS damit ganz offensichtlich erweiterte, zeigt zugleich wieder, wie wenig sich das MfS bislang mit der ungarischen Emigration im Westen befasst hatte.[9]

Es scheint bis zum Ungarnaufstand im Herbst 1956 auch nur sehr vereinzelt IM gegeben zu haben, die direkt vor Ort, also in Westdeutschland, eingesetzt wurden, um dort ungarische Exilgruppen auszuspionieren.[10]

8   Zum Aufnahmelager Bautzen, das in späterer Zeit nach Barleben und Berlin-Blankenfelde verlegt wurde, vgl. Beschluss zur Veränderung des Beschlusses des Sekretariats des ZK der SED vom 25.2.1959 betreffs Behandlung, Betreuung, wohnungs- und arbeitsmäßige Unterbringung von Politemigranten von 1962; BStU, MfS, SdM 1158, Bl. 226 f.; Richtlinie des MdI für den Aufenthalt und die Betreuung von asylsuchenden Nato-Armee-Angehörigen v. 6.9.1961 (Vertrauliche Dienstsache Nr. 100/61); BStU, MfS, SdM 1158, Bl. 465–469; Schreiben der HA VII/3 v. 23.2.1968; BStU, MfS, HA VII 519, Bl. 364–365. Ich danke meinem Kollegen Tobias Wunschik, der mich auf diese Quellen zum Aufnahmelager Bautzen sowie dessen Bedeutung und Nachfolgeeinrichtungen hingewiesen hat.

9   Vernehmungsprotokoll vom 18.10.1956 mit Bezugnahme auf die vorangegangene Vernehmung am 4.10.1956; BStU, MfS, AOP 4288/65, TV 3, Bd. 3, Bl. 28, 52–56 u. 93 f. Zwei kurze Personendossiers und ein Auskunftsbericht über ungarische Emigrantenverbände, die das MfS zum Teil auf der Grundlage dieser Vernehmung erstellte, sind vorhanden ebenda, TV 3, Bd. 1a, Bl. 10–27 u. 154 f. Zur Person des ungarischen Flüchtlings und zur Benachrichtigung der ungarischen Operativgruppe vgl. BStU, MfS, AP 1687/57, Bl. 3–5. Der Fall eines weiteren Ungarn, der im Februar 1959 in die DDR kam, um nach Ungarn zurückzukehren und im Lager Bautzen vernommen wurde, ist dokumentiert in BStU, MfS, AP 3806/61, Bl. 2–24.

10   Im gesamten Objektvorgang Balkan konnten bislang nur zwei inoffizielle Mitarbeiter des MfS gefunden werden, die schon vor dem 23.10.1956 über ungarische Emigrantenverbände in Westdeutschland berichteten, und zwar im August und September 1955 aus München. Für Westberlin sind derart pauschale Aussagen nicht möglich. Einer der beiden MfS-Agenten war der GI »Kapitän«, ein in München ansässiger Kommunist und früherer KZ-Häftling, den die damalige MfS-Hauptabteilung II/6 (die spätere HA II/5) im März 1955 angeworben hatte und als Aufklärer und Ermittler einsetzte. Er flüchtete im August 1956 in die DDR, um seiner bevorstehenden Verhaftung zu entgehen; vgl. BStU, MfS, BV Halle, AIM 650/60, Personalakte, Bl. 24–26 u. 43. Bei dem zweiten

Doch Anfang November 1956 änderte sich die Situation schlagartig. Die ungarischen Emigrantenorganisationen rückten nun in den Mittelpunkt des geheimdienstlichen Interesses. So forderte beispielsweise die MfS-Bezirksverwaltung Karl-Marx-Stadt am 7. November 1956 die nachgeordneten MfS-Kreisdienststellen auf, alle Personen zu erfassen, die aus Ungarn und den südosteuropäischen Ländern Albanien, Bulgarien und Rumänien stammten und im jeweiligen Kreis wohnten. Dabei sollte vermerkt werden, wer von ihnen Beziehungen in den Westen unterhielt. Aus dem Kreis Reichenbach im Vogtland ist eine entsprechende Personenaufstellung im Objektvorgang Balkan überliefert. Demnach lebten dort 148 Menschen, die aus den angefragten Ländern stammten und Kontakte in den Westen hatten, wobei allein 143 von ihnen aus Ungarn kamen, nur vier aus Rumänien und einer aus Bulgarien. Hinzu kamen im Kreis Reichenbach weitere 174 Personen aus den genannten Ländern, die keine Westverbindungen hatten.[11]

Knapp drei Wochen später begannen die MfS-Bezirksverwaltungen damit, alle bereits aktiven IM an die Zentrale nach Ostberlin zu melden, die ursprünglich aus einem der genannten vier Länder stammten. Dabei sollte geprüft werden, welche dieser IM auf Emigrantengruppen in der Bundesrepublik angesetzt werden könnten. Die überlieferten Antworten aus den Bezirken Dresden, Halle und Neubrandenburg vermitteln den Eindruck, dass jeweils nur vereinzelt geeignete IM gefunden wurden.[12]

Auffällig ist hier, wie auch in einigen anderen Zusammenhängen, dass einige MfS-Offiziere offensichtlich mangelhafte Geografiekenntnisse besaßen. Das folgende Beispiel soll nicht nur als Beleg für dieses Phänomen dienen, sondern darüber hinaus aufzeigen, dass auch der Apparat des MfS mit vielen inneren Unzulänglichkeiten zu kämpfen hatte.

IM handelte es sich um eine ungenannte Quelle der Abteilung XV der Leipziger Bezirksverwaltung für Staatssicherheit; die Abteilung XV war schwerpunktmäßig für Auslandsspionage zuständig; vgl. BStU, MfS, AOP 4288/65, TV 3, Bd. 3, Bl. 26 u. 38–41. Weiterführende Recherchen könnten womöglich noch auf zusätzliche IM hinführen, würden aber den Gesamteindruck sehr wahrscheinlich nicht ändern, wonach ungarische Emigrantenverbände in Westdeutschland vor Oktober 1956 kaum im Blickfeld des MfS standen.

11 Vgl. die »Aufstellung über die aus der Volksrepublik Ungarn stammenden Personen, welche im Kreis Reichenbach wohnhaft sind und Verbindungen nach Westdeutschland, Westberlin und in die Volksrepublik Ungarn unterhalten« sowie das dazugehörige Anschreiben der MfS-Kreisdienststelle Reichenbach v. 26.11.1956 an die Abt. II/5 der BVfS Karl-Marx-Stadt; letztere hatte die Aufstellung mit Schreiben v. 7.11.1956 angefordert; BStU, MfS, AOP 4288/65, TV 1, Bd. 1, Bl. 215–237. Obwohl in dem Objektvorgang Balkan nur die Daten einer einzigen MfS-Kreisdienststelle überliefert sind, ist davon auszugehen, dass sie in allen Kreisen und Bezirken der DDR zusammengestellt wurden.

12 Vgl. die Antwortschreiben und Aufstellungen der BVfS Dresden, Halle und Neubrandenburg zwischen dem 29.11. und 4.12.1956, die jeweils auf eine entsprechende Anforderung der HA II/5 v. 27.11.1956 Bezug nehmen; BStU, MfS, AOP 4288/65, TV 3, Bd. 1a, Bl. 260–269. Abgefragt wurden Verbindungen nach Albanien, Bulgarien, Rumänien und Ungarn.

Unter den Antworten aus den MfS-Bezirksverwaltungen befand sich auch der Hinweis aus Neubrandenburg auf den IM »Drohne« und seine noch bestehenden familiären Beziehungen nach Ungarn. »Drohne«, so meldete die Bezirksverwaltung Neubrandenburg nach Ostberlin, sei 1911 in »Heldsdorf/Ungarn Siebenbürgen« geboren. Diese Feststellung war auch zutreffend, da Heldsdorf (rumänisch: Hălchiu, ungarisch: Höltöveny) wie Siebenbürgen insgesamt 1911 Teil des Königreichs Ungarn war. Weiter berichtete die Bezirksverwaltung Neubrandenburg, dass die Geschwister von »Drohne« noch dort in Siebenbürgen lebten, und »Drohne« gerne einmal nach Ungarn fahren wolle, um seine Geschwister zu besuchen. Dem zuständigen MfS-Offizier war in der gesamten Personenbeschreibung nicht aufgefallen, dass Siebenbürgen bereits seit Ende 1918 zu Rumänien gehörte und »Drohne« also überhaupt keine familiären Beziehungen nach Ungarn hatte, sondern nach Rumänien.[13]

Trotz solcher Mängel war das MfS in der Lage, ab Dezember 1956 zahlreiche IM aus der DDR in die Bundesrepublik zu schicken, die sich dort für einige Tage aufhielten und Einrichtungen ungarischer Emigranten auskundschafteten. Vor allem München als ein Zentrum der ungarischen Emigration, wurde von den IM aus der DDR seit dieser Zeit heimgesucht, aber auch Hamburg, Stuttgart und Nordrhein-Westfalen. In der Landsmannschaft der Donauschwaben in Nordrhein-Westfalen lieferte ein ortsansässiges Mitglied dem MfS nun als IM Informationen.[14]

In Westberlin begann das MfS kurz nach dem Ungarnaufstand, die bereits erwähnte Ungarische Kolonie systematisch auszuforschen. Im März 1957 besaß es eine Mitgliederliste der Ungarischen Kolonie mit 224 Namen und dazugehörigen Adressen aus ganz Berlin. Hinzu kamen eine detaillierte Skizze des damaligen Büros der Kolonie am Kurfürstendamm und zahlreiche Fotos von Mitgliedern der Kolonie.[15]

Am 25. Januar 1957 fertigte das MfS einen elf Seiten umfassenden, internen Bericht über die ungarische Emigration in der Bundesrepublik an. In der Bundesrepublik sowie in Österreich befanden sich nach den Erkenntnissen des MfS

---

13 Schreiben der BVfS Neubrandenburg, Abt. II, an die HA II/5 des MfS v. 4.12.1956; BStU, MfS, AOP 4288/65, TV 3, Bd. 1a, Bl. 269. Ebenso in der IM-Akte zu »Drohne«: BStU, MfS, BV Neubrandenburg, AIM 481/69, passim.

14 Berichte zwischen November 1956 und Mitte Juni 1957 aus München: BStU, MfS, AOP 4288/65, TV 2, Bd. 1, Bl. 27–32 u. 61–78; TV 3, Bd. 1b, Bl. 79–82; TV 3, Bd. 3, Bl. 29–37, 42–44, 74, 83, 89 und öfter. Aus anderen westdeutschen Städten, namentlich Hamburg, Stuttgart, Dortmund und Duisburg, in diesem Zeitraum: ebenda, TV 3, Bd. 1a, Bl. 322 f.; TV 3, Bd. 3, Bl. 97–107, 110–119, 124–137 u. 150 f.; TV 4, Bd. 1, Bl. 164 f.

15 Eine Gesamtberliner Mitgliederliste der Ungarischen Kolonie mit 224 Namen und dazugehörigen Adressen erstellte die MfS-Hauptabteilung II/5 am 28.3.1957, vgl. ebenda, TV 3, Bd. 1a, Bl. 173–179. Eine Skizze des Büros und Außenaufnahmen dazu ebenda, TV 1, Bd. 1, Bl. 356–359; Fotografien, auf denen mehrere Personen namentlich identifiziert wurden ebenda, Bl. 360–377. Zahlreiche weitere Fotografien in: BStU, MfS, AOP 4288/65, Bd. 1a, Bl. 119–121. Vgl. auch die Akte des GI [Geheimen Informators, damalige Bezeichnung für IM] »Lajos« mit Berichten über die Ungarische Kolonie; BStU, MfS, AIM 74/58.

die stärksten ungarischen Emigrantenverbände, und sie betrieben, so hieß es in
dem Bericht einleitend, »Hetze, Spionage und Sabotage gegen die Volksrepublik
Ungarn«. Konkret waren dem MfS damals vier Emigrantenorganisationen näher
bekannt, und zwar die »Ungarische Flüchtlingskanzlei« in München, die
zugleich als Außenstelle des weltweit tätigen »Ungarischen Nationalkomitees«
fungierte, der »Kameradschaftsbund ungarischer Frontkämpfer«, dessen deutsche Sektion ebenfalls in München ansässig war, die schon genannte »Ungarische Kolonie« mit Sitz in (West-)Berlin und die »Ungarn-deutsche Landsmannschaft« in Stuttgart. Der Auskunftsbericht nannte jeweils die Namen von Mitarbeitern und einigen Mitgliedern sowie die Zielstellungen der Organisationen,
listete ihre Adressen und Telefonnummern auf, machte Angaben zu den politischen Wurzeln der Verbände und zu ihren Beziehungen untereinander.[16]

Das MfS erweiterte in den folgenden Wochen und Monaten seinen Kenntnisstand sowohl durch allgemein zugängliche Daten als auch durch Zuarbeiten
seiner IM, die in den Westen geschickt wurden.[17] Wie selbstverständlich ging
man im MfS davon aus, dass die Emigrantenverbände maßgeblich für den
Volksaufstand in Ungarn verantwortlich gewesen seien und stufte sie deshalb
als besonders gefährlich ein. So hieß es in einem MfS-internen Papier von
April 1957: »Der konterrevolutionäre Putsch in Ungarn hat gezeigt, dass es
unbedingt notwendig ist, den Emigrantenorganisationen, die sich meist wie
andere Organisationen als ›biedere Vereine‹ tarnen, noch mehr Aufmerksamkeit zu widmen als bisher.«[18]

Im Mai 1957 zählte das MfS bereits 38 ungarische Emigrantenorganisationen
in der Bundesrepublik, zwei Jahre später listete es noch 22 Organisationen auf.[19]

---

16 MfS: Auskunftsbericht über die ungarische Emigration, 25.1.1957; BStU, MfS, AOP
4288/65, TV 1, Bd. 1, Bl. 32–42. Einen ähnlichen Bericht hatte das MfS offenbar schon vor der ungarischen Revolution erstellt, vgl. ebenda, Bl. 23–31: »Organisationen, die eine feindliche Tätigkeit
gegen die Volksrepublik Ungarn betreiben«, dieser Bericht trägt den handschriftlichen Vermerk »ge-
fertigt 1956«, nimmt aber in keiner Weise auf den ungarischen Volksaufstand Bezug. Feststellungen
der ÁVH, wonach in der Bundesrepublik die aktivsten Emigrantenverbände in der westlichen Welt saßen, in: Information der Sicherheitsorgane der VR Ungarn [vor dem 25.11.1960]: Auskunftsbericht
über die bedeutendsten ungarischen Emigrantenorganisationen auf dem Gebiet der Deutschen Bundesrepublik; ebenda, Bl. 93.
17 Ermittlungsberichte und Informationen zu den ungarischen Emigrantenorganisationen,
überwiegend aus der Zeit von Ende 1956 bis zur Jahresmitte 1957; BStU, MfS, AOP 4288/65, TV 3,
Bd. 3, Bl. 2–159.
18 [MfS: Auskunftsbericht, ca. 26.4.1957:] Ungarische Emigration; BStU, MfS, AOP 4288/65,
TV 1, Bd. 1, Bl. 11–21, Zitat auf Bl. 21.
19 HA II/5, 3.5.1957: Auskunftsbericht über die ungarische Emigration; ebenda, Bl. 43–52,
hier 46; vgl. auch HA II/5, 27.11.1959: Betr.: Ungarische Emigrantenorganisationen in Westdeutschland; BStU, MfS, AOP 4288/65, TV 3, Bd. 1a, Bl. 3–5, ähnlich auch die darauffolgenden Zusam-
menstellungen, Bl. 6–10.

Der ungarische Geheimdienst übermittelte dem MfS bis 1961 in unregelmäßigen Abständen aufgrund seiner Erkenntnisse überblicksartige Darstellungen über die Emigrantenorganisationen im Westen.[20]

Inhaltlich wiederholten sich in den Berichten die pauschalen Unterstellungen, die ungarischen Emigrantenorganisationen würden »Hetze, Spionage und Sabotage gegen die Volksrepublik Ungarn und alle anderen Staaten des sozialistischen Lagers« betreiben.[21] Der Spionagevorwurf mochte auf einzelne Verbände oder Teile von ihnen, wie im Falle des »Kameradschaftsbunds ungarischer Frontkämpfer« unter Andreas (András) Zákó womöglich zutreffen, da Zákó nach dem Zweiten Weltkrieg nachrichtendienstlich für Frankreich und die USA tätig war.[22] Allerdings kam es im Denken des MfS überhaupt nicht vor, dass eine antikommunistische Einstellung unter den ungarischen Emigranten auch mit Freiheitswillen und authentischer politischer Überzeugung zu tun haben konnte. Immerhin war das MfS in der Lage zu erkennen, dass es zwischen den Emigranten, die bereits in den vierziger Jahren in den Westen gegangen waren und denen des Jahres 1956 Differenzen gab: »Die alten Exilgruppen werden von den neuen Flüchtlingen meist für Pfeilkreuzler und Faschisten gehalten«, hieß es stark vereinfachend in einem MfS-Auskunftsbericht vom Mai 1957.[23]

Die Informationen, die das MfS gemeinsam mit dem ungarischen Geheimdienst sammelte, dienten einem klar formulierten Ziel. Es ging, wie es in einem

---

20 Innenministerium der Volksrepublik Ungarn [ca. Juli 1958]: Die wichtigsten ungarischen Emigrantenorganisationen in der Bundesrepublik; dass. [ca. Juli 1958]: Ungarische Flüchtlingsbüros; BStU, MfS, AOP 4288/65, TV 1, Bd. 1, Bl. 73–92 u. 239–252. Information der Sicherheitsorgane der VR Ungarn [vor dem 25.11.1960]: Auskunftsbericht über die bedeutendsten ungarischen Emigrantenorganisationen auf dem Gebiet der Deutschen Bundesrepublik; ebenda, Bl. 93–113, eine von der HA II/5/B am 25.1.1961 angefertigte Kurzfassung hieraus ebenda, Bl. 117–119. Fast zeitgleich, kurz vor dem 24.11.1960, übergab der ungarische Geheimdienst dem MfS eine anders strukturierte Übersicht über die ungarische Emigration, vgl. BStU, MfS, AOP 4288/65, TV 3, Bd. 1a, Bl. 238–247, wörtlich identisch mit ebenda, Bl. 11–20. Ferner Informationen des ungarischen Geheimdienstes aus den Monaten April und Mai 1959 »über die Bemühungen westdeutscher Organe, Angaben über die Deutschen in Ungarn zu erhalten«, über »Radio Freies Europa«, über »englische, amerikanische und westdeutsche Geheimdienststellen und ihrer Tarnorgane [...] in Österreich und Westdeutschland«, über »[...] Gruppen der ungarischen Emigranten in Österreich«; BStU, MfS, AOP 4288/65, TV 1, Bd. 1, Bl. 120–146.

21 MfS, HA II/5, 29.3.1957: Betr.: Ungarische Emigrantenorganisationen; ebenda, Bl. 63; ähnlich in Berichten der HA II/5 v. 3.5.1957 und 25.1.1961; ebenda, Bl. 43 u. 117–119.

22 Krivachy, Edmund: Ungarn von Franz Joseph bis Kádár. Die ungarische Emigration nach dem Zweiten Weltkrieg. Salzburg 1977, S. 32–34; Hersh, Burton: The Old Boys. The American Elite and the Origins of the CIA. New York u. a. 1992, S. 388–390.

23 MfS, HA II/5, 3.5.1957: Auskunftsbericht über die ungarische Emigration; BStU, MfS, AOP 4288/65, TV 1, Bd. 1, Bl. 45, ähnlich im Auskunftsbericht der HA II/5 v. 25.1.1961; ebenda, Bl. 118. Zu den drei Flüchtlingswellen aus Ungarn 1944, 1948 und 1956 und ihrem jeweiligen politischen Hintergrund vgl. Krivachy: Ungarn (Anm. 22), S. 30–34, 41–43 u. 47–49. Eine nur knappe Andeutung zu dieser Problematik in Litván, György; Bak, János M. (Hg.): Die Ungarische Revolution 1956. Reform – Aufstand – Vergeltung. Wien 1994, S. 176.

MfS-Bericht noch im Januar 1961 hieß, um die »Vernichtung der Emigrantenorganisationen«.[24] Um dieses Ziel zu erreichen, stellte sich das MfS unter anderem die folgenden Aufgaben: Flüchtlinge sollten als IM angeworben werden und
in zentrale Stellen der Emigrantenverbände eingeschleust werden, um zuverlässige Informationen zu liefern. Meinungsverschiedenheiten und Rivalitäten unter
den Emigranten sollten gezielt verstärkt werden, damit sich die Gruppen gegenseitig bekämpften. Außerdem wollte das MfS durch »aktive Maßnahmen« verhindern, dass die ungarischen Emigrantenzeitschriften weiter erschienen; zu
diesem Zweck wollte man auch deren deutsche Verleger »einschüchtern«.[25]

Dieser Maßnahmenkatalog entstand zwar erst 1961, er wiederholte aber
faktisch nur die bereits gängige Praxis der vorangegangenen Jahre. Dies lässt
zugleich die Schlussfolgerung zu, dass die seit 1956 verfolgten Ziele noch nicht
erreicht worden waren. Aus den Unterlagen des Objektvorgangs Balkan ist
jedoch nicht unmittelbar zu ersehen, inwieweit das MfS tatsächlich aktiv gegen Emigrantenverbände oder einzelne Mitglieder vorging.

Überliefert ist ein undatierter Vorschlag, vermutlich aus dem Jahre 1957, Büros von Emigrantenorganisationen zu plündern und in Brand zu stecken. Dieser
Plan richtete sich konkret gegen die Geschäftsstelle des »Kameradschaftsbundes
ungarischer Frontkämpfer« in München, weil dieser angeblich »den größten
Anteil bei der Einschleusung von Terroristen-Gruppen nach Ungarn zur Zeit
des Putsches« hatte und »einer der sich am aktivsten beteiligenden Organisationen gegen die VR Ungarn« sei. Dies war die Begründung für den folgenden
Vorschlag: »Die Geschäftsstelle [des Kameradschaftsbundes] wird ausgeräumt
und anschließend wird großer Rauch oder Brand erzeugt.«[26] Für die Ungarische
Kanzlei in München war offenbar etwas Ähnliches vorgesehen, denn in dem
Vorschlag hieß es anschließend: »Die ungarische Kanzlei München, Wiedemey-
erstr. 49, wird aufgeklärt, mit der Perspektive aktiver Maßnahmen.«[27]

Auch wenn es dazu offenbar nicht gekommen ist, so zeugen diese Pläne
dennoch davon, wie konfrontativ die Auseinandersetzungen damals geführt
wurden. Aus der Perspektive des MfS hatten die Maßnahmen gegen die Emigrantenverbände einen vorbeugenden Charakter. Denn es unterstellte ihnen
nicht nur, für den Ungarnaufstand verantwortlich gewesen zu sein, sondern

---

24 MfS, HA II/5/B, 25.1.1961: Auskunftsbericht über die Ungarische Emigration; BStU, MfS,
AOP 4288/65, TV 1, Bd. 1, Bl. 119.
25 Ebenda.
26 Betr.: Aktive Maßnahmen; ebenda, Bl. 71. Dieser Maßnahmeplan ist weder datiert noch
trägt er einen Absender. Aus dem Aufbau der Akte und dem Erscheinungsbild des Schriftstücks lässt
sich aber die Annahme ableiten, dass es sich um ein Papier des MfS aus dem Jahre 1957 handelt. Die
Einstufung des »Kameradschaftsbundes...« (MHBK) als die »aktivste und gefährlichste ungarische
Emigrantenorganisation in Westdeutschland« findet sich so ausdrücklich ansonsten nur in den Berichten, die der ungarische Geheimdienst dem MfS zur Verfügung stellte, vgl. die in Anm. 20 genannten
Berichte; das soeben angeführte Zitat; ebenda, Bl. 76, und identisch Bl. 243, sowie ebenda, Bl. 95.
27 Betr.: Aktive Maßnahmen; ebenda, Bl. 71; vgl. auch Anm. 26.

auch weitere Aufstände vorzubereiten. Beim Kampf gegen diese Verbände gehe es also darum, so ein MfS-internes Papier von April 1957, dass »alle Versuche des Gegners, weitere Putschversuche im soz[ialistischen] Lager zu versuchen, bereits im Keime erstickt« werden.[28]

Passend zu dieser Furcht vor neuen Aufständen hatte ein »Informator« des MfS am 6. Dezember 1956 berichtet, was er von einem führenden CSU-Politiker mitgeteilt bekommen hatte: Der habe mit dem bundesdeutschen Spionagechef Reinhard Gehlen gesprochen und erfahren, dass der US-amerikanische Militärgeheimdienst CIC (Counter Intelligence Corps) im Frühjahr 1957 »große Provokationen in Bulgarien und Rumänien« plane. Derselbe IM hatte Ähnliches bereits über Ungarn berichtet, lange bevor dort der Aufstand ausbrach. So war das MfS durchaus geneigt, solche Berichte aus dritter Hand äußerst wichtig zu nehmen.[29]

Der damalige Minister für Staatssicherheit, Ernst Wollweber, behauptete im Januar 1957 in einer Dienstbesprechung, das MfS habe bereits im Vorfeld des Ungarnaufstandes über Hinweise verfügt, dass sich dort etwas ereignen würde. Ob er sich auf derart vage Hinweise bezog oder auf andere Informationen, führte er nicht aus. Er kritisierte lediglich, dass das MfS solche Berichte falsch eingeschätzt habe.[30] Der Objektvorgang Balkan vermittelt allerdings den Eindruck, dass sich das MfS vor Oktober 1956 kaum für ungarische Fragen interessierte. Allerdings ist denkbar, dass andere Aktenbestände dieses Bild noch in die eine oder andere Richtung ergänzen. Doch die Tatsache, dass der Ungarnaufstand im Wesentlichen von der dortigen Bevölkerung ausging und getragen wurde und nicht ein inszenierter Putschversuch von außen war, hatte im damaligen Denken des MfS ohnehin keinen Platz.

Die MfS-Führung erwies sich in dieser Hinsicht als noch dogmatischer, als es die hauptsächlich betroffene Staats- und Parteiführung in Budapest war. Dies geht aus einem Brief hervor, den Erich Mielke, damals Erster Stellvertreter des MfS-Chefs Ernst Wollweber, am 19. März 1957 an Erich Honecker richtete; Honecker war damals Sekretär für Sicherheitsfragen im Zentralkomitee der

---

28 [Auskunftsbericht, April 1957:] Ungarische Emigration; ebenda, Bl. 11–21, hier 21. In Ungarn kursierte im Winter 1956/57 im Untergrund die Parole »Im März geht's wieder los«, hinter der nach Einschätzung von György Litván und János M. Bak aber »keine ernst zu nehmende Bewegung oder Organisation mehr« steckte, die aber die ungarische Regierung zu Propagandazwecken aufgriff und als Vorwand für verstärkte Unterdrückungsmaßnahmen benutzte; Litván; Bak: Die Ungarische Revolution (Anm. 23), S. 145.

29 Betr.: Vorbereitung von Provokationen durch den CIC in Bulgarien, Rumänien und Volkspolen, 6.12.1956, ohne Absenderangabe; BStU, MfS, AOP 4288/65, TV 3, Bd. 1b, Bl. 79. Die HA II/5 leitete diese Information mit Schreiben vom 2.1.1957 an die Abteilung X [lies: zehn] weiter, die für die Verbindungen des MfS zu den anderen kommunistischen Geheimdiensten zuständig war; ebenda, Bl. 80. Ende Dezember 1956 gingen bei der HA II/5 weitere Meldungen dieser Art ein, die insbesondere Aufstände in Rumänien und Bulgarien voraussagten; ebenda, Bl. 81 f.

30 Protokoll über die Dienstbesprechung v. 7.1.1957; BStU, MfS, ZAIG 4848, Bl. 1.

SED. Mielke machte Honecker auf eine Broschüre aufmerksam, die das Informationsbüro des ungarischen Ministerrates soeben in deutscher Sprache unter dem Titel »Die konterrevolutionären Kräfte bei den Oktoberereignissen in Ungarn« herausgegeben hatte. Die ungarische Botschaft in Ostberlin hatte über das DDR-Außenministerium mehr als 5 000 Exemplare davon in der gesamten DDR einschließlich Ostberlins an den Buchhandel und andere Abnehmer ausgeliefert. Wie Erich Mielke in seinem Brief an Erich Honecker ausführte, enthielt die Broschüre angeblich »an vielen Stellen politische Formulierungen, durch die nicht nur die Staatssicherheitsorgane Ungarns diffamiert, sondern auch politische Maßnahmen der KP Ungarns und der dortigen Regierung verunglimpft werden«.[31] Mielkes Einschätzung ist schwer nachvollziehbar, weil es sich bei der beanstandeten Publikation erklärtermaßen um eine Veröffentlichung der ungarischen Regierung handelte und die ungarische Regierung zum damaligen Zeitpunkt unnachgiebig gegen tatsächliche oder vermeintliche Beteiligte des Volksaufstandes vorging.[32] Der Text der Broschüre ließ keinen Zweifel daran aufkommen, wie die ungarischen Kommunisten den Volksaufstand bewerteten, nämlich als eine »bewaffnete Meuterei«, die von den »Konterrevolutionären geplant und militärisch sorgfältig vorbereitet worden« war, wobei »das Eindringen faschistischer Emigrantenelemente aus dem Westen« eine »bedeutende Rolle« gespielt habe.[33] Die zahlreichen Illustrationen und Bildunterschriften vermittelten ebenfalls eindeutig die Botschaft, dass der Ungarnaufstand das Werk blutrünstiger und bestialischer Mordkommandos gewesen sei.[34] Dennoch ist an einigen Stellen das Bemühen zu erkennen, nicht alle Ungarn pauschal zu kriminalisieren, die im Herbst 1956 Protest artikuliert hatten. Doch dies ging Erich Mielke offenbar schon zu weit. Deshalb setzte er sich in seinem Brief an Erich Honecker dafür ein, die Broschüre aus dem Buchhandel zurückzuziehen und sie nicht weiter verkaufen zu lassen. Mielke verwies auf bestimmte Seiten in der Broschüre, die aus MfS-Sicht besonders zu beanstanden waren. Dazu gehörte gewiss die Einleitung, in der es selbstkritisch hieß:

»Die Politik Rákosis-Gerős führte die sozialistische Entwicklung des Landes in die Sackgasse. Die Folgen dieser verbrecherischen Politik lösten gewaltige Empörung und eine breite Volksbewegung aus. Hunderttausende Werktätige setzten sich für die Säuberung

31   MfS, 1. Stellvertreter des Ministers [Mielke]: Brief an den Kandidaten des Polit-Büros, Genossen Erich Honecker, v. 19.3.1957; BStU, MfS, SdM 1896, Bl. 718. Mielke beanstandete ausdrücklich die Seiten 3, 5, 10, 19, 36 u. 43 der Broschüre. Auf einige Inhalte aus diesen Seiten gehe ich im Folgenden ein.

32   Bis 1958 wurden etwa 22 000 Personen inhaftiert, 229 zum Tode verurteilt. 1963 verkündete die ungarische Regierung eine Amnestie; vgl. Klimó, Árpád von: Ungarn seit 1945. Göttingen 2006, S. 33.

33   Informationsbüro des Ministerrats der Ungarischen Volksrepublik (Hg.): Die konterrevolutionären Kräfte bei den Oktoberereignissen in Ungarn. Band I, O. O. o. J. [Budapest 1957], S. 3 u. 5. Insgesamt erschienen im Laufe des Jahres 1957 oder bis zum Beginn des Jahres 1958 vier Bände dieser Broschüre, wobei die Titel geringfügig voneinander abwichen.

34   Die konterrevolutionären Kräfte (Anm. 33) Bd. I, S. 12–15, 21–28, 30 f., 37, 39, 41 f., 44 u. 48.

der Volksmacht, für die Behebung des weitverbreiteten Bürokratismus und einer Politik ein, die die nationalen Gefühle schwer verletzte.«

Auch an einer anderen Stelle war von der »berechtigten Massenbewegung des Volkes« die Rede.[35] Ferner ließ die Broschüre Kritik an der ungarischen Geheimpolizei gelten, wofür man im MfS ebenfalls kein Verständnis gehabt haben dürfte:

»Die Regierung [Imre Nagys] kam der Forderung, die Staatssicherheitsverwaltung zu liquidieren, nach, und das war richtig, denn eine einheitliche Staatspolizei kann die so wichtige Aufgabe des Schutzes der sozialistischen Gesetzlichkeit und der Volksmacht besser lösen. Die wohldurchdachte Taktik der Konterrevolutionäre bestand jedoch darin, die tatsächlichen Verbrechen, die höchstens einige hundert Mitarbeiter der Staatssicherheitsorgane begangen hatten, von denen die meisten zudem schon ihrer Posten enthoben und zu einem bedeutenden Teil sogar verhaftet waren, den tausenden Mitarbeitern der Staatssicherheitsorgane – hauptsächlich einfachen Soldaten, die in diesen Organen dienten – zur Last zu legen und gegen sie aufzuwiegeln.«[36]

An einer Stelle charakterisierte die Broschüre den Ungarnaufstand als »Kampf gegen den Stalinismus« und benutzte damit einen Begriff, der in der offiziellen DDR nicht vorkommen sollte.[37] Und an einer anderen Stelle wurde einem Teil der Aufständischen zugestanden, »offenbar aus Erwägungen der Menschlichkeit die Gefängnisse« geöffnet zu haben.[38]

Trotz solcher Beispiele ließ Erich Honecker Mielke jedoch ausrichten, dass das ZK der SED es nicht für zweckmäßig halte, die bereits ausgelieferten Exemplare der Broschüre zurückzuziehen. Man werde sich aber dafür einsetzen, dass keine weiteren Exemplare in den Buchhandel kommen würden.[39]

II.

Zum Jahresanfang 1961 hatte sich das MfS, wie bereits erwähnt, das Ziel gesetzt, die ungarischen Emigrantenorganisationen im Westen zu vernichten.[40] Schon angesichts dieser martialischen Wortwahl verwundert es, dass der Objektvorgang Balkan im darauffolgenden Jahr jedoch faktisch schon geschlossen wurde, ohne dass das selbstgesteckte Ziel erreicht worden wäre. Als der Vorgang dann im März 1965 auch formal beendet und archiviert wurde, notierte Oberfeldwebel

---

35 Ebenda, S. 3 u. 19; vgl. auch Anm. 31.
36 Ebenda, S. 5.
37 Ebenda, S. 10.
38 Ebenda, S. 36.
39 ZK der SED, Abteilung Sicherheitsfragen: Brief an Generalleutnant Mielke v. 28.3.1957; BStU, MfS, SdM 1896, Bl. 717.
40 MfS, HA II/5/B, 25.1.1961: Auskunftsbericht über die Ungarische Emigration; BStU, MfS, AOP 4288/65, TV 1, Bd. 1, Bl. 119.

Löschinger in seinem Abschlussbericht, das MfS habe seit 1962 keine Hinweise mehr von anderen kommunistischen Geheimdiensten über Emigranten und Emigrantenorganisationen erhalten. Und die Personen, die in dem Vorgang registriert waren, seien seit dieser Zeit auch nicht mehr in Erscheinung getreten.[41]

Bedeutet dies, dass die ungarischen Emigrantenorganisationen seit 1962/63 genauso plötzlich aus dem Blickfeld des MfS verschwanden, wie sie 1956 hineingeraten waren? Für diese Annahme könnte sprechen, dass die ungarische Regierung im März 1963 eine Amnestie für die meisten der 1957/58 Verurteilten erließ.

Denkbar ist aber auch, dass der ungarische Geheimdienst nicht mehr auf die Hilfe des MfS angewiesen war und die Emigrantenverbände im Westen im Wesentlichen wieder selbst bearbeitete. Für diese Überlegung spricht eine beiläufige Bemerkung in einem Schreiben des MfS an die ungarischen Kollegen. Darin hieß es: »Auf Bitten der ungarischen Operativgruppe in Berlin wurde die Bearbeitung der ›Ungarischen Kolonie‹ im Jahre 1960 vonseiten des MfS eingestellt.«[42] Es liegt nahe, aus diesem Satz eine vorübergehende Arbeitsteilung herauszulesen, die in den Jahren 1956 bis 1960 für die ungarische Seite von Nutzen war, ab 1960 aber nicht mehr erforderlich erschien. Möglicherweise füllte das MfS zeitweilig eine Lücke, die Ende 1956 entstanden war, weil der ungarische Geheimdienst ÁVH während des Aufstandes »nahezu vollständig zerstört worden war«.[43] Der Objektvorgang Balkan gibt jedoch nur einen sehr begrenzten Einblick in die geheimdienstliche Kooperation. Erkennbar ist vor allem, dass beide Geheimdienste Informationen austauschten. Aber es finden sich in dem Vorgang keine deutlichen Hinweise auf gemeinsam geplante oder durchgeführte Aktionen und kaum Einblicke in Interna des ungarischen Geheimdienstes.

Im Hinblick auf das Ende des Objektvorgangs Balkan muss auch geprüft werden, ob die Zuständigkeiten innerhalb des MfS verändert wurden. Denn neben der federführenden MfS-Hauptabteilung II befasste sich selbstverständlich auch die Auslandsspionageabteilung des MfS, die Hauptverwaltung Aufklärung (HV A), mit Vereinen, Verbänden und Organisationen in der Bundesrepublik. Die Unterlagen der HV A sind aber weitgehend verloren gegangen beziehungsweise vernichtet worden. An verschiedenen Stellen sind jedoch Hinweise überliefert,

---

41 HA II/5/D, 22.3.1965: Abschlussbericht Objektvorgang »Balkan« – Reg.-Nr. 2288/60; BStU, MfS, AOP 4288/65, Bd. 1, Bl. 21. Ähnlich von derselben Abteilung unter gleichem Datum: Beschluss für das Einstellen eines Objektvorganges; ebenda, Bl. 22 f. Vereinzelt wurden auch nach 1962 noch Schriftstücke in dem Vorgang abgeheftet, vgl. beispielsweise BStU, MfS, AOP 4288/65, TV 4, Bd. 1, Bl. 203–215 u. 254–257.

42 MfS, Abt. X [Oberstleutnant Damm], 18.11.1963: Schreiben an das Ministerium des Innern der Volksrepublik Ungarn, Berliner Gruppe; BStU, MfS, AP 15651/78, Bl. 36 f., hier 37.

43 Zit. nach: Göllner, Ralf Thomas: Der Ungarn-Aufstand 1956 und seine Auswirkungen auf die ungarische Minderheit in Siebenbürgen. In: Siebenbürgische Semesterblätter 10(1996)2, S. 145–156, hier 156. Göllner verweist darüber hinaus darauf, dass für den Neuaufbau der ÁVH auch ungarischsprechende Rumänen und Slowaken eingesetzt wurden, vermutlich Angehörige der ungarischen Minderheit dieser Länder. Ministerpräsident Imre Nagy hatte am 28.10.1956 die Auflösung der ÁVH verkündet.

dass der HVA-Agent Adolf Kanter[44] Beziehungen zu ungarischen Emigrantenverbänden in der Bundesrepublik unterhielt und darüber der HV A berichtete. Beispielsweise fanden Ende der fünfziger/Anfang der sechziger Jahre in dem von
Adolf Kanter gegründeten und damals geleiteten »Europahaus Marienberg« in
Rheinland-Pfalz die Hochschulwochen der ungarischen Exilstudenten statt. Die
HV A erhielt Informationen hierüber und war in der Lage, Teilnehmerlisten an
den ungarischen Geheimdienst weiterzuleiten.[45]

Aufschlussreich sind in diesem Zusammenhang auch die Verzeichnisse über
den Informationsaustausch zwischen dem MfS und dem ungarischen Geheimdienst, die bis 1958 zurückreichen. Zwischen Herbst 1958 und Jahresende 1969 übergab das MfS demnach rund 450 Informationen an die ÁVH, von
denen sich 23 mit der ungarischen Emigration im Westen befassten, also ein
sehr geringer Anteil. Lediglich in den Jahren 1958/59 dominierte dieses Thema: Damals wurden insgesamt 34 Berichte an die ÁVH weitergegeben, davon
bezogen sich 13 auf die ungarische Emigration im Westen. In den gesamten
sechziger Jahren sind hingegen nur zehn Informationsübergaben vom MfS an
die ÁVH zu diesem Thema verzeichnet. Fast alle weitergeleiteten Berichte
stammten von der HV A. Konkret ging es darin beispielsweise um den »Bund
der Donauschwaben«, um eine »exil-ungarische Faschistenorganisation in
Westberlin«, um die vierte ungarische Hochschulwoche in der Bundesrepublik
sowie allgemein um die »Aktivität der Exil-Ungarn in der BRD«.[46] Die sogenannte SIRA-Datenbank[47] ermöglicht vergleichbare Recherchen für die achtziger Jahre, allerdings nur für den Bereich der HV A. Demnach übergab die
HV A zwischen 1981 und 1989 insgesamt 1 476 Informationen aus ihrem

44   Adolf Kanter, von der Abteilung I der HV A als A-Quelle (»Abschöpfquelle«) unter dem Deck-
namen »Fichtel«, Reg.-Nr. XV/18243/60, geführt, war seit 1948 mit DDR-Dienststellen in Kontakt und
spionierte für die HV A bis 1989/90, weshalb er als dienstältester West-IM gilt. Von 1950 bis 1967
leitete er das Europahaus Marienberg, seit den frühen fünfziger Jahren war er Mitglied der CDU; vgl.
Herbstritt, Georg: Bundesbürger im Dienst der DDR-Spionage. Göttingen 2007, S. 343–355.
45   Betr.: II. Ungarische Hochschulwoche v. 2.9.–9.9.1962; BStU, MfS, AOP 4288/65, TV 4,
Bd. 1, Bl. 224, ohne Absenderangabe. Einen fast identischen Bericht übersandte am 28.11.1962 die HA
II/5 an die Abteilung X, vgl. ebenda, Bl. 223. Die HVA-Urheberschaft von Informationen über die
II. Hochschulwoche in Marienberg ist ersichtlich aus der Übersicht »Informationsaustausch UVR
[Ungarische Volksrepublik]«; BStU, MfS, AS 313/83, Bl. 215 u. 217. Die Teilnehmerliste eines Un-
garntreffens in Marienberg vom 17. bis 19.4.1959 gelangte ebenfalls über die HV A an den ungarischen
Geheimdienst, vgl. ebenda, Bl. 210. Auch die Information über die »Verbindung ungarischer Emigranten zum Komitee ›Rettet die Freiheit‹« vom Mai 1960 lässt sich der Abteilung I der HV A zuordnen; in
der dazugehörigen Ablichtung des Briefes eines ungarischen Emigranten wird dessen Verbindung zu
Adolf Kanter ausdrücklich erwähnt; vgl. BStU, MfS, AOP 4288/65, TV 3, Bd. 1a, Bl. 353–356.
46   »Informationsaustausch UVR« (Anm. 45); BStU, MfS, AS 313/83, Bl. 210–212, 215, 217, 221 f.
u. 228 f. Von den 23 Informationen, die das MfS an die ÁVH weiterleitete, kamen 20 von der HV A. Für
das Jahr 1960 sind aus nicht erkennbaren Gründen keine Informationsübergaben an die ÁVH verzeichnet.
47   System der Informationsrecherche der HV A, siehe Anm. 48.

Spionageaufkommen an die ungarischen Kollegen. Darunter befanden sich keine Berichte mehr über ungarische Emigranten in der Bundesrepublik.[48]

Die HV A war demzufolge in den fünfziger und sechziger Jahren in die Spionage gegen die ungarische Emigration eingebunden. Ab den späten sechziger Jahren hatte diese Thematik für die Westarbeit des MfS allerdings so gut wie keine Bedeutung mehr. Aus den Verzeichnissen über den Informationsaustausch kann man erkennen, dass sich die gemeinsamen geheimdienstlichen Interessen bereits im Laufe der sechziger Jahre verlagerten. In dieser Zeit gehörten der Vatikan und mit ihm die katholische Kirche der beiden Länder zu den wichtigsten Themen des Informationsaustausches; außerdem traten damals zunehmend die klassischen Bereiche der Spionagetätigkeit in den Vordergrund. Das MfS und insbesondere die HV A informierten die Ungarn über die Ostpolitik des Westens, über westliche Geheimdienste, die NATO sowie zu Themen aus Wirtschaft, Wissenschaft und westlicher Technologie.[49] Es ist allerdings zu bedenken, dass sich in der Informationsweitergabe nur ein Teil der geheimdienstlichen Zusammenarbeit widerspiegelt.

Für die ÁVH blieb die ungarische Emigration natürlich weiterhin ein nachrichtendienstliches Ziel. Die HV A verzeichnete in ihrer SIRA-Datenbank zwischen 1969 und 1989 insgesamt 27 Informationslieferungen der ungarischen Kollegen mit Erkenntnissen über ungarische Emigranten und ihre Verbände, womit wahrscheinlich nur ein kleiner Teil der ÁVH-Tätigkeit gegen die Emigranten dokumentiert ist.[50] Als sich im Oktober 1986 führende Mitarbeiter der kommunistischen Geheimdienste in Prag trafen, um darüber zu beraten, wie die »politisch-ideologische Diversion« künftig bekämpft werden könnte, zählte der ungarische Delegationsleiter, Generalleutnant Szilveszter Harangozó, die wichtigsten Einrichtungen auf, die »ideologische Diversion«

---

48   »SIRA« steht für »System der Informationsrecherche der HV A«. Dabei handelte es sich um ein Datenbanksystem der HV A, in dem u. a. Informationseingänge der HV A seit 1969 erfasst wurden; vgl. Konopatzky, Stephan: Möglichkeiten und Grenzen der SIRA-Datenbanken. In: Herbstritt, Georg; Müller-Enbergs, Helmut (Hg.): Das Gesicht dem Westen zu ... DDR-Spionage gegen die Bundesrepublik Deutschland. Bremen 2003, S. 112–132. Die Zahl von 1 476 Informationen bezieht sich nur auf die SIRA-Teildatenbank 12, in der Informationen zu »außenpolitischen, innenpolitischen, militärpolitischen und militärischen Problemen [...] des Operationsgebietes« erfasst wurden; vgl. ebenda, S. 115. In die SIRA-Teildatenbank 11 gingen hingegen Informationen aus der Wirtschafts- und Technologiespionage ein, in die SIRA-Teildatenbank 14 Erkenntnisse über gegnerische Geheimdienste. Informationsweitergaben der HV A an die verbündeten Geheimdienste sind in der SIRA-Datenbank erst ab 1981 recherchierbar; Informationslieferungen verbündeter Geheimdienste an die HV A hingegen schon ab 1969. Im vorliegenden Fall wurde in der SIRA-Teildatenbank 12 nach dem Begriff »Emigrant*« in Verbindung mit dem Empfänger »Ungarn« bzw. »UVR« gesucht.

49   »Informationsaustausch UVR« (Anm. 45); BStU, MfS, AS 313/83, Bl. 209–281.

50   Recherche in der SIRA-Teildatenbank 12 nach dem Begriff »Emigrant*« in Verbindung mit dem Absender »Ungarn« bzw. »UVR«. Die 27 erwähnten Informationen trafen zwischen 1977 und 1986 bei der HV A ein. Insgesamt bezog die HV A zwischen 1969 und 1989 von den ungarischen Kollegen 3 264 Informationen. Vgl. auch Anm. 48.

gegen Ungarn betrieben. Im Einzelnen handelte es sich demzufolge um Radio Freies Europa, verschiedene Menschenrechtsorganisationen wie »Helsinki Watch«, den Vatikan und die ungarischen Emigranten. Die »feindliche ungarische Emigration« sei nach wie vor ein »wichtiges Objekt unserer Aufklärungsorgane«, so Harangozó damals.[51] Des Weiteren erklärte er:

»Unentwegt wird der Tätigkeit der Emigrantenorganisationen und bekannter ungarischer Emigranten sowie der Lage ihrer ungarischen Verbindungen Aufmerksamkeit geschenkt. Unser Hauptziel besteht darin, die loyal eingestellten ungarischen Emigranten für uns zu gewinnen und feindliche rechte Gruppierungen zu zersetzen und zu entlarven.«[52]

Die ungarische Emigration blieb bis zum Ende der kommunistischen Herrschaft im Blick der Geheimdienste. Der Objektvorgang Balkan bietet für einen kurzen, aber wichtigen, frühen Zeitabschnitt einen bemerkenswerten Einblick in das Thema der ungarischen Emigration und zeigt, wie die östlichen Geheimdienste im Westen gemeinsame Ziele verfolgten. Der Ungarnaufstand erwies sich in gewisser Weise als die Initialzündung für eine engere Zusammenarbeit der kommunistischen Sicherheitsapparate. Aus geheimpolizeilicher Sicht handelte es sich auch um eine Form des Krisenmanagements, das 1968 in der Tschechoslowakei und in den achtziger Jahren in Polen erneut und noch umfassender angewandt wurde.

51 Protokoll der V. Multilateralen Beratung von Vertretern der Sicherheitsorgane der sozialistischen Bruderstaaten zur Bekämpfung der ideologischen Diversion des Gegners [Prag, 14.–17. Oktober 1986], hier: Referat des Leiters der Delegation des MdI der UVR, Genossen Generalleutnant Harangozó; BStU, MfS, ZAIG 5114, Bl. 144–176, Zitat Bl. 166.
52 Ebenda, Bl. 166.

Intellektuelle zwischen Parteibindung und Dissens

Ehrhart Neubert

Systemgegnerschaft und systemimmanente Opposition – ein Paradigmenwechsel 1956?

Das Thema scheint sich auf den ersten Blick auf einen abstrakten theoretischen Fragenkomplex zu beziehen. Es geht um Kategorien und Typen der politischen Gegnerschaft gegen den Kommunismus im ereignisreichen und politisch bunten Jahr 1956. Ich will versuchen zu zeigen, dass es sich hier nicht um eine theoretische Spielerei handelt, sondern um die Herausarbeitung von Analyserastern. Sie sollen helfen, sowohl die Vielfalt der Erscheinungen wie auch die über das Jahr 1956 hinausgehende Evolution der politischen Gegnerschaft im Kommunismus zu erklären. Dazu gehört auch die Kontextualisierung der Selbstverständnisse, der Fremdwahrnehmung und der politischen Wirkung der Gegner des Kommunismus. Um Verhalten in der Um- und Mitwelt als rationales Handeln sichtbar zu machen, haben die Sozialwissenschaften, die sich von deterministischen und geschichtsmetaphysischen Mustern gelöst hatten, schon seit Anfang des 20. Jahrhunderts das theoretische Konstrukt der Idealtypen benutzt. Dieses bewährt sich insbesondere dann, wenn diese Typen die unterschiedlichen Mittel zur Erreichung eines Handlungszieles erkennen lassen.[1] Selbstverständlich müssen definierte Typen und Kategorien den empirischen Befunden standhalten, wenn sie auch vorrangig der politischen und historischen Analyse dienen. In der Realität wird es immer auch Unschärfen oder Überschneidungen geben.

Das heterogene Feld der Gegnerschaft kann im weitesten Sinne in der Negation des vorfindlichen politischen Systems des Kommunismus zusammengefasst werden. Die Handlungen von Gegnern richteten sich gegen Unzulänglichkeiten und Ineffektivität der Politik der SED, kritisierten die Mittel und Ziele oder monierten die Kluft zwischen Wirklichkeit und Anspruch. Aber in diesem Feld handelten eben auch Akteure, deren Mittel und Ziele sich gegenseitig ausschlossen. So ist wohl kaum eine politische Übereinstimmung zwischen den Mitgliedern der in den 1950er Jahren agierenden antikommunistischen »Kampfgruppe gegen Unmenschlichkeit (KgU)« sowie anderer ähnlicher

---

1 Dazu u. a. Weber, Max: Die »Objektivität« sozialwissenschaftlicher und sozialpolitischer Erkenntnis. (Erstveröffentlichung 1904), in: Ders.: Gesammelte Aufsätze zur Wissenschaftslehre. Tübingen 1988, S. 146 ff.; Schütz, Alfred: Der sinnhafte Aufbau der sozialen Welt. Eine Einleitung in die verstehende Soziologie. Wien 1932, v. a. S. 247–285; Georg, Werner: Soziale Lage und Lebensstil. Eine Typologie. Opladen 1998.

Widerstandsorganisationen[2] und den Aktivitäten von Wolfgang Harich konstruierbar. Die Debatte um die Klassifizierung von Typen der politischen Gegnerschaft ist inzwischen weit vorangekommen. Die wichtigste Unterscheidung betrifft die Definitionen des Gegensatzes zwischen einem konfrontativen Widerstand und einer systemimmanenten Opposition.[3] Im Jahr 1956, so ist im Folgenden zu zeigen, setzten die Anfänge der systemimmanenten Opposition ein. Dass das SED-Regime alle Gegner unter ideologischen Prämissen gleichermaßen in einen Topf warf und verfolgte, hat nicht viel zu sagen. Die Definitionen der Herrschenden zielten darauf, alles und alle, die der angenommen Einheit von Partei und Gesellschaft widersprachen oder durch ihre Handlungen praktisch infrage stellten, politisch zu kriminalisieren. Allerdings musste sich das Regime dabei auch auf unterschiedliche Strategien einstellen.

Um die Unterschiede in der Gegnerschaft in den 1950er Jahren fassen zu können, sollen zunächst fünf Variablen benannt werden. An ihnen kann dargestellt werden, welche Änderungen sich in der politischen Gegnerschaft ergaben und wie diese politisch zum Zuge kamen.

Als erste Variable ist die sich im Jahr 1956 ergebende politische Situation bzw. Konstellation zu betrachten, die für Gegner als Handlungskontext relevant war. Die zweite Variable ist die spezifische durch Chruščevs Entstalinisierungsrede bewirkte Erwartung politischer Akteure von Veränderungen des politischen Systems. Die dritte Variable ergibt sich aus der Differenz zwischen grundsätzlicher

2   Vgl. Fricke, Karl Wilhelm; Engelmann, Roger: »Konzentrierte Schläge«. Staatssicherheitsaktionen und politische Prozesse in der DDR 1953–1956. Berlin 1998.

3   Auf der Suche nach systematischen Handlungstypen hat Ilko-Sascha Kowalczuk (Opposition und Widerstand. In: Weidenfeld, Werner; Korte, Karl-Rudolf [Hg.]: Handbuch zur deutschen Einheit 1949–1989–1999. Bonn 1999) Kategorien auf der Verhaltensebene herausgearbeitet, die er entsprechend der politischen und sozialen Motive der Akteure differenziert. Widerstand und Opposition werden von ihm synonym als Oberbegriff für politische Gegnerschaft gebraucht, die in »gesellschaftlicher Verweigerung«, »sozialem Protest«, »politischem Dissens« und »Massenprotest« in Erscheinung tritt. Hubertus Knabe (Was war die »DDR-Opposition«? Zur Typologie des politischen Widerspruchs in Ostdeutschland. In: DA 29[1996]2, S. 184–198) bot eine zehnstufige Typologie an, die die politisch-strategische Energie abbildet. Die Verhaltensweisen reichen von der milderen »Resistenz« bis zum »aktiven Widerstand« und »Aufstand«. Um den Schwierigkeiten einer auf Verhaltensweisen konzentrierten Typologie zu entgehen, wurden Kategorien der politischen Gegnerschaft entwickelt, die sich an den Kriterien politischer Handlungsmöglichkeiten orientieren. Dazu wurde von mir (Geschichte der Opposition in der DDR 1949–1989. 3. Aufl., Berlin 2000, S. 25–33; Ders.: Was waren Opposition, Widerstand und Dissidenz in der DDR? In: Kuhrt, Eberhard; Buck, Hannsjörg F.; Holzweißig, Gunter [Hg.]: Opposition in der DDR von den 70er Jahren bis zum Zusammenbruch der SED-Herrschaft. Opladen 1999, S. 17–47) und ähnlich auch von Rainer Eckert (Widerstand und Opposition in der DDR. Siebzehn Thesen. In: Zeitschrift für Geschichtswissenschaft 44[1996]1, S. 4–65; Ders.: Widerstand und Opposition: Umstrittene Begriffe der deutschen Diktaturgeschichte. In: Neubert, Ehrhart; Eisenfeld, Bernd [Hg.]: Macht – Ohnmacht – Gegenmacht. Grundfragen zur politischen Gegnerschaft in der DDR. Bremen 2001, S. 27–36.) die Zweck-Mittel-Relation zugrunde gelegt, die die Berücksichtigung der von den SED-Gegnern eingesetzten politischen Mittel und der diesen innewohnenden Ziele ermöglicht. Begriffe wie Opposition und Widerstand bilden danach die Differenz der sich bisweilen ausschließenden Strategien und Ziele unterschiedlicher Gegner ab.

Systemgegnerschaft und den in den Normen des Systems scheinbar oder tatsächlich angelegten Handlungsmöglichkeiten für Veränderungen. Die vierte Variable ist der unterschiedliche Umgang der Gegner mit den Normen bzw. dem Recht des SED-Regimes. Die letzte Variable ergibt sich aus den unterschiedlichen handlungsleitenden Orientierungen der Gegner. Im Folgenden werden zur Klärung der im Thema anvisierten Frage nach dem Paradigmenwechsel in der Systemgegnerschaft diese Variablen abgearbeitet.

Ohnmacht des Widerstandes

Die kommunistische Transformation unter Stalin hatte mit Terror die Gesellschaften Ostmitteleuropas und der SBZ/DDR verändert. Nahezu alle gesellschaftlichen Schichten und traditionellen Milieus waren betroffen. Die kommunistische Herrschaft festigte sich im Innern dieser Länder. Aber auch nach außen konnte die UdSSR einen Machtzuwachs verbuchen. Die Sowjetunion war Atommacht geworden und stand Mitte der 1950er Jahre im Zenit ihrer Machtentfaltung. Ihr Einfluss in der Dritten Welt wuchs und der Westen respektierte die Teilung Europas entsprechend der »Ordnung von Jalta«.

Trotz dieser Stabilität hatte es aber auch Anzeichen der inneren Fragilität des sowjetischen Großreiches gegeben. Wie in allen anderen Satellitenstaaten regte sich in der DDR Widerstand. Dieser Widerstand wurde regelmäßig von den durch die gesellschaftliche Transformation und die politische Gleichschaltung Betroffenen getragen. Überall bildete sich auch ein nahezu ähnlicher Typ des Widerstandes aus, der auf die Beseitigung der kommunistischen Herrschaft, auf die Einführung demokratischer Strukturen und auf die »Wiederherstellung des Rechtes« zielte.[4] Ablesbar ist das am Widerstand der gleichgeschalteten Parteien, dem studentischen Widerstand an den Hochschulen und an den Organisationen, die ihre logistischen Zentren nach Westdeutschland und vor allem nach West-Berlin verlegt hatten. In einigen ostmitteleuropäischen Ländern und im Baltikum formierte sich auch ein militärischer Widerstand. In der Regel wurden gemäßigte Formen bevorzugt, die aber prinzipiell Gewalt und Sabotage nicht ausschlossen.

Mit Stalins Tod 1953 war das Machtgefüge der sowjetischen Zentralmacht in eine Bewegung geraten, die auch ihre Satelliten erreichte. Der von den Diadochen Stalins verordnete »Neue Kurs«, der den Druck auf die ostmitteleuropäischen

---

4 So auch die Definition des Widerstandes gegen das NS-Regimes bei: Steinbach, Peter: Widerstand – aus sozialphilosophischer und historisch-politologischer Perspektive. In: Poppe, Ulrike; Eckert, Rainer; Kowalczuk, Ilko-Sascha (Hg.): Zwischen Selbstbehauptung und Anpassung. Formen des Widerstandes und der Opposition in der DDR. Berlin 1995, S. 30 f.

Gesellschaften lockern sollte, löste in der DDR die revolutionäre Erhebung um den 17. Juni 1953 aus, die das Regime an den Abgrund brachte. In diesem Aufstand kulminierte die Systemgegnerschaft weite Teile der Bevölkerung, die an der damals schon erfolgreichen Bundesrepublik orientiert war. Sowjetische Panzer retteten allerdings die SED. Massenflucht und auch Resignation waren die Folge. Viele der sich neu bildenden Widerstandsgruppen sowie Widerstandaktionen Einzelner beruhten auf einer radikalen Systemgegnerschaft.

Der »Neue Kurs« brachte aber auch Verwerfungen in den politischen Systemen Polens und Ungarns mit sich. In beiden Ländern kam es zwischen Altstalinisten und Reformern in den herrschenden Parteien zu Machtkämpfen, die schließlich durch die Rede von Chruščev im Frühjahr 1956 über die Verbrechen noch einmal verstärkt worden waren. 1956 entlud sich die Unzufriedenheit in Polen im Posener Aufstand. In unmittelbarem Bezug dazu entwickelte sich im Oktober auch die ungarische Revolution, die wie dieser ebenfalls blutig niedergeschlagen wurde.

Die polnischen und besonders die ungarischen Ereignisse haben den Widerstand in der DDR inspiriert. Es gab eine Fülle von heimlichen Solidarisierungsbekundungen und auf Flugblättern und Wandlosungen vorgetragene Proteste. In der studentischen Jugend gärte es. Besonders die Ereignisse an der Veterinärmedizinischen Fakultät der Humboldt-Universität in Berlin mussten die SED beunruhigen. Die Studenten protestierten gegen den Russischunterricht, gegen das obligatorische gesellschaftswissenschaftliche Studium, gegen die weitere Militarisierung und gegen Reisebeschränkungen. Sie stellten den Bezug zum Aufstand in Ungarn her.[5]

In Betrieben vieler Bezirke der DDR kam es 1956 zu kleineren Streiks. Besondere Schwerpunkte waren Magdeburger Betriebe. Diese Streiks dauerten zumeist nur wenige Stunden und erfassten nie die gesamten Belegschaften. Auch gab es keine Verbindungen zwischen den streikenden Belegschaften in den Regionen. Die auslösenden Ursachen waren fast immer soziale Anliegen: Normfragen, Unregelmäßigkeiten bei der Entlohnung, Ungerechtigkeiten bei der Prämienverteilung, Entlassungen oder die Einführung von Nachtschichten. In einigen Fällen sind auch politische Ursachen belegt, wie in Magdeburg, wo im VEB Schwermaschinenbau »Georgij Dimitroff« im Oktober junge Arbeiter streikten, weil die FDJ-Leitung eine Solidaritätsadresse an die im Kampf gegen die »Konterrevolution« stehenden ungarischen Kommunisten in ihrem Namen geschickt hatte.[6] Wenn auch der auslösende Anlass solcher Streiks soziale Probleme waren, ist doch der politische Charakter dieser aufflammenden

---

5 Vgl. Kowalczuk, Ilko-Sascha: Die Niederschlagung der Opposition an der Veterinärmedizinischen Fakultät der Humboldt-Universität zu Berlin in der Krise 1956/57. Dokumentation einer Pressekonferenz des Ministeriums für Staatssicherheit im Mai 1957. Hg. v. Landesbeauftragten für die Unterlagen des Staatssicherheitsdienstes. 3. Auflage, Berlin 2006.

6 Vgl. Neubert, Ehrhart: Geschichte der Opposition in der DDR 1949–1989. Berlin 2000, S. 127.

Protestbewegung unzweifelhaft. Die Arbeiter wussten, dass sie durch Ausstände mit den politischen Organen in Konflikt gerieten. Aus den Äußerungen von Arbeitern, die im MfS-Schriftgut überliefert wurden, geht hervor, dass die Bevölkerung die Verbindung zu den polnischen und ungarischen Vorkommnissen herstellte. Mit Machtdemonstrationen, Prozessen und Drohungen wurden die Arbeiter eingeschüchtert.[7] Die Niederschlagung der ungarischen Revolution hatte der ostdeutschen Bevölkerung jedoch abermals wie 1953 vor Augen geführt, dass offener Widerstand vergeblich sein würde. Zudem war – wie 1953 – noch einmal bekräftigt worden, dass der Westen den sowjetischen Machtbereich respektierte.

Insgesamt nahm der organisierte und schwer verfolgte Widerstand in den folgenden Jahren stark ab. Als 1961 die Mauer die letzten direkten Verbindungen in den Westen kappte, erloschen allmählich auch die Aktivitäten der von West-Berlin aus geführten Netzwerke des Widerstandes. Nicht zuletzt verloren aktive Gruppen in der DDR zunehmend ihren Rückhalt im Westen. Nur sehr wenige Widerstandsgruppen konnten sich über mehrere Jahre halten, da die Verfolgungsintensität sehr hoch war.[8] Freilich gab es bis 1989 vereinzelte Widerstandshandlungen, die teils spontan durchgeführt oder von kleinen Gruppen vorbereitet worden waren, deren Wirkung nicht unterschätzt werden darf.[9] Insgesamt brachte 1956 bei allen Wirren keine Mobilisierung der gesamten Gesellschaft für hoch riskante Widerstandshandlungen.

Günstige Gelegenheiten

Während die Aufstände offenbar keinen realistischen Weg aufzeigten, Veränderungen des politischen Systems der SED zu erreichen, bot ein ganz anderes Ereignis Gelegenheit, über Änderungen nachzudenken: Die Rede von Chruščev auf dem XX. Parteitag der KPdSU über die Verbrechen und den Personenkult Stalins. Außerdem wurde von der harten Revolutionstheorie Abstand genommen und der friedliche Übergang zum Sozialismus propagiert. Der posthume Sturz des kommunistischen Egokraten aus dem Ideologiehimmel, der bislang mit dem Kommunismus schlechthin identifiziert wurde, löste eine schwere Erschütterung in der SED aus. Die Wellen dieses geistigen Erdbebens liefen durch die gesamte kommunistische Welt Europas. Wo sie aufschlugen, etwa in Frankreich, bildete sich eine intellektuelle Dissidenz aus. In Italien löste sich

---

7   Vgl. dazu Eisenfeld, Bernd; Kowalczuk, Ilko-Sascha; Neubert, Ehrhart: Die verdrängte Revolution. Der Platz des 17. Juni 1953 in der deutschen Geschichte. Bremen 2004, S. 233–237.
8   Mühlen, Patrik von zur: Der Eisenberger Kreis. Jugendwiderstand und Verfolgung in der DDR 1953–1958. Bonn 1995.
9   Vgl. Neubert, Ehrhart: »Nieder mit der DDR«. Isolierter, unbekannter und verkannter Widerstand. In: Jahrbuch für Historische Kommunismusforschung 2006, S. 194–216.

Togliatti aus der Moskauer Umarmung. Unzählige Zeitzeugen unter den jungen und alten SED-Leuten berichteten später, in welchem Maße sie von diesem Ereignis berührt waren. Die Wende in der zentralen Ideologiefrage bedeutete nicht nur, den bisher dogmatisch festgelegten Weg infrage zu stellen. Gleichzeitig war ihr die Aufforderung zu weitreichenden personellen und politischen Veränderungen implizit. Es ging, so der Parteitag, um die »Wiederherstellung der Lenin'schen Parteinormen«.

Ulbricht sah diese Gefahren und gab schon ab März die entsprechenden Sprachregelungen bekannt. Denen zufolge hatte er sich selbst nie am Personenkult beteiligt und die SED keine Fehler gemacht, die mit denen der sowjetischen Bruderpartei vergleichbar wären. Damit hatte er seine eigene Stellung gesichert und jedermann war vor überzogenen Hoffnungen gewarnt. Allerdings außerhalb und in der Partei, so musste das MfS feststellen, setzte eine Debatte ein, in der auch die Person Ulbrichts Gegenstand der Kritik war.

Ulbrichts Eindämmungspolitik zeitigte nur begrenzte Erfolge. Der verordnete Auszug aus dem Stalinismus war mit stalinistischen Denkvorgaben nicht mehr ohne Weiteres einzuholen. Die alte Lenin'sche Frage »Was tun?« brach auf. Und viele Genossen hatten Ideen. Fast selbstredend, dass die aufkommenden Debatten nun darum kreisten, wie der enthauptete Kommunismus wieder ansehnlich gemacht werden könne. Die gescheiterte Utopie verlangte nach neuen Utopien, die in ihrer Umsetzung nicht zu neuen Verbrechen führen sollten.

Die Öffnung des festgezurrten dogmatischen Kanons enthielt nicht nur die Chance der Veränderung, sondern berührte auch die Identität der kommunistisch gesinnten Intellektuellen. Noch war ihre Option für den Kommunismus nicht verbraucht, und für den Abschied von dieser Ideenwelt war es zu früh. Die Stabilisierung des politischen Systems und die eigene innere Stabilität, ihre eigene Identitätswahrung, konnten und sollten durch Reformen möglich werden.

Die Entstalinisierung bot eine Handlungsgelegenheit und verhieß den Gläubigen unter den Kommunisten den Gewinn einer endlich reinen und unbefleckten Lehre. Notwendig war nun aber das eigene Engagement. Trotz aller Willigkeit mit dem System zusammenzuarbeiten, gab es für die Intellektuellen bisher das Problem, dass die Parteiführung allein die Interpretationskompetenz des Marxismus-Leninismus beanspruchte und jede geistige und kulturelle Betätigung den Vorgaben nachzulaufen hatte. Jetzt wagten einige die geistige Selbstständigkeit.

Das wohl bekannteste Dokument einer solchen reformerischen Utopie ist die »Plattform für einen besonderen deutschen Weg zum Sozialismus«[10] von Wolfgang Harich. Ungeachtet der Revolution und deren Niederschlagung in Ungarn hatte er das Papier im November 1956 verfasst und mit einigen wenigen Genossen die Inhalte besprochen. Harich glaubte, dass die SED Reformen in Partei und Staat in Gang setzen müsse, gerade auch um Eruptionen wie in

---

10　Vgl. Harich, Wolfgang: Keine Schwierigkeiten mit der Wahrheit. Berlin 1993, S. 111 ff.

Polen und Ungarn zu verhindern. Dies erschien ihm als Konsequenz und Auftrag des XX. Parteitages der KPdSU.

Die Widerstands- und noch mehr die Oppositionsgeschichte zeigen, dass gerade Veränderungen in den politischen Konstellationen der kommunistischen Schutzmacht der SED, der Sowjetunion, immer wieder als Gelegenheit zum Handeln von Gegnern und Kritikern betrachtet wurde. Letztmalig löste Michail Gorbačev ein solches Phänomen aus. Seine Perestroika-Politik sollte ursprünglich das stagnierte kommunistische System in der Sowjetunion wieder in Bewegung setzen und es damit retten. Doch es trat der gegenteilige Effekt ein. Die oppositionellen und kritischen Bewegungen gewannen im gesamten Sowjetblock eine nicht mehr zu bremsende Dynamik.

Opposition statt Widerstand

Harichs Bemühungen um ein Reformkonzept schloss eine grundsätzliche Systemgegnerschaft aus. Der Entstalinisierungsparteitag hatte die Normen des Systems neu formuliert. An diese wollte er sich halten und die darin angelegten Handlungsmöglichkeiten für Veränderungen ausschöpfen. Indem er im Interesse des Sozialismus zu handeln glaubte, blieb er im Rahmen einer systemimmanenten Opposition. Als Harich seinen ersten Kontakt zur Westberliner SPD aufnam, schrieb er auf einem Zettel an seine Lebensgefährtin Irene Giersch: »Es geht um die Rettung unserer Partei!«[11]

Dass es sich freilich um ein oppositionelles Konzept handelte, ergibt sich schon aus dem durchgängigen Versuch, Sozialismus und Demokratie zu verbinden. In unserem Zusammenhang ist es nun kaum von Bedeutung, dass diese Verbindung nicht geglückt ist und das Konzept sich gegenseitig ausschließende Vorstellungen enthielt. Einerseits forderte das Papier eine radikale Demokratisierung der SED, die Beseitigung der Privilegien von Spitzenfunktionären, die Herstellung der Religions- und Geistesfreiheit, die Zulassung kleinerer und mittlerer privatwirtschaftlicher Einheiten, die Einführung von Arbeiterräten in sozialistischen Betrieben, die Unabhängigkeit der Gewerkschaften und der Massenorganisationen von der Partei, freie Wahlen und allgemeine Rechtssicherheit.

Andererseits aber sollten die sozialistischen Eigentumsverhältnisse nicht grundsätzlich aufgehoben werden. Zudem waren Wahlen auf der Grundlage von Einheitslisten des demokratischen Blocks vorgesehen, die wiederum der SED, die allerdings dann reformiert wäre, die Herrschaft sichern sollten. Ausdrücklich

---

11   Vernehmung von Irene Giersch am 7.12.1956; BStU, MfS, AU 89/57, GA, Bd. 1, Bl. 71.

hieß es, dass »streng an den Prinzipien des demokratischen Zentralismus fest-gehalten«[12] werden müsse.

Auch andere Ziele der Plattform, so sehr sie die DDR infrage stellten, fielen nicht aus dem Rahmen sozialistischer Vorstellungen. Das Programm war die Wiederbelebung der Vorstellungen vom besonderen deutschen Weg zum Sozial-ismus, wie sie in der unmittelbaren Nachkriegszeit von der SED propagiert und von Stalins Propaganda gefördert wurden. Hier sah Harich Anknüpfungsmög-lichkeiten. Auch die deutschlandpolitischen Vorstellungen der Plattform waren an der älteren sowjetischen Deutschlandpolitik orientiert, die etwa mit der Sta-linnote von 1952 ein neutrales Deutschland propagiert hatte. Es sollte so schnell wie möglich zur Einheit kommen, und im Westen sollte über die SPD bzw. ihren linken Flügel eine antikapitalistische und antifaschistische Politik dominieren.

Seit dem Auftreten Harichs entwickelten sich die oppositionellen reformeri-schen Ansätze weiter. Ein solches reflektiertes Konzept hatte der Erfurter Propst Heino Falcke vorgelegt. 1972 sagte er:

»Die Aufgabe, gegen Unfreiheit und Ungerechtigkeit zu kämpfen, bleibt auch in unserer Gesellschaft, denn die Geschichte steht unter dem Kreuz. […] Diese Verheißung trägt gerade auch da, wo die sozialistische Gesellschaft enttäuscht und das sozialistische Ziel entstellt oder unkenntlich wird. Eben weil wir dem Sozialismus das Reich der Freiheit nicht abfordern müssen, treiben uns solche Erfahrungen nicht in die billige Totalkritik, die Ideal und Wirklichkeit des Sozialismus vergleicht und sich zynisch distanziert. Unter der Verheißung Christi werden wir unsere Gesellschaft nicht loslassen mit der engagier-ten Hoffnung eines verbesserlichen Sozialismus.«[13]

Indem Falcke dem Sozialismus Reformfähigkeit unterstellte und den realen Sozialismus wenigstens teilweise mit der sozialistischen Utopie identifizierte, signalisierte er auch, dass er die Legitimationsgrundlage der DDR nicht anzugrei-fen gedachte. Der SED-Staat konnte ein solches Angebot allerdings nicht an-nehmen. Die SED erkannte in diesem Konzept eine enorme politische Spreng-kraft, da die mündige, freie und kritische Äußerung und Mitgestaltung im realen Sozialismus die Totalansprüche der Partei relativierte. In der DDR-Presse wurde geschrieben, im Vortrag Falckes seien Infiltrationsversuche »eines revisionisti-schen Sozialdemokratismus« zu erkennen. Angepasste Kirchenleute sagten unter Hinweis auf eines der wichtigsten Prager Reformdokumente: »Es wären die 1 000 Worte in deutscher Sprache.«[14]

Der in diesem Konzept abgesteckte Oppositionstyp dominierte schließlich in den 1980er Jahren. Diese Opposition arbeitete auf eine Demokratisierung des

---

12 Vgl. Harich: Keine Schwierigkeiten mit der Wahrheit (Anm. 10), S. 113.

13 Falcke, Heino: Hauptvortrag auf der Synode des Bundes Evangelischer Kirchen vom 30.6. bis 4.7.1972 in Dresden unter dem Thema »Christus befreit – darum Kirche für andere«, abgedruckt in: Mit Gott Schritt halten. Reden und Aufsätze eines Theologen in der DDR aus 20 Jahren. Berlin 1986, S. 12 ff.

14 Krone, Tina; Schult, Reinhard (Hg.): Seid untertan der Obrigkeit. Originaldokumente der Stasi-Kirchenabteilung XX/4. Berlin 1992.

politischen Systems, die Entwicklung einer freien Öffentlichkeit und die Erweiterung des Handlungsspielraums des Individuums hin, ohne den Sozialismus prinzipiell infrage zu stellen. Das bedeutete zugleich eine Selbstbegrenzung in den politischen Zielsetzungen. Derart argumentierende Oppositionelle gingen aber stets vom Gegensatz zwischen Gesellschaft und herrschender Partei aus und nutzten jeden noch so kleinen legalen Spielraum, um sich als eigenständige politische Kraft in der Öffentlichkeit zu zeigen.

Eine Reihe von Forschern messen die systemimmanente Opposition an ihren Zielen, eben auch einen demokratischen Sozialismus, der mit den Grundlagen westlicher Demokratien nicht ohne Weiteres in Übereinstimmung zu bringen ist. Unter diesen Gesichtspunkten wird immer wieder Harich kritisiert und auch große Teile der späteren Opposition als demokratisch nicht gereift oder gar undemokratisch abqualifiziert. Solches findet sich bei amerikanischen Autoren wie bei Christian Joppke[15] oder deutschen Forschern wie Eckhard Jesse[16] und noch deutlicher bei Martin Jander[17]. Jander meint, dass die Opposition wegen der in ihr verbreiteten Vorstellung von einem demokratischen Sozialismus die demokratischen Institutionen abgelehnt hätte und in den Grundfragen zur Nation weitgehend mit der SED übereinstimmte. Diese Sichtweise lässt die Vielfalt der Opposition außer Acht, in der es nahezu alle Spielarten von Reformern und Revolutionären gab. Unterschätzt wird zudem die strikte Orientierung an der Menschenrechtsfrage und dem Freiheitswillen der Akteure, der sie zu den einzigen formierten Gegnern der SED machte. Vor allem aber wird die Interdependenz von Herrschaft und Gegenkräften vernachlässigt, die am deutlichsten in der oppositionellen Strategie zum Ausdruck kam.

Legalismus

Politische Strategien konnten von Systemgegnern nicht ohne strikte Berücksichtigung der politischen Rahmenbedingungen geplant werden. Handlungsweisen mussten sich an den Möglichkeiten orientieren und ausformen, die das Herrschaftssystem an seinen Bruchstellen bot. Eine solche Bruchstelle ergab

---

15 Joppke, Christian: East German Dissidents and the Revolution of 1989. Social Movements in a Leninist Regime. New York 1995.

16 Jesse, Eckhard: Artikulationsformen und Zielsetzungen von widerständigem Verhalten in der Deutschen Demokratischen Republik. In: Materialien der Enquete-Kommission »Aufarbeitung von Geschichte und Folgen der SED-Diktatur in Deutschland«. Hg. v. Deutschen Bundestag. Bd. VII/1, Baden-Baden 1995, S. 994–1000.

17 Jander, Martin unter Mitarbeit von Voß, Thomas: Die besondere Rolle des politischen Selbstverständnisses bei der Herausbildung einer politischen Opposition in der DDR außerhalb der SED und ihrer Massenorganisationen seit den siebziger Jahren. In: ebenda, S. 896–907.

sich aus dem Widerspruch zwischen den vom Herrschaftssystem gesetzten Normen, einschließlich seiner Gesetze, und der stets erklärten Dominanz des Politischen vor dem Recht.

Der traditionelle Widerstand hatte die Wiederherstellung des Rechts zum Ziel, weil er der sogenannten sozialistischen Gesetzlichkeit keine Rechtsqualität zubilligte. Deswegen sah er sich legitimiert, gegen die Normen der Diktatur zu verstoßen. So war es bezeichnend, dass das Widerstandsnetzwerk »Untersuchungsausschuss freiheitlicher Juristen« (UfJ) einerseits gerade auf den Unrechtscharakter des SED-Staats aufmerksam machte, aber selbst sich keineswegs an den gesetzlichen Normen der DDR orientierte.[18] Oppositionelle dagegen stellten sich auf die Vorgaben des Systems ein und agierten auch in der Rechtsfrage so, als wären diese Vorgaben für die Herrschenden selbst verbindlich.

Ein rechtliches Dauerproblem hatte der SED-Staat deswegen mit den Kirchen, die selbst über ein funktionierendes Rechtssystem verfügten und sich auch im Verkehr mit staatlichen Instanzen auf Gesetz und verbrieftes Recht beriefen. Für das MfS waren die Kirchen »legale Positionen der feindlichen Kräfte«. Mielke stellte im Frühjahr 1956 fest: »Da jedoch die reaktionäre Kirchenleitung ihren feindlichen Einfluss gegenüber der DDR unter Ausnutzung aller legalen Möglichkeiten aktiviert, ist es notwendig, eine Reihe konkreter Maßnahmen gegen diese Feindtätigkeit einzuleiten.«[19] Mit konspirativen Mitteln sollte das eigens gesetzte Recht unterlaufen werden.

Neu war in den Debatten nach dem XX. Parteitag der KPdSU, dass in der DDR gelegentlich die Rechtsfrage öffentlich aufgeworfen wurde. Die stalinistischen Exzesse der Justiz wurden teilweise und halbherzig revidiert. Zahlreiche aus politischen Gründen Inhaftierte wurden freigelassen und manche rehabilitiert.

Dass sich auch Intellektuelle an der Debatte über die Rechtsfrage beteiligten, ist an einem Artikel von Stefan Heym abzulesen, den er am 25. November 1956 in der *Berliner Zeitung* unter dem Titel »Ein Vorschlag« veröffentlichte. Damit sich die Arbeiter mit dem Arbeiter-und-Bauern-Staat identifizieren könnten, müsste »das Recht auf Schutz gegen Willkür vonseiten amtlicher Stellen« gesichert werden. In Artikel 138 der Verfassung der DDR seien Verwaltungsgerichte vorgesehen. Sie gäbe es aber nicht. Heym appellierte darum »an die Fraktionen der Parteien unserer Volkskammer, schnellstens ein Gesetz einzubringen zu der längst fälligen Durchführung des Artikels 138 unserer Verfassung«.[20]

---

18   Eine Fülle von solchen Beispielen bietet Schlomann, Friedrich-Wilhelm: Mit Flugblättern und Anklageschriften gegen das SED-System. Die Tätigkeit der Kampfgruppe gegen Unmenschlichkeit (KgU) und des Untersuchungsausschusses freiheitlicher Juristen der Sowjetzone (UfJ). Hg. v. Landesbeauftragten für die Unterlagen des Staatssicherheitsdienstes Mecklenburg-Vorpommern. Schwerin 1998.

19   Mielkes Dienstanweisung Nr. 9/56, abgedruckt in: Besier, Gerhard; Wolle, Stephan (Hg.): »Pfarrer, Christen und Katholiken«. Das Ministerium für Staatssicherheit der ehemaligen DDR und die Kirchen. Neukirchen-Vluyn 1991, S. 183 f.

20   Heym, Stefan: Ein Vorschlag. In: Berliner Zeitung v. 25.11.1956, abgedruckt in: Ders.: Stalin verlässt den Raum. Politische Publizistik. Leipzig 1990, S. 95.

Dass es nicht dazu kam, lag auch daran, dass Ulbricht die Gefahr eines oppositionellen Legalismus erkannt hatte. Seit 1957 wurde Verwaltungsrecht an den Universitäten nicht mehr gelehrt. Ulbrichts endgültige Absage an die Verwaltungsgerichtsbarkeit kam 1958 auf der Babelsberger Konferenz. Und schließlich ist die Intensität der Verfolgung von Abweichlern und konstruierter fiktiver Gegner[21] selbst ein Zeichen der Angst der Herrschenden, die sich des Problems in den »Revisionistenprozessen«[22] zu entledigen suchten. Harich wollte tatsächlich strikt legalistisch vorgehen. Er hatte in seiner Plattform ausdrücklich Rechtssicherheit gefordert. Dies wird mehrfach in Vernehmungsprotokollen des MfS bestätigt. So sagte ein Verhafteter aus dem Umkreis von Harich aus, dass dieser von einem »legalen Weg«[23] gesprochen hätte.

Harich glaubte, dass die Inhalte seiner Konzeption mit den Interessen der sowjetischen Führung übereinstimmen würden. Deswegen trug er sie auch dem sowjetischen Botschafter Puškin vor, der solche Pläne allerdings entschieden ablehnte. Harich glaubte, dass Ulbricht die Ergebnisse des XX. Parteitages unterlaufen und ihre Umsetzung hintertreiben wolle. Deswegen wollte er Paul Merker gewinnen, um mit ihm die Absetzung Ulbrichts zu erreichen. Er wollte bei der Durchsetzung seiner Pläne die legalen innerparteilichen Wege gehen. Er hatte sie selbst Ulbricht vorgetragen. Seine Plattform sollte an das Zentralkomitee der SED übermittelt werden. Er hoffte auf einen Parteitag, der die Inhalte seiner Plattform übernehmen würde.

Harich war nicht so naiv, dass er nicht auch die Gefahren für ihn und seine Freunde gesehen hätte. Aus taktischen Gründen hatte er ein Minimalprogramm geplant, in dem einige Schärfen abgemildert waren, damit auch zögerliche Genossen mitmachen konnten. Vor allem aber wollte er über den Westen Druck ausüben, falls er in der Partei abgewiesen würde. Er hoffte in der SPD Verbündete zu finden.

Bisweilen ging Harich über seinen legalistischen Ansatz hinaus. Besonders gefährlich musste dem MfS erscheinen, was es aus den Vernehmungen von Harich erfuhr:

»Wenn dies Harich nicht auf legalem Wege gelingt, wollte er seine Konzeption über die Westberliner Rundfunkstationen verkünden und die Bevölkerung der DDR zum Streik aufrufen. Er glaubte, dass dann die Regierung der DDR aus Angst vor Unruhen auf diese Weise gezwungen ist, seine Konzeption anzuerkennen und die geforderten Maßnahmen durchzuführen.«[24]

---

21 Kowalczuk, Ilko-Sascha: Frost nach kurzem Tauwetter: Opposition, Repressalien und Verfolgungen 1956/57 in der DDR. Eine Dokumentation des Ministeriums für Staatssicherheit. In: Jahrbuch für Historische Kommunismusforschung 1997, S. 167–215.

22 Vgl. Janka, Walter: Schwierigkeiten mit der Wahrheit. Hamburg 1989.

23 Vernehmung von Richard Wolf am 18.3.1957; BStU, MfS, AU 89/57, GA, Bd. 7, Bl. 61.

24 Vernehmung von Irene Giersch am 19.12.1956; BStU, MfS AU 89/57, GA, Bd. 1, Bl. 85.

Diese Pläne Harichs standen aber keineswegs im völligen Gegensatz zu seiner legalistischen Strategie. Er hatte schon den Aufstand am 17. Juni 1953 abgelehnt, und die Erhebungen in Posen und Ungarn waren für ihn ein Symptom der Krise des Sozialismus, die er zu beheben gedachte. Instrumentalisieren wollte er allerdings die Angst der SED-Führung vor solchen Aufständen.

Kurz vor seiner Verhaftung stellte er in einem Gespräch mit seinen Gesinnungsfreunden Manfred Hertwig und Bernhard Steinberger die Frage, ob im Falle eines Aufstandes dieser auch von West-Berlin aus mit Aufrufen in der Presse und im Rundfunk geführt werden könnte. Ihn trieb die Sorge um, dass »der Ausbruch von Massendemonstrationen ähnlich denen von 1953 oder denen in Polen und Ungarn« wiederum an den kommunistisch orientierten Intellektuellen der DDR vorbei und in die falsche politische Richtung laufen könnte. Ausdrücklich war davon die Rede, im gegebenen Fall »lenkenden Einfluss auf diese Bewegungen zu gewinnen«.[25] Die Frage, ob von West-Berlin aus Hilfe angefordert werden sollte, wurde schon deshalb grundsätzlich verneint, weil zu Recht die Befürchtung bestand, »dass jeder Versuch, vom Westen aus innere Vorgänge in der DDR zu lenken«, den Vorwurf nach sich ziehe, dabei seien westliche Agenten am Werk. Allerdings waren sich die Gesprächspartner darüber einig, dass ein abermaliges Aufbegehren des Volkes angesichts der blutigen Ereignisse in Polen und Ungarn »nicht sehr wahrscheinlich« sei. Und, so heißt es weiter, »sprachen wir mehr darüber, was wir tun könnten, damit auch ohne Massenbewegung eine Änderung in der Politik der SED eintreten könne«.[26] Dass der Legalismus von Harich nicht zum Ziel führte und ihn auch nicht vor einer Verurteilung schützen konnte, spricht nicht gegen diese Strategie.

In späterer Zeit hat sich der Legalismus Oppositioneller bewährt. Der zunächst aussichtslos gewordene Versuch des Widerstandes, eine bürgerliche Demokratie zu erlangen, hatte kein Vakuum hinterlassen. Nun war ein erster Versuch unternommen worden, einen reformierten, humanisierten und demokratisierten Sozialismus zu errichten. Das war ein politischer Paradigmenwechsel.

Für die SED war es in späterer Zeit nicht immer leicht, diese legalistischen Utopisten zu kriminalisieren.[27] Auch die häufige SED-interne Klassifizierung der Kirche als »legale Position des Feindes in der DDR« zeigt eine gewisse Hilflosigkeit. Und das MfS, das die Opposition mit konspirativen Mitteln zu bekämpfen hatte, sah als konterrevolutionäre Strategie alle »Versuche der Führungskräfte politischer Untergrundtätigkeit, mit der Partei und dem Staat

---

25   Hierzu Erlebnisbericht von Manfred Hertwig, in: Fricke, Karl Wilhelm: Politik und Justiz in der DDR. Zur Geschichte der politischen Verfolgung 1945–1968. Köln 1990, hier Dokument 138, S. 362.

26   Vgl. Fricke: Politik und Justiz in der DDR (Anm. 25), hier Dokument 139, S. 363 ff.

27   Neubert, Ehrhart: Politische Justiz und die Opposition in den achtziger Jahren. In: Engelmann, Roger; Vollnhals, Clemens (Hg.): Justiz im Dienste der Parteiherrschaft. Rechtspraxis und Staatssicherheit in der DDR. Berlin 1999, S. 375–410.

in einen politischen Dialog zu treten und sich somit Legalität zu erschleichen«.[28] Der aus einer Reformutopie gespeiste Legalismus der Opposition erwies sich als äußerst wirksam. Als Beispiel sei auf die letzte »Volkswahl« am 7. Mai 1989 verwiesen. Die Opposition hielt sich an die legalen Verfahren, deckte die in der DDR strafbaren Wahlfälschungen auf und brachte die SED damit in arge Verlegenheit.[29]

Marxismus als kritische Theorie

Es ist schon darauf verwiesen worden, dass eine Variable im Feld der Gegnerschaft die unterschiedlichen handlungsleitenden Orientierungen waren. Harich und seine Umgebung, soweit sie tatsächlich an seiner Plattform beteiligt war, verstanden sich als Marxisten. Sie haben für die Dissidenz noch einmal den Marxismus als kritische Theorie erschlossen. Ihre Weltdeutung hielt sich vollständig in diesem Rahmen. Als Harich vom XX. Parteitag der KPdSU erfuhr, schrieb er einen ausführlichen Artikel im *Sonntag*: Aus der Asche Stalins stieg nun für ihn die wirklich wahre Lehre empor. Der Parteitag »hat mit einem Schlage Zusammenhänge ins Bewusstsein gehoben, deren Erkenntnis dem Kampf für die Aktivierung des schöpferischen Marxismus erst die nötige Durchschlagkraft und eine klare Perspektive gibt«.[30]

Dieser Satz offenbart, dass Harich der Politik immer noch vor dem Denken einen Platz einräumte. Aber Harich selbst war ein ausgezeichneter Hegelkenner und -verehrer. Von diesem Sauerteig war er infiziert. Der Weltgeist war eine Totalität, die von den Marxisten und von Harich mit dem Sozialismus identifiziert wurde. Seine Plattform für den besonderen deutschen Weg zum Sozialismus war ein eindrückliches Zeugnis für die politischen Ideen junger, deutscher Marxisten in dieser Zeit. Die unüberbrückbaren, inhaltlichen Widersprüche der Plattform werden überspannt durch eine in die staatliche Einheit Deutschlands und die gesellschaftliche Harmonie projizierte totale Problemlösung. Der Herrschaft einer stalinistischen Parteispitze wird die erdachte Totalität des deutschen Volkes entgegengestellt, wobei vorausgesetzt wird, dass die deutsche politische Tradition zwingend auf den Sozialismus zulaufe. Um das sozialistische Deutschland zu verwirklichen, suchte er auch die Kontakte

28 Konzeption zur Verteidigung des Forschungsprojektes »Die Analyse des aktuellen Erscheinungsbildes politischer Untergrundtätigkeit, der Herausarbeitung wesentlicher Tendenzen ihrer Entwicklung und die Ableitung grundsätzlicher Konsequenzen für die weitere politisch-operative Arbeit und ihrer Leitung auf diesem Gebiet«, Entwurf; BStU, MfS, ZAIG 7972, Bl. 15.

29 Kloth, Hans Michael: Vom »Zettelfalten« zum freien Wählen. Die Demokratisierung der DDR 1989/90 und die »Wahlfrage«. Berlin 2000.

30 Harich, Wolfgang: Hemmnisse des schöpferischen Marxismus. In: Sonntag v. 15.4.1956, S. 10.

zur SPD. Doch die Geschichte, wenigstens die, die Harich im Blick hatte, wollte es nicht.

Immerhin begründete aber Wolfgang Harich die ostdeutsche Tradition der intellektuellen marxistischen Dissidenz.[31] Zu ihr gehörten unter anderen Rudolf Bahro, Robert Havemann und zum Schluss auch noch Rolf Henrich. Ihren geistreichen und bissigen Analysen der DDR konnten sie aber keine praktikablen Programme zur Seite stellen. Der Marxismus als kritische Theorie war ausgebrannt. Nur einige Epigonen der großen Dissidenten konnten sich bis in die Revolution 1989 hinüberretten. Diese waren besonders innerhalb der kleinen Bürgerbewegung »Vereinigte Linke« (VL) zu finden, die sich am 4. September 1989 bildete. Sie haben mehr geschadet als genutzt, da ihre Utopien reale Politik nicht ermöglichten.

Schon 1956 war absehbar, dass die Neuauflagen einer ideologisch bestimmten oppositionellen Politik nur begrenzte Wirkungen entfalten konnten. Im Jahr 1956 ist aber auch eine neue Variante der systemimmanenten Opposition in den Anfängen zu beobachten, die mit einer Ethisierung der Politik Hand in Hand ging. Diese Entwicklung ergab sich aus dem völligen Mangel einer ethischen Grundlage der vom Klassenkampf bestimmten Politik der SED.

Ausgangspunkt dieser Entwicklung war die Evangelische Studentengemeinde in Leipzig mit ihrem Studentenpfarrer Siegfried Schmutzler.[32] Dieser hatte zunächst nur an der Verbesserung der Qualität der kirchlichen Arbeit in Abwehr der pseudowissenschaftlichen antireligiösen Propaganda der SED gearbeitet. Angesichts der universitären Defizite baute er in den Strukturen der Leipziger Studentengemeinde eine Bildungsarbeit auf, die von »sozialethischen Kleinkreisen« getragen wurde. Einige Studenten waren zu Tagungen der Evangelischen Akademien nach Westdeutschland gefahren und über die Studentengemeinde wurde westdeutsche Literatur eingeführt. In der Studentengemeinde fanden die Studenten außerdem ein Forum für Diskussionen über die erhoffte Universitätsreform und die politischen Konflikte an der Universität. Die Studentengemeinde führte große Vortrags- und Diskussionsveranstaltungen an der Universität durch, die Hans Mayer ermöglichte. Hier fand auch ein offener Dialog mit den marxistischen Studenten um Ernst Bloch statt. Schmutzler reagierte auf die Politik der SED mit sozialethischen Fragestellungen und trat für strikte Gewaltfreiheit ein.

---

31 Dazu gehören nicht die Reste der aus den 1920er und 1930er Jahren überkommenen und schwer verfolgten Mitglieder kommunistischer Abspaltungen und auch nicht die kleinen aus der Bundesrepublik in den 1970er Jahren inspirierten K-Gruppen. Auch die Akteure der Machtkämpfe im Politbüro der 1950er Jahre gehören nicht dazu.

32 Zum Folgenden vgl. Schmutzler, Georg-Siegfried: Gegen den Strom. Erlebtes aus Leipzig unter Hitler und der Stasi. Göttingen 1992.

Seine Einmischung in politische Fragen, seine Ideologiekritik und Kritik der SED und FDJ und vor allem jedoch die Förderung der studentischen Selbstorganisation führten dazu, dass er 1957 zu fünf Jahren Zuchthaus verurteilt wurde.[33]

Möglicherweise können Schmutzler und seine Kleinkreise als Vorläufer der in den 1980er Jahren in der evangelischen Kirche angesiedelten oppositionellen Gruppen gelten. In den Aktivitäten dieser Gruppen lassen sich viele Elemente der systemimmanenten, legalistischen und sozialethisch motivierten Opposition finden, die in ihren strategischen Ansätzen auch bei Harich und Schmutzler zu finden sind. Diese Gruppen, aus denen die Bürgerbewegungen des Herbstes 1989 hervorgingen, konnten allerdings die Mittel und Strategien inzwischen weit effektiver zur Geltung bringen. Vor allem aber konnten sie mit ihrer Sozialethik den Anspruch zurückweisen, der reale Sozialismus sei die Erfüllung irgendwelcher politischen und sozialen Hoffnungen. Die offenen und unbeantworteten ethischen und sozialethischen Fragen gewannen in der Friedens-, Umwelt- und Menschenrechtsbewegung politische Gestalt. Diese Bewegungen erschienen als ein vernünftiger Einspruch gegen ein System, das den Boden der Rationalität verlassen hatte. Während die marxistische Weltdeutung kaum noch zum Handeln animierte, beförderte die religiöse Dramatisierung des Politischen[34] in der legalistischen Opposition der 1980er Jahre die Unbedingtheit des Handlungsbedarfes. Wenn sich auch Verhältnisse und Möglichkeiten der systemimmanenten Opposition des Herbstes 1989 weit von den Anfängen entfernt hatten, sollte Wolfgang Harich bei allen damaligen und späteren ideologischen Irrungen nicht abgesprochen werden, dass er der Begründer oder wenigstens der erste Protagonist einer höchst effektiven Oppositionsstrategie war.

---

33   Vgl. BStU, MfS, BV Leipzig, AU 5/58, Bl. 10.
34   Vgl. Neubert, Ehrhart: Vorgeschichte und Geschichte der Revolution als zivilisatorischer Konflikt. In: Neubert; Eisenfeld (Hg.): Macht – Ohnmacht – Gegenmacht (Anm. 3), S. 397 f.

Guntolf Herzberg

Nachbesserung des Sozialismus
oder Wie der Status quo gefestigt wurde[1]

Mein mir anfangs vorgegebenes Thema hieß: »Kulturelle Eliten: Schriftsteller und Wissenschaftler als Dissidenten«. Ich habe es nicht akzeptieren wollen, erstens kommt in meinem Buch das Wort »Dissident« nicht vor (glaube ich jedenfalls), zweitens – und damit wird es inhaltlich – waren nach meiner Auffassung die vielleicht gemeinten Schriftsteller und Wissenschaftler keine Dissidenten.

Was ist ein Dissident? Laut Duden »jemand, der von einer offiziellen politischen Meinung abweicht« – das ist eindeutig zu weit gefasst und könnte in der DDR-Zeit einen so großen Teil der Bevölkerung bezeichnen, dass es für die vielleicht gemeinten Schriftsteller und Wissenschaftler nicht spezifisch wäre. Genauer wäre die Kennzeichnung: eine Person, die ihre regimekritische Haltung offen äußert, dabei aber in der Gesellschaft nur wenig sichtbare Unterstützung findet – also ein Kritiker am Rande des Geschehens.[2] Entscheidend ist für mich dabei der innere Bruch mit der Partei oder dem politischen System.

Mein Thema ist auch nicht die »Rebellion der Intellektuellen« – so ein häufig gebrauchtes Epitheton –, wohl aber die Frage, was sich 1956 durch die Intelligenz (nicht für sie, sondern *durch* sie) geändert hat. Es ist viel gedacht, kritisiert, gefordert, aber kaum rebelliert worden, es gab viel Unzufriedenheit und manche Vorstöße – mein Buch ist voll davon.[3] Trotzdem verteidige ich die Überschrift.

I.

Mein Thema ist – in dem großen Rahmen, der uns alle hier eint – die Nachbesserei. Jeder weiß, was das im praktischen Leben heißt: nicht Umtausch oder Geld zurück, sondern dieselbe Ware funktionsfähig machen. Der XX. Parteitag in Moskau war auch so gedacht – und wurde vor allem auch in der SED so verstanden. Stalin sollte aus dem Bestand der Klassiker des Marxismus aussortiert

---

1   Der vorliegende Text basiert auf meinem Konferenzbeitrag. Der Vortragsstil wurde beibehalten.
2   Knabe, Hubertus: Was war die »DDR-Opposition«? Zur Typologisierung des politischen Widerspruchs in Ostdeutschland. In: DA (1996)2.
3   Herzberg, Guntolf: Anpassung und Aufbegehren. Die Intelligenz der DDR in den Krisenjahren 1956/58. Berlin 2006.

werden, damit war die Bahn für Lenin frei – auch wenn Einzelne wie Harich oder Kuczynski nicht bereit waren, Stalin so widerspruchslos aufzugeben wie es Ulbricht tat.

Mit dem Rekurs auf Lenin waren aber feste Positionen verbunden, selbst wenn der dritte sogenannte Klassiker vor und nach 1917 durchaus verschiedene Vorstellungen von Staat, Partei, Sozialismus hatte.

Ich kenne aus der Zeit 1956/57 kein Papier und keine Stimme aus der Intelligenz der DDR, die eine Revision des Leninismus oder eine kritische Distanz zu Lenin gefordert hätte. Damit ergab sich für alle Marxisten, für die SED-Mitglieder eine inhaltliche Vorgabe für eine gedachte Erneuerung, die ich kurz betrachten möchte.

Motive und Gründe für Veränderungen hin zum Guten gab es reichlich: Mangelwirtschaft und schlechte Qualität der meisten Produkte, Ablehnung der in Inhalt und Stil ungenügenden Presse, politische Bevormundung durch (halb oder viertel gebildete) Funktionäre, Personenkult um Ulbricht, Rechtsunsicherheit und vieles mehr. Mehrere Enqueten zur Lage der Intelligenz geben einen aussagestarken Einblick.[4]

Ging es nicht gerade um Wohnungen, Bedarfsartikel, Fahrzeuge oder Ferienplätze, so sollte grundsätzlich erst einmal das meiste so bleiben wie es war – aber nachgebessert: die SED, die DDR, der Sozialismus sowieso. Ersatzlos abgeschafft werden sollte nur weniges: Walter Ulbricht, Hilde Benjamin, Ernst Melsheimer, die Staatssicherheit, unproduktive LPG.

II.

Sehen wir uns dazu die ausführlichsten aller »Plattformen«, die von Wolfgang Harich, an – nur unter dem Aspekt, was er abschaffen, was er modifizieren wollte. Von seinen vier bekannten Denkschriften und Plattformen stehen in der zweiten (vom Sommer '56) immerhin 16 Punkte, warum die DDR ein *abschreckendes Beispiel* für eine sozialistische Entwicklung sei, und er empfiehlt, keinen »vollendeten Sozialismus« aufzubauen, um die Anschlussfähigkeit zur kapitalistischen Bundesrepublik nicht zu verlieren – bevor ein gesamtdeutscher Sozialismus errichtet werden kann! An Reformen bleibt es bei politischer Kosmetik: Staat, Massenorganisationen und Wirtschaft bleiben fest in SED-Hand, seine Vorschläge für die Wirtschaft sind illusionär bis lächerlich, von

---

4 Vgl. Prokop, Siegfried: Intellektuelle im Krisenjahr 1953. Enquete über die Lage der Intelligenz der DDR. Schkeuditz 2003; Die Lage der Intelligenz der DDR im Jahre 1956, in: Ders.: 1956 – DDR am Scheideweg. Berlin 2006.

der Intelligenz verlangt er strikte Loyalität gegenüber dem Staat, und in den Medien darf es keinerlei oppositionelle Agitation geben – als Ideologie bleibt der Marxismus-Leninismus institutionell fest verankert. Seine dritte, über Jahrzehnte allein bekannte Plattform vom 6. November entstand unautorisiert in Westberlin, ist in einigen Punkten radikaler – dafür ist der Quellenwert unsicher, und in der sozusagen endgültigen »Plattform« (22.–25. November) wird das Radikale zurückgenommen. Statt dessen: Mehr als die Hälfte dieses umfangreichen Textes befasst sich allein mit der Verbesserung der SED, ein Reformprogramm außerhalb dieser Partei war für ihn nicht vorstellbar, deren »führende Rolle« sollte unbedingt erhalten bleiben, und die Ideologie der Partei wollte er in immerhin 19 Punkten verbessern, aber so, dass dieser Reformteil auch von Kurt Hager hätte unterschrieben werden können.

Um gerecht zu sein: Harich forderte auch die Auflösung der Nationalen Volksarmee und verschiedener Ministerien, vor allem das der Staatssicherheit, die Freiheit für Kunst und Wissenschaft und die Zulassung der verbotenen Zeugen Jehovas. Und das alles nur auf völlig legalem Wege – durch das ZK der SED. Seine teils illusionäre, teils konservative Programmatik zeigt, wie schwer es selbst für einen überdurchschnittlich intelligenten DDR-Philosophen ist, bei aller konkreten Kritik sich einen substantiell besseren politischen Zustand vorzustellen.

III.

Das Modell, das fast alle zufriedengestellt hätte, würde etwa so ausgesehen haben: freie Wahlen mit einem lebendigen Parlament in sozialistischen Rahmenbedingungen; funktionierende Planwirtschaft mit Waren hoher Qualität bei niedrigen Preisen; öffentliche Ordnung und Sicherheit ohne Staatssicherheit, staatliche Zuteilung von billigen Wohnungen, Kindergarten- und Ferienplätzen und ähnliche Annehmlichkeiten.

Zu jedem Vorschlag einer politischen Änderung gab es sofort auch die Grenzziehung, um sich nicht fehlende Parteilichkeit oder Objektivismus oder Revisionismus vorwerfen zu lassen. Die Sprache der Veränderungswünsche war entsprechend moderat und der Offizialsprache angepasst.

Ein Beispiel: Die allen Bürgern spürbare Politbürokratie hieß offiziell ein System des *demokratischen Zentralismus*. Demokratisch waren die Wahlen auf den untersten Ebenen – ab mittlerer wurden von oben nominierte Genossen widerspruchslos von unten akklamatorisch gewählt, ab höherer Ebene entweder ebenfalls per Akklamation oder ganz ohne Wahl in die Spitze geholt. Das war allen bekannt, und wenn ein Genosse damit unzufrieden war und »mehr Demokratie« fordern wollte, so nannte er das natürlich »sozialistische Demokratie« und setzte dies sofort und ausdrücklich von »Demokratie an sich« oder gar »bürgerlicher Demokratie« (in schärfster Form: »westliche Pseudodemokratie«) ab – sodass die ihm gegebene Antwort nur lauten konnte: Deine »sozialistische Demokratie« existiert doch bereits: als »demokratischer Zentralismus« – was willst Du mehr? Damit war das Thema politisch beendet. (Das gehört bereits zur »verzerrten Kommunikation«, die in meinem Buch als Interpretationsmodus auftritt, nämlich die Feststellung, dass Kritiker wie Verteidiger des Status quo dieselbe schematisierte und ritualisierte Sprache benutzen, um im Diskursraum sich scheinbar verständigen zu können, wobei die Kritik bereits so abschwächend *und* entgegenkommend formuliert wurde – doch die Absicht blieb kritisch! –, dass der Parteiapparat das Sprachspiel mühelos gewinnen konnte.)

Nun entsteht die Frage: Wollten die nicht allzu zahlreichen Akteure in Wahrheit mehr – und hat nur die Sprache dies verschleiert?

Ich vermute/behaupte, sie wollten auch das, was sie sagten. Warum meine ich das? Ihr Denken (also nicht nur ihre Sprache) war – wie natürlich jedes Denken – in Grenzen gefasst, die aber unbewusst oder bewusst ziemlich eng gesetzt wurden. Wer von diesen Akteuren konnte sich eine Marktwirtschaft vorstellen, wie sie nun einmal funktioniert, wer wünschte andere Parteien als die linken (das sah man doch deutlich noch in der Zeit der Herbstrevolution und der Runden Tische), wer freie Wahlen ohne vorher feststehende Ergebnisse, wer eine wirklich freie Kunst und Wissenschaft, eine wirklich freie Presse? Hat jemand das Abschaffen der Abteilung Wissenschaften des ZK gefordert? Oder überhaupt die das gesellschaftliche Leben kontrollierenden zahlreichen ZK-Abteilungen (wo es doch ausreichend viele Ministerien gab)? Natürlich hätte man sich so etwas bei aufgeklärterem Denken vorstellen können – aber all das ist nie gefordert worden, und nicht etwa, weil die Sprache dies nicht hergab. Man verbot sich dieses Denken. Warum?

Dazu gehört die Erinnerung an die dunklen Seiten der deutschen Geschichte: Weltwirtschaftskrise 1929, Herrschaft der Nationalsozialisten mit dem Terrorsystem der Judenvernichtung und der Konzentrationslager, der Weltkrieg mit seinen schrecklichen Opfern.

Dagegen die Alternative in der *Praxis*: Antifaschismus, Bodenreform, Verstaatlichungen in Wirtschaft, Handel, Finanzen, Verkehr unter dem Signum des Volkseigentums, Bildungsreform, und in der *Theorie*: Herrschaft der Arbeiter und Bauern im Bündnis mit der Intelligenz, Lehre von der Aufwärtsbewegung und der historischen Abfolge, dass der Sozialismus eine höhere Gesellschaftsformation sei als der Kapitalismus, Sieg der Zukunftserwartungen über die Mängel und Nöte der Gegenwart, nämlich der staatlich gelehrte Glaube an die gesetzmäßige Höherentwicklung zu einer freien, gerechten, konfliktfreien Überflussgesellschaft – für deren Eintreffen die Autorität von Karl Marx stehen musste.

Dieser halb reale, halb erwartete Sozialismus stand bei den SED-Mitgliedern in der Intelligenz nie öffentlich zur Disposition. Das war der Bonus, der bei aller alltäglichen Unzufriedenheit die schmale Legitimationsbasis von Ulbrichts SED war.

Darüber hinaus konnte es aus objektiven Gründen zu keinem Bruch kommen: Mit der Bildung des Warschauer Paktes war die DDR außenpolitisch fest mit dem Ostblock zusammengebunden, und seit dem ungarischen Volksaufstand wusste man um die Folgen einer sowjetischen Intervention. Der andere Grund war die Ambivalenz des Kapitalismus und des westdeutschen Teilstaates: die als ausbeuterisch verschriene Marktwirtschaft, die übertriebene Wahrnehmung von Krisen (während des »Wirtschaftswunders«!), Adenauers unversöhnliche Ostpolitik, die Weiterbeschäftigung von Nazirichtern, das KPD-Verbot – all das waren umgekehrt Pluspunkte in der Selbstdarstellung der DDR durch die SED.

IV.

Glaubte man aber dieser Partei und ihrer Presse, so war ab Herbst 1956 die Konterrevolution im Vormarsch, wollten irregeführte Marxisten und Kommunisten den Kapitalismus wiederherstellen, Behrens und Benary die sozialistische Wirtschaft ruinieren und Vieweg die Landwirtschaft, Harich die Staatsmacht liquidieren, Steinberger vom Westen aus die Konterrevolution leiten, und Janka wurden »Anschläge gegen den Frieden« vorgeworfen.

Warum malte die Partei solche irrsinnigen Absichten oder gar Tathandlungen (also Straftaten) für die Öffentlichkeit? Es gab aus ihrer Sicht mehrere Gründe:

– natürlich die Abschreckung weiterer potenzieller Kritiker,
– die Angst vor dem Einsturz des mühsam mit sowjetischer Hilfe errichteten Systems, für sie sichtbar an dem Volksaufstand in Budapest,
– die Angst vor dem Machtverlust.

Das muss etwas genauer betrachtet werden. Die Parteiführung war (bislang) zweifellos mächtig – es geschah fast nichts im Lande ohne ihr Wissen und ohne ihre Billigung. Doch daraus konnte kein Selbstvertrauen erwachsen, weil die Führung nur allzu gut ihre Herrschaftstechnik und deren Akzeptanz kannte. Ihre führenden Köpfe waren weder Wissenschaftler noch Techniker, sie misstrauten Korrekturen und Reparaturen, wie sie für das Denken von Ingenieuren selbstverständlich wären. Stattdessen setzten sie auf militärisches Denken: zentrale Anordnung – Befehlsweitergabe – Kontrolle – Bestrafung oder Beförderung; das Problem der fehlenden Rückkoppelung zu den realen Auswirkungen wurde bürokratisch gelöst durch erfundene Rückkoppelungen über die Presse und administrativ durch staatlich angeordnete Aufmärsche. Weil sich diese Methode eingespielt und für die Stabilität sogar bewährt hatte, war es für die Führung unvorstellbar, davon abzugehen.

Leider, muss man sagen, gab dieses politbürokratische System auch für Teile der Intelligenz eine vorteilhafte Lösung ab. Nicht für diejenigen, die sich als Teil der scientific community sahen und damit Maßstäben ihrer Arbeit verpflichtet, die über die Grenzen der DDR hinaus verbindlich waren. Das betraf die Naturwissenschaftler, die Techniker, einen Großteil der Medizin und Einzelgebiete der Gesellschaftswissenschaften. Eingeschränkt auch galt dies für Schriftsteller und Künstler mit internationaler Anerkennung.

Nun gab es in der DDR, wie jeder weiß, genügend unfähige und unproduktive Wissenschaftler, Schriftsteller, die nicht schreiben, Maler, die nicht malen und Komponisten, die nicht komponieren konnten – an und für sich kein großes Unglück für eine Gesellschaft –, doch diese Unbegabten hatten ungeahnte Chancen, wenigstens als Funktionäre oder graue Eminenzen in den staatlich vorgeschriebenen Verbänden, als Parteisekretäre oder als Gutachter Macht über die Begabteren auszuüben, indem durch ihre Tätigkeit die internen Wert- und Qualitätsmaßstäbe der Wissenschaften und Künste gegen die Ulbricht'schen Parteiabsichten ausgetauscht wurden.

Die Vorteile solcher Funktionen liegen klar auf der Hand: Man konnte die Abweichler (»schwarze Schafe«) abkanzeln, ohne mit Gegenwehr rechnen zu müssen, man brauchte keine eigenen Argumente zu entwickeln, brauchte nichts Eigenes zu denken und war doch im Recht. Und im staatlichen Ansehen.

Notierte man die Namen dieser Zensoren und der als öffentliche Ankläger in der Presse Hervorgetretenen aus den einzelnen Wissenschaften, dann käme rasch eine lange Liste zusammen. Doch ich frage mich, ob man die Namen dieser Handlanger der Macht ohne jeden eigenen Gedanken nach 50 Jahren noch aufbewahren soll.

Wären dies Einzelfälle, hätten sie wenig Schaden anrichten können. Aber es war ein System, das als ein enges Netz das öffentliche Denken und Diskutieren einschnürte.

Ein wichtiges Beispiel ist die *Statistische Übersicht über die Mitarbeit der Mitglieder der Lehrstühle in Kommissionen außerhalb des Instituts* – nämlich des für Gesellschaftswissenschaften beim ZK der SED – (ich gebe zu, sie stammt vom Januar 1961, aber das was jetzt folgt, ist in den Jahren davor gewachsen):[5]

Parteikommissionen: 28 Genossen in 34 Kommissionen
Redaktionen, wissenschaftliche Zeitschriften, Zeitungen: 19 Genossen in 27 Redaktionen

---

5   Berichte und Analysen über die Tätigkeit der Lehrstühle und die Erfüllung der Lehrpläne 1953–1962: Institut für Gesellschaftswissenschaften beim ZK der SED; SAPMO-BA, DY 30/IV 2/908/21, Bl. 434. Eine Liste von Institutionen, in denen die Mitarbeiter der Lehrstühle »in langfristigen Funktionen außerhalb des Instituts tätig sind«, befindet sich Bl. 499 ff.

Kommissionen in wissenschaftlichen Instituten, Akademien, Universitäten, Ministerien: 55 Genossen in 71 Kommissionen
Kommissionen in gesellschaftlichen Organisationen: 22 Genossen in 27 Kommissionen.

Über die kontrollierende Tätigkeit dieser 132 Kommissionen war der Einfluss des ZK auf beinahe das gesamte wissenschaftliche und kulturelle Leben in der DDR durch seine Parteiarbeiter direkt hergestellt.

Soviel zu den institutionellen Zwängen, die durch direkte politische Einflussnahme und Verbote nach außen hin ein unabhängiges oder – wie es damals hieß: undogmatisches – Denken unterdrücken konnten.

Mittelfristig führte das zum Niedergang der infizierten Wissenschaften und zu einem zynischen Verhältnis zur Wahrheit. Auch hier nur ein Beispiel:

Jürgen Kuczynski hatte in seiner Studie zur Vorgeschichte und zum Ausbruch des Ersten Weltkrieges auf breiterer als von der Partei zugelassener Materialbasis zwei Dogmen der Parteigeschichte falsifiziert und gezeigt, dass die Arbeiterklasse in die allgemeine Kriegsbegeisterung einstimmte und der linke Flügel der Sozialdemokratie (die spätere KPD-Führung) vom Kriegsbeginn überrascht wurde und ideologisch versagte. Dieser Tabubruch Kuczynskis führte zu heftigen und bösartigen Angriffen der Historikerschaft – es war die vermutlich größte Hetzjagd in der DDR auf einen Wissenschaftler. Keiner der zum Angriff angetretenen Fachgenossen prüfte die Quellen – die wissenschaftsinternen Normen wurden vorsätzlich verletzt, um das Parteidogma aufrechtzuerhalten. Die Historiker, die sich an dieser Jagd beteiligten, waren als Wissenschaftler Marionetten und korrupt – also laut *Duden* moralisch verdorben, bestechlich.

Und wie war es bei den Wirtschaftswissenschaftlern, den Juristen?

V.

Das Problem ist jedoch nicht, dass es in der SED allzu viele *Ulbricht-willige Vollstrecker* gab, die das theoretische Niveau ihrer Wissenschaften niedrig hielten und es den von der Richtigkeit des Sozialismus überzeugten Nachbesserern so schwer machten, sondern warum die Modernisierer so wenig erreichten, oft auch nur wenig erreichen wollten.

Es gab äußere Gründe: die Parteibindung als Parteidisziplin, die internen Kontrollen und die Zensur, die psychisch schon zur vorgelagerten Selbstzensur neigen, die Angst vor Parteiverfahren oder Schlimmeren. Aber das erklärt nicht alles. Für die überzeugten Kommunisten existierten als Grundwahrheiten die Vorstellung vom baldigen Ende des Kapitalismus und das Dogma, dass jede öffentlich werdende Kritik am Sozialismus erst einmal dem Gegner nütze.

Darüber hinaus gab es ein Codewort – geschickt angewendet brachte es den Zweifler oder Kritiker sicher zum Schweigen: *die Sache*. Im vollen Satz: »Versteh doch, es geht um die Sache!« Natürlich gab es noch andere, individuelle Gründe: die Angst vor der Konterrevolution, die wissenschaftliche Isolation oder Selbstisolierung oder die Ignoranz, jenseits der marxistischen Dogmen andere Theorien oder Praxen ernsthaft anzusehen.

Wenn es eine Parteiführung und ihre Kontrollorgane schafften, wissenschaftlich ausgewiesene Vertreter ihrer Disziplinen wie Kuczynski, Behrens, Kohlmey, Vieweg, Havemann, Harich oder Bloch wegen modernisierender Konzepte zu verurteilen und die Masse der Fachkollegen gegen diese »Revisionisten« zu mobilisieren, dann hat sie zwei Dinge erreicht:

– in der politischen Krisenzeit nach dem XX. Parteitag fast ohne Gewalt die Intelligenz der DDR mit minimalen Korrekturen zum Stillhalten zu bringen;
– das undemokratische bzw. politbürokratische Sozialismusmodell trotz aller inneren und dauerhaften Mängel zu stabilisieren.

1956 war aber auch ein Jahr der Hoffnungen – für die Bevölkerung und für die Intelligenz. Man wünschte sich den Ulbricht weg, vielleicht mit einem moderaten Drängeln von unten als Absetzung von oben (so wie Mikojan im Juni den Erzstalinisten Rákosi absetzte), den Wechsel zu einem deutschen Gomułka, zu einem deutschen Nagy. Immerhin sanken die Fluchtzahlen. Dann kam Budapest, die Furcht der SED-Spitze vor dem Volk (nicht vor der Intelligenz), es kam das 30. Plenum – die SED ging in die Offensive, noch sanken die Fluchtzahlen.

Aber 1958 stiegen die Zahlen der »Republikfluchten« wieder. Vor »Plattformen«, kritische Akademiker und protestierende Studenten hatte die SED-Führung einen Riegel geschoben.

Mein zusammenfassendes Urteil lautet: Die Intelligenz der DDR hat es 1956 nicht geschafft, durch öffentlich akzeptierte Alternativen das politisch, wissenschaftlich und moralisch diskreditierte Modell des Stalinismus zu überwinden, weil die wenigen Alternativen zu starke Rücksicht auf den Status quo nahmen. So führte der Weg zur Selbsteinmauerung eines Staates 1961. Doch die fehlenden Alternativen hatten einen tiefer liegenden Grund: Erst 1990 zeigte sich auch für den letzten Akademiker, was die Alternative zur Politbürokratie war: das Ende der DDR.

Matthias Braun

Petöfi-Kreise grenzüberschreitend?

Die internationalen Kontakte der intellektuellen Dissidenz

Noch auf dem berüchtigten Kahlschlagplenum im Dezember 1965 hatte der Leipziger SED-Bezirkschef Paul Fröhlich den Schriftstellerverband beschuldigt, sich zu einem Petöfi-Kreis zu entwickeln.[1] In der Lesart der SED-Führung hieß das nichts anderes, als dass dort ein Zentrum der Konterrevolution zu entstehen drohte.[2]

Angesichts dieser Zuschreibung drängt sich die Frage auf, wofür der Petöfi-Kreis stand?

Bei dem sich nach dem Dichter und Volkshelden des ungarischen Freiheitskampfes von 1848 Sándor Petöfi nennenden Kreis oder – so eine gelegentlich verwendete alternative Bezeichnung – Klub handelte es sich zunächst um einen zahmen Diskussionszirkel von jungen Literaten und parteilosen Intelligenzlern. Er war im Sommer 1955 unter Aufsicht des Ungarischen Jugendverbandes in Budapest gegründet worden. Bis zum Herbst 1956 hatte sich dieser Kreis zu einem legalen oppositionellen Forum in Ungarn entwickelt.

Außergewöhnlich an den Veranstaltungen des Petöfi-Kreises waren nicht nur die Themen, die man in ungewohnter Offenheit diskutierte, sondern auch das hohe geistige Niveau der Beiträge zur Ökonomie, Geschichte, Kultur und Philosophie.[3] Bereits zu Beginn der Zusammenkünfte wurde die bis dahin führende Historikerin Erzsébet Andics scharf kritisiert, weil sie ein auf Mythen und Legenden gestütztes Geschichtsbild Ungarns propagiert habe. Zu den späteren Referenten gehörte auch Georg Lukács, der über philosophische Themen sprach. Die Zuhörerzahl wuchs von April bis Juni 1956 so rasch an, sodass die Diskussionsabende in immer größere Räume der Budapester Universität verlegt wurden. Als für den 27. Juni eine Veranstaltung zum Thema

---

1   Vgl. Stenopraphisches Protokoll des 11. Plenums des ZK der SED v. 16.–18.12.1965; SAPMO-BA, DY 30 IV 2/1/189.

2   Christa Wolf wies in ihrem Diskussionsbeitrag energisch Paul Fröhlichs Anschuldigung zurück. Allein schon der von ihm gebrauchte Begriff »Petöfi-Klub« sei falsch. Man solle die Schriftsteller nicht dauernd in die Defensive drängen. Vgl. Stenopraphisches Protokoll des 11. Plenums des ZK der SED v. 16.–18.12.1965; SAPMO-BA, DY 30 IV 2/1/189.

3   Die Protokolle des Petöfi-Kreises sind erst zwischen 1989–1994 in ungarischer Sprache publiziert und wegen der Sprachbarriere bis heute kaum in Deutschland rezipiert worden. Vgl. Hegedüs, András B.: A Petöfi Kör vitái jegyzökönyvek alapján [Die Diskussionen des Petöfi-Kreises auf der Grundlage offizieller Protokolle]. Bd. I–IV, Budapest 1989–1994.

Medien und Medienpolitik angekündigt worden war, musste diese Veranstaltung wegen der hohen Teilnehmerzahl in den großen Festsaal im Haus der Offiziere der Ungarischen Volksarmee verlegt werden. Bis in den frühen Morgen sollen dort etwa 7 000 Menschen den Ausführungen gefolgt sein. Zunehmend wurden auf den Veranstaltungen politische Forderungen ausgesprochen. Umstritten ist, ob die Witwe des 1949 hingerichteten Außenministers László Rajk während einer Veranstaltung des Petőfi-Kreises oder zu einer anderen Gelegenheit die Abdankung von Staats- und Parteichef Mátyás Rákosi verlangt und ein würdiges Begräbnis ihres Mannes gefordert hatte.[4] Nach dem Budapester Vorbild entstanden im ganzen Land Petőfi-Kreise. Auch in Polen schossen im Jahre 1956 Diskussionsklubs wie Pilze aus dem Boden.[5]

Im Gegensatz zu den Entwicklungen in Polen und Ungarn waren Walter Ulbricht und seine Getreuen in der DDR von Anfang an entschlossen, keine Fehlerdiskussionen zuzulassen. Groteske Parolen machten die Runde: »Nach vorn diskutieren« oder auch: »Das Gegenteil eines Fehlers ist wieder ein Fehler!«[6]

Auf der 27. Tagung des ZK der SED im März 1956 setzte Walter Ulbricht den Beschluss durch, die sogenannte Geheimrede Nikita Chruščevs auf dem XX. Parteitag der KPdSU in der DDR nicht zu veröffentlichen.[7] Die SED-Führung konnte aber nicht verhindern, dass deren Inhalt bekannter wurde als alle Parteitagsreden zuvor. Das ZK-Mitglied Johannes R. Becher, in Personalunion Kulturminister, Präsident der Akademie der Künste und des Kulturbundes, hatte dem Beschluss seiner Parteiführung zugestimmt und lediglich zaghaft als Kenner der kulturellen Szene angemerkt, dass für Intellektuelle »keine saubere Argumentation zur Hand« sei.[8]

---

4   Vgl. Prokop, Siegfried: »Ulbricht wird aus Moskau ferngelenkt, Harich aus Budapest«. In: DA 39(2006)5, S. 833–841, hier 833. Der ungarische Historiker László Varga ist dagegen der Ansicht, dass im Petőfi-Kreis weder über die Absetzung Rákosis noch die Wiedereinsetzung Imre Nagys gesprochen worden sei. Diskussionsbeitrag von L. Varga auf der Tagung »Zwischen Tauwetter und neuem Frost – Entstalinisierungskrise 1956 und die Folgen« am 27.10. 2006.

5   Bis zum Herbst 1956 entstanden in Polen mehr als 200 Debattierklubs. Vgl. Brandt, Marion: Für eure und unsere Freiheit? Der polnische Oktober und die Solidarnosc-Revolution in der Wahrnehmung von Schriftstellern aus der DDR. Berlin 2002, S. 111.

6   Kunert, Günter: Erwachsenspiele. Hamburg 1997, S. 194.

7   Auf der 27. ZK-Tagung am 30.3.1956 wurde festgelegt, auf den Bezirksaktivtagungen der Partei über Chruščevs Geheimrede zu berichten. Die dort auftretenden Genossen hätten das Recht, aufgrund ihrer Stichworte im Rahmen des Berichtes über die 3. Parteikonferenz in geschlossenen Parteiversammlungen den Grundorganisationen der Partei Informationen zu geben. Weitere Informationen für die Öffentlichkeit waren nicht vorgesehen. Vgl. Protokoll der 27. Tagung des ZK der SED am 27.4.1956; SAPMO-BA, DY 30 IV 2/1/158, und Foitzik, Jan: Zur parteiinternen Behandlung der Geheimrede Chruščevs auf dem XX. Parteitag der KPdSU durch die SED, die PVAP und die KPTsch. In: Kircheisen, Inge (Hg.): Tauwetter ohne Frühling. Das Jahr 1956 im Spiegel blockinterner Wandlungen und internationaler Krisen. Berlin 1995, S. 60–83.

8   Vgl. Schiller, Dieter: Kulturdebatten in der DDR nach dem XX. Parteitag der KPdSU. hefte zur ddr-geschichte Nr. 55. Berlin 1999, S. 8.

Bei vielen Intellektuellen und Künstlern in der DDR hatte Chruščevs Rede aber Hoffnungen auf eine tiefgreifende Diskussion über den Anspruch und die Realität des Sozialismus im eigenen Land geweckt.[9] So kam es beispielsweise im April 1956 in mehreren Sitzungen des Vorstandes des Deutschen Schriftstellerverbandes (DSV) bzw. dessen Parteigruppe zu erregten Debatten. Auf der Vorstandssitzung am 17. April beanstandete selbst der parteikonforme Willi Bredel die Art und Weise, in der die Medien und die SED über den Moskauer Parteitag informierten.[10] Als auf einer Parteigruppensitzung im Mai der ZK-Sekretär Paul Wandel die »Informationsstaffelung« innerhalb der Partei rechtfertigte und ausführte, dass nicht nur die Debatte über den Personenkult von Bedeutung sei, sondern dass es darauf ankomme, im Aufbau des Sozialismus weiter voranzukommen, erntete er heftigen Widerspruch. Stephan Hermlin entgegnete daraufhin: »Man kann nicht mit zwei Worten von einer Tragödie sprechen und glauben, dass man nach der Tragödie einfach ohne Tragödie weiterlebt.«[11] Alfred Kurella, 1956 Direktor des neu gegründeten Literaturinstitutes in Leipzig, sprach über die Ermordung seines Bruders in der Sowjetunion. Allerdings rechtfertigte der Moskauer Remigrant Kurella den stalinistischen Terror und forderte Verständnis für die Menschen, die ihn ausgeübt und mitgetragen hatten. Die Schriftstellerin Jeanne Stern entgegnete ihm darauf, dass ihr die Tragödie der Opfer näher sei als die der Täter.[12]

In der Zeit zwischen dem XX. Parteitag der KPdSU und der blutigen Niederschlagung der Ungarischen Revolution durch sowjetische Truppen[13] herrschte auch in der DDR eine aufgewühlte krisenhafte Situation, in der die Enthüllungen über die stalinistischen Verbrechen in allen Auseinandersetzungen eine zentrale Rolle spielten. Alle Überlegungen und Kontroversen kreisten um die Frage, welche Schlussfolgerungen in der DDR aus den Ergebnissen des Moskauer Parteitages gezogen werden sollten. Der 1. Sekretär des ZK der SED, Walter Ulbricht, vertrat im September 1956 auf einer »Aussprache« mit Schriftstellern die Auffassung, dass die Beschlüsse des XX. Parteitages nur dann erfolgreich durchgeführt werden könnten, wenn ein Strich gezogen

---

9   Grundlegend zu diesem Thema Herzberg, Guntolf: Anpassung und Aufbegehren. Die Intelligenz der DDR in den Krisenjahren 1956/58. Berlin 2006.

10   Bredel hatte bereits auf der 3. Parteikonferenz der SED über den Dogmatismus in der Kulturpolitik gesprochen und die zynischen Äußerungen Ulbrichts über die Enttäuschung der jungen Genossen nach dem XX. Parteitag der KPdSU kritisiert. Vgl. Protokoll der Verhandlungen der 3. Parteikonferenz der SED. Berlin (Ost) 1956, Bd. 1, S. 540–546.

11   Stenographische Niederschrift der Sitzung der Parteigruppe des Vorstandes des DSV am 31.5.1956; SAPMO-BA, DY 30 IV 2/1.01/309.

12   Ebenda.

13   Mehrere tausend Menschen bezahlten die Intervention mit ihrem Leben. 200 000 Ungarn flohen über Österreich in den Westen. 2 000 Ungarn wurden zum Tode verurteilt. Ministerpräsident Imre Nagy und zwei seiner engsten Mitarbeiter sind in einem Geheimprozess abgeurteilt und im Juni 1958 hingerichtet worden. Mehr als Sympathien brachte der Westen den aufständischen Ungarn nicht entgegen.

werde unter die Fehler der Vergangenheit. Nicht über Verhaftungen in den
Jahren von 1935 bis 1938 solle gesprochen werden, sondern über den Weg
zum Sozialismus und die Vermeidbarkeit von Kriegen.[14] Genau das aber woll-
ten die eingeladenen Schriftsteller und Künstler zum Missvergnügen der Par-
teiführung in ihrer Mehrheit nicht akzeptieren. Sie verlangten beharrlich, eine
Auseinandersetzung über die Ursachen von Personenkult und Dogmatismus,
mangelnde Rechtssicherheit und Reglementierung des geistig-kulturellen
Lebens im eigenen Land zu führen. Der Schriftsteller und Ehrenpräsident der
Deutschen Akademie der Künste (DAdK) Arnold Zweig forderte, dass die
Regierung offen vor dem Volk erklären müsse, dass sie Fehler gemacht habe.
Stefan Heym entgegnete ihm, dass sei in Deutschland für einen Politiker
unmöglich. Sein eigenes Dilemma als Schriftsteller sehe er darin, für die Regierung zu sein und deshalb nicht die ganze Wahrheit schreiben zu können,
obwohl diese doch unverzichtbare Vorbedingung für seine Arbeit sei.[15]

Die Deutsche Akademie der Künste

Die DAdK verfügte über ideale Voraussetzungen, um sich zu einem ostdeutschen Petőfi-Kreis zu entwickeln. Sie war von ihrem Selbstverständnis her eine
Künstlersozietät mit internationalen Kontakten, in der große Teile der intellektuellen Elite des Landes versammelt waren. Ihrem Statut zufolge war die
Akademie ausdrücklich dazu verpflichtet, die Regierung mit ihrem Sachver-
stand zu beraten.[16] Als privilegierte staatliche Institution verfügte die Akademie
über mehr Ressourcen als die einschlägigen Künstlerorganisationen wie der
Schriftstellerverband oder der Kulturbund. Außerdem war 1956 die DAdK
noch weit weniger als andere kulturelle Institutionen und Einrichtungen in
den Herrschaftsdiskurs integriert.

Die Quellen zur Geschichte der DAdK vermitteln jedoch den Eindruck, dass
die politischen Großereignisse des Zeitraumes 1956/57 selbst innerhalb der »geschlossenen Akademieöffentlichkeit« zum Tabu erklärt worden sind. Die vorliegenden Dokumente verzeichnen für das Jahr 1956 auf der Ebene der Präsidi-
umssitzungen und Plenartagungen weder Meinungsäußerungen zum XX. Parteitag der KPdSU, den Streiks und der Aufbruchstimmung im Nachbarland Polen,

---

14 Vgl. Stenographische Niederschrift der Aussprache des Politbüros der SED mit Schriftstellern am 4.9.1956 im Gästehaus der Regierung; SAPMO-BA, DY 30 IV 2/1.01/312.
15 Ebenda.
16 Im § 3 des Statuts der DAdK zu Berlin v. 17.3.1955 heißt es: »Ständige verantwortliche Unterstützung der Regierung, ihrer Organe oder anderer Organe des öffentlichen Lebens durch Beratung,
Gutachten oder andere geeignete Maßnahmen, die der Durchführung der künstlerischen und kulturpolitischen Aufgaben des Staates dienen.«

der Ungarischen Tragödie oder zu den Verhaftungen und Repressionsmaßnahmen gegen Intellektuelle des eigenen Landes.[17] Selbst in der Parteigruppe der Mitglieder setzten sich nicht einmal die Genossen mit dem XX. Parteitag auseinander. Ihr Verhalten glich »einem Altherrenverein«, meinte der Intendant, Schauspieler und Regisseur Wolfgang Langhoff später einmal selbstkritisch.[18]

Selbst der Vizepräsident der DAdK Bertolt Brecht, der ansonsten dafür eintrat, dass die Wahrheit ans Licht kam, soll sich in diesem Falle dagegen ausgesprochen haben, Chruščevs Geheimrede zu veröffentlichen. »Ihre verheerende Wirkung, so schien ihm, würde die neu errichtete Menschenwelt nicht verkraften«, schreibt der Brecht-Biograph Werner Mittenzwei.[19]

Ein Konglomerat aus Selbstzensur, Rücksichtnahme und Beachtung der berüchtigten »Klassenkampfsituation« bestimmte den Verlauf der Plenarsitzungen des Jahres 1956 in der Akademie. Zu groß war die Furcht unter den Mitgliedern, womöglich in den Verruf einer »Plattform« zu geraten. Unausgesprochen, aber wirkungsvoll war die politische Auseinandersetzung zu einem Tabu erklärt worden.

Die Tabuisierung brisanter politischer Themen in der Akademie spiegelte auch eine Analyse der Staatssicherheit mit dem Titel »Reaktion auf die Festnahme der Harich-Gruppe« wider. Der Auflistung »lokaler Diskussionen« stellte das MfS eine »Allgemeine Einschätzung« voran. Darin zeigte sich die Stasi keineswegs überrascht, dass die Verhaftung von Wolfgang Harich und anderen Intellektuellen unter Schriftstellern, Künstlern, Journalisten und Wissenschaftlern – alles Berufsgruppen, in denen Harich verkehrte – umfangreiche Diskussionen hervorgerufen hatte. Gleichfalls registrierte die politische Geheimpolizei Diskussionen in kleineren Kreisen von Menschen, die vorwiegend persönliche bzw. berufliche Kontakte zu intellektuellen Kreisen hatten. »In anderen Teilen der Bevölkerung, auch unter den Arbeitern ist keine außergewöhnliche Reaktion festzustellen«, vermerkte die Staatssicherheit mit Befriedigung. Ihre Beschreibung der »lokalen Diskussion« an der Akademie der Künste beruhte im Wesentlichen auf einem Fehler, wurde doch ein Brief der Intendantin des Berliner Ensembles, Helene Weigel, an Minister Becher der Akademie zugerechnet.[20] Darüber hinaus bleibt in der MfS-Unterlage lediglich ein Hinweis übrig, der der DAdK zugeordnet wurde.

---

17 Vgl. Czubinski, Antoni: Das Jahr 1956 in Polen und seine Konsequenzen. In: Kircheisen (Hg.): Tauwetter ohne Frühling (Anm. 7), S. 84–96; Brandt: Für eure und unsere Freiheit? (Anm. 5).
18 Vgl. Aktennotiz über die Aussprache einiger Genossen der Parteigruppe der DAdK mit Genossen Kurella am 30.7.1960; SAPMO-BA, DY 30 IV 2.026/37
19 Mittenzwei, Werner: Die Intellektuellen. Literatur und Politik in Ostdeutschland 1945–2000. Leipzig 2001, S. 134.
20 Brief Weigel an Becher v. 2.12.1956; SAPMO-BA, DY 30 IV 2/202/7.

»Der Bildhauer Gustav Seitz vermutet in der Festnahme Harichs einen Irrtum, da Harich derjenige gewesen sei, der ihn bei Unklarheiten in ideologischen Fragen stets auf den Boden des Marxismus zurückgeführt habe.«[21]

Noch eindeutiger schlug sich die loyale Haltung der DAdK in der Tatsache nieder, dass kein einziges Mitglied dieser Institution vom »Schlag gegen die revisionistische Intelligenz«, bei dem im Verlauf des Jahres 1957 immerhin 87 Intellektuelle verhaftet wurden, betroffen war. In der umfangreichen »Analyse der Feindtätigkeit innerhalb der wissenschaftlichen und künstlerischen Intelligenz«[22] des MfS vom Oktober 1957 kam die DAdK als Institution nicht vor. Nur in einer Aufzählung von Personen, denen Wolfgang Harichs »Ideologie bekannt gewesen sei, die mit ihm diskutiert oder ihn in seinen Anschauungen bestärkt hätten«, wurde der Direktor der Akademie Rudolf Engel genannt. Die Briefschreiberin Helene Weigel oder die intervenierende Anna Seghers[23] wurden in dieser Analyse nicht einmal erwähnt.[24]

Lediglich auf einer Plenartagung im Januar 1957 ist von dem Bildhauer Gustav Seitz »in erregter Weise« die Frage aufgeworfen worden, was aus dem Korrespondierenden Mitglied Georg Lukács geworden sei?[25]

Der jüdisch-ungarische Philosoph, Ästhetiker und Literaturwissenschaftler Georg Lukács (1885–1971) war in den frühen 1950er Jahren zu einer unumstrittenen Autorität des Marxismus geworden. Mitte der 1950er Jahre galt er in der DDR schlechthin als der Literaturpapst. Sein Traditionskonzept, welches auf der scharfen Abgrenzung gegen Irrationalismus und Modernismus beruhte, sprach den SED-Kulturideologen aus dem Herzen. Aber auch Lukács's politisch-philosophische Konzeption, die auf der Entgegensetzung von Fortschritt und Reaktion bzw. Vernunft und Irrationalismus aufbaute, war für die DDR-Intelligenzija attraktiv.

---

21 Reaktionen auf die Festnahme der Harich-Gruppe o. D. [Herbst 1956]; BStU, MfS, AU 89/57, Bd. 1, Bl. 100–113.

22 Analyse der Feindtätigkeit innerhalb der wissenschaftlichen und künstlerischen Intelligenz o. D. [Oktober 1957]; BStU, MfS, BdL/Dok. 005154.

23 Die Intendantin des Berliner Ensembles Helene Weigel hatte nach Wolfgang Harichs Verhaftung den Leiter des Aufbau-Verlages Walter Janka aufgefordert, mit seinem Verlag in den Streik zu treten, um den Terror der Bürokratie wirksamer zu bekämpfen. Ferner schrieb sie einen Brief an Minister Becher, den dieser an Parteichef Ulbricht weitergab. Darin sprach sie sich gegen die Verhaftung Harichs aus und machte darauf aufmerksam, wie die Zeitungen darüber berichten. Brief Weigel an Becher v. 2.12.1956; SAPMO-BA, DY 30 IV 2/202/7. Auch von Anna Seghers, die eher als die große Schweigerin bekannt war, ist überliefert, dass sie sich »sehr scharf und offen« gegen die Verhaftung von Walter Janka geäußert hatte. Vgl. Janka, Walter: Die Unterwerfung. München 1994, S. 108.

24 Analyse der Feindtätigkeit innerhalb der wissenschaftlichen und künstlerischen Intelligenz o. D. [Oktober 1957]; BStU, MfS, BdL/Dok. 005154.

25 Georg Lukács war im Herbst 1956 von den russischen Besatzern in Budapest verhaftet und bis zum Frühjahr 1957 in Rumänien interniert worden. Vgl. Lukács, Georg: Autobiographische Texte und Gespräche. Bielefeld 2005, S. 180 ff. Der DDR-Kulturminister Johannes R. Becher hatte den abenteuerlichen Plan, Lukács aus dem besetzten Budapest herauszuholen und in der DDR in Sicherheit zu bringen. Ulbricht lehnte mit dem Hinweis, dass in Ungarn die sowjetischen Genossen präsent sind, diesen Plan ab. Vgl. Janka, Walter: Spuren eines Lebens. Hamburg 1992, S. 269.

Georg Lukács war 1955 anlässlich von Thomas Manns Besuch in Weimar und Anfang 1956 zum IV. Schriftstellerkongress von der Kulturadministration als offizieller Gast des Kulturministers eingeladen worden. Bis zum Herbst 1956 wurde der Philosoph und Literaturwissenschaftler Georg Lukács in der DDR überschwänglich verehrt.[26] Zu seinem 70. Geburtstag und der Wahl als Korrespondierendes Mitglied der DAdK (1955) hatte die Sektion Dichtkunst und Sprachpflege ein Glückwunschtelegramm geschickt. »Wir betrachten Sie als einen der bedeutendsten lebenden marxistischen Theoretiker auf dem Gebiet, das uns so wert und teuer ist.«[27] Georg Lukács war mit vielen Intellektuellen und Künstlern der DDR im Gespräch. Auf besonderen Wunsch von Helene Weigel sprach er – als Kontrastprogramm zu Walter Ulbricht – im August 1956 auf der Trauerfeier für Bertolt Brecht. Dies war seine letzte öffentliche Rede in der DDR. Im September veröffentlichte die Zeitschrift *Aufbau* seinen Vortrag »Der Kampf des Fortschritts und der Reaktion in der heutigen Kultur«,[28] den er im Juni an der politischen Akademie der ungarischen Arbeiterpartei gehalten hatte. In ihm vertrat er die Auffassung, dass auch in Ungarn die Ablösung des Bürokratismus durch den »Demokratismus« friedlich, ohne Erschütterungen vor sich gehen werde. Nach Stalins Tod dürfe nicht mehr davon ausgegangen werden, dass ein III. Weltkrieg den Sieg des Sozialismus im Weltmaßstab bringen werde. Jetzt sei die Epoche der Koexistenz zwischen den Systemen angebrochen. Daraus zog Lukács die Schlussfolgerung:

»Je menschlicher wir den Sozialismus aufbauen, menschlicher für uns, zu unserem Nutzen, vom Standpunkt unserer eigenen Entwicklung – umso mehr dienen wir auch dem endlichen Sieg des Sozialismus im internationalen Maßstab.«[29]

Mit dem Aufstand in Budapest verschwand der Genosse Professor Georg Lukács von einem auf den anderen Tag aus der Kulturpolitik der DDR, weil er sich im Herbst 1956 der Regierung Imre Nagys als ideologischer Wegbereiter und für sehr kurze Zeit als Kulturminister zur Verfügung gestellt hatte.

Als sich im Januar 1957 der Bildhauer Gustav Seitz auf einer Plenartagung der Akademie nach Georg Lukács erkundigte, berichtete Präsident Otto Nagel umgehend ZK-Sekretär Wandel über diesen Vorfall.

---

26 Werner Mittenzwei schreibt in seinem Buch Zwielicht. Auf der Suche einer vergangenen Zeit: »Lukács wurde zu einem der Götter meiner Jugend«. Leipzig 2004, S. 28.

27 Protokoll der Sektionssitzung Dichtung und Sprachpflege v. 14.4.1955; BA, DR 1/8376.

28 Nach Lukács Erinnerung wurde er nur »verhalten« aufgenommen. Vgl. Lukács: Autobiographische Texte (Anm. 25).

29 Lukács, Georg: Der Kampf des Fortschritts und der Reaktion in der heutigen Kultur. In: Aufbau. Berlin (Ost) 1956, S. 764. Es kann davon ausgegangen werden, dass diese Veröffentlichung in der vom Kulturbund herausgegebenen Zeitschrift mit Billigung von Becher erfolgt ist. Auf der 29. Tagung des ZK der SED im November 1956 wurde der Abdruck von Lukács Vortrag scharf kritisiert.

»Er [Seitz] meinte, dass die Mitglieder der Akademie darüber etwas wissen wollen, wobei er noch die Bemerkung anknüpfte, dass es ihm ja eines Tages auch so gehen könnte wie dem Georg Lukács. Ich bin nicht davon überzeugt, dass hier eine Verabredung vorlag, aber die Äußerung von Seitz hatte zur Folge, dass sofort in ähnlicher Weise sich verschiedene andere Mitglieder dazu äußerten. Seitz hatte auch die Frage aufgeworfen, ob es nicht richtig wäre, dass wir etwas Näheres über den Petöfi-Kreis erfahren. Peter Huchel, der sich zu Wort gemeldet hatte, machte einen Unterschied zwischen Lukács und Petöfi-Kreis. […] Eine Beschlussfassung führte ich nicht herbei, es wurde lediglich in Angelegenheit Lukács vorgeschlagen, über das Außenministerium (Rudolf Engel) sehr vorsichtig zu versuchen, etwas zu erfahren und festzustellen, ob die Möglichkeit besteht, mit Lukács persönlich Fühlung zu nehmen.«[30]

Debattierklubs und ihre transnationalen Verbindungen

Im Gegensatz zur DAdK entwickelten sich die Wochenzeitung *Sonntag*, Teile des Aufbau-Verlages um Wolfgang Harich, Walter Janka und Gustav Just, der »Donnerstagskreis«,[31] der »Niquet-Keller-Kreis«,[32] ein kleiner Zirkel um Zwerenz und Loest (»Bloch-Kreis«) in Leipzig und gelegentlich auch der bereits erwähnte Berliner Schriftstellerverband zu lebendigen Orten politischer und philosophischer Diskussionen.

Das unterirdische Beben des XX. Parteitages der KPdSU hatte zu Rissen im System geführt, durch welche kritische Geister nun zutage traten. Trotz der bekannt gewordenen Verbrechen in der Sowjetunion stand deren Systemimmanenz nicht zur Debatte. Zurück zu den Wurzeln, lautete die unausgesprochene Parole, wie Günter Kunert schreibt.[33]

Bereits auf dem IV. Schriftstellerkongress im Januar 1956 hatte Walter Ulbricht die Wochenzeitung des Kulturbundes *Sonntag* kritisiert. Sie habe ihre »Kampfaufgabe« noch nicht begriffen und plätschere gewissermaßen unentwegt im alten Fahrwasser, ließ sich der 1. Sekretär der SED vernehmen. Auf einem sich anschließenden Empfang nutzten die für den *Sonntag* verantwortlichen Genossen Heinz Zöger und Gustav Just die Gelegenheit, sich bei Walter Ulbricht

---

30   Nagel an Wandel v. 11.2.1957; SAPMO-BA, DY 30 IV 2/2.026 /27. Rudolf Engel war v. 1950–1956 Direktor der DAdK und arbeitete später im Ministerium für Auswärtige Angelegenheiten. Willi Bredel bestätigt in einem Artikel im *Sonntag* v. 10.2.1957 unter dem Titel »Literatur und politische Position« die kurze Diskussion über Lukács. Er vertrat die Auffassung, »obgleich die Diskussion abgebrochen wurde, weil nach Ansicht einiger Akademiemitglieder doch nichts Authentisches über den Petöfi-Kreis mitgeteilt werden könnte, diese Diskussion fortgesetzt werden sollte.«

31   Vgl. Braun, Matthias: »Dieser November schlug viele Knospen ab«. In: Neubert, Ehrhart; Eisenfeld, Bernd (Hg.): Macht – Ohnmacht – Gegenmacht. Grundfragen zur politischen Gegnerschaft in der DDR. Bremen 2001, S. 293–304.

32   Ein kleiner Kreis um die Bildhauer Gustav Seitz und Fritz Cremer.

33   Kunert: Erwachsenspiele (Anm. 6), S. 195.

direkt zu erkundigen, worin ihr Fehler bestünde. Ulbricht antwortete ihnen darauf: »Fehler macht jeder. Aber bei euch handelt es sich nicht darum, dass ihr Fehler macht. Ihr habt die falsche Linie! [...] Ihr habt noch nicht begriffen, dass der Neue Kurs zu Ende ist.«[34]

Just und Zöger waren jedoch der Meinung, dass der »Neue Kurs« erst noch richtig beginnen müsse. Dementsprechend versuchten sie im Rahmen ihrer Möglichkeiten die Wochenzeitung *Sonntag* zu einem öffentlichen Diskussionsforum für kritische Intellektuelle in der DDR weiter auszubauen. Im Gegensatz zu den Literaturzeitschriften *Sinn und Form*, *NDL* und der kulturpolitischen Zeitschrift *Aufbau* verfolgten der Chefredakteur des *Sonntags* Heinz Zöger und sein Stellvertreter Gustav Just von vornherein eine stärkere aktuelle kulturpolitische als literarisch-ästhetische Auseinandersetzung. Sie wollten mit ihrem Blatt ein Forum für »mehr Demokratie, weniger Bürokratie« und für mündige Bürger sein.

»Wir sahen unsere Aufgabe in der Redaktion des ›Sonntags‹ nicht nur darin, die von der Parteiführung formulierte Kulturpolitik den Intellektuellen zu erläutern und sie dafür zu gewinnen, sondern anderseits auch ihren kritischen Einwänden Raum zu geben, ungelöste Probleme aufzugreifen, Fragen an die Führung zu stellen.«[35]

Zöger und Just hatten teils selbst den Ehrgeiz, teils drängten ihre redaktionellen Mitarbeiter und Autoren darauf, den *Sonntag* zum Sprachrohr ebensolcher kontroversen Diskussionen zu machen, wie sie in der polnischen *Nowa Kultura* geführt wurden. »Wir schämten uns vor ihnen [den polnischen Genossen], dass wir in der DDR nicht Manns genug seien, auch einen derartigen ideologischen Klärungsprozess einzuleiten und wir sympathisierten offen mit dem ungarischen Petöfi-Kreis«, bekannte Wolfgang Harich.[36]

Vor allem die letzte Seite des *Sonntags* entwickelte sich über mehrere Monate hin zu einem lebhaften Diskussionsforum. Hier erschien unter anderem ein Artikel von Wolfgang Harich über die »Hemmnisse des schöpferischen Marxismus«,[37] der sich gegen den Dogmatismus in der Philosophie und Ästhetik richtete. Auch ein Artikel des Bloch-Schülers Gerhard Zwerenz »Zum Verhältnis von Aberglaube und Glaube«[38] erregte einiges Aufsehen.

Gustav Just, der die polnische Presse im Original lesen konnte, sah gemeinsam mit seinem Chefredakteur Zöger die Diskurskultur in den polnischen Zeitschriften im Frühjahr und Sommer 1956 als beispielhaft für die eigene Arbeit an. »Mit welchem Freimut dort die Journalisten neue Fragestellungen

---

34 Just, Gustav: Zeuge in eigener Sache. Frankfurt/M. 1990, S. 37.
35 Ebenda, S. 144.
36 Harich, Wolfgang: Persönliche Niederschrift zu meinen parteifeindlichen Handlungen im Herbst 1956 v. 29.12.1956; BStU, MfS, AU 89/57 Bd. 1, Bl. 50.
37 Sonntag v. 15.4.1956.
38 Sonntag v. 10.6.1956.

aufwarfen, heraustraten aus dieser dürren Weide abgegraster Dogmen!«,[39] notierte er in seinem Tagebuch.

Mitte der 1950er Jahre war in Polen eine neue Literatur entstanden, die als »Abrechnungsliteratur« oder auch als »schwarze Literatur« bezeichnet wurde. In diesen Texten meldeten sich vornehmlich solche Schriftsteller zu Wort, die sich einstmals der Idee des Sozialismus verschrieben hatten und nun ihre Enttäuschungen und Irrtümer thematisierten.[40]

Seit dem Frühjahr 1956 publizierte der *Sonntag* immer wieder Aufsätze und literarische Texte polnischer Autoren. Dazu gehörte im Mai ein Auszug aus einem Artikel von Andrzej Kijowski aus der *Nowa Kultura* mit dem Titel »Das traurige Kind oder über die moderne Literatur«. Dieser Beitrag vermittelte einen Eindruck von den polnischen Diskussionen nach dem XX. Parteitag der KPdSU in Polen. Von Ende Mai bis Anfang Juli erfolgte ein Fortsetzungsabdruck der Erzählung »Die Verteidigung von Grenada«, in der Kazimierz Brandys die sozialistische Bürokratisierung schonungslos kritisierte.

Es folgte ein Bericht über »Veränderungen im polnischen Hochschulwesen« und ausgerechnet am 17. Juni 1956 kritische Gedichte von Adam Wadzek (»Traum eines Bürokraten«)[41] und Günter Kunert.[42]

Bertolt Brecht, der offensichtlich selbst in der DAdK nicht zum Tabubrecher werden wollte, ermunterte hingegen die Redaktion des *Sonntags*, mit ihrer Veröffentlichungspraxis fortzufahren.[43] »Könnten sie nicht im *Sonntag* mehr und mehr über das politisch-kulturelle Leben unserer Bruderstaaten bringen«,[44] schrieb er im Juli 1956 an Gustav Just. Besonders angetan zeigte er sich von den Texten des polnischen Dichters Adam Wadzek. Persönlich hatte Brecht begonnen, Wadzeks »Poem für Erwachsene« nachzudichten.[45] Im Nachbarland Polen galt dieser Text als literarisches Signal für die Veränderungen vor dem 8. Plenum der PVAP.[46] Wadzek stellte in seinem Poem Mythologie und Realität des

---

39   Just: Zeuge in eigener Sache (Anm. 34), S. 53.

40   Hierzu zählten beispielsweise der Roman von Jerzy Andrzejewski und der Roman »Die Mutter der Königin« von Kazimierz Brandys.

41   Just: Zeuge in eigener Sache (Anm. 34), S. 59 f.

42   »Die Stimme« und »Wenn die Vernunft schläft«. In: ebenda, S. 59 f.

43   Bertolt Brecht war durch seinen polnischen Meisterschüler Konrad Swinarski über die Diskussionen in der polnischen Presse informiert.

44   Brief Brecht an Just v. Mitte Juli 1956, in: Brecht, Bertolt: Werke. Bd. 30, Frankfurt/M. 1997, S. 470.

45   Neben diesem Poem hatte Brecht eine ganze Anzahl weiterer Gedichte von Wadzek nachgedichtet. Vgl. Brandt: Für eure und unsere Freiheit? (Anm. 5), S. 127.

46   Vom 19.–21.10.1956 fand in Warschau das 8. Plenum der PVAP statt. Es markierte den Sieg der Reformkräfte über die Natolin Gruppe. Władysław Gomułka wurde zum neuen 1. Sekretär der Partei gewählte. Seine Wahl war von einer breiten gesellschaftlichen Bewegung geradezu herbeigezwungen worden. Die Führung der KPdSU hatte zunächst versuchte, die Wahl von Gomułka zu verhindern und bereits sowjetische Truppen in Bewegung gesetzt. Den polnischen Genossen Gomułka und Ochab gelang es jedoch, Chruščev und seine Leute zur Aufgabe ihrer Pläne zu bewegen.

sozialistischen Aufbaus einander gegenüber, indem er die Mythologie zerschlug, an die er zuvor selber geglaubt hatte. Bertolt Brecht beabsichtigte seine Nachdichtung im September der Redaktion des *Sonntags* zur Verfügung zu stellen. Auf Justs Frage, ob er nicht eigene neue Gedichte für den *Sonntag* hätte, antwortete er mit einem verschmitzten Lächeln: »Er habe noch Gedichte über den 17. Juni, aber die seien zu scharf, die Zeit für eine Veröffentlichung sei noch nicht reif«,[47] so der Erinnerungsbericht von Gustav Just.

Der *Sonntag* wie auch der Bloch-Schüler Gerhard Zwerenz waren da weniger vorsichtig. Am 1. Juli 1956 erschien im *Sonntag* Zwerenz Gedicht »Die Mutter der Freiheit heißt Revolution«, welches in der Hervorhebung und Kombination der Begriffe »Freiheit« und »Partei« an Wadzeks Poem erinnerte.[48]

Ein Sächsisches Streiflicht

Gerhard Zwerenz und Erich Loest gehörten zu einer kleinen Gruppe in Leipzig, die sich die Diskussion um die brennenden Fragen nach dem XX. Parteitag nicht verbieten lassen wollten. Zwerenz referierte zum Beispiel im Rahmen des Parteilehrjahres des Leipziger Bezirksverbandes der Schriftsteller über Hegels Ästhetik. »Zehn Leutchen brieten sich eine Extrawurst, das war schon wesentlich anders als sieben Jahre vorher, als die gesamte Partei wie ein Mann die ›Geschichte der KPdSU(B), Kurzer Lehrgang‹ auf dem Plan gehabt hatte.«[49] Friedlich-freundlich saß man beisammen und ließ sich erklären, was Zwerenz bei dem großen alten marxistischen Philosophen Ernst Bloch gelernt hatte. In seinem Roman »Durch die Erde ein Riß«, beschreibt Erich Loest auch einen heißen Diskussionsabend mit einem polnischen Journalisten.

»Und dann dieser 30. Oktober: Ein Freund rief an, ein Warschauer Journalist sei in Leipzig. Hochinteressantes berichtet er vom polnischen Oktober, man wolle sich mit ihm zusammensetzen […] Dieser brachte jenen mit, manchen kannte L., manchen nicht. Sie packten Flaschen aus, und los ging es mit einem enthusiastischen Bericht über Polens Wandlungen vom stalinistischen Unrechtsstaat zur wahren sozialistischen Demokratie unter Gomułka, der im Gefängnis gesessen hatte und nun ein neuer Messias war, begeistert stünden die Volksmassen hinter ihm. Die Sowjets habe er schlau neutralisiert, mit der Kirche endlich Frieden geschlossen. Frei sei die Bahn für eine wahrhaft sozialistische Entwicklung ohne Fesseln. Wie erwacht legten die Zeitungen Probleme dar, suchten nach

---

47   Just: Zeuge in eigener Sache (Anm. 34), S. 69.
48   Bei Wadzek heißt es: »Wir nämlich fordern für diese Erde/ Die wir nicht beim Würfelspiel gewonnen haben/ Um die eine Million in den Schlachten fielen/ Jetzt die helle Wahrheit, das Getreide der Freiheit/ Den feurigen Verstand.« Bei Zwerenz: »Die Mutter der Freiheit heißt Revolution/ Die Freiheit ist Tochter/ Partei ist der Sohn.«
49   Loest, Erich: Durch die Erde ein Riß. München 1996, S. 298 f.

Wegen – Beispiel auf Beispiel türmte der glühende Missionar und kargte keineswegs mit
der Aufforderung, nun gefälligst auch in der DDR eine Wende zu ertrotzen. Polen habe
seinen sozialistischen Oktober gehabt, wann zöge die DDR nach? Angesteckt vom Eifer
ergingen sich seine Zuhörer in Spekulationen, wie es denn in der DDR weitergehen könne
mit der Überwindung von Dogmatismus und Personenkult. [...] Die Formeln knallten
nur so, Apparat, Dogmatismus, hatte Lenin wirklich vor Stalin gewarnt? [...] Aber, ermahnte einer, nicht wir paar Leutchen aus der Intelligenz geben den Ausschlag, sondern
die Arbeiter; Räte müssen gebildet werden, und sie müssen Schritt für Schritt ihre Macht
ausweiten. [...] Und in Ungarn, Erich, fragten seine Freunde, da ist unter den Schriftstellern der Teufel los, wie kannst du das erklären?«[50]

Einfluss und Präsenz Georg Lukács in der DDR
im Sommer/Herbst 1956

Wolfgang Harich, Walter Janka und Gustav Just waren durch unmittelbare
Begegnungen mit Georg Lukács im Januar und Sommer 1956 verhältnismäßig
gut über die Situation in Ungarn informiert. Im Juli ergab sich für Gustav Just
die Gelegenheit, Georg Lukács persönlich bei einem gemeinsamen Mittages-
sen mit Walter Janka kennenzulernen. Sowohl Janka als auch Just baten den
geschätzten ungarischen Genossen um Informationen über die neueste Entwicklung in seinem Land nach der Entmachtung von Rákosi. Er war durch
Gerő ersetzt worden, der nach Meinung Lukács nur ein Mann des Übergangs
sein könne. Der durch den XX. Parteitag eingeleitete Prozess in Ungarn sei
unaufhaltsam. Eine ganze Reihe der im Frühjahr gemaßregelten Schriftsteller
sei wieder in die Reihen der Partei zurückgekehrt. Der kommende Mann sei
János Kádár, ein jüngerer Genosse, der unter Rákosi schwer gelitten habe. Zu
Imre Nagy äußerte Lukács: »Ihn werde man wahrscheinlich mit heranziehen
müssen, da er sich im Lande einer gewissen Popularität erfreue. Aber er sei
keine starke und bedeutende Persönlichkeit.«[51]
   Wolfgang Harich war zusätzlich durch Diskussionen mit den Lukács-
Schülern Agnes Heller und Miklós Almási über die Verhältnisse in Ungarn
unterrichtet. Das MfS vermerkte als weitere ungarische Kontaktpersonen
Wolfgang Harichs unter anderem den Dramatiker Julius Hay und den Nationalökonomen Lajos Janossy.[52]

---

50   Ebenda, S. 287 ff.
51   Just: Zeuge in eigener Sache (Anm. 34), S. 73.
52   Analyse der Feindtätigkeit innerhalb der wissenschaftlichen und künstlerischen Intelligenz
o. D. [Oktober 1957]; BStU, MfS, BdL/Dok. 005154.

Wolfgang Harich fertigte während seiner Untersuchungshaft umfangreiche Notate an. Aus ihnen erfahren wir auch einiges über seine Gespräche mit seinem verehrten Lehrer Georg Lukács.

»Die Äußerungen von L. über die Lage in Ungarn, seine Charakterisierung der gegen Rákosi und Gerő opponierenden Kräfte in der ungarischen Partei (Imre Nagy, János Kádár usw.), seine Stellungnahme zu Problemen der deutschen Politik, sein leidenschaftliches Eintreten für eine radikale und umfassende Kritik der sogenannten ›Stalin'schen Periode‹, seine Sympathien für den Petöfi-Kreis [...] seine Kritik an Walter Ulbricht usw. haben wesentlich dazu beigetragen, mich in den Auffassungen, zu denen ich bereits neigte, weiter zu stärken bzw. mich im Sinne ›neuer Ideen‹, die mir bis dahin noch fremd gewesen waren, zu beeinflussen. Als Lukács dann später, während des Aufstandes in Ungarn, Minister in der Regierung Imre Nagy und, wie es hieß, Mitglied des PB der ungarischen Partei wurde, war dies eine Nachricht, die mich außerordentlich tief beeindruckte und zum Teil die Handlungen erklärt – wenn auch nicht entschuldigt, die ich im unmittelbaren Anschluss daran beging. In der ganzen Zeit im Oktober und November 1956 gab ich mich nämlich der Illusion hin, ganz im Sinne meines Lehrers Georg Lukács zu handeln.«[53]

Der *Sonntag* berichtete nach der Sommerpause weiter über die Diskussionen unter polnischen und ungarischen Schriftstellern.

Am 23. September erschien der letzte Artikel von Georg Lukács im *Sonntag*. Es handelte sich um einen von Georg Pilz referierten Vorabdruck eines Aufsatzes von Lukács zu einigen ideologischen Fragen der Gegenwart. Eine Woche später versorgte der *Sonntag* seine Leser mit zwei weiteren Beiträgen aus Ungarn. Dabei handelte es sich um einen Aufsatz zum Thema »Neue Literatur – aber wie?« sowie einen Artikel zur »Politik und Intelligenz in Ungarn«.[54]

Herbststürme

Am 23. Oktober suchten Harich, Zöger und Just gemeinsam den polnischen Kulturattaché Helene Jakubowska auf, um sich bei ihr über die jüngsten Ereignisse in Polen zu informieren und ihre Sympathie mit den Ergebnissen des 8. Plenums der PVAP zu bekunden. Sie vereinbarten, das Plenum im *Sonntag* zu kommentieren. Gustav Just hob dabei das Besondere und Revolutionäre des polnischen Oktobers hervor. Zugleich kritisierte er die Informationspolitik der SED.

Der Berliner Germanistikprofessor Alfred Kantorowicz, ebenfalls ein Sympathisant des Polnischen Oktobers, schrieb am 22. Oktober 1956 in sein Tagebuch:

---

53 Harich, Wolfgang: Persönliche Niederschrift zu meinen parteifeindlichen Handlungen im Herbst 1956 v. 29.12.1956; BStU, MfS, AU 89/57 Bd. 1, Bl. 56 f.
54 In der Ausgabe v. 30.9.1956.

»Die Tragödie schlägt bisweilen in eine Farce um. Da hocken heute die Zeitungsfrauen auf Stapeln der ›Berliner Zeitung am Abend‹ und wiesen die Käufer grinsend ab: ›Darf nich verkauft werden. Is beschlagnahmt. Steht ne Rede von Gomułka drin.‹ Die Passanten eilten nach Hause, um den Inhalt der Rede im RIAS zu hören. Wahrhaftig – und hier wird aus der Farce wieder die Tragödie unseres Alltags – wir sind im östlichen Orbit das Bollwerk der Unfreiheit.«[55]

Ebenfalls Mitte Oktober waren Heinz Zöger und Gustav Just der Ansicht, »der Leser müsse unbedingt mehr über den Petöfi-Klub erfahren, damit sich auch bei uns ein allgemeines Gespräch über Reformen entfalten könne«. Die Chefredaktion beschloss, den Schriftsteller und freien Autor des Blattes Günter Kunert nach Ungarn zu entsenden. »Übermorgen Abflug, und Georg Lukács grüßen, wir machen, falls das Material ausreicht, eine Doppelseite!«[56] Doch wenige Tage später flog kein Flugzeug mehr nach Budapest.

In den ersten Novembertagen wurden die Genossen des *Sonntags* offiziell nur unzureichend über den Aufstand in Budapest informiert. Das Westradio wurde zum Horchposten. Schließlich kam man in der Redaktion überein, nichts mehr zu veröffentlichen, »was als Zündstoff wirken könne. Äußerste Zurückhaltung also in der Redigierung der Zeitung«, beschrieb Gustav Just die Position der Chefredaktion. In dieser Situation wurde er zum Kulturminister Johannes R. Becher gerufen. Der war von Walter Ulbricht gemaßregelt worden, weil er die Veröffentlichungspraxis des *Sonntags* nicht unterbunden hatte. »Die Genossen des Politbüros seien äußerst erbost über den *Sonntag*«, teilte der Kulturminister und Kulturbundpräsident dem stellvertretenden Chefredakteur Gustav Just mit. Zahlreiche Artikel, wie etwa der Kommentar »Schriftsteller und res publica«,[57] waren von der Parteiführung als direkte Aufforderung an die Intellektuellen gewertet worden, den ungarischen Weg zu beschreiten. Bechers Fazit: Die letzten Monate hätten gezeigt, »dass wir unsere Aufgabe als Redakteure nicht verstünden«. Justs Aufzeichnungen zufolge schloss Johannes R. Becher mit der Mitteilung, »er habe sich als Präsident des Kulturbundes entschlossen, für die Dauer dieser schwierigen und komplizierten Vorgänge uns einen Berater zur Seite zu stellen: Klaus Gysi. Dieser wartete schon im Vorzimmer und wurde jetzt hereingeholt.«[58] Mit dem Genossen Klaus Gysi war der Wochenzeitung *Sonntag* ein Zensor beigegeben worden, dem ab sofort jede Seite zur Genehmigung vorgelegt werden musste. Mit Klaus Gysi war gleichzeitig der GI »Kurt« in der Redaktion platziert worden,

---

55 Kantorowicz, Alfred: Deutsches Tagebuch. Bd. II, Berlin 1979, S. 676.
56 Kunert: Erwachsenspiele (Anm. 6), S. 196 f.
57 Dieser Text wurde am 28.10.1956 im *Sonntag* veröffentlicht. Justs Aufzeichnungen zufolge hatte auch Zwerenz' »Leipziger Allerlei« im *Sonntag* v. 21.10.1956 besonderes Missfallen bei den Funktionären hervorgerufen.
58 Just: Zeuge in eigener Sache (Anm. 34), S. 100 f.

der fortan dem MfS umfangreiche inoffizielle Berichte lieferte.[59] Mit dieser Doppelstrategie reagierte die SED-Führung auf die Budapester Tragödie.

Der »Donnerstagskreis«

Auf die Gründungsidee angesprochen, erzählte Fritz Raddatz von einer Art Virus der Unzufriedenheit, welches sich schon seit dem Sommer 1956 hartnäckig in Berlins Künstlerkneipen ausgebreitet habe. Da lag die Idee, »dem Mosern eine neue Kontur«[60] zu geben und dazu einen Diskussionskreis zu gründen, förmlich in der Luft. Das Durchschnittsalter der in einem Auskunftsbericht[61] der Staatssicherheit erfassten Teilnehmer lag bei 28 Jahren.[62] Vor allem die Entwicklung im Nachbarland Polen, aber auch die Situation in Budapest war mehrfach ein Thema auf den abendlichen Treffen im Klub der Kulturschaffenden in der Berliner Jägerstraße.

Bei der Zusammenkunft am Donnerstag, dem 15. November, war eine Debatte über den sozialistischen Realismus in der Kunst und Literatur geplant. Der erst 19-jährige Manfred Bieler gab einen Einblick darin, wie dieses Thema in den sowjetischen und polnischen Literaturzeitschriften behandelt wurde. Im Mittelpunkt seiner Ausführungen stand ein Aufsatz des damals führenden polnischen Literaturkritikers Krzysztof Toeplitz[63] mit dem Titel »Die Katastrophe der Propheten«.[64] Diesen brandneuen Artikel aus der *Nowa Kultura* hatte sich Bieler als Mitarbeiter des DSV in der Auslandsabteilung seines Arbeitgebers übersetzen und auch vervielfältigen lassen.[65]

Toeplitz leitete seinen Aufsatz mit der Feststellung ein, dass der Begriff des sozialistischen Realismus auf dem I. Schriftstellerkongress der Sowjetunion im Jahre 1934 als eine unmittelbare Folge des XVII. Parteikongresses der KPdSU entwickelt wurde.

---

59 Klaus Gysi war als GI »Kurt« von 1956 bis 1965 für das MfS tätig. Vgl. BStU, MfS, AIM 3803/65.

60 Gespräch des Verfassers mit Fritz J. Raddatz am 23.2.1999.

61 HA V/1/IV: Auskunftsbericht vom 24.1.1957; BStU, MfS, AOP 1958/71, Bd. 1, Bl. 46–50.

62 Neben den Hauptakteuren Raddatz und Harich nahmen fast regelmäßig die Schriftsteller Manfred Bieler, Karl-Heinz Berger, Jens Gerlach, Walter Püschel und Paul Wiens sowie der Maler Frankenstein teil. Eher sporadisch Erich Arendt, Heinz Kahlau, Georg Pilz, Günter Kunert und lediglich einmal Heinz Nahke und Heiner Müller. Im Verlauf der Zeit gesellten sich noch Bekannte, Freunde oder auch die Ehefrauen bzw. Freundinnen der Teilnehmer hinzu. Das Bemühen, weitere profilierte Persönlichkeiten wie den Literaturwissenschaftler Alfred Kantorowicz oder auch den Kulturminister Becher für den Donnerstagskreis zu gewinnen, schlug fehl.

63 Krzysztof Theodor Toeplitz (geb. 1933), polnischer Literaturwissenschaftler und Schriftsteller, 1952–1959 Mitglied des Herausgebergremiums von *Nowa Kultura*.

64 Nowa Kultura 38(1956).

65 Vgl. BStU, MfS, AOP 13968/92, Bd. 1, Bl. 29.

»Der 17. Parteikongress, von dessen Teilnehmern heute nur wenige am Leben sind, bildete – im Lichte der uns heute zugänglichen Tatsachen gesehen – die schreckliche Ouvertüre zu einer Reihe von terroristischen Maßnahmen, die die Zerschlagung der antistalinistischen Opposition zum Ziele hatte, das Vorspiel zu den zahlreichen Moskauer Prozessen und anderen Schritten, die sich aus der Änderung des politischen Kurses der UdSSR ergaben.«[66]

Darauf aufbauend vertrat Krzystof Toeplitz die These, dass der

»als monopolistisches Programm und einzige Richtung in der Kunst lancierte sozialistische Realismus die praktische Aufgabe hatte, die Kunst angesichts der Abkehr von der sozialistischen Demokratie zu neutralisieren, und dass er als praktisches Werkzeug dazu diente, die Kunst der Diktatur untertan zu machen und in ihr eine Stütze für die Diktatur zu gewinnen. Die logische Folge einer solchen Voraussetzung musste auch eine scharfe Bekämpfung der rationalistischen und kritischen Elemente in den schöpferischen Milieus und die Anknüpfung an jene Kulturströmung sein, die eine derartige Aufgabe am besten erfüllen konnte an die Kultur der rückständigen Schichten.«[67]

So ungeschminkt die Theorie des sozialistischen Realismus als ein stalinistisches Dogma zu entlarven, war für DDR-Verhältnisse ungewöhnlich.[68]

Wolfgang Harich trug am selben Abend Auszüge aus einem Aufsatz von Georg Lukács »Zur Gegenwartsbedeutung des kritischen Realismus«[69] vor.

Im Gegensatz zu anderen Gruppierungen dieser Zeit war der »Donnerstagskreis« an keine Institution gebunden, agierte aber dennoch im öffentlichen Raum. Dem Forum gehörten sowohl parteigebundene als auch parteilose Kulturschaffende an.

Die Teilnehmer des Kreises hatten in erster Linie ein vitales Interesse an Kommunikation und nicht so sehr an konzeptioneller Arbeit. Von einer »oppositionellen Strukturbildung« konnte beim »Donnerstagskreis« nicht gesprochen werden. Selbst Wolfgang Harich legte in diesem Kreis kein revisionistisches Politikmodell vor. Die Diskutanten um Fritz J. Raddatz leiteten ihre Wünsche und Forderungen primär aus ihrer beruflichen Tätigkeit ab. Es ging ihnen vornehmlich um die Abschaffung der Zensur bzw. die Einführung der Informations- und Pressefreiheit. Auf den Diskussionsabenden wurden weder zu kulturpolitischen noch zu gesamtgesellschaftlichen Veränderungen ausgereifte konzeptionelle Überlegungen entwickelt. Die Idee des Sozialismus blieb unangetastet, die Existenz der DDR wurde grundsätzlich nicht infrage gestellt.[70]

---

66   Toeplitz, Krzystof: Die Katastrophe der Propheten; BStU, MfS, AP 13968/92, Bd. 1, Bl. 36–57, hier 43.

67   Ebenda, Bl. 52.

68   Von Alfred Kurella wurde Toeplitz' Artikel sowohl auf dem Schriftstellerkongress im Februar 1957 als auch in der NDL 2/1957 heftig attackiert. Vgl. Kurella, Alfred: Tatsachen und Legenden. In: NDL 2(1957), S. 136–145.

69   Dieser Aufsatz sollte ursprünglich im Aufbau-Verlag publiziert werden. Er erschien dann aber zum ersten Mal 1958 unter dem Titel »Wider den missverstandenen Realismus« in Hamburg. Unter seinem ursprünglichen Titel siehe Georg, Lukács: Werke. Bd. 4, Neuwied, Berlin 1971, S. 457–603.

70   Raddatz, Fritz J.: Unruhestifter. Erinnerungen. München 2003, S. 115 f.

Als Reaktion auf die Verhaftung von Wolfgang Harich am 29. November löste Fritz J. Raddatz Anfang Dezember 1956 nach nicht einmal zwei Monaten seiner Existenz den »Donnerstagskreis« auf.

Polnische Genossen im DSV

Im Oktober traf sich das Präsidium des DSV zu einer Sitzung mit dem polnischen Germanisten Roman Karst und dem Literaturkritiker Marceli Ranicki, der später als Marcel Reich-Ranicki berühmt geworden ist. Sie kamen von einer Heinrich-Heine-Konferenz in Weimar. Beide empfanden die Berichterstattung über die polnische Entwicklung in der DDR-Presse als völlig unzureichend und hatten daraufhin ihren Kollegen im DSV angeboten, über die Lage in Polen umfassender zu informieren. Zu ihrer Verwunderung fand kein öffentliches Gespräch mit Mitgliedern des Verbandes, sondern nur mit dem Präsidium und dem eher zufällig in der DDR weilenden sowjetischen Literaturkritiker Alexander Dymschitz statt. Das Ziel von Roman Karst war es, »den Status quo, der jetzt in Polen [herrschte], soweit wie möglich darzustellen«. Mit den Worten, »sehr viele Dinge, über die ich berichten werde, sind leider nicht erfreulich, aber Sie sind doch sicherlich nicht daran interessiert, gute oder schlechte Eindrücke zu gewinnen, sondern die Wahrheit kennenzulernen«, leitete der Germanistikprofessor Karst seine Ausführungen über die schlechte wirtschaftliche Lage, die falsche Landwirtschaftspolitik und die zu hohen Rüstungsausgaben in Polen ein. Er informierte auch über die Auseinandersetzungen in der Partei und speziell über die Natoliner Parteifraktion,[71] die er als stalinistisch und antisemitisch bezeichnete. Marceli Ranicki sprach von einer »sehr bitteren Situation. Die Autorität der Partei ist in einem außerordentlichen Ausmaß gesunken, weil fast alles, was sie versprach, nicht eingehalten wurde.«

Der polnische Schriftstellerverband wollte kein »Zentrum einer ideologischen Organisation, kein Zentrum einer politischen Meinung«[72] mehr sein, sondern eine Organisation, welche die materiellen und moralischen Rechte und Pflichten der Schriftsteller wahrnehme, erklärten die beiden polnischen Genossen den Anwesenden. Die deutschen Genossen Willi Bredel, Alfred Kurella, Alexander Abusch und Bodo Uhse verfolgten mit Interesse, aber noch mehr mit großer Besorgnis, die Ausführungen der polnischen Gäste.

71 Benannt nach einem konspirativen Treffen der Anhänger einer Politik schärfster Repression nach dem Posener Aufstand in dem kleinen Ort Natolin bei Warschau.
72 Vorträge von Roman Karst und Marceli Ranicki (Polen) und anschließende Diskussion im Hause des Deutschen Schriftstellerverbandes am 18.10.1956. Stenographische Niederschrift; AdK-O, Archiv des Schriftstellerverbandes der DDR, Nr. 78.

»Es herrscht eine Art moderner Anarchie, jeder macht und tut, was er will? Wo ist die einheitliche Leitung der Partei, die wir doch erstreben, wo ist die ideologische Führung [...] ich glaube, da hat man die Lenkung verloren, das geht alles durcheinander«,[73] so der Schriftsteller und Funktionär Kurt Barthel (KuBa).« Enttäuscht verließen Roman Karst und Marceli Ranicki diese Versammlung.

In privaten Gesprächen spürte Karst wenigstens »unter der Eisdecke des literarischen Lebens in der DDR lebendige Ströme fließen«,[74] wie er später schrieb. Auch Marceli Ranicki hatte während seines Aufenthaltes persönliche Gespräche mit dem Leipziger Literaturwissenschaftler Hans Mayer und den Schriftstellern Stephan Hermlin und Jan Petersen geführt und dabei einen vergleichbaren Eindruck gewonnen.

Am Rande der Heinrich-Heine-Konferenz in Weimar hatten die beiden polnischen Genossen in etlichen nächtlichen Gesprächsrunden, an denen Wolfgang Harich und Wieland Herzfelde teilnahmen, deutlich offener gesprochen als im DSV. Wolfgang Harich notierte alle wesentlichen Argumente der polnischen Genossen in seinen umfangreichen Aufzeichnungen während seiner Haft. »Besonders alarmierende Wirkung«, so schrieb er

»habe dabei auf ihn gehabt, welche Einschätzung die polnischen Genossen über die Situation in der DDR getroffen hätten. Vor allem seien die Deutschen vom Untertanengeist erfüllt. Was die DDR betreffe, so sei ihr Verharren beim ›Stalinismus‹ besonders schädlich, weil die DDR aufgrund ihrer besonderen Lage die Aufgabe habe, dem ganzen deutschen Volk und damit schließlich ganz Westeuropa ein mitreißendes Beispiel für die Verwirklichung des Sozialismus zu geben. [...] Wenn die Bruderparteien [in der DDR und ČSR] weiter die ›Stalinisten‹ in ihrer Führung dulden und am ›Stalinismus‹ festhalten würden, dann werde die kapitalistische Reaktion in Westeuropa und insbesondere die Adenauer'sche Restauration in Bonn stark bleiben, der Sieg des Sozialismus im gesamteuropäischen Maßstab verzögert werden und durch die Verzögerung die Gefahr eines dritten Weltkrieges anhalten.«[75]

Resümee

Wer wollte, konnte sich 1956 in der DDR über die Situation in Polen und Ungarn sowie über die Vorstellungen und Ziele der dortigen Reformkommunisten nicht nur über die Westmedien, sondern auch in DDR-eigenen Publikationsorganen informieren. Für eine realistische Umsetzung dieser Ziele in der DDR fehlte damals vor allem eine wirksame Massenbasis. So konnte letztendlich das

---

73   Brandt: Für eure und unsere Freiheit? (Anm. 5), S. 137 f.
74   Karst, Roman: Gespräche. In: ebenda, S. 561–563, hier 562 f.
75   Harich, Wolfgang: Persönliche Niederschrift zu meinen parteifeindlichen Handlungen im Herbst 1956 v. 29.12.1956; BStU, MfS, AU 89/57 Bd. 1, Bl. 66.

Ulbrichtregime aus der Krise des Jahres 1956 gestärkt hervorgehen. In deren Folge betrieb der Machtapparat eine repressive Intelligenz- und Kulturpolitik, ging es ihm doch darum, die aufmüpfigen Intellektuellen und Künstler wieder in den Herrschaftsdiskurs einzupassen. Erst im Zuge dieser Politik begann die Staatssicherheit, ihre zeitweiligen sicherheitspolitischen Irritationen nach dem XX. Parteitag der KPdSU zu überwinden und ihr Augenmerk stärker auf die Intellektuellen in der DDR zu richten.[76] Die dabei entstandenen intellektuellen und künstlerischen Einbußen stellten für das SED-Regime keine ernst zu nehmende Größe dar. In der Praxis führte diese Politik jedoch zu einer Abkoppelung vom internationalen Diskurs in der modernen marxistischen Philosophie und zu einer weiteren Verstärkung der Ideologisierung der Kunst und Literatur. Damit einher ging eine neurotische Abgrenzung von der europäischen Moderne des 20. Jahrhunderts.

---

76 Vgl. Die Tätigkeit des Gegners auf dem Gebiet der ideologischen Zersetzung, verbunden mit einer kritischen Einschätzung der Abwehrarbeit der HA V im MfS und den Bezirken o. D. [Anfang 1957]; BStU, MfS, AP 4374/71, Bd. 2, Bl. 269–290.

Bernd Florath

Das lange Jahr 1956

Die Wandlungen des Robert Havemann

Robert Havemann ist zweifelsohne für spätere Zeiten der bekannteste DDR-Dissident. Weniger prominent erscheint er im Zusammenhang mit den Auseinandersetzungen in der DDR der Jahre 1956 und folgende. Hier wird gemeinhin an Wolfgang Harich oder Walter Janka gedacht. Das hat auch seine Berechtigung.

Doch folgt man zeitgenössischen Einschätzungen, so spielt auch schon 1956 Robert Havemann in den die SED-Führung beunruhigenden Debatten der Intellektuellen in der SED eine zentrale Rolle.

Wer ist Havemann zu dieser Zeit?

Er ist SED-Mitglied, Volkskammerabgeordneter für den Kulturbund, Vorsitzender des Groß-Berliner Friedensrates, Vorsitzender der Strahlenschutzkommission beim wissenschaftlichen Rat für die friedliche Anwendung der Atomenergie, Vorsitzender des wissenschaftlichen Beirats Chemie beim Staatssekretariat für das Hoch- und Fachschulwesen, Mitglied des Komitees der antifaschistischen Widerstandskämpfer, Professor für physikalische Chemie der Humboldt-Universität, Vorsitzender des ADMV[1] an der Akademie der Wissenschaften, kurz ein Multifunktionär, ein gut vorzeigbarer Repräsentant der SED und der DDR mit heroischer Vergangenheit als 1943 zum Tode verurteilter Widerstandskämpfer, wobei ihn das Todesurteil ebenso auszeichnet, wie die Tatsache des Überlebens, weil sie der Anerkennung seiner wissenschaftlichen Fähigkeiten zugerechnet werden musste, egal, ob deren Unentbehrlichkeit dem NS-Regime nur vorgegaukelt wurde oder nicht.

Seine Biographie kann hier kein Thema sein,[2] es soll nur ein für ihn wie die DDR und die SED entscheidender Ausschnitt beleuchtet werden. Havemann ist wissentlich und willentlich 1950 bis 1955 an Akten der diktatorischen Umformung der DDR-Wissenschaft beteiligt. Er ist ständiger Autor propagandistischer Artikel in der *Täglichen Rundschau* und im *Neuen Deutschland*. Dennoch zeigt er auch zu dieser Zeit in bestimmten Fragen Eigensinnigkeiten. So verwahrt er sich im Spätsommer 1955 – zur Verblüffung Victor Klemperers, der ihn nicht grundlos als

---

1   Allgemeiner Deutscher Motorsport-Verband.
2   Vgl. obgleich in vielen Punkten durch neuere Forschungen präzisiert, als Biographie noch immer unersetzt: Draheim, Dirk u. a.: Robert Havemann. Dokumente eines Lebens. Berlin 1991.

150-Prozentigen sah – dagegen, dass klammheimlich in die DDR-Verfassung die Möglichkeit zur Einführung der Wehrpflicht aufgenommen wird.[3]

Über seine Reaktion auf die Verlesung des Chruščev-Berichts gibt es Zeugenberichte[4] und eigene Darstellungen aus der Distanz von neun und mehr Jahren.[5] Klar belegbar ist die von ihm initiierte Debatte über Meinungsstreit, Gegenstand und Verhältnis der Philosophie zu den Naturwissenschaften im Sommer 1956.[6] Vom Frühjahr des folgenden Jahres an unterwirft er sich in einigen Fragen sukzessive wieder der Partei, in bestimmten indes nicht, auf die ich im Folgenden genauer eingehen will. Havemann verlagert seine Äußerungen scheinbar ins weniger brisante naturwissenschaftliche Gebiet, beteiligt sich aber von hier aus wiederum an philosophischen Debatten, aus denen heraus er dann ab 1962 das doktrinäre Lehrgebäude des Marxismus-Leninismus – drastisch gesagt – als unbrauchbar für die Förderung wissenschaftlicher Erkenntnis und deshalb als unmarxistisch verwirft. Bis 1963 bleibt er Volkskammerabgeordneter. 1959 wird er Nationalpreisträger. Nachdem ihm 1960 eine eigene Forschungsstelle an der Deutschen Akademie der Wissenschaften eingerichtet wurde, die perspektivisch zu einem selbstständigen Institut wachsen sollte, wird er 1961 auch Korrespondierendes Mitglied der Akademie. Zugleich ist er faktisch bis zu seinem Ausschluss aus der SED 1964 Geheimer Informator der Staatssicherheit.

Wieso sollte man also diesen Mann als in Opposition stehend bezeichnen?

Ich will mich im Folgenden auf eine der Argumentationslinien Havemanns – wie mir scheint die entscheidende – konzentrieren, wodurch die Vielfältigkeit und die Widersprüchlichkeit des Ensembles gesellschaftlicher Beziehungen, in denen sich Havemann bewegt und ausdrückt, ein wenig übersichtlicher wird.

In seinem im Juli 1956 veröffentlichten *Neuen Deutschland*-Artikel spricht Havemann drei Problemfelder an:

1. den wissenschaftlichen Meinungsstreit; das heißt eine methodische Frage, die ins Zentrum der politischen Kultur zielt;

2. die Geschichte der Lysenko'schen Scharlatanerie, das heißt in nuce die Geschichte der stalinistischen Verbrechen, bei der am kleinen Wissen-

---

3   Vgl. Klemperer, Victor: So sitze ich denn zwischen allen Stühlen. Tagebücher 1950–1959. Hg. v. Nowojski, Walter. Berlin 1999, S. 616.

4   Material zum Dokumentarfilm »Na ja, der Robert« von Hans-Dieter Rusch. Gespräch mit Horst Nieswand, 1990. Videoaufzeichnung, Robert-Havemann-Gesellschaft Berlin (RHG), RHF 011.

5   Havemann, Robert: Ja, ich hatte Unrecht [1965]. In: Ders.: Rückantworten an die »Hauptverwaltung ›Ewige Wahrheiten‹«. Hg. v. Jäckel, Hartmut. München 1971, S. 61–63; Ders.: Ein deutscher Kommunist. Rückblicke und Perspektiven aus der Isolation. Die Fragen an den Autor stellte Manfred Wilke. Reinbek 1978, S. 76 f.

6   Vgl. Meinungsstreit fördert die Wissenschaften. Idealistische Wurzeln des Dogmatismus. Erstarrung hindert wissenschaftliche Erkenntnis. In: ND v. 7./8.7.1956, Beilage, S. 3; zur detaillierten Verzeichnung der Publikationen von und über Robert Havemann vgl. Theuer, Werner; Florath, Bernd: Robert Havemann. Bibliographie. Mit unveröffentlichten Texten aus dem Nachlass. Berlin 2007, hier Nr. 278 ff. und 1119 ff.

schaftsdespoten Lysenko der Habitus des großen Despoten Stalin demonstriert wird, und

3. das Verhältnis von Philosophie und Naturwissenschaften, respektive die Gegenstandsbestimmung der Philosophie, mit dem Havemann über eine konkrete philosophische Streitfrage hinaus implizit das Verhältnis zwischen Staat und Gesellschaft anspricht.

Von diesen drei Problemkreisen ist vor allem der dritte kontrovers diskutiert worden. Zuletzt stellt Wolfgang Harich Havemann 1956 einige kritische Fragen,[7] von denen Havemann nicht zu Unrecht feststellt, dass »alle diese Fragen für ihn [Harich] – als Philosophen – gar keine Fragen sind, sondern Sachen, die er sich längst an seinen philosophischen Schuhsohlen abgelaufen hat«.[8] Havemanns ebenso ironische verfasste Antwort auf Harichs ironisch gestellte Fragen ist vor fünfzig Jahren eine der letzten öffentlichen Reaktionen auf den einen Monat später verhafteten Philosophen.

Schaut man vom Ende des Jahres 1956 auf die geführten Debatten zurück, so hat man den Eindruck, dass nach der Verhaftung Wolfgang Harichs, Walter Jankas und einer Reihe anderer kritischer Intellektueller nicht nur der Herd potenzieller Unruhe ausgeräumt, sondern mittelbar zugleich auch definiert ist. Die – zumindest intellektuelle – Konfrontation lautet: Ulbricht – Harich. Immer vorausgesetzt, dass Ulbricht das Epitheton des Intellektuellen überhaupt zugemessen werden kann. Folgt man dieser Dichotomie, so erscheinen die Kontrahenten Harichs zugleich als die Parteigänger Ulbrichts, zumindest aber nicht als dessen Gegner. Dies trifft am Ende auch Robert Havemann.

Robert Havemann ist der wohl unbestritten bekannteste DDR-Dissident der 1960er und 1970er Jahre. Ein hartnäckiger Kritiker des autokratischen Regimes der SED sowohl unter Walter Ulbricht als auch unter dessen Nachfolger Erich Honecker, mit dem Havemann durch eine außerordentlich prägende biographische Erfahrung – die gleichzeitige Haft im Zuchthaus Brandenburg als Widerstandskämpfer gegen das NS-Regime – verbunden ist, der sich nicht durch Isolation, Bespitzelung, Verurteilung zu Hausarrest oder Geldstrafen von seinen beständig erneuerten kritischen Analysen und Plädoyers für einen demokratischen Sozialismus abbringen lässt.

---

7   Vgl. Harich, Wolfgang: Rückfragen an Robert Havemann. In: Sonntag v. 23.9.1956, S. 12.
8   Havemann, Robert: Rückantworten an die Hauptverwaltung »Ewige Wahrheiten«. Zur Diskussion über Philosophie und Dogmatismus. In: Sonntag v. 28.10.1956, S. 12. Der häufig zitierte Titel stammt allerdings nicht von Havemann, der seinen Text prosaisch »Rückantwort von Robert Havemann« überschrieben hatte, sondern von Harich selbst, wie Havemann berichtet (Fragen. Antworten. Fragen. Aus der Biographie eines deutschen Marxisten, S. 93). Ob Harichs Selbstdefinition als Hauptverwaltung »Ewige Wahrheiten« indes einen Anflug von Selbstironie darstellte oder er – was als wahrscheinlicher anzunehmen ist – seine Fragen an Havemann gleichermaßen stellvertretend für die Ideologiewächter der Partei in deren Duktus gestellt hatte, muss dahingestellt bleiben.

Doch bevor Havemann – auch im Ausland – als dieser herausragende Regimekritiker gilt, und hierfür wären unstreitig die Jahre 1963/66 als Zäsur zu benennen, ist er (wie Harich, wie Janka, wie die Mehrzahl der kritischen Intellektuellen der Krise von 1956) engagierter Protagonist des SED-Regimes in der DDR. Wenn ihn die Rede Nikita Chruščevs 1956 schockiert, so nicht, weil ihm die Tatsache unbekannt gewesen ist, dass Stalin Verbrechen zu verantworten hatte oder dass die DDR kein Hort der Rechtsstaatlichkeit gewesen ist. Der Schock Havemanns entspringt eher zwei anderen Umständen: Da ist zum einen die irritierende Erkenntnis, dass die Goebbelspresse, der er die Kenntnis über den stalinistischen Hochterror ebenso wie etwa die über die Morde von Katyń entnommen hatte, nicht wie üblich schlechthin, sondern in *diesen* Fällen mit der Wahrheit gelogen hatte. Zum anderen, und dieser Aspekt berührt nicht allein ihn, ließ das Ausmaß des Terrors gegen die eigenen Genossen, das sich bis dahin hinter den unbegreiflichen Prozessen gegen Radek, Kamenev, Zinov'ev oder Bucharin verbarg, ein Erklärungsmuster unbrauchbar werden, dass bislang noch immer als Zufluchtsort des gebeutelten Gewissens gedient hatte: Wo gehobelt werde, fielen Späne, das niedrige Kulturniveau der vielen aus der Bauernschaft emporgestiegenen unteren und mittleren Funktionäre des sowjetkommunistischen Regimes, das sich in der Brutalität und Dumpfheit der Stalin'schen Politik ausdrückte, habe die Realisierung einer humanistischen Politik deformiert.

Havemann hatte die Debatten über das Wesen des Stalinismus, wie sie in der Nachkriegszeit unter Sozialisten in Deutschland geführt wurden, nicht nur zur Kenntnis genommen. Er war an ihnen beteiligt.[9] Er hatte sich deutlich gegen den Import sowjetischer Verhältnisse in die deutsche Arbeiterbewegung ausgesprochen. Es war nicht Naivität oder Unwissenheit, die ihn dazu brachte, sich in der polarisierten Debatte der Jahre 1948/50 auf die Seite der SED zu stellen. 1950 erklärt er auf entsprechende Fragen Westberliner Journalisten »über rechtlose Zustände in der Ostzone, der Sowjetunion und den Volksdemokratien ›[...], dass, jenseits der Oder und Neiße nicht das Land der Freiheit beginnt‹«.[10] Skeptisch reagierte ein amerikanischer Kollege auf Havemanns Engagement in den Friedenskampagnen der SED mit dem Hinweis auf die sowjetische Innenpolitik, »den Zwang von Millionen zur Sklavenarbeit, [...] die Zurückhaltung von hunderttausenden von Gefangenen mehr als vier Jahre

9   Vgl. Hurwitz, Harold: Demokratie und Antikommunismus in Berlin nach 1945. Bd. IV: Die Anfänge des Widerstands. Köln 1990, S. 36–38.
10   Wenn Friedenskämpfer Kaffee trinken. In: Der Kurier v. 31.7.1950; vgl. auch andere Presseberichte über dieselbe Zusammenkunft: Havemann macht Kaffeestunde. In: Spandauer Volksblatt v. 31.7.1950; Getarnter Terror. In: Der Tagesspiegel v. 1.8.1950; Kaffeekränzchen. In: Die Neue Zeitung v. 7.8.1950.

nach dem Kriegsende«.[11] Schon unmittelbar nach der Befreiung aus dem Zuchthaus sagte ihm sein ebenfalls befreiter Mitkämpfer Miron Broser, ein seit dem ersten Weltkrieg in Deutschland lebender baltischer Jude, dass er nun nichts stärker fürchte als die eigenen Leute, das heißt die zugreifenden Organe des Stalinstaates.[12] Als Abgeordneter der Volkskammer erhielt er verzweifelte Briefe einer Frau, die nicht ahnend, dass ihr Mann längst in den Kellern des MGB in Moskau erschossen worden war, um Auskunft über den Verbleib ihres am helllichten Tage entführten Gatten bat.[13] – Nein die Tiefe des Schocks rührt 1956 wohl eher aus dem Bewusstsein des eigenen Verdrängens denn aus der Neuheit der Informationen.

Havemann löst sich rasch aus diesem Schock, aus der Erstarrung, in die vor allem Funktionäre der SED gefallen zu sein schienen, sich allenfalls um Schadensbegrenzung bemühend. Nach den Auftritten Ulbrichts vor Berliner Funktionären und auf der Parteikonferenz versucht dieser den selbst provozierten Unmut über seine zynische Delegierung der Verantwortung auf die jungen Parteimitglieder in einer Veranstaltung in der Humboldt-Universität zu besänftigen. Die zusammengetrommelten verunsicherten Funktionäre halten sich zurück: Die Linie schlingert, wer sollte da wissen, was richtig sein würde am Ende der Versammlung. Havemann wagt es in seinem Beitrag auf dieser Veranstaltung, die offene Debatte als Methode zu empfehlen. Meinungsstreit als Mittel der Erkenntnis. Das ist ungewohnte Kost für die Genossen. Die Parteilinie als Resultante freier Diskussion? Havemann beschreibt die Szene später folgendermaßen:

»Ich hatte kaum geendet, noch nicht das Rednerpult verlassen, als eine junge Genossin aufsprang, neben mich ans Pult trat und mit hektischer Röte übergossen rief: ›Das ist unerhört, eine Beleidigung der Partei, nie hätte ich das von dir erwartet, Genosse Havemann, in Gegenwart des Genossen Ulbricht so maßlos und unverschämt zu sprechen.‹«

Nach einer Reihe von Diskussionsrednern, die ebenfalls über Havemann herziehen und, wie der die Szene weiter beschreibt, auf diese Weise Ulbricht zum »Augen- und Ohrenzeuge[n] ihres mutigen Eintretens für die Partei und – für ihn« machen, beginnt die Pause vor dem von Ulbricht zu haltenden Schlusswort:

---

11 Joseph Kaskell an Robert Havemann, 12.6.1949; Archiv der RHG, RH 006, Bd. 018. Kaskell arbeitete als Anwalt u. a. für die von ehemaligen Neu Beginnen-Mitgliedern geprägte Organisation Americans for a Democratic Germany und war wenige Monate zuvor in Berlin mit Havemann in Kontakt gekommen. Auch Havemanns Mentor bei Neu Beginnen, Gerhard Bry, äußerte sich 1949 mit ganz ähnlichen Argumenten skeptisch über dessen prokommunistisches Engagement; vgl. ebenda, Bd. 019.

12 Über Broser vgl. Havemann: Fragen (Anm. 8), S. 82 f.; von der hier wiedergegebenen Begegnung mit Broser nach 1945 berichtete er gesprächsweise.

13 Vgl. W. Pruskill an Robert Havemann, 1.10.1954 mit den als Anlage beigefügten Korrespondenzen von Auguste Holland-Moritz; Archiv der RHG, RH 017/2, Bd. 058 B; vgl. zur Biographie von Karl Holland-Moritz: Roginskij, Arsenij u. a. (Hg.): »Erschossen in Moskau …« Die deutschen Opfer des Stalinismus auf dem Moskauer Friedhof Donskoje 1950–1953. Berlin 2005, S. 201 f.

»Wie ein Aussätziger gemieden schlich ich einher. Man kannte mich nicht mehr, sie gingen an mir vorbei, das Äußerste war ein mitleidiger Blick, gemischt mit der Neugierde, die sich einem Opfer zuwendet, dessen Hinrichtung kurz bevorsteht.«[14]

Doch zur Überraschung der versammelten Parteiaktivisten der Universität verkündet Ulbricht in seinem Schlusswort, dass »Genosse Professor Havemann [...] in der Diskussion einige sehr interessante Hinweise gegeben« habe. Er »hat sehr treffend gesagt: ›Manche suchen das Fehlerhafte und sehen und finden das Neue nicht.‹ Das«, so fährt Ulbricht fort, »ist die Kernfrage.«[15]

Ulbrichts Schlusswort erscheint erst Wochen nach der Veranstaltung im *Neuen Deutschland*. Nach weiteren 14 Tagen wird Havemanns Diskussionsbeitrag als Artikel *Meinungsstreit fördert die Wissenschaften*[16] veröffentlicht, der eine Diskussion auslöst, die in den Spalten des *Neuen Deutschlands*, der Studentenzeitung *Forum* und des *Sonntags* bis Ende Oktober 1956 kontrovers geführt wird.

Über die Substanz des Diskussionsbeitrages von Havemann und seine Bedeutung für die Entwicklungen in der DDR im Jahre 1956 gibt es unterdessen vollkommen entgegengesetzte Interpretationen: Die Ansicht, dass sich hiermit »erstmalig in der Geschichte der *DDR* ein *Meinungsstreit* in grundlegenden Fragen des *Diamat* manifestierte« und »der Initiator der [...] Diskussionen [...] Robert Havemann«[17] sei, ist zumindest unter zeitgenössischen Beobachtern aus

14   Havemann: Fragen (Anm. 8), S. 91 f.

15   Ulbricht, Walter: Zur wissenschaftlichen Diskussion an den Universitäten. Aus der Rede des Ersten Sekretärs des ZK der SED, Walter Ulbricht, auf der Tagung des Parteiaktivs der Humboldt-Universität Berlin. In: ND v. 21.6.1956, S. 3.

16   Havemann, Robert: Meinungsstreit fördert die Wissenschaften. Idealistische Wurzeln des Dogmatismus. Erstarrung hindert wissenschaftliche Erkenntnis. In: ND v. 7./8.7.1956, Beilage, S. 3; Nachdruck zuletzt in: Warum ich Stalinist war und Antistalinist wurde. Texte eines Unbequemen. Hg. v. Hoffmann, Dieter; Laitko, Hubert. Berlin 1990. Auf derselben Seite des ND rezensiert der spätere scharfe Kontrahent Havemanns Klaus Zweiling die Einführung in die spezielle Relativitätstheorie von Achilles Papapetrou in einer Richtung, die sich vollkommen im Sinne Havemanns gegen die borniertem Polemiken stalinistischer Doktrinäre gegen die moderne Physik wandte, und in der Zweiling in Übereinstimmung mit Havemann die absurden Versuche von Philosophen, die von Physikern erwogene Antwort auf die Frage nach der Endlichkeit oder Unendlichkeit der Raumes mit Verweis auf die axiomatischen Lehrsätze des dialektischen Materialismus vom Tisch zu wischen und als antikommunistische Contrabande zu denunzieren, zurückwies.

17   Es sei hier nur verwiesen auf die für die Verbreitung in der DDR bestimmten Flugschriften des Ostbüros der SPD. In der Nummer der sogenanten Sonderdrucke der »Einheit«, einer auf Dünndruckpapier hergestellten Artikelreihe, die den täuschend nachgemachten Zeitschriftenkopf des Theorieorgans der SED trug, erschienen 1956/57 einige gut informierte Kommentare zu den ostdeutschen Debatten: Die stalinistische Philosophie in der Sowjetzone in der Defensive. Revisionistische Strömungen in der Philosophie, o. O. o. J. [Bonn, Berlin Juli 1957] (Einheit. Sonderausgabe. Hg. v. Ostbüro der Sozialdemokratischen Partei Deutschlands. Bonn), S. 5; vgl. auch Über den dialektischen Materialismus, o. O. o. J. [Bonn, Berlin Juli 1957] (Einheit. Sonderausgabe. Hg. v. Ostbüro der Sozialdemokratischen Partei Deutschlands. Bonn); vgl. darüber hinaus Kersten, Heinz: Aufstand der

dem Westen durchaus übereinstimmend vorgebracht worden, auch wenn Havemanns Verhalten nach dem November 1956 zum Teil sehr kritisch kommentiert wird. Dagegen stehen Kommentare, die Havemanns Meinungsstreit-Artikel als durchaus linientreue Interpretation der Ulbricht-Linie (welche auch immer das im Juni/Juli 1956 gewesen sein mag) ansehen: Die Forderung nach Meinungsstreit sei nicht neu und greife hinter die in der Debatte bereits aufgeworfenen brisanten Fragen zurück. Der Artikel verlagere die öffentliche Diskussion von den vom XX. Parteitag aufgeworfenen unmittelbar politischen Fragen auf eine eher philosophieinterne.[18]

Der Hinweis darauf, dass es Ulbricht selbst ist, der Havemann zur Veröffentlichung seines Beitrags aufforderte, stammt aus Havemanns Autobiographie aus dem Jahre 1970. Obgleich schon das veröffentlichte Schlusswort Ulbrichts diesen Zusammenhang nahelegen musste, scheint dieser Kontext die Bewertung des Artikels seinerzeit nicht zu mindern. Vielmehr hat man sich die Frage gestellt, wieso Ulbricht einen Text, der unverblümt die Freiheit der Debatte einfordert und mehr noch: ihre Abwesenheit nicht nur konstatiert, sondern zum Kernübel des bestehenden Systems erklärt, befördern konnte.

Ein Schlüssel scheint mir in einigen Missverständnissen zu liegen, denen Ulbricht – sonst ein Meister in der unmittelbaren Erfassung politischer Implikationen gehörter Texte – erlegen war und die Havemann produktiv zu wenden versteht. Aber vielleicht ist dies schon zu viel unterstellt: Möglicherweise sind diese Differenzen selbst von Havemann erst im Laufe der Diskussion als solche begriffen worden.

Ulbricht akzeptiert Havemanns Gedanken, in den Debatten nicht jeden neuen Gedanken zuerst auf seine Konformität mit der Parteidoktrin abzuklopfen, sondern nach dem darin liegenden (schwachen) Neuen zu befragen. Dies ist nicht nur gut nachvollziehbar, weil auch Ulbricht sich nach dem XX. Parteitag in einer Situation der strategischen Neuorientierung befindet, sondern vor allem, weil er diesem Satz die Bedeutung unterschiebt, dass er die Debatte weg von der Analyse der Vergangenheit hin zur Konzipierung der Zukunft

Intellektuellen. Wandlungen in der kommunistischen Welt. Ein dokumentarischer Bericht. Stuttgart 1957, S. 174; Friedrich, Gerd: Die ideologische Front wankt. Richtungskämpfe in der SED. In: SBZ-Archiv 8(1957)5/6, S. 76; Lange, Max Gustav: Streit um den Diamat. Eine ideologische Diskussion über die Stalin-Version des dialektischen Materialismus. In: SBZ-Archiv 8(1957)1; Ders.: Die Philosophie des »Revisionismus«. In: SBZ-Archiv 8(1957)7, S. 100; Havemann, geh du voran! In: Ost-Probleme 9(1957)8, S. 278 ff.

18 Wie Guntolf Herzberg zu der waghalsigen Aussage kommt, Havemann habe an »den ersten Diskussionen unter der Intelligenz« nicht teilgenommen, ist unklar: In seiner Rekonstruktion dieser Debatten nennt er selbst Havemanns Artikel nach denen von Kuczynski, Harich und Besenbruch an dritter Stelle und konstatiert, dass dies bereits die Ausbeute des Frühjahrs gewesen sei. Herzberg, Guntolf: Anpassung und Aufbegehren. Die Intelligenz der DDR in den Krisenjahren 1956/58. Berlin 2006, S. 542; vgl. ebenda, S. 170.

lenke. Und nichts hat Ulbricht so zu fürchten, wie die Frage nach der Vergangenheit, die Frage nach seiner Verantwortung für jene Verbrechen, die begangen zu haben er schlichtweg leugnet: »In der DDR gab es keinen Stalinismus, also gibt es auch keine Entstalinisierung.« Das Neue ist jenseits einer neuen Parteilinie für Ulbricht ohnehin nicht denkbar, das Alte hingegen ist der Kapitalismus, das bürgerliche Denken. Wenn Ulbricht von Meinungsstreit spricht, so meint er das mutige Streiten gegen die vorherrschenden Auffassungen, wobei er die Pariasituation, aus der heraus die Kommunisten in den 1920er und 1930er Jahren argumentierten, gerade im akademischen Raum immer noch als bestehend ansieht. Natürlich ist er nicht in der Lage, die durch die absolute Macht der SED hervorgerufene Deformation dieses Raumes zu sehen, vermag er nicht zu sehen, dass sich nach der massiven Infusion kommunistischer Kader in den Hochschulbereich, nach den verschiedenen Kampagnen, vor allem denen gegen Objektivismus und Kosmopolitismus, das heißt gegen den unabhängigen und den internationalen Charakter wissenschaftlicher Arbeit, die Machtverhältnisse in der durchaus nicht herrschaftsfreien wissenschaftlichen Kommunikation gedreht haben. Ulbrichts Vorbild Stalin hatte den Sinn des von Kommunisten zu führenden Meinungsstreites im Raum der Wissenschaft am Beispiel der Drosophila demonstriert. Er hielt es für den Gipfel des wissenschaftlichen Fortschritts, wenn die Biologen endlich die Untersuchung dieses Tieres, von dem sie 1. sowieso alles wüssten und das 2. gesellschaftlich vollkommen unnütz sei, einstellten.

Havemann dreht diese Logik um: Offenheit des Meinungsstreites bedeutet für ihn nicht die Implantation der Doktrin des Marxismus-Leninismus in die Wissenschaft, sondern die Öffnung der wissenschaftlichen Debatte auch auf die Gefahr hin, dass nicht alles, was in ihr gesagt werde, vollkommen richtig sei. Nicht richtig hieß aber faktisch, in den konkreten Debatten, die in der DDR geführt wurden: nicht vollkommen übereinstimmten mit der gerade geltenden politischen und doktrinären Linie. Später wird er dieses Diktum bis zu der politisch eindeutigen Aussage erweitern, dass über Wahrheit und Unwahrheit kein Parteibeschluss entscheiden könne. – Doch dies ist ein Vorgriff auf spätere Debatten.

Indem Havemann selbst am Beispiel Lysenkos noch einmal den rationalen Kern des Stalin'schen Meinungsstreits deutlich macht, kann er ihn ad absurdum führen: Lysenko habe, so schreibt Havemann, gegen dogmatische Überspitzungen der klassischen Genetik seine Theorie entwickelt. Havemann sei diesem Denken auch insofern gern gefolgt, als er Zeuge und entschiedener Gegner der rassistischen Schlussfolgerungen der Humangenetik der ersten Hälfte des 20. Jahrhunderts war. Doch habe Lysenko bei seiner Kritik das Kind mit dem Bade ausgeschüttet, ihre Erkenntnisse sämtlich negiert und ihre wissenschaftlichen Vertreter als politische Feinde denunziert (und – so wäre hinzuzufügen, deren physische Vernichtung wenn nicht unmittelbar betrieben, so doch billigend in Kauf genommen).[19] Er wurde nun »Opfer seines eigenen, freilich ganz anders gearteten Dogmatismus«. Er ersetzte, so beschreibt dies Havemann, die wissenschaftliche Kritik durch doktrinäre Deduktionen. Hiermit konnte Lysenko nur unter wissenschaftspolitischen Bedingungen erfolgreich sein, unter denen der wissenschaftliche Meinungsstreit durch außerwissenschaftlichen Druck unterbunden blieb.

In der Debatte, die sich anschließt, unterscheiden sich die Reaktionen auf Havemanns Artikel erheblich. Unumstritten sind wohl nur seine historischen Äußerungen: Lysenko, der für Havemann gleichermaßen die Figur Stalins im Bereich der Wissenschaft darstellt, wird von keiner Seite verteidigt. Gleichzeitig bleiben aber dessen von Havemann umrissene Wirkungsbedingungen unhinterfragt.

Heftig debattiert werden Havemanns Positionen zum Verhältnis von Philosophie und Naturwissenschaften. Dieser Part des Artikels stellt im Verhältnis zum historischen Teil über Lysenko und zum methodischen (zum Meinungsstreit) gleichsam den substantiellen dar. Havemann riskiert angreifbare Thesen zur Philosophie und ihrem Gegenstand. Mittelbar – so man das Verhältnis der Einzelwissenschaften zu ihrer doktrinären Überwissenschaft als Spiegel der politischen Verhältnisse nimmt – fragt Havemann nach dem Verhältnis von Staat und Gesellschaft, stellt mithin die Machtfrage. Explizit ist freilich auf diesen Aspekt 1956 niemand eingegangen. 1963/64 sollte er der Ausgangspunkt des Revisionismus-Vorwurfes gegen Havemann werden. Es soll an dieser Stelle nicht auf die philosophische Substanz der Debatte näher eingegangen werden, die ein genau und für sich zu untersuchendes Kapitel darstellt. Hierzu ist an anderer Stelle, in erster Linie indes zugleich von der philosophisch (nicht politisch) konträren Position schon Wesentliches, wenn auch nicht Unbestreitbares dargelegt worden.[20]

---

19   Als Leiter der Kaiser-Wilhelm-Gesellschaft musste Havemann nach 1945 hilflos zusehen, wie der ihm bekannte und ausdrücklich mit der Fortsetzung der Leitung des Instituts für Genetik betätigte Nikolaj V. Timofeev-Resovskij am 13.9.1945 vom NKVD verhaftet wird und spurlos verschwindet. Vgl. Rokitânskij, Â.G. (Hg.): Rassekrečennyj zubr. Sledstvennoe delo N.V. Timoveeva-Resovskogo. Moskva 2003, S. 245 f. Trofim Lysenko hatte seine Karriere im sowjetischen Wissenschaftssystem auf der Tatsache aufgebaut, dass die Pionier der genetischen Forschung, Nikolaj Vavilov, buchstäblich im GULag verhungerte. Vgl. Ders. (Hg.): Nikolaj Vavilov. Istoričeskaâ drama. P'esa v pâti dejstviâh s dokumental'nym priloženiem. 2., überarb. u. erg. Aufl., Moskva 2005; vgl. auch Diesener, Gerald: Lysenkoismus in der DDR. Anmerkungen zum Verhältnis von Wissenschaft und Politik in der SBZ/DDR. In: DA 32(1999)6, S. 951–962; Medved'ev, Žores A.: Der Fall Lysenko. Eine Wissenschaft kapituliert. Hamburg 1971.

20   Vgl. Herzberg, Guntolf: »Dr. Herneck auf der Linie unserer Feinde«. Von der Zerstörung eines Philosophen durch die SED. In: DA 33(2000)2, S. 240–251; Ders.: Robert Havemanns Probleme mit der marxistischen Philosophie. In: Rauh, Hans-Christoph; Ruben, Peter (Hg.): Denkversuche. DDR-Philosophie in den 60er Jahren. Berlin 2005 (Forschungen zur DDR-Gesellschaft), S. 337–365; Ders.: Anpassen und Aufbegehren (Anm. 18), S. 538–554; Sachse, Christian: Die politische Sprengkraft der Physik. Robert Havemann zwischen Naturwissenschaft, Philosophie und Sozialismus (1956–1962). Berlin 2005 (Diktatur und Widerstand; Bd. 11).

Den dritten, methodischen Teil des Artikels – Havemanns Argumente über den Meinungsstreit – akzeptiert jener Teil der Diskutanten, die sich aus der doktrinären Vorherrschaft der Ideologen befreien wollen.[21] Havemanns Plädoyer für den freien Meinungsstreit – und man sollte das Kind bei seinem Namen nennen: für die Freiheit der Meinungsäußerung – wird zwar auch von seinen Gegnern formal akzeptiert, indes machen die von ihnen vorgebrachten Einschränkungen die Trennlinie klar, die zwischen den Parteien bestand:

>»Zu [sic!] der ganzen Darstellung des wissenschaftlichen Meinungsstreites durch Havemann ist aber auch ein objektivistischer, versöhnlerischer Zug unverkennbar. Haveman [sic!] erwähnt wohl gelegentlich als Ausnahme, dass es auch ausgesprochene Betrüger und Werkzeuge von Betrügern auf ideologischem Gebiet gibt, beachtet aber im Übrigen fast gar nicht die elementare Tatsache, dass es auch auf dem Gebiete der Ideologie einen Klassenkampf gibt, und dass man auch im kameradschaftlichen Meinungskampf parteilich und unversöhnlich gegen alle irrigen Meinungen, die unserer großen Sache schaden, bleiben muss.«[22]

Wie verhält sich Havemann aber praktisch? Wie folgt er den eigenen Postulaten? Just am Tage nach der sogenannten Geheimrede verpflichtet er sich, als Geheimer Informator der Staatssicherheit zuzuarbeiten. Es ist dies ein Verhältnis, das er als eines auf Gegenseitigkeit ansieht. Er braucht als Akteur des Regimes immer wieder auch die Unterstützung des Geheimdienstes. So – und das ist auch sein erstes mit der Firma abgesprochenes Anliegen – wenn er westdeutsche Wissenschaftler für die Mitarbeit an der ostdeutschen Atomforschung gewinnen will, oder wenn er Informationen verfügbar machen will über den Stand der westdeutschen Forschung. Hier stellt er seine Erkenntnisse zur Verfügung, erwartet aber zugleich, von der Stasi umfassend informiert zu werden.[23] Die der Partei dienende Funktion des MfS interpretiert er im konkreten Falle so, dass er als Vertreter der Partei auch bedient werden *muss*. Auf dieser Ebene scheint es Konfliktstoff allenfalls durch die bei einem Geheimdienst eigene geringe Bereitschaft gegeben zu haben, Informationen zu teilen. Dass Havemann auch Informationen über – wie er argwöhnt – zur Republikflucht entschlossene Kollegen gibt, diese damit zumindest wissentlich der Gefahr der Repression ausliefert, ist dabei ausdrücklich festzuhalten, damit

---

21   Vgl. z. B. den Beitrag von Klaus, Georg: Aufgaben der philosophischen Lehre und Forschung. Vorschläge des Philosophischen Instituts der Humboldt-Universität. In: ND v. 8.6.1956, S. 6, der noch vor der Veröffentlichung von Havemanns Diskussionsbeitrag dieselben Gedanken darlegt.

22   Stern, Viktor: Dogmatismus und Meinungsstreit. Zur ideologischen Diskussion. In: ND v. 25.8.1956, S. 6. Die Passage sei in originaler Rechtschreibung und Grammatik zitiert, da die Konstruktion »zu der [...] Darstellung [...] ist [...] ein objektivistischer, versöhnlerischer Zug« im Grunde nicht »erkennbar«, sondern »zurechenbar« heischt. Stern ging es keinesfalls um die Analyse dessen, was Havemann schrieb, sondern um deren politische Zuordnung und Verortung im Kanon ideologischer Sünden, unter denen das Versöhnlertum schon keine der lässlichen mehr darstellte, wofür nicht die Substanz des Gesagten, sondern die Reaktion der Parteiführung das Entscheidende feststellen würde, das frühzeitig antizipiert zu haben, ihm, Stern, einstmals zur Ehre hoher politischer Wachsamkeit gereichen würde.

23   Vgl. Treffbericht, 2.4.1956; RHG, RH 062 (BStU, MfS, AOP 5469/89, Bd. 2), Bl. 20.

nicht der Eindruck entsteht, hier handele es sich gleichermaßen um eine Kooperation zur Unterstützung der Anbahnung des innerdeutschen wissenschaftlichen Austausches.[24] Als ihn sein Führungsoffizier um Informationen über die Reaktionen auf die Verhaftungen im November und Dezember 1956 angeht, reagiert Havemann dilatorisch: Die Verhaftung Harichs sei in seinem Institut nicht mit sonderlich viel Aufregung zur Kenntnis genommen worden, da er persönlich ja als Kontrahent Harichs in öffentlichen Debatten bekannt sei, und er selbst könne dessen anderen Aktivitäten, weil sie sich nicht öffentlich vollzogen, nicht beurteilen.[25] Über die Reaktionen an anderen – vor allem den nachdrücklich abgefragten gesellschaftswissenschaftlichen – Instituten gibt er vor, nicht informiert zu sein.

Doch schon zuvor, als die politische Situation sich zuspitzte, als Chruščev massiv die Wahl Gomułkas zu verhindern suchte und die SED mit der Verweigerung von Informationen reagiert, übt Havemann unmissverständlich und deutlich Kritik nicht allein an dem Faktum, sondern primär an der Methode: Wie soll ich, sagt er, Partei ergreifen für ein Politik, über die ich nicht in Kenntnis gesetzt werde. Vermutlich läge im Falle von Zusammenstößen sowjetischer und polnischer Truppen die Schuld bei den sowjetischen. Und Havemann fährt fort:

»Die Volksmassen drängen nach Demokratisierung. Wenn die Partei diesen Prozess zu bremsen versucht, gerät sie in den Nachtrapp und wird von den Massen getrieben. Aber über diese Bremser wird die Geschichte hinweggehen. Damit wir nicht in solche Lage geraten, muss man alle Kanäle öffnen. Wenn wir sie nicht öffnen, wird es zum Stau kommen und dann wird man möglicherweise wieder sagen, das waren Agenten, wie man am 17. Juni gesagt hat. […] Es ist bekannt, dass in Partei und Bevölkerung große Missstimmung und Unzufriedenheit herrschen. Partei ist Schuld. Sie liefert den Zündstoff.«

Endlich kommt Havemann ausdrücklich auf jenes Anliegen zurück, das er seit dem Frühjahr 1956 verfolgt: »Wir haben den Kampf für die freie Meinungsäußerung aufgenommen und alles, was wir bisher erreicht haben seit dem XX. Parteitag, soll wieder zum Teufel gehen. Aber es wird nicht zum Teufel gehen.«[26]

In einer anderen Diskussion, einer Aussprache der »Genossen Professoren der Humboldt-Universität«, die am 7. November 1956 stattfindet, also nicht nur nach der Niederschlagung der ungarischen Revolution, sondern auch nach dem durch massiven Druck und durch Drohungen erreichten Verstummen

24   Zu Havemanns Kooperation mit dem MfS vgl. Polzin, Arno: Der Wandel Robert Havemanns vom Inoffiziellen Mitarbeiter zum Dissidenten im Spiegel der MfS-Akten. 2., überarb. Aufl., Berlin 2006.

25   Vgl. Treffbericht, 7.12.1956; RHG, RH 062 (BStU, MfS, AOP 5469/89, Bd. 2), Bl. 41 f.; Treffbericht 17.1.1957; ebenda, Bl. 48 f.

26   Reimann, Ulrich; Kotowski, Werner (SED-Parteileitung Humboldt-Universität): Information über die Versammlung der Parteigruppe der Wissenschaftler am Chemischen Institut am 24.10.1956. Berlin, 25.10.1956; SAPMO-BA, DY IV 2/9.04/164, Bl. 67.

öffentlich geäußerten Studentenprotestes an der Humboldt-Universität,[27] äußert sich Havemann sehr militant im Sinne der SED und ihrer Politik der Verweigerung der Studentenforderungen (Abschaffung des obligatorischen Gewi- und Russisch-Unterrichts, Einrichtung von Studentenräten), beharrt aber darauf, dass eine offene Politik betrieben werden müsse: »Wir müssen wissenschaftliche Diskussionen über brennende Fragen in einer öffentlichen Form mit Fachvertretern durchführen. Wir überlassen es dem Feind, mit unseren Leuten über Fragen zu diskutieren, zu denen wir schweigen.«[28]

Am 14. Dezember 1956 wurde im philosophischen Institut der Humboldt-Universität eine Diskussion über die philosophischen Aussagen Havemanns in seinen Artikeln des Jahres 1956 angesetzt. Es muss Havemann klar gewesen sein, dass die Szene zum Tribunal werden würde. Die Situation nicht in dieser Konsequenz abzuschätzen, hieße ihm eine für die Logik parteiinterner Auseinandersetzungen unglaubliche Naivität zu unterstellen, die seinen Erfahrungen und seinem Wissen über die Geschichte des Bolschewismus nicht entspräche.

Es kann hier nicht auf die Substanz der Auffassungen eingegangen werden, die Havemann schon im Oktober für diese lange geplante Debatte noch einmal in Thesen zusammengefasst hatte und die er in der öffentlichen Debatte zu verteidigen gedachte.[29]

Die Versammlung, zu der Havemann mit einigen seiner Assistenten und Studenten der naturwissenschaftlichen Fakultät erscheint, erweist sich als eine für ihn unerwartet große Runde von circa 100 Angehörigen der philosophischen Fakultät und etwa 30 bis 40 geladenen und ungeladenen Gästen, wie das Protokoll vermerkt:

»Im Präsidium hatten die Genossen Zweiling (als Diskussionsleiter) und die Genossen Havemann und Klaus (als Haupt-Diskussionspartner) Platz genommen. Als erster sprach Genosse Klaus in einem Kurzreferat zu den 21 Thesen des Genossen Havemann. Dieser antwortete als zweiter Redner ebenfalls in einem Kurzreferat. An diese Ausführungen entwickelte sich eine Diskussion, die fast ausschließlich von den Genossen Havemann, Segal, Brandt, Klaus, Zweiling, Scheler bestritten wurde. [...] Die Diskussion wurde erst heftig, als durch Genossen Zweiling die Position der Genossen Havemann und Herneck politisch charakterisiert wurde [...] Genosse Zweiling hatte sich zu Wort gemeldet und hielt einen Diskussionsbeitrag zu den angeschnittenen Fachfragen in der ihm zustehenden Diskussionszeit von 10 Minuten. Anschließend daran beanspruchte er nochmals

27 Vgl. Kowalczuk, Ilko-Sascha: Die Niederschlagung der Opposition an der Veterinärmedizinischen Fakultät der Humboldt-Universität zu Berlin in der Krise 1956/57. Dokumentation einer Pressekonferenz des Ministeriums für Staatssicherheit im Mai 1957. Berlin 1997 (Schriftenreihe des Berliner Landesbeauftragten für die Unterlagen des Staatssicherheitsdienstes der ehemaligen DDR; 6).

28 Protokoll über die Aussprache mit Genossen Professoren der Humboldt-Universität am 7.11.1956; SAPMO-BA, DY 30/IV 2/9.04/432, Bl. 42.

29 Vgl. hierzu Herzberg: Anpassung (Anm. 18). Die bereits häufig in der Literatur diskutierten Thesen werden im Anhang von Theuer; Florath: Robert Havemann (Anm. 6), Dokument 13, erstmals publiziert.

10 Minuten Diskussionszeit, um im Namen des wissenschaftlichen Beirates für Philosophie und der Sektion Philosophie bei der Akademie der Wissenschaften eine Erklärung zu der seit einiger Zeit geführten Philosophie-Diskussion abzugeben. Genosse Zweiling charakterisierte im Namen der genannten Gremien und in seinem eigenen Namen die von Havemann ins Leben gerufene Diskussion und besonders die darin von Genossen Havemann und Genossen Herneck vertretene Position als ideologische Aufweichungserscheinung, vergleichbar mit der Tätigkeit des Petöfikreises. […]

Genosse Havemann erklärte daraufhin, dass er es als politische Provokation betrachtet, wenn trotz dieser Entscheidung einer übergeordneten Dienststelle das Colloquium einberufen worden ist. Mit Protest verließen Genosse Havemann und seine Anhänger die Versammlung, wobei auch solche Bemerkungen fielen wie: ›25 Jahre bin ich in der Partei, aber so bin ich noch nie behandelt worden.‹«[30]

Havemann versteht es in dieser zugespitzten Situation, ohne seine Forderung nach öffentlichen und unzensierten Debatten aufzugeben, Parteidisziplin zu beweisen und zugleich die Praxis der deformierten Öffentlichkeit zu desavouieren. Wenn die Partei es für schädlich hält, dass seine Thesen diskutiert werden, so muss es eine parteifeindliche Provokation darstellen, eine solche Diskussion anzusetzen. Er bricht als disziplinierter Genosse – nicht ohne der großen Verletztheit seiner Parteiehre lautstark Ausdruck zu verleihen – die ihm verbotene Diskussion ab und denunziert nun seinerseits die auf ihn angesetzten Inquisitoren der Verletzung der Parteidisziplin.

Natürlich ist jedem Beobachter der Szene klar, wer hier für die Parteilinie – sintemal die neue – spricht und wer dagegen. Doch Havemann unterläuft die Logik des Showdowns unter Berufung auf seine Diszipl
liniertheit. Virtuos auf der Klaviatur parteiinterner Auseinandersetzungen spielend, setzt er seine Kontrahenten ins Unrecht und vereitelt eine direkte Disziplinierung. Intern wird anschließend nach Auswegen aus dem Dilemma gesucht, Selbstkritik geübt, zugleich aber ausdrücklich angewiesen, dass Havemann weiterhin publizieren solle, um den Eindruck zu vermeiden, er sei gemaßregelt worden.[31]

Im März 1957, nach dem 30. Plenum,[32] tritt Havemann einen taktischen Rückzug an: Er nimmt seine Aussage über das Verhältnis von Philosophie und Naturwissenschaften und über den Gegenstand der Philosophie zurück. Sie ist der ihm am ehesten verschmerzbare Teil seiner Intervention, dessen explizit politische Ausdeutung auf der Agenda der Auseinandersetzungen von 1962 bis

30   Kosin, Heinz: Bericht v. 18.12.1956; RHG, RH 308 (SAPMO-BA, DY 30/IV 2/9.04/164), Bl. 74 f.

31   »Die Universitätsparteileitung ist damit einverstanden, dass der Genosse Havemann in der nächsten Zeit öffentlich mit politischen oder fachlichen Vorträgen auftritt, um evtl. Spekulationen im Zusammenhang mit der Person des Genossen Havemann entgegenzutreten.« Beschluss der Universitätsparteileitung zu den Vorgängen anlässlich der Philosophie-Diskussion am 14.12.1956, 22.12.1956; RHG, RH 308 (SAPMO-BA, DY 30 IV 2/9.04/164).

32   Unsere Philosophie und das Leben. In: ND Berlin v. 20.3.1957, S. 4.

1964 stehen sollte. Scheinbar ist damit der Casus Belli aus der Welt. Doch Havemann beharrt auf der Offenheit und Freiheit der Meinungsäußerung in der Debatte auf der Suche nach der Wahrheit. Parteibeschlüsse können nur das Verhalten der Genossen regeln. Sie können nicht Wahrheit präjudizieren.

Er verteidigt nicht nur den als Revisionisten angegriffenen Friedrich Herneck,[33] er verteidigt auch Fritz Behrens und Arne Benary,[34] ja selbst Harich: Nicht deren Auffassungen – die hatte die Partei verurteilt – aber deren Möglichkeit und Recht zu sagen, was sie gesagt haben. Selbst wenn nur ein Bruchteil dessen, was sie sagten, richtig gewesen sei, lohne es, diesen Bruchteil und so auch die Personen zu verteidigen, sie ernst zu nehmen, weil jeder winzige Schritt der Erkenntnis näher zur Wahrheit führe. Harich sei hingegen nur deshalb vom Wege parteilicher Tugend abgekommen, weil sich die Partei nicht rechtzeitig offen und in aller Öffentlichkeit mit ihm auseinandergesetzt habe. Es handele sich um einen tragischen Fall, an dem alle Beteiligten insofern Mitverantwortung trügen, als es keine hinreichende Freiheit der Meinungsäußerung gab: »Es ist doch klar, dass diese Menschen zu ihrer unglückseligen Entwicklung nur deshalb – oder jedenfalls weitgehend deshalb – kommen konnten, weil sie der Meinung waren, es habe keinen Zweck, es wäre nicht möglich, über ihre Ansichten zu sprechen.«[35]

Havemann kritisiert die Atmosphäre der Einschüchterung und des Meinungsterrors: »Wenn jemand nur ein ›Piep‹ zu sagen wagt, wird ihm schon über den Mund gefahren, wird gesagt, dass das staatsfeindliche Ansichten

---

33 Vgl. z. B. Havemanns Äußerungen gegen die Art der Auseinandersetzung mit Herneck, SED-Grundorganisation Chemiker. Protokoll der Mitgliederversammlung, 11.2.1958; RHG, RH 314 (Landesarchiv Berlin, SED-BPA, IV 4/12/86); einen Herneck gegen die Angriffe von Taut und Klotz verteidigenden Artikel »Zur Diskussion: ›Marxistische Philosophie und Naturwissenschaft‹« weigerte sich die Zeitung der SED an der Humboldt-Universität zu drucken (Manuskript des Artikels in: RHG, RH 308; [SAPMO-BA, DY 30 IV 2/9.04/164], Bl. 95–103; Notiz, ein Telefongespräch mit Gen. Havemann, 16.2.1958; ebenda, Bl. 105). Vgl. zu Herneck: Herzberg, Guntolf: Zwischen Parteilichkeit, Revisionismus und Opposition. Die Verfolgung und Verurteilung einer Gruppe von Philosophen der Berliner Humboldt-Universität. In: DA 32(1999)2, S. 254–263; Ders.: »Dr. Herneck auf der Linie unserer Feinde«. Von der Zerstörung eines Philosophen durch die SED. In: DA 33(2000)2, S. 240–251.

34 Aktennotiz an Gen. Hörnig. Betr. Auftreten des Genossen Havemann in einer Parteigruppenversammlung am 17.4.1957, 18.4.1957; RHG, RH 308 (SAPMO-BA, DY 30 IV/9.04/434, Bl. 18: »Als Genosse Singer eingriff und darauf hinwies, dass die Auseinandersetzungen mit Behrens und Benary auch politischen Charakter haben, hielt Genosse Havemann eine Verteidigungsrede für Behrens und Benary und meinte, dass er sich von Singer dadurch unterscheide, dass er [Havemann] immer vom Positiven ausgehe. So auch bei Behrens und Benary. Singer und andere Genossen dagegen würden nur das Negative suchen.« Singer, SED-Parteisekretär der Humboldt-Universität, schrieb am 18.12.1957 an Hager: »So führt eine ununterbrochene Linie vom Auftreten des Genossen Robert Havemann im Oktober/November 1956, über seine Einschätzung des 30. Plenums (Behrens und Benary) zu seiner Verteidigung Blochs.« Rudi Singer an Kurt Hager, 18.12.1957; RHG, RH 308 (SAPMO-BA, DY 30 IV/9.04/164).

35 Havemann, Robert: [Diskussionsbeitrag auf der Sitzung des Präsidialrates des Kulturbundes, 13.9.1957], in: Heider, Magdalena; Thöns, Kerstin: SED und Intellektuelle in der DDR der fünfziger Jahre. Kulturbundprotokolle. Köln 1990, S. 131.

sind.« Freier Meinungsstreit bedürfe indessen der Fähigkeit »zu hören, was die anderen denken, und davon haben wir nicht genug gelernt«.[36]

Und immer wieder beharrt er darauf, informiert zu werden: in der SED-Parteiorganisation, als Volkskammerabgeordneter: »Warum erfahren wir nichts Außenpolitisches? Dass es direkt vor Krieg zwischen SU und Polen stand! Warum nichts über die Fälle Bloch u. Vieweg u. Schweigen dazu?«[37]

Er verweigert sich der Neudefinition des Hauptfeindes seit dem November 1956 und hält am Dogmatismus als dem primären Problem fest. Erst nach massiven Angriffen zieht er sich auch hier zurück – nicht ohne seine Kontrahenten auch darin bloßzustellen:

Der SED-Parteisekretär der Humboldt-Universität Rudi Singer müsse, so Havemann, schon akzeptieren, dass der eine das schneller lerne als der andere, schließlich müsse man ja von der Richtigkeit dieser politischen Wendung auch überzeugt sein. Niemand hatte Havemann unterstellt, er sei begriffsstutzig. Wenn sich denn jemand schneller als er auf eine neue Parteilinie einstelle, so also nicht, weil er sie begriffen habe, sondern weil er als Lakai Gehorsam übe – so jedenfalls lautet der Klartext einer Havemann'schen durchsichtigen Finger-übung auf Aisopos in den Debatten der Hochschulkonferenz der SED. Seine Zeitgenossen jedenfalls verstehen ihn. Und die ihn nicht verstehen, haben nicht zu Unrecht das tumbe Gefühl, vorgeführt zu werden.

Auch wenn es Havemann gelingt, sich der Vergeltung der nun wieder unangefochten herrschenden doktrinären Funktionäre zu entziehen, der reformerische Anstoß des Jahres 1956 ist zurückgeworfen. Ulbricht interpretiert Havemanns Diktum vom Juli 1956 nunmehr im stupiden Sinne der Jahre zuvor: Nach dem Revirement in den Redaktionen der *Deutschen Zeitschrift für Philosophie* durch die Verhaftung Wolfgang Harichs und der *Zeitschrift für Geschichtswissenschaft* durch die Absetzung der Redaktion Fritz Kleins und Joachim Streisands erschienen nur noch die Texte der dogmatischen Lohnschreiber des Politbüros. Oder wie Ulbricht es formuliert: »Im Kampf gegen den Revisionismus wurde die Freiheit des wissenschaftlichen Meinungsstreites in diesen Zeitschriften durchgesetzt, und jetzt kann man dort die verschiedenen Standpunkte veröffentlichen. Das ist das Neue an der Lage.«[38]

Havemann bleibt persönlich – noch – unangreifbar. Nicht nur weil er furchtlos ist. Wer will einen Mann schrecken, der sechzehneinhalb Monate unter dem Fallbeil gelebt hat? Und womit? Havemann hat jene Verbindungen auch in die westdeutsche Wissenschaft, die kaum ein anderes SED-Mitglied

---

36   Ebenda, S. 147 u. 146.

37   Klemperer: So sitze ich (Anm. 3), S. 616, über die Sitzung der Kulturbundfraktion der Volkskammer am 26./27.4.1957.

38   Ulbricht, Walter: Die Perspektive muss klar sein. Ausführungen in einer Beratung mit Vertretern der Intelligenz in Berlin. 19. Juli 1957, in: Ders.: Zur Geschichte der deutschen Arbeiterbewegung. Aus Reden und Aufsätzen. Bd. VI, Berlin 1964, S. 488.

unter den Wissenschaftlern aufweisen kann. Er bespricht mit Werner Heisenberg den Appell der Göttinger 18, bevor der der Öffentlichkeit übergeben
wird. Er ist dabei Bote, Mittler, auch Moderator. Selbst wenn er Kopien seiner
Gesprächsprotokolle auch seinem Führungsoffizier beim MfS zukommen lässt:
Er segelt Heisenberg gegenüber nicht unter falscher Flagge. Heisenberg weiß,
mit wem er zu tun hat und welche politischen Interessen Havemann umsetzen
will: weil ihm Havemann das klar und deutlich – und, wenn man den Text
heute liest, auch reichlich plakativ – mitteilt.[39]

Havemann ist Spitzenkandidat der SED zu den Westberliner Abgeordne-
tenhauswahlen. Havemann ist wohl der einzige unter den ostdeutschen Kommunisten, dessen Werben um westdeutsche Wissenschaftler überhaupt irgendwelche Aussichten auf Erfolg haben konnte.

Der Bau der Mauer ändert das. Das begreift Havemann 1964 möglicherweise ein paar Stunden später als seine Kontrahenten.

---

39   Vgl. die Gedächtnisprotokolle der Gespräche Havemanns mit Werner Heisenberg aus dem
Jahre 1958, in: Theuer; Florath: Robert Havemann (Anm. 6), Dokument 15.

Herrschaft und gesellschaftliche Konflikte

Peter Heumos

Zum Verhalten von Arbeitern in industriellen Konflikten

Tschechoslowakei und DDR im Vergleich bis 1968

Die Entwicklung industrieller Konflikte in staatssozialistischen Gesellschaften lässt sich mit den kategorialen Mitteln der quantitativen sozialhistorischen Protestforschung,[1] die für Gesellschaften des westlichen Typs angewendet wird, nicht erfassen. Grund dafür sind die so unterschiedlichen organisatorisch-politischen Rahmenbedingungen, wie zum Beispiel das Fehlen eines auf Vergrößerung bzw. Verminderung mobilisierbarer Konfliktmacht angelegten Institutionensystems und eines Marktes für pluralistische Interessenabstimmung oder die geringe verfahrensmäßige Festlegung der Austragungsformen von industriellen Konflikten und der dadurch verursachten »Unübersichtlichkeit«. Daher muss man Arbeitskonflikte in staatssozialistischen Systemen mit einer qualitativen Analyse untersuchen.

In der Tschechoslowakei[2] zeigte sich die »Unübersichtlichkeit« industrieller Konflikte unter anderem daran, dass ihr Ausgangspunkt relativ beliebig war und sich oft direkt aus der lebensweltlichen Erfahrung ergab. Ein Beispiel: Die Nachtschicht einer Textilfabrik in Hořice im nordöstlichen Böhmen schwänzt die Arbeit und vergnügt sich beim Tanz auf der Kirmes. Am nächsten Morgen streikt sie gegen Nachtarbeit.[3]

Die Kommunistische Partei der Tschechoslowakei (KPTsch) selbst leistete dieser Entgrenzung von Arbeits- und Lebenswelt Vorschub: Die Arbeitsmoral der Bergarbeiter in Ostrava (Nordmähren) sank, also wurden ihre Ehefrauen

1   Ein Beispiel für dieses Forschungskonzept: Volkmann, Heinrich: Modernisierung des Arbeitskampfes? Zum Formwandel von Streik und Aussperrung in Deutschland 1864–1975. In: Kaelble, Hartmut u. a.: Probleme der Modernisierung in Deutschland. Sozialhistorische Studien zum 19. und 20. Jahrhundert. Opladen 1978, S. 110–170 (Schriften des Zentralinstituts für sozialwissenschaftliche Forschung der Freien Universität Berlin 27).

2   Für diese werden im vorliegenden Beitrag Ergebnisse eines von der VW-Stiftung geförderten Forschungsprojekts zur Sozialgeschichte der tschechoslowakischen Industriearbeiterschaft 1945–1968 benutzt, das der Verfasser zusammen mit fünf tschechischen Wissenschaftlerinnen und Wissenschaftlern (Eva Hošková, Květa Jechová, Lenka Kalinová, Karel Kaplan, Jiří Pokorný) in den Jahren 1998–2001 am Collegium Carolinum in München durchgeführt hat.

3   Bericht über den Streik im Nationalunternehmen Mileta 01, Hořice, und über die Situation bei der Durchführung der Anweisung des Ministeriums für Brennstoffe und Energiewesen vom 8.10.1953; Národní archiv (künftig: NA), Prag, Bestand 02/4, Bd. 54, Nr. 22.

zu den Produktionsberatungen eingeladen.[4] Es haperte mit sozialistischen Arbeitsinitiativen bei der Stahlproduktion in Kladno (Mittelböhmen), also wurden die Kinder der Stahlwerker in der Schule aufgefordert, ihren Vätern die Frage zu stellen, warum sie noch nicht als »bester Arbeiter« aus einem sozialistischen Wettbewerb hervorgegangen seien.[5]

In der DDR erreichte die »lebensweltliche Überformung der Arbeitssphäre« ein solches Ausmaß, dass sie – als Erosion von »Grundmuster[n] und Tugenden industrieller Kultur« gedeutet – zu den wichtigsten Gründen des Systemkollapses gezählt wird.[6] In der Tschechoslowakei nahm die Aufhebung der Trennung von Arbeits- und Lebenswelt politischen Charakter an, indem sie von einer breiten Strömung in der Arbeiterschaft im syndikalistischen Sinne zum Programm der Aufhebung der Trennung von »Leitung und Ausführung« im Betrieb ausgeweitet wurde.[7] Da die Arbeiter diese Zielsetzung als »Inbesitznahme« des Betriebes verstanden – »Die Fabrik gehört uns allen«,[8] hieß es 1951 im Betriebsrat der Pilsener Škoda-Werke – müssen für die Tschechoslowakei im Folgenden die betrieblichen Herrschaftsverhältnisse genauer betrachtet werden.

1. Angesichts des Herrschafts- und Deutungsmonopols der kommunistischen Partei haben Fragen der rechtlichen Kodifizierung von Arbeitskämpfen im Staatssozialismus nur geringen Erklärungswert. Immerhin gab es in dieser Hinsicht zwischen der DDR und der Tschechoslowakei deutliche Unterschiede. In der DDR blieb das Streikrecht bis 1968 in der Verfassung verankert.[9] In der Tschechoslowakei wurde es dagegen bereits vor der Machtübernahme der KPTsch (Februar 1948) unter Zustimmung aller an der Regierung der Nationalen Front beteiligten Parteien abgeschafft; es fand weder in die erste kommunistische Verfassung (1948) noch in die Verfassung von 1960 Eingang.[10] Andererseits wurden Streiks zu keiner Zeit ausdrücklich verboten.[11]

---

4   Bericht der Delegation des Genossen Mertl im Revier Ostrava-Karviná v. 4.–8.1.1960; Všeodborový archiv ČMKOS (künftig: VOA), Prag, ÚVOS-Horníci, Karton 100, Faszikel 6.

5   Bericht eines Instrukteurs des Kreisgewerkschaftsrates Prag für Januar 1951; VOA, ÚRO-Org., Karton 10, Nr. 382.

6   Jessen, Ralph: Die Gesellschaft im Staatssozialismus. Probleme einer Sozialgeschichte der DDR. In: Geschichte und Gesellschaft 21(1995)1, S. 96–110, hier 108.

7   Heumos, Peter: »Der Himmel ist hoch, und Prag ist weit!« Sekundäre Machtverhältnisse und organisatorische Entdifferenzierung in tschechoslowakischen Industriebetrieben 1945–1968 (unveröffentlichtes Manuskript, erscheint 2007 in einem von Annette Schuhmann, Potsdam, herausgegebenem Sammelband über realsozialistische Netzwerke).

8   Protokoll der Plenarsitzung des Betriebsrates v. 28.5.1951; Škoda-Archiv, Pilsen, ROH 13/669.

9   Hübner, Peter: Identitätsmuster und Konfliktverhalten der Industriearbeiterschaft der SBZ/DDR. In: Bohemia. Zeitschrift für Geschichte und Kultur der böhmischen Länder 42(2001)2, S. 220–243, hier 225.

10   Heumos, Peter: Zum industriellen Konflikt in der Tschechoslowakei 1945–1968. In: Hübner, Peter; Kleßmann, Christoph; Tenfelde, Klaus (Hg.): Arbeiter im Staatssozialismus. Ideologischer Anspruch und soziale Wirklichkeit. Köln, Weimar, Wien 2005, S. 473–497, hier 473 f. (Zeithistorische Studien. Hg. v. Zentrum für Zeithistorische Forschung Potsdam, Bd. 31).

11   Ebenda, S. 474.

Die politische Wirklichkeit ist über Rechtsnormen in der DDR rasch hinweggegangen. Aus der Provisorischen Volkskammer der DDR verlautete im April 1950, der Staat und die staatlichen Unternehmen könnten unter der politischen Herrschaft der Arbeiterklasse keine anderen Interessen haben als die Arbeiter selbst.[12] In der ČSR nahmen einige Betriebsleitungen die politische Skandalisierung von Streiks entsprechenden offiziellen Erklärungen vorweg. »In der heutigen Situation, da sich das arbeitende Volk selbst regiert«, müsse man »jeden Streik und selbst jede Streikdrohung als eine gegen das arbeitende Volk gerichtete Handlung« betrachten, meinte die Personalabteilung der Stahlwerke Kladno im Juli 1948.[13] Von hier aus war es dann nur noch ein kleiner Schritt zur Kriminalisierung von Arbeitskämpfen. Streiks wurden während des ersten Fünfjahresplans (1949–1953) in Bulletins für Parteifunktionäre mit staatsfeindlichen und terroristischen Aktionen, Sabotage und Bluttaten in einem Atemzug genannt.[14] Trotz dieser martialischen Semantik, die stets mit dem Generalverdacht einherging, Streiks seien das Werk »imperialistischer Agenten«, des »Klassenfeindes« und »ähnlicher Elemente«,[15] bemühte die DDR nach 1953 mit einem zunehmend perfektionierten Informations-, Kontroll- und Repressionsapparat[16] ganz andere und mit der Tschechoslowakei unvergleichbare Mittel, um sozialen Protest unter die Schwelle seiner Aktualisierung herabzudrücken.

2. Das Konfliktverhalten der DDR-Arbeiterschaft zeigte bis 1953 noch einen »deutlichen Anklang« an die Arbeiterbewegungstradition der 1920er Jahre.[17] Demgegenüber zogen die tschechischen und slowakischen Arbeiter Selbstbewusstsein und Durchhaltevermögen in Konfliktsituationen aus der betrieblichen Machtposition, die sich die nach dem Zusammenbruch des NS-Okkupationsregimes aus dem Untergrund auftauchende Betriebsrätebewegung bereits vor der Machtübernahme der KPTsch gesichert hatte. Diese Bewegung wurde von syndikalistischen Zielsetzungen und libertären Sozialismusvorstellungen getragen.[18] Um die Mitte der 1950er Jahre waren zwischen 50 und

---

12   Hübner: Identitätsmuster und Konfliktverhalten (Anm. 9), S. 225.

13   Bericht der Personalabteilung der Vereinigten Stahlwerke Kladno für das Direktorium des Unternehmens über Streikdrohungen zur Durchsetzung von Lohnforderungen; Státní oblastní archiv (künftig: SOA), Prag, SONP, Karton 392, 1948–1954 [Juli 1948].

14   Überblick über Streiks, terroristische Aktionen und Morde, staatsfeindliche Vorgänge und Sabotage, Gerüchte und Wandschmierereien v. 1.7.–6.9.1948; NA, Bestand 100/24, Bd. 59, Nr. 927, 1948.

15   Bericht über die Ursachen des Streiks im Betrieb TOS Hostinné, Bezirk Vrchlabí; NA, Bestand 014/12, Bd. 18, Nr. 588, 1955.

16   Hürtgen, Renate: Konfliktverhalten der DDR-Arbeiterschaft und Staatsrepression im Wandel. In: Hübner; Kleßmann; Tenfelde (Hg.): Arbeiter im Staatssozialismus (Anm. 10), S. 383–403.

17   Ebenda, S. 391.

18   Heumos, Peter: Betriebsräte, Einheitsgewerkschaft und staatliche Unternehmensverwaltung. Anmerkungen zu einer Petition mährischer Arbeiter an die tschechoslowakische Regierung vom 8.6.1947. In: Jahrbücher für Geschichte Osteuropas 29(1981), S. 215–245.

60 Prozent der Mitglieder der Betriebsräte Parteimitglieder.[19] Es ist nicht gelungen, den Einfluss der Betriebsräte durch »von oben« eingesetzte Produktionsausschüsse und Betriebsgruppen der 1945 gegründeten Einheitsgewerkschaft entscheidend einzuschränken. Der Industrieminister musste 1947 einräumen, in den Fabriken rege sich ohne Zustimmung der Betriebsräte »keine Maus«.[20]

Überlegungen der Gewerkschaftsführung im Herbst 1948, die Betriebsräte aufzulösen,[21] blieben immer Fantasien. Anders als in der DDR, wo die Betriebsräte in den Jahren 1949 bis 1950 mit den Betriebsgruppen des FDGB zusammengelegt wurden, kam diese Fusion in der Tschechoslowakei erst 1959 zustande[22] – zu einem Zeitpunkt, als sich die einheitsgewerkschaftlichen Betriebsgruppen längst im Schlepptau der Betriebsräte befanden. Die aus der Fusion hervorgegangenen Betriebsausschüsse der Revolutionären Gewerkschaftsbewegung (ROH) setzten dann auch die Politik der Betriebsräte unverändert fort.

3. Der typische Ablauf von Arbeitskonflikten in der DDR in den späten 1950er und den 1960er Jahren sah so aus, dass Forderungen im Fall von Interessendifferenzen »zunächst und zumeist« an die unmittelbaren Vorgesetzten (Meister und Abteilungsleiter) gerichtet und dann »normalerweise« an die Werksleitung, die Betriebsgewerkschaftsleitung und die Leitung der Betriebsorganisation der SED weitergegeben wurden, die sich »zumeist gemeinsam um eine überzeugende Reaktion« bemühten.[23] Einen solchen »Instanzenzug« wird man in der Tschechoslowakei aus zwei Gründen vergeblich suchen:

a) Als Adressat von Forderungen der Arbeiter in Konfliktsituationen kamen die Meister zwischen 1945 und 1968 nicht in Betracht. Wie die Vorarbeiter gerieten sie nach 1945 mehrheitlich als »kapitalistische Antreiber« und wegen ihres Verhaltens unter der NS-Kriegswirtschaft im Protektorat Böhmen und Mähren in Verruf, wurden entweder durch rasch angelernte Arbeiter ersetzt oder mussten sich mit einer marginalen Rolle in der Betriebshierarchie abfinden.[24] Erst um die Mitte der 1960er Jahre, als begrenzte Autonomie für die

19   Bewertung der Jahresmitgliederversammlungen, der Wahlen der Vertrauensleute, Werkstatt- und Betriebsräte vom 13.1.1955; VOA, ÚRO-Před., Karton 21, Nr. 212/2/1. In den offiziellen Statistiken der Betriebsratwahlen wird der Anteil der KPTsch-Mitglieder an den Mitgliedern der Betriebsräte nicht ausgewiesen. Der hier für 1955 genannte prozentuale Anteil beruht auf einer gesonderten Erhebung des Zentralrates der Gewerkschaften; bis 1968 änderte sich dieser Anteil nicht signifikant.

20   Heumos, Peter: Betriebsräte, Betriebsausschüsse der Einheitsgewerkschaft und Werktätigen- räte. Zur Frage der Partizipation in der tschechoslowakischen Industrie vor und im Jahr 1968. In: Gehrke, Bernd; Horn, Gerd-Rainer (Hg.): 1968 und die Arbeiter. Studien zum proletarischen Mai« in Europa. Hamburg 2007, S. 131–158.

21   Vgl. dazu die Ausführungen des Gewerkschaftsfunktionärs Josef Šmídmajer. In: Odborář 1(1948), S. 12 f.

22   Mit dem Gesetz v. 8.7.1959, abgedruckt in: Informační bulletin Ústřední rady odborů 1959, Nr. 15, S. 9 f.

23   Hübner: Identitätsmuster und Konfliktverhalten (Anm. 9), S. 229 f.

24   Dokument über die Arbeit der Meister der Lenin-[Škoda-]Werke Pilsen; Škoda-Archiv, ZVIL 444, Př 336; Analyse der Arbeit der Meister [in den Vereinigten Stahlwerken Kladno] vom

Betriebe geplant wurde, begann sich die Führung der KPTsch ernsthaft um »geordnete« Machtverhältnisse in den Betrieben zu sorgen und in diesem Zusammenhang auch um die »Autorität« der Meister.[25]

b) Der Betriebsdirektor spielte bis zum Ende der 1950er Jahre in Arbeitskonflikten eine Nebenrolle, davon berichten die Quellen zuhauf. Der Direktor der Automobilwerke in Liberec (Nordböhmen) klagte einem Gewerkschaftsfunktionär sein Leid: Er habe in den vergangenen drei Monaten 80 Anweisungen erteilt, doch hätten die Arbeiter nicht eine einzige befolgt.[26] Drohungen der Arbeiter, es liege in ihrer Hand, den Betriebsdirektor abzusetzen,[27] deuten in der Tat darauf hin, dass es um dessen von der politischen Klasse grundsätzlich erwünschte Autorität schlecht bestellt war. Die Gewerkschaften gaben zu, dass Fähigkeiten und Prestige des betrieblichen Leitungspersonals zu wünschen übrig ließen, mahnten jedoch zur Geduld: Fachlich *und* politisch kompetente Betriebsleiter würden nicht vom »sozialistischen Himmel fallen«.[28] Die Situation der Betriebsleiter wird auch aus diesem Grund prekär gewesen sein: Obwohl sie sich schon 1950 zu einem Drittel aus aufgestiegenen Arbeitern rekrutierten,[29] konnten sie nicht sicher sein, bei der nächsten politischen Säuberung ungeschoren davonzukommen.[30]

Im Streikfall führte der Umstand, dass die Meister und Betriebsleiter in einem Prozess der Entpolitisierung des Konflikts (wie dies für die DDR galt[31]) praktisch ausfielen, immer auch zu einer raschen Konfrontation mit höheren Partei- und Gewerkschaftsfunktionären und – wenn eine Eingreifschwelle überschritten wurde, die im Streikfall bei 100 Beteiligten gelegen haben dürfte

12.12.1963; SOA, SONP, Karton 389, 1946–1962; Analyse der Entwicklung der Stellung der Meister im Nationalunternehmen Vereinigte Stahlwerke Kladno v. 19.8.1966; SOA, SONP, Karton 396, 1954–1966; Bericht über Lohnentwicklung und Arbeitsproduktivität im Jahr 1962, über die Verwirklichung der Beschlüsse des Präsidiums des Zentralrates der Gewerkschaften und über die Aufgaben der ROH bei der Entlohnung der Arbeit; VOA, ÚRO-Před., Karton 69, Nr. 381 III/1 (Anlage II).

25 Stellungnahme des Präsidiums des Zentralrates der Gewerkschaften zu dem am 8.6.1964 gefassten Beschluss der Staatlichen Lohnkommission; VOA, ÚRO-Před., Karton 70, Nr. 405 I/5.

26 Beratung der Kreissekretäre [der Gewerkschaften] mit den Abteilungsleitern des Zentralrates der Gewerkschaften am 29.5.1957 (Diskussionsbeitrag Koukal); VOA, ÚRO-Org., Karton 8, Nr. 55.

27 Bericht für den Kreisgewerkschaftsrat Karlovy Vary über die Ereignisse am Freitag, dem 5.6.1953, in der Grube Jiří in Lomnice; VOA, ÚRO-Org., Karton 146, Nr. 484.

28 Protokoll der Sitzung des erweiterten Präsidiums des ZK des Gewerkschaftsverbandes der Beschäftigten im schweren Maschinenbau am 30.1.1953 (Diskussionsbeitrag Maurer); VOA, ÚRO-Org., Karton 138, Nr. 470.

29 Kalinová, Lenka: Ke změnám ve složení hospodářského aparátu ČSR v 50. letech [Zu den Veränderungen der Zusammensetzung des Wirtschaftsapparats der ČSR in den fünfziger Jahren]. In: Jech, Karel (Hg.): Stránkami soudobých dějin. Sborník statí k pětašedesátinám historika Karla Kaplana [Blättern durch die Seiten der Zeitgeschichte. Aufsatzsammlung zum 65. Geburtstag des Historikers Karel Kaplan]. Praha 1993, S. 149–157.

30 Ebenda, S. 153.

31 Hübner: Identitätsmuster und Konfliktverhalten (Anm. 9), S. 229 f.

– mit der Polizei und den Sicherheitsorganen.[32] Die Betriebsorganisation der KPTsch nahm bei Streiks wirksamen Einfluss auf Verlauf und Beilegung des Konflikts, auch wenn ihre Mitglieder meistens – da sie sich nicht als »Herr der Situation« im Betrieb erwiesen hatten – disziplinarisch belangt wurden.[33] Der Betriebsrat – unter dem begründeten Verdacht, es mit den Streikenden zu halten – wurde zwar an den Verhandlungen beteiligt, beeinflusste aber das Verhandlungsergebnis selten.[34]

Diese Konstellation bildete die tatsächlichen Machtverhältnisse im Betrieb bei weitem nicht ab. Vergegenwärtigt man sich den Kontext, dann zeigt sich deutlich, dass die Betriebsorganisation der Partei überrepräsentiert, der Betriebsrat unterrepräsentiert war:

Bis 1953 haben die Betriebsräte – hier und da im Bündnis mit dem Leitungspersonal – die Auseinandersetzung mit den Betriebszellen der KPTsch, die sowohl gegenüber der Betriebsleitung als auch gegenüber dem Betriebsrat im Namen der »führenden Rolle der Partei in den Betrieben« Weisungsbefugnis beanspruchten, für sich entschieden und die Parteiorganisationen auf die ihr qua Betriebsstatut zugewiesenen Aufgabe (Kontrolle des Managements) zurückgedrängt.[35] Noch in der Phase des »terroristischen Hochstalinismus«[36] durchlöcherten die Betriebsräte das Monopol der Betriebsorganisation der KPTsch bei der Nominierung der Kandidaten für die Wahlen zum Betriebsrat.[37] Die schwache Position der Meister nutzten sie als Einfallstor in die Arbeitsorganisation.[38] Über die schwierige Material- und Rohstoffbeschaffung drangen die Betriebsräte seit 1949 auch in die leitenden Kader der Betriebe vor,[39] wozu sie in vielen Fällen förmlich eingeladen wurden.[40] Zwei Jahre nach

---

32   Bericht über den Streik im Nationalunternehmen Böhmisch-mährische Glasfabriken, Betrieb Krasno nad Bečvou, am 30.9.1948; Archiv Kanceláře prezidenta republiky (künftig: AKPR), Prag, Nr. 2339/C.

33   Bericht über den Streik im Werk Cotona, Litvínov, v. 16.7.1949; NA, Bestand 100/24, Bd. 59, Nr. 927, 1948–1949.

34   Bericht über den Streik in den V. M. Molotov-Eisenwerken in Třinec am 11.7.1951; NA, Bestand 100/1, Bd. 15, Nr. 96.

35   Heumos, Peter: Stalinismus in der Tschechoslowakei. Forschungslage und sozialgeschichtliche Anmerkungen am Beispiel der Industriearbeiterschaft. In: Journal of Modern European History 2(2004), S. 82–109, hier 94.

36   Boyer, Christoph: Arbeiter im Staatssozialismus: Ein Leitfaden in theoretischer Absicht. In: Bohemia. Zeitschrift für Geschichte und Kultur der böhmischen Länder 42(2001)2, S. 209–219, hier 215.

37   Heumos: Stalinismus in der Tschechoslowakei (Anm. 35), S. 94.

38   Ders.: »Wenn sie sieben Turbinen schaffen, kommt die Musik.« Sozialistische Arbeitsinitiativen und egalitaristische Defensive in tschechoslowakischen Industriebetrieben und Bergwerken 1945–1965. In: Brenner, Christiane; Heumos, Peter (Hg.): Sozialgeschichtliche Kommunismusforschung. Tschechoslowakei, Polen, Ungarn und DDR 1948–1968. Vorträge der Tagung des Collegiums Carolinum in Bad Wiessee vom 22.–24.11.2002. München 2005, S. 133–177, hier 156 (Bad Wiesseer Tagungen des Collegium Carolinum 27).

39   Ebenda, S. 150 f.

40   Auszug aus den Meldungen der Instrukteure des Kreisgewerkschaftsrates [Prag] v. 23.2.1950; VOA, ÚRO-Org., Karton 103, Nr. 353.

dem Februarumsturz wird erstmals berichtet, dass in einem großen Betrieb »Fragen der Produktion« in den Sitzungen des Betriebsrates geregelt wurden,[41] und 1951 war es im Organisationsbereich des Kreisgewerkschaftsrates Prag eine allgemeine Erscheinung, dass die Betriebsräte »die Aufgaben der Betriebsleitung übernommen haben«.[42] Insbesondere die Betriebsratsvorsitzenden schlugen sich mit Problemen herum, die »ausschließlich in die Kompetenz der Betriebsleitung« fielen.[43] Wurden die Mitglieder der Betriebsräte 1945 vom industriellen Management noch als »Idealisten« verspottet, denen die »erforderlichen fachlichen Kenntnisse und Erfahrungen in der Leitung eines Unternehmens fehlen«,[44] musste ein hoher Gewerkschafter im Sommer 1956 nach einer Inspektionsreise durch Mähren zugeben: »Die Funktionäre der Gewerkschaften in den Betrieben beherrschen die wirtschaftlichen Probleme gut, manch einer redet wie ein gelernter Ökonom.«[45]

Vergleichbares hatten die Betriebsorganisationen der KPTsch nicht vorzuweisen. Die Malaise der Partei im Ganzen – sie konnte nur auf ein Drittel ihrer Mitglieder zählen, soweit es um aktive Mitarbeit ging[46] – trat auf der Betriebsebene besonders deutlich hervor.[47] Auf die Erfahrung, dass die Implementierung der Politik der KPTsch in den Betrieben äußerst mühevoll war, reagierten die Mitglieder der Parteiorganisation entweder mit Rückzugstendenzen oder mit Androhungen brachialer Gewalt. Für das eine steht die Beobachtung (1951) eines höheren KPTsch-Funktionärs, dass die Partei in den Eisenwerken in Třinec (Mährisch-Schlesien) »an den Arbeitsplätzen fast nicht zu spüren« sei.[48] Das andere illustriert der Wutausbruch des stellvertretenden Vorsitzenden der KPTsch-Organisation in den Brünner Waffenwerken im gleichen Jahr. Angesichts des offenen Boykotts höherer Leistungsnormen in diesem Betrieb forderte er einen »zweiten Februar«; dann werde man »die

---

41 In den Sigma-Pumpenwerken im mährischen Lutín; VOA, KOR, Karton 14, 1950, Nr. 59.

42 Bericht über die Arbeit der Instrukteure des Kreisgewerkschaftsrates [Prag] bei der Absicherung der Planerfüllung und bei den Vorbereitungen zum 4. Jahr des Fünfjahresplans vom 12.12.1951; VOA, ÚRO-Org., Karton 112, Nr. 392/21.

43 Bericht über den sozialistischen Wettbewerb im Betrieb Rudý Letov (für die Plenarsitzung des Kreisgewerkschaftsrates Prag am 21.3.1953); VOA, ÚRO-Org., Karton 138, Nr. 467.

44 Schreiben des Prokuristen der Generaldirektion der Böhmisch-mährischen Maschinenbauwerke in Prag an das Industrieministerium v. 4.6.1945; SOA, ČKD-Ú, Karton 2, 30–44.

45 Bericht Pokorný über die Delegation im Kreis Jihlava v. 3.–7.7.1956; VOA, ÚRO-Org., Karton 156, Nr. 519/1–7.

46 Bericht Káňa über die Situation in der Grube Präsident Gottwald im Revier Ostrava-Karviná; NA, Bestand 100/2, Bd. 4, Nr. 54 [August 1951].

47 Bericht über die Untersuchung der Tätigkeit der Partei in Pilsen im Zusammenhang mit den Ereignissen am 1.6.1953; NA, Bestand AN.

48 Untersuchung in den V. M. Molotov-Eisenwerken in Třinec; NA, Bestand 100/1, Bd. 15, Nr. 96 [August 1951].

Flinte nehmen und alles zusammenschießen«.[49] Das eine wie das andere Verhalten führte die betrieblichen Parteiorganisationen in die Isolation.[50]

Unter solchen Voraussetzungen war es nun zwar nicht unüblich, dass sich die Betriebsorganisationen der Gewerkschaften und der Partei, wie in der DDR, um gemeinsame Regelungen von Arbeitskonflikten bemühten. Angesichts des mehr oder weniger offenen Machtkampfes zwischen beiden Organisationen, zu dem es in der DDR keine Parallele gab, blieben diese Regelungen brüchig und wurden von den KPTsch-Betriebszellen oft nur zähneknirschend mitgetragen.[51]

4. Der Zerfall der traditionellen Arbeitsteilung im Betrieb in den staatssozialistischen Aufbaujahren beschränkte sich nicht auf die Tschechoslowakei. Unter dem Druck der »Übermobilisierung« für die Aufholjagd gegenüber den kapitalistischen Ländern waren in der Industrie der staatssozialistischen Länder alle mit dem »Gesamtproblem«, das heißt mit der Planerfüllung, beschäftigt. Das löste die traditionellen arbeitsteiligen Regelungen und organisatorischen Differenzierungen auf. In der Tschechoslowakei beschränkte sich die Entdifferenzierung der betrieblichen Organisations- und Machtstrukturen allerdings nicht auf die Aufbruchsjahre. Seit 1959 auch von den Betriebsausschüssen der ROH zu kumulativem Machterwerb genutzt, setzte sie sich trotz des Lamentierens von Partei und Gewerkschaften über die »organisierte Unordnung«[52] in den Fabriken und die Missachtung des »demokratischen Zentralismus«[53] bis 1968 fort. Das langfristige Ziel der Machtappropriation war, wie schon erwähnt, die Aufhebung des »Unterschiedes« zwischen leitendem und ausführendem betrieblichen Personal, wie es der Betriebsrat der Pilsener Škoda-Werke im Januar 1950 feststellte.[54] Diese Zielsetzung drückte sich im Konfliktverhalten der Arbeiter als Zurückweisung bloßer Herrschaftsunterworfenheit aus. Die – wie in der DDR – häufigen Arbeitskonflikte im Zusammenhang mit der Normen- und

49 Bericht des Instrukteurs des Kreisgewerkschaftsrates Brno-Gottwaldov über die Situation bei der Normenüberprüfung v. 18.7.1951; VOA, ÚRO-Org., Karton 110, Nr. 385 b.

50 In den Škoda-Werken in Pilsen lief der informelle Kommunikationsfluss zwischen der betrieblichen Gewerkschaftsorganisation und dem Leitungspersonal gegen Ende der 1950er Jahre in einem solchen Maße an der Betriebsorganisation der KPTsch vorbei, dass deren Mitglieder erklärten, sie würden bei ihren Stellungnahmen zu betrieblichen Problemen – in Unkenntnis relevanter Vorgänge – die Partei »lächerlich machen«. Bericht über die Ausübung der Kontrolle der Betriebsleitung durch die betriebliche Parteiorganisation für das Unternehmenskomitee der KPTsch (Anlage zum Protokoll der Sitzung des Unternehmenskomitees der KPTsch am 23.5.1958); Škoda-Archiv, PV KSČ 2/238.

51 Heumos: Zum industriellen Konflikt (Anm. 10), S. 486.

52 Bericht über die Tätigkeit des Betriebsrates im Unternehmen Kovosvit in Třebíč v. 3.9.1952; VOA, ÚRO-Org., Karton 126, Nr. 436.

53 Bewertung der Jahresmitgliederversammlungen, der Wahlen der Gruppen-Vertrauensmänner, der Werkstatt- und Betriebsräte (für die Sitzung des Präsidiums des Zentralrates der Gewerkschaften am 13.1.1955); VOA, ÚRO-Předs., Karton 21, Nr. 212/2/1.

54 Protokoll der gemeinsamen Sitzung des Betriebsrates und der gewerkschaftlichen Betriebsgruppe am 10.1.1950; Škoda-Archiv, ZVIL 1515/PV 1287.

Lohnproblematik[55] brachen meistens deshalb aus, weil die Betriebsleitung Verschärfungen von Leistungsnormen und Lohnminderungen verfügte, ohne mit den Arbeitern vorher darüber gesprochen zu haben. Drei Beispiele von Dutzenden sind die Arbeitskonflikte im nordwestböhmischen Chomutov (1950), im mittelböhmischen Hostivař (1951) und in der Gießerei der Škoda-Werke (1953).[56] Gerade in solchen Fällen lag die Parteiführung richtig mit ihrer Vermutung von der Stärke »anarchosyndikalistischer Tendenzen« in den Betrieben.[57]

Dass von den für die Tschechoslowakei festgestellten 401 Streiks zwischen 1945 und 1968 mehr als die Hälfte (218) auf den Zeitraum 1948 bis 1953 entfiel, also auf eine Phase hoher und danach (bis 1968) nie wieder zu registrierender Gewaltbereitschaft des Staatsapparats,[58] spricht nicht für ausgeprägte Repressionsangst. Vermutlich schlug sich im geringen punitiven Gehorsam der Arbeiter nieder, dass sie schon zwischen 1950 und 1952 Partei und Gewerkschaften zum Einlenken bzw. zum Rückzug in zentralen Fragen der Industriepolitik gezwungen hatten. Hierher gehört das Scheitern der mit dem Regierungsbeschluss vom 14. Juli 1950 eingeleiteten Anhebung der Leistungsnormen (das Pendant zur administrativen Normenerhöhung in der DDR im Mai 1953), die nach landesweitem Aufruhr in den Betrieben 1951 abgebrochen wurde.[59] Zu erwähnen ist ferner das Unterlaufen der seit 1948 durch bessere Versorgung und andere materielle Anreize stimulierten Stoßarbeiterbewegung:[60] Die in den Fabriken betriebene Aufweichung der Kriterien für den Status des Stoßarbeiters ließ deren Zahl so dramatisch ansteigen, dass die Gewerkschaftsführung im März 1951 anordnete, keine weiteren Stoßarbeiterausweise auszustellen. Schließlich

---

55   Für die DDR siehe dazu Hübner: Identitätsmuster und Konfliktverhalten (Anm. 9), S. 228.

56   Heumos: Zum industriellen Konflikt (Anm. 10), S. 492.

57   Bericht der Abteilung des ZK der KPTsch für Parteiorgane, Gewerkschaften und Jugend über die Arbeit der Partei im Maschinenbau des Kreises Prag und Entwurf eines Beschlusses des ZK der KPTsch v. 20.2.1956; NA, Bestand 02/4, Bd. 93, Nr. 105.

58   Zu den Zahlenangaben siehe die Tabelle bei Heumos: Zum industriellen Konflikt (Anm. 10), S. 476. Die dort angegebenen Zahlen sind erste Annäherungswerte. Zur Gewaltbereitschaft des Staates gegenüber Arbeitern müssen an dieser Stelle einige summarische Hinweise genügen. Arbeiter stellten 1949 fast die Hälfte der Insassen der Zwangsarbeitslager. Der Anteil der Arbeiter an denjenigen, die von den eigens für politische »Delikte« eingesetzten Staatsgerichten in Prag und Brünn (1948–1952) verurteilt wurden, lag nach Erhebungen im Rahmen des eingangs erwähnten Forschungsprojekts (Anm. 2) bei 25 bis 30 %. Zwischen 30 und 40 % der von den Bezirksgerichten politisch Verfolgten waren Arbeiter, ihr Anteil an den aus politischen Gründen von den Strafkommissionen der Bezirksnationalausschüsse verurteilten Personen lag bei 25 %. Vgl. Gebauer, František u. a.: Soudní perzekuce politické povahy v Československu 1948–1989. Statistický přehled [Gerichtliche Verfolgung politischen Charakters in der Tschechoslowakei 1948–1989. Ein statistischer Überblick]. Praha 1993, S. 18.

59   Zum Konfliktszenario in den Betrieben siehe die Berichte in dem Faszikel »Normenüberprüfung auf der Grundlage des Regierungsbeschlusses vom 14.7.1950« (nicht inventarisiert) im VOA.

60   Durch zusätzliche Lebensmittelkarten, Sonderrationen von Lebensmitteln und die Versorgung mit knappen Konsumgütern in speziellen Stoßarbeiter-Läden. Die Lebensmittelrationierung wurde in der Tschechoslowakei erst mit der Währungsreform vom 30.5.1953 aufgehoben.

haben die Arbeiter die heilige Kuh des sozialistischen Wettbewerbs bis 1953 zwar nicht geschlachtet, ihr aber durch erfindungsreiche Umgehungsstrategien so viel Lebenskraft entzogen, dass Wettbewerbe nach 1953 nur noch dahinsiechten.[61]

Es ist gut zu erkennen, dass die Arbeiter aus dem Zurückweichen der Machtapparate gerade in der politisch hoch gehängten Frage sozialistischer Arbeitsinitiativen Selbstbewusstsein zogen, zumal die Betriebsräte seit 1950 die Front gegen diese Initiativen verstärkten.[62] Deren Gegenstrategien lag zugrunde, dass Wettbewerbe immer Momente des Außerordentlichen und – weil durchweg »von oben« initiiert – der zentralen Verfügungs- und Anweisungsgewalt in den Produktionsprozess hineintrugen, dessen Unstetigkeit verstärkten und so die entweder bereits vorhandene oder angestrebte Kontrolle der Betriebsräte über die Arbeitsorganisation erschwerten. Vor diesem Hintergrund leuchtet es ein, warum die 1959 eingeführten »Brigaden der sozialistischen Arbeit« in den Betrieben kein gewichtiges Wort mitzureden hatten: Ihnen gestand die Parteiführung ausdrücklich zu, sich über die normale Arbeitsorganisation hinwegzusetzen.[63]

5. Die Konsequenzen, die KPTsch und SED aus den Aufständen am 1. Juni bzw. am 17. Juni 1953 zogen, zeigen eine Reihe von Übereinstimmungen in der Rezeption des »Neuen Kurses«, der von Moskau initiierten sozialen Befriedungsstrategie. Die sogenannten Augustthesen des politischen Sekretariats des ZK der KPTsch sprachen sich nachdrücklich für die Verbesserung der Versorgung mit Lebensmitteln und Konsumgütern aus und empfahlen die Erhöhung der Investitionen für den Wohnungsbau.[64] Die noch 1953 durchgeführte Reduzierung der Rüstungsinvestitionen, die Stärkung des Konsumgütersektors und die populäre Senkung der Einzelhandelspreise zum 1. Oktober 1953,[65] die in

61   Heumos, Peter: Grenzen des sozialistischen Produktivismus: Arbeitsinitiativen und Arbeitsverhalten in tschechoslowakischen Industriebetrieben in den fünfziger Jahren. In: Roth, Klaus (Hg.): Arbeit im Sozialismus – Arbeit im Postsozialismus. Erkundungen zum Arbeitsleben im östlichen Europa. Münster 2004, S. 199–217, hier 215 (Freiburger Sozialanthropologische Studien 1).

62   Protokoll der Sitzung des Betriebsrates und der gewerkschaftlichen Betriebsgruppe gemeinsam mit den Instrukteuren der einzelnen Werkstätten v. 1.2.1950; Škoda-Archiv, ZVIL 1515/PV 1287; Bericht über die Situation im Kreisgewerkschaftsrat Karlovy Vary und Beilage: Welche Fürsorge wird den Stoßarbeitern und der Stoßarbeiterbewegung im Kreis [Karlovy Vary] gewidmet; VOA, KOR, Karton 13, 1950, ohne Inventarnummer; Bewertung der Plenarsitzung des Kreisgewerkschaftsrates [České Budějovice] am 19.11.1950 in Strakonice; VOA, KOR, Karton 9, 1950, Nr. 53.

63   Einige Probleme der Bewegung der Brigaden der sozialistischen Arbeit; NA, Bestand 02/4, Bd. 178, Nr. 283 [November 1959].

64   Pernes, Jiří: Snahy o překonání politicko-hospodářské krize v Československu v roce 1953 [Die Bemühungen zur Überwindung der politisch-wirtschaftlichen Krise in der Tschechoslowakei im Jahr 1953]. Brno 2000, S. 21 (Krize komunistického systému v Československu 1953–1957, Bd. 1).

65   Zur Resonanz dieser Maßnahme in der Bevölkerung: NA, Bestand 014/12, Bd. 12, Nr. 205, 1953/10.

den folgenden Jahren mehrfach wiederholt wurde, sind Indizien dafür, dass auf die Anhebung des Lebensstandards in der Tat Gewicht gelegt wurde.[66]

Für die DDR könne die Strategie der sozialen Befriedung in ihrer Bedeutung für das Konfliktverhalten der Arbeiter »kaum überschätzt werden«,[67] heißt es, und die tschechische Forschung argumentiert ähnlich.[68] Sie spricht dem Konzept der »materiellen Pazifizierung« eine sehr hohe Bedeutung zu. Faktisch alle Krisen des Regimes sollen nach diesem Muster erfolgreich, das heißt zumindest im Sinne der »Ruhigstellung des Patienten«, bearbeitet worden sein.[69] Im vorliegenden Fall ist das eine stark verengte Sicht. Der gewünschte Effekt wurde im Wesentlichen deshalb erzielt, weil nach 1953 auch Ansprüche auf Partizipation berücksichtigt wurden. Die Bestimmungen des Gesetzes über die Betriebsausschüsse der ROH aus dem Jahr 1959, wonach Maßnahmen der Betriebsleitung im Bereich der Löhne und Normen nur nach vorheriger Zustimmung des gewerkschaftlichen Betriebsausschusses rechtskräftig durchgeführt werden konnten,[70] übten offensichtlich einen politischen Befriedungseffekt aus. Erst dieser erklärt, warum die Arbeiterschaft in der Folgezeit auch bei massiven materiellen Einbußen (Sinken der Reallöhne zu Beginn der 1960er Jahre) nicht protestierte. Und andersherum: Als sich 1964, in den Anfängen der Wirtschaftsreform, herausstellte, dass die umfangreiche Stilllegung unrentabler Betriebe mit großen sozialen Belastungen für die Arbeiterschaft verbunden sein würde[71] und die Staatliche Lohnkommission gleichzeitig die Mitentscheidungsrechte der gewerkschaftlichen Betriebsausschüsse aus dem Jahr 1959 außer Kraft zu setzen versuchte,[72] begründete genau dies die Distanz des größten Teils der Arbeiterschaft zum wirtschaftlichen und sozialen Programm der Reformbewegung.[73]

---

66 Kaplan, Karel: Československo v letech 1953–1966. 3. část. Společenská krize a kořeny reformy [Die Tschechoslowakei in den Jahren 1953–1966. 3. Teil. Die gesellschaftliche Krise und die Wurzeln der Reform]. Praha 1992, S. 22 f.

67 Zit. nach: Hübner, Peter: Arbeitskampf im Konsensgewand? Zum Konfliktverhalten von Arbeitern im »realen« Sozialismus. In: Bispinck, Henrik u. a. (Hg.): Aufstände im Ostblock. Zur Krisengeschichte des realen Sozialismus. Hg. im Auftrag des Instituts für Zeitgeschichte München/Berlin und des Zentrums für Zeithistorische Forschung Potsdam. Berlin 2004, S. 195–213, hier 199.

68 Pernes: Snahy o překonání (Anm. 64), S. 26.

69 Kaplan, Karel: Sociální souvislosti krizí komunistického režimu 1953–1957 a 1968–1975. Studie [Soziale Zusammenhänge der Krisen des kommunistischen Regimes 1953–1957 u. 1968–1975. Studie]. Praha 1993.

70 Teil des Gesetzes vom 8.7.1959 über die Stellung der »Betriebsausschüsse der Grundorganisationen der Revolutionären Gewerkschaftsbewegung« (Anm. 22) war ein Beschluss des IV. Allgewerkschaftlichen Kongresses (1959), der diese Bestimmung im Kapitel über Mitentscheidungsrechte des Betriebsausschusses der Gewerkschaften festschrieb.

71 Heumos: Zur Frage der Partizipation in der tschechoslowakischen Industrie (Anm. 20).

72 Stellungnahme des Präsidiums des Zentralrates der Gewerkschaften zu dem am 8.6.1964 gefassten Beschluss der Staatlichen Lohnkommission; VOA, ÚRO-Před., Karton 70, Nr. 405 I/5.

73 Heumos: Zur Frage der Partizipation in der tschechoslowakischen Industrie (Anm. 20).

Die Tschechoslowakei zog nach 1953 mit der DDR in der Möglichkeit gleich, arbeitsrechtliche Konflikte im Betrieb selbst im Wege eines institutionalisierten Verfahrens zu regulieren. In der DDR wurden im April 1953 Konfliktkommissionen in den Betrieben eingerichtet.[74] Das tschechoslowakische Gegenstück war das 1959 begründete Schiedsverfahren, wobei sich das Schiedsorgan aus Mitgliedern des Betriebsausschusses der Gewerkschaften zusammensetzte.[75] Bis zum September 1964 wurde das Schiedsverfahren in rund 10 000 Betrieben eingeführt.[76] Da weder zum Schiedsverfahren noch zur tschechoslowakischen Variante der DDR-spezifischen »Eingaben«, den 1958 durch Regierungsbeschluss geregelten »Beschwerden« an die Zentrale Kontroll- und Revisionskommission der KPTsch,[77] bislang Studien vorliegen, können viele Fragen nicht beantwortet werden. Ob beide Verfahren – wie in der DDR und wie auch von der KPTsch intendiert[78] – ein Schritt auf dem Weg von der kollektiven zur individuellen Konfliktaustragung waren, woran die KPTsch zweifellos Interesse hatte, muss offenbleiben.[79]

Schieds- und Beschwerdeverfahren waren Teil einer Politik der Deeskalierung sozialer Konflikte. Diese war nicht erst durch die landesweiten Unruhen, die Streiks und Demonstrationen am 1. Juni 1953 und nicht erst durch das in der Tschechoslowakei vergleichsweise erschütterungsfreie Jahr 1956 angestoßen worden und reichte von Anfang an über den industriellen Bereich hinaus. Das spiegelt sich in der (vorübergehenden) Entschärfung des brachialen Vorgehens gegen »Kulaken« und »Dorfreiche« im Zuge der Kollektivierung der Landwirtschaft,[80] in Gesten des Einlenkens im Konflikt mit der katholischen

---

74   Hübner: Identitätsmuster und Konfliktverhalten (Anm. 9), S. 226.

75   Die Initiative zur Einführung des Schiedsverfahrens ging von einem Beschluss des IV. Allgewerkschaftlichen Kongresses (1959) aus. Im Einzelnen geregelt wurde das Schiedsverfahren durch Richtlinien des Zentralrates der Gewerkschaften, die in dessen Kundmachung Nr. 184/1959 veröffentlicht wurden. Erste Diskussionen über die »Schiedskommissionen« fanden im Zentralrat der Gewerkschaften Anfang 1957 statt. Vgl. Informační bulletin Ústřední rady odborů 1957, Nr. 2, S. 12–14.

76   Bericht über die Einführung des Schiedsverfahrens und die Tätigkeit der Schiedsorgane vom 10.11.1964; VOA, ÚRO-Před., Karton 71, Nr. 407 III/1 (Anlage II).

77   Zur Tätigkeit dieser Kommission im Jahr 1964 vgl. Usnesení orgánů Ústředního výboru Komunistické strany Československa [Beschlüsse der Organe des Zentralkomitees der Kommunistischen Partei der Tschechoslowakei], Nr. 31/1965, S. 3–13; NA, Bestand 014, Bd. 6, Nr. 137 (gedruckt).

78   Für die DDR dazu Hürtgen: Konfliktverhalten der DDR-Arbeiterschaft (Anm. 16), S. 393–397.

79   Einzelgespräche mit streikenden Arbeitern in der Absicht, sie aus der Streikfront herauszubrechen, gehörten zum verhandlungstechnischen Repertoire von Partei- und höheren Gewerkschaftsfunktionären bei der Beilegung von Arbeitskämpfen. Vgl. bspw. den Bericht des Sekretärs des Bezirksgewerkschaftsrates Místek an den Zentralrat der Gewerkschaften über den Streik in der Spinnerei der I. Schlesischen Baumwollwerke in Frýdek-Místek v. 15.8.1948; VOA, ÚRO-Org., Karton 47, Nr. 173.

80   Jech, Karel: Soumrak selského stavu 1945–1960 [Der Niedergang des Bauernstandes 1945–1960]. Praha 2001, S. 140–151 (Sešity Ústavu pro soudobé dějiny AV ČR 35).

Kirche[81] und in der an allerhöchster Stelle vorgetragenen Kritik an der »unüberlegten« Verstaatlichung des Kleingewerbes.[82]

Nach der Niederwerfung des Aufstandes glaubte sich die KPTsch zunächst so fest im Sattel, dass sie ein zweites Mal dreinschlagen wollte. Die Regierungsverordnung Nr. 52/1953 vom 3. Juni sollte mit den Dauerproblemen der mangelnden Arbeitsdisziplin und immensen Fluktuation ein für alle Mal aufräumen. Am 6. Juli konnte die Gewerkschaftsführung unter Hinweis auf die explosive Stimmung unter den Arbeitern Partei und Regierung dazu bewegen, die bereits im Gesetzblatt veröffentlichte Regierungsverordnung wieder zurückzunehmen.[83] Zugleich lud sie sich selbst – auf der Grundlage eines informellen Agreements mit der Regierung vom 6. Juli 1953 – die »volle Verantwortung« für beide Probleme auf.[84] In der Praxis wurde damit auch die Streikproblematik den Gewerkschaften überantwortet: Bei Streikverhandlungen in den Vereinigten Stahlwerken Kladno im Januar 1954 vertraten erstmals nur der Betriebsrat und eine kleine Abordnung der Arbeiter die Interessen der Belegschaft. Erst als das Ergebnis der Verhandlungen mit der Betriebsleitung vorlag, trafen sich die Mitglieder der betrieblichen Parteiorganisation zu einer Diskussion über die Ursachen des Streiks.[85] Parallel zu dem nun beginnenden Rückzug der Partei aus Arbeitskämpfen wandelte sich die Semantik, die der Parteijargon bis dahin für Arbeitskonflikte bereitgehalten hatte: Seit 1954 wird in den für Parteifunktionäre bestimmten Mitteilungsblättern über Streiks im Großen und Ganzen sachlich berichtet,[86] ehe das Thema gegen Ende der 1950er Jahre in parteiinternen Bulletins auch unter der Rubrik »Verschiedenes« abgehandelt werden konnte.[87]

Damit einher ging der Abbau der Kontrolle, die die Sicherheitsorgane über das betriebliche Konfliktszenario ausgeübt hatten. Deren Angehörige nahmen in

---

81 Pernes: Snahy o překonání (Anm. 64), S. 21.

82 Ebenda, S. 24.

83 Diese Initiative der Gewerkschaftsführung beruhte auf einem Beschluss des Präsidiums des Zentralrates der Gewerkschaften v. 6.7.1953, abgedruckt in: Odborář 6(1953)14, S. 616 f.; dort auch ein Bericht über die Regierungssitzung am 6.7.1953, in der die Regierungsverordnung vom 3.6.1953 aufgehoben wurde.

84 Ausführlich zu dem gesamten Vorgang Státník, Dalibor: Sankční pracovní právo v padesátých letech: Vládní nařízení o opatřeních proti fluktuaci a absenci č. 52/1953 Sb. [Arbeitsrecht und Sanktionen in den fünfziger Jahren: Die Regierungsverordnung über Maßnahmen gegen Fluktuation und Absenz Nr. 52/1953 Sb.]. Praha 1994 (Sešity Ústavu pro soudobé dějiny AV ČR 17).

85 Bericht über die Vorbereitung eines Streiks an den Konvertern der Hütte Koněv in den Vereinigten Stahlwerken Kladno; NA, Bestand 014/2, Bd. 16, Nr. 431 [Januar 1954].

86 Bericht über drei Bauarbeiterstreiks in Prag in dem Mitteilungsblatt für Parteifunktionäre Stranická informace v. 14.10.1954; NA, Bestand 19/13, Bd. 3, Nr. 17, 1954.

87 Bericht über den Streik in einer Zementfabrik im Bezirk Teplice im August 1957; NA, Bestand 014/2, Bd. 29, Nr. 1150.

den Aufbaujahren gelegentlich auch an Streikverhandlungen teil,[88] bei größeren Streiks war es meistens ihre Aufgabe, die »Hintermänner« ausfindig zu machen.[89] Die bisher vorliegenden Untersuchungen enthalten keinen Hinweis darauf, dass der Staatssicherheitsdienst vor 1953 in den Betrieben über ein durchorganisiertes Informations- und Kontrollsystem verfügte.[90] Ende Juni 1953 kritisierten drei Abteilungen des ZK der KPTsch, dass die Staatssicherheit bei ihrem Vorgehen gegen streikende Arbeiter den politischen Aspekt von Arbeitskämpfen vernachlässigte und zu bloß »administrativen« Maßnahmen griff.[91] Es wurde dann üblich, die Sicherheitsorgane bei Arbeitskonflikten nur noch auf Anweisung der Kreis- oder Bezirkskomitees der Partei tätig werden zu lassen.[92] Zu Beginn des Jahres 1958 verlieren sich die letzten Spuren der sicherheitsdienstlichen »Regulierung« von Arbeitskämpfen.[93]

Möglicherweise hatte der Rückzieher der KPTsch-Führung auch damit zu tun, dass große Teile der Arbeiterschaft und die Betriebsräte nach der Juni-Revolte demonstrativ zu verstehen gaben, wie wenig sie sich von Justizterror und anderen Repressionen beeindrucken ließen.

Während die Parteiführung politische Prozesse inszenierte und gegen Teilnehmer der Streiks und Demonstrationen vor den Kreisgerichten härteste Strafen verhängen ließ – in Pilsen wurde ein Maschinenbauer zu 14 Jahren Gefängnis verurteilt[94] – machte sie am 11. Juni deutlich, dass die umfassende Disziplinierung der Arbeiter Sache der Gewerkschaften sei: Diese sollten »den Arbeitern in den Kopf hämmern«, dass sie ohne Gewerkschaften »nicht streiken dürfen«.[95] Versuche der Gewerkschaftsführung, den Arbeitern diese Ver-

---

88 So im Oktober 1948 nach einem Streik in drei Werkstätten einer Glasfabrik in Krasno nad Bečvou; AKPR, Nr. 2339/C.

89 Bericht über den Streik der Arbeiter in Čadca, Fernschreiben des Genossen Bašťovanský aus Bratislava v. 23.6.1949; NA, Bestand 100/24, Bd. 59, Nr. 927, 1948–1949.

90 Heranzuziehen ist in diesem Zusammenhang vor allem Koudelka, František: Státní bezpečnost 1954–1968. Základní údaje [Die Staatssicherheit 1954–1968. Grundlegende Angaben]. Praha 1993 (Sešity Ústavu pro soudobé dějiny AV ČR 12).

91 Bericht über die Untersuchung der Tätigkeit der betrieblichen Parteiorganisation in den Werkstätten der Tschechoslowakischen Staatsbahnen in Česká Lípa am 21. u. 22.5.1953; NA, Bestand 02/3, Bd. 40, Nr. 224 v. 22.6.1953.

92 Heumos: Zum industriellen Konflikt (Anm. 10), S. 489.

93 Ebenda.

94 Berichte der Kreisverwaltung des Staatssicherheitsdienstes in Pilsen für die Hauptverwaltung des Staatssicherheitsdienstes in Prag über die Prozesse gegen die Demonstranten v. 13.–17., 20.–21. u. 22.7.1953; Archiv ministerstva vnitra, Prag, Bestand Währungsreform, H-193. – Zur landesweiten politischen Verfolgung nach der Währungsreform s. Kaplan, Karel; Váchová, Jana: Perzekuce po měnové reformě v Československu v roce 1953 [Verfolgung nach der Währungsreform in der Tschechoslowakei im Jahr 1953]. Praha 1993 (Dokumenty o perzekuci a odporu 5).

95 Zit. aus der Rede des Staatspräsidenten Zápotocký am 11.6.1953 vor den Sekretären der Kreiskomitees der KPTsch, den Sekretären des ZK der Kommunistischen Partei der Slowakei und leitenden Funktionären der gesellschaftlichen Organisationen. Der vollständige Text der Rede ist abgedruckt in: Musilová, Dana: Měnová reforma 1953 a její sociální důsledky. Studie a dokumenty

haltensregel über betriebliche »Ehrengerichte« beizubringen, prallten jedoch an den Betriebsräten ab, die entweder die Errichtung der Ehrengerichte rundweg ablehnten oder so dilatorisch handhaben, dass man nur von Boykott sprechen kann.[96] Wo die Betriebsräte angesichts brutaler Formen der Repression (Umsiedlung von Arbeiterfamilien) nicht dagegen einschritten, dass ad hoc gebildete Arbeiterkommissionen die »Generalabrechnung« vornahmen, übten sie dennoch genügend Einfluss aus, um Sanktionen zur Farce werden zu lassen. In den Škoda-Werken bestand die »Bestrafung« hauptsächlich in der Wiederherstellung geregelter Arbeitsverhältnisse: Arbeiter, die an Maschinen gearbeitet und sich wegen der dort im Allgemeinen härteren Normen zur Handarbeit (mit zumeist »weichen« Normen) verdrückt hatten, mussten an ihren alten Arbeitsplatz zurückkehren[97] – wohl wissend, dass diese Umsetzung angesichts der Kontrolle der Betriebsräte über die Arbeitsorganisation nicht von langer Dauer sein würde.[98]

Die Betriebsräte nutzten ihre beherrschende Stellung in den Disziplinarkommissionen schon seit Beginn der 1950er Jahre dazu, um politischer Verfolgung durch außerbetriebliche Instanzen in den Betrieben eine Form der Subjustiz entgegenzusetzen, die die Repressionen – auch wenn es um heikle »Delikte« ging, wie etwa antisowjetische Äußerungen – ein ums andere Mal unterlief.[99]

Der Einfluss der Betriebsräte auch in den Disziplinarkommissionen stützt das Argument, dass es den Betriebsräten schon vor 1953 gelang, auf der mikrosozialen Ebene des Betriebes ein Netz informeller und formeller Strukturen aufzubauen, das sich der Destruktion durch zentralistische Politik entzog, in Konfliktfällen Verhaltenssicherheit vermittelte und relativen Schutz gegen Terror bot.

[Die Währungsreform 1953 und ihre sozialen Folgen. Darstellung und Dokumente]. Praha 1994, S. 123–138, hier 125 f.

96   Protokoll der Sitzung des ZK des Gewerkschaftsverbandes für schweren und allgemeinen Maschinenbau v. 20.8.1953; VOA, Zápisy předsednictva ÚVOS těžkého a všeobecného strojírenství od 9.1.1953 do 30.12.1953.

97   Vgl. dazu die Liste mit 375 Namen (und der jeweils verhängten Strafe) von Beschäftigten der Pilsener Škoda-Werke, die wegen der Beteiligung an dem Streik und/oder der Teilnahme an der Demonstration in Pilsen am 1.6.1953 von der Arbeiterkommission des Werkes belangt wurden. Škoda-Archiv, ROH 16/ ETD 35.

98   Zum Ausmaß dieser Kontrolle in den Pilsener Škoda-Werken vgl. die Unterlagen für die sogenannte Programmatische Erklärung der Werksleitung vom Sommer 1969, 1. Teil: Analyse des Nationalunternehmens Škoda im Zeitraum 1960–1968 (Textteil); Škoda-Archiv, RP, Karton 10, Nr. 180.

99   Während antisowjetische Äußerungen in den frühen 1950er Jahren unnachgiebig verfolgt wurden und mit der Einweisung in ein Zwangsarbeitslager bestraft werden konnten, machten die Disziplinarkommissionen in den Betrieben von solchen Äußerungen kein Aufheben. Vgl. Protokoll der Sitzung der Disziplinarkommission der Pilsener Škoda-Werke v. 22.1.1951 zu Causa Kunzman, dem Chef der Betriebsbäckerei, der wegen einer abfälligen Äußerung über die Qualität sowjetischen Mehls auf »Empfehlung« der Kommission für Parteikontrolle des Pilsener Kreissekretariats der KPTsch vor die Disziplinarkommission zitiert wurde; Škoda-Archiv, ZVIL 180/995.

6. Die Vorgänge in der DDR nach dem 17. Juni lassen nicht erkennen, dass dort eine Gegenmacht, wie begrenzt auch immer, Schranken gegen die nach dem Aufstand auf breiter Front einsetzenden Repressalien errichtete[100] und sich gegen die beginnende sicherheitsdienstliche Einkreisung der Betriebe wehrte, die im folgenden Jahrzehnt nach der Umstellung des MfS-Apparats vom Territorial- auf das Produktionsprinzip ihre im gesamten »Ostblock« offenbar einmaligen Dimensionen erreichte.[101] Für die DDR sind Repressionen und Sicherheitspolitik, auch in ihrer Verknüpfung mit der Strategie der sozialen Befriedung, bereits gut recherchiert. Es genügt also das Fazit für unser Thema: Seit 1953 beginnt dort die Staatsmacht die Regeln für das Konfliktverhalten im Betrieb festzulegen.[102] In der Antizipation einer möglichen Wiederholung des staatlichen Terrors nach dem 17. Juni und angesichts des dichten betrieblichen Überwachungsnetzes spielte sich nach und nach ein deutlich durch Repressionsangst reduziertes Konfliktverhalten ein: Begrenzung von Arbeitskonflikten auf kleinere Gruppen, Vermeidung von Öffentlichkeit, Betonung der Spontaneität der Streikidee, (um nicht den Eindruck verabredeten, also bewussten Handelns hervorzurufen), Verlagerung der im Arbeitskonflikt erhobenen Forderungen auf den Einzelbetrieb und Entpolitisierung dieser Forderungen waren seine wesentlichen Merkmale.[103]

Es ist nicht auszuschließen, dass sich in der stark abfallenden Streikhäufigkeit in der Tschechoslowakei nach 1953 – von 218 Streiks zwischen 1948 und 1953 auf 72 Streiks im Zeitraum zwischen 1954 und 1959[104] – die Einsicht niederschlug, dass offener massenhafter Widerstand gegen das staatssozialistische Regime nicht fruchtete. Ungeklärt ist auch, ob maoistische Rezepte zum Abflauen der Arbeitskonflikte beitrugen.[105] Im Kern befürworteten die Genossen in Peking, was die KPTsch mit dem Abziehen der Staatssicherheit von der Arbeitsfront beabsichtigte. Im Frühjahr 1957 empfahlen sie dem ZK der KPTsch, den Kontrolldruck von den Betrieben zu nehmen und Diskussionen und Protesten der Arbeiter »freien Lauf« zu lassen: Auf diese Weise könnten die »Widersprüche im Betrieb« reduziert werden.[106]

---

100 Aus der umfangreichen Literatur sei verwiesen auf Sattler, Friederike: Zum Konfliktverhalten von Arbeitern in der Chemieindustrie der DDR. In: Brenner; Heumos: Sozialgeschichtliche Kommunismusforschung (Anm. 38), S. 35–76.

101 Hürtgen: Konfliktverhalten der DDR-Arbeiterschaft (Anm. 16), S. 388–390.

102 Ebenda, S. 391.

103 Ebenda, S. 391–395; Hübner: Identitätsmuster und Konfliktverhalten (Anm. 9), S. 233 f.

104 Heumos: Zum industriellen Konflikt (Anm. 10), S. 476 (Tabelle).

105 Ein allgemeiner Hinweis darauf, dass solche Rezepte in den sozialpolitischen Beschwichtigungsstrategien der kommunistischen Parteien im östlichen Europa nach 1953 eine Rolle spielten, bei Hübner: Arbeitskampf im Konsensgewand (Anm. 67), S. 199.

106 Richtlinien des ZK der Kommunistischen Partei Chinas zur Regelung der Frage der Arbeiter- und Studentenstreiks; NA, Bestand 02/2, Bd. 143, Nr. 188 (18.6.1957).

Entscheidend wird jedoch gewesen sein, dass die Konsolidierung der Machtposition der Betriebsräte in der zweiten Hälfte der 1950er Jahre schon als solche
den Problemdruck minderte. Im März 1960 hielt der Betriebsausschuss der
Gewerkschaften bei einem Streik in Slatiňany (Ostböhmen) zum ersten Mal alle
Fäden selbst in der Hand, holte zwar noch den Rat des Kreiskomitees des zuständigen Gewerkschaftsverbandes ein, verhandelte aber im Übrigen mit dem
Betriebsleiter in eigener Regie. Die Betriebszelle der KPTsch trat nur noch
insofern in Erscheinung, als sie die für die Verhandlungen benötigten Verwal-
tungsakten zu beschaffen hatte.[107]

Den letzten groß angelegten Versuch von Partei und Gewerkschaften vor
1968, sich doch noch einen machtpolitischen Ansatzpunkt in den Betrieben
zu sichern, und zwar über die immer konfliktträchtige Frage der »Staatsdiszip-
lin« (Arbeitsmoral), wiesen die Betriebsausschüsse der ROH resolut zurück.
Das Gesetz Nr. 38/1961 über die Errichtung von Volksgerichten in den Betrieben – eine Konsequenz der Verfassung vom Juli 1960, die Aufgaben der
Gerichte an die gesellschaftlichen Organisationen delegierte – erlitt vollständigen Schiffbruch, weil die Erziehung der Arbeiter zu einem »sozialistischen
Verhältnis zur Arbeit« (§ 1, Abs. 2) faktisch im Wege einer »Vergesellschaf-
tung der Denunziation von Bummelanten« betrieben werden sollte.[108] Das
Scheitern dieses Konzeptes gestand auch die Gewerkschaftsführung ein.

In das Jahr 1968 starteten die Gewerkschaftsorganisationen in den Betrieben mit einem Programm, das auf die formelle Absicherung gerade der informellen Aspekte ihrer Machtstellung hinauslief und die wichtigsten Konfliktthemen der Betriebsrätebewegung seit 1945 bündelte: Die KPTsch sollte
künftig auf jede direkte Form der Einflussnahme auf den Produktionsprozess
verzichten. In den Statuten der betrieblichen Gewerkschaftsausschüsse sollte
das Verbot der Intervention der Gewerkschaftsführung in diese Ausschüsse
verankert werden. Per Betriebsstatut war festzulegen, dass die Betriebsleitung
keine Maßnahmen gegen die »Interessen« der Arbeiter treffen konnte. Für
Parteimitglieder sollte künftig in den Gewerkschaften kein Platz sein – eine
Forderung, die aus der Tradition der syndikalistischen Kritik an der politischen Organisationsform der Partei entsprang. Das Streikrecht sollte an den
Einzelbetrieb gebunden werden.[109] Mit dem auf diese Weise intendierten
Ausbau der Betriebe zur »Festung« gegen die zentralen Machtapparate stand

---

107 Bericht über die Untersuchung der Gründe der Arbeitsniederlegung in den Verarbeitungs-
werkstätten des Nationalunternehmens THZ Vysoké Mýto, Betrieb Slatiňany, am 4.3.1960; VOA,
Strojírenství, Karton 49, Faszikel 3.
108 Ausführlich zu diesem Komplex Heumos, Peter: Aspekte des sozialen Milieus der Industriearbeiterschaft in der Tschechoslowakei vom Ende des Zweiten Weltkrieges bis zur Reformbewegung
der sechziger Jahre. In: Bohemia. Zeitschrift für Geschichte und Kultur der böhmischen Länder
42(2001)2, S. 323–362, hier 340–345.
109 Ebenda, S. 355–359.

der KPTsch ein grundlegender Konflikt ins Haus, der jedoch nicht ausgetragen wurde. Die Okkupation der Tschechoslowakei im August 1968 drängte andere Konfliktthemen in den Vordergrund.

7. Die Literatur zum Konfliktverhalten von Arbeitern in der DDR neigt dazu, dieses Verhalten als abhängige Variable der jeweiligen Herrschaftsstrategien der SED-Führung darzustellen. Für die DDR mag das nach 1953 plausibel sein. Für die böhmischen Länder und die Slowakei ist die von den Verhältnissen in der DDR abgeleitete Erkenntnis, den Arbeitern habe im Konflikt mit der Staatsmacht im Wesentlichen kaum mehr als adaptives Verhalten zur Verfügung gestanden, wenig erhellend. In vergleichenden Untersuchungen werden denn auch vornehmlich die seit jeher hervorgehobenen Machttechniken inspiziert, mit denen die politischen Führungskader der Tschechoslowakei und der DDR die Entstalinisierungskrise nach 1953 bearbeiteten.

Hält man sich beim Vergleich zwischen der Tschechoslowakei und der DDR nur an Zählbares, lag die Streikfrequenz in der DDR bedeutend höher, auch unter Berücksichtigung der unterschiedlichen Dimension der Industriearbeiterschaft in beiden Ländern.[110] Noch gegen Ende der 1950er Jahre wurden in der DDR rund 100 Streiks im Jahr registriert,[111] während sich in der Tschechoslowakei die Gesamtzahl der Streiks im Zeitraum 1955 bis 1959 auf 55 belief.[112] 166 Streiks in der DDR im Jahr 1960[113] stand in der Tschechoslowakei im gleichen Jahr ein Arbeitskampf gegenüber.[114]

Diese statistischen Hinweise geben freilich nicht viel her. Selbst wenn man sich nur auf die tschechoslowakischen Verhältnisse beschränkte, bleibt es abstrakt, Arbeitskämpfe, in denen sich Macht- und Teilhabeansprüche der Betriebsräte und Arbeiter niederschlugen, mit Arbeitskonflikten zu vergleichen, die auf der Ebene kurzfristiger Interaktionen absorbiert werden konnten und keine strukturellen Folgeprobleme aufwarfen.[115] Mit anderen Worten: Industrielle Konflikte sollten auf beiden Seiten unter qualitativen Gesichtspunkten sortiert werden, ehe man quantitative Vergleiche anstellt. Für die Tschechoslowakei könnte dieses Sortieren darin bestehen, dass man Streiks unter Zu-

---

110 Für die Tschechoslowakei weist die Statistik zu Beginn des ersten Fünfjahresplans (1949) knapp 1,3 Millionen Industriearbeiter aus, im Jahr 1960 fast 1,8 Millionen. In der DDR wurden 1949 etwas weniger als 2 Millionen Berufstätige in der Industrie (also einschließlich des administrativen und technischen Personals) gezählt, 1960 rund 2,7 Millionen.

111 Hürtgen: Konfliktverhalten der DDR-Arbeiterschaft (Anm. 16), S. 395.

112 Heumos: Zum industriellen Konflikt (Anm. 10), S. 476 (Tabelle).

113 Hürtgen: Konfliktverhalten der DDR-Arbeiterschaft (Anm. 16), S, 395.

114 Heumos: Zum industriellen Konflikt (Anm. 10), S. 476 (Tabelle).

115 Im Juli 1949 traten 2 000 Arbeiter einer Textilfabrik im nordböhmischen Litvínov in den Streik, weil der Fabrikdirektor und sechs seiner Mitarbeiter, die wegen dunkler Machenschaften hinter Gittern saßen, vorzeitig entlassen wurden. Der Sicherheitsreferent des zuständigen Nationalausschusses ließ daraufhin die Entlassenen wieder einsperren und setzte damit jeglicher Unruhe in der Fabrik ein Ende: Die Arbeiter nahmen, vollständig zufriedengestellt, ihre Arbeit wieder auf; NA, Bestand 100/24, Bd. 59, Nr. 927.

satzkonditionen stellt. Die Chance zur Realisierung eines Streiks war dann groß, wenn die Betriebsräte ihre entweder in die kommunistische Ära hinübergenommene Machtposition massiv bedroht sahen oder erst im Begriff waren, diese Machtposition aufzubauen. Dies gilt für die Jahre 1948 bis 1953, auf die der Hauptanteil aller Streiks zwischen 1945 und 1968 entfiel. Die Phase der Machtkonsolidierung der Betriebsräte nach 1953 hebt sich davon durch eine relativ niedrige Streikfrequenz ab.

Industrielle Konflikte gingen einher mit einem antizentralistischen, antibürokratischen und – in gewissem Maße – antistaatlichen Affekt syndikalistischer Provenienz, der vor allem die »Degenerierung« und »Unproduktivität« der institutionellen Arrangements höherer Ordnung aufs Korn nahm und die Kollisionen der Betriebsräte mit Partei und Gewerkschaften ideell zusammenhielt. Diese Wertorientierung, die nach 1948 auch durch Erfahrungen sozial aufgestiegener Arbeiter auf den Kommandohöhen der Politik verstärkt wurde,[116] konnte im Konfliktfall deshalb ein ad hoc verfügbares Potenzial an Ablehnungsfähigkeit bereitstellen, weil sie im Alltag als kollektiv bindendes Motiv immer präsent gehalten wurde. »Eure Richtlinien taugen nichts«, sagt der Betriebsratsvorsitzende in Ružomberok (Nordslowakei) dem höheren Gewerkschaftsfunktionär, »wir müssen das hier im Betrieb so machen, wie es unseren Bedingungen entspricht«.[117]

116 Vgl. die Zusammenfassung des Berichts (Oktober 1954) eines ehemaligen Schmiedes aus dem südostböhmischen Bezirk Litomyšl über seine mehrjährige Tätigkeit im Schul- und im Kultusministerium; NA. Bestand 014/12, Bd. 15, Nr. 381.

117 Bericht des Instrukteurs des Kreisgewerkschaftsrates Žilina vom November 1951; VOA, ÚRO-Org., Karton 105, Nr. 382.

Christian Sachse

Militarisierung trotz Tauwetter

Zur gesellschaftlichen Funktion der Wehrerziehung in der DDR

Die Militarisierung der DDR-Gesellschaft wird in Deutschlands öffentlichem Bewusstsein heute immer noch von einem einzigen Ereignis dominiert: der Einführung des Wehrunterrichtes im Jahre 1978 an den allgemeinbildenden Schulen, die damals noch Polytechnische Oberschule (POS) genannt wurden. Die Dominanz ist so überragend, dass einzelne jüngere Wissenschaftler in den 1990er Jahren sogar meinten, die Militarisierung der DDR habe 1978 begonnen. Dieser Irrtum hat natürlich seine Ursache: Die massiven Proteste aus der Bevölkerung gegen die Einführung des Wehrunterrichts gelten heute zu Recht als historischer Ausgangspunkt der sich entwickelnden unabhängigen Friedensbewegung in der DDR, aus der in den 1980er Jahren die Bürgerrechtsbewegung entstand. Auch die evangelischen Kirchen in der DDR schalteten sich öffentlich in den Diskurs ein. Es entstand das Konzept »Erziehung zum Frieden«, dass mit seiner unübersehbaren innenpolitischen Ausrichtung die staatlichen Erziehungsziele zu unterlaufen versuchte und zu permanenten Konflikten mit der Staatsmacht führte. Im Westen erreichte dieses Thema erstmals seit den 1960er Jahren wieder die Öffentlichkeit. Das bundesdeutsche Presseecho war bei weitem größer als die 1976 aufflackernde Diskussion um die Menschenrechte in der DDR. Insofern ist das Jahr 1978 über das literarisch angeeignete Wissen hinaus bei vielen Deutschen biographisch präsent. Mit den heutigen historischen Erkenntnissen können wir aber sagen: Der Wehrunterricht war Höhepunkt und Schlussstein einer Entwicklung, die bereits 1952 begann, verschiedene Phasen durchlief und in den 1980er Jahren des letzten Jahrhunderts weitgehend stagnierte.

Ein zweites Urteil, das immerhin teilweise korrigiert werden muss, hat sich ebenso im öffentlichen Bewusstsein durchgesetzt: Seit den 1970er Jahren wird die ostdeutsche Wehrerziehung auch in der westlichen DDR-Forschung überwiegend der außenpolitischen Verteidigung des Ostblocks zugeordnet.[1] Sie gilt in der Überzahl der einschlägigen Untersuchungen und Darstellungen als hyper-

---

trophe Vorbereitung auf einen möglichen heißen Krieg in Europa. Erwägungen, welchen taktischen Wert Jugendliche auf einem mitteleuropäischen Schlachtfeld haben konnten, die gerade einmal das militärische Reglement kannten und eine kleinkalibrige Maschinenpistole zu bedienen in der Lage waren, werden angesichts des allgemein angenommenen »Irrsinns« des Kalten Krieges meist gar nicht erst angestellt. In den bekannt gewordenen Kriegsszenarien, die in der DDR ausgearbeitet worden sind, kommen diese »Kriegsreserven« jedenfalls nicht vor. Übungen der Jugendlichen gemeinsam mit den regulären Streitkräften fanden letztmalig Ende der 1950er Jahre statt. Dennoch werden innenpolitische Aspekte meist nur am Rande in Erwägung gezogen. Doch die Wehrerziehung Jugendlicher und Erwachsener in der DDR hatte zumindest in den 1970er und 1980er Jahren nicht mehr die Aufgabe, überzogene Verteidigungsanstrengungen des Ostblockes in einem möglichen Krieg zu bedienen. Sie fungierte als Teil eines langfristig angelegten Sozialisationsprogramms, das »sozialistische Persönlichkeiten« hervorbringen sollte. Über die Wehrerziehung sollten jungen Menschen bestimmte Sekundärtugenden wie Disziplin, Unterordnungsfähigkeit, Aufopferungsfähigkeit, Loyalität Pünktlichkeit, Sauberkeit und Ordnung anerzogen werden. Etwas anders liegt der Fall in den 1950er Jahren. In dieser Zeit konnte angesichts der damaligen Waffentechnik auch der Rückgriff auf schlecht ausgebildete Massenheere sinnvoll erscheinen. Dennoch diente auch in den 1950er Jahren die militärische Formierung besonders der Jugend dazu, die gesellschaftlichen Strukturen zu sozialistischen zu formieren und bestimmte Projekte der Wirtschaft mit minimalem Aufwand zu realisieren (Talsperre Sosa, Max braucht Wasser). Diese innenpolitische Ausrichtung der Wehrerziehung hat sowohl bei der Formierung der sozialistischen Gesellschaft in den 1950er Jahren als auch bei ihrer späteren Perpetuierung eine nicht unerhebliche Rolle gespielt.

Ein drittes Urteil ist zumindest unpräzise. Die Militarisierung der sozialistischen Gesellschaft war kein isoliertes Phänomen der DDR. Der Begriff des »preußischen Sozialismus« war zwar eine zeitlang im Westen populär, traf aber nicht in vollem Umfang zu. Die militärische Ausrichtung der Gesellschaft gehörte quasi zum Kanon der Institutionen und Werte des Sozialismus im gesamten Ostblock. Sie ist geradezu ein Kennzeichen des Stalinismus. Vorbild war, wie nicht anders zu erwarten, die Sowjetunion, deren militärbezogenen Werte und Institutionen unter Berücksichtigung der eigenen nationalen Besonderheiten von den sozialistischen Ländern übernommen wurden. Die Gesellschaft für Sport und Technik, über die noch zu sprechen sein wird, wurde in der DDR nach dem Vorbild ihrer sowjetischen Schwesterorganisation, der DOSAAF geschaffen. Einen systematischen Vergleich der militarisierten gesellschaftlichen Strukturen in den Ländern des Ostblocks gibt es bis heute nicht. Einige Indizien deuten aber darauf hin, dass die politische Nähe zur sowjetischen Führungsmacht mit der Intensität der Wehrerziehungsprogramme korrespondierte. So entwickelten die Ungarn bereits in den 1970er Jahren ein laxes Verhältnis zu diesen Programmen, die Polen in den 1980er Jahren.[2] Diese Beurteilung beruht – wie gesagt – nur auf einigen Indizien. Eine vergleichende Untersuchung ist hier dringend angeraten. Es ist zu vermuten, dass die DDR, die damalige Tschechoslowakische Sozialistische Republik (ČSSR) und Bulgarien zu den eifrigsten Nachahmern des sowjetischen Modells gehörten.[3] Über Rumänien und Albanien ist am wenigsten bekannt. Die politische Isolation beider Länder lässt hier eigene, innenpolitische Faktoren erahnen. Es ist darüber hinaus zu vermuten, dass die spezielle Form der Anfangsphase des Bürgerkrieges im ehemaligen Jugoslawien zu Beginn der 1990er Jahre – »Bürgerkrieg nach Feierabend« – eine Folge der sozialistischen Wehrerziehung war. Die benutzten Waffen und die Strategie der Kleingruppen erinnern jedenfalls sehr stark an die in der DDR üblichen Ausbildungsprogramme Jugendlicher.

Diese Vorbemerkungen können nicht abgeschlossen werden, ohne den Begriff der »Militarisierung« wenigstens ansatzweise zu definieren. Im Folgenden soll das in der gebotenen Kürze geschehen. Ich folge damit einer Erläuterung, die der damalige evangelische Bischof Werner Krusche dem Staatssekretariat für Kirchenfragen gegeben hat, als er hinsichtlich seiner kritischen Ausführungen über den Zustand der Gesellschaft in der DDR befragt worden ist. Es sind zwei Phänomene zu unterscheiden, die in der Literatur meist mit »Militarismus« und »Militarisierung« umschrieben werden. »Militarismus« kennzeichnet einen gesellschaftlichen Zustand, bei dem die zivilen Interessen und Erfordernisse von militärischen Zielsetzungen (etwa der Eroberung oder Verteidigung bestimmter Gebiete) dominiert werden. Institutionell drückt sich dies im Regelfall darin aus, dass zivile Regierungen durch das Militär kontrolliert und bestimmt werden. Im Falle der »Militarisierung« geschieht etwas anderes. Der politische Einfluss des Militärs bleibt unter der Kontrolle der zivilen Regierung. Sie überträgt aber militärische Rituale, Mentalitäten, Unterordnungsverhältnisse und Ähnliches auf die zivile Gesellschaft, um sie damit besser beherrschbar und zentral steuerbar zu gestalten. Rein phänomenologisch, das heißt beim Betrachten von Filmen, Fotos oder der Kenntnisnahme von Zeitzeugenberichten, sind zwischen einer militaristischen und einer militarisierten

---

2　Lück, Joachim: [Verschiedene Reiseberichte zum Thema der vormilitärischen Ausbildung in anderen sozialistischen Ländern]; DIPF/BBF/APW-11. 821. Hingewiesen sei immerhin auf eine Dissertation zum Thema, deren Analyse den zeitlichen Rahmen dieser Arbeit zu weit gesprengt hätte: Schulz, Klaus Dietrich: Sozialistische Wehrerziehung im Spiegel der Lehrpläne. Zum Wehrunterricht in der UdSSR, ČSSR, Volksrepublik Polen und in der DDR. Potsdam 1984; vgl. auch: Eichberg, Ekkehard: Militär-patriotische Erziehung der Jugend in der Sowjetunion. In: Wehrkunde Nr. 1(1971), S. 11–15; Und: Görlich, Joachim Georg: Die militärische und vormilitärische Ausbildung der polnischen Jugend. In: Wehrkunde Nr. 10(1970), S. 536–537.

3　Vgl. dazu beispielsweise das Handmaterial über das »einheitliche System der Wehrertüchtigung der Bevölkerung der ČSSR« vom 16.7.1973. Bestand, ZK der SED, Abteilung Sicherheitsfragen, Arbeitsgruppe Sozialistische Wehrerziehung; SAPMO-BA, DY 30 J IV B 2/12/061 S. 35 [nach der durchgängigen Seitenzählung].

Gesellschaft kaum Unterschiede zu entdecken. Diese schwierige, aber wichtige Unterscheidung lässt sich erst treffen, wenn anhand von historischen Quellen aus den Kernbereichen der Macht die realen Unterordnungsverhältnisse analysiert worden sind. Man muss allerdings sofort hinzufügen, dass es zwischen beiden Phänomenen eine Zone der Überschneidung gibt. Für subjektive Bewertungen ergibt sich also ein breiter Raum. Ich selbst tendiere dazu, die politischen Strukturen und die Gesellschaft der DDR für militarisiert zu halten, das heißt also erst einmal sehr grob formuliert: Die DDR war keine Militärdiktatur. Wie die historischen Daten von 1953, 1956, 1968, 1979 und 1981 zeigen, basierte das sowjetische Imperium auf unmittelbarer militärischer Gewalt. Es sind auch immer wieder Versuche der Militärs zu konstatieren, mehr politischen Einfluss zu gewinnen. Dennoch blieb das Militär in der DDR nur Instrument umfassenderer politischer Gestaltungsabsichten. Blickt man aber auf die Unmenge an Uniformen, Gedenktagen, Aufmärschen, Massenorganisationen, Fahnenappellen, Unterordnungsriten, militärische Sprachregelungen (die Ernteschlacht, Einheitsfront, die Helden der Produktion), so kann man von einer militärisch formierten Gesellschaft sprechen. Noch eine weitere Differenzierung ist einzuführen: Die DDR-Gesellschaft durchzogen natürlich auch zivile Elemente. Insofern habe ich dafür den umgangssprachlich natürlich schwierigen, aber präziseren Begriff »militäraffine Gesellschaft« vorgeschlagen. Dies bedeutet, dass bestimmte Komponenten militärischen Denkens, Umgangsformen, Sozialisationsinstitute und Indoktrinationsmechanismen auf die sozialistische Gesellschaft in noch erträglicher und noch irgendwie akzeptabler Form übertragen wurden. Sie haben sich bei dieser Übertragung verändert, vielleicht abgemildert. Dass die DDR auf einem Boden lag, der seit dem beginnenden 18. Jahrhundert immer einmal wieder Schübe der Militarisierung erlebt hatte, es also eine gewisse historische Kontinuität gab, mit der die SED-Führung zumindest propagandistisch umgehen musste, kann in diesem Zusammenhang nur kurz Erwähnung finden. Hier hätte diese These vom »Preußischen Sozialismus«, also der spezifischen historischen Anknüpfungspunkte in der allgemeinen militäraffinen Ausrichtung der sozialistischen Gesellschaften ihren Ort. Polen, Ungarn und die Sowjetunion knüpften in dieser Beziehung an andere, oft auch nicht unproblematische historische Ereignisse an.

Einige Worte noch zur gesellschaftspolitischen Funktion der Schießausbildung in der DDR: Ihre Durchsetzung war der SED-Führung so wichtig, dass sie – vor die Alternative gestellt – lieber auf hochbegabte Mathematiker oder Naturwissenschaftler verzichtete, als deren Verweigerung während der militärischen Ausbildung Jugendlicher hinzunehmen. Anders als beim Wehrdienst, der die Einrichtung der Bausoldaten (Wehrdienst ohne Waffenausbildung) kannte, war es Jugendlichen seit Beginn der 1970er Jahre offiziell nicht möglich, eine weiterführende Bildungseinrichtung zu besuchen, einen Beruf zu erlernen oder zu studieren, wenn sie sich der Schießausbildung entzogen.

Inoffiziell und im Einzelfall wurden Schießverweigerungen zwar auch toleriert. Die rechtlichen Regelungen sahen aber die Auflösung des Ausbildungsvertrages oder die Relegierung von der Erweiterten Oberschule (EOS) vor. Jeder Lehrling, jeder Student musste seit dieser Zeit bei seiner Aufnahme in eine Bildungseinrichtung eine Erklärung unterschreiben, die besagte, dass er sich ohne Widerspruch in die militärische Ausbildung einfügte. Dieser bildungspolitische Riegel, wie ich ihn nenne, hatte mehrere Funktionen. Zum einen wurden frühzeitig Jugendliche von höheren Bildungsgängen ausgeschlossen, die zur Illoyalität gegenüber dem Staat neigten, und damit von den Eliten ferngehalten. Diese Verschleuderung an intellektuellem Potenzial hatte übrigens einen ungewollten Nebeneffekt. Hunderte von Verweigerern der militärischen Ausbildung, die die DDR nicht verlassen und dennoch studieren wollten, gerieten auf diese Weise in kirchliche Ausbildungsberufe und wurden so zu Multiplikatoren des Widerstandes gegen das System.

Die SED-Führung war bereit, diesen Preis zu bezahlen, weil sie sich einen Gewinn auf anderer Ebene erhoffte. Um dies plausibel zu machen, wechsle ich von der strukturanalytischen Ebene auf die biographische. Fast alle Zeitzeugen, die ich im Laufe meiner Untersuchungen befragt habe, berichteten irgendwann über ihre Gefühle, als sie als 16-jährige Jugendliche zum ersten Mal ein Gewehr oder eine Maschinenpistole in der Hand hatten. Die scharfen Schüsse auf eine Scheibe, die meist Ringe, manchmal aber auch die Silhouette einer Person enthielt, löste Gefühlsstürme aus, die bis zum Zeitpunkt der Befragung präsent waren. Ich fasse die Befragungsergebnisse einmal in einer fiktiven Formulierung zusammen: »Hier hat jemand die Macht, mich in eine Situation zu zwingen, in der ich entweder töten muss oder getötet werde.« Dies war eine existenzielle Situation, in die die Jugendlichen gestellt wurden. Das dadurch angestrebte Paradigma gesellschaftspolitischen Verhaltens könnte man etwa so formulieren: »Eine Macht, die mich in eine Situation zwingen kann, entweder getötet zu werden oder selbst zu töten, hat auch die Möglichkeit, mich im Alltag zu einem ihr genehmen Verhalten zu veranlassen.« Der Staat demonstrierte mit dem Schießbefehl also seine absolute Verfügungsgewalt über das Individuum. Befehl und unbedingter Gehorsam waren die Ideale, die hier trainiert wurden. Die Jugendlichen sollten – so die pädagogischen Konzepte – die hier erlernten Verhaltensweisen auf ihr ziviles Leben übertragen. Unterstützt wurden solche Verhaltensweisen durch pädagogische Mittel, wie etwa die »Bewährungsliteratur«, mittels derer Kindern und Jugendlichen Altersgenossen nahegebracht wurden, die sich in außergewöhnlichen Situationen vorbildlich verhielten. Im Archiv der Akademie für Pädagogische Wissenschaften kann man heute die Vorschläge von Lehrern nachlesen, wie derartige Bewährungssituationen möglichst erfolgreich zu gestalten seien.[4]

---

4   Vgl. dazu beispielsweise Haufe, Wolfgang: Die Optimierung des wehrpädagogischen Prozes-

Zugleich ist es notwendig, hier eine kontrastierende Anmerkung anzubringen: Es wird mitunter behauptet, dass dieser Zustand der DDR-Gesellschaft ein Ergebnis des Kalten Krieges gewesen sei. Hier ist auf das Gegenmodell der Bundesrepublik zu verweisen, die auch an der europäischen »Nahtstelle« zwischen den beiden verfeindeten Weltsystemen lag. Ihr Grad der Militarisierung ist auch im Ansatz nicht mit der DDR zu vergleichen. Die Konzepte der »inneren Führung« und des »Staatsbürgers in Uniform« lassen geradezu ein Gegenkonzept erkennen: Zivile Strukturen wurden hier in militärische eingebaut, nicht umgekehrt. Auch wer heute als deutscher Soldat an Kampfeinsätzen teilnimmt, ist in einer unvergleichlich anderen Lage. Wer sich dort einsetzen lässt, hat mehrere individuelle Entscheidungen zu treffen gehabt. Gehe ich überhaupt zur Bundeswehr? Wo lasse ich mich einsetzen? Diese Entscheidungen sind Jugendlichen in der DDR vollständig vorenthalten worden.

Aus diesen Eingangsthesen lassen sich zwei Phasen der Militarisierung der DDR ableiten. Die erste reichte von 1952 bis 1961, die zweite von 1965 bis zum Ende der DDR. Die Lücke zwischen 1961 und 1965 ist im Folgenden noch gesondert zu thematisieren und erklärt sich mit dem XXII. Parteitag der KPdSU und dem 11. Plenum des ZK der SED im Dezember 1965.

In der ersten Phase, die von 1952 bis 1961 reichte, ging es darum, zunächst einmal die Gesellschaft zu transformieren, militäraffine Strukturen einzurichten. In der zweiten Phase von 1965 bis 1989 diente die Militarisierung dazu, das politische System langfristig zu stabilisieren, indem vor allem Jugendliche auf das System hin sozialisiert wurden. Betrachtet man die Fernsehbilder aus dieser Zeit, blättert man die Zeitschriften oder Zeitungen durch, dann wird sich dieser Unterschied nicht auf den ersten Blick erschließen. Immer wieder sind uniformierte Jugendliche dabei, der Gesellschaft ihr Bestes zu geben. Der Unterschied liegt in den zentral vorgefertigten Konzepten. Und dann ist es schon ein Unterschied, ob man staatsloyale und gewaltbereite Jugendliche auf einen Lkw verfrachtete, damit sie Bauern terrorisierten, oder ob man mittels langfristig angelegter Sozialisationsprogramme versuchte, möglichst jeden Neugeborenen in das sozialistische System einzupassen.

Diese beiden Phasen möchte ich im Folgenden beschreiben. Dabei gehe ich auf die Lücke zwischen 1961 und 1965 ein, die ja als zweites Tauwetter in die Geschichte eingegangen ist. Zum Schluss werde ich dann auf die Folgen eingehen, die das erste Tauwetter 1956 auf die Entwicklung der DDR-Geschichte gehabt hat.

ses von der POS-Ausbildung bis zur abgeschlossenen Berufsausbildung in einem sozialistischen Groß-
betrieb auf der Grundlage zu ermittelnder wehrideologisch relevanter Einstellungs- und Überzeu-
gungsstrukturen. Hg. v. d. Pädagogischen Hochschule Erfurt-Mühlhausen. Erfurt-Mühlhausen 1976.

Ich beginne mit der ersten Phase, die von 1952 bis zum Oktober 1961 währte. Der Start dieser ersten Phase steht in unmittelbarem Zusammenhang mit der sogenannten Stalin-Note vom 10. März 1952, mit der Stalin die Einbindung der Bundesrepublik in den Westen verhindern wollte. Die zu vermutende Intention dieser Note ist bis heute umstritten. Es gibt im Wesentlichen zwei Lehrmeinungen. Eine Minderheit ist der Ansicht, dass Stalins Angebot, Deutschland als Ganzes zu neutralisieren, ernst gemeint gewesen ist. Andere tendieren eher zu dem Urteil, dass Stalin die Ablehnung seiner Note schlicht dazu benötigte, international seine weiteren deutschlandpolitischen Schritte zu legitimieren. Es lässt sich tatsächlich feststellen, dass Stalin anscheinend nur äußerst wenig Geduld aufbrachte, die Wirkung seiner Note abzuwarten. Schon drei Wochen später beorderte er den damaligen Präsidenten der DDR Wilhelm Pieck nach Moskau und diktierte ihm in die Feder: Er habe eine Armee in der Größenordnung von 300 000 Mann auf die Beine zu stellen, dazu einen Jugenddienst, das heißt eine paramilitärische Jugendorganisation.[5] Die Armee, die sich an der Mannschaftsstärke der geplanten Bundeswehr orientierte und die DDR wirtschaftlich vollständig ruiniert hätte, entstand bekanntlich in dieser Größenordnung nie. Die Gründung der sogenannten Jugenddienste beschloss das Politbüro bereits am 6. Mai 1952. Der Beschluss umfasste die Einrichtung einer paramilitärischen Organisation namens Gesellschaft für Sport und Technik (GST), eines Arbeitsdienstes mit dem Namen Dienst für Deutschland und des Deutschen Roten Kreuzes der DDR (DRK). Der Öffentlichkeit wurde allerdings eine andere Dramaturgie präsentiert. Zunächst fand Anfang Juli 1952 die 2. Parteikonferenz der SED statt, die der Bevölkerung den Beschluss verkündete, in der DDR den Sozialismus aufzubauen. Hatte es bisher einzelne militäraffine Strukturen gegeben, etwa die SED mit ihren zentralistischen Strukturen als »Partei neuen Typus«, so ging es nun um einen radikalen Umbau von Staat und Gesellschaft in diese Richtung. Gleichzeitig wurde Stalins Vorstellungen entsprechend der Aufbau bewaffneter Streitkräfte gefordert.

Der offizielle Gründungsaufruf für die GST wurde auf die Zeit nach der 2. Parteikonferenz verlegt und als Basisinitiative getarnt. Sie sollte als Reaktion der Bevölkerung auf die 2. Parteikonferenz erscheinen. Der Name der Gesellschaft war bewusst verharmlosend gewählt worden. Er suggerierte, dass sich hier technikbegeisterte Jugendliche in ihrer Freizeit zusammenfanden. Die interne Aufgabenbeschreibung gab jedoch die Richtung eindeutig vor. Die GST sollte als Massenorganisation den Wehrsport in breiten Kreisen der Bevölkerung pflegen, auf den Dienst in den bewaffneten Organen vorbereiten

---

5   Notizen Piecks, zit. nach: Loth, Wilfried: Stalins ungeliebtes Kind. Warum Moskau die DDR nicht retten wollte. Berlin 1994, S. 186.

sowie allgemeine Hilfsdienste für den Schutz der DDR übernehmen.[6] Dazu sollten in allen Großbetrieben, Verwaltungen sowie den Hoch-, Fach- und Mittelschulen Grundorganisationen der GST gegründet werden. »Weibliche Jugendliche und Frauen« seien in vollem Maße zur Ausbildung heranzuziehen. Bis Ende 1952 – also innerhalb eines halben Jahres – hatte die GST nach eigenen Angaben mehr als 460 000 Mitglieder »geworben«.[7] Die Führungskader stammten von der Kasernierten Volkspolizei. Ein Perspektivplan der GST vom März 1953 zeigt deutlich, welche Ziele die Funktionäre verfolgten: Es sollten 58 000 Gewehre und Pistolen angeschafft werde, dazu 25 Millionen Schuss Munition, mehrere tausend Motorräder, Pkw, Lkw sowie weiteres militärisches und technisches Gerät. Etwa 3 000 hauptamtliche Mitarbeiter sollten die ehrenamtlichen Funktionäre anleiten. Für einen Wettbewerb im Gelände- und Schießsport sollten 800 000 Teilnehmer gewonnen werden. Dem »Nur-Sportlertum und Pazifismus« in den Reihen der GST wurde der ideologische Kampf angesagt.[8] Wie wichtig diese Institution als Instrument des Eindringens in die zivilen Strukturen war, zeigt sich daran, dass die GST im März 1953 Walter Ulbricht persönlich unterstellt wurde.

Die Gründung des DRK erfolgte für die Öffentlichkeit im September 1952. Dessen Aufgabe bestand darin, weibliche Jugendliche und wehrdienstuntaugliche männliche Jugendliche für Sanitätsdienste in einem möglichen Krieg auszubilden. Das Projekt des Arbeitsdienstes »Dienst für Deutschland«, das im Sommer 1952 begonnen wurde und den Bau militärischer Anlagen realisieren sollte, scheiterte binnen Jahresfrist. Die Akten, die diese Organisation betrafen, wurden systematisch vernichtet. Den wenigen Spuren, die diese Organisation hinterließ, ist zu entnehmen, dass sie wegen Ineffizienz aufgelöst wurde. Einige Indizien deuten allerdings darauf hin, dass der Dienst als Konkurrenzunternehmen der FDJ galt, die mit ähnlich rüden Methoden arbeitete. Die Geschichte beider Organisationen kann hier nicht weiter verfolgt werden.[9]

Auch die groß angelegten Pläne der GST wurden zunächst nur in geringem – noch nicht näher quantifizierbarem – Maß realisiert. Dies hatte mehrere Gründe. Zum einen entwickelte sich zwischen der GST und dem ambitionierten FDJ-Vorsitzenden Erich Honecker eine ausgeprägte Rivalität, welche Organisation die bessere Wehrerziehung durchführte. Beide Organisationen

---

6   Beschluss des Politbüros des ZK der SED vom 6.5.1952 über die Schaffung der GST, Beschluss über die Schaffung des Dienstes für Deutschland, Beschluss über die Bildung des Deutschen Roten Kreuzes; SAPMO-BA, DY 30 IV 2/2 210.

7   Eltze, Werner; Sieger, Helmut; Sachenbacher, Peter: Zeittafel zur Geschichte der Gesellschaft für Sport und Technik 1952–1979. 1. Aufl., Berlin 1982, S. 54.

8   Perspektivplan der Gesellschaft für Sport und Technik. Protokoll der Sitzung des Sekretariats des ZK der SED vom 5.3.1953, Tagesordnungspunkt 2, Anlage 1; SAPMO-BA, DY 30 J IV 2/3 367.

9   Vgl. dazu Buddrus, Michael: Die Organisation »Dienst für Deutschland«. Arbeitsdienst und Militarisierung in der DDR. Weinheim München 1994.

warben sich gegenseitig Kader ab und konkurrierten um finanzielle Ressourcen. Die Hauptgründe für das zunächst zurückhaltende Agieren der GST dürften jedoch auf anderem Gebiet zu finden sein. Sowohl GST als auch FDJ stießen auf den hinhaltenden Widerstand einer durch den Nachkriegspazifismus geprägten Bevölkerung, andererseits wollte sich die DDR international gegenüber dem »Adenauer-Regime« als »Friedensstaat« präsentieren, was zum Beispiel darin seinen Ausdruck fand, dass die Armee (KVP, später NVA) sich bis kurz nach dem Mauerbau aus Freiwilligen rekrutierte. Die in Führungsdokumenten nachweisbaren Ziele ließen sich also nur in Teilen umsetzen. Schwierigkeiten bereiteten hier der Führung nicht nur die einfachen Mitglieder der Organisationen, sondern auch die unteren bis mittleren Funktionäre. Die Gesellschaft für Sport und Technik richtete sich in den ersten Jahren folglich auch überwiegend an zivilen Sportarten aus, die schnell in den militärischen Bereich konvertierbar waren. Dazu gehörten beispielsweise Fallschirmspringen, Segelflug, Motorradsport, Sportschießen, aber auch Sportarten ohne militärischen Wert wie etwa Taubenzucht.

Auch die Versuche der GST, an allen Schulen, Universitäten und in Betrieben eine Wehrerziehung einzurichten, waren zunächst von wenig Erfolg gekrönt. Dazu wurden beispielsweise an den Schulen Lehrer gesucht, die GST-Gruppen bildeten und so militärische Unterordnungsstrukturen an den Schulen etablierten. Dies geschah Anfang der 1950er Jahre nur mit mäßigem Erfolg. Noch 1954 nahmen lediglich 5 000 Jugendliche an den angebotenen Wehrlagern teil. Die Teilnehmerzahl lag also weit unter der Grenze von einem Promille der damaligen ansprechbaren Population. Seit Anfang des Jahres 1955 bereitete die SED-Führung die Gründung der NVA vor. Den propagandistischen Grund dafür lieferte der Eintritt der Bundesrepublik in die NATO. In diesem Zusammenhang beschloss das Politbüro eine Reorganisation der GST und verordnete ihr neue Aufgaben. Bis Ende des Jahres habe die GST 100 000 Jugendliche militärisch auszubilden und zusätzlich 45 000 Kraftfahrer zu schulen sowie mehrere zehntausend Jugendliche auf militärische Spezialaufgaben vorzubereiten. Die »Arbeiter und werktätigen Bauern« sozialistischer Betriebe im Alter zwischen dem 17. und dem 50. Lebensjahr, aber auch »fortschrittliche Einzelbauern« sollten eine Kampfausbildung erhalten und wurden aufgefordert, monatliche Gepäckmärsche zwischen 20 und 40 Kilometer zu absolvieren. Für Studenten und die »jüngeren Angehörigen des Lehrkörpers« an den Universitäten, Hoch- und Fachschulen war ein besonderes Programm militärischer Ausbildung vorgesehen. Die Zeit zwischen dem 14. bis zum 17. Lebensjahr sollte für eine vorbereitende militärische Ausbildung genutzt werden.[10] Die GST verlor bei den

---

10   Sitzung des Politbüros des ZK der SED am 4.1.1955, TOP 5: Aufgaben der Gesellschaft für Sport und Technik [Berichterstatter: Genosse Röbelen]; SAPMO-BA, DY 30 J IV 2/2A 397.

Umsetzungsversuchen dieses Beschlusses binnen eines halben Jahres ein Drittel ihres Mitgliederbestandes. Die hypertrophen Wehrerziehungsprogramme wurden daraufhin auf Eis gelegt. Durch riesige Werbekampagnen wurde die GST nun mit linientreueren Jugendlichen aufgefüllt. Dennoch kam es im Jahr 1956 zu einem Eklat. Auf dem 1. Kongress der GST, der die vormilitärische Ausbildung als Hauptaufgabe der GST beschließen sollte, fand eine harsche Auseinandersetzung zwischen den Befürwortern und Gegnern einer Militarisierung statt. In einer internen Untersuchung sind die Vorwürfe wörtlich zitiert: »Das ist ja HJ-Ausbildung. Die GST ist der Werwolf. Mädchen, die am Kampfsport teilnehmen sind Flintenweiber.«[11] Wie kaum anders zu erwarten, wurden die Beschlüsse zur Militarisierung der GST dennoch durchgesetzt.[12]

Im gleichen Zeitraum begann die Militarisierung an den Universitäten. Sie diente nicht nur der militärischen Ausbildung, sondern auch einer tiefgreifenden Umstrukturierung.[13] Bis dahin hatte die GST an den Universitäten, Hoch- und Fachschulen auf der Grundlage eines Beschlusses der Sicherheitskommission des ZK der SED vom März 1955 agiert. Insgesamt – so die internen Berichte – wurden die Ziele der Ausbildungsprogramme im Jahre 1957 nur zu 60 Prozent erreicht.[14] Die politische und organisatorische Vorbereitung einer systematischen militärischen Ausbildung an den Hoch- und Fachschulen sowie Universitäten wurde Anfang des Jahres 1958 in Angriff genommen. Im Januar 1958 teilte das Staatssekretariat für Hochschulwesen mit, dass vom Jahre 1960 an nur noch diejenigen Jugendlichen studieren dürften, die vorher in der sozialistischen Produktion gearbeitet oder ihren Dienst in der NVA geleistet hätten.[15] Das ZK der SED bestätigte diesen Trend, milderten die Voraussetzungen allerdings dahingehend ab, dass solche Jugendliche bei der Immatrikulation zu bevorzugen seien.[16] Noch war die Grenze zur Bundesrepublik passierbar und die SED-Führung konnte es sich nicht leisten, zu viele Studenten zur Flucht aus unerträglichen Verhältnissen zu bewegen. Aus Zeitzeugengesprächen geht hervor, dass auch diese Vorgaben nur teilweise umgesetzt

---

11   Zit. nach: Seibert, Theodor: Zur Rolle der GST bei der Stärkung des bewaffneten Schutzes der Arbeiter-und-Bauern-Macht ... in der DDR 1955/56 bis 1958. Berlin 1969, S. 81 ff.

12   Nach DDR-eigenen historischen Nachforschungen sind die Kongressunterlagen systematisch vernichtet worden, um die dort stattgefunden Auseinandersetzungen nicht in die Geschichte eingehen zu lassen. Vgl. ebenda.

13   Vgl. Rabehl, Bernd: Militarisierung und Modernisierung der Humboldt-Universität zwischen 1956 und 1968. In: Zeitschrift des Forschungsverbundes SED-Staat Nr. 2(1996), S. 18 ff.

14   Seibert: Zur Rolle der GST (Anm. 11), Anhang S. 101; vgl. auch Sitzung des Politbüros des ZK der SED am 23.3.1955. Unter TOP 2 berichtet Walter Ulbricht über neue Beschlüsse der Sicherheitskommission; SAPMO-BA, DY 30 J IV 2/2A 415 15.

15   Kopp, Fritz; Fischbach, Günter: SBZ von 1957 bis 1958. Die sowjetische Besatzungszone Deutschlands in den Jahren 1957–1958. II. Ergänzungsband zu »SBZ von 1945 bis 1954«. Bonn, Berlin 1960, S. 167.

16   Ebenda S. 178.

worden sind. Insofern sind die Führungsdokumente dieser Zeit, die von einer umfassenden Militarisierung der DDR-Gesellschaft ausgehen, sorgfältig zu prüfen, inwieweit diese Vorgaben realisiert worden sind.

Die GST und die FDJ mit ihren je eigenen Wehrerziehungsprogrammen sind allerdings nicht die einzigen Institutionen, die geschaffen wurden. Die militärpolitisch zweifellos wichtigste Neugründung waren die im April 1954 ins Leben gerufenen Kampfgruppen der Arbeiterklasse. Sie waren formal der Territorialverteidigung zugeordnet. Ihre realen Unterstellungsverhältnisse unter die Einsatzleitungen der SED ab Bezirksebene demonstrieren jedoch eine unübersehbare Ausrichtung als Instrument der innenpolitischen Disziplinierung. Die Kampfgruppen sollten der DDR-Führung bis zum Dezember 1989 als Drohpotenzial erhalten bleiben. Hinzuweisen ist ebenso auf die 1956 gegründete Kadettenanstalt der Nationalen Volksarmee, die Elitekader für die NVA ausbilden sollte. Sie wurde 1961 durch einen Beschluss des Politbüros – offiziell wegen mangelnder Effizienz – wieder aufgelöst.[17] Eine wichtige Rolle spielten in der Zeit kurz nach dem Mauerbau die sogenannten Ordnungsgruppen der FDJ. Die Entstehungsgeschichte der Ordnungsgruppen ist weitgehend ungeklärt. Es ist zu vermuten, dass sie aus den »wilden Strukturen« der Stoßtrupps und Propagandagruppen der FDJ Ende der 1950er Jahre gebildet wurden. Ihre Aufgabe bestand in Anlehnung an die Praktiken in der Weimarer Republik darin, den öffentlichen Raum zu besetzen, wobei allerdings der Unterschied zu beachten ist, dass in der Weimarer Zeit mehrere Kräfte aus dem politischen Spektrum derartige Organisationen unterhielten. Diese Gruppierungen dienten beispielsweise dazu, einzelne Bauern unter Druck zu setzen, die sich der Kollektivierung zu entziehen versuchten. Kurz nach dem Mauerbau wurden in der gesamten DDR durch einen Geheimerlass derartige Ordnungsgruppen der FDJ gebildet.[18] Ihre Mitglieder sollten eine Ausbildung erhalten, die sie einerseits zur militärischen Territorialverteidigung (Häuser- und Straßenkampf), andererseits zu polizeilicher Gewaltausübung (Festnahmen, individuelle Gewaltanwendung) befähigten.[19] Kurz nach dem Mauerbau diente diese Gruppierung der sozialen Mikrokontrolle und als öffentliches Drohpotenzial in der Presse. Die Bedeutung der Ordnungsgruppen nahm allerdings schnell wieder ab. Später wurden die Ordnungsgruppen zur Sicherung von Veranstaltungen eingesetzt. Auch in der GST entstanden

17 Buddrus, Michael: »Kaderschmiede für den Führungsnachwuchs«? Die Kadettenschule der Nationalen Volksarmee in Naumburg 1956–1961. In: Mehringer, Hartmut (Hg.): Von der SBZ zur DDR. Studien zum Herrschaftssystem in der Sowjetischen Besatzungszone und in der Deutschen Demokratischen Republik. München 1995, S. 167 ff.

18 Beschluss des ZR der FDJ über die Ordnungsgruppen der FDJ als Helfer der Staats- und Sicherheitsorgane [22.8.1961]. In: Archiv Christian Sachse.

19 Programm für die Ausbildung der Ordnungsgruppen der Freien Deutschen Jugend vom (ca. August 1961). In: Archiv Christian Sachse.

Gruppen dieser Art, die sich Einsatzgruppen nannten. Sie werden in der DDR-Presse kurz erwähnt.[20] Ihr Einsatzgebiet scheint die militärische Bekämpfung subversiver Gruppierungen gewesen zu sein. Allem Anschein nach existierten die Einsatzgruppen der GST nur punktuell und wenige Monate. Eine weitere Organisation, die Arbeiter- und Bauerninspektion – zeitweise auch Komitee für Volkskontrolle genannt, soll wenigstens am Rande erwähnt werden. Diese Institution sollte ursprünglich als eine Art ehrenamtliche Wirtschaftspolizei fungieren und mit erheblichen Kompetenzen ausgestattet sein, blieb aber relativ bedeutungslos. Einzelne weitere Organisationen und Gruppierungen müssen hier unberücksichtigt bleiben. Insgesamt ergibt sich der Eindruck, der auch dem »Jahrzehnt der Kampagnen« in der DDR-Geschichte entspricht, dass in den 1950er Jahren ein Wildwuchs an paramilitärischen Gruppierungen und Organisationen zu beobachten ist, deren Effizienz durchaus begrenzt blieb, weil die Umsetzung an mangelnden Ressourcen, fehlender Organisationsfähigkeit und geringer Akzeptanz letztlich scheiterte. Die formulierten Ziele jedoch belegen die Versuche eines totalen Zugriffs auf die gesamte Gesellschaft. Ihre Realisierung hätte eine vollständige militärische Überformung ziviler Strukturen, Denk- und Verhaltensweisen bedeutet, wie wir sie in dieser Zeit aus China kennen.

Flankiert wurden die Versuche, militärische Strukturen und Organisationen im zivilen Bereich zu etablieren, von ersten Programmen der ideologischen Beeinflussung an den Schulen, wobei sich das Volksbildungsministerium unter Fritz Lange allerdings deutlich zurückhielt, die physische militärische Ausbildung an den Schulen zuzulassen. Dies änderte sich erst mit dem Amtsantritt Margot Honeckers. Im Jahr 1955 erschien in Vorbereitung des V. Pädagogischen Kongresses ein Aufsatz in der *Deutschen Lehrerzeitung*, der ein Stufenprogramm für die »Patriotische Erziehung« forderte, das vom Kindergarten bis zum Schulabschluss reichte.[21] Dieses Stufenprogramm sollte nicht nur Feindbilder vermitteln, sondern auch zur Disziplin und zum kollektiven Arbeiten erziehen, hatte also auch eine innenpolitische Funktion. Umgesetzt wurde dieses Programm bis 1968 nicht vollständig. Es erfuhr sogar öffentliche Kritik.[22] Teile des Programms wurden aber etabliert. Im Jahr 1956 begann in pädagogischen Zeitungen eine Kampagne zur »Patriotischen Erziehung«. Im Mai 1956 rief der V. Pädagogische Kongress die Lehrer auf, ihre Schüler zum Hass »gegen alle Feinde des deutschen Volkes« zu erziehen. Sie sollten die

---

20   Lange, V. K.: Freiberger Einsatzgruppen stehen. In: Sport und Technik Nr. 1/1962.

21   Zur Vorbereitung des V. Pädagogischen Kongresses. Entwurf einer Entschließung zur Verbesserung der patriotischen Erziehung in der deutschen demokratischen Schule. In: Deutsche Lehrerzeitung Nr. 44/1955.

22   Stolz, Helmut: Sollen wir zum Hass erziehen? In: Pädagogik 1956, S. 587–594, sowie Correl, Werner: Hassen oder helfen? Zu dem Aufsatz »Sollen wir zum Hass erziehen?« von Helmut Stolz. In: Pädagogik 1957, S. 26–28.

DDR »gegen jeden Angriff, gegen jede Schädigung« bedingungslos verteidigen und auf den Einsatz ihres eigenen Lebens vorbereitet werden.

Eine Zäsur in der Militarisierung der DDR brachte der Herbst des Jahres 1961. Mit dem XXII. Parteitag der KPdSU trat eine gewisse Liberalisierung ein. Sie betraf die Wirtschaft, die Kultur, die Jugendpolitik – nicht aber das politische System. Diese Lockerungen für die Jugend, eingeleitet übrigens bereits vor dem XXII. Parteitag durch das wenig bekannte 1. Jugendkommuniqué des Politbüros vom Februar 1961, hatten für die Militarisierung der Jugend unmittelbare Folgen.[23] Die GST wurde angewiesen, sich weitgehend aus dem Bereich der vormilitärischen Ausbildung zurückzuziehen und interessante zivile Angebote aus dem Bereich der Technik und des Sportes zu entwickeln.[24] Ob diese Anweisung jemals umgesetzt wurde, ist noch nicht bekannt. Die Liberalisierung der Jugendpolitik sah beispielsweise eine begrenzte Akzeptanz der Jugendkulturen und selbstverwaltete Jugendklubs vor. Auch in der westlichen Öffentlichkeit wahrgenommene Symbole dieser neuen Jugendpolitik waren das Deutschlandtreffen 1964 und der in diesem Zusammenhang eingerichtete Jugendsender DT 64. Neu war, dass die Jugend als selbstbestimmte und mit einem eigenen Sinn ausgestattete Lebensphase angesehen wurde, deren Prozess der Selbstfindung behutsam begleitet werden sollte. Verantwortlich für den größten Teil der Neuerungen war der heute unbekannte ZK-Mitarbeiter Kurt Turba, der 1966 aus seinen Ämtern entfernt wurde. In diesen Zusammenhängen wurden keine Wehrerziehungsprogramme mehr gebraucht. Gerade die Reduktion der Wehrerziehung in diesem Zeitraum macht deren innenpolitische Funktion zur Sozialisierung und Disziplinierung deutlich. Möglicherweise ist auch die begrenzte Akzeptanz der Wehrdienstverweigerer in Form des Bausoldatendienstes seit 1964 auf diese neue Sicht zurückzuführen.

An der 1962 eingeführten Wehrpflicht hielt die SED-Führung allerdings fest. Es entstanden auch in den Apparaten der SED und des Staates neue Strukturen, die darauf abzielten, das Militär in die zivilen Strukturen zu integrieren: die Kommissionen für Sozialistische Wehrerziehung und im ZK eine Arbeitsgruppe mit gleicher Aufgabe als Steuerungsinstrument. Die Kommissionen für Sozialistische Wehrerziehung waren vertikale staatliche Strukturen, die bis in die Städte und größeren Betriebe hinabreichten. Sie fassten alle relevanten Kräfte (von der SED über die Betriebsleiter bis zur FDJ) zusammen.

---

23 Vgl. dazu Sachse, Christian: Die Jugendpolitik der SED Anfang der sechziger Jahre. Zur historischen Einordnung der Jugendkommuniqués. In: Zeitschrift des Forschungsverbundes SED-Staat 19(2006).

24 Beschlussvorlage für das Sekretariat des ZK der SED [Verfasser: Abteilung Sicherheitsfragen] betreffend die neuen Aufgaben der GST und das neue Statut v. 24.1.1964. S. 2, Bestand ZK der SED, Abteilung Sicherheitsfragen; SAPMO-BA, DY 30 IV A 2/12/161. Auf die Umorientierung weist auch hin, ohne sie erklären zu können: Heider, Paul: Die Gesellschaft für Sport und Technik (1952–1990). In: Diedrich, Torsten; Ehlert, Hans; Wenzke, Rüdiger (Hg.): Im Dienste der Partei. Handbuch der bewaffneten Organe der DDR. Berlin 1998, S. 178.

Die Kommissionen wurden allerdings – laut Ausweis der verfügbaren Quellen – bis zum Sturz Chruščevs kaum aktiv. Es hat den Anschein, als hätten diese Strukturen und ihre Träger während der Chruščev-Ära in einer Art Wartestellung verharrt, um nach ihrem Ende sofort aktiv werden zu können. Die Bevölkerung der DDR wird diese Zeit vermutlich mehrheitlich als eine Phase empfunden haben, in der militäraffine Strukturen zurückgedrängt waren.

Ein erstes öffentliches Signal für einen Kurswechsel zurück in den doktrinären Sozialismus war der sogenannte Beat-Aufstand in Leipzig Ende Oktober 1965. Er war eine Folge des von Erich Honecker initiierten »Rowdy-Beschlusses«, mit dem ein Großteil der Jugendmusikgruppen verboten wurde, die sich in der ersten Hälfte der 1960er Jahre gebildet hatten. Mit dem 11. Plenum im Dezember 1965 erhielt die Wehrerziehung eine dezidiert innenpolitische Aufgabe. Sie sollte der Disziplinierung der Jugendlichen und ihrer Erziehung zu »glühenden Patrioten« dienen. Nun übernahm die Volksbildung die Führung. Die rigorosen Forderungen, die das Verteidigungsministerium nach dem Schock des 6-Tage-Krieges an die Wehrerziehung stellte, wurden zurückgewiesen und stattdessen sukzessive neue Formen der Wehrerziehung geschaffen (Hans-Beimler-Wettkämpfe, Manöver Schneeflocke). Nicht zuletzt unter dem Eindruck der sich in der Tschechoslowakei abzeichnenden Reformprozesse wurde im Frühjahr 1968 das »Gesamtgesellschaftliche System der Sozialistischen Wehrerziehung« beschlossen.[25] Es sah ein Stufenprogramm vor, das tatsächlich vom Kindergarten bis zum Reservistenstatus reichte und auf zwei Säulen ruhte: einer permanenten körperlichen Ausbildung (einschließlich Ausbildung an Waffen) und Indoktrination. Bis 1973 wurden die Programme sukzessive umgesetzt. Ende der 1970er Jahre waren mehr als 90 Prozent der Jugendlichen in Wehrprogramme eingebunden. Die wenigen Verweigerer wurden sorgsam durch die Staatssicherheit registriert.[26] Wichtigstes Instrument der Disziplinierung war der Anfang der 1970er Jahre juristisch fixierte »bildungspolitische Riegel«.[27] Danach war es keinem Schüler, keiner Schülerin mehr möglich, eine reguläre Berufsausbildung oder die Erweiterte Oberschule zu besuchen, der/die nicht an der Wehrerziehung teilnahm. In der Praxis gab es hier bis

25 Konzeption zu einem »Leitfaden für die sozialistische Wehrerziehung« v. 24.1.1968 – Sekretariatssitzung. Bestand ZK der SED, Sekretariat; SAPMO-BA, DY 30 J IV 2/3-1368 und DY 30 J IV 2/3 A-1536, Anlage 2.

26 Scheffel, Mario: Untersuchung politisch-operativ bedeutsamer Aspekte des Verweigerns der militärischen Ausbildung, insbesondere der Schießausbildung innerhalb der GST und Herausarbeiten von Schlussfolgerungen für die politisch-operative Arbeit der Linie XX; JHS MF VVS o001-312/88, JHS 21186 v. 1.4.1988.

27 Vgl. dazu Anordnung über den Abschluss, den Inhalt und die Beendigung von Lehrverträgen v. 30.4.1970. In: Gesetzblatt der DDR II Nr. 41/1970, sowie Anordnung über die Bewerbung, die Auswahl und Zulassung zum Direktstudium an den Universitäten und Hochschulen – Zulassungsordnung – v. 1.7.1971. In: Gesetzblatt der DDR II Nr. 55/1971.

Ende der 1970er Jahre noch Lücken. Mit der Einführung des Wehrkundeunterrichtes wurde nur der Schlussstein gesetzt.

Hinsichtlich ihres Zieles, das politische System langfristig zu stabilisieren, war das »gesamtgesellschaftliche System der Wehrerziehung« erfolglos, sogar kontraproduktiv. Dies belegen bereits DDR-eigene Untersuchungen aus den 1980er Jahren.[28] Motivation und Verteidigungsbereitschaft der DDR-Bürger sanken bei den Teilnehmern an der militärischen Ausbildung, je länger sie daran teilnahmen ebenso wie die Identifikation mit dem sozialistischen System. Die Auswirkungen der Wehrerziehung auf das Sozialverhalten – etwa rigorose Disziplinvorstellungen, Unterordnungsbereitschaft – sind bisher nicht systematisch untersucht. Hier scheint es aber Auswirkungen zu geben, die über die Erziehung auch in die nächste Generation ausstrahlen.

Nach dieser chronologischen Skizze, die noch um eine Reihe von Daten erweitert werden müsste, scheint es so, als hätte der XX. Parteitag der KPdSU im Jahr 1956 und die partielle Entstalinisierung die Militarisierung nicht tangiert. Erst wenn man die neue Militärdoktrin, die auch vom XX. Parteitag verkündet wurde, in die Analyse einbezieht, werden gewisse Veränderungen deutlich, die allerdings nur die Zielrichtung, nicht die Intensität der Militarisierung betreffen.

Kurz zur Erinnerung: Der XX. Parteitag hatte, der neuen geostrategischen Lage folgend, die Militärdoktrin der Sowjetunion geändert. Der Parteitag gab die These auf, dass Kriege mit dem Imperialismus unvermeidlich seien und ging nun von einem möglichen friedlichen Nebeneinander beider Weltsysteme aus. Die Sowjetunion reagierte damit auf Veränderungen in der Bewaffnung der NATO, die die Bedeutung konventioneller Streitkräfte in Mitteleuropa abwerteten. Diese neue Sicht ermöglichte eine Reduzierung konventioneller Truppen. Allerdings hatte der XX. Parteitag auch festgestellt: »Wir müssen [...] Maßnahmen treffen, um die Jugendlichen, die nicht eingezogen werden, außerhalb der Armee militärisch auszubilden.« Dies galt selbstredend auch für die DDR. In den Plänen wurde die Mannschaftsstärke der NVA zunächst auf 120 000 Mann und schließlich auf 90 000 reduziert. Für die GST bedeutete dies, dass sie ihre auf die gesamte Bevölkerung gerichteten Pläne zurücknahm und sich auf die Jugend der DDR konzentrierte.

Insgesamt kann man zumindest für den Sommer 1956 eine gewisse Entstalinisierung diagnostizieren, weil militäraffine Strukturen aus dem zivilen Leben zurückgedrängt wurden. Für einzelne Fakultäten der Humboldt-Universität ist nachweisbar, dass dort die Wirkung der militärischen Erziehung auf die Freiheit und Lehre der Forschung erkannt worden ist. Neben der Abschaffung des

---

28 Förster, Peter; Daug, Mathias: Entwicklungstendenzen und -bedingungen der Verteidigungsbereitschaft und des Engagements in der vormilitärischen Ausbildung. Ergebnisse einer Intervallstudie (1986–1988) im Rahmen der vormilitärischen Ausbildung der GST. Hg. v. Zentralinstitut für Jugendforschung. Leipzig Januar 1989.

Unterrichts in Marxismus-Leninismus forderte man dort auch die Absetzung der wehrerzieherischen Programme. Eine gewisse Öffnung hinsichtlich der militäraffinen Inhalte kann man auch darin erblicken, dass die vom V. Pädagogischen Kongress dekretierte Hass-Erziehung bis weit in das Jahr 1957 in pädagogischen Zeitungen kontrovers diskutiert werden durfte. Auch auf dem bereits genannten 1. Kongress der GST im September 1956 warfen Delegierte in Anwesenheit von Wehrsportorganisationen aus zehn sozialistischen Ländern ihrer Führung vor, HJ-Ausbildung betreiben zu wollen. Ich habe dies oben beschrieben. Dies ist sicher ein – wenn auch arg begrenzter – Erfolg des Tauwetters im militärischen Bereich gewesen.

Betrachtet man also zusammenfassend die Geschichte der Militarisierung der DDR, dann ändert sich wenig am allgemein gültigen historischen Urteil über den XX. Parteitag der KPdSU. Seine unmittelbaren Auswirkungen wurden in der DDR so gering wie möglich gehalten. Wo sie ein bestimmtes Maß überschritten, wurden sie mit strafrechtlichen, politischen oder auch militärischen Mitteln eingedämmt. Chruščev war nicht angetreten, um den militarisierten Sozialismus durch einen zivilisierten zu ersetzen. Graduelle Veränderungen erschließen sich dem Historiker. An den politischen Verhältnissen in der DDR änderte sich wenig, auch wenn sich mit dem XX. Parteitag viele Hoffnungen verbanden.

Dierk Hoffmann

Entstalinisierung und Sozialpolitik im Ostblock

Soziale Sicherungssysteme im Ausbau

Im Zuge der beschleunigten Industrialisierung nach dem Ende des Zweiten Weltkrieges entstanden im Ostblock sozioökonomische Konfliktlagen, die sich nach dem Tode Stalins heftig entluden. Der Volksaufstand am 17. Juni 1953 in der DDR, die Unruhen in Polen sowie der Aufstand in Ungarn 1956 sind herausragende Beispiele dieses systemspezifischen Konflikts. Daher ist die Entstalinisierung, die 1953 begann und über das Jahr 1956 fortdauerte, nicht nur als ein politischer Prozess zu verstehen, sondern auch als ein wirtschaftlicher und sozialer.[1] In den staatssozialistischen Staaten Osteuropas wurden die bestehenden Herrschaftsverhältnisse zunehmend infrage gestellt. Im Mittelpunkt des vorliegenden Beitrages steht die herrschaftsstabilisierende Funktion von Sozialpolitik, insbesondere die Alterssicherung. Dieser wichtige und zentrale Bereich des Systems sozialer Sicherheit war ab Anfang der fünfziger Jahre in den einzelnen Staaten des sowjetischen Herrschaftsbereiches in unterschiedlichem Maße großen Veränderungen unterworfen. Dabei stellte der Tod des sowjetischen Diktators nicht den Auslöser für sozialpolitische Wohltaten dar; vielmehr beschleunigte er diesen nur langfristig zu verstehenden sozialpolitischen Disziplinierungsprozess. Um unterschiedliche Entwicklungspfade deutlich zu machen, stehen im Folgenden Polen, die ČSR, DDR und UdSSR im Mittelpunkt des Interesses. Dabei wird auch nach dem Verhältnis von nationaler Eigenständigkeit und sowjetischer Hegemonie zu fragen sein. Gab es einen in Moskau entwickelten Masterplan zur Pazifizierung der Bevölkerung im Ostblock oder gab es vielmehr eigenständige, nationale sozialpolitische Antworten auf die sozialen und wirtschaftlichen Herausforderungen? Inwieweit gab es bei der Reform der Alterssicherungssysteme Konsultationen unter den Mitgliedsstaaten des Rates für gegenseitige Wirtschaftshilfe (RGW)?[2]

---

1 Foitzik, Jan: Ostmitteleuropa zwischen 1953 und 1956. Sozialer Hintergrund und politischer Kontext der Entstalinisierungskrise. In: Ders. (Hg.): Entstalinisierungskrise in Ostmitteleuropa 1953–1956. Vom 17. Juni bis zum ungarischen Volksaufstand. Politische, militärische, soziale und nationale Dimensionen. Paderborn u. a. 2001, S. 21–54, hier 21.

2 Zu den Absprachen in den 60er, 70er und 80er Jahren Boyer, Christoph: Verflechtung und Abgrenzung: Sozial- und konsumpolitische Beziehungen im RGW. In: Hoffmann, Dierk; Schwartz, Michael (Hg.): Sozialstaatlichkeit in der DDR. Sozialpolitische Entwicklungen im Spannungsfeld von Diktatur und Gesellschaft 1945/49–1989. München 2005, S. 151–173.

I.

Sozialpolitik hatte in der DDR und in den osteuropäischen Staaten zwischen Kriegsende 1945 und der Auflösung der Sowjetunion 1991 einen unterschiedlichen Stellenwert, aber stets eine systemstabilisierende Funktion. Aus ideologischen Gründen verzichteten die kommunistischen Parteien im sowjetischen Herrschaftsbereich zeitweilig auf die Herausstellung des Begriffes »Sozialpolitik«, denn sie betrachteten diesen als Kennzeichnung für einen »absterbenden« Politikbereich aus vorsozialistischen Zeiten. Mit der Herrschaft des Proletariats schien die Ausbeutung des Menschen durch Menschen überwunden zu sein. Deshalb wurde Sozialpolitik nur noch als »Lazarettstation des Kapitalismus« angesehen. In der Praxis reagierten die kommunistischen Funktionseliten jedoch auf wachsenden sozialpolitischen Handlungsdruck, das heißt, sie betrieben de facto Sozialpolitik. Dies beinhaltete etwa wohnungsbaupolitische Maßnahmen oder eine spezifische Frauen- und Familienpolitik, die der Erwerbstätigkeit untergeordnet blieb. Darüber hinaus gab es innerhalb des Ostblocks ab Anfang der fünfziger Jahre eine Wiederaufwertung dieses Politikfeldes, denn es kam zum Abschluss von einigen bilateralen Abkommen, die einzelne sozialpolitische Themenfelder betrafen. Das hing auch mit einem Wandel in der Wissenschaftslandschaft zusammen: So wurde etwa in der Sowjetunion die Soziologie als eigenständige Fachdisziplin im Februar 1956 etabliert.[3] In der Folgezeit beteiligten sich zahlreiche Soziologen und Sozialwissenschaftler an einigen sozialpolitischen Debatten. Auf ideologischer Ebene setzte beispielsweise in der DDR erst Mitte der sechziger Jahre ein Paradigmenwechsel ein: Nach den »Sozialpolitischen Richtlinien« von Ende 1946 tauchte Sozialpolitik in der Parteiprogrammatik der SED wieder auf und entwickelte sich zu einem Schlüsselbegriff des real existierenden Sozialismus. Hier liegen etwa die Ursprünge für die »Einheit von Wirtschafts- und Sozialpolitik« in der Ära Honecker. Auf diese Weise wurde Sozialpolitik zu einer Art »Superpolitik«[4] aufgewertet, die sämtliche materiellen Lebensverhältnisse der Bevölkerung steuern sollte. Dies stellte aber nicht einen DDR-Sonderweg dar, sondern war auch in den anderen sozialistischen »Bruderstaaten« Anfang der siebziger Jahre zu beobachten.[5]

Eine erste Aufwertung von Sozialpolitik erfolgte jedoch bereits Anfang der fünfziger Jahre, als die wachsende Bedeutung dieses Politikbereichs in nahezu allen osteuropäischen Staaten erkannt wurde. Dies hatte zwar keine unmittelbaren Folgen für die programmatische Arbeit in den herrschenden kommunistischen Parteien, es beeinflusste allerdings maßgeblich die Sozialpolitiker in

---

3   Madison, Bernice Q.: Social Welfare in the Soviet Union. Stanford University Press 1968, S. 63.
4   Hoffmann, Dierk, Schwartz, Michael: Einleitung. In: Hoffmann; Schwartz (Hg.): Sozialstaatlichkeit in der DDR (Anm. 2), S. 2.
5   Hübner, Peter; Danyel, Jürgen: Soziale Argumente im politischen Machtkampf: Prag, Warschau, Berlin 1968–1971. In: Zeitschrift für Geschichtswissenschaft 50(2002), S. 804–832.

den Verwaltungen der jeweiligen Zentralverwaltungswirtschaften. Dabei ging ein indirekter Anstoß von Moskau selbst aus, der auf den ersten Blick nur die Außen- und Sicherheitspolitik betraf: So betonte der stellvertretende Ministerpräsident Georgij M. Malenkov bei den Begräbnisfeierlichkeiten für Stalin am 9. März 1953 die »Möglichkeiten einer dauernden Koexistenz und eines friedlichen Wettbewerbs der beiden verschiedenen Systeme«.[6] Damit stand der Sieg über den Kapitalismus nicht mehr ganz oben auf der politischen Agenda. Dies hatte zunächst Folgen für das Verhältnis zwischen den beiden verfeindeten Blöcken, die sich zu diesem Zeitpunkt in der Hochphase des »Kalten Krieges« befanden. Die Sowjetunion schlug einen Entspannungskurs ein, der sich im Waffenstillstandsabkommen in Korea 1953, dem Staatsvertrag mit Österreich 1955 oder aber auch in der Aufnahme diplomatischer Beziehungen zur Bundesrepublik 1955 manifestierte. Die keineswegs konfliktfreie Verständigung nach außen korrespondierte mit einer partiellen Reformbestrebung im Innern. Dies waren jedenfalls die langfristigen Folgen der Entstalinisierung: Die angestauten innenpolitischen Problemlagen gelangten verstärkt auf die politische Tagesordnung der Staaten im Ostblock. Diese mussten sich in der Folgezeit nämlich mit den gravierenden sozialen Folgelasten des Zweiten Weltkrieges und der volksdemokratischen Transformation (Jan Foitzik) beschäftigen und neue Lösungskonzepte erarbeiten. Damit verschwand nicht nur bei den sozialpolitischen Experten, sondern auch bei den politischen Funktionseliten die Überzeugung, dass Sozialpolitik nur noch in privatkapitalistischen Wirtschaftssystemen benötigt würde.

Die sozioökonomischen Herausforderungen, vor denen die staatssozialistischen Systeme standen, waren tatsächlich enorm. Im Hinblick auf die Alterssicherung kamen insbesondere zwei Entwicklungen zum Tragen, und zwar der demographische Strukturwandel und die Veränderung der Beschäftigtenstruktur. Nach den ersten Nachkriegsjahren stieg die durchschnittliche Lebenserwartung langfristig wieder an, was vor allem auf die Verbesserung sowohl der medizinischen Versorgung als auch der Lebensmittelzuteilung zurückzuführen war. Auf der einen Seite sank somit nicht nur die Sterblichkeitsrate; gleichzeitig stieg die Geburtenrate wieder an. Auf der anderen Seite nahm der Anteil der Personen im Rentenalter an der Gesamtbevölkerung stetig zu. So betrug der Rentneranteil 1940 in der Sowjetunion 8,8 Prozent, zwanzig Jahre später bereits 12,5 Prozent.[7] In den sechziger und siebziger Jahren stieg der Prozentsatz noch weiter und lag schließlich bei 15,7 Prozent (1978). Dieser gesellschaftliche Überalterungsprozess verlief in den osteuropäischen Staaten in ähnlichen Bahnen, wobei das unterschiedliche Renteneintrittsalter in

---

6   Zit. nach: Loth, Wilfried: Die Teilung der Welt 1941–1955. München [8]1990, S. 306.
7   Zu den Zahlen Stiller, Pavel: Sozialpolitik in der UdSSR 1950–80. Eine Analyse der quantitativen und qualitativen Zusammenhänge. Baden-Baden 1983, S. 114. Für die Sowjetunion stellte die Versorgung der Kriegsinvaliden ein großes Problem dar, auf das hier nicht näher eingegangen werden kann.

den einzelnen Staaten in Rechnung zu stellen ist. Allerdings nahm die DDR hierbei eine Sonderposition ein, was vor allem mit der bis 1961 nach Westen offenen Grenze zusammenhing. Unter den »Republikflüchtigen« befanden sich nämlich überproportional junge Menschen, während Rentner im Vergleich zu ihrem Anteil an der Gesamtbevölkerung unterrepräsentiert waren. So kam es, dass der Rentneranteil in der DDR 1946 bei der ersten Volkszählung nach Kriegsende 12,9, 1950 bereits 13,8 Prozent betrug.[8] Im Jahr des Mauerbaus lag der Anteil bei 18 Prozent und stieg unaufhörlich weiter. Den Höchstwert erreichte er 1974 mit 19,8 Prozent. Da die DDR im Vergleich zu den anderen Ostblockstaaten ein höheres Renteneintrittsalter hatte, zeigen diese Zahlen nur ansatzweise die demographische Falle, in der sich das SED-Regime befand. Der Mauerbau 1961 konnte diesen Prozess nicht mehr aufhalten; schon in den fünfziger Jahren verfügte die DDR über den höchsten Rentneranteil innerhalb des Ostblocks.

Die Ausdehnung des sowjetischen Herrschaftsbereiches im Zuge des Zweiten Weltkrieges brachte eine Übernahme des Schwerindustrialisierungskonzeptes für die DDR und die Volksdemokratien mit sich. Dabei muss jedoch betont werden, dass es sich hierbei nicht um eine vollständige Adaption handelte. Obwohl alle osteuropäischen Staaten unter den Kriegszerstörungen beträchtlich zu leiden hatten, war die wirtschaftliche Ausgangslage doch recht unterschiedlich. Stark vereinfacht kann davon ausgegangen werden, dass der Industrialisierungsgrad von Westen nach Osten hin abnahm. Mit dem Aufbau der Planwirtschaft in den einzelnen Ländern, der sich sehr stark am Vorbild der Sowjetunion orientierte, veränderte sich unter anderem auch die Beschäftigtenstruktur. Die extensiv betriebene Industrialisierung, die sich etwa beim Aufbau neuer Stahl- und Walzwerke zeigte, bevorzugte Arbeiter und Angestellte in der Grundstoff- und Schwerindustrie. In dem Zusammenhang gewann auch die betriebszentrierte Sozialpolitik an Bedeutung. Dagegen vernachlässigte diese Wirtschaftskonzeption die nicht-erwerbstätige und nicht-erwerbsfähige Bevölkerung. Diese Exklusion traf insbesondere Rentner, die aufgrund der relativ niedrigen Rentenleistungen auf Zusatzeinkommen angewiesen waren und einer Arbeit nachgingen, um ihren Lebensunterhalt zu sichern. In allen Ostblockstaaten ist ab Ende der vierziger Jahre ein rasanter Anstieg der Beschäftigtenzahlen zu beobachten. Nach Angaben von Foitzik stieg die Gesamtbeschäftigtenzahl in Polen zwischen 1950 und 1955 um ein Drittel, in Ungarn und in der ČSR um ein Zehntel.[9] In der DDR betrug der Anstieg im selben Zeitraum immerhin noch 13,7 Prozent. Das Industrialisierungskonzept war insgesamt sehr arbeitsintensiv angelegt, sodass die gesamte erwerbsfähige Bevölkerung für die sozialistische Arbeitsgesellschaft mobilisiert

---

8   Zu den Zahlen für die DDR Steiner, André: Statistische Übersichten zur Geschichte der Sozialpolitik in Deutschland seit 1945 – Band Ost (DDR). O. O. o. J., Tabelle 01.3.1.
9   Foitzik: Ostmitteleuropa zwischen 1953 und 1956 (Anm. 1), S. 22.

wurde. Die soziale Frage der Rentner blieb in allen Staaten des sowjetischen Herrschaftsbereiches ungelöst.

II.

Die sozialen Sicherungssysteme der europäischen und nordamerikanischen Industrienationen lassen sich für die 2. Hälfte des 20. Jahrhunderts stark vereinfacht zwei Idealtypen zuordnen: dem Bismarck- bzw. dem Beveridge-Modell.[10] Während sich das nach dem ersten deutschen Reichskanzler benannte Modell vor allem auf Kontinentaleuropa erstreckte, war das zweite Modell, das auf den britischen Nationalökonomen Lord Beveridge zurückging, in erster Linie in Skandinavien sowie im angelsächsischen Raum verbreitet. Ein wichtiger Unterschied bestand darin, dass es im ersten Fall auf dem Sozialversicherungsprinzip, im zweiten dagegen auf dem Versorgungsprinzip basierte. Das wiederum hatte unmittelbare Auswirkungen für den zu erfassenden Personenkreis sowie für die Finanzierungsart. Beim Bismarck-Modell stand etwa die Sicherung des Lebensstandards im Vordergrund; das Beveridge-Modell verfolgte das Ziel der Armutsvermeidung und war letztlich ein universelles steuer- oder beitragsfinanziertes Grund- oder Volksrentensystem. Die Staaten Ostmitteleuropas orientierten sich bis 1945 weitgehend am Bismarck-Modell, ohne es vollständig zu übernehmen. Die idealtypische Einteilung in zwei klar voneinander trennbare Systeme soll nicht darüber hinwegtäuschen, dass in realiter oftmals Mischformen existierten. Dennoch zeigt sie wichtige strukturelle Unterscheidungsmerkmale.

Die Sowjetunion verfügte bis 1956 über keine gesetzliche Rentenversicherung; Rentenzahlungen gab es nur für kleine, ausgewählte Personengruppen. Stattdessen waren die Sozialleistungen auf das Konzept der sozialistischen Industrialisierung ausgerichtet: Die sozialpolitischen Maßnahmen dienten in erster Linie der Erhaltung der Arbeitskraft, sodass die gesundheitliche Prophylaxe in den Betrieben eine herausragende Bedeutung besaß. Von diesem Versorgungssystem profitierte ausschließlich die erwerbstätige Bevölkerung; weitgehend vernachlässigt blieb die nicht-erwerbstätige und nicht-erwerbsfähige Bevölkerung. Dieser Personenkreis, der in keinem Beschäftigungsverhältnis stand, gehörte zu den Verlierern der sozialistischen Arbeitswelt. Charakteristisch für alle staatssozialistischen Systeme Osteuropas nach Ende des Zweiten Weltkrieges war das doppelte Preissystem, das heißt, der Staat subventionierte

10   Hinrichs, Karl: Rentenreformpolitiken in OECD-Ländern. Deutschland im internationalen Vergleich. In: Welt Trends. Zeitschrift für internationale Politik und vergleichende Studien Nr. 24 (Herbst 1999), S. 7–28, hier 10–15.

massiv Grundnahrungsmittel und Güter des täglichen Bedarfs. Dadurch sollte
der Lebensstandard gesichert werden, was jedoch nur ansatzweise gelang, wenn
man sich die zahlreichen Streiks und Arbeitsniederlegungen in Osteuropa bis
1953 vergegenwärtigt. Darüber hinaus kam es zu einem gewissen Anglei-
chungsprozess, da die Volksdemokratien in wichtigen Bereichen der nationalen Sicherungssysteme dem sowjetischen Vorbild folgten. Das betraf besonders
die betriebliche Sozialpolitik sowie die Gesundheitspolitik. So wurde beispielsweise in Polen die in der Zwischenkriegszeit aufgebaute Krankenversiche-
rung, die auch Elemente einer privaten Versicherung enthielt, aufgelöst.[11] Im
Gegenzug kam es hier zum Aufbau einer staatlich organisierten und finanzier-
ten Gesundheitsversorgung mit einer starken Betonung der betrieblichen
Säule. Dagegen sind bei der Alterssicherung Kontinuitäten zu beobachten; hier
verstärkten sich teilweise sogar die länderspezifischen Charakteristika.

Auf der VI. Konferenz der russischen Sozialdemokraten Anfang 1912 in
Prag, die mit einem Parteiausschluss der Menschewiki endete, hatte Wladimir I.
Lenin erstmals Grundsätze für eine sozialistische Arbeiterversicherung formuliert.[12] Diese sollte als staatlich organisierte Einheitsversicherung alle Risiken ab-
decken (Unfall, Krankheit, Alter, Invalidität; für Arbeiterinnen außerdem
Schwangerschaft und Geburt sowie die Versorgung von Witwen und Waisen
nach dem Tod des Ernährers). Darüber hinaus sollte die Versicherung alle
abhängig Beschäftigten und ihre Familien umfassen. Nach der Oktoberrevolution 1917 erließen zwar die Bolschewiki einige Dekrete, welche Teilbereiche der
Sozialversicherung betrafen. Dennoch bestand von Anfang an eine Diskrepanz
zwischen ideologischer Forderung und ökonomischer Realität:[13] Der Aufbau
eines tragfähigen Systems sozialer Sicherheit vollzog sich in einem keineswegs
geradlinigen und stetigen Prozess über mehrere Jahrzehnte. Warum gelang es
nicht, in der Sowjetunion frühzeitig eine umfassende Alterssicherung einzuführen? Die Ursachen hängen primär mit dem Aufbau der Parteiherrschaft, der
gewaltsamen Neuordnung des Landes und dem dreijährigen Bürgerkrieg zusammen. Die forciert betriebene Industrialisierung und die einsetzende Kollektivierung der Landwirtschaft führten dazu, dass dieses sozialpolitische Großpro-
jekt einstweilen zurückgestellt wurde.

Nachdem Josef W. Stalin seine Widersacher ausgeschaltet und die eigene Herrschaft abgesichert hatte, kam der Ausbruch des Zweiten Weltkrieges dazwischen.[14]

11 Sowada, Christoph: Soziale Reformen in Polen. Zwischen Bewahrung und Neuanfang. In:
ebenda, S. 29–47, hier 30.
12 Lenin, Wladimir I.: Über die Stellung zu dem Gesetzentwurf der Duma über die staatliche Arbeiterversicherung. In: Lenin, Wladimir I.: Lenin-Werke. Bd. 17 (Dezember 1910–April 1912).
Berlin (Ost) 1970, S. 467–470, hier 467 f.
13 Rimlinger, Gaston V.: Welfare Policy and Industrialization in Europe, America, and Russia.
New York u. a. 1971, S. 257.
14 George, Vic; Manning, Nick: Socialism, Social Welfare and the Soviet Union. London 1980, S. 41.

In den letzten Lebensjahren des Diktators, die mit der Hochphase des Kalten Krieges zusammenfielen, kamen innenpolitische Reformprojekte auch nicht mehr zustande. Bis dahin erhielten nur einige privilegierte Personengruppen, vor allem aus dem Staats- und Parteiapparat, eine Rente bzw. eine Pension. Erst seine Nachfolger packten dieses lange vernachlässigte Projekt wieder an: Noch im September 1953 wurde die Rentenversicherung auf die Arbeiter der Maschinen- und Traktorenstationen ausgedehnt.[15] Das Rentengesetz für die Arbeiter und Angestellten von 1956 brachte schließlich die Wende. Knapp 40 Jahre nach der bolschewistischen Machteroberung verfügte die Sowjetunion nunmehr über eine allgemein geltende Altersversicherung.[16] Bis ungefähr 1965 folgten weitere große Sozialgesetze, die alle die Hebung des Lebensstandards zum Ziel hatten. Die sozialpolitischen Versprechungen der zwanziger und dreißiger Jahre sollten endlich eingelöst werden.[17] Die Situation änderte sich Mitte der sechziger Jahre, denn es machte sich insgesamt ein akuter Arbeitskräftemangel und eine sinkende Geburtenrate bemerkbar. Sozialpolitik wurde deshalb wirtschafts- und arbeitsmarktpolitischen Zielen untergeordnet.

Ähnlich wie in der UdSSR gewann auch in Polen die allgemeine Rentenversicherung erst in den fünfziger Jahren an Bedeutung. Zwar wurde bereits nach der Wiederherstellung des polnischen Staates 1918 mit dem Aufbau eines Sozialversicherungssystems begonnen. Kurz vor Ausbruch des Zweiten Weltkrieges waren aber erst 15 Prozent der polnischen Bevölkerung von der Sozialversicherung erfasst.[18] Darunter fielen Arbeiter und Angestellte in der Industrie, Bergarbeiter, Eisenbahner, Staats- und Kommunalbeamte sowie Bankangestellte. Da Polen zu diesem Zeitpunkt noch ein stark agrarisch geprägtes Land war, fielen mit den Beschäftigten der Landwirtschaft zahlreiche Arbeitstätige aus dem Versicherungsschutz heraus. Die polnische Sozialversicherung entwickelte sich erst nach 1945 zu einer Volksversicherung, die nahezu alle abhängig Beschäftigten erfasste. Ein wichtiger gesetzlicher Einschnitt erfolgte 1954, als die veraltete und unvollständige Gesetzesgrundlage von 1933 überholt wurde.[19] Dagegen gehörte das tschechoslowakische System sozialer Sicherheit, dessen Anfänge bis in die frühe Neuzeit zurückreichten, bereits während der ersten Republik (1918–1938) zu den modernsten Systemen in Europa und stand deshalb auch nach dem

15   Stiller: Sozialpolitik in der UdSSR (Anm. 7), S. 107.

16   Ruban, Maria Elisabeth u. a.: Wandel der Arbeits- und Lebensbedingungen in der Sowjetunion 1955–1980. Planziele und Ergebnisse im Spiegelbild sozialer Indikatoren. Frankfurt/M., New York 1983, S. 238.

17   Stiller: Sozialpolitik in der UdSSR (Anm. 7), S. 110 f.

18   Stiller, Pavel: Systeme der sozialen Sicherung in der UdSSR, Polen, DDR und ČSSR. Unter besonderer Berücksichtigung der Behindertenversorgung. München, Wien 1981, S. 248.

19   Florek, Ludwig: Das polnische Sozialversicherungssystem. In: Jahrbuch für Ostrecht 20(1979), S. 145–166, hier 146.

Zweiten Weltkrieg an der Spitze der osteuropäischen Länder.[20] Legt man die Sozialleistungsquote als Maßstab zugrunde, so nahm die ČSR eine mittlere Position zwischen der UdSSR und der DDR ein, die die Staaten des Ostblocks in diesem Bereich anführte. In der ČSR zeichnete sich die Rentenversicherung durch eine Universalität des Berechtigtenkreises, eine Abdeckung aller Risiken und eine direkte Abhängigkeit der Rentenhöhe von der Arbeitsleistung aus.[21] Die DDR verfügte wiederum über ein Mischsystem: Die dortige Sozialversicherung basierte auf dem Versicherungsprinzip, das im Laufe der Zeit zunehmend mit Bestandteilen eines Versorgungssystems sowjetischen Typs ergänzt wurde. Bereits vor dem SMAD-Befehl Nr. 28 von Anfang 1947, der die Einheitssozialversicherung auf zonaler Ebene festschrieb, war der Versichertenkreis sehr groß. Die ostdeutsche Sozialversicherung wies Kontinuitäten zum Kaiserreich auf und verfügte schon während der Besatzungsjahre (1945–1949) über ein stark ausdifferenziertes Leistungssystem für Rentner und Invaliden.[22]

Im Vergleich zwischen allen osteuropäischen Alterssicherungssystemen verfügte die SBZ/DDR über die modernste Variante. Die Finanzierung erfolgte in der DDR und in Polen über Beiträge der Versicherten, während in der ČSR und UdSSR die Betriebe die Beitragszahlung übernahmen. Angesichts des Aufbaus einer Planwirtschaft und der damit verbundenen Beseitigung des privaten Wirtschaftssektors kam letztlich dem Staat die Aufgabe des Beitragszahlers zu. Das Renteneintrittsalter war unterschiedlich. Zunächst zu den Männern: In der Sowjetunion und der Tschechoslowakei lag die Altersgrenze bei 60 Jahren, in der DDR und Polen bei 65 Jahren. Bei den Frauen war das Renteneintrittsalter in der Regel fünf Jahre niedriger. Nur die ČSR machte eine Ausnahme mit der Berücksichtigung der Kinderzahl (zwischen 53 und 57 Jahren). Die Rentenhöhe ergab sich in nahezu allen Ländern aus einer Grundrente sowie Zuschlägen pro Beschäftigungsjahr. Im Höchstfall konnten 67 Prozent des durchschnittlichen Einkommens erreicht werden. Die Beitragszeiten waren uneinheitlich. Generell ist für die genannten Staaten anzumerken, dass sich das Leistungssystem ab Anfang der fünfziger Jahre quantitativ und qualitativ stark weiterentwickelte.

20   Hübner, Peter: Arbeitsbeziehungen und soziale Sicherungen für Arbeiter in Ländern des sowjetischen Blocks. In: Hübner, Peter; Kleßmann, Christoph; Tenfelde, Klaus (Hg.): Arbeiter im Staatssozialismus. Ideologischer Anspruch und soziale Wirklichkeit. Köln u. a. 2005, S. 249–269, hier 266.

21   Stiller: Systeme der sozialen Sicherung (Anm. 18), S. 197.

22   Vgl. Frerich, Johannes; Frey, Martin: Handbuch der Geschichte der Sozialpolitik in Deutschland. Bd. 2: Sozialpolitik in der Deutschen Demokratischen Republik. München, Wien 1993; Hoffmann, Dierk: Sozialpolitische Neuordnung in der SBZ/DDR. Der Umbau der Sozialversicherung 1945–1956. München 1996.

III.

Am Beispiel der DDR lässt sich die Frage nach Autonomie und Heteronomie besser beantworten. Gab es also einen Masterplan aus Moskau oder bestanden nach wie vor nationale Entwicklungspfade? Dabei stellte die DDR in gewisser Hinsicht einen Sonderfall dar, denn hier besaß die deutsch-deutsche System-konkurrenz eine katalysatorische Funktion für die Debatte über eine sozialistische Rentenreform.[23] Die langjährige Auseinandersetzung in der Bundesrepublik über eine grundlegende und umfassende Sozialreform, die schließlich zur Verabschiedung der Rentenform im Bundestag 1957 führte,[24] beeinflusste die Diskussion in der SED-Führung. Diese verfolgte aufmerksam die westdeutsche Entwicklung und sah sich plötzlich unter Zugzwang gesetzt. Der XX. Parteitag trug mit dazu bei, dass sich die Sozialpolitiker in den Führungsgremien der Hegemonialpartei zu Wort meldeten und auf eine Verbesserung des Leistungssystems für Rentner pochten. Nach der Rückkehr aus Moskau traf sich das Politbüro am 16. März 1956, um über Fragen der Altersversorgung zu beraten. Dabei wurde festgestellt, dass die Höhe der gegenwärtigen Rentenzahlungen »nicht befriedigend« sei.[25] Im Verlauf des zweiten Fünfjahrplanes sollte deshalb eine »Verbesserung« erfolgen. Finanzminister Willi Rumpf (SED) und der leitende Mitarbeiter der Staatlichen Plankommission, Friedrich Behrens (SED), erhielten den Auftrag, eine entsprechende Vorlage »mit mehreren Varianten« auszuarbeiten. Den offiziellen Anstoß für eine Reform der Rentenversicherung sollte nach den Vorstellungen der SED-Führung die 3. Parteikonferenz bringen, die vom 24. bis zum 30. März in Berlin tagte. Zur Vorbereitung der Konferenz war das Zentralkomitee (ZK) am 22. März zusammengekommen. In der Diskussion spielten unter anderem Fragen der Arbeitszeitverkürzung und Rentenversicherung eine wichtige Rolle. Einleitend hatte sich Walter Ulbricht für eine Verbesserung der Rentenleistungen, aber gegen eine grundsätzliche Änderung der Alterssicherung ausgesprochen: »Das System der Rentenversorgung zu ändern, das ist eine Aufgabe, die erst bedeutend später steht.«[26] Dagegen gab sich der für Wirtschaftsfragen zuständige Sekretär im ZK, Gerhart Ziller, mit Ulbrichts Perspektivplanungen nicht zufrieden, denn

23 Ausführlicher dazu Hoffmann, Dierk: Sozialistische Rentenreform? Die Debatte über die Verbesserung der Altersversorgung in der DDR 1956/57. In: Fisch, Stefan; Haerendel, Ulrike (Hg.): Geschichte und Gegenwart der Rentenversicherung in Deutschland. Beiträge zur Entstehung, Entwicklung und vergleichenden Einordnung der Alterssicherung im Sozialstaat. Berlin 2000, S. 293–309.

24 Dazu umfassend Hockerts, Hans Günter: Sozialpolitische Entscheidungen im Nachkriegsdeutschland. Alliierte und deutsche Sozialversicherungspolitik 1945 bis 1957. Stuttgart 1980.

25 Protokoll der Politbürositzung v. 16.3.1956; SAPMO-BA, DY 30/IV 2/2/464, Bl. 7.

26 Stenographische Niederschrift der 26. Tagung des ZK der SED am 22.3.1956; SAPMO-BA, DY 30/IV 2/1/156; zit. nach: Schmidt, Karl-Heinz: Die Deutschlandpolitik der SED. In: Materialien der Enquete-Kommission »Aufarbeitung von Geschichte und Folgen der SED-Diktatur in Deutschland«. Hg. v. Deutschen Bundestag. Bd. V/3, Baden-Baden 1995, S. 2114–2293, hier 2268.

er sprach sich für eine weitergehende Verbesserung der Renten aus. Alters-
und Invalidenrentner sollten – so Ziller – »50 % des bisherigen Monatsge-
halts«[27] erhalten. Damit hatte ein führender SED-Politiker erstmals die Rentenhöhe mit der Höhe der Löhne und Gehälter in Verbindung gebracht, auch
wenn seine Angaben zunächst noch recht vage blieben. Ulbricht hielt eine
solche Reform aus finanzpolitischen Überlegungen heraus für nicht realisierbar
und konterte deshalb mit einer Frage, die die interne Debatte vorläufig beendete: »Wie viel kostet das im Jahre 1965?«

Auch wenn Zillers Vorstoß eine qualitative Verbesserung bedeutete, so fehlte
ihm doch ein wesentliches Merkmal der westdeutschen Reform, und zwar die
Dynamisierung. Die Rentenleistungen sollten nicht in dem Maße an die Einkommen gekoppelt werden, dass eine Erhöhung der Löhne und Gehälter automatisch eine Anhebung der Rentenleistungen mit sich brachte. Bei einzelnen
ZK-Mitgliedern erhielt Ziller Unterstützung. So erklärte etwa Paul Verner, dass
»die Tatsache gewisser Förderungsprogramme der CDU und insbesondere der
SPD hinsichtlich der Pensionsberechtigten auf der Höhe von 75 % des letzten
Jahresdurchschnittslohnes für die Arbeiter und Angestellten eine Frage [sei], mit
der wir rechnen müssen.«[28] Auf den Einwurf, dies sei doch nur »Wahlagitation«,
antwortete Verner: »Was heißt hier Wahlagitation? Natürlich hast du Recht.
Aber die Frage ist nicht, wie wir das sehen, sondern wie das auf die Arbeiterklasse und die Werktätigen in Westdeutschland wirkt.«[29]

Ulbricht brach die Diskussion ab, weil er davon überzeugt war, dass es SPD
und CDU nicht gelingen werde, die Rentenhöhe an die Entwicklung der Net-
tolöhne zu binden. Das seien demagogische Forderungen, auf die man sich
nicht einlassen wolle. Die SED könne »in der Frage der Demagogie mit ihnen
[SPD und CDU] keinen Wettbewerb antreten«.[30] Eine Reform wollte Ulbricht
jedoch zu einem späteren Zeitpunkt nicht ausschließen: »Deshalb waren wir
jetzt für Vorsicht, und wenn die sich festgelegt haben, werden wir mit der Rentenreform kommen. Dann werden wir einmal sehen, was herauskommt.« Auf
der 3. Parteikonferenz, bei der Wirtschaftsfragen und die Beratung des zweiten
Fünfjahrplanes im Mittelpunkt standen, behielt Ulbricht seine Linie bei. Während er sich im Zusammenhang mit der Steigerung der Arbeitsproduktivität
und der Senkung der Selbstkosten für eine Rentenerhöhung im Laufe des Jahres
1957 aussprach, war von einer späteren Rentenreform keine Rede mehr.[31] Die
Diskussion innerhalb des ZK zeigte, dass Handlungsbedarf bestand. Stellvertretend für eine jüngere Alterskohorte in der SED, die mittlerweile nach oben

27   Ebenda, S. 2271.
28   Ebenda, S. 2272 f.
29   Ebenda, S. 2273.
30   Ebenda, S. 2275.
31   Protokoll der Verhandlungen der 3. Parteikonferenz der SED (24.–30.3.1956). Berlin (Ost)
1956, S. 154.

drängte, forderte Ziller eine Reform der DDR-Alterssicherung, die offensichtlich unzureichend war. Die Debatte zeigte aber auch, dass es Ulbricht gelang, den Vorstoß geschickt abzuwehren. Die grundlegende Neuordnung der Rentenversicherung kam nicht auf die Tagesordnung der 3. Parteikonferenz. Das westdeutsche Konkurrenzmodell wurde von der Mehrheit der ZK-Mitglieder noch nicht als bedrohlich empfunden. Im Gegenteil: Ulbricht ging von einem Scheitern der CDU- und SPD-Planungen aus.

Ziller gab sich nicht geschlagen. Er erreichte, dass das Politbüro eine Kommission einsetzte, die konkrete Vorschläge für eine Neuregelung der Renten für einzelne ausgewählte Berufsgruppen ausarbeiten sollte.[32] Der Kommission gehörten neben Ziller, der Vorsitzende des FDGB-Bundesvorstandes, Herbert Warnke, der Minister für Arbeit und Berufsausbildung, Fritz Macher (SED), und Finanzminister Rumpf an. Inhaltlich ging es nicht mehr um eine Rentenreform, die alle »Werktätigen« erfassen sollte, sondern um eine Teilreform. Die Rentenkommission tagte bereits am 12. Mai und einigte sich auf die weitere Vorgehensweise.[33] Dazu wurde zunächst einmal die Reihenfolge der Industriezweige festgelegt, in denen die Reform verwirklicht werden sollte. An der Spitze stand die Grundstoff- und Schwerindustrie, das Schlusslicht bildete die Lebensmittelindustrie. Durch die Konzentration auf einen zentralen Wirtschaftsbereich, der für die SED-Führung einen hohen ökonomischen und politischen Stellenwert besaß, wollte Ziller offensichtlich eine erfolgreiche Umsetzung der Reformvorschläge absichern. Ulbricht würde es schwererfallen – so die mögliche Strategie – materielle Verbesserungen in der Grundstoff- und Schwerindustrie abzublocken. Diese Teilreform hätte dann der Einstieg in eine umfassende Reform der Alterssicherung in der DDR werden können. Darüber hinaus verständigten sich die Kommissionsmitglieder auf den Zeitpunkt für das Inkrafttreten der Reform (1. Januar 1957).

Eine Unterkommission, die sich interessanterweise auch mit der Rentenneuregelung in der UdSSR, Österreich und der Bundesrepublik zu beschäftigen hatte, sollte binnen 14 Tagen ein Konzept für eine Gesamtreform vorlegen. Dieses wurde schließlich am 22. Juni an alle Mitglieder und Kandidaten des ZK zur Vorbereitung auf das 28. ZK-Plenum verschickt.[34] Dort sollte das Thema »Rentenreform« erneut diskutiert werden. Das Konzept, das den bezeichnenden Titel »Vorschlag für eine neue Pensionsregelung für die Arbeiterklasse und alle Werktätigen« der DDR trug, zielte insgesamt auf eine Koppelung der Renten an die Löhne und Gehälter und damit auf eine stärkere Differenzierung der Rentenleistungen, wobei sich die Renten zwischen einer

32 Ein Beleg findet sich in den vorbereitenden Unterlagen zur ZK-Sitzung; SAPMO-BA, DY 30/IV 2/1/160, Bl. 133.

33 Protokoll der Sitzung der Rentenkommission des Politbüros am 12.5.1956; SAPMO-BA, DY 34/23960.

34 SAPMO-BA, DY 30/IV 2/1/160, Bl. 125–179.

»Mindestpension« von 130,- DM und einer »Höchstpension« von 600,-
DM bewegten. Nach den Vorstellungen der Rentenkommission sollte der
Steigerungssatz bei höheren Einkommen sinken.[35] Auf diese Weise sollte eine
allzu große Ausdifferenzierung der Renten verhindert werden. Als finanziellen
Mehraufwand errechnete die Kommission für 1957 insgesamt 1,35 Milliarden DM; für 1960 wurden Mehrausgaben in Höhe von 1,84 Milliarden DM
erwartet. Da das Beitragssystem unverändert blieb (Beitragsbemessungsgrenze
bei 600,- DM und Beitragssatz von 10 Prozent), mussten die zusätzlichen Aus-
gaben vom Staatshaushalt getragen werden.

Die Diskussion innerhalb der SED-Spitze über die Reform der Alterssicherung in der DDR wurde nicht nur von der Debatte in der Bundesrepublik beeinflusst, sondern erhielt auf den ersten Blick auch Anstöße aus der Sowjetunion.
Gab es etwa einen sowjetischen Masterplan zur Neuordnung der Rentenversi-
cherungssysteme im Ostblock? Ende Juni 1956 kehrte eine Studiendelegation
nach Berlin zurück, die sich zwei Wochen lang in der Sowjetunion aufgehalten
hatte, um unter anderem das dortige System der Alterssicherung kennenzulernen.[36] Solche Reisen waren stets ein zentraler Bestandteil der Beziehungen zwischen beiden Ländern gewesen und erstreckten sich auf zahlreiche Politikfelder.
Diese Reise gewann aber dadurch an Bedeutung, dass einzelne Delegationsmit-
glieder gleichzeitig auch Mitglieder der vom Politbüro eingesetzten Rentenkommission waren. Außerdem war noch ein inhaltlicher Faktor bedeutsam: In
der UdSSR brachte 1956 ein Rentengesetz den Einstieg in die gesetzliche Rentenversicherung.[37] Das System sozialer Sicherheit sah allerdings im Gegensatz zur
DDR keine Beitragszahlungen vonseiten der Beschäftigten vor, denn die Finanzierung erfolgte ausschließlich über die Betriebe. Konnte die DDR vom sowjetischen Vorbild »lernen«? Aus dem überlieferten Reisebericht geht hervor, dass die
ostdeutschen Vertreter ihren sowjetischen Gesprächspartnern die eigenen Vorstellungen einer Neugestaltung der Rentenversicherung vortrugen. Dabei wurden zum einen die strukturellen Unterschiede zwischen den Systemen in beiden
Ländern, zum anderen aber auch die erheblichen Handlungsspielräume der
DDR-Sozialpolitikexperten deutlich. So hielt der Bericht ausdrücklich fest, dass
die Vorlage »die Zustimmung der sowjetischen Genossen« gefunden habe. Und
weiter heißt es:

»Was die verschiedenen dargelegten Varianten über einige Hauptfragen betrifft, so
vertraten die Genossen die Meinung, dass sie uns bei der Wahl der richtigen Variante
nicht beraten könnten, da dies von der genauen Kenntnis der Lage in der DDR und von
der bisherigen Entwicklung abhinge.«[38]

---

35   Ebenda, Bl. 128.
36   BA, DE 1/11664, Bl. 6–14.
37   Stiller, Pavel: Die sowjetische Rentenversicherung 1917–1977. Köln 1979, S. 19.
38   BA, DE 1/11664, Bl. 8.

Eine sowjetische Bevormundung war also nicht zu erkennen. Im Gegenteil: Die sowjetischen Experten plädierten offenbar für länderspezifische Sonderwege.

Bei der Vorbereitung eines neuen Rentengesetzes diskutierten die SED-Sozialpolitiker zwei unterschiedliche Varianten, die aufgrund der Quellengrundlage nicht mehr den entsprechenden Protagonisten zugeordnet werden können. Die erste brach weitgehend mit dem bisherigen Prinzip, die Rentenhöhe von der Anzahl der Beitragsjahre und der Höhe der Beitragseinzahlungen abhängig zu machen. Nunmehr sollten Beschäftigte mit niedrigen Einkommen eine wesentlich höhere Rentenzahlung »im Verhältnis zu ihrem bisherigen Lohn als die besser Verdienenden« erhalten.[39] Das lief letztlich auf eine Nivellierung der sozialen Leistungen hinaus. Gleichzeitig verlängerte sich die Wartezeit von 15 auf 20 Jahre bei Frauen und 25 Jahre bei Männern. Die ostdeutschen Sozialexperten erkannten eine neue soziale Ungleichheit, denn sie wiesen darauf hin, dass »ein Arbeiter, der 20 bzw. 25 Jahre gearbeitet hat, Pension in der gleichen Höhe erhält wie ein Arbeiter, der 30, 40 oder 50 Jahre gearbeitet hat«. Dieser Vorschlag, bei dem die Mindestrenten wie auch die nach dem Einkommen gestaffelten »Pensionen« angeblich über den bisherigen Rentensätzen lagen, orientierte sich vom Ansatz her am neuen sowjetischen Rentenrecht. Dagegen bewegte sich die zweite Variante sehr viel stärker in den traditionellen Bahnen der DDR-Rentenversicherung: Die Rentenhöhe wurde von der Dauer der beruflichen Tätigkeit und der Höhe des in den letzten fünf Jahren erreichten Durchschnittsverdienstes abhängig gemacht.[40] Dadurch fiel die Verbesserung für Arbeiter mit niedrigen Einkommen und kurzer Lebensarbeitszeit deutlich geringer aus als beim ersten Vorschlag. Die SED-Führung entschied sich letztlich für die zweite Variante und damit gegen eine partielle Annäherung an das sowjetische Modell.

Während Ulbricht zunächst zu den Bremsern einer grundlegenden Umgestaltung der Altersversorgung gezählt hatte, versuchte er sich im Sommer 1956 an die Spitze der Reformbefürworter zu stellen. Die beharrlichen Vorstöße Zillers und die Entwicklung bei der sowjetischen Hegemonialmacht hatten bei ihm offensichtlich Spuren hinterlassen. Ulbricht befürchtete ins Hintertreffen zu geraten und ging in die Offensive. Auf der 28. Tagung des ZK der SED erklärte er im Rahmen eines Grundsatzreferates, dass »nicht nur eine Verbesserung der Renten, sondern eine Rentenreform vorbereitet werden soll«.[41] Nach seiner Ansicht entsprach das »gegenwärtige, aus der kapitalistischen Zeit übernommene Rentenrecht [...] nicht den Bedingungen unserer gesellschaftlichen Entwicklung«. Das neue »Pensionsrecht« sollte daher auf »sozialistischen

---

39 Notizen zum neuen Pensionsgesetz v. 21.7.1956 (o. Verf.), die an Ministerpräsidenten Otto Grotewohl gerichtet waren; SAPMO-BA, NY 4090/572, Bl. 50–60, hier 50.
40 Ebenda, Bl. 50 f.
41 Protokoll der ZK-Sitzung (27.–29.7.1956); SAPMO-BA, DY 30/IV 2/1/161, Bl. 67.

Grundsätzen« basieren und bereits 1957 in Kraft treten. Ulbricht begründete seinen Meinungsumschwung mit dem Hinweis, dass die »Arbeiterklasse« durch das »alte Recht« benachteiligt werde, da die Arbeiter aufgrund ihres niedrigen Lohnes »in der Zeit des Kapitalismus« nur die Mindestrente erhalten würden. Das stehe jedoch im »krassen Widerspruch zur Rolle und den Leistungen der Arbeiterklasse beim sozialistischen Aufbau«. Das neue »Pensionsrecht« würde dagegen allen Werktätigen »einen gesicherten Lebensabend« garantieren. Die Höhe der Pensionen sei abhängig von den Arbeitsleistungen der Arbeiter und würde damit auch ein Anreiz zur Steigerung der Produktionsleistungen sein. Ulbricht unterstrich nochmals die Bedeutung dieser Maßnahme: »Die Schaffung dieses neuen Pensionsrechts sowie die generelle Erhöhung der Altrenten stellen eine echte Sozialreform dar.« Sowohl in der Wortwahl (Rentenreform, Sozialreform) als auch in zentralen inhaltlichen Fragen sind Anlehnungen an die westdeutsche Diskussion unübersehbar. Ulbricht trug den ZK-Mitgliedern die Eckpunkte des Reformpakets vor und übernahm dabei im Wesentlichen die von der Rentenkommission ausgearbeiteten Vorschläge.[42] Anschließend verabschiedete das ZK einen »Vorschlag für eine neue Pensionsregelung für die Arbeiterklasse und alle Werktätigen der Deutschen Demokratischen Republik«.[43] Für die weitere inhaltliche Ausarbeitung wurde eine neue Kommission gebildet, der unter anderen Ministerpräsident Otto Grotewohl (SED), Ulbricht, Warnke, Ziller, Rumpf und Karl Schirdewan angehörten.[44]

Die vom ZK einberufene Kommission intensivierte im Spätsommer 1956 ihre Aktivitäten. Jedes der insgesamt 16 Kommissionsmitglieder erhielt den Auftrag, unter Hinzuziehung weiterer »erfahrener Experten« Einzelaspekte der geplanten Reform zu analysieren und Detailvorschläge auszuarbeiten.[45] Als Koordinator der einzelnen Arbeitskreise fungierte Ziller. Nachdem der Bericht Ulbrichts auf der 28. ZK-Tagung und das Referat Warnkes vor dem FDGB-Bundesvorstand im *Neuen Deutschland* veröffentlicht worden waren,[46] wusste nunmehr auch die DDR-Bevölkerung von den Plänen zur Rentenreform. Damit setzte sich die SED-Führung selber unter Erfolgsdruck. Die Arbeitsgruppe unter Leitung Warnkes legte am 1. Oktober 1956 ein Statut zur Neuregelung der Invalidenpensionen vor.[47] Demzufolge sollten eigens eingerichtete Arbeiter- und Ärztekommissionen in den Bezirken und Kreisen über den Rentenanspruch jedes einzelnen Antragstellers entscheiden. Oberstes Ziel sei die »völlige […] Wiederherstellung der Gesundheit und damit [die] volle […]

---

42 Ebenda, Bl. 68.
43 SAPMO-BA, DY 30/IV 2/1/164, Bl. 120–127.
44 Otto Schön am 31.7.1956 an Otto Buchwitz; SAPMO-BA, NY 4095/64, Bl. 49 f.
45 Ziller am 24.9.1956 an Buchwitz; SAPMO-BA, NY 4095/64, Bl. 82–84, hier 82.
46 Neues Deutschland v. 2.8.1956, S. 4, und 25.8.1956, S. 3.
47 SAPMO-BA, NY 4095/64, Bl. 92–97.

Arbeitsfähigkeit«.[48] Da die Gewährung der Invalidenrenten nicht »allein und ausschließlich vom ärztlichen Standpunkt« aus gesehen werden dürfe, war in den Kommissionen auch die Mitarbeit von Gewerkschaftsvertretern vorgesehen. Etwa zeitgleich gab die Rentenkommission den Delegationsmitgliedern, die sich im Juni 1956 in der Sowjetunion befunden hatten, den Auftrag, »den Gesetzentwurf für die sozialistische Rentenreform auszuarbeiten«.[49] Die anderen Arbeitsgruppen legten ebenfalls ihre Stellungnahmen bzw. Entwürfe vor, so etwa eine Denkschrift zur Altersversorgung der »Intelligenz«[50] sowie einen Vorschlag für die Neuregelung der Renten für die »Verfolgten des Naziregimes«.[51] Vor der Verabschiedung der einzelnen Teilbereiche der Rentenreform sollte eine Regierungskommission erneut nach Moskau fliegen, um das weitere Vorgehen abzustimmen.[52] Erst danach war eine weitere Sitzung der gesamten Kommission vorgesehen. Ob es zu dieser Reise kam, lässt sich nicht mehr zweifelsfrei rekonstruieren.

Fest steht allerdings, dass die Rentenreform im Herbst 1956 wieder ins Stocken geriet. Das Politbüro verabschiedete zwar am 9. Oktober 1956 eine Erklärung,[53] die einen Tag später auf der Titelseite im *Neuen Deutschland* abgedruckt wurde. Inhaltlich war diese Mitteilung ein Rückschritt gegenüber den Verlautbarungen im Sommer, denn der Begriff »Rentenreform« tauchte überhaupt nicht mehr auf. Stattdessen unterstrich die SED-Führung, dass »nur das verteilt werden kann, was durch ständige Entwicklung der Wirtschaft erarbeitet wird«.[54] Das deutet darauf hin, dass finanzpolitische Überlegungen Oberwasser erhielten. Da an dem Beitragssystem nicht gerüttelt werden sollte, um neue Einnahmequellen zu erschließen, und eine zusätzliche Belastung des Staatshaushalts offensichtlich nicht infrage kam, schien eine kostenintensive Rentenreform ernsthaft gefährdet zu sein. Mit der Ankündigung zukünftiger Wohlstandsversprechen waren aber wohl Begehrlichkeiten geweckt worden, wie die Zuschriften aus der Bevölkerung deutlich machten.[55] Deshalb kam die SED-Führung an begrenzten Verbesserungen im Leistungssystem der Rentenversicherung nicht herum. Diese sollten sich auf einzelne Aspekte des Reformprojektes beschränken, so zum Beispiel die Berechnungsgrundlage für die individuelle Rentenhöhe. Die ursprünglich angekündigte Senkung des Rentenalters wurde indirekt wieder zurückgenommen und in die Zukunft verschoben.

48 Ebenda, Bl. 92.
49 Ziller am 3.10.1956 an Buchwitz; SAPMO-BA, NY 4095/64, Bl. 98 f., hier 99.
50 Ebenda, Bl. 187–193.
51 Ebenda, Bl. 235–238.
52 Buchwitz an Georg Spielmann (Komitee der antifaschistischen Widerstandskämpfer in der DDR) am 2.10.1956; SAPMO-BA, NY 4095/64, Bl. 228.
53 Protokoll der Politbürositzung v. 9.10.1956; SAPMO-BA, DY 30/IV 2/2/502.
54 Neues Deutschland v. 10.10.1956, S. 1.
55 Analyse der ZK-Abt. Arbeit, Sozial- und Gesundheitswesen v. 23.10.1956; SAPMO-BA, NY 4090/572, Bl. 225–241.

Ulbricht hatte sich bei der Rentenreform endgültig durchgesetzt, denn Zillers Planungen wurden im Herbst 1956 zu den Akten gelegt. Da jedoch die Erwartungshaltung in der Bevölkerung nach wie vor groß war, sah sich die SED-Führung dazu veranlasst, wenigstens die Mindestrenten zu erhöhen. Bereits Anfang November unterbreitete die Rentenkommission dem Politbüro eine Beschlussvorlage, die eine Erhöhung um 20,- bzw. 25,- DM vorsah.[56] In der Begründung wies die Kommission darauf hin, dass eine Erhöhung, »die unter DM 20,- je Monat liegt, [...] aufgrund der bisherigen Diskussion den Erwartungen der Rentner nicht entsprechen und keine politischen Auswirkungen haben«[57] würde. Ein Tag später lag ein überarbeiteter Entwurf vor, der die Anhebung sämtlicher Renten um 30,- DM vorsah.[58] Dies bestätigte dann auch das Politbüro am 8. November, wobei nur der Vorsitzende der Staatlichen Plankommission Bruno Leuschner (SED) dagegen stimmte.[59] Die SED-Führung ging davon aus, dass die beschlossene Rentenerhöhung die Lebenslage der Rentner verbessern und »zweifellos die Erwartungen der Rentner in hohem Maße befriedigen« werde. Darüber hinaus wurde sogar mit »bedeutende[n] politische[n] Auswirkungen auf die Arbeiterklasse, auch in Westdeutschland« gerechnet. Am 16. November verabschiedete schließlich die Volkskammer das Gesetz über die Erhöhung der Renten und der Sozialfürsorgeunterstützung.[60] Dabei verwies Grotewohl nochmals auf die haushaltspolitischen Gründe, die zur Verschiebung einer umfassenden Rentenreform geführt hatten: »Man muss klar und eindeutig sagen, damit es die ganze Bevölkerung weiß: Unsere Staatsverwaltung und die Regierung haben keine Dukatenmännchen.«[61]

Im Frühjahr 1957 tauchten zum letzten Mal Überlegungen auf, den Vorschlag nach einer »sozialistischen Rentenreform« aufzugreifen und dazu wieder eine Studiendelegation in die Sowjetunion zu schicken. Die Anregung ging vom Ministerium für Arbeit und Berufsausbildung aus, das sich bei der Reisevorbereitung unter anderem an die DDR-Botschaft in Moskau wandte. Diese riet jedoch von der Delegationsreise ab: Die Erfahrungen seien bei weitem nicht so groß wie in der DDR, so ein Botschaftsattaché.[62] Das neue sowjetische Pensionsgesetz habe eine ganze Reihe von Mängeln, auf welche bereits »viele kritische Stimmen« hingewiesen hätten. Der Botschaftsmitarbeiter beendete seine Analyse mit einer klaren Schlussfolgerung: »Unter diesen Bedingungen würde das

56 Entwurf einer Beschlussvorlage mit Anschreiben Zillers an Grotewohl v. 2.11.1956; SAPMO-BA, NY 4090/572, Bl. 264–266.
57 Ebenda, Bl. 266.
58 Beschlussvorlage mit Anschreiben Zillers an alle Politbüromitglieder v. 3.11.1956; SAPMO-BA, NY 4090/572, Bl. 270–273.
59 Protokoll der Politbürositzung v. 8.11.1956; SAPMO-BA, DY 30/IV 2/2/511.
60 Gesetzblatt der DDR, Teil I, 1956, S. 1279 f.
61 Volkskammer der DDR, I. Teil: Sitzungsprotokolle, 1956, S. 590.
62 Dahms am 10.4.1957 an das MfAA in Berlin; PA AA, A 498, Bl. 9.

Ergebnis der hier zu sammelnden Erfahrungen den Aufwand für eine solche Studiendelegation bestimmt nicht rechtfertigen.« Im Herbst 1957 wies Ziller Ministerpräsident Grotewohl nochmals auf das ungelöste Rentenproblem und die nach wie vor bestehende öffentliche Erwartungshaltung hin,[63] doch die SED-Spitze griff das Thema nicht mehr auf.

IV.

Der Tod des sowjetischen Diktators 1953 war nicht der Startschuss für einen Richtungswechsel in der Wirtschafts- und Sozialpolitik der staatssozialistischen Systeme Osteuropas. Auch wenn in der Folgezeit die Sozial- und Konsumpolitik an Bedeutung gewann, so hielten doch die kommunistischen Parteiführer am schwerindustriellen Konzept weiter fest. Dieses hatte die einzelnen Staaten zuvor in eine tiefe Vertrauenskrise gestürzt: Soziale Konfliktlagen waren ungelöst geblieben und hatten mit zu den Unruhen zwischen 1953 und 1956 beigetragen. Die Entstalinisierungskrise beschleunigte einen innenpolitischen Reformprozess, der auch die sozialen Sicherungssysteme erfasste. Dabei durchliefen die einzelnen Staaten unterschiedliche Reformphasen. Als erstes traf es Polen, das 1954 den Durchbruch zur allgemeinen Rentenversicherung schaffte. Die Sowjetunion folgte zwei Jahre später. DDR und ČSR verfügten bereits vorher über eine umfassende Alterssicherung. Hier kam es 1956/57 zu weiteren Nachbesserungen im Leistungssystem. Die SED-Führung diskutierte in Anlehnung an das westdeutsche Modell eine Dynamisierung der Rentenleistung, wozu es dann aber aus finanzpolitischen Überlegungen heraus nicht mehr kam. Zu den herausragenden Eigenschaften der Reformen zählten die Erweiterung des Versichertenkreises (Polen, UdSSR), die institutionelle Zentralisierung und die Erhöhung der durchschnittlichen Mindestrenten. Die bereits bestehende Altersarmut unter den Rentnern konnte dadurch aber nicht behoben werden. Rentner waren deshalb gezwungen, eine Nebentätigkeit zur Sicherung des Lebensstandards aufzunehmen. Das entsprach im Übrigen auch den wirtschaftspolitischen Zielen der Planbürokratie, die die erwerbsfähige Bevölkerung vollständig erfassen wollte. Von einem sowjetischen Masterplan kann nicht gesprochen werden. Stattdessen wird bei der Reform der Alterssicherungssysteme das dialektische Verhältnis von Anpassung an das sowjetische Modell und Stärkung der nationalen Eigenständigkeiten deutlich. Die sozialpolitischen Konsultationen zwischen den Mitgliedsstaaten des RGW nahmen stellenweise zu, ohne dass es aber zu einer aufeinander abgestimmten Zusammenarbeit kam. Im Zuge der Entstalinisierung gewann für die politischen

---

63   Ziller am 29.11.1957 an Grotewohl; SAPMO-BA, NY 4090/572, Bl. 351–353.

Funktionseliten die Sicherung des Lebensstandards an Bedeutung. Das sollte wiederum dazu beitragen, die fragile Zustimmung der Bevölkerung zum politischen System abzusichern, die bei den zahlreichen Unruhen und Aufständen im sowjetischen Herrschaftsbereich mehrmals infrage gestellt worden war. In dem Kontext gewannen langfristig gesehen Konfliktkommissionen zur Beilegung sozialer Interessengegensätze sowie betriebliche Sozialpolitik zur langfristigen Disziplinierung der Belegschaften an Bedeutung.

Anhang

Abkürzungen

A	Auswärtiges Amt
ADN	Allgemeiner Deutscher Nachrichtendienst
AIM	Archivierter IM-Vorgang oder IM-Vorlauf
AOP	Archivierter Operativer Vorgang
AP	Allgemeine Personenablage
AS	Allgemeine Sachablage
AU	Archivierter Untersuchungsvorgang
ÁVH	Államvédelmi Hatóság (Amt für Staatsschutz, ungarische Geheimpolizei)
ÁVO	Államvédelmi Osztály (Abteilung für Staatsschutz im ungarischen Innenministerium)
BA	Bundesarchiv
BdL/Dok.	Büro der Leitung/Dokumentenverwaltung
BND	Bundesnachrichtendienst
BStU	Die Bundesbeauftragte für die Unterlagen des Staatssicherheitsdienstes der ehemaligen Deutschen Demokratischen Republik
BV	Bezirksverwaltung
BVfS	Bezirksverwaltung für Staatssicherheit
BzG	Beiträge zur Geschichte der Arbeiterbewegung
CDU	Christlich-Demokratische Union
CGT	Confédération générale du travail (kommunistischer Gewerkschaftsbund Frankreichs)
CIA	Central Intelligence Agency (US-Auslandsnachrichtendienst)
CIC	Counter Intelligence Corps (US-Geheimdienst)
CPSU	Communist Party of the Soviet Union (Kommunistische Partei der Sowjetunion)
ČSR	Československá republika (Tschechoslowakische Republik)
ČSSR	Československá socialistická republika (Tschechoslowakische Sozialistische Republik)
CSU	Christlich-Soziale Union
DA	Deutschland Archiv
DAdK	Deutsche Akademie der Künste
DC	Democrazia Cristiana (Christlich-Demokratische Partei Italiens)
DDF	Documents Diplomatiques Français
DDR	Deutsche Demokratische Republik
DISZ	Dolgozó Ifjúság Szövetsége (Verband der Werktätigen Jugend, ungarischer Einheitsjugendverband)

DKP	Deutsche Kommunistische Partei
DOSAAF	Dobrovol'noe obščestvo sodejstvija armii, aviacii i flotu (Freiwillige Gesellschaft zur Unterstützung der Armee, der Luftstreitkräfte und der Flotte, UdSSR)
DRK	Deutsches Rotes Kreuz
DSV	Deutscher Schriftstellerverband
DzD	Dokumente zur Deutschlandpolitik
EGKS	Europäische Gemeinschaft für Kohle und Stahl
EOS	Erweiterte Oberschule
FAZ	Frankfurter Allgemeine Zeitung
FDGB	Freier Deutscher Gewerkschaftsbund
FDJ	Freie Deutsche Jugend
FEP	Free Europe Press
GA	Gerichtsakte
GI	Geheimer Informator
GST	Gesellschaft für Sport und Technik
GULag	Glavnoe upravlenie lagerej (Hauptverwaltung für die Lager, UdSSR)
HA	Hauptabteilung
HJ	Hitlerjugend
HV A	Hauptverwaltung A (Auslandsspionage des MfS)
HZ	Historische Zeitschrift
IM	Inoffizieller Mitarbeiter
JCH	Journal of Contemporary History
JHS	Juristische Hochschule (des MfS)
KBW	Korpus Bezpieczeństwa Wewnętrznego (Inneres Sicherheitskorps Polens)
KGB	Komitet Gossudarstwennoi Besopasnosti (Komitee für Staatssicherheit der UdSSR)
KgU	Kampfgruppe gegen Unmenschlichkeit
KL-SED	Kreisleitung der SED
KP	Kommunistische Partei
KPD	Kommunistische Partei Deutschlands
KPdSU	Kommunistische Partei der Sowjetunion
KPI	Kommunistische Partei Italiens
KPTsch	Kommunistische Partei der Tschechoslowakei
KSČ	Komunistická strana Československa (Kommunistische Partei der Tschechoslowakei)
KVP	Kasernierte Volkspolizei
KZ	Konzentrationslager
LPG	Landwirtschaftliche Produktionsgenossenschaft
LStU	Die/Der Landesbeauftragte für die Unterlagen des Staatssicherheitsdienstes der ehemaligen Deutschen Demokratischen Republik
MdI	Ministerium des Innern

MDP	Magyar Dolgozók Pártja (Die Partei der Ungarischen Werktätigen)
MfAA	Ministerium für Auswärtige Angelegenheiten
MfS	Ministerium für Staatssicherheit
MGB	Ministerstwo Gosudarstwennoj bezopasnosti
MGU	Moskowski Gossudarstwenny Uniwersitet (Staatliche Universität Moskau)
MGBH	Magyar harcosok bajtársi közössége (Kameradschaftsbund ungarischer Frontkämpfer)
MO	Milicja obywatelska (Bürgermiliz, Polen)
Mossad	Hamossad Lemodi'in Uletafkidim Meyuchadim (Institut für Aufklärung und besondere Aufgaben, israelischer Auslandsgeheimdienst)
MSW	Ministerstwa Spraw Wewnętrznych (Innenministerium Polens)
MVD	Ministerstwo Vnutrennich Del (Ministerium für innere Angelegenheiten, UdSSR)
NAP, NA	Národni archiv Praha (Nationalarchiv Prag)
NATO	North Atlantic Treaty Organisation (Nordatlantikpakt)
ND	Neues Deutschland
NDL	Neue Deutsche Literatur
NKVD	Narodnyi Komissariat Vnutrennich Del (Volkskommissariat für innere Angelegenheiten, UdSSR)
NS	Nationalsozialismus
NSC	National Security Council (Nationaler Sicherheitsrat, USA)
NTS	Narodno-Trudowoi Sojus (Volksarbeitsbund, russische Exilorganisation)
NVA	Nationale Volksarmee
OSO	Osoboe soveščanie pri (Sonderkollegium, sowjetisches Administrativ-justizorgan)
OSPD	Ostbüro der SPD (MfS-Abkürzung)
PA	Politisches Archiv
PCF	Prager Christliche Friedenskonferenz
PCI	Partito Comunista Italiano (Kommunistische Partei Italiens)
PDS	Partei des Demokratischen Sozialismus
POS	Polytechnische Oberschule
PPS	Policy Planning Staff (Politischer Planungsstab im State Departement der USA)
PVAP	Polnische Vereinigte Arbeiterpartei
PZPR	Polska Zjednoczona Partia Robotnicza (Polnische Vereinigte Arbeiterpartei)
RFE	Radio Free Europe
RGW	Rat für gegenseitige Wirtschaftshilfe
RHG	Robert-Havemann-Gesellschaft
RIAS	Rundfunk im amerikanischen Sektor
RL	Radio Liberty
ROH	Betriebsausschüsse der Revolutionären Gewerkschaftsbewegung

RSFSR	Russische Sozialistische Föderative Sowjet-Republik
SAPMO-BA	Stiftung Archiv der Parteien und Massenorganisationen im Bundesarchiv
SBZ	Sowjetische Besatzungszone
SdM	Sekretariat des Ministers
SED	Sozialistische Einheitspartei Deutschlands
SIRA	System der Informationsrecherche der HV A
SMAD	Sowjetische Militäradministration
SMT	Sowjetisches Militärtribunal
SPD	Sozialdemokratische Partei Deutschlands
StB	Státní bezpečnost (Staatssicherheit, Geheimpolizei der Tschechoslowakei)
StEG	Strafrechtsergänzungsgesetz
StGB	Strafgesetzbuch
StPO	Strafprozessordnung
SU	Sowjetunion
SUA	Státni ústřední archiv (Zentrales Staatsarchiv Polens)
TASS	Telegrafnoe Agentstwo Sowjetskowo Sojusa (Telegrafenagentur, sowjetische Nachrichtenagentur)
TV	Teilvorgang
UB	Urząd Bezpieczeństwa (Amt für Sicherheit, Geheimpolizei Polens)
UdSSR	Union der Sozialistischen Sowjetrepubliken
UfJ	Untersuchungsausschuss freiheitlicher Juristen
USIS	United States Information Service
UN	United Nations
UNO	United Nation Organization (Organisation der Vereinten Nationen)
US	United States (Vereinigte Staaten)
USA	United States of America (Vereinigte Staaten von Amerika)
UVR	Ungarische Volksrepublik
VEB	Volkseigener Betrieb
VfZ	Vierteljahrshefte für Zeitgeschichte
VKP (b)	Vsesojuznaja Kommunistističeskaja Partija (bol'ševikov) Kommunistische Allunionspartei (Bolschewiki)
VOA	Voice of America (Stimme Amerikas)
WVO	Warschauer Vertragsorganisation (auch Warschauer Pakt)
ZAIG	Zentrale Auswertungs- und Informationsgruppe
ZfG	Zeitschrift für Geschichtswissenschaft
ZISPO	Zakłady Przemysłu Metalowego im. J. Stalina w Poznaniu (Metallwerke »Josef Stalin« in Posen)
ZK	Zentralkomitee
ZPKK	Zentrale Parteikontrollkommission

Personenregister

Zu den Autoren

Bernd Bonwetsch, Prof. Dr., geb. 1940, Historiker, seit 2003 Direktor des Deutschen Historischen Instituts Moskau.

Matthias Braun, Dr., geb. 1949, Theater- und Literaturwissenschaftler, seit 1992 Wissenschaftlicher Mitarbeiter in der Abteilung Bildung und Forschung der BStU.

Roger Engelmann, Dr., geb. 1956, Historiker, seit 1992 Sachgebiets- bzw. Projektleiter in der Abteilung Bildung und Forschung der BStU.

Jan Foitzik, Dr., geb. 1948, Politologe und Historiker, Wissenschaftlicher Mitarbeiter des Instituts für Zeitgeschichte München-Berlin, Abteilung Berlin.

Bernd Florath, Dr., geb. 1954, Historiker, seit 2007 Sachgebiets- bzw. Projektleiter in der Abteilung Bildung und Forschung der BStU

Thomas Großbölting, Prof. Dr., geb. 1969, Historiker, seit 2007 Professor am Institut für Geschichte der Otto-von-Guericke-Universität Magdeburg.

Winfried Heinemann, Oberst Dr., geb. 1956, Historiker, seit 2003 Leiter des Forschungsbereichs »Militärgeschichte der DDR im Bündnis« beim Militärgeschichtlichen Forschungsamt in Potsdam.

Georg Herbstritt, Dr., geb. 1965, Historiker, seit 1999 Wissenschaftlicher Mitarbeiter in der Abteilung Bildung und Forschung der BStU.

Guntolf Herzberg, Dr., geb. 1940, Philosoph, seit 1994 Dozent am Institut für Philosophie der Humboldt-Universität Berlin.

Peter Heumos, Dr., geb. 1938, Historiker, von 1987 bis 2003 Wissenschaftlicher Mitarbeiter des Collegiums Carolinum.

Andreas Hilger, Dr., geb. 1967, Historiker, Lehraufträge an den Universitäten Hamburg und Bremen, seit 2006 Arbeit am Habilitationsprojekt »Die Beziehungen der UdSSR zu Südasien 1941–1966«.

Dierk Hoffmann, Dr., geb. 1963, Historiker, Wissenschaftlicher Mitarbeiter des Instituts für Zeitgeschichte München-Berlin, Abteilung Berlin.

Łukasz Kamiński, Dr., geb. 1973, Historiker, seit 2006 stellvertretender Direktor des Büros für die politische Bildung des IPN in Warschau.

Mark Kramer, Prof. Dr., geb. 1962, Direktor des »Cold War Studies Center« an der Harvard Universität und Senior Fellow am dortigen »Davis Center for Russian and Eurasian Studies«.

Hanns Jürgen Küsters, Prof. Dr., geb. 1952, Diplom-Politologe, apl. Professor für Wissenschaft von der Politik und Zeitgeschichte an der Universität Bonn, Leiter der Edition »Dokumente zur Deutschlandpolitik« im Bundesarchiv.

Ehrhart Neubert, Dr., geb. 1940, Theologe und Historiker, 1997–2005 Wissenschaftlicher Mitarbeiter in der Abteilung Bildung und Forschung der BStU.

Jiří Pernes, Dr., geb. 1948, Historiker, Leiter der Außenstelle Brünn des Instituts für Zeitgeschichte der Akademie der Wissenschaften der Tschechischen Republik in Prag.

Christian Sachse, Dr., geb. 1954, Theologe und Politikwissenschaftler, arbeitet als freier Publizist in Berlin.

Bernd Stöver, Prof. Dr., geb. 1961, Mitarbeiter am Historischen Institut der Universität Potsdam, dort 2006 Ernennung zum apl. Professor, seit 2005 auch Bereichsleiter am Zentrum für Zeithistorische Forschung in Potsdam.

László Varga, geb. 1948, Historiker, Wissenschaftlicher Direktor im Holocaust Dokumentationscenter Budapest.

Hermann Wentker, Prof. Dr., geb. 1959, Historiker, apl. Professor für Neuere und Neueste Geschichte an der Universität Leipzig, seit 1998 Leiter der Berliner Abteilung des Instituts für Zeitgeschichte München-Berlin.

Tobias Wunschik, Dr., geb. 1967, Politikwissenschaftler, seit 1993 Wissenschaftlicher Mitarbeiter in der Abteilung Bildung und Forschung der BStU.

Analysen und Dokumente.
Wissenschaftliche Reihe der BStU

V&R

27: Roger Engelmann /
Ilko-Sascha Kowalczuk (Hg.)
**Volkserhebung gegen den
SED-Staat**
Eine Bestandsaufnahme zum 17. Juni
1953

2005. 478 Seiten, gebunden
ISBN 978-3-525-35004-1

»Die Beiträge dieses Sammelbandes
behandeln, wie gezeigt, differenziert
verschiedene Aspekte des Volksaufstandes von 1953. Sie präsentieren
somit den aktuellen Forschungsstand
zu diesem Thema. Darüber hinaus
folgt die Konzeption des Sammelbandes einer begrüßenswerten politischen Intention, dieses Ereignis aus
der Geschichte des deutschen Volkes
in seiner großen Bedeutung für die
Teilungsgeschichte zu würdigen, um
seinen Rang in der Erinnerungskultur des Landes zu stärken.«
Manfred Wilke, H-Soz-u-Kult

»Resümierend lässt sich festhalten,
dass der Band einen fundierten Überblick über die zentralen Aspekte des
›17. Juni‹ bietet. Insofern löst er das
Versprechen der Herausgeber ein und
eignet sich vorzüglich als Einführung
in die Thematik oder als Grundlage
für Seminare.«
Jan C. Behrends, Neue Politische Literatur

28: Henry Leide
**NS-Verbrecher und
Staatssicherheit**
Die geheime Vergangenheitspolitik
der DDR

3. Auflage 2007. 448 Seiten, gebunden
ISBN 978-3-525-35018-8

»Aufklärung im besten Sinn: kühl
analysierend, faktenbezogen, Ankla-
gen vermeidend — und gerade deshalb überzeugend.« *Norbert Jachertz,
Deutsches Ärzteblatt*

»Henry Leides Demontage der DDR
als Heimstatt des Antifaschismus ist
eine immense Fleißarbeit auf breiter
Quellengrundlage, kompetent und
überaus aufschlussreich.«
Udo Scheer, Das Parlament

»Leides Arbeit über die Ermittlungs-
arbeit des Staatssicherheitsdienstes
gegen NS-Verbrecher ist seit Joachim
Walthers ›Sicherungsbereich Literatur‹ die wohl wichtigste von der
Gauck/Birthler-Behörde vorgelegte
Untersuchung.« *Jochen Staadt, FAZ*

»Leides Band, exzellent dokumentiert
und sachlich geschrieben, gehört zu
den wichtigsten politischen Büchern
des Jahres.«
Sven Felix Kellerhoff, Die Welt

Vandenhoeck & Ruprecht

Analysen und Dokumente.
Wissenschaftliche Reihe der BStU

V&R

29: Georg Herbstritt
Bundesbürger im Dienst der DDR-Spionage
Eine analytische Studie

2007. 459 Seiten, gebunden
ISBN 978-3-525-35021-8

»Hervorzuheben ist bei Herbstritts Untersuchung ihr stets nüchterner Stil. So vermeidet der Autor es, sich im hart umkämpften Erinnerungsdickicht der deutsch-deutschen Geschichte zu verstricken.«
Cornelius Wüllenkemper, Süddeutsche Zeitung

»Herbstritt will ... einen realistischen Blick auf Alltag und Sozialstruktur eines idealtypischen westdeutschen DDR-Spions freigeben.«
Katja Riedel, FOCUS-Online

30: Jens Gieseke (Hg.)
Staatssicherheit und Gesellschaft
Studien zum Herrschaftsalltag in der DDR

2007. 391 Seiten, gebunden
ISBN 978-3-525-35083-6

Die Stasi im Alltag – Tragweite und Grenzen des Einflusses des Ministeriums für Staatssicherheit auf das soziale Leben in der SED-Diktatur.

31: Matthias Braun
Kulturinsel und Machtinstrument
Die Akademie der Künste, die Partei und die Staatssicherheit

2007. 480 Seiten mit 29 Abb., gebunden
ISBN 978-3-525-35049-2

Eine Geschichte der Konflikte zwischen der SED und seiner repräsentativsten Künstlervereinigung.

Ebenfalls bei V&R erschienen:

Dietmar Riemann
Laufzettel
Tagebuch einer Ausreise

Biografische Quellen. Herausgegeben von der BStU, Band 3.
2005. 512 Seiten mit 2 Tafelteilen mit 55 Abb. und einem Dokumentenanhang mit 18 Abb., gebunden
ISBN 978-3-525-35800-9

Dietmar Riemann erzählt in diesem Tagebuch die Geschichte seiner Familie zwischen Ausreiseantrag und tatsächlicher Ausreise aus der DDR. Damit liegt gleichzeitig ein Zeitdokument von hoher Authentizität und Detailliertheit zur jüngsten deutsch-deutschen Geschichte vor.

Vandenhoeck & Ruprecht